企業破綻と金融破綻
――負の連鎖とリスク増幅のメカニズム――

小川　功 著

九州大学出版会

はじめに

　一般に企業家・資産家の生成・勃興・隆盛・発展等の対極をなす負の概念としては引退・廃業・斜陽・衰退・没落・破綻等各種の用語があるが，本書では比較的長期間にわたる緩やかなものを「衰退」，短期間における急激なものを「破綻」[1]と区別したい。本書の目的は戦前期の企業破綻と金融破綻の事例研究を通じて，個別企業と銀行，生保等の個別金融機関との間に存在したであろう，何らかの「負の連鎖」「リスク拡散・増幅」ともいうべき相互関係のメカニズムを解明しようと試みることにある。「失われた十年」などとも評される昨今の連続大型破綻現象はまさに恐慌ともいうべき現象であり，その背景には金融機関の不良債権問題が存在する。不良債権発生の要因には金融トップ層の欠陥をはじめ，金融機関の行動がプルーデントでなかったという金融姿勢・倫理の問題があり，併せて系列ノンバンクなど関連企業との間に不明朗な癒着構造も存在した。こうした一連の構造的欠陥は表面上戦前期の「機関銀行」現象と極めて酷似する。

　戦前期の金融・企業破綻現象を経営者による罪悪・亡国的犯罪行為と見做して厳しく糾弾した単行本としては大正11年12月に大阪朝日新聞の記者・遠藤櫻外櫻が同紙連載記事を纏めて出した『銀行罪悪史』（日本評論社）をはじめ，高橋亀吉『株式会社亡国論』（昭和5年，萬里閣書房），斯波武『金融亡国論』（昭和7年6月，一元社）など多数[2]ある。刊行時期が反動恐慌から昭和恐慌にかけて，今日とも似通った閉塞経済期に集中し，記者・エコノミスト・実務家等の筆になる点が特色であったが，やがて戦時景気の高揚につれてこの種の批判書は急速に姿を消した。戦後の破綻研究，特に金融に関連した分野での実証的事例研究は，内部史料の散逸・雲散霧消と，関係者・子孫の箝口・隠匿傾向という破綻に不可避な史料面の制約もあって繊維，信託，社債デフォルト等ごく一部の蓄積のある領域[3]を除けば，今なお未解明部分が多く残された暗黒大陸であるともいえよう。しかし近年，平成11年に今口忠政，柴孝夫両氏らによる『日本企業の衰退メカニズムと再生化』（多賀出版）など，全般的な衰退・

破綻に関する学術的な研究が現れたほか、金融恐慌、昭和恐慌、大口破綻などに関する個別研究[4]も次々と刊行・発表されるようになった。

著者は破綻という現象を単に金融構造論や、経営に関する組織や法令・諸制度の有する監視・抑制・統治機能の不全というガバナンス上の問題として把えるだけでは必ずしも十分ではなく、戦前期の実務家による破綻・衰退に関する議論の中で既に言い古された感もあるが、やはり経営者個人など、ヒトの問題も併せて検討すべきではないかと考えたい。ヒトの問題は詰まるところ、道徳論に帰着するとして、科学的な理論研究には馴染まないとの批判もあろう。しかし金融機関の信用低下・信用不安の原因となる関連企業への過大投融資に象徴される金融機関経営者の専横、独裁的体質は古くて新しい課題であり、戦前にも金融当局は度々「重役が銀行の資産の大部を自己または他人の名義を以って使用し、殊に無担保または無保証にて使用せるものあり、また重役が銀行の資金を投機または企業の資金に供せるものあり…重役及びこれが関係者に対する貸金に対し特に低率の利息を附し…取引先の信用調査を等閑に付せるものあり」[5]といった問題点を指摘して銀行経営の任に当る重役に対して受託責任の重さを何度となく注意を喚起してきたが、指導や罰則強化が効いてこの種の弊害が根絶したとは思えない。つまり原因の大半は組織や法令・監督諸制度の不備のみに存するのではなく、大幅な信用低下を招いた金融機関等の担い手たる人間そのものの、一種の生理（病理）現象の発露に帰するからである。

こうした観点から、著者も昨今の金融機関や企業の集中的・群発的な連鎖破綻症状の蔓延そのものを深刻な病的経済現象として把え直し原因・背景等を吟味・解析すること、すなわち医学の体系で例えるなら、ちょうど死体解剖や病理学に相当するような金融システムの、いわば"病理経済学"的な研究分野の必要性を痛感してきた。すなわち長期的な歴史的視点から過去の臨床データ・カルテに相当する明治以降のわが国戦前期の数多くの現実の破綻金融機関・企業の破綻等や支配者・経営者個人の投資（投機）行動の関係資料を全国レベルで大都市・地方を問わず、鋭意多数探索、発掘、収集、蓄積した中から、病根たる患部の摘出・培養・解析を行い、いかなる生活環境、金融環境が金融破綻・企業破綻を発症しやすいのかという徹底的な病理的な死因分析と、遺伝的特性・後天的体質を臨床的に明らかにすることが必要ではないかと思われる。こうしたアプローチ[6]は単なる道徳論にとどまることなく、再発防止[7]にも道を開く可能性を秘めていると考えるからである。

はじめに iii

　これまで破綻企業の分析では多くの場合経営者の「放漫経営」と画一的にとらえ，一方破綻銀行の研究では「機関銀行」による失敗などと片付けられることが少なくなかった現象を，新たに企業側と金融機関側の両面からの分析を通じて双方に共通するような因子を摘出したいと考える。また著者は銀行ですべての金融機関を代表させようとの立場はとらず，銀行・証券・保険等の各種金融機関相互の錯綜した関係をも解析する必要があると考え，生保の破綻事例にも多くの頁数を割いた。そして破綻を招いた主犯たる経営者個人のプルーデントでない行動原理の解明を試みるとともに，多くのステーク・ホルダーの中から，これまで主犯の陰に埋没しがちだった共犯の関係にあると推測される特定の利害関係者を浮かびあがらせ，破綻に至るリスク増幅のメカニズムの解明を試みようと考えた。このために本書では破綻経営者本人と何らかの交流のあった同僚，部下，共同役員，大株主，金主，債主などの人物の履歴，兼務先，主要投資先等を不必要に感じられるほどに注記を施した。個人の生理（病理）現象がその排出物に端的に現れるように，投資（投機）家としての特性・体質は当然に投資（投機）対象として取捨選択した結果の投資（投機）内容すなわち具体的なポートフォリオに反映される。これは共同投資の頻度などを検証して，破綻経営者と特に関係が深く，多大の影響を与え，破綻を誘発・促進させるほど緊密なパートナーなどと目される特定の人物を絞り込む作業上に不可欠と判断したからである。

　原論文の初出は注記[8]の通りである。その他の章や，序論，序章，終章，結論のほとんどは書き下ろし，また原論文にも今回大幅に加筆・修正を施した。本書を構成する各章の原論文の多くは科学研究費補助金『戦前日本における資産家・企業家層の形成に関する研究』（基盤研究Ａ１，08303009，研究代表者宮本又郎先生），同『近代日本における資産家・投資家・企業家の研究』（基盤研究Ｂ１，11430016，研究代表者阿部武司先生），同『明治期の鉄道の総合的研究』（基盤研究Ｂ，09430015，研究代表者野田正穂先生）の成果の一部であり，研究会メンバーの宮本又郎，阿部武司，野田正穂，老川慶喜，宇田正，上川芳実，片岡豊，加藤要一，小風秀雅，沢井実，武知京三，谷本雅之，中村尚史，廣田誠，松本貴典，三木理史，渡邊恵一の各氏のご教導，ご支援に厚く御礼申し上げたい。また幾度も挫折しかけた著者に対して早く著書を纏めるよう激励下さった作道洋太郎先生の温かいお言葉にも深謝申し上げたい。また著者も報告者の一

人として参加した平成11年8月1日の経営史学会関西部会大会は共通論題を本書と同じく「経営史における企業破綻」とするもので，オルガナイザーとして問題提起をされた柴孝夫氏をはじめ，日夏嘉寿雄，佐藤英達の各氏が報告された破綻事例研究にはおおいに啓発されるところが多かった。

　本書の刊行にあたっては九州大学在勤中に研究者としての道筋を指し示して頂いた秀村選三，深町郁彌両先生をはじめ，研究上種々御指導を賜った丑山優，矢田俊文，川波洋一，荻野喜弘，東定宣昌，松下志朗，伊東弘文，津守常弘，藤田昌也，市村昭三，徳永正二郎ほかの各氏，九州の関連学会で温かく迎え入れて下さった岡本幸雄，後藤泰二，石田重森，永江眞夫，迎由理男，山田秀，東條正の各氏など，数多くの関係各位から賜ったご教示，ご指導を忘れることはできない。また本書の基礎となった関連学会報告は注記[9)]の通りであるが，報告の際などに貴重なコメントやご示唆を賜った石川健次郎，呉天降，小林和子，小早川洋一，田村祐一郎，高尾厚，高嶋雅明，寺地孝之，刀禰俊雄，西牟田祐二，森泰博，湯沢威，米山高生，古瀬政敏の各氏，金融学会，地方金融史研究会の場などでご教示を賜った麻島昭一，石井寛治，伊牟田敏充，伊藤正直，池上和夫，植田欣次，岡田和喜，加藤幸三郎，粕谷誠，神山恒雄，黒羽雅子，後藤新一，斎藤壽彦，佐藤政則，渋谷隆一，白鳥圭志，進藤寛，杉山和雄，波形昭一，中西聡，西村はつ，吉田賢一の各氏，鉄道に関して常にご教示賜っている原田勝正，青木栄一，中川浩一，今城光英，加藤新一，西藤二郎，佐藤豊彦，和久田康雄などの各氏に厚く御礼申上げたい。

　なお本書では人的側面にのみ傾斜した結果，破綻研究には本来不可欠と考えられる係数分析は意図的に省略している。本書は鉄道や銀行といった免許事業を対象としているので，官庁統計等を駆使した他の研究[10)]に全面的に委ねることとした。また私鉄の出願，却下，開通等の時期や銀行等の設立，開業，改称等の時期についても特記した場合を除き，官庁統計等に基づく史書・先行業績等[11)]に準拠して個々には注記を省略した。さらに私鉄等の株主のうち上位株主については持株数の順位を持株数の前に○印の中に数字（例えば①は筆頭株主）で示した。また引用文の中で，文意補完・誤謬訂正する必要上，著者挿入句を〈　〉で示し，頻出する新聞・雑誌，頻出する共通史料は略号[12)]を用いた。

はじめに

注
1）本書で「破綻」とは会社等が業績不振や大事故，天災等により，経済的に破綻し，買掛金，支払手形，一時借入金，財団抵当借入金，社債等の各種外部負債の元本返済・利子支払が不能に陥ったことをいうものとする。破綻の一歩手前の徴候（前兆）としては株価の急落，連続大幅赤字，無配転落（継続），株金の増資払込不能，多額の繰越欠損計上，債務超過などがあり，その結果大幅減資による繰越欠損の処理，減・増資，特に優先株発行による債務の振替併用などの一連の財務整理が行われることが多い。本書では狭義の破綻に加えて，破綻の一歩手前の前兆現象をも含めて考察している。また「衰退」は売上高・自己資本等の経営指標の長期的な減衰傾向（俗にいう正味身代の「左前」状態）で，今口忠政，柴孝夫両氏らによる「組織の成長や発展が何らかの原因で停滞し，減少傾向に向かった場合の現象」（『日本企業の衰退メカニズムと再生化』平成11年，多賀出版，序）との定義を準用した。

2）単行本では朝比奈知泉『財界名士失敗談　上巻』明治42年，毎夕新聞社，園顕雄『不良銀行の考究』大正12年，緒方潤『銀行破綻物語―某休業銀行重役の犠牲録』昭和2年，文雅堂，岩塚源也『銀行からくり物語』2年，末次梧郎『金融機関を利用する犯罪の研究』3年，友田芳男『銀行はどんな株式をどれ程有って居るか？―株式崩落が中部九県下の銀行に及ぼした影響』5年，問題之世界社，伊藤由三郎編『銀行犯罪史　附予防法』11年，銀行問題研究会など多数。これ以前にもわが国最初の信用調査機関である商業興信所主任の阿部直躬による「破綻の原因を叙して銀行業者に望む」（『大阪銀行通信録』35号，明治33年9月），簡斎主人「銀行破綻の原因」（同43年，34年5月）など，実務家による企業・銀行破綻分析が明治34年の金融恐慌の前後から広く行われてきた。大正9年以降に刊行された金融恐慌関係文献は『日本金融史資料　昭和編』26巻，昭和45年，巻末の目録参照。衰退研究史および『株式会社亡国論』の位置付けについては柴孝夫「企業衰退研究の歴史と現状」（前掲『日本企業の衰退メカニズムと再生化』p17～21）に詳しい。この系譜に属する民間エコノミストの手になる実証的研究書としては戦後にも高橋亀吉『大正昭和財界変動史』上中下巻，昭和29～30年，東洋経済新報社，高橋亀吉・森垣淑『昭和金融恐慌史』昭和43年，清明会出版部，さらに後藤新一『銀行破綻史』昭和58年，日本金融通信社，同『昭和金融史』平成2年，時事通信社，同『銀行崩壊』平成7年，東洋経済新報社，など一連の研究書がある。

3）製糸・紡績・織物分野では絹川太一『本邦綿絲紡績史』第1～7巻，昭和12～19年，日本綿業倶楽部，山口和雄編『日本産業金融史研究　製糸金融篇』昭和41年，同『同紡績金融篇』45年，『同　織物金融篇』49年，東京大学出版会，岡本幸雄『地方紡績企業の成立と展開』平成5年，九州大学出版会，他四部作など。信託分野では麻島昭一『本邦信託会社の史的研究』平成13年，日本経済評論社ほか多数。社債のデフォルトに関する先行研究としては戦前の実務家による豊富な著作（栗栖赳夫『社債を中心とする会社財政及其整理理論』啓明社，昭和4年，昭和8年に『東洋経済新報』に連載された板橋菊松「社債整理始末」「社債の研究」等やこれらを収録した板橋菊松『社債の実際知識』千倉書房，昭和9年，板橋菊松『社債研究資料（第二集）』社債制度調査会，昭和9年，栗栖赳夫「社債先例回顧録」『栗栖赳夫法律著作選集』第2巻，「商法社債法の研究」有斐閣，1967年，p369～402所収など）をのぞけば，近年では松尾順介「日本に

おける社債受託制度の導入と確立」『証券経済』176巻, 1991年6月, 丸山宏「社債整理過程の分析―大阪鉄道の社債整理交渉―」(『経済と貿易』157号, 1992年1月, 横浜市立大学, p 51以下), 松尾順介「ディフォールト社債の買取とメインバンク制度」『証券研究』111巻, 1995年1月, 松尾順介「戦前のディフォールト社債の処理について(1)(2)」(『証研レポート』1541～2号, 1996年12月～1997年1月) など必ずしも多くはない。なお海運業でも杉山和雄『海運業と金融―不況期の資金調達―』昭和56年, 日本経済新聞社などがある。

4) 伝田功『地域の金融財政史―滋賀県と近江銀行』平成5年, 日本経済評論社, 石井寛治『近代日本金融史序説』平成11年, 東京大学出版会, 山崎広明『昭和金融恐慌』平成12年, 東洋経済新報社, 栗原るみ『1920年代の金融恐慌―福島県蚕糸業を事例として―』平成12年, 日本経済評論社, 石井寛治・杉山和雄編『金融危機と地方銀行―戦間期の分析』平成13年, 東京大学出版会などの著書がある。個別企業の研究論文は多数あるが例えば宮下弘美「日露戦後北海道炭礦汽船株式会社の経営危機」『経済学研究』43巻4号, 北海道大学など一連の研究業績がある (金融機関の業績は第2部序章参照)。

5) 大正13年8月22日大蔵省示達「普通銀行の検査に当ってしばしば発見する違法または不備の事項」(T 13.8.23 中外)

6) 例えば石井寛治氏は「両大戦間期のように数多くの銀行破綻が大きな社会問題と化した時期の研究にさいしては, 経済史プロパーの接近に加えて, いわば社会史的接近もある程度必要」(同「地方銀行と日本銀行」朝倉孝吉編『両大戦間における金融構造』昭和55年, 御茶の水書房, p 116) として, 破綻研究の多様なアプローチを示唆している。また同氏は大戦好況の実態を「地方レベルまでおりて究明した研究はあまり多くない」(同 p 118) とされる。

7) 本書で破綻銀行家の典型として取り上げる岩下清周自身も明治42年の段階で失敗談を聞かれ「銀行屋になったが先づ失敗…銀行其のものは僕の性格に反した仕事であって…自己の性格に適せざる仕事を…行ったら屹度失敗する」(前掲『財界名士失敗談』p 120～1) と自覚しており, 同じ頃に菅谷幸一郎も銀行重役は「有才不徳のものよりも寧ろ不才なるも公正熱心なるものを撰むを適当なり」(「銀行失敗の原因並に其予防法 (中)」『銀行通信録』260号, 明治40年6月, p 31) と判断している。

8) 第1章:「明治30年代の亜幹線鉄道の資金調達と銀行家―総武, 房総, 七尾, 徳島鉄道を中心に―」『彦根論叢』第316号, 平成10年12月, 滋賀大学, 第4・5章:「明治30年代における北浜銀行の融資基盤と西成・唐津鉄道への大口投融資」『滋賀大学経済学部研究年報』第5巻, 10年12月21日, 第7章:「明治期銀行融資のデフォルトと自己競落・証券化による不良債権回収―十五銀行の太田鉄道融資と水戸鉄道新設を中心に―」『彦根論叢』第299号, 8年1月, 第8章:「明治・大正期の困窮私鉄再建と生保金融―豆相鉄道の資産継承会社の性格を中心に―」,『彦根論叢』第298号, 7年11月, 第9章:「明治末期の民営社会資本の挫折と再建―高野鉄道のデフォルトと財政整理を中心に―」『滋賀大学経済学部研究年報』第2巻, 7年12月, 第10章:「明治後期の不振私鉄のファイナンス―金辺鉄道破綻と債務の株式化事例―」『彦根論叢』第319号, 11年6月, 第2部第2・3・7章:「金融恐慌と機関銀行破綻―東京渡辺銀行の系列企業を中心に―」『滋賀大学経済学部研究年報』第3巻, 8年12月, 第4章:「金融恐慌に

はじめに vii

　　よる休業銀行と関連社債のデフォルト―東京渡辺銀行と東京乗合の利益相反を中心に―」『証券経済研究』第3号，日本証券経済研究所，8年9月，第6章：「土地会社方式による不良債権処理―渡辺系昭和土地案から勧銀・根津系自己競落会社への変態を中心に―」『彦根論叢』第305号，9年1月，第8章：「金融恐慌と生保破綻―末期の旭日生命を中心として―」『文研論集』第120号，9年9月，生命保険文化研究所，第9章：「恐慌期の企業・金融複合破綻と投機的経営者―旭日生命を支配・搾取した山十製絲の破綻を中心に―」『滋賀大学経済学部研究年報』第4巻，9年12月，第10章：「生保破綻と投機的経営者―末期の共同生命を中心として―」寄付講座『保険学講座』十周年記念誌，九州大学経済学部，10年9月30日，九州大学出版会，第11章：「八千代生命の経営破綻と投資政策―投融資先の分析を中心として―」『保険学雑誌』第566号，11年9月号，日本保険学会，終章：「金融恐慌と証券化処理―我国における土地会社方式を中心に―」『証券経済学会年報』第32号，9年5月，証券経済学会

9）平成8年5月11日証券経済学会45回大会（法政大学）自由論題報告「金融恐慌と証券化処理―我国における土地会社方式を中心に―」，9年9月28日鉄道史学会15回大会（滋賀大学）共通論題『鉄道業とファイナンス』問題提起，11年2月13日日本保険学会関西部会報告「八千代生命の経営破綻と投資政策―融資先の分析を中心として―」，10年7月27日の社会経済史学会近畿部会大会共通論題（『戦前日本における資産家の形成と投資行動』）「大正期・昭和初期の企業家・資産家の破綻と投資行動」，10年8月1日経営史学会部会大会共通論題（『本邦鉄道の発達と関連諸産業の経営史的展開』）「明治後期の鉄道事業とファイナンス―非幹線鉄道を中心に―」，13年8月30日地方金融史研究会夏期合宿報告「我国における『整理・受皿会社』の系譜について（序説）―企業破綻・金融整理の一手法―」

10）とりわけ今城氏の近著『明治期鉄道統計の推計と分析(1)私設鉄道』（平成12年，大東文化大学経営研究所）は本書作成の過程で係数的な根拠を一覧可能な形でお示し頂き，おおいに考察の支えとなった。本書第1部では今城氏の著書に委ね，係数分析の図表を一切省略した。高橋亀吉・森垣淑は破綻企業の係数分析の限界について「大正末期までの会社の発表数字が…信のおけぬもの」ゆえ「一般統計にもとづく分析がかえって真実を隠蔽し，誤った認識に至る」（前掲『昭和金融恐慌史』p 97）とまで極言している。

11）『日本国有鉄道百年史』第4巻，昭和47年，巻末p 3～29，和久田康雄ほか『鉄道百年略史』昭和47年，鉄道図書刊行会，東京銀行協会調査部編『本邦銀行変遷史』平成10年

12）（新聞）大毎：大阪毎日，大朝：大阪朝日，中外：中外商業新報，時事：時事新報，東日：東京日日，東朝：東京朝日，読売：読売新聞，国民：国民新聞，報知：報知新聞，朝野：朝野新聞，万：万朝報，都：都新聞，日出：京都日出新聞，京都日日：京都日日新聞，岩日：岩手日報，魁：秋田魁新聞，中国：中国新聞，門司：門司新報，福日：福岡日日新聞，佐賀：佐賀新聞，（雑誌）R：『鉄道時報』（野田正穂他編，八朔社復刻版），B：『銀行通信録』，OB：『大阪銀行通信録』，K：『東京経済雑誌』，T：『東洋経済新報』，D：『ダイヤモンド』，E：『エコノミスト』，保銀：『保険銀行時報』，（会社録）諸：牧野元良編『日本全国諸会社役員録』商業興信所，資：『商工業者資産録』明治34年，商：『日本全国商工人名録』，帝：『帝国銀行会社要録』，要録：『（京浜）銀行

会社要録』，紳：交詢社『日本紳士録』，帝信：帝国興信所『帝国信用録』，（基本資料）
鉄：『日本鉄道史』

目　次

はじめに …………………………………………………………… i
序　論　企業破綻と金融破綻 ……………………………………… 1

第1部　企業破綻

序　章　鉄道における資金調達の困難性 ………………………… 13
　1．鉄道を対象とした理由 ……………………………………… 13
　2．先行研究 ……………………………………………………… 14
　3．明治30年代の資金調達の困難性 …………………………… 16

第1章　亜幹線鉄道の資金調達 …………………………………… 21
　1．はじめに ……………………………………………………… 21
　2．総武鉄道 ……………………………………………………… 22
　3．徳島鉄道 ……………………………………………………… 25
　4．七尾鉄道 ……………………………………………………… 29
　5．房総鉄道 ……………………………………………………… 32
　6．小　括 ………………………………………………………… 40

第2章　豊川鉄道の資金調達 ……………………………………… 47
　1．豊川鉄道の概要 ……………………………………………… 47
　2．豊川鉄道買占め事件 ………………………………………… 48
　3．豊川鉄道の社債募集 ………………………………………… 51
　4．豊川鉄道，豊橋銀行の連鎖破綻 …………………………… 52
　5．百三十銀行と露清銀行の紛議 ……………………………… 53
　6．債務の株式化 ………………………………………………… 55

第3章 阪鶴鉄道の資金調達 ………………………………………… 61

1. 財界分立と鉄道 ……………………………………………… 61
2. 阪鶴鉄道の発起 ……………………………………………… 62
3. ライバルの摂丹鉄道 ………………………………………… 63
4. 免許獲得競争と大阪財界分裂 ……………………………… 64
5. 阪鶴鉄道の資金調達 ………………………………………… 67
6. 香野蔵治の阪鶴買占め ……………………………………… 70
7. 阪鶴鉄道の国有化 …………………………………………… 72

第4章 唐津鉄道と北浜銀行 ……………………………………… 81

1. 唐津興業鉄道の創立と経営不振 …………………………… 81
2. 起債と北浜銀行引受 ………………………………………… 83
3. 財政整理と九州鉄道買収 …………………………………… 85

第5章 西成鉄道と北浜銀行 ……………………………………… 89

1. 西成鉄道の創業 ……………………………………………… 89
2. 西成鉄道の買占め …………………………………………… 91
3. 鷲尾久太郎と北浜銀行 ……………………………………… 93
4. 北浜銀行の西成株式取得 …………………………………… 95
5. 西成買占事件の真相 ………………………………………… 96
6. 西成鉄道の資金調達と北浜銀行 …………………………… 98

第6章 新旧会社方式による再建 ………………………………… 107

1. 新旧両社間の営業譲渡 ……………………………………… 107
2. 河陽鉄道と河南鉄道 ………………………………………… 110
3. 新旧会社方式のメルクマール ……………………………… 117

第7章 太田鉄道と十五銀行 ……………………………………… 125

1. はじめに ……………………………………………………… 125
2. 太田鉄道 ……………………………………………………… 125

3．水戸鉄道 ……………………………………………………130

第8章　豆相鉄道・伊豆鉄道 ……………………………………143
　1．豆相鉄道 ……………………………………………………143
　2．伊豆鉄道 ……………………………………………………151
　3．小　括 ………………………………………………………159

第9章　高野鉄道・高野登山鉄道 ………………………………169
　1．高野鉄道 ……………………………………………………169
　2．高野鉄道の破綻と財務整理 ………………………………174
　3．高野鉄道の担保付社債発行 ………………………………179
　4．高野鉄道の売却 ……………………………………………182
　5．高野登山鉄道 ………………………………………………184

第10章　金辺鉄道・小倉鉄道 ……………………………………197
　1．金辺鉄道と百三十二銀行 …………………………………197
　2．金辺鉄道破綻と小倉鉄道への譲渡 ………………………204

終　章　困窮・破綻企業の資金調達と銀行 ……………………213
　1．困窮企業の資金調達パターン ……………………………213
　2．資金調達への重役関与の必然性 …………………………216

第2部　金融破綻

序　章　金融恐慌の導火線・東京渡辺銀行 ……………………223
　1．東京渡辺銀行を対象とした理由 …………………………223

第1章　広部銀行と昭和土地 ……………………………………229
　1．広部銀行と広部清兵衛 ……………………………………229
　2．広部銀行の破綻と昭和土地 ………………………………235

第2章　東京渡辺銀行の概要と創業者 …………………………245
　1．東京渡辺銀行の沿革 ………………………………………245

2．先代渡辺治右衛門 ………………………………………246

第3章　東京渡辺銀行の関係企業 …………………………257
1．先代死亡以後の関与企業 ………………………………257
2．渡辺一族の役員兼職分布 ………………………………262
3．設立時期と業種分布 ……………………………………264
4．関係した会社のレベル …………………………………266
5．投資成果 …………………………………………………268
6．東京渡辺銀行の貸付先 …………………………………269

第4章　東京乗合自動車 ……………………………………281
1．東京乗合社債償還不能事件の意義 ……………………281
2．東京乗合の沿革と甲州系 ………………………………282
3．関係会社への投資 ………………………………………286
4．第1回，第2回社債起債の経緯 ………………………287
5．不明朗な起債の背景 ……………………………………289
6．東京渡辺銀行破綻との関連 ……………………………290
7．神田銀行との関係 ………………………………………291
8．手形乱発事件の処理 ……………………………………292
9．社債のデフォルト ………………………………………293
10．東京乗合の「根津財閥」への併呑 ……………………293

第5章　渡辺系の各社概要 …………………………………303
1．東京湾汽船 ………………………………………………303
2．あかぢ貯蓄銀行 …………………………………………306
3．渡辺倉庫 …………………………………………………309
4．東洋製油 …………………………………………………310
5．渡辺商事 …………………………………………………311
6．日仏シトロエン …………………………………………313
7．東京渡辺銀行の大口預金者 ……………………………314

8．神谷伝兵衛と三河鉄道ほか ……………………………315
　9．樺島礼吉と帝国電灯ほか …………………………………320

第6章　渡辺系の不動産会社 ……………………………………333
　1．渡辺系の不動産会社 ………………………………………333
　2．昭　和　土　地 ……………………………………………343

第7章　「渡辺財閥」の破綻過程 …………………………………359
　1．破綻の遠因としての渡辺商事破綻（大正10年）…………359
　2．関東大震災による関係会社の被害（大正12年9月）……360
　3．整理目的の渡辺同族会社の不徹底（大正12年8月）……360
　4．不動産売却（大正12年以降）とあかぢケ原事件（大正15年発覚）……361
　5．武蔵電気鉄道の立往生と身売り（大正13年10月）………363
　6．旭日生命株式の譲渡（大正14年6月）……………………366
　7．日本製麻の危機 ……………………………………………368
　8．上毛モスリン破綻（大正15年8月）………………………369
　9．東洋モスリンの危機 ………………………………………372
　10．関係企業からの資金吸収（預金・手形振出・起債など）……374
　11．延命策としての高利資金等の導入 ………………………376
　12．いわゆる「渡辺倉庫乗っ取り事件」（昭和2年4月）……378
　13．若尾銀行が東京渡辺銀行救済に一役（いわゆる蔵相失言の背景）……381
　14．致命傷となった経済記事と乗合株惨落 …………………382
　15．破綻の状況 …………………………………………………383

第8章　旭日生命の破綻 …………………………………………397
　1．旭日生命と渡辺家の関係 …………………………………397
　2．中村準策と太平洋海上火災 ………………………………400
　3．旭日生命の共同経営 ………………………………………402
　4．小口今朝吉と乾新兵衛との関係 …………………………405
　5．商工省による第一次の整理命令発令 ……………………406

6．乾による旭日生命の完全支配 …………………………… 408
　7．乾によるリストラ断行 ……………………………………… 410
　8．乾新兵衛の保険観 …………………………………………… 411
　9．京橋ビルディング事件 ……………………………………… 413

第9章　旭日生命と山十製糸破綻 …………………………… 421
　1．山十製糸の概要 ……………………………………………… 421
　2．経営者・小口今朝吉 ………………………………………… 422
　3．山十の内部不統一 …………………………………………… 423
　4．旭日生命買収と資金流用 …………………………………… 424
　5．小口今朝吉の没落 …………………………………………… 426
　6．山十製糸の整理 ……………………………………………… 428
　7．山十製糸破綻 ………………………………………………… 429
　8．安田銀行による自己競落会社・昭栄製糸設立 ………… 432
　9．小口合名 ……………………………………………………… 433
　10．山十土地 ……………………………………………………… 435
　11．乾派による山十土地支配 …………………………………… 436

第10章　共同生命の破綻 …………………………………………… 447
　1．共同生命の沿革 ……………………………………………… 447
　2．「北陸の鉱山王」横山家と加州銀行 ……………………… 448
　3．共同生命の不良債権 ………………………………………… 450
　4．玉屋時次郎による買収 ……………………………………… 451
　5．共同生命と旭日，山十等との「醜関係」 ………………… 452
　6．玉屋による総武銀行乗っ取り ……………………………… 454
　7．玉屋の事業活動（鉄道とホテル） ………………………… 458
　8．共同生命の終焉 ……………………………………………… 462

第11章　八千代生命の破綻 ………………………………………… 473
　1．八千代生命の概要と特色 …………………………………… 473

2．経営破綻の原因 …………………………………475
　　3．資産運用の内容 …………………………………477
終　章　土地会社方式による金融破綻処理 ……………503
　　1．特別目的会社,「受皿会社」等の系譜 …………503
　　2．土 地 会 社 ………………………………………504
　　3．土地会社方式による金融破綻処理 ………………505
　　4．共益不動産 ………………………………………507
結　論　負の連鎖とリスク増幅のメカニズム（仮説）……513
　　1．経営破綻と負の連鎖 ……………………………513
　　2．破綻経営者共通の特異な性向 …………………515
　　3．投機・破綻の誘発・促進者群の類型化 …………523
　　4．破綻経営者，誘発・促進者相互の錯綜関係 ……544

　　あ と が き …………………………………………559
　　索　　引 ……………………………………………563

序論　企業破綻と金融破綻

　本書の目的である企業破綻と金融破綻の両面からの分析を通じて双方に共通する経営者個人の特異な投資・投機行動のメカニズムの解明を試みようとするには当然ながら破綻の要因等がある程度解明されているなど適切な破綻事例を多数収集分析する必要がある。無数に存在する破綻の中で，最も社会的影響の大きいと思われる事例として，戦前期の金融恐慌等における，個人銀行ないし個人経営的色彩の強い銀行・金融機関の破綻をあげることが出来よう。破綻事例の探索をとりあえず，銀行・金融機関から出発したのは，数多くの免許・登録事業の中でも破綻現象がほぼ正確に捕捉できる業種は銀行等一部の，不特定多数の大衆相手の金融機関[1]に限られるという，「破綻」情報の入手上の制約による。また銀行の破綻を捕捉すれば，同系列の商社・事業会社等の同時発生的な連鎖破綻もある程度カバーできる場合が少なくないと考えたからである。

　まず明治・大正期までに一定規模に成長した主な企業家・資産家の中から，大正期から昭和初期までの間に退出，衰退ないし破綻した事例[2]を［表-1］の通り抽出した。破綻事例の大量観察と多くの先行研究等[3]の成果をも勘案・斟酌した結果，破綻資本家等に共通して見られる一般的な性向や行動パターンとしては次の諸点に集約・類型化できるのではなかろうか。①企業・金融機関等への支配欲，②投機的性向，③資金固定化性向[4]，④行主・オーナーの虚飾性・虚業家的性向[5]，⑤不良債権発生の蓋然性，⑥結果としての資金調達の困難化・資金繰逼迫などである。

　このうちたとえば，①の企業・金融機関等への支配欲は重役として関与した行社数に発現するものとみられる。関与社数が多いのは約100社（才賀藤吉），60社（加島安治郎）[6]，52社（渡辺勝三郎），36社（熊沢一衛，藤本清兵衛）[7]，19社（高橋小十郎，吉野周太郎）[8]，18社（島徳蔵），17社（横山俊二郎，高倉為三），16社（海塚新八，島定治郎），15社（村井吉兵衛，村井貞之助），13社（金田一国士，石井定七，伊藤英一），12社（古賀春一），11社（橋本万右衛門，茂木惣兵衛，浦辺襄夫），10社（蔵内次郎作），8社（小野駿一），5社

[表-1] 大正〜昭和初期に破綻・衰退した資産家・投資家

氏　名	本拠	職業等	生年	没年	続　柄	継承時期	中核銀行＊中核企業
金田一国士	盛岡	会社員	M16	S15	勝定の養子	T 9	盛岡
金田一勝定	盛岡	大豆商	嘉永1	T 9			盛岡
橋本万右衛門	郡山	呉服商	慶応2	S10	先代の長男	M33	郡山合同
吉野周太郎	福島		M 4				福島
加東徳三	東京	株式仲買	安政3				百三十二
高田慎蔵	東京	輸出入商	嘉永5	T10	M13商会開業		＊高田商会
高田釜吉	東京	輸出入商	M 9		糸平三男慎蔵養子	T10	永楽
渡辺治右衛門	東京	会社役員	M 4	S 5	9代の長男	M42	東京渡辺
渡辺勝三郎	東京	会社役員	M 6	S15	9代の三男		東京渡辺
神田鐐蔵	東京	株式	M 5	S 9	M33株式店開業		神田
広部清兵衛	東京	質商銀行	慶応2		先代の長男	M15	広部
村井吉兵衛	東京	煙草商	元治1	T15	先代の養子	M22	村井
村井貞之助	東京	煙草商	M 3			T15	村井
小原達明	東京	生保	M 7	S16	渡辺家姻族	T 2	＊八千代生命
星　一	東京	製薬	M 6	S26	郡議の長男		＊星製薬
葛原猪平	東京	冷蔵	M12			M42	＊葛原冷蔵
浦辺襄夫	東京	会社役員	M 4			M40	＊明治製革
茂木惣兵衛	横浜	生糸商	M26		別家が相続	T 1	七十四
久須美秀三郎	新潟	農業	嘉永3	S 3			長岡
久須美東馬	新潟	会社役員	M10	S22	秀三郎長男	S 3	＊越後鉄道
横山隆平	金沢	男爵鉱業	弘化1	M36	金沢藩国老の子		＊隆宝館
横山隆興	金沢	鉱業			隆平の叔父		＊隆宝館
横山隆俊	金沢	男爵	M 9		隆平の長男	M36	加州
横山　章	金沢	鉱業	M 7		隆興の長男		加州
横山俊二郎	金沢	会社役員	M13				加州
高橋小十郎	豊橋	回漕肥料	M14	T14	先代の養子	M43	尾三
熊沢一衛	三重	会社役員	M10		(大川平三郎抜擢)	T 5	四日市
岩下清周	大阪	銀行役員	安政4	S 3	北銀創業	M30	北浜
才賀藤吉	大阪	電機商	M 3	T 4	商家の長男	M29	＊才賀商会
藤本清兵衛	大阪	銀行業	M 3	S24	初代の養子	M29	藤本BB
守山又三	大阪	代議士他	M 2				船場
高倉為三	大阪	会社役員	M19		藤平の養子	T 6	日本積善
石井定七	大阪	材木商	天保11		先代の養子		高知商業
加島安治郎	大阪	株式仲買			先代の三男	M41	＊加島商店
島　徳蔵	大阪	株式仲買	M 8	S13	徳治郎長男	M28	愛国貯金
島定治郎	大阪	貿易商	M10		島徳蔵実弟	M35	＊島貿易
越井醇三	大阪	材木商	慶応1		先代の養子		富田林
伊藤英一	兵庫	番頭	元治1	S18	先代長次郎女婿		＊播州鉄道
海塚新八	広島	肥料糸物			初代の長男	T 2	広島産業
蔵内次郎作	福岡	炭砿代議士	弘化4			M16	田川
小野駿一	大分	農業	M15		先代の長男	T 4	大分
古賀善兵衛	佐賀	銀行	M14		先代の長男		古賀
古賀春一	長崎	炭砿業	M15		先代の養子		＊大日本炭砿

(凡例) #は相続人, 関係法人分を含む。休業欄の加島商店は店主取締, 播州鉄道は経営陣更迭, 加州
(出典) 昭和3年以降の銀行休業年月日は進藤進「昭和恐慌期における休業銀行・開店休業銀行の実初期の大資産家名簿」『地方金融史研究』第14号, 昭和58年3月, 所有地は農務局『五十町歩得税額は『日本紳士録』28版, 関与社数は『銀行会社要録』大正11年版, 役員録, その他本文

休業等の年月日	関係生保信託等	資産額(万円) M35	資産額 T5	所有地 T13(町)	所得税 T12(円)	関与社数 T11(社)	関与社数 ピーク(社)	本書での言及頁
S 6.11.26	盛岡信託	…	…	…		9	13	…
	東華生命		65	#80		…		…
S 5.10.4	大安生命	…	80	495		9	11	…
	戦友共済生命	100	150	79		19		494～
M41.1.11						…		201～
T14.2.21		100	2000			…		…
T14.2.21	中央火災			…	12,399	5	5	…
S 2.3.15	旭日生命	800	1300	…	71,090	5		245～
S 2.3.15		…	70	…	16,038	52		262～
S 3.8.18	東華生命		500	…	7,119	4	4	287～
S 2.2.14			150	#472	営1,557	4	5	229～
S 2.3.22	太平生命	500	1000	…	33,231	10	15	…
S 2.3.22	太平火災	…	75	68	5,776	7	15	…
S 5	帝国火災				4,886	3		473～
T15.12	戦友共済生命				27,855	3		534～
T14.4.22					28,762	2		532～
			50	…	1,911	11		450
T 9.5.24	横浜生命	先代50	900	…		2	11	…
		…	70	50		3		
S 4家財差押		…				5	5	300
		100	…	…		…		
		50	…	…		…		
T11.1.25	共同生命	…	200	…		2		
T11.1.25	共同生命	…	50	81		5		}466
T11.1.25	共同生命	…		…		17	17	
T12.7.18	日本国債信託	…		…		19	19	…
S 7.3.5				85		25	36	…
T 3.4.21	萬歳生命					…		93～
T 1.9.	電気信託					…	約100	328～
		100			6,167	36		171～
T 2.3	博愛生命					…		530～
T11.11.29	太平火災	先代250	…			16	17	…
T11.3.1			50		1,490	13	13	…
S 5.10.2			300	…	22,294	60		…
S 8.11.15	豊国火災		1000	…	62,168	18	18	…
………			250	…	2,076	15	16	…
S 5.11.4			90	…		3	5	…
T10.11	神戸取引信託	…		112		10	13	…
S 2.3.21	広島信託	…	80	…	32,317	16	16	…
T 9.12.20				…		10		
T11.12.21		…	50	…		8		
T15.5.5	佐賀信託		200	…		4		
T14.4	高砂生命		150	…		12		

は日銀特融と頭取以下退任の時点。

態と影響」『地方金融史研究』第18号，昭和62年3月，資産額は渋谷隆一，石山昭次郎，斎藤憲「大正以上ノ大地主」大正13年6月調査（渋谷隆一編『大正昭和日本全国資産家地主資料集成Ⅰ』所収），所中に注記した先行研究，各伝記，列伝，評伝類などにより作成。

（渡辺治右衛門，久須美東馬，越井醇三，高田釜吉，横山章，広部清兵衛）などであった。

　小早川洋一氏らの研究[9]によれば明治31年現在の兼務役員数は，①渋沢栄一31，②松本重太郎28，③山中利右衛門，田中市兵衛，野田吉兵衛各21，⑥阿部彦太郎，岡橋治助各19，⑧小泉新助18，⑨下郷伝平17，⑩阿部市郎兵衛，今西林三郎，浮田桂造各16社の順であったから，渡辺勝三郎（第2部第3章）や「東海の飛将軍」熊沢一衛らは会社数の著増など時代の差があるとしても渋沢，松本らを凌ぐほどの「一人多職主義のサンプル」であった。

　次に②の投機的性向の程度は投資（関与）対象の分散・集中，業種別分布，投資ロット，投資時期，さらにデータが入手可能な事例ではポートフォリオの特色などを分析することである程度判断できるものと考えられる。個人の生理（病理）現象がその排出物に端的に現れるように，投資（投機）家としての特性・体質は当然に投資（投機）対象として取捨選択した結果としての投資（投機）内容すなわち具体的なポートフォリオに反映されるはずだからである。

　結局，社会的影響の甚大な大口破綻のリスクを増幅させる方向性としては，①多くの銀行や保険会社等の経営に関与して実権を握り，巨額の資金の運用を任される立場に立ち，②大株主・大口債権者・兼務重役として数多くの企業に関与し，③巨額の資金が長期間固定化するような分野に投融資し，④価格変動が激しく投機色の強い分野に投資することなど4方向に集約することができよう。この4方向を図示することにより，一般的な資本家のパターン化を試みることにしよう。原点Oを中心に上方向に，①の金融支配度（関与金融機関の質量・支配の程度）が強く，下方向に②の企業支配度（関与企業の質量・支配の程度）が強く，右方向に③資金固定性（投下資本の量と回収期間）が大きく，左方向に④投機性（価格変動，信用等の諸リスク）が大きくなるものとする。個々の資本家の性向を事例研究等の成果により判定してプロットすれば，［図-1］の通りである。典型的な例を挙げると，①の金融支配度のみが顕著なものとしては純粋の「金融財閥」（事業会社をほとんど擁していない山口財閥等），②の企業支配度のみが顕著なものは兼務役員数が極めて多い"名義貸"的看板重役（大株主の故でなく，単に名目的なトップとして各方面から重宝されて担がれた土居通夫等）など，④の投機性のみが顕著なものは企業経営には関与しない純粋の投機家・相場師などが想定される。

　まず第Ⅰ象限（金融支配度が強く，かつ資金固定性も顕著なもの）の典型的

序論　企業破綻と金融破綻

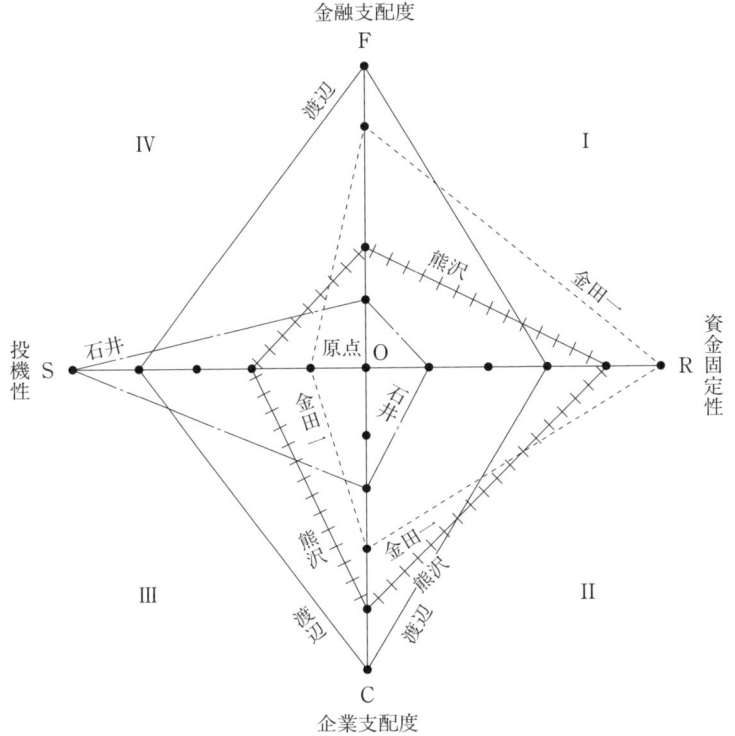

[図-1] 破綻資本家のパターン

事例は保険支配と鉄道投資の併用を特色とする「中堅財閥」（根津，川崎等）が挙げられる。第Ⅱ象限（企業支配度が強く，かつ資金固定性も顕著なもの）は全国レベルで何十社もの数多くの鉄道・電灯等に関与した鉄道資本家（雨宮敬次郎，才賀藤吉など）等が当てはまる。第Ⅰ・Ⅱ象限の双方にまたがるのは銀行・保険・鉄道を中核とした安田財閥などが想定される。

　第Ⅲ象限（企業支配度が高く，かつ投機性も顕著なもの）の典型的事例は泡沫的な土地会社等を次々に設立して大衆投資家に高値で売り付けた「会社屋」的なプロモーター（土地会社を中心に60社以上に関与した加島安次郎など）が想定される。第Ⅳ象限（金融支配度が高く，かつ投機性も顕著なもの）の典型的事例は銀行，各種金融機関を多く支配して，預金者や保険契約者から負託された大衆資金を自己の投機資金に流用した数多くの破綻銀行家などが該当し

よう。

　第Ⅰ象限，第Ⅱ象限によって形成される三角形の面積は，機関銀行等の支配によって，鉄道・電灯等の巨額の資本を必要とする資本集約的産業に動員される資金量（固定化の程度）を示し，第Ⅲ象限，第Ⅳ象限によって形成される三角形の面積は，投機が失敗した場合のリスクの程度（想定元本）を示すものと考える。そしてすべての象限によって形成される四角形の面積は資金の固定化,投機の失敗の結果生じる破綻の社会的影響度の大きさを示すものと考えられる。もし単に冒険的な一投機家が自己資本の範囲内で大きな相場を張ったとしても，銀行や公益企業に関与していなければ四角形の面積は小さく，その社会的悪影響は極めて限定された範囲にとどまる。しかし投機家が不幸にして大衆資金を受入れる銀行等の支配者・絶対者を兼ねた場合には社会的リスクは一挙に増幅する。たとえば石井定七の場合,「金融ノ目的ヲ以テ設立セシ幽霊会社」[10] 多数を擁し表面上は企業支配度が高い。しかし銀行等の役員兼務がなく，表面上金融支配度は高くないようだが，現実には高知商業銀行を実質的に支配して巨額の架空預金証書を発行させ多数の大手行から預金担保で巨額の投機資金を調達していたため，社会的影響は甚大であった。加島と同様に「各種の新会社を起こし…四角八面に財界を薙ぎ回っていた」（T 11.11.30 大毎）プロモーターの高倉為三が常務の名で実権を握っていた日本積善銀行は貯蓄銀行から転換したこともあって，小口預金者が多く社会的には最悪の結果を招いた。

　もちろん［図-1］のような大量観察による単純な模式図では，表面上では多くの金融機関や鉄道企業等に関与した点で共通点を有する渋沢栄一，安田善次郎，今村清之助，根津嘉一郎ら，形式的には同一パターンを示す破綻銀行家などとの本質的な差異を図上だけから判別することは不可能である。著者らが学会報告した際に石川健次郎氏より大量観察方式に対する懐疑的なコメントを頂いたゆえんでもある。当然に本書でもこのあとに個別的な事例研究を相当数用意し，結論において根津らとの差異の解析も行っているが，いわば大量観察[11]は破綻という途方もなく広い大海原の中で個々の破綻事例という難破船の沈んでいそうな箇所を探査するため，全体の中でのおおよその位置付けを知るための海図の役割は与えられるのではなかろうか。

　このような模式図から破綻の遠因の相当部分は，企業や金融機関を支配しようとする資本家の飽くなき欲求や，さらに資金が固定化しやすい分野や投機性の高い財貨への大量の資金投下への抑えがたい欲求により説明できそうである。

序論　企業破綻と金融破綻

その際に特に重視されるべき破綻領域は深刻かつ大規模な破綻に直結するほど必要資金量が巨額で，地域社会への影響力が甚大で，しかも買占めなどの投機行為が頻発するような業界や企業群であると考えられる。また金融破綻の領域でも金融恐慌など集中的な破綻の導火線となるなど，なんらかの先行性，代表性，ベンチマークとしての意義のある事例や，大衆零細資金に痛烈な打撃を与えた金融機関の中から選定することとしたい。こうした観点から本書では以下，企業破綻と金融破綻を第1部，第2部（銀行・生保等の金融機関の破綻）の二部構成のもとに具体的事例を取り上げ，事例研究により破綻に至る背景・原因等を分析する。対象時期を第1部では主に明治期最大の金融恐慌である明治34年恐慌の前後とし，第2部では昭和期の金融恐慌である昭和2年の前後を考察したが，第1部と第2部は表裏一体の関係にある。すなわち第1部は当時の代表的な主軸・基幹産業の一つとして国民経済に大きな比重を占め，大量の資金を必要とするため銀行家が多く関わり，かつ株式市場とも深く結び付いて，しばしば投機の対象にもなった鉄道業に絞り込んだ企業破綻を対象とするが，その内容は困難に陥っていく資金調達の複雑・混迷化ならびに資金調達先の銀行・金融機関・非金融機関との非日常的・例外的な関係の解析に主眼が置かれる。経営危機から破綻に至る10余社の設備金融が百三十銀行，北浜銀行，十五銀行（結果としていずれも後に破綻）など取引金融機関との財務的，人的連携・癒着関係を中心にして具体的に検討する。鉄道業は投資額が巨額で資金調達手段も多様化し，多種金融機関との接点を有するため，その業績不振・破綻は関与銀行等に多大の悪影響を与えることも多く，鉄道金融に関わった各銀行の中からはこうした不良債権の累積が遠因となって後に取付や破綻に遭遇した事例も少なくない。第1部の事例は何らかの情実，審査不足，投機的目的等の理由で敢行された大口融資がデフォルトないし不良債権となった結果，与信金融機関側に相当の負担を発生させ，財務上の整理を余儀なくされた。

　次に第2部の金融破綻では昭和の金融恐慌で破綻した代表的な「機関銀行」東京渡辺銀行とその系列の旭日生命等を中心に，先行事例の広部銀行，連鎖・誘発事例の共同生命，八千代生命等を含めて昭和初期に集中した銀行・生保の複合破綻・大株主・投融資先との根深い癒着関係を検討する。東京渡辺銀行に典型的に見られるように，破綻金融機関の経営者・実権者は十数社から数十社にも及ぶシナジー効果が希薄な企業群に次々と発起人・役員等として関与し，彼らの銀行等も大口貸付，出資，社債引受，保証等の累積を通じ関係企業と複

雑に絡み合う場合がほとんどで，当該投融資先の多くも相前後して経営不振に陥る等不良債権化し，主力銀行を喪失して流転を余儀なくされた。第2部では銀行生保等と企業とが複雑に絡み合った複合破綻を中心に，不明朗な迂回融資，ダミー多用，各種の粉飾操作，政官界工作等の違法行為をもあえてしつつ，あくまで自己の関係事業を固守するため，預金者や保険契約者からの受託財産を投機資金や自暴自棄的な買占め行為に流用・転用するメカニズムの解析にあてられる。

さらに第1部，第2部に共通する粉飾決算操作，不良債権処理や破綻処理の形態として多用された資産・負債継承会社（受皿会社）についても広く一般化することを試みた。すなわち第1部では新・旧会社間の営業譲渡方式による企業再建，第2部では土地会社方式による金融破綻処理がともに戦前期に相当幅広く実施されたことを初めて明らかにした。

第1部で取り上げた鉄道企業の大半は企業勃興期の「鉄道熱」の時代に投機的に発起ないし設備拡張した反動で明治30年にはいって極度の資金難・破綻同然の窮境に陥った企業群であったし，第2部の金融機関群も大正中期の大戦景気の「企業熱」「投機熱」に悪乗りして同じく業容を急拡大させた反動で大正末期から昭和初期にやはり資金難に陥り相次いで破綻した。したがって第1部と第2部は対象時期も対象産業も異なるものの，共通する同根の「破綻」という負のキーワードで強く連鎖しているといえよう。ここで昨今の「土地熱」に踊って破滅した企業や金融機関の行動との異同についてあえて言及するまでもなかろう。著者はもちろん本書の読者も，書かれていない本書"第3部"に相当する平成期の"金融恐慌"に身を置きつつ，無数の企業・金融破綻事例という余燼がなおくすぶる生々しい残骸の山の前に佇んでいるはずである。遙かに遠く，記憶はもちろん記録も定かならぬ過去に遡及するという歴史的手法でもって，はたして厳しい現状を解析するのに役立つ素材を幾分なりとも本書に収録し得たのかどうかの点は読者自身の判断に委ねるほかはない。

注
1) 同じ銀行でも特定少数の投資家相手の神田銀行等の事例では，たとえ休業・休眠同然の事態に追い込まれたとしても一般の銀行のようには取付・破綻情報が流布されない。また同じく免許事業でも鉄道・軌道では正確な「破綻」情報は統計的に入手困難で，事

後的に「免許取消処分」が発令されるにすぎない。銀行とは全く無関係の，商社・事業会社等の単独の破綻事例は対象から欠落することは避けがたい。

2）山崎広明氏も大正5年と昭和8年の大資産家名簿の対比から，同じく高田，渡辺，島，伊藤各家を含む12家が「破綻もしくは後退を余儀なくされた」原因をリスク管理組織を欠いた「銀行，商社業への進出」（前掲『昭和金融恐慌』p 20）に求めている。

3）大正13年8月22日大蔵省が地方長官を経て各行に示達した「普通銀行の検査に当ってしばしば発見する違法または不備の事項」（T 13.8 .23中外）として列挙された30項目などは当局の銀行検査という文字通り大量観察結果の要約と考えられる。

4）破綻に伏在する「病弊」としての資金固定化に早くから着目したのは柴孝夫氏によれば住友総本店監事の藤尾録郎（「会社の二大病弊」M 43.5 .7 .K）であるとされている（前掲『日本企業の衰退メカニズムと再生化』，p 15）。

5）「虚業」というビジネス観については岩田龍子『虚業の研究　日本人のビジネス観再考』昭和62年，日本経済新聞社参照

6）加島安次郎は「競ふて簇立した二十数ケ所の新設会社の社長，重役として時めいてゐた」（前掲『銀行犯罪史』p 59）と評された。

7）藤本清兵衛はほんの数年間で30余社に関与し，明治39年時点では「鐘紡，合同紡，泉州紡，河内紡等三十余社の重役をも皆一擲して静に隠遁」（前掲『本邦綿絲紡績史』第5巻，p 311）した。大戦景気の絶頂期の大正中期には「一陽来復して再び実業界の機運に乗じて…今や昔時に幾倍するの勢譽」（五十嵐栄吉編『大正人名辞典』大正7年，東洋新報社，p 642）を得るなど，実業界に奇跡のカムバックを称賛された。

8）吉野周太郎は「十数会社の重役として東北実業界に雄飛し」「福島県の千万長者として同地方では飛ぶ鳥も落す勢ひ」（前掲『銀行犯罪史』p 20），「公私の事業に関連して有為多忙」（東京毎日新聞社編『大日本重役大観』大正7年，p 107）などと評された。

9）小早川洋一，鈴木恒夫，和田一夫「明治期の会社および経営者の研究─『日本全国諸会社役員録』（明治31年版）の分析─」中部大学『産業経済研究所紀要』9号，平成11年3月，p 35

10）日本銀行調査局『本邦財界動揺史』大正12年頃，『日本金融史資料　明治大正編』22巻，p 707所収

11）こうした破綻の大量観察は古くは菅谷幸一郎（「銀行失敗の原因並に其予防法」M 40.5 .B）によって試みられ，銀行重役の私借・重役関係会社への貸出など重役の責に帰すべきものが305行もの失敗原因の大半を占めるとされる（前掲『日本企業の衰退メカニズムと再生化』p 14）。

第1部　企業破綻

序章　鉄道における資金調達の困難性

1．鉄道を対象とした理由

　本書の第1部「企業破綻」では破綻企業の具体的事例として多くの鉄道を取り上げた。鉄道はその草創期においては鉱業，建設，鉄鋼，車両，機械，金融保険その他の諸産業の振興，地域発展等に多大の外部経済をもたらすリーディング・インダストリーであり，かつ当時にあっては卓越した技術水準を必要とする最先端産業のひとつであったことはいうまでもない。下部構造一式の自己保有，長距離・連続の線路敷買収，長大な隧道・橋梁等の存在，設備一式の開業前一括設置，不可避の初期赤字等である。鉄道や電力は業種柄投下資本が巨額なため，その資本金は当時の一般的な事業会社に比して相当巨額[1]であり，かつ投下資本回収が超長期に亘る。資本の懐妊期間が長く，当初は稼働率が低く，初期赤字は不可避なため，開業当初の配当も多くは期待できず，しかも資本家や金融機関等が多少の投資をしても発言力の確保にはほど遠い。したがって短期的，投機的な観点からは投資対象としての妙味は乏しい（しかし鉄道の特性を見抜くことなく，現実にはしばしば投機対象に選択して失敗した投機家が少なくなかったことは本書の各章に見る通りである）。このため資本市場が未発達な段階にあっては，巨額で超長期の資金を必要する鉄道企業は当然に資金調達に苦慮，呻吟した。無数ともいえる鉄道敷設の願望，計画，発起の数に比し，実現にまで漕ぎ着けた開業鉄道数が極めて僅少な事実がそのことを雄弁に物語っている。しかも幸運にも開業出来た鉄道にあっても初期赤字に苦しみ，建設資金の返済に窮し，当初計画の放棄を余儀なくされた場合が大半ではなかろうか。したがって鉄道業，とりわけ信用度の劣る中規模以下の鉄道企業経営において資金調達問題の重要度は極めて大きなものがあったといえよう。

　しかし反面で鉄道は社会資本の特性として費用逓減，地域独占性を有する結果，適切な計画であれば，沿線の地域社会やエネルギー供給エリアの発展とともに輸送量・供給量が漸増し，生産費用は逓減していく。この結果，著名な鉄道資本家の今村清之助が「其基礎だに立たば，鉄道業ほど有利にして確実なる

事業なし」[2]と看取した通り，徐々に収益が安定し，最終的には確固たる経営基盤が確立するため，長期ないし超長期的観点からは好ましい投資対象となり得る。一時的，短期的な高収益・投機的利益ではなく，長期的な安定利益を指向し，最小資金投下に対する最大企業支配を目的とするのでなく，将来に亘って巨額の資金消化先を長期的，安定的に確保しようとするような種類の投資家や金融機関の投資行動にはマッチした。しかも，公益的な施設の完成が沿線一帯や地域社会にもたらす外部経済は広範囲に波及し，地域経済の活性化や地域社会全体に各種の便益，利便，快適等をもたらした。例えば安田善次郎は「各地の鉄道建築に援助を要請せらるるに当り，身自ら必ず其の沿線地方の貧富盛衰を調査しなければ承知せぬ所以は，万一将来経営当事者が失敗の不幸あるときは結局自身之を経営する量見」[3]を持ち，「支線とも目すべき線路に向って，機会ある毎に資本を下す」[4]方針をとり，「地方鉄道の有利なるものあって，助勢を求め来るときは，之に対して応分の力を貸して，これを部下に収め」[5]てきた。安田は明治40年日本電気鉄道[6]計画に対し「如何なる方面から考へて見ましても是れは立派な国家事業でありますから私は無論賛成とか権利とかそんなものを当てにせず利回はりにも関係せず総ての株を皆売っても是れを世襲財産にする積り」(40.2.23 R) と断言している。同じく長期的視点から「今は拾ひ手もないが将来は有望な株である」[7]との「ソロバンを弾いて」「ボロ会社の株式をかき集め」[8]，いわゆる「東武式手術を施し」[9]て最後は鉄道王の座についたのが根津嘉一郎であった。

2．先行研究

　明治期の鉄道金融全般に関する先行研究としてはまず野田正穂氏による『日本証券市場成立史―明治期の鉄道と株式会社金融―』[10]を挙げなければならない。個別鉄道の研究としては五大私鉄等，長距離の幹線鉄道に関しては比較的多くの先行研究[11]があり，ファイナンス面を含めて解明されつつあるが，中近距離の亜幹線・非幹線鉄道に関しても古くは石井常雄氏，宇田正氏らによる両毛，阪堺等に関する一連の著名な先駆的研究をはじめとして，近年では例えば武知京三氏による西成鉄道，河陽鉄道等に関する一連の個別的経営事例研究がある（具体的業績は第1章の注2参照）。しかし非幹線鉄道会社のファイナンスは野田氏の前掲書の中で主に証券市場との関係を中心に検討されているとはいえ，全貌は未だ十分に解明されたとは言えないであろう。なぜなら中堅以

下の鉄道では間接金融に依存する割合が高く、従来の研究者が重視してきた直接金融面や証券市場との関係のみならず、貸借対照表（B/S）貸方の半ばを占める外部負債すなわち社債の最終保有者、銀行・保険等の金融機関からの借入金、ならびに外部負債の調達を可能にした社債権者・金融機関との人的・資本的諸関係の解明もそれ以上に重要性が高く、株主分析と並行して行う必要があるからである。また近年地域史研究等の分野でも創立時の分析だけでなく地元鉄道の経営の困難性にも目を向けた個別研究や自治体史が増加しつつあるが、主たる関心が地元資本家への影響等に絞られているためか、当該鉄道に関与した中央資本への洞察までは及ばない場合も少なくない。例えば創立時の株主分析でも地元株主は集落ごとに詳細に把握するのに、県外資本は一括して捉えられる傾向も見受けられる。こうした中で中村尚史氏の近著『日本鉄道業の形成 1869—1894年』[12]の第二部は幹線鉄道たる九州鉄道の成立史の本格的な研究として知られるが、中央資本家に関してもその出自・性格・派閥性等に必要な言及を尽しており、また三木理史氏の近著『近代日本の地域交通体系』[13]も大正期以降の非幹線鉄道の詳細な個別研究と併せて特異な中央資本たる才賀電機商会の特性と人的資源にまで立ち入って分析する点で、ともに注目に値する研究のひとつである。ただし三木氏も破綻した才賀商会の原因を探索する立場に立つわけではない。

　一口に地元資本と対峙する中央資本といっても、その性格は一様ではないはずだが、地域社会内部の構造分析を重視する立場からは中央資本は概して投機的、短期的利益追求、株価重視といった不在地主的な視点から一括して把握されやすく、鉄道そのものと深い利害関係を有し地域に根ざした地元資本家に比して逃げ足の早さや過度の営利主義を非難される記述が多いように見受けられる。しかし鉄道への投資を経済合理性だけからでなく、むしろ種々の非合理的な動機をも含んで引受けた地元資本家とは異なり、より経済合理性に準拠して行動する中央資本家が投資環境の激変に対応した意志決定を行うことは理の当然といえよう。また鉄道設立に深く関与して財産を使い果たし没落した素封家の例も各地で枚挙の暇がないはずであるが、開業、未開業を問わず、極度の経営不振に陥り、事実上破綻ともいうべき状態に追込まれた鉄道企業そのものの破綻現象に関しては本書の対象とする明治期に限らず、残念ながら十分な研究蓄積があるとは認めがたい[14]。

　以上述べたように論文数も多く比較的研究の蓄積あると考えられている鉄道

[表-2] 鉄道ブーム期の各社株価（第1部の対象私鉄）

	払込A	価格B	B/A		払込A	価格B	B/A
〈東武〉	1.0円	8.3	8.30	房総	50 円	49.5	0.99
金辺	1.0円	6.5	6.50	七尾*	12.5円	12.0	0.96
〈阪堺*〉	50 円	165.0	3.30	唐津	12.5円	11.8	0.94
〈日本〉	50 円	116.5	2.33	河陽*	12.5円	11.5	0.92
総武	50 円	113.0	2.26	阪鶴*	9.0円	8.0	0.88
豊川	17.5円	37.0	2.11	〈播但*〉	50 円	43.5	0.87
西成	28.0円	50.0	1.78	太田	47.5円	40.0	0.84
〈大阪*〉	50 円	86.0	1.72	高野*	12.5円	9.2	0.73
〈山陽〉	30 円	42.5	1.41	〈中国*〉	12.5円	6.2	0.49
				〈勢和*〉	5 円	2.3	0.46
				〈近江*〉	5 円	2.0	0.40

（資料）『鉄道』第26号，p 48
〈　〉内は対象外の参考私鉄

史の分野においても，こうした観点に立つ資金難・破綻研究はまだ緒に就いたばかりの段階であり，ともかくも個別事例研究を早急に積み上げる必要があるものと考えられる。

3．明治30年代の資金調達の困難性

以下第1部の各章で取り上げる各私鉄の29年11月12日の東西現物市場（＊印は大株）での平均価格は［表-2］の通りである。

この時期は日清戦争後の鉄道熱の絶頂期であり，幹線鉄道に準ずる亜幹線の中でも良好な総武鉄道などは高値を呼び，高野，勢和，近江鉄道などごく一部の問題私鉄を除き大半の私鉄の株価は払込額の近傍に位置していた。人気の東武などは29年9月頃「両毛との合併談ありし頃は一時非常の人気にて権利のみ二十円内外を呼び」[15]とされるのに対し，勢和鉄道は「重役中に内訌を生し…諸氏総て辞任」[16]し，裁判沙汰に明け暮れた札付き鉄道であるため「一円払込の領収書がヤット一円二三十銭にても尚買入なき有様」[17]と，格差が大きかった。しかし29年末には定期市場における鉄道株は一転して「前週来低落に低落を重ねて殆んど底止する所を知らざるが如き有様なるに…本週は又不況に始まりて忽ち場面総崩れの商態を現し物凄まじき暴落を告げ…数日間の瓦落続にて少くも七朱甚しきは一割の利率にも回るべき安直」[18]に惨落した。「事

業熱に浮かされて一時に春筍の如くに簇生したる諸会社の中には随分怪しきものも少からず…近頃経済界の雲行愈々不穏なるより，諸会社の窮窮愈々甚しく，解散，株式公売等相尋て起り」(30.8.28 K)，遠隔地の低収益路線への投資意欲は完全に喪失した。さらに鉄道局が着工等を躊躇する鉄道に対し「天災事変の為め予定通り遂行する能はざるものの外は一切延期を許可せざる」(31.4.30 K) 方針を貫いたため，31年には免許されたばかりの駿甲鉄道が「経済社会の現況に徴し，到底株金払込の完成を期し難き」(31.7.30 K) ため解散，同じく酒田鉄道や筑後鉄道等も期限内に登記完了できず免許を返上，松本重太郎が肩入れしてきた郷里の丹後鉄道も32年5月「到底成算の見込なきを以て」(32.5 B) 解散を決議した。当時の『東京経済雑誌』は「如何に民間事業家が其資金を得るに困難なるかを知るべし」(31.6.11 K) と記している。既設の京都鉄道でさえ「尚ほ七十余哩の未成線を有し居るも，数年来引続ける経済社会不振の為め到底急速に敷設し得るの見込みなきを以て，同会社は曩きに政府に向て買収の儀を請願」(33.11.25 R) する始末であった。また幾分は見込があるはずの横浜電気鉄道でも「心中最初より自分に斯業を営むの意志なかりし」(35.10.18 R) 平沼専蔵が過半株引受を約束したが，実際には「権利株の騰貴を期したるに過ぎざりし」(35.10.18 R) ため一時は解散説まで起こった。当時の私鉄の資金難を示す経営者の証言を拾うと32年南和鉄道の柏田久太郎社長は「借入金は一昨年末頃には十万余円の金を数口しかも短期に借入ありたる為め実に遣繰りに困りました」(32.2.15 R) と語り，かつて北越鉄道社長であった前島密も「私ノ実験上カラ」と断った上で次のように証言した。「鉄道ガマダ出来マセヌノデ…然ルニモウ株券ハ皆募ッテ仕舞フタ，丁度経済社会ノ悲境ニ際シテ居ル時デアルカラ，借金シヤウト思ッテモ金ガ借リラレナイ，随分困ル，ドウシテモ抵当物デモ出サナケレバナラヌト云フヤウナ有様ガ現ニアッタノデス」「北越鉄道デスガ…今日デモ三百万円ノ社債ヲ有ッテ居ル，借金ヲ持ッテ居リマス，サウ云フ時分ニ幸ニ信用アル人達ガ重役デ居リマシタカラ，ソレ等ノ人ガ振出手形カ何カヤリマシテ，私モ身上ノ無イクセニ裏書ヲシテ居ッタ」[19]。

　当時未成線を有する私鉄各社は資金難に苦しみ，社債発行限度の引上げ，日本勧業銀行等による鉄道抵当貸付実施等を両院へ請願している (31.6.11 K)。また資金調達上の悩みを共有する金辺，中国，高野鉄道など「未成線を有する関西の鉄道会社は此程大坂に会し未成線速成に要する資金を得るの方策に就き

協議」(33.12.7門司)し,「関東にありて同一の苦難を感じ居る各鉄道会社と交渉し最良の救済方法を講究する」(同) 鉄道救済会の東京での開催の音頭までとったが,関東各社は冷淡で救済を求める政治運動は失敗に終わった。31年7月末「有数のボロ鉄道」[20]で「借金で有名」(35.1.18 R)な豆相,豊川,房総,尾西の4鉄道は自社の資金困窮ぶりを次のように当局に訴えている。「昨年来経済事情激変し,民間に於ける資金の欠乏日に甚しきを加へ候為各会社とも容易に株主をして株金を払込ましむる能はず,其結果予定事業の進行を阻止せられ,全線路中工事の全部若くは幾分の竣成せし向も営業を開始するに由なく,甚しきは工事を中止せざるを得ざるものも亦有之,既成線路破損の修繕を首めとし,軌条車両等買入代価の支払に至るまで総て延滞勝と相成り,為めに被むる所の損失非常の巨額にして,会社の存廃にも関し,誠に当惑の至に御座候。斯かる次第に御座候へば一時社債を募集して資金補充の計を為し候外無之,既に其募集に着手したる会社も画有之候へ共,何分にも今日の如き経済界の情況にては到底内国のみにて募集の目的を達し候見込立ち不申候…」(M 33.6.15 R)[21]

注

1) 明治31年の会社種類別資本金額では鉄道116社＠283.9万円,非鉄道会社2,292社＠13.8万円,銀行1,706行＠18.0万円
2) 『今村清之助君事歴』明治39年, p 148
3) 4) 5) 『安田善次郎伝』大正14年, p 415, 465, 426
6) 東京大阪間を数時間で直結する私鉄。詳しくは原田勝正「新幹線私設計画資料」『鉄道史学』16号, 平成10年12月参照
7) 宇野木忠『根津嘉一郎』昭和16年, p 103
8) 長谷川光太郎『兜町盛衰記』第1巻, 昭和32年, p 232
9) 勝田貞次『大倉・根津コンツェルン読本』昭和13年, p 186
10) 野田正穂『日本証券市場成立史──明治期の鉄道と株式会社金融──』昭和55年, 有斐閣。近年では片岡豊「明治期鉄道業の資金調達と証券市場」『鉄道史学』第17号, 平成11年12月などがある。
11) 野田正穂・原田勝正・青木栄一・老川慶喜編『日本の鉄道 成立と展開』1986年, 日本経済評論社, p 332以下文献リスト参照。
12) 中村尚史『日本鉄道業の形成 1869—1894年』平成10年, 日本経済評論社, p 351以下
13) 三木理史『近代日本の地域交通体系』平成11年, 大明堂, p 256以下

14) 磐梯急行電鉄（昭和43年7月），羽幌炭礦鉄道（45年9月）等をも含む戦後の上場企業全般の破綻に関しては上場廃止事例研究を積上げて来られた大矢知浩司氏の『上場廃止会社沿革データベースの作成』（青山学院大学総合研究所経営研究センター研究叢書，平成12年）など一連の研究がある。
15) 17) 『鉄道雑誌』第14号，p 42
16) 『鉄道雑誌』1号，p 26
18) 『鉄道雑誌』28号，p 45
19) 『貴族院特別委員会鉄道抵当法特別委員会議事速記録』明治38年2月6日，p 18。北越鉄道の場合登記所が10ヵ所，線路敷地の筆数が14,079筆に達するため「種々ノ便宜方法ヲ採リマシテ…十日弱モ掛ル」（前掲速記録，2月4日，p 7）有様であった。藤田四郎委員も「金ヲ貸ス者ハ二番抵当デハ貸シマセヌ」（前掲速記録，2月7日，p 22）と発言している。
20) 清水啓次郎『私鉄物語』昭和5年，p 72，276
21) これに対して鉄道局長は2年後の33年6月5日付で「法規上支障無之」旨の通牒を発し，33年6月には閣議で「外国人の鉄道株所有は差支えなし」（M 33.6.5 R）と決定した。

第1章　亜幹線鉄道の資金調達

1．はじめに

　本章では序章で述べた明治30年代（以下明治の年号は省略）の亜幹線・非幹線鉄道会社の資金調達に関連する鉄道と銀行等の癒着構造の仮説を，総武，徳島，七尾，房総の4鉄道会社の具体的事例を対象として，その資金調達が具体的にどのように展開したかで検証していくこととしたい。この4社はいずれも40年9月1日に国有化されたが，国家の脈絡を構成するような純然たる幹線鉄道ではなく，その継承線路の哩数も総武の73哩16鎖を別とすれば，房総39哩32鎖，七尾34哩27鎖，徳島21哩39鎖であり，200哩超の五大私鉄（日鉄，山陽，九鉄，関鉄，北炭）に比べるとかなり小規模な中近距離鉄道にとどまっていた。金融難から債務不履行を訴えられた房総を別にすると徳島や七尾は幾度か経営難に陥ったものの，純然たる破綻企業とはいえない。大都市近郊私鉄として成長した阪堺，大阪，甲武各鉄道等の優良私鉄に次いで比較的順調に推移し「株式市場に於ては人気高き甲武と相比すへく前途有望の鉄道」[1]との評価を得た総武を除けば，このクラスの中堅企業（明治30年代の一般産業に当てはめると優に大企業の規模に相当）でもしばしば資金難に陥り，関係金融機関との緊張状態を余儀なくされていたという，当時の鉄道金融の平均的な水準を明らかにするのが本章の目的である。したがって本書の次章以下で取り上げた破綻事例企業と比べ，各社の沿革や経営者等の企業概要の部分は『日本鉄道史』下巻，『日本国有鉄道百年史』第4巻などの通史ならびに亜幹線鉄道等に関する数多くの先行研究[2]に委ねて，本書では大幅に省略した。

　なお本章の4社に近い同時期の存在として豊川鉄道（第2章）と阪鶴鉄道（第3章）とがある。破産申請まで受けた豊川鉄道は破綻事例企業として次章で，また一回り大きく幹線鉄道と亜幹線鉄道の中間的存在であるが，経営難，資金難に陥り，一時は破綻に近い状態にあったと認められる阪鶴鉄道についても第3章で，それぞれ資金調達を個別に検討する。

2. 総武鉄道

　総武鉄道は競願していた総州鉄道，武総鉄道の二派が合同して明治22年2月18日本所～八街間を出願，22年12月設立された。株式申込が募集の4倍以上も殺到して，その権利株は0.5円の払込が22年2月には1～1.5円にまで騰貴した（22.2.16東日）。

　総武鉄道発起人の55％（株数）が東京府で占められ，役員でも28年に田中玄蕃（銚子のヒゲタ醤油経営者，銚子商法会議所会頭，両総鉄道創立委員，総州鉄道発起人）が取締役を辞した後は千葉県在住者がなくなった事実[3]が老川慶喜氏によって指摘されている。

　27年12月本所～佐倉間全通，28年時点で社長本間英一郎[4] 110株，取締役青田綱三[5] 920株，320株，北岡文兵衛（千代田銀行頭取，房総鉄道取締役）400株，原六郎[6] 1,500株，毛利家を背景とした田島信夫[7] 500株，君塚省三（夷隅郡），坂本則美[8] 120株，監査役中沢彦吉305株，天野仙輔100株，庶務係長塚本正脩，会計係長志賀直温[9] 370株，倉庫係課長三阪邦寧，運輸係長兼建築係長木村幸平（後に村儀保次），汽車係長天沼熊作（元鉄道局技手，房総と兼務）であった[10]。天沼汽車係長など房総との技術面での連携は後に35年4月1日総武，房総間の直通列車運転の実施として結実する。

　原や毛利家，吉川家，相馬家等は陸軍大臣大山伯爵による勧誘に応じたもので，大山自身も「諸氏の尽力にて総武鉄道も布設さるることとなり軍事上大に好都合」（25.11.25中外）と感謝している。30年時点で資本金360万円，社長本間英一郎，取締役坂本則美，青田綱三，田島信夫，北岡文兵衛1,020株，原六郎2,632株ほか，大株主大阪貯蓄銀行5,250株，平塚喜兵衛3,413株，川島栄助2,109株ほかであった（要録M 31, p 233）。28年1月4日には東株で売買開始，29年3月12日には新株2.4万株も売買開始された[11]。34年上期までの配当は10％以上を維持し，株価も37年の安値47.6円を除き，常に払込額を上回っていた。総武の場合経営成績が極めて良好なため，資金調達にはさしたる困難はなかったと考えられる。総武は28年3月9日臨時総会で佐倉～銚子間延長に際して「時宜ニ依リ取締役会ノ議決ヲ経テ五万円ヲ限リ臨時借入金ヲ為ス事ヲ得」[12]，29年1月25日臨時総会で「既成線完成工事及ヒ停車場増設ニ要スル費用金十万円ヲ限リ臨時借入レヲナスノ件」[13]をそれぞれ決議するなど，その都度少額の臨時借入で対応可能であった。

　30年には全国の企業で僅か5口，105万円の事業債しか発行されなかったが，

数少ない発行体の一つである総武の場合,『社債一覧』では30年に20万円発行したとの事実しか判明しない[14]。29年4月18日の臨時総会で,先の「決議ニ依リ臨時借入金ヲナスハ会社経済上不利益」[15]との理由から,前述の起債理由に加え「車両増加等ノ必要アルニ付,金二十万円以下ノ社債ヲ起シ,其償却金ハ後日増資ヲナシ之ニ充ツルモノトス」[16]ることに変更した。取締役会で社債金額,社債利子の歩合,規程の制定等の細目を決議したのは翌30年2月9日であった。5月20日には「停車場増設及車両増加ノ為メ」8％社債20万円発行が認可された[17]。「総武鉄道株式会社社債券規程」の債券要書によれば「債券発行額ハ金二十万円ニシテ一通ノ金額ヲ金一万円,五万円ノ二種トス」[18]と定めており,当時としてはかなりの高額券のみの発行が特色であった。

　総武が逓信省に提出した「総武鉄道株式会社々債券募集方法」によれば,債権者募集時日と債券払込の期日はともに30年10月30日,募集価格は「額面之通」,募集方法は「指名募集」[19]となっており,「本会社々債募集ノ儀本年十月三十日ヲ以テ結了仕候」[20]として募集金額,応募金額はともに20万円で一致,「申込価格ノ最高最低及平均」「募集契約締結ノ最低価額及会社ノ実収スヘキ金額」[21]はともに「額面ノ通」であった。このことから,当社債は何らかの縁故ある引受人を総武側が予め「指名」し,特定少数の銀行等の縁故者による,私募債の総額引受の可能性が極めて高いと思われる。これが可能な背景には総武が「一割何分の好配当は海内屈指の鉄道となり…同業者をして羨望せしめた」（36.12.12 R）優良私鉄であったことがあろう。当該社債保有が判明したものは大阪貯蓄銀行9万円[22]と東京銀行3万円[23]にすぎないが,この2行だけで計12万円,募集総額の60％を占めており,残りにもし大口の五万円券保有者があれば社債権者は3～6名,残りはすべて各1万円としても社債権者は最大で10名以内と,いずれにせよ極めて少数である。他に社債保有の可能性があるのは36年に発行した社債の取扱銀行の三菱合資銀行部,第一銀行や,積極姿勢を表明した川崎銀行,総武の取締役の北岡文兵衛の千代田銀行,総武の株主となっている茂木銀行（横浜,頭取茂木保平,500株）,田中銀行（東京,頭取田中武兵衛,35株）,十五銀行（100株）あたりであろうか。

　まず筆頭社債権者の大阪貯蓄銀行は総武の筆頭株主（27年12月末2,000株,30年末5,250株）でもあるが,同行の北海道鉄道への大口投資と同様に,総武が「株金の払込思はしからずして行悩みの状態に陥」[24]った際,同行専務の外山脩造が総武初代社長の「阪本〈則美〉氏の請を容れて,大阪貯蓄銀行をして

多数の株式を引受けしめ，自れも株主となりてその成立を助け」[25]ものである。大阪貯蓄銀行（時事は外山脩造と合算）は明治 31 年末現在，株式を 116.2 万円，社債を 19 万円，地方債を 47.9 万円保有していたが，そのうち供託有価証券は総武鉄道社債券面 9 万円，総武鉄道 5,250 株（券面 26.25 万円，全株を供託），大阪市水道公債証書券面 28.5 万円，大阪鉄道 1,000 株であった[26]。このほか同行は山陽鉄道 300，奈良鉄道 7,500，豊州鉄道 1,000，大阪麦酒 1,280，南海鉄道 1,200，九州鉄道 1,000，大阪倉庫 858，明治炭坑 400，大阪共立銀行 330，日本銀行 300，横浜正金銀行 140，日本勧業銀行 25，明治火災 10，明治生命 14 株（32.3.30 時事）を保有するなど，供託有価証券にも活用できる鉄道投資には相当に積極的であったと考えられる。

また大貯に次ぐ社債権者と推定される東京銀行の場合は社債引受の直前の 30 年 3 月 10 日総武の株金取扱を開始している[27]。株金取扱銀行となる交換条件として，社債の残額引受や株式取得が実行された可能性もあろう。募集・払込期日である 30 年 10 月 30 日を含む 30 年 12 月期に，東京銀行は総武社債券面 3 万円を「額面ノ通」@100 円で買入れた[28]。32 年 12 月期には当社債は償還され，代りに総武旧株 330 株，3.12 万円が登場している[29]。東京銀行発起人で取締役の安田源蔵[30]（27 年 12 月末㉒228 株主）は社債発行を決議した 29 年 4 月の臨時総会に 630 株主として出席し，会社提出の「原案賛成」[31]を発言するなど，しきりに総武への接近姿勢を示している。なお総武は 31 年度に初めて借入金 39.5 万円を計上したが，借入先は恐らく併存した銀行主体の社債権者とかなり重複するものと推定される。32 年度には払込が進行し，9 月 16 日社債が皆済[32]となり，かわって 33 年 37 万円，34 年 33 万円，35 年 31 万円の短期負債が継続した。

同様な総武への銀行等の積極姿勢としては数年後総武への積極支援を表明した川崎銀行の例がある。すなわち総武の「起点たる本所錦糸町の停車場は…東京市の東端で不便利極りなく…延長して横網町に起点停車場を設くる」（34.9.7 R）べく 33 年 6 月 28 日免許された本所〜横網町間「市街線に要する資金は川崎銀行に於て低利を以て何程にても支出することを承諾したれば…払込を要せずして工事を進行する由。尚ほ川崎銀行は余程同鉄道に望みを嘱したと見へ旧臘来同鉄道株を買収し，既に五千株[33]以上に達せりと云ふ」（36.2.28 R）とあり，川崎が我国最初の高架鉄道となる東京都心部への乗入工事の将来性を相当に有望視していたことが判明する。

高架乗入れは 29 年 4 月出願，32 年 4 月「本所停車場より横網町に至るまで七十三鎖間の線路を布設することとなし，其建設費百二十万円は後日増資を為して償却するの目的を以て社債を起すことと為し，利子其他は取締役会に一任することに去月二十五日の総会にて決議」(32.5 B) し，5 月 27 日「車両増加及事業拡張等ニ要スル為メ」[34] 6 ％社債 120 万円発行が認可された。

しかし各行の積極姿勢もあり「本所横網町間建設費ノ為百二十万円ノ募集ヲ決セシモ六十万円ノ募集ニ止メ」(鉄中, p 451)，36 年 8 月 7 日「会社経済上ノ情況必要ナキカ為」[35] 発行枠を 60 万円に減額認可を得て年 6.5 ％，無手数料の強気の起債を計画した。さすがに「何れの銀行も進んで之を引受けんとする者なく」(36. 8 .29 R)，利率を修正の上 12 月 1 日，期間 10 年，発行価格 100 円，利率 7 ％，応募者利回 7 ％，三菱合資銀行部，第一銀行の取扱で社債 60 万円を発行した[36]。判明する大口社債権者の例は取扱行の三菱合資銀行部と関係深い東京海上の 10 万円（総額の 16.7 ％）である。結局乗入れの総工費 160 万円は払込 60 万円，社債 60 万円と「借入金四十万円で支弁」(37. 4 .16 R) され，38 年度末では社債 60 万円，債務手形 11 万円であったが，手形は 40 年 9 月 1 日の国有前に償還され，社債 60 万円のみ国に継承された[37]。

3．徳島鉄道

徳島鉄道（以下徳鉄と略）は 28 年 11 月 22 日徳島～川田間を出願，29 年 5 月 23 日仮免状を下付された。発起時には「株式申込は既に予定の五六倍に達し…百株の申込に対し僅かに四株の割当」[38] という超人気株で，29 年 6 月 27 日創業総会を開き社長に大串龍太郎[39]，取締役吉見宗二（徳島市船場町，藍製造），川真田徳三郎[40]，森六兵衛[41]，犬伏九郎兵衛[42]，川真田市太郎[43]，板東勘五郎[44]，監査役西野謙四郎（小松島，染地製造），今西林三郎（大阪，第 5 章参照），久住九平[45] を選任，顧問は南清であった[46]。

30 年 6 月 4 日徳島～川田間 21 哩 56 鎖を免許され，同日資本金 80 万円で設立された。当初のうちは高松まで延長，「徳島，和歌山間に定期航海の便を開き徳島鉄道と南海及び紀和両鉄道とを接続せしめん」[47] などと意気込んでいた。南海鉄道が現実に和歌山と徳島の鉄道連絡船である直系の南海汽船商社を設立し金銭的に支援したのは明治 32 年であるから，徳鉄の航路構想は南海や阿波国共同汽船[48] に先行する。

32 年 2 月 16 日まず徳島～鴨島間 11 哩 50 鎖を部分開業，「徳島市民は今回

初めて県内に鉄道を見る」(32.2.12大毎)こととなった。「工費は戦争前一哩四万円の予算なりしも其後一般経費の騰貴にて五千円を超過」(32.2.12大毎)したため，32年2月20日「株金未払込ト建設費予算超過ノ為〆資金ニ欠乏ヲ生シタ」[49]として7.5％社債30万円発行を認可された。第一社債は2年据置後，5年償還，発行価格97.5円以上の条件で同年4月，5月の2回にわけて公募したが，30万円のうち，四国，大阪付近で10.46万円の申し込みあり，当局者が事前に「今や社債募集の好時期にして応募者は年七朱五厘内外の利率にて債券引受の申込を為すもの多く，弘く募集せざるも二三銀行にて応募を諾すべし」(32.3.25 R) と語っていた通り，「一般の募集残額は悉皆安田筋の銀行にて引受る事」(32.4.15 R) となり，安田筋の「第三銀行之を引受け，四月二十三日限り之を募集せしが…其募集尻十九万五千四百円は第三銀行に於て引受け募集を結了した」(32.5 B) のであった。

　この32年の徳鉄社債事例を「アンダーライトの意味をもつものであるかどうか明らかではないが，単純な投資としての応募の意味ではなく，所謂近代的意味における発行危険の負担という意味の引受」[50]の兆しと推定し，「銀行等の仲介機関の引受による公募発行…の最初の例」[51]とする見方もある。徳鉄は31年度に初めて借入金30万円を計上したが，翌32年度には姿を消し，代りに30万円の第一社債が登場する。このことから著者は第三銀行あたりが社債発行に先立って同額の前貸を行い，契約に従って社債の「一般の募集残額は悉皆安田筋の銀行にて引受」けるという，残額引受であったと推定したい。なぜなら36年10月においても起債予定額と同一の28万円借入先は募集取扱行となる「安田銀行其他」(36.10.17 R) であったからである。なお安田直系の共済生命は7.5％徳鉄社債5万円保有しており，これは発行総額30万円の16.7％，第三銀行残額引受の19.54万円の25.6％に相当する。さらに共済生命は34年9月時点で徳鉄株400株を所有する6位の大株主にもなっている。第三銀行，共済生命等の安田資本による徳鉄社債の積極的引受と安田銀行による徳鉄への融資等の背景には当然に徳鉄の地元取引銀行たる徳島銀行と安田との取引関係等が想起されるが，『安田保善社とその関係事業史』には特段の記載は見当たらない。ただし後年に安田系関西銀行の融資先であった徳島県内の阿波鉄道が安田保善社の支援を受けて大正14年傍系会社となるという類似の事例が存在する[52]。

　その後2度のコマ切れ部分開業を経て33年8月6日には「当国北部の咽

喉」[53]の船戸（川田）まで21哩39鎖が全通したものの，37.5円払込の株価が30円以下に下落し，33年12月17日徳鉄は逓信大臣に宛てた申請書の中で「前年末経済界ノ乱調ハ資本家ノ警戒トナリ，事業ノ沮喪トナリ，本会社既定ノ資本募集ニ於テスラ頗ル困難」[54]として，船戸～高知間延長線への6％利子補給を請願するほどであった。33年度には16.7万円の借入金が復活し，翌34年度には18万円の借入金と4万円の短期負債（以下一時借入金，支払手形，当座借越等を便宜的に総称），35年度には21.3万円の借入金と2.6万円の短期負債に拡大，36年10月には「今回臨時総会を開き社債二十八万円募集を可決せしこと曩に記載の如し。右に付坂東社長は北浜銀行と打合せを了し，更に逓信省の認可を請はん為上京すべしと云へば募集案は早くも十一月末ならんとの事なるが，同社は現在三十万円の社債の外に安田銀行其他に二十八万円の債務あり，之が償還に充つる為社債を募集するに至りしものなり」（36.10.17 R）とあり，少なくとも36年10月時点の28万円の借入先が安田銀行其他であったことが判明する。北銀との橋渡しは大阪資本を代表して創立時に監査役に就任した今西林三郎[55]と考えられる。

「従来の借入金を償還する目的にて価格九十七円以上，年利七朱五厘の社債二十八万円を募集する事に決し，其取扱銀行は北浜銀行及び徳島の四銀行にして昨二十日より三十日迄募集する筈」（36.11.21 R）とある通り，36年10月30日借入金償還のため7.5％社債28万円発行を認可され，12月20日第二社債を発行した。徳鉄は38年9月末「第二社債募集差額損金」14,263円79銭（発行額100円当り約5円）を計上している。

12月末で北銀は徳鉄社債券面148,000円（実価143,560円@97円）を所有[56]しており，北銀所有分だけで発行高の過半数を占め，日本火災の9.8万円[57]や，発行直前の11月「二十五日重役会を開き，目下北浜銀行に於て募集中なる徳島鉄道社債に応募の事を協議」（36.11.30 保銀）して1万円を購入した日生などの北銀募集取扱分を加えると25.6万円（91％）が判明したことになる。次の37年6月末で北銀保有の徳鉄社債券面は98,000円（実価95,060円@97円）に減少[58]しており，この期中に券面5万円が売渡または償還されている。

引続き37年6月14日借入金償還のため8％社債30万円（期間10年）発行が認可され7月8日発行されたが，募集取扱の安田銀行の関係からか，従来から400株を所有する6位の大株主でもある共済生命が総額の16.7％に相当する5万円を取得した。徳鉄は38年9月末「第三社債募集差額損金」14,712円

（発行額100円当り約4.9円）を計上している。

37年中には第一回社債30万円が償還され，37年度末の社債は第二，三回合計の58万円，借入金3.2万円，短期負債4万円であった。北銀引受券面は98,000円（実価95,060円）と旧債と変らず，この金額のまま38年12月末まで推移し，39年6月期において全額売渡または償還された。

36年上期の2％を最後に無配に転落し，37年4月14日決議，38年3月2日認可を受け，「会社ノ財政ヲ整理スル為」[59]70万円減資と25万円増資に追い込まれ，9％優先株25万円を発行した。具体的には総株数1.6万株中の5千株を＠20円で株主から買入償却し，同時に「二十円ノ買取代金ヲ優先株ノ第一回払込ト相殺シ，尚現金二十円ノ払込ヲナセシリ」[60]とする部分的に「普通株ヲ優先株ニ引換」[61]えたものであった。37年11月25日板東社長に代って社長に就任した川真田徳三郎（402株）は変態的減増資の背景を「本会社財政困難ニ陥リ…之レカ救済ノタメ優先株五千株ヲ募レリ。当時会社ノ信用ヲ失墜シ株主外ニヲイテ募集ノ望ナキヲ以テ株主中ニテ最モ会社ニ関シ忠実ナル輩ニ懇談募集セリ」[62]と，社債の追募もできない当時の危機的状況を説明している。優先株を引受けた「忠実ナル輩」が現行重役[63]等に限定されていたことは徳島で金貸として著名な犬伏九郎左衛門（952株の筆頭株主），吉見宗二（250株）らの一筋縄ではいかない普通株主が（9％配当の優先株主に有利となるように）「定款ヲ変更シ以テ精算上自己ニ利セント欲シ，殊ニ自己等ハ何レモ重役ノ地位ニ在ルニ乗シ」，（36年下期以降無配を強いられている）「我々普通株主ニ於テ非常ナル損害ヲ来」[64]す定款変更案に対して強く抗議したことからも判明する。徳鉄は40年8月25日臨時総会で「本会社ハ明治四十年九月一日限リ解散ス」[65]として清算人を選定し，優先株主を優遇する定款変更案，「既ニ創業以来ノ苦境ヲ脱シ将ニ盛況ニ向ハントシ，前途有望ナル本社ハ鉄道国有法ニ依リ政府ニ買収セラレ，今ヤ本会社ヲ解散スルニ当リ多年刻苦経営セシ前記各員ニ対シ金品ヲ贈呈」[66]すべく解散手当支給を決議した。総会当日には無配のまま解散を迎える普通株主が会場付近で予定した抗議目的の「講究集会」に対処すべく「会社使用ノ線路工夫職工等酒気ヲ帯シ数十名隊伍ヲ組ミ…示威圧迫」[67]したほど，両派の対立は根深く一触即発の深刻な状態にあった。

38年度末の社債は2銘柄58万円，借入金1.6万円，手形債務4千円であったが，他に「手形債務金二万一千円ハ之カ認可ヲ与ヘサリキ」[68]という別除分が存在した。結局国有化時点で社債58万円，借入金1.2万円，債務手形4千

円の合計59.6万円の債務が「建設費ニ使用シタル借入金」として国に継承された[69]。

4．七尾鉄道

七尾鉄道は「浦港ト海ヲ隔テ相対ス」[70]る天然の良港たる七尾と官設鉄道北陸線津幡間を結ぶ能登半島縦貫鉄道で，26年9月8日加能鉄道の名で密田兵蔵[71]外22名の発起により，27年9月22日仮免状を得て，28年12月創立，29年4月30日免許，資本金70万円（30年105万円に増資）で設立され，7月七尾鉄道（以下七鉄と略）と改称した[72]。29年七尾～津幡間着工，29年12月1日東株で1.4万株が売買開始[73]，31年4月24日七尾～津幡間31哩60鎖が開通した。

29年1月鉄道庁元部長の野田益晴が社長に就任し，地元出身で計画に賛同した安田善次郎は地元有志の要請により義弟の太田弥五郎[74]を発起人に加え，安田一門4名の名義で筆頭株主前田家の2,000株に次ぐ400株を出資，善次郎が相談役となり，安田忠兵衛が監査役に就任した[75]。

物価，賃金の高騰により建設費が予定の2倍以上となったため，経営がうまくいかず，31年の株価は50円払込が高値で26円と半値にとどまり，借入金が54万円にも達して社内に紛議が絶えず，31年10月には社長も野田益晴から林賢徳（日本鉄道検査役，岩越鉄道監査役）に交代した。30年度には35万円を増資したものの，「金融逼迫の時に際し予期の如く其の好結果を見る能はず，此に於て一時不止得銀行より新株の募集を引当となし三十五万円を借り入れ工事を継続」（32.4.27大毎）したのであった。32年現在の七鉄の借入金は44万円で，うち七鉄の取締役南郷茂光（前田家関係者）が取締役で，安田と前田家共同出資の明治商業銀行[76]（以下明商と略）よりの借入金は35万円で，「該借入金の周旋は明治商業の実権を握れる安田善次郎」（32.2.15R）であった。明商からの借入条件は15万円は日歩3銭1厘，20万円は日歩3銭3厘，期限後は過怠金を利子のほかに日歩1銭ずつ支払う契約となっていた（32.5B）。その他の一時負債も9万円あり「殆と廃社すへき苦境に陥り居りし」（32.3B）状態であった。

しかし明商から35万円の返済を強く迫られ，官鉄との接続工事費15万円と併せ計50万円捻出のため，京阪・江州系の株主と地元株主等が対立，総会が紛糾した。佐伯勢一郎[77]ら三委員が明商と交渉，「元来同行の資金は大半前田

侯爵家より出で居りて始めは其本店を富山に置く筈なりし程なれば同地方の為めには特別の便宜を与ふべき」(32.2.15 R)と返済延期，利率低減を懇願した。しかし明商の30年末の全貸付金は74万円，31年末の貸付金・当座貸越総額は160.4万円で，七鉄は同行全体の2割に相当する大口案件で，「利子引下げの事を乞ふも承諾の模様無」(32.2.15 R)く，交渉は失敗した。そこで「重なる株主は此際全然安田氏との関係を断って直接前田家の力に依らん」(32.2.15 R)と考え，「大株主としてのみならず旧領地たるの関係を以て株主及び県民の利益を計るが為めに助力せられたし」(32.4.5 R)として「前田家に依りて二十万円を支出せしめ，関西株主に十五万円を引受けしめ，以て同会社の整理に着手」(32.3 B)せんとした。しかし前田家に拒絶され，4月七鉄側は京阪江州系の「松本重太郎氏其他の株主に計り，終に京阪江州の重る株主に於て整理方を引受け」(32.4.11大毎)，「松本氏他数名にて五十万円だけ引受くる」(32.5 B)方向で固まった。

松本重太郎に関しては次章で述べるが，彼の伝記である『雙軒松本重太郎翁伝』には七鉄は「累年財政紊乱シ，其殆ンド維持スベカラザルニ至リテ翁ニ之ガ整理ヲ依托シタルモノナルガ…翁ハ之ガ取締役社長トナルニ及ビ，断然意ヲ決シ，一時借入金ノ如キ糊塗的手段ヲ退ケ，臨時株主総会ヲ開催シ，社債金七十万円募集ノ件ヲ付議シ，而モ其総額ヲ翁一人ニテ引受クベキヲ以テシ，直ニ之ヲ実行」[78]したとする。

32年4月25日の臨時総会で林賢徳に代えて松本を社長に迎える役員選挙，100万円社債発行（10％以下，95円以上，期間10年以下）の決議をした（32.4.27大毎）。この間には一時松本の辞退等の曲折もあったが，8月29日臨時総会を開き，「社債券の金利は一ケ年百分の十以内とありしを百分の八と改め」(32.9.5 R)，「明治商業銀行借入金償却の為に三十五万円，建築費未払支出に十二万円，既成線補充及延長線工費其他に二十三万円を要し，其合計七十万円」(32.9 B)の資金需要に対応する「社債券七十万円は凡て条件付にて松本重太郎氏の手にて引受くることと成りしかば同氏は社長辞任申出を取消して再び就任」(32.9.5 R)することとなった。「条件付」とは発行条件の「額面百円に付九十七円，年利七朱」(32.9 B)，と重役の選任を将来にわたって松本に委ねるとの総会決議[79]であった。七鉄総会は「決議は法律上取消又は無効に帰する事ある」を覚悟の上で議決したが，『中外商業』は株式会社は有限責任故，「株主にして縦令如何なる契約を社債主に向て締結するも」無効とし，

特に重役の選任を債主に委託するなどは背法の極と非難した（32.9.15 R 転載）。

　32年11月16日「諸物価騰貴ノ為メ予算ノ超過並ニ線路変更及事業拡張ニ付資金ニ不足ヲ生シ」[80] 8％社債70万円募集を認可された。「松本重太郎一箇人トシテ之カ募集ニ応スルノ約」（鉄中，p603）は当時の日出新聞にも「松本重太郎氏が社債を引受けて以前の高利社債を償却し残余を以て七尾港に連絡する線路布設す」（32.12.12日出）と報じられたが，必ずしも松本個人の全額保有を意味するわけではない。70万円のうち例えば日本教育保険は33年頃券面額2.7万円を保有[81]，37年12月には1,000円10枚，100円100枚保有し，年予算利益は8％であった[82]。七鉄の33年末の株価は50円払込が半額の25.5円（33.12.14京都日日）であって，「経済界不振ノ為メ新株募集ノ目的ヲ達シ難キ」[83]ため，34年4月18日認可を受け35万円減資し資本金を110（普通株70，優先株40）万円とした。10月25日総会で松本引受の「七十万円の社債は償還期に迫るより，三十七年八月までに一割の優先株八十万円を募集して漸次これを償還するに決し」（34.10.26 R），12月7日認可，「社債借入金返済ニ充ツ」[84]る目的で35年3月10％優先株を40万円発行した。しかし現実の優先株配当率は10％〜8％と6期間は優先配当率を下回った。野田氏によれば優先株は「市場性が乏しいために…結局売るに売れない」[85]場合が多く，鉄道会社の優先株のうち，株式取引所の定期市場に上場されたのはこの七鉄優先株だけであるとされる。日本教育保険はすくなくとも37年には優先株の5％相当の400株を1.7万円（@42.5円）で取得した[86]。大口取得した背景には同社が松本系であったためと考えられる。恐らく社債と同様，松本側の資金逼迫のため肩代りを強いられたものと推定される。37年6月17日松本が頭取の百三十銀行が臨時休業に追込まれ，37年7月松本は七鉄取締役も辞任した（38年9月現在松本はなお筆頭株主の前田利為2,943株に次ぐ，1,550株主）。37年10月松本の前任社長であった林賢徳（金沢出身，日鉄重役）が会長に，常務の中村幸蔵が専務に就任した[87]。

　七鉄は37年5月「社債の一部を償還し，更に社債金四十万円を募集し，之を以て三十七年度に至り旧社債の償還を了した」（鉄中，p603）が，起債の経緯は『社債一覧』でも未詳（発行額を5万円と誤記）で，社債権者としては明治生命が3万円を保有することが判明する程度である。40年9月1日149万1,355円で国有化された。買収時の社債は8％，40万円，支払手形は91,010

円（うち政府引継分 46,010 円）であった。40 年 8 月 19 日最終となった臨時総会で林賢徳会長は「普通株主ヘ配当ヲモナス事ヲ得ザリシハ実ニ遺憾ノ次第」[88] と述べたが、徳鉄の場合と同様に普通株主からは「普通株主ノ立場ヲ失ハシムル議案ニシテ優先株主ヲ殊ニ保護スルノ主意」[89] との反感が強く、普通株主と優先株主の間の残余財産分配争いは熾烈を極め、総会は深夜に及び、翌々日の継続会に持ち越された。なお「自分ハ今日ハ前田侯爵ノ委任ヲ受ケ」[90] 病気をおして出席したとする三輪信次郎は「侯爵家ニ於テハ株主トシテ現重役又ハ使用人ヘ多少ノ御礼ヲモ為サヌト云フ事ハ堪ヘ難キ処」[91] として慰労金増額の修正案を提出した。「前項ノ〈慰労〉金額及繰換金等ノ補塡ノ為メ金六万円以内ノ借入金ヲ為ス事」[92] を可決した。

5．房総鉄道
(1) 房総鉄道の概要

房総鉄道は 22 年 1 月 16 日房総馬車鉄道（資本金 22 万円，払込 4.5 万円，株主人員 212 名）[93] として布設許可を得た。房総馬車鉄道初代社長には創立委員で，200 株の筆頭株主である沢本卯之吉[94] が就任した[95]。しかし「土工ノ半ヲ経候処金融変動ノ趨勢頓ニ一般株価ノ下落ヲ来シ随テ本社株金ノ払込予期ニ達セス，延テ幾多ノ故障ヲ生シ為メニ一時工事ヲ中止」[96] となった。その後馬車鉄道計画は電車鉄道，蒸気鉄道へと二転三転，「当時の鉄道熱に浮かされて終に本鉄道と進化」（36.12.12 R）し，26 年 9 月 7 日蘇我〜大網間を免許され，房総鉄道に改称，26 年 12 月 28 日設立登記された。26 年時点の旧株主には近江商人として著名な薩摩治兵衛[97] や，窪田弥兵衛[98]，大野丈助[99]，原文次郎（神奈川県中原村，120 株主）などが含まれていた[100]。また役員は社長太田実，取締役窪田弥兵衛 140 株，山田重兵衛 100 株，河村隆実[101]，広田千秋（芝区，護国生命専務），西川敬治（日本橋区，七十八銀行頭取，各鉄道役員），大野伝兵衛，監査役北岡文兵衛（南千住，千代田銀行頭取，総武鉄道取締役），山脇善右衛門，柴原和[102] であった[103]。

末期の房総馬車鉄道に社長として乗込み，電車鉄道への転換を推進し，26 年 9 月 29 日付で改組後の房総鉄道の初代社長に就任した太田実は 1858 年，兵庫県津名郡の出身で内務省統計報告課長を経て，房総馬車鉄道社長 100 株主，32 年㈱水族館を設立し，経営する東京水族館の館長となり，房総鉄道取締役の河村隆実らと枝下疏水開墾取締役となり，34 年時点では手綱炭砿（37 年 2

月改組)相談役であった[104]。河村隆実,岡部廣らは第8章で検討するように多くの破綻企業に関与する虚業家的な特殊資本家と見られる。房総鉄道が出発点から,この種の特殊資本家との深い関係が内在したことは,夜叉坊之堂なる論者(東京湾線に関与した鉄道専門家の筆名)が『鉄道時報』「寸鉄放言」欄で「此鉄道も可愛そふに,其株主中に所謂株屋山師が多かった為めに縦横に翻弄せられ」(36.12.12 R)たと酷評する結果を招く一因となったと考えられる。

房総は「創立以来財政常に困迫を極め」(34.8.15 B),株主の村田保も房総株を「一旦見捨てた」[105]と発言したように,太田は28年1月頃には「買占めを断行」[106]した河村隆実,加東徳三らの一派が「小沢〈武雄〉氏を推して社長となし」[107]ため社長の座を追われ,28年1月20日[108]新社長には元陸軍中将で貴族院議員の男爵・小沢武雄475株[109]が就任した。

28年5月22日には東株9,200株が売買開始,29年4月20日には新株14,800株も売買開始された[110]。29年1月20日蘇我〜大網間を新規開業した時点で社長小沢武雄475株,取締役加東徳三[111]1,250株,川島正訓[112]500株,監査役柴原和,窪田弥兵衛1,500株,技術顧問時任静一,運輸課長清水男精,汽車課長天沼熊作(総武と兼務),会計課長山崎楽,庶務課長大久保子来,建築課長竹村卯三郎であった[113]。

30年2月12日[114]には「社長以下役員の大改革を行ひ成川尚義[115]氏小沢武雄氏に代はりて社長となり…就任直後に其線路を検分して工事の督励」[116]をなし,取締役は河村隆実(957株),700株主の黒田家を代表する山中立木ほか,監査役は足立孫六(足立銀行1,000株),窪田弥兵衛(1,500株)ほか,大株主曽野峻輔[117]1,032株,穂積猛890株,林策一郎[118]825株,加東徳三740株ほかであった(要録M 31, p 227)。

東株の機関銀行たる「帝国商業銀行其他に抵当に入れて金融を得」[119]ていた根津嘉一郎が「雨宮〈敬次郎〉に奨められて買ったのは,当時価格甚だ低落せる房総鉄道株であって,君は之を買取って」[120]32年1月取締役に加わったため,「房総には雨宮氏が相談役,根津氏が取締役で牛耳って居た」[121]甲州財閥系との見方もあるが,38年9月時点でなお取締役に名を連ねる根津の持株は210株,22位の株主にすぎない。

(2) **困難な資金調達**

30年4月21日一ノ宮〜勝浦間17哩43鎖を免許され,同時に80万円への増資も認可[122]された。「創立以来財政常に困迫を極め」(34.8.15 B)た房総

は34年には35円払込の株価が高値で16.2円,翌35年は9.85円にまで下落した。この頃成川尚義社長は三菱側訴状に基づく『銀行通信録』(34.8.15 B)の記事に準拠すれば「三菱会社より前後数回に都合二十万円の融通を得,会社振出の約束手形を差入れ其期限は何れも六箇月以内なりしに拘らず,会社は其期日に支払ふ能はざりしを以て,其都度三菱会社は手形の切換を為して猶予を与へ」たといわれる。また別口として同じ成川社長時代の31年6月18日「同年七月の支払期日を以て会社より小倉良則氏[123]へ振出したる金三万円の約束手形は同年十月小倉氏の裏書にて千葉県印旛郡八生村大沢熊五郎の手に渡」(34.8.15 B)ったともされる(ただし房総側は否認し,一審勝訴となった)。三菱合資銀行部から房総への総与信20万円は,同時期,五大私鉄の一つである九州鉄道が31年11月に同じ三菱合資銀行部から25万,第一銀行から15万,三井,第百,今村各銀行からそれぞれ10万円,合計70万円の借入を行い(33.7.15 B),また当時の九州鉄道の当座借越枠は全体で30万円(内訳は三菱(資)銀行部20万円(従来の10万円を増枠),三井銀行10万円)[124]であったこと等と比較すれば,中規模の不良私鉄への与信としては破格の規模であったことが窺える。なんらかの個別的諸事情の介在が推測し得るが,詳細は未詳である。

　社長の成川が問題融資が山積している帝国商業銀行の経営に専念するという名目で社長の座を31年5月17日[125]岩田作兵衛に譲ったが,伏魔殿のような房総の内情に岩田は半年弱で社長の座を降板,代って31年10月5日河村隆実らと組んで「房総鉄道の如きも…買占めを断行」[126]した加東徳三が社長となるなど,房総は社長更迭が相次いだ。加東の腹心たる島田金次郎[127]は日本昆布,帝国水産,横浜日伸等とともに「房総鉄道等ノ諸会社ノ調査及整理事務ニ従事」[128]した。

　一ノ宮～勝浦間の延長線に着工すべく加東は「従来の負債を整理すると同時に鉄道の敷設を遂行せんと欲し…六十万円の社債募集に着手」(34.8.15 B)した。これは「工事ニ着手ノ当時経済界不振ノ影響ヲ蒙リ,株金ヲ募集スルコト能ハサル」[129]結果の選択であった。29年11月30日初めて置いた支配人に31年就任,同時に総務・営業両課長を兼務したのは渡米経験があり,米国社債制度にも明るい榊原浩逸[130]であった。

(3) 社債権者との関係

　この榊原が支配人に就任早々の30年「一ノ宮～勝浦間工費ニ充ツル為メ」[131] 10％社債60万円発行を認可され,31年11月9日2回払込で発行した。

第1回社債60万円は31年12月23日東株で売買開始され，額面100円の平均価格は31年98円，32年97.5円であった[132]。野田氏によれば東株で最初に上場された社債はこの房総社債であり，31〜2年度は房総1銘柄のみであったが，その売買高は31年は1,000円にすぎず，流通性の欠如の故に事実上長期貸付金の変形にすぎないとされる。35年6月末現在債権者数は59名で，うち関口雄一（十五行員），百三十二銀行，藤岡歓次（三菱行員），織田昇次郎[133]，十六銀行，帝国生命の上位6名が全体の72.8％を占めていた[134]。

社債募集を取扱った百三十二銀行，帝国商業銀行，三菱合資銀行部，千葉商業銀行[135]の4行のうち，まず百三十二（本店東京，設立12年，資本金15万円）は「応募者殆んど絶無の姿なりしにより，加東氏は自己の頭取たる百三十二銀行をして其大部分を引受けしめ」（34.8.15 B）たとされた。島田は加東を「ドンナボロ会社でも懸命になって整理をし，自分の資金を投じてもトコトンまで救済すると云ふ方」[136]と評するが，加東にとって百三十二の行金は当然に「自分の資金」と捉えていたのであろう。

第一社債に応募した中には帝国商業銀行5万円，帝国生命2万円，有隣生命1.5万円，房総馬車鉄道初代社長だった沢本卯之吉（千葉，1,000円）などの縁故者も含まれる。有隣生命は加東が副社長となっていた中小生保だが，社長の由利公正に実権があったためか，この程度の引受けにとどまっている。

結局多くは百三十二銀行名義の11.1万円のほか，百三十二銀行取締役支配人で房総株主の今井文吉1.5万円，同行監査役の徳田孝平1.5万円，同行株主の曽野峻輔4,250円，同じく東株仲買人の織田昇次郎5万円，鷲尾銀次郎1.25万円，仲買人の渡辺勘三郎4,750円，渡辺平吉（丸水渡辺商会）2,300円などを含む合計額221,350円（総額の約37％）が実質的には百三十二銀行分を構成すると考えられる。百三十二銀行とはいっても加東の仲買店の中の日本間で，ファイヤー・ウォールはおろか，衝立一つなしに「銀行と〈株式仲買の加東〉商店を兼営してゐた」[137]にすぎず，同行役員・株主とも加東の義太夫仲間でもある一統・子飼いの仲買人らで構成されていたから，子飼いの仲買人名義を借用するのに何の支障もなかったと思われる。

「一度頼まれると侠気を出して跡へは引かず…人の世話を焼き過ぎ」[138]る気質の加東がここまで房総に尽力した理由の一つとして，29年7月株主の村田保から「一旦見捨てたる本鉄道より僅々十四哩間百四十余日の営業にて今日此五朱の配当を見ると云ふは全く重役諸氏の功労」[139]と激賞され，「功労に酬ゆ

る為め金盃を贈」[140]られたという房総株主からの負託を重く感じたこともあろう。35年には11.1万円を保有するほか，同行重役の個人名義が3万円ある。

　三菱合資銀行部（本店東京，設立26年，資本金500万円）も加東社長が「其の応募したる社債券を担保に供して会社より三菱会社に差入れある約束手形二十万円の振出名義を百三十二銀行に変じ，更に会社をして之が裏書人たらしめた」(34.8.15 B) とされ，35年には行員名義（深川出張所主任の藤岡歓次）で10万円を保有したように，百三十二の社債引受資金の実質的な金主の立場にあったと考えられる。

　千葉商業銀行（本店千葉町，設立28年，資本金40万円）は地元の有力銀行の一つであり，頭取の鈴木利兵衛（神田区の薪炭問屋，第九十八銀行取締役）が34年1月大野丈助とともに房総取締役に就任するなどの人的関係を有していた。帝国商業銀行（本店東京，設立28年，資本金800万円）は31年末現在，日本郵船社債27.5万円とともに房総社債を50,000円保有[141]しているが，前述の通り前社長の成川尚義が会長を勤めるという緊密な関係にある東株の機関銀行で，元来「株式仲買人の金融を主とする銀行で…取引所及び仲買人あっての銀行」[142]であったため，当時としては積極的に社債投資を行う数少ない銀行[143]の一つであった。東の帝商と並ぶ，大株の機関銀行たる北浜銀行（本店大阪，設立30年，資本金300万円）も32年6月期に房総社債を券面額で30,000円（実価28,800円）を取得[144]したが，32年12月末には保有していない。

　32年10月28日「第一社債金ノ内四十万円ヲ償還シ大網東金間工費ニ充ツル為メ」[145] 7％社債60万円発行を認可された[146]。32年11月には第2回7％社債20万円が発行され[147]，33年3月1日には第2回社債20万円も売買開始され，額面500円が33年平均490.5円で取引され[148]，プレミアム（33年7月現在「応募価格差金」1万円）を計上している。

　「内十万円は三菱会社に説きて之を引受けしめ」(34.8.15 B) た第2回社債20万円は35年6月末の名簿上では三菱の名は表面には出ず，伊藤朝往（職業未詳）63,000円，今村周51,000円，関口雄（十五銀行庶務課長）40,000円，中島伴次郎（職業未詳）20,000円，宮崎敬介（第一社債3,400円，34年3月豊川鉄道230株主，東株仲買人）16,000円，大沢幸次郎（東株仲買人）5,000円，福田龍之助（職業未詳）5,000円となっている[149]。

　欧米漫遊の成果として「今村君は鉄道其ものを安全にして，正確なる不動産とも見做し」[150]ていた今村清之助（資・今井商店業務担当社員，東京府多額納税

者，29年7月房総取締役）は鉄道会社のトップを信頼して「其設計を為さしめ，之を実行する為めに，其資金問題に向つて尽力」[151]する主義であったから，房総鉄道取締役としても当然に資金問題に関与したと見られる。しかし保有社債を今村自身や今村銀行幹部の名ではなく今村清之助の庶子であって，かつ32年10月の起債時点では英国留学中で37年帰朝して井上保次郎の長女・喜美子と結婚し井上周となった今村周や八木善助（後に今井商店業務担当社員）などの名義にとどめたのは房総への信頼度，肩入れの程度が今一つだったことの反映でもあろう。

(4) 債権者との係争

　房総は千葉で総武に隣接する支線的な関係にあったが，都心に直結する総武とは立地に大差があるため「房総蘇生策」として出願した千葉寒川より東京の越中島に直接乗入れる東京湾線は「当時鉄道界政治界株式界を騒がし…幾万の運動費を費し，結果失敗に帰すると共に，房総の致命傷を負う」（36.12.12 R）始末となった。後に36年7月6日専務となった大野丈助も「本社ハ業務不整理等ノ為メ痛ク望ヲ世間ニ失シ，株券市価非常ニ下落」[152]したと認めるように，証券業者主導の房総は「業務計画其宜キヲ得サリシ等ノ為メ三十二年ヨリ三十七年迄ハ概シテ無配当ヲ継続」[153]，株価も34～35年には35円払込が安値4～5円と概して低評価されている。「所謂株屋山師が多かった」例としては房総鉄道東京出張所内に常岩鉄道創立事務所が設置され，小沢武雄（社長），加東徳三（取締役），川島正訓（取締役）ら房総の主要メンバーが常岩鉄道の創立委員となるなどの事例が見られる[154]。

　前述の夜叉坊之堂も，「も少し，襟度を宏壮にして，総房の天地の鉄道を統一せよ，合併せよ」（36.12.12 R）と総武に対して房総，成田等の吸収を主張したが，33年3月に房総と総武が逓信省の内諭を受けて合併談を進めた時に総武が「最も持て余し居るは社債の八十万円にて，而かも内六十万円は一割の利食いなれば現在に於て経済の立たず」（33.9.25 R）と困難視され，総武側も当局に「調査を遂げたる上ならされは会社の意図定め難き」（鉄中，p 449）と拒絶の旨を答申した。房総の内情を危惧した総武の懸念通り，三菱への最後の支払期日の33年11月26日の直前返済に窮した「加東氏は既に社長を辞して白杉氏代て社長となり，其他の取締役，監査役又皆新任の人を以て充たされ」（34.8.15 B）た。11月2日社長に就任した日鉄理事委員の白杉政愛（元陸軍少佐）は即刻，問題視されていた支配人ポストを廃止し，「房総に限らず，

総べての小鉄道は…一つにせねばならぬと云ふ考を起して…昨〈35〉年の春から直通列車のことを〈総武と〉相談して，三列車だけは直通」(36.1.17 R)にするなど総武との関係を深めた実務家であった。白杉らの努力で35年4月1日から総武，房総両鉄道間に本所～大原間の直通列車が運転された。

しかし白杉らの「新重役は三菱会社の請求に対し意外にも其債務は社債募集の節已に支払済となり，且つ裏書のことも帳簿には何等の記載なしとて断然其請求を拒絶した」(34.8.15 B)とあり，三菱に対する「房総の裏書は依然として継続し居るが故に支払期日の到達する毎に尚ほ幾度となく之れが切換を為し」(34.8.15 B)て来た手形債務は一切簿外扱であった[155]。白杉社長が35年11月辞任に追込まれた背景には，提訴も辞さない三菱と房総の間に立った調停者が「三菱会社は従前の如く裏書の書替を請求したる處会社に於ては手形の裏書を承諾する代りに其支払は社債支払時期即ち来る三十七年迄延期すべき旨の承諾証を与へられたし」との仲裁案を示したが，34年6月24日三菱合資が弁護士を代理として白杉社長に対し「貸金十万円の確認及び請求の訴訟を千葉地方裁判所に提起」(34.8.15 B)し，両社間で争いになった深刻な訴訟問題が陰をおとしていると思われる。今一つの大沢からの簿外債務に関しても34年5月18日千葉地方裁判所へ白杉社長を被告とする手形支払の訴訟が起こされ，追討ちをかけた(34.8.15 B)。この直後の7月23日の臨時総会に「現今ノ経済界ニテハ新株募集ハ勿論，一時借入金ノ融通モ到底其見込ナキニヨリ不得止一ト先ツ…線路短縮ヲ…出願セン」[156]ことを諮った上，7月末に白杉社長は逓信大臣宛に竣功期限が目前の10月20日に迫った一宮～勝浦間の線路を，やむなく一宮～大原間に短縮するとの苦肉の願を提出したが，その中で「再来資金募集ニ努メ線路延長ヲ画策スルモ，経済界日一日ニ否運ニ陥リ，金融益逼迫シ株金募集ハ勿論，社債又ハ借入金ノ計画，一モ其効ナク」[157]と自社の苦境を訴えている。この「線路短縮願」は「財界回復金融緩和ヲ得ル迄一時」の文言を墨で抹消しただけの汚れた原本を提出するなど，会社の非常事態ぶりを露呈している。

白杉辞任直後の混乱期にあった36年1月には「今度安田善次郎氏が新に社債三万円を引受け，大に同社の為めに図る処あるより同氏の代表者として旧臘山陽鉄道を辞して入社したる吉野周次氏を専務に任ずるの内約ある」(36.2.7 R)と報じられた通り，地元千葉県出身の吉野伝治(2,009株の第2位株主)は東京帝大卒の工学士で，山陽鉄道技師から36年1月31日専務に就任，

同年7月6日には大野丈助も専務に就任し[158]，安田を代表して中根虎四郎（安田銀行副支配人，水戸鉄道取締役）も監査役に就任した。既存の社債発行枠の範囲で34年1月総額3万円の「第三回社債」[159]（期間5年，金利10％，今村周2万円，神谷伝兵衛[160] 1万円保有），36年1月10％6万円の小額社債をそれぞれ発行した。鉄道債は大口であることが一般的な中で，3～6万円の小額社債はむしろ例外的である[161]。安田が「新に社債三万円を引受け」たのは36年発行高6万円の50％に相当するものの，他の安田系鉄道に比し，関与の程度はごく僅少で，これでは「大に同社の為めに図る」意欲はあまり感じられない。

34年には線路延長の中止により20万円，38年3月には「蘇我木更津間敷設免許失効ノ為」88万円の減資と，「株式券面ト市価ノ…懸隔ヲ接近セシムルノ目的ヲ以テ…三十八年六月本社株券一株ニ付金十円ヲ切捨テ一株ヲ金四十円券」[162]とする26万円の減資と相次いで減資に追い込まれた。38年2月15日には房総として「初めて無記名式債券」[163]たる7.5％社債80万円（期間10年）を発行して，第一回社債の残額20万円を償還して「皆済」[164]となり，38年度末の社債は2銘柄100万円，債務手形は1.95万円であったが，国有化までに債務手形は8万円に増加，社債100万円との合計108万円の債務が国に継承された[165]。

40年8月26日臨時総会を開き，清算人選定，解散手当等とともに「清算人ハ必要ノ場合ニ於テ借入金ヲ為スコトヲ得」[166]ると決議した。この線にそって国有化後の9月20日人的関係の深い地元行の第九十八銀行（頭取奥山三郎，常務藤田善兵衛が房総取締役を兼務）から期間半年，利息日歩2銭7厘で借入れたが，同行は「会社ガ鉄道国有法ニ依リ政府ニ対シテ有スル鉄道其他ノ買収代金下渡シ請求権」[167]に質権を設定して「権利質」とした。「権利質」の十分な認識を欠いていたのか，鉄道局では泡を食って房総清算人に対して「第九十八銀行ヨリノ借入金ニ関シ面談ヲ要スル儀有之候」[168]として出頭を命じる一方，「大蔵省ヘ書類送付相成可然乎」[169]と大蔵省へ書類を送付する騒ぎであった。

31年11月発行の第1回10％社債60万円は38年2月皆済となり，国有化時点では社債は38年2月15日発行，47年償還の7.5％社債80万円[170]と39年発行，47年償還の20万円の2銘柄のみであり，大野専務は「社債ノ利率カ年八朱ニシテ世間普通ノ金利ニ比シ高歩ナルヲ以テ…本社亦外資借入ノ手続ヲ試ミシ事アリシモ…外資借入ハ長期償還ノ契約ニ非サレハ成立難致ニ付キ不利ト知リツツ…現状ヲ持続」[171]したと述べている。

また国に継承されない，磨き砂用の白土採掘部門（38年4月1日創始し，起業費としてまず1.3万円投資）を40年10月競争入札で個人に売却し，1.5万円の欠損を出している[172]。なお専務の吉野伝治は38年東武鉄道に転じて，根津の下で長く専務として活躍した[173]。

6．小　括

上記4つの亜幹線鉄道のうち総武が優良私鉄に成長して，有力銀行側から融資攻勢を受けたほかは，いずれも経営が不安定で房総，七尾のように銀行から返済を強く迫られ，第2章，第3章で検討する豊川，阪鶴のような破綻ないし破綻同然の企業に近い側面も有していた。4例のうち安田は総武を除く房総，七尾，徳島に，北銀も房総，徳島に，保険会社も総武を除く房総，七尾，徳島，豊川にそれぞれ関与した。保険会社の場合，安田＝共済生命，百三十＝日本教育という同系銀行との連携行動が特徴的である。資本家個人として外山脩造（大阪貯蓄銀行）は投資先の総武に経営上の大問題が生じなかったこともあってか，大口投資の割には緊密な関係にあった坂本則美の陰に隠れ，統治が顕在化しないのに比して，投融資と役員派遣をワンセットにとらえていた安田善次郎（安田銀行），松本重太郎（百三十銀行），岩下清周（北銀）らの活動が目立つ。彼らこそが明治期の鉄道金融の主役と考えられるが，その評価は第1部の結論として終章で行うこととする。

注

1）47）『鉄道雑誌』8号，p38。鉄道雑誌社発行の『鉄道雑誌』（第1号明治29年5月〜第34号明治30年3月）の解題は老川慶喜『日本史小百科鉄道』平成8年，東京堂出版，p146

2）明治30年代を含む亜幹線・非幹線鉄道会社に関する先行研究の一例としては，石井常雄「両毛鉄道会社における株主とその系譜」『明治大学商学部論集』41巻9・10号，昭和33年，関島久雄「甲武鉄道二三の疑問点を解く」『成蹊大学政治経済論叢』10巻2号，昭和35年，本田紀久子「横浜鉄道にみる私有鉄道の一構造」『交通文化』5号，昭和40年，淡路憲治「中越鉄道敷設と地主層との関連」『富大経済論集』12巻2号，昭和41年，宇田正「官営釜石鉱山鉄道資材の払下げと阪堺鉄道会社の成立」『追手門経済論集』1巻2号，昭和42年，藤沢晋・在間宣久「中国鉄道の成立とその資本・営業の展開過程―私鉄の設立・経営とその国有化をめぐる問題として―」岡山大学『研究集録』28号，昭和44年，同「中国鉄道の大正・昭和期経営と国有化―私鉄経営の苦悩と国有

化を中心として一」岡山大学『研究集録』31号, 昭和46年, 白土貞夫「成田鉄道の建設とその背景」『成田市史研究』2号, 昭和48年, 武知京三「第二次鉄道熱期についての一考察—西成・河陽両鉄道会社を中心に—」『近畿大学短大論集』8巻2号, 昭和51年, 今城光英「阪堺鉄道会社の設備金融」『経営史学』13巻2号, 昭和54年, 老川慶喜「明治中期銚子港における鉄道建設—総武鉄道成立過程の一問題—」『経営史学』15巻2号, 昭和56年, 今城光英「甲武鉄道会社の成立と展開—地方公益企業の形成過程—」大東文化大学『経済論集』31, 34, 39号, 昭和56~60年, 老川慶喜『明治期地方史研究』(第1章京都鉄道), 昭和58年, 日本経済評論社, 老川慶喜ほか編『資料集・横浜鉄道1908—1917』横浜開港資料館, 平成6年, 渡辺恵一「青梅鉄道の設立と浅野総一郎」『立教経済学研究』48巻3号, 平成7年, 同「明治中期北海道における私設鉄道設立運動」鹿児島大学『経済学論集』49号, 平成10年12月, 西藤二郎「京都鉄道の成立経過と経営環境」『同志社商学』50巻3・4号, 平成11年, 拙稿「明治期の私設鉄道金融と鉄道資本家—参宮鉄道における渋沢・今村・井上・片岡の役割をめぐって—」『追手門経済論集』第27巻1号, 平成4年4月など多数ある (近年は一部の例示のみ)。

3) 前掲老川論文, p94~5
4) 本間英一郎は27年1月鉄道局を退官し, 技術部長委嘱, 28年2月社長就任
5) 青田綱三は総武の第4位の大株主である相馬順胤家家扶, 34年1月社長就任
6) 原六郎の推薦で28年総武社長に昇任 (『原六郎翁伝』中巻, 昭和12年, p291) した本間英一郎 (技術者) と原はかねて親交あり, 本間の勧誘で北越発起人にも参加した (前掲『原六郎翁伝』中巻, p300)。
7) 田島信夫は山口県士族, 吉川経健2,100株, 毛利元昭1,500株等を背景とする公爵毛利家財産副主管で東京電灯, 北炭, 小野田セメント等の取締役, 個人名義でも総武鉄道1,500株主。なお32年現在の田島信夫の保有株式の銘柄6種はすべて毛利家の保有株式銘柄12種に包含されている。毛利・山口藩の支藩であった吉川経健保有株式銘柄7種とは大阪鉄道以外は一致 (32.3.29時事)。なお田島信夫は鴻池銀行の原田二郎から日本醬油製造の保証債務の履行を迫られ病死 (『男爵郷誠之助君伝』昭和18年, p280)。
8) 坂本則美は28年2月社長辞任, 高知出身, 高知県議時代に知事の北垣国道と交わり, 京都府官吏に転じ, さらに北垣が長官となった北海道で北海道鉄道創立に奔走して取締役専務理事500株主, 渡島鉄道発起人。妻は北海道鉄道300株主の北村繁緒 (渡辺前掲論文, p10, 23)
9) 志賀直温は38年1月総武専務就任, 国有後帝国生命へ, 志賀直哉の父
10) 総武鉄道『第七回実際報告』28年6月, 諸M28, p17
11) 73) 110) 東株『五十年史』昭和3年, 付p144~7
12) 総武鉄道『第七回実際報告』28年6月, p2
13) 29年1月25日臨時総会, 鉄道院文書総武鉄道ノ部
14) 36) 興銀編『社債一覧』昭和45年, p825, 551
15) 16) 31) 29年4月18日「株主臨時総会総会議事筆記抜粋」, 鉄道院文書総武鉄道ノ部
17) 『鉄道局年報』30年, p55
18) 「総武鉄道株式会社社債券規程」債券要書, 鉄道院文書総武鉄道ノ部

19) 21) 30年10月12日「総武鉄道株式会社々債券募集方法」, 鉄道院文書総武鉄道ノ部
20) 30年11月2日「御届」, 鉄道院文書総武鉄道ノ部
22) 26) 大阪貯蓄銀行「第十六回決算報告」(32.1.10大朝)
23) 東京銀行「第六期報告」(32.2 B)
24) 25) 武内義雄『軽雲外山翁伝』昭和3年, p 126～7
27) 東京銀行「第三期営業報告書」p 7, 東京銀行の頭取小林吟治郎に関しては末永國紀『近江商人経営史論』平成9年, 有斐閣, p 116, 227以下参照
28) 東京銀行「第四期営業報告書」p 16
29) 東京銀行「第八期報告」(33.2 B)
30) 安田源蔵は日本橋区橘町, 呉服木綿問屋・中屋 (要録M 31, 役p 265), 東京銀行300株, 日本共立生命合資に5,000円出資, 後に東洋モスリン, 別府観海寺土地各監査役等を兼務
32) 53) 61) 87)『帝国鉄道要鑑』第三版, 39年, p 411, 276, 410, 349
33) 38年6月末では川崎銀行1,470株, 同系の川崎貯蓄銀行1,693株, 日本酒造火災1,000株, 小計4,163株保有 (『帝国鉄道要鑑』三版, p 288)
34) 80) 145)『鉄道局年報』32年, p 40～1
35)『鉄道局年報』36年, p 33. 総武の高架乗入れに関しては小野田滋「総武鉄道高架延長線計画の沿革に関する研究」『土木計画学研究・論文集』18巻1号, 平成13年9月参照
37) 68) 69)『鉄道国有始末一斑』42年, 帝国鉄道庁p 534～5, 989, 521
38)『鉄道雑誌』3号, p 27
39) 大串龍太郎は板野郡一条村の藍商, 県会議長, 徳島銀行頭取, 徳島電灯社長, 徳鉄のダミーとして川之江～川田間を出願し31年6月30日却下された海南鉄道発起人, 31年9月社長交代. 渡辺茂雄『四国開発の先覚者とその偉業』第4集, 昭和41年, p 84以下参照
40) 川真田徳三郎は麻植郡鴨島村, 藍製造, 地主, 阿波国共同汽船取締役, 37年11月25日社長就任
41) 森六兵衛は徳島市通町, 商業, 31年9月2日社長就任, 32年5月交代
42) 犬伏九郎兵衛は板野郡藍園村, 金貸・地主, 売薬商, 多額納税者
43) 川真田市太郎は徳島市船場町砂糖商/麻植郡鴨島村, 藍製造, 地主, 阿波国共同汽船社長, 徳島銀行, 徳島電灯各取締役, 35年4月市兵衛襲名
44) 板東勘五郎は那賀郡羽浦村, 代議士, 農業, 31年9月2日常務, 32年5月社長就任
45) 久住九平は徳島市船場町, 肥料商兼仲買商, 徳島米穀取引所監査役
46)『鉄道雑誌』7号, p 35. 後に監査役には竹原武吉郎 (徳島市東新町, 呉服商・播磨屋, 阿波国共同汽船取締役) が加わった.
48) 阿波国共同汽船は43年11月異名同体の阿波国共同鉄道の敷設と, 自社運航による大阪～小松島連絡航路の一体運営構想を内定した (野村徳七商店『明治四十四年公債株式便覧』, p 89). ただし業績良好な南海においてさえ株主は「汽船商社に資金を貸与するが如きは定款以外の事なれば其損失は重役に於て負担すべし」と主張したから, 徳鉄での成功の可能性は低かったものと判断される.

第1章　亜幹線鉄道の資金調達

49)『鉄道局年報』31年, p57
50) 竹内半寿『我国公社債制度の沿革』昭和35年, 酒井書店, p29
51) 志村嘉一監修『日本公社債市場史』昭和55年, 公社債引受協会, p22
52) 75)『安田保善社とその関係事業史』昭和49年, p630, 193。その後安田善衛（商事代表社員, 中越監査役）も水鉄取締役に就任（要録M 31, p265）
54) 33年12月17日付「庶発第一〇七号」, 利子補給下付申請, 逓信省公文書第148巻
55) 今西林三郎は第5章注62参照。今西の関与した唐津, 播但鉄道にも北銀は投融資した。
56) 北銀『第14回営業報告書』p10
57) 日本火災『第十一回営業年報』36年3月
58) 北銀『第15期営業報告書』p10
59)『鉄道局年報』37年, p26
60) 62) 定款改正理由説明書, 逓信省公文書第157巻
63) 取締役板東勘五郎230, 大串龍太郎825, 森六兵衛310, 西野謙四郎309, 竹原武吉郎, 監査役今西林三郎200, 中川喜三郎, 岩本晴之
64) 67) 40年8月26日付陳情書, 逓信省公文書第157巻
65) 66) 臨時総会議案, 逓信省公文書第148巻
70) 七尾鉄道「趣意書」, 鉄道院文書七尾鉄道ノ部
71) 密田兵蔵は富山倉庫社長, 富山米穀肥料取引所理事, 富山鉱業監査役
72) 30年現在の役員は社長野田益晴（元鉄道庁部長, 鉄道車両製造所長）, 取締役林賢徳（金沢藩士長男, 日鉄検査委員, 岩越監査役）, 南郷茂光（貴族院議員, 明治商業銀行取締役）, 小山悦之助（300株）, 真館貞造, 監査役神野良（270株）, 竹内虎松, 相談役安田善次郎, 松本重太郎500株。前田利嗣（旧金沢藩主）2,000株, 小山悦之助300株, 下郷伝平300株, 小泉新助300株, 中村治兵衛300株, 神野良270株, 松居久左衛門250株（要録M 31, p234）
74) 太田弥五郎は安田善次郎の妹婿, 安田銀行協議員, 水橋銀行監査役（要録M 31, 役 p102）, 安田の類家・瓢舎, 40年水戸鉄道（第7章）社長
76) 明治商業銀行は本店東京, 頭取安田善助, 善次郎が相談役, 設立29年8月, 前田利嗣が1万株（16.7％）の筆頭株主, 前田家家扶・斯波蕃が監査役
77) 佐伯勢一郎は元藤田組社員, 大阪盛業社長, 大阪絲綿木綿取引所理事, 九鉄200株主
78)『雙軒松本重太郎翁伝』大正11年, p36。松本重太郎は石井寛治「百三十銀行と松本重太郎」『経済学論集』63巻4号, 平成10年1月, 拙稿「企業再建の金融手法を開拓した松本重太郎」『日本の創造力』第4巻所収, 平成5年3月等参照
79)「第二号　第一条　当会社社債券七十万円は松本重太郎氏に凡て其引受を依頼する事。第二条　松本氏に於て右社債の引受を承諾せし時は当会社株主は左の事項を堅く相守る可き事, 社債七十万円の全額償還を終る迄は当会社取締役及び監査役は凡て松本氏の指名する者を選挙する事, 社債償還を終る迄は株主が今日所有の株式は決して譲渡を為ざる事。第三条　当会社株主にして第二条第一項に違背したる時は松本氏に於て当会社と連帯して社債全部償還の義務を負担すべき事」(32.9 B)
81) 日本教育保険『第五回営業報告書』p26

82) 日本教育保険『第七回営業報告書』p 33
83) 84)『鉄道局年報』34 年, p 33
85) 前掲『日本証券市場成立史』p 155
86) 日本教育保険『第七回営業報告書』p 33
88) ～92) 40 年 8 月 19 日臨時総会決議録, 逓信省公文書第 157 巻
93) 農商務省『第五次農商務統計表』24 年 8 月, p 247
94) 沢本卯之吉(千葉)は 26 年 5 月社長辞任, 35 年時点で房総社債 1,000 円保有
95) 108) 114) 125) 147) 158) 前掲『帝国鉄道要鑑』三版, p 338～9
96) 25 年 11 月 21 日付「電車鉄道ニ変更ノ義御願」内務大臣宛房総馬車鉄道太田実社長, 鉄道院文書房総鉄道, 巻 24 D 1.5.-94-1
97) 薩摩治兵衛(神田区)は天保 2 年生れ, 慶応 3 年頃江戸に和洋木綿問屋・丁字屋・丁治開業, 31 税 317 円 70 銭, 東京瓦斯紡取締役, 湖東鉄道発起人, 佐野鉄道 280, 31 年時点日本紡織 200 株
98) 窪田弥兵衛は深川区の肥料商, 140 株, 蔵王石油監査役, 金辺鉄道大株主, 29 年 8 月 15 日の金辺創業総会で役員を指名
99) 大野丈助は 100 株主, 千葉町の土木請負業者, 31 年営業税 50 円, 34 年 1 月房総鉄道取締役, 36 年 7 月 6 日専務就任 2,804 株の筆頭株主, 39 年頃には京総電気鉄道発起人。なお房総監査役・取締役の大野伝兵衛(山辺郡東金町/日本橋区)は売薬商・一角丸本舗, 大野合名社長, 東金の大野銀行社長
100) 房総馬車鉄道「現在株主人名及株数」26 年, 房総鉄道巻 24。房総地方の鉄道網に関しては青木栄一「房総地方における鉄道網の形成とその問題点―房総地方鉄道史序説」(『房総地方史の研究』昭和 48 年所収)参照
101) 河村隆実は京橋区の請負・書籍・海運, 北埼玉鉄道発起人 150 株主(結論参照)
102) 柴原和は初代千葉県令, 貴族院議員, 成田鉄道監査役, 津軽鉄道取締役, 大日本水産会幹事(要録M 31, 役 p 396, 要録M 34, 役 p 408), 九州生命, 海国生命各取締役等, 岡部廣の支配する生保各社の役員に名を連ねた。
103) 26 年 10 月 1 日付「御届」, 房総鉄道巻 24
104)『東京商業会議所会員列伝』24 年, p 42, 前掲『帝国鉄道要鑑』p 339, 要録M 34, 役 p 113
105)『鉄道雑誌』11 号, p 29
106) 107) 126) 阿藤俊雄『昭和巨人録』昭和 3 年, 大日本精神団出版部, p 179
109) 小沢武雄は福岡県出身の軍人, 陸軍中将, 上野鉄道発起人・社長, 日宗生命顧問, 八十七銀行, 九州麦酒, 門司鉄工場, 磯湊鉄道各取締役 100 株, 金辺鉄道創立委員長・専務 750 株(要録M 31, p 239)常岩, 伊香保, 遠州各鉄道発起人, 徴兵保険社長
111) 加東徳三は東株仲買人で 30 年の北炭買占で今村清之助と売方に参加。26 年 6 月百三十二銀行を設立し頭取, 有隣生命副社長・東京支店主任(34 年 4 月辞任), 品川銀行取締役, 32 年 11 月 27 日死亡した成川尚義(帝商頭取)に代って房総社長就任, 金辺相談役, 東京麦酒社長, 札幌製糖社長, 品川銀行取締役, 日本昆布監査役, 同伸合資相談役, 金辺監査役, 京北取締役などを兼務, 利根鉄道発起人
112) 川島正訓は破綻した久次米銀行の元副頭取, 水戸商業銀行, 津軽鉄道各取締役, 高

第1章　亜幹線鉄道の資金調達

　　　根山石材，成田鉄道各監査役，宇佐鉄道創立委員
113)『鉄道雑誌』第10号，p 25，第19号，p 34
115) 成川尚義は宮城県大書記官，三重県知事から帝国商業銀行の初代頭取に就任，房総鉄道，金辺鉄道各社長，博多湾鉄道発起人，32年11月27日死亡。32年12月馬越恭平が帝商会長に就任（『馬越恭平翁伝』p 211）馬越は35年7月帝商不良貸付先の豊川鉄道取締役就任
116)『鉄道雑誌』第34号，p 39
117) 曽野峻輔は百三十二銀行株主
118) 林策一郎は破綻した久次米銀行の元副支配人で，輸入商，林河村合名，共同移民代表社員，札幌製糖取締役，京浜貯金銀行，枝下疏水開墾各監査役などを兼ねた河村，岡部らの仲間
119) 120)『根津翁伝』昭和36年，p 39，48
121) 清水啓次郎『私鉄物語』昭和5年，p 276
122)『鉄道局年報』30年，p 53
123) 小倉良則は成田銀行頭取，小石川区，政治家，石巻鉄道取締役，東京市内衛生社長（要録M 31，役p 80），成田山新勝寺の三池照鳳貫首とも親交が深く，成田鉄道発起人で27年8月初代社長に就任，34年12月辞任した。
124)『九鉄調査報告書』33年，p 53。九鉄改革運動は東條正「明治期鉄道会社の経営紛争と株主の動向」『経営史学』19巻4号，昭和60年参照
127) 島田金次郎は加東頭取の百三十二銀行秘書役・副支配人，29年上期房総の552株主として7月27日臨時総会に出席し竹村良貞（27年12月末では10株）とともに議事録に署名した（29年7月27日付「議決ノ要領」，房総鉄道巻24）。
128) 136) 137) 138) 島田金次郎『兜町秘史』昭和7年，（頁付なし）
129) 34年7月31日付大臣宛白杉社長名「線路短縮願」，房総鉄道巻24
130) 榊原浩逸は13年渡米し，ペンシルバニヤ鉄道等で実務経験を積んで帰朝，17年6月日鉄に入社して18年発行の専門書『欧米鉄道経済論』を著した後，日鉄庶務課長，総武鉄道支配人，29年12月九鉄庶務課長（『鉄道雑誌』第25号，p 40），房総の部課長・支配人歴任後，房総支配人制廃止で34年7月京北鉄道取締役就任，鉄道学校幹事となった。28年には北埼玉鉄道発起人100株主。
131)『鉄道局年報』31年，p 57
132) 146) 148) 東株『五十年史』付p 124
133) 帝国商業銀行の大口融資先の東株仲買であり，帝商のダミーか。大正3年の相場急落の際には仲買人代表で解合による建玉を整理。大戦後に廃業して織田信託を創業
134) 房総鉄道『第二十三回実際報告書』（野田正穂氏蔵），野田前掲『日本証券市場成立史』p 96
135) 前掲『社債一覧』p 16
139)『鉄道雑誌』11号，p 29
140)『鉄道雑誌』32号，p 44
141) 帝国商業銀行「第八期決算報告」（32．1．30大毎）
142)『男爵郷誠之助君伝』昭和18年，p 283

143) 28年の社債保有1万円以上の銀行は帝国商業銀行30万円(「第三回計算」『日本全国銀行会社資産要覧』29年, p 130), 日本貯金銀行(大阪, 資本金50万円, 同 p 403) 5.4万円, 京都貯蔵銀行(京都, 10万円, p 402) 5.1万円, 豊陽銀行(福岡県, 11万円, p 370) 4.6万円, 八幡銀行(滋賀, 17万円, p 309) 3.5万円, 筑紫銀行(福岡, 5万円, p 376) 九州鉄道社債1.8万円, 東京貯蓄銀行(東京, 10万円, p 401) 1.8万円, 泉町銀行(大阪, 5.7万円, p 164) 1.6万円, 堺銀行(堺, 60万円, p 157) 1万円など
144) 北浜銀行『第五期営業報告書』p 12
149) 159) 房総鉄道『第二十三回実際報告書』35年6月, p 12
150) 151)『今村清之助君事歴』39年, p 266, 274
152) 153) 162) 165) 171) 172) 前掲『鉄道国有始末一班』付 p 4〜7, 526, 付 p 30
154)『鉄道雑誌』3号, p 26, 6号, p 31. 29年発起の関東鉄道(成田鉄道とも合併談あり, 成田を介して房総にも連絡)でも加東, 河村, 岡部を創立委員長, 榊原を常務委員, 小沢を創立委員に選任(『鉄道雑誌』19号, p 37), 長門鉄道でも窪田弥兵衛(監査役)を創立委員長, 榊原を常務委員, 河村, 柴原和(監査役)を創立委員に選任(『鉄道雑誌』22号, p 35)するなど, 彼らが集団行動していたことを窺わせる。
155)『鉄道局年報』に短期債務も収録されるようになった33年以降, 35年5.9万円, 37年1.4万円の短期債務が存在
156) 34年7月23日臨時総会「議事及決議ノ要領書」, 房総鉄道巻24
157) 34年7月31日付大臣宛白杉社長名「線路短縮願」, 房総鉄道巻24
160) 神谷伝兵衛は12年浅草花川戸町に神谷バーとして知られる洋酒店を開店した酒造業者で神谷酒造合資無限責任社員で, 日本石油精製取締役(要録M 31, 役 p 139), 旭製薬, 九州炭砿汽船各取締役(要録M 44, 役 p 183)等を兼ねた。後には東京鉄道監査役, 三河鉄道社長など鉄道界にも関与するが, 房総の株主でもなく, 社債保有の動機は「酒類試験, 酢の醸造, 養豚事業等に成功」(『実業家人名辞典』44年, カ p 2)した巨額利益の10%での高利運用以外に説明できる材料を欠く。
161) 前掲『社債一覧』p 16. 少額面25円で銀行扱公募した社債の例としては35年6月の讃岐鉄道社債7.5万円募集, 残額7.5万円1割1-3@25円で募集, 百三十扱6.1万円, 三十四扱3万計9.1万円応募, 本社直接4万円, 社債価格25円と小額面が一般受けした。(35. 6. 28 R) 讃岐鉄道の社債応募結果は@101.06円〜@102.55円で銀行別には百三十 80,675円 7,950円募入, 三十四 32,800円 17,825円, 百十四 62,600円 15,725円, 多度津各銀行 42,525円 33,000円 (35. 7. 20 R)であった。
163) 164) 170) 前掲『帝国鉄道要鑑』p 348, 338
166) 臨時総会議案, 逓信省公文書第148巻
167) 40年10月16日「権利質設定御届」, 逓信省公文書第151巻
168) 40年10月22日鉄第八四号, 逓信省公文書第151巻
169) 40年10月26日鉄第八六号, 逓信省公文書第151巻
173)『銀行会社と其幹部』大正6年, p 208

第2章　豊川鉄道の資金調達

1．豊川鉄道の概要

　豊川鉄道（以下豊鉄と略，現ＪＲ飯田線の一部）は明治26年6月5日（以下明治の年号は省略）豊川稲荷の参詣客を主な目的として豊川～宝飯郡下地町約4マイルに2呎6吋の軽便鉄道を敷設する請願を行った。当計画に刺激され，狭い地域に数社の計画線が続出して請願合戦の結果，27年6月の鉄道会議で大海（長篠）まで延長し，信州方面への連絡を意図した普通鉄道に性格を大幅に変更することを条件に豊鉄の先願権を認め，27年12月仮免状，29年1月24日免許を得た。29年2月1日会社を資本金40万円で設立し，着工，30年7月15日豊橋～豊川間，7月22日豊川～一ノ宮間を部分開業，官設鉄道との間に連帯運輸を開始，9月23日豊川～大海間を全通した[1]。

　最初の原始発起人である旧吉田藩士を主体とする地元派に東京の資本家が参加したため，当初の役員は社長横山孫一郎[2]，専務西川由次，取締役平山甚太，疋田又右衛門，羽山雪（豊橋銀行支配人），永野武三（庶務監督を兼務），監査役佐藤伝次郎（豊橋倉庫社長，豊橋魚鳥取締役），加治千万人[3]，遊佐発，工事監督技師渡辺嘉一であった（諸M 29, p 345）。

　『大日本銀行会社沿革史』は「豊川鉄道の開通を見るに至り，豊川稲荷の参詣者巡路の便を得て，其数日に月に増加するに至り，本社の営業又益々発展するに至りぬ」[4]と称讃するが，事実は全く逆であった。隧道もない工区であったにもかかわらず，建設費は全通後の34年度には103万円にも達したため，まず資本金を29年度には50万円に増資するとともに，なお不足する建設資金の多くを借入金に依存し，29年12月5日の臨時総会で「一時借入金ノ件」を議決し，30年3月には9万円の借入金を行った。借入先は当時の株金取扱銀行である百三十（明治銀行へ移管）や明治商業銀行等と重複しているものと見られる。逐年借入金が拡大の一途を辿り，33年には借入金総額は49.9万円にも達した。この間，31年7月31日豊鉄は外債募集を検討中の房総，豆相，尾西の3鉄道と協議して「政府ニ於テ外人ノ債券所有ヲ公認スヘキヤ否ヤ」[5]の

伺書を連署して鉄道局に提出しており，横山社長が房総の加東徳三（第10章参照），豆相の小山田信蔵（第7，8章参照）らと親交のあったことを窺わせる。34年4月時点で豊鉄は約百万円の負債を抱えていたが，差押等の債権回収行動の有無，35年7月に引受けた優先株との対応関係が本章の中心課題となる。

『日本鉄道史』では単に「借入金ハ三十三年度ニ於テ四十九万九千円ニ上リシカ三十五年度ニ於テ増資ノ一部ヲ以テ償還」（鉄中，p540）したと記述するが，現実にはさほど簡単に償還できたわけではなく，金融面から観察すると，極めて興味深い込み入った事情が内在していた。豊鉄は手形乱発の結果，「昨年末より今春にかけて大阪市中の銀行に豊川鉄道の手形幾枚も流通しつつありしが，豊川鉄道の財政紊乱とその裏書者たる豊橋銀行の危険漸く銀行の間に知れ渡りしを以て，その手形を融通したる銀行は逐次これを拒否し，豊川はその跡始末に困難を来す」（34.9.16大毎）という困窮ぶりであった。以下は33年の買占めから34年の差押，35年の整理に至る豊鉄の資金難に絞って検討する。

2．豊川鉄道買占め事件

33年6月頃から発生した豊鉄株式の買占め事件は岐阜県土岐郡多治見町の名家の子息である西浦仁三郎が「天一坊」の異名をとる仲買人松谷元三郎[6]，横山源太郎の両仲買人の「隠れた金主」[7]となったとされる。松谷は堂島取引所や参宮鉄道等の買占め，興銀の損失となった八溝金山事件[8]等で有名な怪物相場師である。西浦は29年頃の鉄道ブーム時にも発起人等に名が出てこない新顔の投資家で，「地方の素封家として，人一倍の野心を抱き，都会の名士と交際を結ぼうとしたところから，ツイ松谷さんの口車に乗り，豊川鉄道の買占めに資金を出し，その後盾を勤めたばかりに失敗して，大きな損失を蒙って…取引銀行の帝国〈商業〉銀行，浪速銀行等にも迷惑を掛け，遂に家産を傾け」[9]たとされる。『山一証券史』によれば小池國三は買占めの噂も立っていない33年4月同郷の先輩である小野金六の紹介で，「同氏が豊川鉄道の株主であることを確かめて」[10]買い本尊とは知らず西浦の注文を繋いだだけで，西浦が実株引渡しを拒絶して逃げ回ったための単なる被害者であった点を強調している。帝商が安易に松谷に買占め資金を融資したのは，元来帝商は「株式仲買人の金融を主とする銀行で…取引所及び仲買人あっての銀行」[11]であったためで，後に株式仲買人の織田昇次郎らへの大口融資が焦げ付き，帝商も整理を余儀なくされる。定期取引での買占めに先立って買方や現物商の神田鏹蔵らが東京お

よび地元の「一枚二枚の小株主でも見免さず買ひ漁」[12]った結果，33年9月期の名義書換は265口，7,587株，株主数も124名減少して64名[13]，34年3月期の名義書換は65口，3,560株，株主数も9名減少して55名[14]であり，33年度の1年間に単純合計で総株数1万株を超える11,147株が書換えられ，株主数も188名から55名と1/4強に激減した。50円払込の株価も高値で31年51.0円，32年48.5円とやっと払込額に届く程度であったものが，買占めのあった33年の高値は63.0円に跳ね上がり，受渡高も前年の3倍を超えた[15]。このため東株は「一高一低頗ル変動常ナキ」[16]相場激変に鑑み，特別に増証拠金を徴収する警戒措置をとった[17]。

　役員の持株を33年3月と34年3月で比較すると，社長横山孫一郎⑤301株→㉚50株▲251株，専務西川由次⑩178株→⑲138株▲40株，取締役疋田又右衛門（豊橋）⑦237株→㉚50株▲232株，岡本善七㉕100株→ゼロ▲100株，風間晴次郎⑱130株→⑯150株＋20株，西川宇吉郎㉕100株→㉙55株▲45株，監査役外岡啓治郎（静岡，川野銀行頭取）④322株（他に川野銀行名義で40株）→2株▲320株，宅間菊太郎（豊橋銀行頭取）⑰133株→21株▲112株，加治千万人80株→㉕75株▲5株と，風間を除き上位株主であった役員全員が高値につられ持株1,105株（総株数の11.0％）を売り，岡本善七[18]は逸早く33年6月8日取締役を辞任，疋田又右衛門と西川宇吉郎も34年4月20日取締役辞任，「監査役外岡啓治郎及宅間菊太郎ハ其所有株減少ノ為メ…資格ヲ喪失退任」[19]する有様であった。特に宅間は21株を残したとはいえ，主力の豊橋銀行頭取でもあったから波紋は大きかったに違いない。株主名簿に名の出た仲買人としては東株では百三十二銀行監査役の徳田孝平（34年3月100株），大株では松村辰次郎（34年3月200株），竹原久吉[20]（34年3月300株）などであるが，高倉藤平も「三十四年松谷天一坊に一杯食されて豊川鉄道株を買占め，その結果僅か三万円の金にも手詰りして，十月には終に仲買を廃業せざるを得ない程の酷い目に逢った」[21]と「一生一代の失敗」を述懐している。31年190株主だった東株の村上太三郎は高値で売り逃げた。

　株主名簿上の現物株とは別次元の株式相場では売方として半田庸太郎，小池國三，今井文吉，石見権兵衛，宮崎敬介[22]ら20余の有力仲買人が実勢を無視した高値と考えて売り向ったとされる[23]。地元で買占めに参加した資産家は一宮銀行の佐分慎一郎[24]などごく少数で，大半は東京・大阪の無名に近い投資家，おそらく八溝金山株でも「自分の名を出さず，架空の人間の名を使って注

文を出」[25]すことを常套手段とした松谷のダミーと思われる。買占めのピークの34年3月の大株主を42年3月との増減とともに示すと、①西浦仁三郎（愛知，1,570株▲1,100），②村田懸麿（東京，1,500株▲1,500），③塩谷正一（東京，1,500株▲1,500），④佐分慎一郎（一宮銀行専務，600株▲430），⑤横井光敬（東京，436株▲416），⑥首藤健輔（東京，392株▲277），⑦竹原久吉（大株仲買人，300株▲264），⑧佐分珠（愛知，285株▲285），⑨山本知之助（大阪，250株▲250），⑩宮崎敬介（東京，230株▲230），⑪松村辰次郎（大株仲買人，200株▲190），⑫下村幸次郎（大阪，200株▲170），⑬佐分節（愛知，185株▲185），⑭伊藤宗七（東京，170株▲170），⑮市川善兵衛（東京，160株▲160）[26]であり、経歴等未詳の人物を含め、「定期の買占めにかかる前に，先づ現株を掻さらってしまった」[27]西浦＝松谷一派が大半を占めると推測される。

これに対して42年3月の普通株の大株主は①末延道成（東京海上会長）2,000株，②村野山人1,960株，③古知野銀行合計890株[28]，④西浦仁三郎（買占派）470株，⑤西村常次郎295株，⑥佐分慎一郎170株，⑦熱田銀行（34年3月優先株200株主）150株，⑧谷口七左衛門134株，⑨鷲見甚吉118株，⑩首藤健輔115株，⑪鍋野久四郎105株，⑫伊藤末吉，石川政次郎，徳田孝平，小田忠兵衛，竹内喜蔵，金谷チカ，中薮栄作，中西広三郎，間瀬作右衛門，江口季右衛門各100株である[29]。

③の古知野銀行は26年12月設立の丹羽郡古知野町の資本金20万円の小銀行で，丹羽郡扶桑村，葉栗郡宮田村に出店していた。豊川とは遠く離れた，全く沿線外の小銀行の巨額投資先（額面4.45万円は資本金の22％に相当）には再建途上の豊鉄は不適であり，西浦らに豊鉄株式を担保に融資した結果の代物弁済かと見られ，名義を銀行役員数人に分散したのも世間体と責任額分担のためかと想像される。①の末延道成2,000株，②の村野山人1,960株も実は古知野銀行と同様に西浦＝松谷らの買占めに融資面で関与した金融機関が家産を傾けた西浦＝松谷らの買占め株式を代物弁済で取得した結果と考えると説明しやすい。村野山人は意図せざる豊川社長に就任した松本重太郎の意向で豊鉄取締役・専務に就任したものの，42年3月時点では百三十銀行は破綻し，松本も失脚済みであり，松本・百三十側を代表するものではなく，時の実権者たる末延の意向を反映した名義貸ではないかと考えられる。東京海上が西浦の「取引銀行の帝国〈商業〉銀行，浪速銀行等」[30]とともに、やや時期をずらせつつ，当

第 2 章　豊川鉄道の資金調達　　51

時株式仲買人の織田昇次郎，栗生武右衛門，半田庸太郎ら「御三家」[31]への融資失敗で整理途上にあった帝商分をも全面的に肩代りして豊鉄の圧倒的筆頭株主として登場して，以後数十年にわたって支配し続けた背景は，当時豊鉄買占事件への金融的関与でしか説明できないと考える。一部には「西浦が豊川鉄道の買占に失敗したために，かれに金融してゐた…東京海上などは何れも迷惑を蒙った」[32]との説も存在する。

3．豊川鉄道の社債募集

　豊鉄は資本金を 50 万円からさらに 50 万円増資する計画を中止し，一時借入金返済のため 31 年 8 月 10 日認可を受け，9 月 10 万円の第一回に該当する社債（期間 4 年）を発行したが，信用が乏しいため，利率は 12 ％とかなりの高利を余儀なくされている[33]。32 年 3 月 15 日には社債利払取扱を第一銀行に委託している[34]。32 年 11 月 30 日社債 10 万円（2,000 通）を中途償還した。社債権者は 96 名（1 名平均 1,042 円）であった[35]。

　33 年 12 月 18 日の臨時総会で社債 50 万円発行を議決し，34 年 3 月 16 日社債 50 万円発行を申請した[36]。豊鉄は 33 年度末には機関車 3 両，客車 29 両，貨車 77 両を保有していたが，34 年 4 月 27 日の臨時総会では保有車両のうち，「新調貨車十五両ヲ抵当トシテ借入金ヲ為スノ件ヲ議決」するという，苦し紛れの資金調達を編み出して早速に 4 月 30 日逓信大臣に出願したが，「右ハ抵当権ヲ設定シ得サルモノト認定セラレ其筋ヨリ返付」[37]され，苦肉の策の車両抵当は実現しなかった。

　そこで豊鉄は「経済界不振ノ為」34 年 3 月 13 日付で普通株による 50 万円増資を断念し，かわって 100 万円の参加条項付 8 ％「優先株ヲ発行シテ鉄道改良等ノ費用ニ充ツ」[38]ことを認可された。この優先株発行認可直後の 34 年 4 月には豊鉄は極度の資金難に陥っており，取引銀行から相次いで財産差押を受けた。このため，豊鉄の資金調達政策は極度の混乱状態にあったものと思われ，方針が揺れ動いている。現実にはほぼ同時期の 34 年 5 月 24 日に総額 30 万円（34.5 B では 60 万円）の第二回に該当する社債（期間 6 年，満期は 40 年 5 月 25 日）を発行しようとした。利率は 12 ％で，発行価格 95 円で応募者利回りは 13.508 ％と第一回社債よりもさらに極端な高利での募集を余儀なくされた。募集取扱銀行は第一銀行（第一回社債利払取扱行），明治商業銀行，明治銀行，豊橋銀行の 4 行であった[39]。しかし豊鉄が 4 月 30 日を期限として募集した社

債は豊鉄の悪評を反映して当然ながら「応募者なき為め」(34.5B) 全くの失敗に帰したようである。そこで社債募集失敗後の34年6月7日の臨時総会では先の社債50万円募集を取消し，優先株発行を議決するなど，資金調達の方策が二転三転した。

4．豊川鉄道，豊橋銀行の連鎖破綻

34年4月豊鉄が同地の豊橋銀行ともども他行から財産差押を受けるという非常事態が発生した。すなわち①「弁済期限の至れるに拘らず更に支払を為さず」，②「裏書人たる豊橋銀行は四月二十二日支払停止」，③「四月三十日限にて募集せる六十万円の社債も失敗に帰し」，④差押えすべき鉄道全部は「浪速銀行へ抵当の登記中」(34.5B) との4条件から「最早猶予すべき場合にあらず」(34.5B) と判断した帝国商業銀行が4月30日「豊川鉄道会社の運輸収入を差押へ，引続き豊橋銀行，同行頭取宅間菊太郎及豊川鉄道会社長横山孫一郎氏の有体財産を差押へ」(34.5B) たのであった。同日東株でも売買停止となった[40]。「本年五月十一日債権者株式会社浪速銀行ヨリ当会社不動産ノ一部ノ仮処分ヲ受ケ，同年四月三十日債権者株式会社帝国商業銀行ヨリ当会社備付ノ金庫ヲ差押ヘラレ，同年同月同日以来日々ノ収入金ヲ差押ヘラレ，目下仮差押ノ継続中ニ属セリ。同年五月十七日債権者伊藤種基氏ヨリ金庫其他ヲ差押ヘラレ，又同年同月同日以来日々ノ収入金ヲ差押ヘラレタルモ，同年六月二十日ヨリ収入金ノ仮差押ハ之ヲ中止セラレタリ。同年五月七日同氏ヨリ当会社ニ対シ名古屋地方裁判所岡崎支部ヘ破産ノ申請ニ及ハレ，同年七月二十五日債権者株式会社第二十二銀行ヨリ同上破産ノ申請ニ及ハレ，同年九月十日債権者露清銀行ヨリ同上破産ノ申請ニ及ハレ，三件共目下同支部ヘ訴訟ノ継続中ニ属セリ」[41] という具合に，浪速，帝国商業，二十二[42]，露清各銀行と伊藤種基[43]から相次いで差押ないし破産申請を受けたのであった。

38年2月4日の貴族院特別委員会で弁護士の高木豊三は「豊川鉄道ガ…債権者タル銀行ト差縺レヲ生ジテ現ニ差押ヲ実行シタ…敷地ヲ差押ヘテ之ガ登記ニ掛ッタ所ガ…到底ヤリ切レヌ，遂ニ銀行方ガ降参シテ差押ヲ止メテ仕舞ッタ」[44]と発言している。『銀行通信録』では「鉄道会社全部は浪速銀行へ抵当の登記中なるを以て帝国商業銀行にては最早猶予すべき場合にあらずと為し，四月三十日豊川鉄道会社の運輸収入を差押へ…」(34.5B) とある。33年に会社財産抵当で20万円融資した浪速銀行が高木のいうように「抵当の登記」に

手間取ったものと考えられる。帝国商業銀行が強硬手段に踏み切った背景としては，当時帝商会長の馬越が帝商重役の浅田正文から不良貸付の責任を追及されていたから[45]でもあろう。

　豊鉄の取引銀行のうち，地元の豊橋銀行（豊橋町大字魚町，25年9月設立，初代頭取杉田権次郎）は34年時点では資本金30万円（うち払込20万円），預金約50万円であったが，豊鉄株式4,800株（34.7B）を保有するなど，「兼て豊川鉄道会社と密接の関係あり，同鉄道会社の為に約四十万円の債務を負ひ，既に其支払期日に迫れるもの二十三万円ある」（34.5B）ほか，豊橋銀行第二代頭取の宅間菊太郎[46]，同行取締役の加治千万人が豊鉄の監査役に就任し，破綻寸前の豊鉄社債の募集を取り扱うなど，極めて緊密な関係にあった。そのため豊鉄社債が「応募者なき為め同銀行は頗る困難の地位に立ち」（34.5B），4月20日豊橋銀行蒲郡支店（27年設置）にまず取付が起って支払を停止し，豊橋町西八丁の本店も「某銀行より五万円其他多数小口の取付に遭ふて支払を為す能はず，已むを得ず二十二日より本支店とも支払を停止」（34.5B）するに至った。豊橋銀行本支店の取付，支払停止の影響は豊橋地方の各銀行に及び，5月14日の愛知銀行豊橋支店（支店長棚橋友三郎）に至るまで「取付に遭ひしもの少なからず，一時殆んど恐慌の状を呈」（34.5B）した。豊鉄買占めの張本人たる松谷元三郎自身も「豊川鉄道株買占で一時小三十万円儲けたと思ふと，豊橋銀行破綻の結果，余波を受けたる同鉄道会社は工事費百五十万円の仕払に窮し，従って同鉄道株は殆ど無価値同様の程度まで下落したので，結局六十万円ほどの損失を招くに至った」[47]と述懐している。こうした中で4月30日豊橋銀行は豊鉄の3万円の債権者である「帝国商業銀行の為に豊川鉄道会社と共に其財産悉皆を差押へられた」（34.5B）が，この原因は豊鉄の振出した手形に地元の豊橋銀行および宅間同行頭取が裏書をしていたためである。

5．百三十銀行と露清銀行の紛議

　豊鉄を買い占めて実権を握った西浦一派は34年資金難のため社長横山孫一郎名義で振出した6ヵ月の融通手形20万円を割引く銀行を探して奔走したが，悪評のためなかなか割引をうけられなかった。松谷が堂島米穀取引所買占めに失敗し没落した際にも「横山孫一郎氏の尽力に由り，安田善次郎氏より五十万円の融通を受け，何うやら始末をした」[48]と松谷自身が語っているように，世間の悪評通り横山と松谷は共謀関係にあったと考えられる。

豊鉄は内国通運買占めの場合と同様に，松谷のような「投機心の強い，所謂相場師肌の者が経営すべき事業では絶対にない」「極めて地味な仕事」[49]であり，「『天一坊』という悪名が…世間に与えていた悪印象」[50]から，一味の資金調達は困難を極めた。ようやく外資系の露清銀行神戸支店である程度脈があったものの，同行でも信用を失墜していた豊鉄向の直接貸付は拒絶し，相当なる銀行の裏書きを要求した。露清銀行は34年7月には西成にも北銀保証で20万円を融資（34.8.3 R）するなど，当時国内私鉄に前向きであった。

そこで困窮した豊鉄の横山社長は34年2月21日付で，6ヵ月の約束手形を百三十銀行京都支店宛に振出した。同行西陣支店支配人の近藤千吉が松谷の仲間の守山又三[51]の同窓生という関係から，近藤千吉が横山から「三万円の報酬を得る約束にて独断を以て右手形に裏書を為したるのみならず，別に振出人不払の節は同支店にて支払ふへき旨の保証状を付し」(34.9 B)ため，豊鉄は百三十銀行京都支店長の裏書で露清銀行で割引（5ヵ月賦払）を受け20万円の資金を入手することに成功した。豊鉄は同一の方法で同行よりさらに7.5万円の融通を得た (34.5 B)。近藤千吉には横山からの「コミッションの醜聞あるが如く，露清神戸支店…にもまた同様のことあり」(34.9.16 大毎)と報じられた。約束手形の支払期日の8月21日，露清銀行は横山に対して手形支払を請求したが横山が支払わなかったため，同行は拒絶証書を作成し，裏書人たる百三十銀行に償還請求の通知を発した。しかし百三十銀行は行印を盗用して銀行に無断で裏書した (34.9.16 大毎) 近藤を解雇し，告訴していたため，露清の請求に応じなかった。百三十西陣支店は露清銀行との一件のほかに，豊鉄と関係の深い豊橋銀行と2.6万円 (35.7.15 B)，二十二銀行大阪支店と3万円の手形無効確認を巡って訴訟になるなど，行員不正事件の渦に巻き込まれていた。業を煮やした露清は百三十に対して為替訴訟を起すに至った。「対手の外国銀行なるが故に，其関係は延て我が国銀行の信用に影響し，間接に公益を害すること尠少ならず」[52]と懸念した藤田伝三郎は次のような調停案を示し，「其間に入りて斡旋尽力」[53]したがまとまらなかった。「露清銀行東洋支店長袁子荘氏より横山氏に五万円を貸与することとし，且つ百三十銀行頭取松本重太郎氏は豊川鉄道会社優先株五万円を引受くることとして十万円だけを始末し，残金十万円に就ては五万円を横山氏より現金にて支出し，五万円は露清銀行にて猶予するか，或は百三十銀行の裏書とするか，何れにしても其一に従ふこと」(34.9 B)。

結局は裁判に持込まれ，百三十が敗訴し，露清に20万を償還（34.11.15 B），同時に豊鉄社長横山孫一郎は百三十銀行に20万円の約束手形を交付，かくして百三十は20万円の不良債権を抱え込むこととなった[54]。百三十頭取の松本が関与していた大阪毎日は豊鉄，豊橋銀行の醜聞を詳しく報道[55]したが，「此事件に関し百三十銀行弁護の地位に立てるを以て，其報ずる所素より正鵠を得たるものと為すべからざる」（34.10 B）とされた。

6．債務の株式化

豊鉄は「経済界不振ノ為」35年3月13日付で普通株による50万円増資は「経済界不振ノ為〆払込不能」（鉄中，p543）として断念し，かわって100万円の「優先株ヲ発行シテ鉄道改良等ノ費用ニ充ツ」[56]ことを認可された。豊鉄は34年6月7日の総会で150万円に増資し，2万株の優先株募集を決議した。その内容は「株主に於て引受を為さず又は其引受の権利を失ひたる優先株は之を現在の会社の債権者をして引受しむる事」（34.6.8 R）とするもので，銀行借入金を優先株に転換させようとするものであった。これは例外的な方法として即時参加条項という甘味剤を付けて債権者に交付するもので，野田正穂氏はこの優先株が「優先株式に対して八朱の配当をなし尚利益の剰余あるときは優先株式と普通株式とに対し平等の率を以て配当すること」[57]という，「単純参加」に比して参加力の強い，「即時参加」条項付であり，「株主に於て引受を為さず又は其引受の権利を失ひたる優先株は之を現在の会社の債権者をして引受しむる事」（同第六条）と失権分は債権者に割当を規定した特異点を強調されている[58]。

かくして債権者優位の原則が貫徹し，「当然会社の全権はこれまでの債権者であった優先株主の手に移り」[59]，35年6月には発起人総代以来同社の中心人物だった社長横山孫一郎以下の全役員が総辞職して抜本的な整理が行われ，優先株2万株の発行により150万円に増資，7月5日新たに社長（36年11月には会長と呼称変更）に百三十銀行（4,000株の優先株主）頭取松本重太郎，取締役支配人には村野山人（翌36年11月専務に昇格，43年12月辞任），取締役には浪速銀行（1,800株の優先株主）常務山中隣之助（浪速銀行取締役），末延道成（東京海上会長），服部小十郎[60]（820株の優先株主），村野山人，監査役には帝国商業銀行（3,500株の優先株主）会長の馬越恭平，浪速銀行専務取締役野元驍が就任した[61]。

当時馬越は32年11月27日初代成川尚義頭取の死後，帝商会長として多額の不良債権を発生させた張本人で，同僚重役の浅田正文から攻撃されていた[62]。また長く松本重太郎の配下として従ってきた村野の経歴からみて38年「山陽鉄道時代，豊州，豊川，阪神電気鉄道時代の山人翁の手腕を認め…南海鉄道に招いた」[63]ケースと同様に，当時不本意ながら豊鉄に関与せざるをえなくなった松本の意向によることは間違いないだろう。

　一見，金融保険界の大物が勢揃いした大私鉄の感があるが，内実は債権者たる帝国商業，愛知，二十二等から差押や破産申請をうけ，渋沢栄一，馬越恭平，松本の尽力で，妥協の産物として債権者全員の承諾のもとに8％優先株100万円を発行して，債務全額を弁済することで債権者全員が承諾した結果，50万円の債務全額を弁済することができたのであった（35.4.15B）。優先株主の中には森清右衛門[64]100株，志岐信太郎34株など，工事関係の債権者も含まれていた。

　優先株発行の実態は豊鉄古参の原田仙二郎（田口鉄道総務課長等を歴任）の回顧では「要するに負債百万円を優先株に引当てて債権者に押しつけたと云ふわけ」[65]であったという。営業報告に「当会社支払手形不払ニ付債権者ヨリ仮差押ノ執行ヲ受ケタル金額ハ本年四月三十日ヲ始トシ，九月末日ニ至ルマテ金七千三百七十三円十三銭四厘ニシテ此金額ハ前記仮出金ノ支出ニアリ」[66]との「被仮差押金」の項目を設けざるを得ないほど，「執達吏が来て，金庫其他へベタベタとはり付け」[67]られる苦境からようやく解放されることとなった。その一方で反古同然視された普通株主は片隅に追いやられた格好であった。当地では「豊川鉄道の株を持つくらゐなら淵へ投げる方がましだ，淵へ投げればポチャンと音がするからな」[68]との普通株主の自嘲の言が言い古されたという。

　43年上期決算に際し，経理部長の入水自殺から社金3万円の費消が発覚し，専務，支配人の引責辞職となった[69]。後に「豊鉄再生の恩人」と称される倉田藤四郎が支配人として乗込み，第二次の豊鉄整理に乗り出し44年7月には旧重役の私曲に起因する懸案の不良資産であった仮出金（諸勘定打渡金及登記未済地）40余万円を「大株主の寄付行為として，仮出金の担保関係たりし株式二十万円を提供し，資本二十万円を減じ一方に欠損を償却」[70]すべく資本金150万円を20万円減資し130万円とした。

第 2 章　豊川鉄道の資金調達

注
1）豊川鉄道の沿革は『日本鉄道史』中巻, p 540,『日本国有鉄道百年史』第 4 巻, 昭和 47 年, p 394 以下によった。
2）横山孫一郎（東京）は豊川鉄道筆頭株主 500 株, 帝国ホテル, 茨城炭砿各取締役, 東京銀塊取引所理事, 福島合名, 海外殖民合資各業務担当社員, 豆相人車鉄道監査役（要録 M 31, 役 p 144）, 豆相鉄道 200 株主として小山田信蔵とも関連が濃い人物
3）加治千万人は豊川鉄道発起人総代, 豊橋銀行専務, 豊橋貯蓄銀行監査役
4）『大日本銀行会社沿革史』, 大正 8 年, p 371
5）13）豊川鉄道『第十回実際報告』33 年 9 月, p 3, 13〜4
6）松谷元三郎は 31 年 6 月 21 日大株仲買人開業, 32 年 10 月 2 日廃業（『大株五十年史』付 p 19）。南波礼吉は「金持ちから資本を引き出すことにかけては蓋し天下一品」（南波礼吉『株界生活六十年』昭和 28 年, p 118）と評している。石卯の参宮鉄道買占に途中から松谷元三郎が買方として加担した。かつて 11 歳から 16 歳まで丁稚奉公した仲買人加賀市太郎には仲買人として独立の際, 身元引受を依頼したり, 独立後も投資上の相談を持ち掛けたりしており, 組合規約に違反した際も旧主人の加賀経由で叱責され,「さすが恩人のいふことではあるし, ただもう恐れ入って, 一言の下に謝って家に帰った」（野依秀市編『財界実話』昭和 7 年, p 520）といわれる。
7）12）23）27）狩野雅郎『買占物語』大正 15 年, p 59〜66
8）八溝金山（福島県）は松谷が「方々に手を回して上場株にし」（由利亀一談『相場今昔物語』日経, 昭和 27 年, p 24）, 38 年 9 月 1 日 1 万株売買開始（東株『五十年史』p 217）,「大きな金鉱を見付けた」（前掲『相場今昔物語』p 24）との風説を流布して株価は乱高下,「八溝金山会社株式暴落の為追証拠金を徴収したるに, 買方仲買人中, 不納の者ありたるを以て, 遂に之を違約処分に付す」（東株『五十年史』p 139）こととなり, 松谷に嵌められた買方仲買人の北村熊吉が違約処分（東株『五十年史』p 309）となって切腹自殺, 八溝金山株も 39 年 3 月売買停止となった事件。
9）30）長谷川光太郎『兜町盛衰記』第一巻, p 218
10）『山一証券史』昭和 33 年, p 503
11）31）45）62）『男爵郷誠之助君伝』昭和 18 年, p 283
14）19）26）36）豊川鉄道『第十一回営業報告』34 年 3 月, p 15, 3, 名 p 1
15）17）40）東株『五十年史』付 p 137, 132
16）『乗取り百年』昭和 42 年, p 58
18）岡本善七は元株式仲買, 岡本銀行頭取, 内国通運評議員
20）竹原久吉は 29.7.3 仲買人開業, T 6.6.1 廃業
21）47）48）朝比奈知泉編『財界名士失敗談』42 年, p 306, 294
22）宮崎敬介は 34 年 3 月 230 株主, 35 年 6 月の房総鉄道社債権者名簿上 16,000 円と 3,400 円保有後に堂島米穀取引所理事長, 大株理事, 大阪電灯社長
24）佐分慎一郎は一宮銀行専務, 34 年 3 月 600 株, 同姓の女性と見られる珠 285 株, 節 185 株を併せ 1,070 株 10.7％保有
25）由利亀一談『相場今昔物語』日経, 昭和 27 年, p 59
28）古知野銀行頭取石田養助 590, 取締役大脇弥左衛門 100, 取締役大池鎌次郎 100, 取

締役滝源七100株の合計
29) 豊川鉄道『第二十七回営業報告』42年3月, 名p1以下
32) 前掲『買占物語』p68。著者も複数の東京海上関係者に当件に関して問合わせを行ったが, 全く社内に伝承すらなく, 経緯は不詳とのことであった。単純に地方公益企業たる豊川鉄道への融資が焦げ付き, 債務の株式化により大口優先株主となっただけの経過なら失敗の程度は軽いが, もし万一にも買占めへの関与の結果の不良債権処理だったと仮定すると関係者への箝口令も, より徹底したものとなって不思議はあるまい。著者も買占めにあった参宮鉄道の筆頭株主となった日本生命の株式取得の経緯について推論を試みたことがあるが, やはり社内記録等は一切発掘できずに終った経験がある（拙稿「明治期の私設鉄道金融と鉄道資本家―参宮鉄道における渋沢・今村・井上・片岡の役割をめぐって―」（『追手門経済論集』第27巻1号, 平成4年4月, 追手門学院大学経済学会参照）。
33) 『鉄道局年報』31年, p57, 興銀編『社債一覧』昭和45年, p681
34) 豊川鉄道『第六回営業報告』31年9月, p2
35) 豊川鉄道『第九回実際報告』33年3月, p17
37) 41) 66) 豊川鉄道『第十二回営業報告』34年9月, p5, 7, 22
38) 『明治三十四年度鉄道局年報』p32
39) 前掲『社債一覧』p681
42) 34年二十二銀行大阪支店は百三十銀行の裏書した手形債権3万円を同行が償還請求を拒絶したため無効確認を巡って訴訟になり（35.7.15B）,「七月二十五日債権者株式会社第二十二銀行ヨリ同上破産ノ申請ニ及ハレ」（豊川鉄道『第十二回営業報告』34.9, p7）るなど, 杉山岩三郎が取締役の二十二銀行も豊川鉄道債権者として, 会社, 百三十銀行双方と訴訟沙汰になっている。岡山銀行（27年7月設立, 本店岡山市橋本町, 専務岡崎銀五郎, 大阪支店長次田俊一郎）は従来から松谷元三郎の取引銀行で, 同時期に「備前西郷」とまで呼ばれた岡山の名望家・杉山岩三郎も32年5月から10月までごく短期間ながら松谷の推挙で大阪堂島米穀取引所理事長を務め（『株式会社大阪堂島米穀取引所沿革』, 45年, p81), 松谷とも因縁浅からぬ関係を有していたとされる（野依秀市編『財界実話』昭和7年, p529~530）。明らかに杉山＝松谷関係の反映としか思えない。二十二銀行と岡山銀行との間の人的関係は不明確だが, 同じ岡山の銀行として何らかの接点があったものと考えられる。なお岡山銀行と松谷との関係は『大阪毎日』で「岡山銀行の手と思はるる定期米及び堂島株の買占め」（32.4.26大毎）と一体視しており, 34年松谷の買占め失敗の後遺症からか解散決議をし清算中であったが, 60万円の貸金の担保として松谷元三郎からに差入れていた米代金の受取証の有効性を巡って堂島取引所とも訴訟になっている（34.8.15B, 35.10.25保銀）。
43) 伊藤種基は名古屋市杉ノ町在住の弁護士（紳M32, p606）
44) 『第二十一回帝国議会貴族院鉄道抵当法案特別委員会議事速記録第二号』38年2月4日, p12
46) 宅間菊太郎は豊橋町の名望家, 28年10月豊橋銀行頭取就任, 30年1月豊橋貯蓄銀行初代頭取就任, 豊橋電灯監査役, 豊橋米穀株式取引所監査役, 豊橋商業会議所常務委員, 五二会委員, ほか公職多数（『日本現今人名辞典』33年9月, たp75）

49) 50) 前掲『株界生活六十年』p 126, 128
51) 守山又三の経歴は結論参照
52) 53) 『藤田翁言行録』, 大正2年, p 60。石井寛治氏によれば百三十は34年5月2日の重役会で近藤の「不当行為の件々」(石井寛治『近代日本金融史序説』平成11年, 東京大学出版会, p 354) を報告し, 敗訴まで覚悟したとされる。
54) 前掲『三十年之回顧』p 73
55) 「昨年末より今春にかけて大阪市中の銀行に豊川鉄道の手形幾枚も流通しつつありしが, 豊川鉄道の財政紊乱とその裏書者たる豊橋銀行の危険漸く銀行の間に知れ渡りしを以て, その手形を融通したる銀行は逐次これを拒否し, 豊川はその跡始末に困難を来すや, 初めこれ等の手形を振出すに当り, 主動者たりし彼の西浦仁三郎氏一味の策士連は如何にもして他に金穴を得ざる可からずと百方苦心の結果, 此等の手形金額を総纏めにして露清銀行神戸支店に相談に及びたるなり…露清にては直接手形を受入るる能はざるも有力なる銀行にして裏書せばこれを再割引すべしとの承諾を得たるものの如し, 是に於て西浦氏は二十万円の一枚手形を造り, 先つ東京に於てその裏書銀行を探ねたるもこれを得ず, 遂に名古屋, 京都, 大阪と漸次その手形を以て東海道下りをなしたるなり, その時の裏書に対する報酬は二十万円の一割即ち二万円を与へ, 且つ豊川鉄道の会計を全然委託すべしといふ甘い話しなりしなり, 而かも大阪に於ては前の手形すら拒絶したる位なれば素よりこれに応ずるものなく, 西浦氏は伝法家に滞泊して種々密計を廻らし, 例の松谷元三郎氏を介して守山又三氏に伝へ, 守山氏は又同窓の好により百三十西陣支店の近藤千吉氏を手に入れて遂に同所の裏書を首尾よく成就したるものなりといふ, 是に於てその手形は露清銀行神戸支店に入りしなり, 而してその間には近藤氏に「コミッション」の醜聞あるが如く, 露清神戸支店…にもまた同様のことあり…と伝へらる」(34.9.16大毎)
56) 『明治三十四年度鉄道局年報』p 32
57) 『優先株募集規定』(M 34.6.8 R) 第三条
58) 野田前掲書 p 155
59) 67) 68) 69) 『豊橋商工会議所五十年史』昭和18年, p 1064~5
60) 服部小十郎は愛知実業銀行, 名古屋瓦斯, 愛知セメント, 中央炭礦各取締役, 名古屋米穀取引所監査役
61) 豊川鉄道『第十四回報告』35年9月, p 12。『馬越恭平翁伝』(昭和10年, p 213) には肥後銀行を代表して高橋長秋も就任とある。
63) 『山人翁とその事業』昭和46年, p 168
64) 森清右衛門 (東京) は土木建築請負業者, 金辺鉄道相談役 (要録M 34, 役 p 435)
65) 原田仙二郎『豊鉄を語る』昭和16年, 豊橋同盟新聞社, p 7~8
70) 川上龍太郎『鉄道業の現状』44年, p 121

第3章　阪鶴鉄道の資金調達

1．財界分立と鉄道

日本生命社長であった片岡直温が回顧するように，明治22年（以下明治の年号は省略）「当時大阪の実業界は松本派，岡橋派，田中派等の数派に分れ相反目する形勢」[1]にあり，町田忠治も「当時大阪の財界には，四つの勢力が分立していた。四つの系統に属する各主脳者は，今日とは全然違って，一面に銀行を経営すると同時に，他面において工業其の他の各種事業に関係してゐると云ふ時代であった」[2]。「互に相競うて金融業者の領域を飛越し，兼営の意味を以て産業の発展の為め非常に働いて居った」[3]といわれる。こうした財界の各派対立の背景として考えられるのは明治20年代に入ると東西の特定の有力資本家の個人的な人脈（例えば血縁，地縁，同業者間等の取引関係等）に依存した，一種の集団的"証券引受"による資金調達が一般化していったものと考えられる。即ち，個人投資家一人の投資可能限度を遙かに凌駕する鉄道等の投資機会の出現が，資本集中，リスク分散としての共同投資を生み，欧米ならば投資銀行等が果すべき共同投資組織（シンジケート）の幹事の役割を，銀行等を主宰する財界巨頭が自らの財界での地位向上や，関係する銀行の業務メリット等を勘案し，その個人的な影響力の及ぶ範囲で競ってシンジケーションに奔走したものと推定される。鉄道会社等の資金調達上，各派は自派の便宜のためにいわゆる機関銀行設立に動き，一種のシンジケートによる集団的株式引受が累積的に継続されると，常時参加する固定的メンバーでは自己のポートフォリオに占める共同投資銘柄の割合が次第に高くなり，他の集団に対し同一の利害関係に立つ利益共同体を形成するようになる[4]。とりわけ鉄道は平行線を許さぬ免許制のため免許を巡り，関係集団同士の対立がより先鋭化することになる。本章ではこうした財界分立傾向の中で設立されながら，経営難のために極度の資金調達難に苦しんだ企業の典型として，大阪と舞鶴を結ぼうと設立された中距離鉄道会社である阪鶴鉄道（以下単に阪鶴と略）の事例を取り上げ，銀行等の金融機関が鉄道の資金調達に大きく関わり，特に募集困難と目される社債を関与

銀行が連合して一括引受けるというリスクを冒すようになった止むをえざる因縁をまず明らかにしておきたい。阪鶴創立時，競合する京都鉄道（京都〜舞鶴間），摂丹鉄道（大阪〜池田〜舞鶴間）と対立，主要発起人である京鉄の田中源太郎，浜岡光哲ら京都財界，阪鶴の住友，松本，田中，土居，小西，摂丹の岡橋，弘世，泉ら有力発起人間の感情的対立まで惹起し，大阪財界の運営にも支障が出て来たとされる。

阪鶴『設立及鉄道布設願書』（26年8月1日付）の中でも「数年前ヨリ該〈舞鶴〉港ニ達スル鉄道布設ヲ企ツル者頗ル多ク」と述べるように，摂丹鉄道[5]（第一次）その他京阪神地区から舞鶴方面を目指した数社もの競願が相次いだが，井上勝の私鉄抑制策によりすべて却下された。

その後26年になって舞鶴ルートの鉄道として京都財界によって26年7月14日京都〜舞鶴〜宮津ほか103マイルの京都鉄道がまず出願された。27年7月仮免状，28年11月5日免許を得た京都鉄道は30年2月15日二条〜嵯峨間の新規開業をはじめとして，32年8月15日には京都・園部間を全通させた。しかし2万5千坪もの広大な二条駅の設置や複線用地の確保，さらには山間路線の建設で投資額が拡大し資金面でピンチにおちいった。そこで園部以西の免許を返上して，政府に泣付くなど資本の弱体ぶりを露呈した[6]。

2．阪鶴鉄道の発起

阪鶴は総代の住友吉左衛門以下56名（摂津鉄道社長伊達尊親ら14名を追加）の発起人により，26年8月1日大阪〜神崎〜舞鶴間約80マイルの敷設を「人煙稠密物産富饒ナル事京鶴線ノ比ニ無之」[7]として出願した。趣旨は「大阪起点ノ線ナキハ甚遺憾」[8]として「今般実地篤ト取調候末…武庫川ニ沿ヒ最急勾配八十分一ヲ以テ鉄道ヲ布設シ得ヘキ地理ヲ発見」[9]したとするものであった。当初計画の大阪梅田起点を変更し，梅田〜神崎間は官線に乗入れ，神崎〜池田間は契約を結び既存の摂津鉄道を買収するものとした。27年7月仮免状，28年10月18日会社設立，29年4月30日免許を得た[10]。

発起人の中で住友の広瀬宰平は「最初発起ノ時ヨリ頗ル尽力セラレタル故」[11]，役員指名を嘱託され，取締役土居通夫（発起人1,500株引受，鴻池家顧問），石田貫之助（同1,700株，兵庫県美嚢郡中吉川村），金沢仁兵衛（同1,500株），田艇吉[12]（同1,700株），弘道輔（同2,000株，東成郡東平野町，阪鶴運動委員，京姫鉄道取締役），米沢吉次郎（同1,700株，明石の第五十六銀行取締役），監

査役小西新右衛門[13]（同2,000株），田中市兵衛（同1,500株），松本重太郎[14]（同1,500株）を指名した（カッコ内は発起引受株）。

　国鉄『百年史』では「阪鶴鉄道設立の実質的な推進主体はむしろ兵庫県側にあり…『京都』に対抗するために『大阪』をかつぎ出した」[15]ものと解しているが，最初案から摂津鉄道買収が組込まれていたわけではなく，小西一派の多くが追加発起人として加わった事実からみて，やや兵庫派を過大視している傾向もあろう。監査役となった松本重太郎（百三十銀行頭取）は『双軒松本重太郎翁伝』によれば彼が中心となって住友家[16]，広瀬宰平（発起人総代，住友の総理事，阪鶴30年3月㉗720株），藤田伝三郎[17]，金沢仁兵衛（阪鶴同⑬1,010株）らを遊説し，阪鶴を創立したとする[18]。丹後半島の突端に位置し，陸上交通には恵まれない漁村・間人出身の松本は，丹後を目的地とし，郷里の発展にも寄与する阪鶴の発起にはとりわけ熱心に取り組んだものと思われる。かねて山陰と山陽両地方の鉄道連絡を理想として丹後鉄道[19]の取締役にも就任した松本は29年8月13日には同社交渉委員の土居通夫（阪鶴同⑩1,100株）らと多忙な中を熱心に三田地方など沿線の現地踏査まで行っている。9月6日には創立委員会を松本と実地調査に同行した土居邸で開催した。その後も資金難に呻吟する阪鶴を一貫して支援した実績からも彼の執着の強さが感じられる。

3．ライバルの摂丹鉄道

　摂丹の主唱者である岡橋治助は摂丹鉄道（第二次）について「二十五年三月丹後国舞鶴港ヲ軍港トセラルルニ際シ，軍事上両市間ニ鉄道ノ布設ヲ発起シ之レカ出願ヲ為」[20]したとする。26年6月1日に測量許可を受け，同年6月17日，岡橋，竹田忠作，竹尾治右衛門，片岡直温，泉清助，弘世助三郎の6名（竹尾以外は全員日本生命役員を兼務）で，大阪梅田駅を起点とし園部を経て船岡までの34マイルの摂丹の創立を請願した。9月7日木原，豊田善右衛門，桜井義起，殿村恵津，坂上新治郎，井上徳兵衛，岸上善五郎，西田与兵衛，福田熊吉，谷謹一郎の10名を追加，資本金150万円，3万株，原始発起人の6名で1.6万株を負担する計画であった[21]。収支見込は日本土木の技師山田寅吉[22]が調査した[23]。

　阪鶴の発起人総代・出京委員が「趣意概略別冊ニ摘録」し「御賛成被成下度」と各方面に「拝呈」（送付状）した『創立趣意書』には26年8月1日付『設立及鉄道布設願書』の公式文書には含まれない本心が垣間見られ，「片岡直温氏

其外ノ発起」のライバル摂丹鉄道を「片岡氏等揚言シテ曰ク果シテ此線ヲ取ラハ大阪舞鶴間ノ距離甚タ近キヲ得ヘシト…若シ夫故ラニ窮谷ヲ通シ沿道無人境ニ均シキ地ヲ経過シテ距離ヲ短縮シ果シテ何ノ益カアル」[24]と片岡を名指しで批判している。また阪鶴が将来三田～神戸間に支線を延長するとの懸念に立って，阪鶴を「神戸ノ利用盛ナルモノニシテ遂ニ大阪ノ不利」[25]になると批判した阪鶴反対派の某大阪市議の発言にも強く反論している。また阪鶴を推進した住友支配人の田艇吉の略伝にも摂丹を出願した「片岡一派の策動を快しとせぬ大阪諸名士の援助となり，一挙に此等の諸氏をも発起人に網羅し得て，阪鶴鉄道会社創立運動の促進に，拍車をかけることとなった」[26]とあり，阪鶴創立自体にすでに摂丹と対立する感情的な動機が内在していたことをうかがわせる。摂丹に近いメンバーのうち阪鶴株主に名前があるのはごく少数にとどまる[27]。

26年6月15日付で阪鶴計画に参加している小西新右衛門（摂津鉄道監査役），鷲尾松三郎（摂津鉄道監査役，新株400株引受），鴻池新十郎[28]，池田貫兵衛（後に阪鶴取締役30年3月⑲874株）ら摂津鉄道関係者を中心とする7名が岡橋系と同名鉄道（摂津鉄道終点の川辺郡小戸村～園部ほか）を兵庫県庁経由で出願するなど免許を巡り混戦状態に陥った。「本線路ノ発見者ハ即本会社ナルコトハ自ラ信シテ疑ハス」[29]と自負する摂丹では「兵庫県下ヨリモ同名ノ会社鉄道布設願書ヲ逓信省ヘ提出シ，其ノ願書日付ノ僅カニ二日早キ故ヲ以テ或ハ先願者ト唱」[30]える同名の鉄道に対して「本社ハ技師ヲシテ日夜沿道ヲ慎重ニ測量中ノ折柄，彼レハ一ツノ測量ヲモナサス」[31]，ただ単に「本社ノ希望ヲ沮碍セント試ムルモノ」[32]にすぎないと排斥するが，一方の阪鶴『創立趣意書』では同名の鉄道の方を「摂津鉄道会社ノ株主其外ノ発起ニテ…之ヲ先願トス」[33]と支持し，同名の鉄道発起人自らも「阪鶴鉄道ノ線路ト重複スルモノナルカ故ニ該鉄道ニシテ許可ヲ得レハ出願ノ取消ヲ為ス」[34]との申し出を行うなど，阪鶴の免許促進，岡橋系摂丹の妨害が主目的であったようだ。なぜなら阪鶴は摂津鉄道買収契約の際に「阪鶴鉄道ノ布設ヲ賛成シ其許可ヲ希望スル旨ノ書面ヲ其筋ニ提出スヘキ事」[35]を特に第八条として小西らに義務付けたからである。

4．免許獲得競争と大阪財界分裂

国鉄『百年史』では「京都鉄道と阪鶴鉄道との対立」[36]を基軸に記述されているが，激しい葛藤はむしろ阪鶴と摂丹との間の対立であったと考えられる。26年から29年頃にかけて，大阪財界各派間特に松本＝田中市兵衛派と岡橋派

の対立が深刻になり，松本＝田中派を中核とする紀泉，阪鶴と，岡橋派を中核とする紀阪，摂丹がそれぞれ免許獲得を巡って激しく対立するようになる。まず先行した紀泉と紀阪の対立抗争は「全く松方伯の尽力に依る」(26.11.6大毎) 仲裁により両鉄道の創立委員各 7 名を創立委員として，両鉄道より 118 名ずつ，合計 236 名の発起人により，新たに紀摂鉄道を設立することで 26 年 11 月に落着した[37]。

　阪鶴の出願を受理した山田信道大阪府知事は「弘世助三郎外五名ヨリ略同様ノ出願有之…彼是相重ネ隠然競争ヲ試ムルカ如キ景況」[38] に，「本県人共ハ身元何レモ相当ノモノ」とだけ言及し，無意見のままで「兎ニ角及進達候」との態度をとった。こうした各社の免許申請による深刻な対立のなかで，たとえば井上保次郎[39] は紀泉の発起人（150 株），阪鶴の発起人 (1,150 株，30 年 3 月④ 1,575 株）となり，明確に松本＝田中派に肩入れした。しかし一方で腹心の泉清助[40] は紀阪の発起人（171 株），摂丹の原始発起人（200 株）に就任している。井上は 28 年 10 月 18 日の阪鶴創業総会で「株式売買等ノ点ニ至ッテ大ニ差支ヲ生スルコトアラン」[41]と定款修正を求めるなど，あくまで株式売買を重視する証券業者として行動したが，泉との奇妙な分派行動が両者暗黙の了解の下で，協調・全方位外交を基盤とする証券業者としての苦肉の策だったのか，逆に各派の対立がこれまでの井上・泉間の緊密な関係の亀裂まで引き起こしたのかは判然としない。

　日出新聞は大坂商業会議所会員の軋轢と題して「同会員中には客年来，京鶴鉄道賛成派と坂鶴鉄道賛成派との二派に分れ大いに軋轢を生じ，夫れが為め他の議事にまで影響を及ぼすに至り，此等のことより会頭田中市兵衛（阪鶴派）は会頭を辞する事となりしを以て，特別会員広瀬宰平，河原信可氏等は過日来頻りに仲裁を試み居りしに遂に其結果を奏せず」(M 27. 2 .21 日出）と伝えている。田村太兵衛大阪市長も第六回鉄道会議で阪鶴・摂丹両派の対立の激しさを「銀行ノ役員ヲバ一部ノ…一方ノ人ガ発起人デアルニ，又一方ノ運動ヲシタト云フコトカラ銀行ノ支配人ヲ放逐シタコトガゴザリマス」[42] と証言し，31 年の記事にも「数年前，大阪紳士が京鶴，阪鶴，の二派に分れ…其当時如何に競争の火花を散らしたる乎を，彼等は当時相反目するの結果，互に其席を同ふするのさへ厭ひたる程」[43] と両派の対立の深さを形容している。

　結局 27 年 5 月 8 日の鉄道会議で京都鉄道が許可となり，摂丹は「線路ノ経済稍京鶴線ニ劣ルノミナラス…両立シ難キ競争線」[44] と判断され，摂丹は 10

月8日「願意難聞届」とされた。そこで藤田伝三郎，広瀬宰平らは対立する阪鶴・摂丹の合同を斡旋したが，両社の対立関係から調停は不成立に終り，阪鶴は単独で設立・創業した。28年10月摂丹は却下されたが，岡橋は「当時京都鉄道，阪鶴鉄道モ亦同目的ヲ以テ之レカ出願ヲ為セリ　依テ交渉ノ末両鉄道ニ該線路ヲ譲リ其布設竣工ノ早カラン事ヲ望メリ」[45]と回顧している。しかし岡橋らの現実の行動は決して禅譲といえるものではなかった。まず大阪市会が摂丹と京都側との合同を決議したことを受けて，公爵近衛篤麿らの助力を得て京都鉄道と摂丹による反阪鶴連合が成立，摂丹は京都財界から小泉新助，中村治兵衛，山中利右衛門（京都鉄道監査役），二木順次郎らを発起人に追加した。29年9月3日岡橋らは近衛篤麿，京都の下村正太郎らを加えて49名で，「私共ノ素志貫徹仕度」[46]と「舞鶴，宮津ノ両港ヨリ直行，京都鉄道ヲ経テ大坂ニ達スル最近捷路」たる摂丹（梅田～園部間34哩，資本金150万円）の再願書を提出した。この時点では28年12月7日岡崎栄次郎らが「北方郡部ニ於ケル運輸力ハ幼稚ニシテ…在来ノ人肩車馬ノ微力ニ頼ルノミ」[47]として池田～箕面～茨木，梅田～箕面間を阪北鉄道として出願し，続いて29年1月7日には能勢鉄道（資本金75万円）も池田駅～亀岡19哩を出願するなど一部区間で競願となった[48]。摂丹は「其後阪北鉄道ト云ヒ能勢鉄道ト称シ続々出願仕候趣キ…何レモ皆本鉄道ノ一部ニシテ…此ノ如ク同一ノ線路ヲ小分シテ許可セラルルモノナレハ，本会社ハ当初本線路ヲ発見シ…測量其他ニ莫大ノ資金ト労力ヲ費シタルモノ」[49]と第一発見者の権利保護を強調した。これに対して阪鶴は「阪北の…舞鶴線に大関係あるを以て…阪鶴線の妨害なり」[50]と重大視して「阪北鉄道会社と合併せんことを同社に申込」[51]んだが，突然の申込みに阪北側は「阪鶴線とは全く趣きを異にすれば合併の必要なく」[52]有難迷惑との消極姿勢をとった。一方自線の延長線となるべき「能勢鉄道ヲ引受ケ…合併ノ内約既ニ完結」[53]するなど，着々と摂丹封殺の手を打っていた。この摂丹の再願は阪北，能勢各鉄道ともども30年5月15日却下されたが，即座に5月22日岡橋，片岡，木原忠兵衛，小室信夫（京都鉄道取締役），田中源太郎（京都鉄道監査役），桜井義起ら41名は梅田駅から園部を経て京都鉄道に接続する34マイルの摂丹（3回目）を三度[54]出願（30.6.16大毎）したが，31年6月30日能勢鉄道等とともに却下され，阪北鉄道のみ31年12月1日仮免状を得たものの，結局33年度失効した。

5．阪鶴鉄道の資金調達

　阪鶴は既存の摂津鉄道[55]（社長の伊達尊親は阪鶴㊿287株）を買収・改軌して30年2月16日開業，つづいて30年12月27日池田・宝塚間を開業し，順次延長して32年7月15日には神崎・福知山間を全通させた。34年には系列の由良汽船により福知山・由良間を連絡した。更に37年には官鉄の福知山・舞鶴間を借受けて，念願の阪鶴間の直通運転を実現させた。しかし阪鶴は当初経営難から証券市場では払込金額の半額にまで株価が下落したことから「半額会社」[56]と揶揄され，『双軒松本重太郎翁伝』でも「其始ニ当リテハ困厄屢起リ，経営最モ困難ヲ極メタリ」[57]とされた。取引金融機関も34年現在で「東は名古屋から西は姫路に至るまで，およそ融資の銀行，会社の数は26社」[58]にも達するなど，前章の豊川鉄道等とともに資金繰りの苦しい鉄道の代表とされている。このため後述するように社債発行回数が31年以降5回にも達しており，いずれも概して利率が高く，償還期間の短い銘柄が多く，募集の失敗，銀行による引受の創始，取扱銀行数の多さなど同社の資金調達の困難性を如実に反映していた。

(1) 第1回社債

　阪鶴は31年5月15日，利率年10％，申込価額95円以上，1年据置後5年以内抽選償還，総額130万円の社債を発行した。当時かなり大々的に掲載された募集広告によれば申込取扱は阪鶴の主唱者である松本重太郎，金沢仁兵衛，住友吉左衛門，藤田伝三郎等の関係する第百三十国立銀行，大阪共立銀行，住友銀行，北浜銀行の4行で，「阪鶴鉄道社債百三十万円ハ悉皆当銀行ニ於テ引受募集ニ応ゼリ」（31．5．8大朝）となっている。『岩下清周伝』の「北浜銀行創立経営の事」によれば31年4月北浜銀行は「第百三十，住友，外一行と共同して阪鶴鉄道会社々債百三十万円を引受け，以て当初の目的を達成した」[59]とする。外一行とは大阪共立銀行であり，野田正穂氏によれば銀行による鉄道社債の引受（狭義）の最初は，この申込取扱行でもある北浜，共立，百三十，住友各行による阪鶴社債引受であるとする[60]。なお阪鶴を最初とする野田説に対して，志村嘉一氏は31年の播但鉄道の事例を「事実上のアンダーライティング」[61]とし，31年の中国鉄道，32年の徳島鉄道の事例を「いわゆる総額買取りによる引受け」[62]と解している。

　阪鶴の発行価格100円につき95円以上で，同時期の北越鉄道社債の条件（97円以上）と差があり，このため北越は応募が少なく阪鶴社債と同一条件へ

の変更を余儀なくされた。阪鶴でも高利社債を借換え，さらに 200 万円の新社債を発行しようとして，南清[63]社長が上京し，安田銀行等二，三の銀行と交渉したが，32 年 7 月 22 日の臨時株主総会で 200 万円の増資を決議し，増資払込までの間，一時借入ないし社債で高利社債を借換えることとした（32.8 B）。そして 32 年 10 月には住友銀行，三十八銀行，十五銀行から平均 6.5％で 100 万円を借入れ，10％社債 130 万円中 100 万円を償還した（32.10 B）。明治生命は少なくとも 33 年末現在阪鶴に対し，約束手形による 10 万円の短期貸付金（貸借対照表上では有価証券として計上）を有しており，34 年 4.3 万円，35 年 4.3 万円と恒常的に融資を継続していた。36 年末には見当たらないのは第 3 回社債 100 万円の発行により，借入金 120 万円全額を返済したためであろう。

　阪鶴の社債権者数は 31 年 9 月末の 341 名が，32 年 3 月末 430 名，34 年 3 月末 178 名となっており，野田正穂氏によれば「社債所有の集中化が進んだ」[64]結果とされる。このうち保険会社[65]は東京を中心に少なくとも数社（明治火災 92，明治生命 20，帝国生命 8，京都生命 3.5 各千円）含まれていた。地元大阪の鉄道会社でありながら，概して鉄道債に前向きなはずの日生は前述の通り阪鶴と対立する摂丹に全面的に肩入れしていたという感情的なしこりがこの段階では残っていたためか全く引き受けていない。

　松本重太郎の開発した金融手法とりわけ起債の新方式とされる阪鶴派四行のみによる社債引受（狭義）という前例のない方式の創始も，結局は財界の派閥的対立の激化による会社ごとの系列色の鮮明化と，不振企業の極度の資金難から主力の縁故銀行が同系企業を総動員して売れぬ社債をやむなく背負い込まざるを得ないという苦肉の策に端を発していたと考えられる。松本自身も「銀行家トシテ工業会社ニ関係スル」[66]危険を痛感していたといわれるが，第 1，2 章の七尾，豊川各鉄道，本章の阪鶴の事例にとどまらず，大阪アルカリ等の投融資先企業の再建に際して，大阪共立銀行，井上銀行，明治銀行，日本教育保険等の同系ないし親近金融機関を次々に金融支援スキームに総動員し，不安定な流動負債を安定的な資本・固定負債に振替える金融手法を駆使した整理を実践した。後に百三十銀行が破綻し，整理を引受けた安田善次郎が同行の全支店長を東京に招集して個別に不良債権等の実態を直接聴取した実資力調査によれば破綻時の百三十は払込株金 208 万円，各種積立金 51 万円，未払込株金 116 万円，預金は 868 万円（預金者数 52,700 名，口数約 7.3 万口），有価証券が約

100万円，営業家屋・地所が75万円（売却すれば1/3程度），貸出金，割引貸付，当座貸越の合計1,136.9万円のうち確実なもの438.9万円，回収に手数がかかるもの243.2万円，欠損となる不良貸出は約454.8万円（精査の結果欠損は約577万円に拡大）と査定された。こうした百三十銀行破綻の原因となった不良貸出には松本自身への無担保貸付金120万円，日本紡織130余万円[67]，などがあるが，当然ながら阪鶴社債2.5万円や七尾，豊川鉄道等不振鉄道への与信や投資も長く不良債権として同行の足を引っ張ったものと考えられる。

(2) **第2回社債**

34年2月8％の優先株50万円を計画したが，応募者が少なく募集中止となった結果，100万円の社債発行に切りかえざるをえなくなり，3月6日臨時株主総会で決議し，3月20日認可を得た（34.3.15 B）。発行条件は利率10％，最低申込価格96円，3年据置後7年以内償還，期間9年の記名式社債（全額払込後は無記名式に変更可能）であった。松本重太郎から住友銀行に交渉した結果，3月11日住友銀行との間で引受が決まり，3月29日住友銀行引受の阪鶴社債公募を広告した（34.3.29出）。しかし折悪しく3月28日の北村銀行の支払停止にはじまる西日本の金融恐慌という最悪の起債環境下で締切り5月7日を15日に延期したり，岡崎高厚[68]支配人を上海に派遣して住友銀行から横浜正金銀行上海支店を経由して中国本土からの外資輸入まで試みたにもかかわらず，募集結果は国内のみの約70万円にとどまった。このうち保険会社は少なくとも数社（明治生命50，日本火災48，日生10各千円）含まれているが，このうち日生はなお対立関係が残っているためかお付き合い程度の1万円を引受けたにとどまった。

結局募集残額の約30万円は南社長，岡崎支配人で10万円，土居，松本ら8重役で20万円を取敢えず立て替えた（34.11.15 B）。残額の30万円とさらに募集予定の100万円を住友銀行の保証で発行しようとしたが，交渉がまとまらず，さらに借入金の社債への振替方を含めて鴻池（行主の鴻池善右衛門は阪鶴[47] 300株），百三十，浪速，三十四等の各銀行と折衝したがいずれも失敗した。折からの金融恐慌のなかで大阪の有力銀行でさえ残額引受機能を果せなかったことを示している。また国内の調達に見切りをつけ外資導入までも模索したが，種々の故障で成功しなかった。結局役員が立替えた29万700円は松本が社長の日本精糖（資本金150万円）が全額引受けることとなった（34.11.15 B）。日本精糖は松本系の百三十銀行と当座取引を有しており，36年には鐘淵紡績[69]

の社債総額の10％に相当する10万円を保有するなど，この時期社債投資には積極的な会社の一つであったものの，売残り社債の不本意な取得には松本社長の個人的意向が強く働いたためと考えられる。

(3) 第3回社債

36年4月27日の臨時株主総会で既存社債30万円と借入金120万円償却のため150万円の社債発行を決議，5月4日認可を得て，利率7％，2年据置後8年以内償還，発行価格95円以上の条件で5月25日締切りとして無記名社債150万円を募集した。しかしこの社債は，応募者が極端に少なくて到底成功の見込みなしとの判断から，締切り間際になって突然発行を取り消した（36.6.15 B，36.5.30 R，36.6.5 T）。

同年8月，第一次分の発行総額を50万円に縮小，利率を8％に引き上げるなど条件を変更して，8月10日を締切りとして再度募集した結果，発行総額50万円に対して応募額123.5万円，申込最高額101円50銭，募入額100円17銭となった。取扱行別には百三十39.7万円，明治10.3万円，六十五8.3万円，住友6.8万円，鴻池5.6万円，その他7行4.2万円，阪鶴本社扱47.8万円（36.8.22 R）と，直扱を除いた銀行取扱分75.7万円の52％を百三十銀行一行で占めた。つづいて同一条件で第二次分50万円を9月25日に募集，百三十，住友両行のほか期せずして大株主の座についた三井物産でも取扱い，応募は87.47万円となり，37万余円の超過となった。保険会社は少なくとも数社（明治生命100，日生，東京海上各50，日本教育保険35，仁寿生命20，名古屋生命8各千円）含まれていたが，このうち日生は各重役の意見を徴して，今回はじめて資金量相応の5万円の応募を決定した。その際「申込価額ハ広告ノ制限超過セザル範囲ニ於テ当局者ヘ一任スル事」[70]を決議したが，36年2月に日生取締役に就任した田中市兵衛は手数料について意見を陳述している。8月19日第3回募集の第一次には＠99.26円で1万円，10月5日の第二次には＠100.6円で2万円，＠100.15円で2万円計5万円を直接申し込んだ[71]。

6．香野蔵治の阪鶴買占め

日生の態度一変にみられるように資金難にあえいでいた阪鶴の評価が徐々に変化したことを示す出来事として，35年に起った大阪の有力砂糖商・香野蔵治による阪鶴株の買占め事件がある。香野は阪鶴で一躍25,750株の筆頭株主となり，香野の緊密取引先である外国法人のサミュール商会[72]，三井物産等も相

次いで大株主として登場した。香野蔵治は兵庫県加西郡北条町の出身で，砂糖問屋兼貿易商吉野屋の養子となり，東洋製糖，共立物産，札幌木材，恵美須ホテル等に関係し，鉄道でも大阪の砂糖商岩崎利兵衛，藤田助七らと阪西鉄道（資本金100万円，天保町～湊町）発起人にも名を連ねた[73]。31年には砂糖問屋としてトップクラスの所得税額83円，営業税額249円を納めるほか，香野ナカ[74]は34年末現在時価で6,522円の証券類と2万3,443円の不動産を保有する有数の投資家でもあった[75]。彼は39年には藤本清兵衛，大林芳五郎らと日本土地（資本金500万円）設立構想（39.12.15 B）に加わったりするなど，土地投機には積極的だった。阪神沿線の遊園地の魁として，現在も駅名に名を残す有名な香櫨園[76]は香野蔵治と，そのパートナーの櫨山[77]の姓に由来する。「機を見るに敏」「怪手腕」「往々常軌を逸す」等と評された香野は家業を養母ナカに任せ，自分は株式投機に熱中し，「将来日露の通商盛に行はるるの日に至らば阪鶴線は其通路に相当し頗る有望なり」[78]と見込んで，低位株の阪鶴株に目を付け盛んに買占めた。35年7月までに2万2，3千株を引取り，8月には更に6千株を買増した。35年末現在では25,750株（32.2％）と重役の小西新右衛門，松本重太郎，井上保次郎らを押し退け，ずば抜けた筆頭株主の座を占め，前年には10円35銭にまで低落していた阪鶴株を36年中には一時25円85銭まで騰貴させた。しかし日露関係の緊迫のため，日露両国間の通商拡大の期待も空しく，結局思惑が外れ大失敗し大損を出した。阪急の創業者小林一三は「どうして三井物産会社が阪鶴大株主になったかといふと，香野庫治といふ砂糖商人が砂糖の輸入に失敗し，所有の阪鶴株を三井物産に渡したから」[79]として，自分の阪鶴入社の経緯を述べている。商業興信所の調査によれば香野の阪鶴買占め失敗と破綻の経緯は次の通りである。「本〈38〉年は砂糖の思惑を試み糖価暴落に遭遇して又々失敗せり。其損額は持越品にて七十万円新約定品にて八十万円なりと云ふ。重なる債務は三井物産会社及びサミュールサミュール商会，エム，ラスペ商会に対する手形債務百八十二万千余円，浪速三菱鴻池住友四銀行に対する担保附債務三十九万九千円」[80]。

　34年末の香野の手形割引尻は55,510円と推定され，信用のほとんどを供与していた三井物産は彼の信用の低下に鑑み，買い占めていた阪鶴株の大半を36年春には譲渡担保として差し押え，阪鶴「鉄道ノ内状ニ通セシムル為メ」[81]三井物産理事の飯田義一を阪鶴の監査役に派遣した。三井物産が担保権を実行して，香野名義を自社に書き替えた結果，39年現在の阪鶴の大株主は①飯田

義一（物産理事）名義 12,117 株，②渡辺専次郎（物産専務理事）名義 8,433 株，③香野蔵治 5,520 株の順となっている。

相前後して香野が弁済不能となったため，38 年 12 月 6 日の神戸区裁判所仮処分命令により，手形債権者サミュール，サミュールアンドカンパニーは香櫨園の香野の所有地に 49 万円の抵当権設定を仮登記した。同商会の債権はその後も増大し，44 年 1 月 12 日現在では 130 万円にも達し，同商会は債務者破綻後，担保土地を自己競落した[82]。

一方，破綻後郷里の北条町に戻った香野は舞子土地取締役[83]，神戸土地[84]の 1,700 株主，扇田炭鉱専務，和歌山水力電気監査役，秋田石油鉱業取締役（帝 T 5，p 84）等の重役・株主に名を連ねたものの，専務を勤めていた扇田炭鉱でも再度「株式市場に於て失脚せる結果…横領して逐電」（T 7.6.15 T）したという二度目の破綻・失脚・逃走を重ねている。この香野の事例からも，株式の買占めを手掛けるような投機家は同時に不動産の買占めやホテル・リゾート開発にも先鞭をつけ，一度失敗しても懲りずに同じ投機を何度も繰り返す性向を有することが窺える。

7．阪鶴鉄道の国有化

32 年 11 月開通した阪鶴は旅客誘致の増収策として「松茸狩列車」を発案，会社の総力をあげて山の地主と交渉，安い松茸が入手できるので，都会人の人気をよんだ。34 年 3 月阪鶴は福知山・宮津間の由良川を利用した初めての連絡船 2 隻を建造，37 年 10 月速水太郎[85]が阪鶴取締役支配人となり，速水らの創意により宮津・舞鶴間の速絡船橋立丸を建造，38 年冬「阪鶴丸及第二橋立丸ヲ新造シ本年七月ヨリコレヲ舞鶴港ト島根鳥取福井県下諸港トノ間ニ定期航運」[86]するなど，海陸連絡網の充実・貨客の増収をはかった。

国有化に際して阪鶴の田艇吉社長は「責テ払込元金丈ナリトモ回収シ得ン事ヲ希望スル」株主を代弁し，39 年 10 月「抑モ阪鶴鉄道ハ…嶮峻ナル六甲山脈ヲ横断シ大小十九ノ隧道ヲ有スル山間鉄道ニシテ其建築ノ困難多費ナルヘキハ多言ヲ俟タス」，「建設ノ当初ニ於テ…殆ント資金ノ半額ヲ高利ノ借入金ニ仰グノ止ムヲ得サルニ至リ為メニ営業ヨリ得タル利益ノ大部分ハ挙ケテ其利子ノ支払ニ充当セラレ株主ハ十数年ノ久シキ殆ント無配当ノ悲境ニ沈淪シ其惨状実ニ謂フニ忍ヒサル有様」[87]と国有延期方を陳情した。阪鶴は 40 年 7 月 22 日の臨時総会で清算人選定，解散手当等を決議した。国有化直前の 40 年 7 月末時点

第3章　阪鶴鉄道の資金調達

で借入金は270万円，支払手形53.7万円であった。阪鶴の借入金の金利は7.8％，手形は2銭と高利なため，323.7万円を引き継いだ政府では順次償還の予定であった（40.8.17 R）。

総会では「建設費ニ属セザル借入金ハ政府ノ引継以外ニ付借替ヲ要スベク，其他精算諸費解散手当等借入金ヲナスベキ必要アルニ依」[88]り，「清算上ニ必要ナル借入金ハ清算人ニ於テ之レヲ処弁」[89]することを可決した。例えば取引先の一つである日生の「貸付金原票」によれば清算中の阪鶴に対し，1万円，4万円の合計2口の無担保融資を実施していた[90]。

総じて阪鶴は地の利を得ず，絶えず経営難，資金難に苦しみ，結果的に南の死期を早めた。『鉄道時報』（鉄道家経歴）は阪鶴社長南清を「阪鶴鉄道をして彼の豊川たり豆相たり或は水戸鉄道たらしめなかったのは君の功である」（35.7.26 R）と評するが，財務内容と金融取引面を見る限りにおいては阪鶴と「彼の豊川たり豆相たり或は水戸鉄道」との差異は僅少と言わざるを得ない。阪鶴の系譜を偉大たらしめたのは南ではなく，同社の『解散記念写真帳』[91]に末期の監査役として顔を出すだけの小林一三による阪鶴第二会社（現阪急）の創業によるものであろう。

注
1) 片岡直温『回想録』昭和八年，百子居文庫，p175
2) 町田忠治「銀行経営方針の相違」『岩下清周伝』第六編追懐，p267～8
3) 町田忠治の大阪経済会での回顧談
4) 拙稿「日本生命創業者人脈と弘世，岡橋，片岡らの共同投資行動―証券引受機能の集団的発揮―」作道洋太郎編『近代大阪の企業者活動』平成9年4月，思文閣出版，p251以下参照
5) 22年5月6日川辺馬車鉄道（川辺郡伊丹町，22年2月開業，資本金18万円，払込0.4万円，株主人員69名，農商務省『第六次農商務統計表』明治24年12月，p216）の関係者を中心に馬車鉄道（当初構想では尼崎～伊丹～三田間）を蒸気鉄道に改良・延長する形で神崎～舞鶴間66マイルを小西壮二郎（壮二郎は川辺馬車鉄道発起人総代）を発起人総代とする30名は摂津鉄道（第一次）の名で出願している。この中心人物は伊丹の酒造家小西新右衛門（旧川辺馬車鉄道504株の筆頭株主，阪鶴①4,360株），鷲尾松三郎（旧川辺馬車鉄道150株主，阪鶴㉟567株，同じ今津の酒造家で第5章の西成鉄道買占の中心人物の鷲尾久太郎も川辺馬車鉄道408株主）らで，志方勢七，岡橋久兵衛も参加しており，出願手続きは大阪鉄道の田部密（漢詩にたけた文人苕園）が担当していた（22.6.8東日　M22.5.10/5.22大毎）。この計画はさらに松江まで延長され，

22年6月7日山陰鉄道（神崎〜松江226マイル）と改称して出願された。
6）京都鉄道は39年上期には「払込株金ノ現在高ニ対シ資本勘定ノ支出高超過スルヲ以テ主管大臣ノ認可ヲ受ヶ株式会社京都商工銀行ヨリ金六万五千円ヲ借入レ」（『第二十二回営業報告書』39/6）たが、国有化された40年時点では京都商工銀行からの借入金金利は日歩2.2銭であり（40.8.17 R）、このうち5.5万は40年8月1日政府へ引継がれたが（京都鉄道「清算報告書」、逓信省文書）日歩2.2銭と高利なため政府では順次償還を予定していた。京都鉄道に関しては老川慶喜『明治期地方鉄道史研究』昭和58年、p25以下参照
7）8）9）阪鶴鉄道『設立及鉄道布設願書』26年8月1日，p1〜2，鉄道院文書阪鶴鉄道ノ部
10）阪鶴鉄道の沿革は主に宮川秀一「阪鶴鉄道の敷設をめぐって」『兵庫史学』47号、昭和42年、国鉄『百年史』第4巻、昭和47年、p452によった。なお阪鶴の市内乗入計画は宇田正、畠山秀樹編著『歴史都市圏大阪への新接近』嵯峨野書院、平成13年、p97以下参照
11）浮田桂造発言、28年10月18日阪鶴創業総会「議事録」、鉄道院文書阪鶴鉄道ノ部
12）田艇吉は兵庫県氷上郡柏原町出身、住友本店支配人（『田艇吉翁寿像記念帳』昭和14年）、阪鶴⑨1,160株（阪鶴の当初持株数は阪鶴『第二回報告書』30年3月による。以下同じ）
13）筆頭株主の小西新右衛門（阪鶴①4,360株）は伊丹の酒造家、住友に次ぐ位置の発起人。摂津鉄道の主要株主である小西は出願日の8月1日には阪鶴の主要発起人として均等の2,000株を引き受けていたが、その後3,782株の群を抜く筆頭株主として阪鶴への関与を強めた。すなわち伊達尊親（旧川辺馬車鉄道社長30株、摂津鉄道社長115株）、中塚弥平（尼崎、旧川辺馬車鉄道35株、摂津鉄道取締役205株）、三浦長平（尼崎、旧川辺馬車鉄道35株、摂津鉄道取締役150株）、岩田種吉（伊丹、旧川辺馬車鉄道30株、摂津鉄道125株）らの川辺以来の同志の追願者14名を加える際に、自己持株を上積と同時に鷲尾松三郎（摂津鉄道監査役410株）、鴻池新十郎（摂津鉄道前社長100株）、梶源左衛門（尼崎、旧川辺馬車鉄道100株、摂津鉄道402株）、若江六兵衛（摂津鉄道取締役150株）ら9名の持株を減額調整した。このことは摂津鉄道関係者の阪鶴への組織的参入が主に小西の主導下で行われたことを推測させる。これは阪鶴側にとっては摂津鉄道の買収をスムーズに進めるための措置でもあったと考えられる。
14）松本重太郎は百三十銀行頭取の傍ら広範多岐な事業に関与、阪堺、南海、山陽、豊州、南豊、土佐各鉄道の社長、浪速鉄道監査役、七尾鉄道相談役、台湾鉄道創立委員・発起人総代等を兼ねるほか、大阪市内の高架鉄道発起人有馬車鉄道、小倉、船越、淡路、北信等数多くの諸鉄道の創立にも発起人・創立委員等として関わった。阪鶴⑥1,550株、松本商店名義でも400株
15）36）『国鉄百年史』第4巻、昭和47年、p451〜2
16）当主の住友吉左衛門は阪鶴⑭1,000株、田辺貞吉名義で阪鶴150株、伊庭貞剛50株、岡素男30株
17）藤田組支配人の本山彦一名義で阪鶴⑤1,575株、藤田鹿太郎名義で阪鶴150株、佐伯喜一郎21株

第3章　阪鶴鉄道の資金調達

18) 66) 57)『双軒松本重太郎翁伝』松本翁銅像建設会, 大正11年, p 35, 68
19) 丹後鉄道 (29年1月27日出願, 資本金150万円) は本社を松本の出身地にほど近い京都府峰山町に置き, 宮津〜湯嶋34.5哩を計画 (32.5.15 R) し, 29年6月18日仮免状, 31年6月29日免許を得たもの, 32年5月5日失効となって解散を余儀なくされ, 既払込の保証金1円に対し割戻金42銭を京都・平安銀行等の取扱銀行で払戻した (32.9.15 R)。なお阪鶴鉄道は上記の丹後鉄道の解散後, 元社長の寺師宗徳らの要望を受入れ, 32年6月3日の重役会で宮津までの延長計画を決定 (32.6.15 R) するなど, 丹後鉄道とも深く結び付いていた。
20) 45) 岡橋治助筆「事業経歴」32年, 岡橋家所蔵。なお全く因果関係はないが, 摂丹ルートの北摂地区に戦後日本生命は直営の大規模なニュータウンを造成し, 能勢電鉄の日生線建設を助成し, 梅田と日生中央駅を直結する日生エクスプレスの運行が実現した。却下され続けた岡橋や片岡の夢が部分的ながら実ったともいえよう。
21) 23)「摂丹鉄道設立関係書綴」『大阪府農商課文書』大阪市立大学蔵
22) 山田寅吉 (大阪市西区) は日本土木, 筑鉄技師, 後に金辺鉄道技師長, 九鉄400株, 大鉄327株主
24) 25) 33) 前掲阪鶴『創立趣意書』p 12〜3
26)『田艇吉翁寿像記念帳』昭和14年, p 14。田の長男昌は皮肉にも大蔵次官として片岡蔵相に東京渡辺銀行支払停止のメモを渡した人物。
27) 浮田桂造 (大阪鉄道540株主, 薬種商, 大阪明治B, 奈良656株) 100株, 下郷伝平50株, 渡辺庄助 (大阪鉄道120株主, 三十四銀行株主・元支配人, 奈良鉄道340株) 50株, 岡橋清太郎50株, 松永芳正50株, 殿村伊太郎34株, 殿村恵津 (摂丹鉄道発起人, 大阪鉄道400株主, 貸金・金庫業, 九州鉄道1,120株) 24株などであるが, 殿村恵津を除き, 摂丹鉄道の発起人自身の名義は見当たらない。竹尾治右衛門は九鉄株に関しても博多商人の渡辺与三郎に情報収集するなど強く鉄道投資を指向していたとされる (中村尚史『日本鉄道業の形成』日本経済評論社, 平成10年, p 263)。地元の阪鶴敬遠は派閥性の反映か。
28) 鴻池新十郎は27年8月摂津鉄道社長就任, 阪鶴㉘712株, 鴻池合名, 泉町銀行頭取, 浪速鉄道取241株, 大阪鉄道60株主
29) 〜32)「大阪摂丹鉄道会社創立手続」『佐々文書』#216, 九州大学所蔵
34) 44)『第六回鉄道会議議事速記録』第四号, p 61
35) 26年11月25日付阪鶴, 摂津鉄道間「売買契約書」鉄道院文書阪鶴鉄道ノ部
37) 紀泉と紀阪の対立抗争は武知京三『都市近郊鉄道の史的展開』昭和61年, p 166以下参照
38) 26年8月14日付知事副申, 鉄道院文書阪鶴鉄道ノ部
39) 井上保次郎は井上銀行頭取, 日本貯金銀行監査役, 日本生命常務委員・取締役, 日本教育保険取締役, 仁寿生命大阪出張所賛助員など銀行・保険にも関与。九州鉄道常議員・取締役, 関西鉄道常議員・取締役, 参宮鉄道検査役・取締役, 豊州鉄道, 西成鉄道, 大社両山鉄道, 京阪電気鉄道, 箕面有馬電気軌道各取締役, 山陽鉄道, 土佐鉄道各監査役のほか紀泉鉄道, 紀摂鉄道, 淡路鉄道, 濃越鉄道等多数の発起・創立に関与, 大株主としても上記のほか阪鶴, 七尾, 大阪等多数の鉄道に関わった。

40）泉清助（和泉屋）は嘉永3年船越町で生れ、19年には井上が買収し本店を大阪北浜へ移転した百三十六の取締役に就任、22年6月末には、日生の創立に際し泉自身が発起人総代、創立委員兼常務委員になって同社創立事務を管掌した。26年の摂丹発起人総代就任以後、28年伊賀、河陽両鉄道取締役、29年函樽鉄道追加発起人、30年参鉄監査役、大阪製紙発起人、32年河南鉄道取締役就任、共同曳船、伊賀鉄道各取締役、宮川電気、参宮鉄道、大阪電気分銅、大阪土木各監査役、予讃鉄道などの発起人を兼ねた。日生常務、日本共同銀行専務を経て、最終的には井上・松本とは正反対の立場にある三十四の取締役に就任するに至った。これは合併する3行から新銀行の役員指定を一任された片岡が、3行の重役陣と協議の上、頭取小山健三以下9名を指名したもので、泉は旧共銀の代表としての参加であった。

41）28年10月18日阪鶴創業総会「議事録」、鉄道院文書阪鶴鉄道ノ部

42）『第四回鉄道会議速記録』第四号、p 44。泉は26年7月日生支配人兼務を辞任（服部静平と交代）する一方、このころ本来は本務であったはずの百三十六取締役も退任している。正確な退任（辞任）時期が未詳であるが27年8月13日に設立された㈱井上銀行に役員として参画していないことから、少なくともこれ以前に退いているものと考えられる。泉は26年6月17日摂丹発起人総代として出願手続を担当しており、当初は2,400株も引受予定であったが、ちょうどこの時期におこった泉の百三十六退任が、井上の番頭としての前田による大鉄攻撃、岡橋派攻撃の動きや、田村の証言の放逐人事との関係の有無は不明であるが、退任時期や関鉄と大鉄の間に立って仲裁的談判の労を取りながらも、大鉄総会で「到底纏り兼ぬる」（26.10.24大毎）旨報告した泉の微妙な状況は合致する点も多い。この後泉は井上・百三十六との関係を絶ち、岡橋・野田・弘世らと行動を共にする。

43）31年9月『商業資料』

46）摂丹鉄道「創立再願書」『佐々文書』＃215 A、九州大学所蔵

47）28年12月7日付「阪北鉄道敷設趣意」『佐々文書』＃222、九州大学所蔵

48）『鉄道雑誌』29号、p 46

49）29年9月21日付「摂丹鉄道追申書」『佐々文書』＃215 A、九州大学所蔵

50）『鉄道雑誌』15号、p 38

51）52）『鉄道雑誌』13号、p 40

53）30年7月7日付阪鶴延長線「上申」、鉄道院文書阪鶴鉄道ノ部

54）岡橋らの3度にも及ぶ執拗な出願の背後には摂丹「発起人総代」を名乗り、「創立再願書」の後に自己の名前による「追申書」を追加した桜井義起（東成郡西高津村、北英合資会社業務担当社員、31年所得税22円69銭）という「在京摂丹鉄道運動委員」（西成鉄道・中谷徳恭『本社創立沿革日誌』中谷家所蔵、武知京三「西成鉄道の成立と展開」『大阪の歴史』第7号、昭和57年所収）の存在も大きいと思われる。桜井は第一次の摂丹鉄道運動委員のあとも、26年9月7日摂丹鉄道（第2次）の創立発起人にも参加し、摂丹鉄道（第3次）の出願にも参加（30.6.16大毎）するなど、いわば大阪の鉄道界での上京委員のプロといった立場にあり、西成鉄道の発起に際しても主唱者から「西成鉄道成立上ニ就キ助力アラン事ヲ依頼ス」（前掲「沿革日誌」）と支援を要請され、28年2月5日追加発起人となり、設立時300株を引受けた。おそらく「発起屋」としての

第 3 章　阪鶴鉄道の資金調達　　　　　　　　　　　　77

　　成功報酬と推測される。「阪鶴鉄道運動委員」(前掲「沿革日誌」)なる弘道輔も西成か
　　ら助力を依頼されたほか、京姫鉄道や篠山軽便鉄道でも「発起屋」的な行動を示してい
　　る（篠山軽便鉄道は拙稿「地方公益企業の乗取失敗と関与銀行家の苦悩―篠山軽便鉄道
　　を事例として―」『彦根論叢』第 321 号、平成 11 年 11 月参照)。
55)　摂津鉄道は「荷客ノ非常ニ輻輳シ為メニ限リアルノ馬力ヲ以テ其需メニ供給スル能ハ
　　ス」(「摂津鉄道建設願」25 年 6 月 30 日、鉄道院文書、西成、有馬電気、摂津鉄道) 川
　　辺馬車鉄道の「馬車ヲ汽缶車ニ変更シ」て普通鉄道に変更、26 年 12 月 12 日尼崎〜池
　　田間 8 マイルを開業した。9 月 20 日には「営業譲渡期限の猶予を求め」(『鉄道』第 14
　　号、p39) る摂津側の 5 名と土居らが終日協議を重ね (『土居通夫君伝』p131〜4)、水
　　害による損傷等で遅延、11 月 25 日鉄道施設一切を阪鶴に引渡す契約を締結した。30 年
　　2 月 16 日「阪鶴鉄道の営業を安全ならしむべく、幾多折衝の末」(同上 p176)、摂津鉄
　　道を 31.3 万円で買収、7 月 12 日鉄道施設一切を阪鶴鉄道に引渡した摂津鉄道は清算結
　　了した (30.7.8 大朝)。
56)　東株では 33 年 3 月 7 日 8 万株が売買開始され (東株『五十年史』付 p147)、33 年 8
　　月 17 日では 50 円払込が 23.4 円、33 年 12 月 14 日では 19.7 円 (曽野商店調「現取引
　　相場」、京都日日新聞)、東株の 35 年平均は 19.8 円と低迷を続けていた。
58)　『速水太郎伝』昭和 14 年、p94
59)　『岩下清周伝』昭和 6 年「北浜銀行創立経営の事」p8
60)　64)　野田正穂『日本証券市場成立史』昭和 55 年、p135、139
61)　62)　志村嘉一『日本資本市場分析』昭和 44 年、p47。なお志村嘉一監修『日本公社
　　債市場史』(昭和 55 年) では「銀行等の仲介機関の引受けによる公募発行の…最初の
　　例」(同書 p22) として 32 年の徳島鉄道 (第 1 章参照) を挙げる。
63)　南清 (阪鶴㊻215 株、配下の村上享一も阪鶴 50 株) は鉄道技術者としても評価の高
　　い人物だが、阪鶴の重役会が課長全廃による営業費削減を決議した際には強く反対して
　　「元来借入金利足の増減は素より鉄道営業費の割合と何等の関係なければ…鉄道虐使の
　　危険を犯すに至るを恐る」(33.12.5 R) と辞表を提出した。鉄道論者としての南清は
　　阪鶴鉄道という「(大阪) 築港に次げるの大事業…に着手したる以上は僅々たる年月に
　　於て其利益を眼前に見んとするは誤れるもの」(33.12.5 R) との立場から、経費節減
　　に走る阪鶴重役に対して「成程某々鉄道には之より安きものもあり予亦知らざるに非ず
　　と雖も線路の一端を大阪市街に出せるの阪鶴鉄道は各社折衝の間に業を営む所謂晴れの
　　仕事を為すなり此上或流儀の営業法即ち鉄道の虐使は到底予の忍ぶ可らざる所」
　　(33.12.5 R) と、大塚磨らの鉄道虐使に反対し「往々鉄道会社内に衝突を生ず関西然
　　り九鉄然り阪鶴亦今回予と他重役と見る所を異にしたる次第なり」として「予は株券を
　　思わざるに非ず、又会社を念とせざるに非ざるも真実胸中に去り難きは鉄道其物にして
　　技師が技師の体面を重んじ数年の星霜を経て漸く成し上げし鉄道に対するの情蓋し他の
　　知り難きものあらん」(33.12.5 R) と技師としての心中を吐露している。
65)　保険会社の社債投資については拙稿「明治期の社債発行と保険会社の銘柄選好―長期、
　　大口、確実性志向と鉄道債―」『証券経済』第 178 号、平成 3 年 12 月、㈶日本証券経済
　　研究所、同「明治期における社債発行と保険金融―主要鉄道・工業等 10 社の事例研究
　　―」『文研論集』第 97 号、平成 3 年 12 月、㈶生命保険文化研究所、参照

67) 百三十銀行による日本紡織等への貸出と整理に関しては石井寛治『近代日本金融史序説』平成11年，東京大学出版会，p 332以下に詳しい。石井氏も同行持株のほとんどが豊川鉄道であるとし，「この実価の評価も怪しい」(p 333) と指摘する。
68) 岡崎高厚は26年大阪鉄道理事，29年中国鉄道専務，33年以降阪鶴鉄道支配人
69) 鐘淵紡績社債に関しては郵船も36年9月現在鐘紡社債を20万円保有する（郵船「第十八期後半年度営業報告書」p 41）が，郵船では「同社ヨリ担保品ヲ三井銀行へ預ケ入レ債券ニ関スル取扱ハ総テ同銀行ニ於テ引受ケ居レルニ付，当会社準備積立金ノ内ヨリ額面二十万円丈ケ引受ヲ為スコトニ決ス」（郵船36年2月18日取締役会「鐘紡社債応募ノ件」郵船蔵）と三井銀行の実質的な保証に期待していたことが判明する。東京海上，明治火災，明治生命の三菱系3保険会社も「三井銀行ニテ保証スルナラハ応ス」(山口和雄編『日本産業金融史研究』昭和45年，東京大学出版会，p 472～3）との方針であった。
70) 36年8月5日日生各重役宛往復文書，日生所蔵
71) 「有価証券台帳」『財務保管沿革資料』，日生所蔵
72) サミュール，サミュールアンドカンパニー（通称サミュール商会，本社ロンドン，代表者東洋総支配人デビス）は英国の輸入雑品・輸出雑貨商で，横浜居留地六十八番館，神戸二十二番館（在日代表者ミッチェル）に支店を置いて鉄道資材，石油，ショウノウ，棉花，銑鉄等を扱う一方，浅野系東洋汽船の金融や本邦国債の輸出にも尽力した有力貿易商社である。31年には関西の2，3の鉄道会社からの引き合いに応じ外資導入を幹旋したことがあり，阪鶴にも関心を示していた。同商会は「余り見込もなき小鉄道に直接投資することは敢えてせざるも，若し兵庫農工銀行が債務者となり担保せし上，然る後同銀行よりして播但，阪鶴と云へるが如きへ融通するものなれば，幾分かの条件（レール，エンジン売込）を付して，相当の資本を投ず」(31．5．24国民）と伝えられた。現実に同商会は38年末には関西鉄道外債1千万円を全額引き受けている。関鉄では8月29日以降社長片岡直温がデビスと会見，実務は片岡が関鉄社長就任時に九州鉄道から引き抜いた子飼いの総務課長足立通衛（後の阪堺電気軌道支配人）が，片岡の下での日本海陸保険・倫敦監督時代の滞英経験を生かして折衝した。関鉄社債は11月24日ロンドンで売出され，関鉄は12月13日第1回の25万ポンドを受領した。
73) 『鉄道雑誌』16号，p 37
74) 砂糖卸・吉野屋，明治34年市街地163坪（前掲『大阪市商工業者資産録』p 168）
75) 『日本全国商工人名録 全』32年，p 116，『大阪市商工業者資産録』34年，p 168
76) 香野は29年9月頃から阪神香櫨園駅の北側一帯の8万坪の山林原野を砂原弥一郎等から買収，40年1月19日には小島事務長，尾崎技手らによって造園を起工，4月1日には部分的に開園した。園内には阪神直営の動物園，博物館のほかウォーター・シュート，彼も役員として関与した恵美須ホテルも設置された一大テーマパークであった。
77) 櫨山慶次郎（36年9月8日大株仲買人開業，45年1月20日廃業）とする文献が多いが，『大社村誌』は香野の親族で砂糖卸の鞆の中島屋・櫨山喜一とする。慶次郎と喜一の関係の有無は未詳
78) 80) 商業興信所『三十年之回顧』大正11年，p 78，116
79) 小林一三『逸翁自叙伝』昭和28年，p 144

81）『三井事業史・資料篇四下』昭和47年，p450
82）香櫨園の土地は43年5月16日神戸の友常穀三郎の手を経て，大正元年9月10日横浜市山下町27の秋津洲不動産（サミュール商会横浜支店内に置かれたダミー）の手にわたった。阪神電鉄は同社から土地を賃借して動物園等の営業を継続していたが，同商会はここを外人向住宅地にする意図で動物園等の撤去を迫り（『大社村誌』p165）結局博物館や音楽堂は直営海水浴場へ移築された。折角の香櫨園の土地が業者間を転々とするのをただ黙認した阪神の上野直吉は「このなじまれた折角の香櫨園も，土地の所有が外人の手に移り，いろいろの事情で大正二年九月に廃園と決り，地元からは継続の陳情もありましたが…阪神間の人々に惜まれながらその幕を閉じました」（『輸送奉仕の五十年』阪神電鉄，p74）と廃園の無念さを正直に吐露している。
83）舞子土地は3年3月土地の売買，賃貸借を目的として，資本金200万円で明石郡垂水村に設立された。経営地は舞子海岸の約20万坪であった。
84）神戸土地は27年伊藤長次郎家の地所部番頭に就任し，34年神戸市議，40年代議士となった坪田十郎が差配する神戸市山手一帯20万坪の伊藤家所有地の管理会社。沖縄拓殖製糖680株主でもある同族の香野庄兵衛名義でも1,290株
85）速水太郎は伊賀上野に生まれ，貿易業に従事後，23年2月山陽鉄道入社，中上川彦次郎社長の秘書役となり，29年4月南清とともに阪鶴鉄道に転じ，鉄道工務所設立を援助，32年大阪鉄道協会（東京の帝国鉄道協会と合併）を設立，37年10月阪鶴鉄道取締役支配人，39年箕面有馬電気軌道を創立，後に山陽中央水力電気社長等を歴任（『速水太郎伝』）。速水の企業者活動については宇田正「関西の鉄道企業における速水太郎の軌跡」作道洋太郎編『近代大阪の企業者活動』思文閣出版，平成9年，p310以下参照
86）87）39年10月阪鶴鉄道陳情書，逓信省文書
88）89）阪鶴臨時総会議案，逓信省公文書第148巻
90）阪鶴鉄道「貸付金原票」日生所蔵，40.12～41.3，1万円，日歩2銭3厘～2銭4厘，41～41.2，4万円，無担保，7.8475～8.03％の2口（それ以前の融資取引の有無は不詳）
91）阪鶴鉄道『解散記念写真帳』（奥付なし），小林一三旧蔵，阪急学園池田文庫所蔵

第4章　唐津鉄道と北浜銀行

1. 唐津興業鉄道の創立と経営不振

　明治27年（以下明治の年号は省略）地元の最有力銀行・唐津銀行（18年創立，資本金50万円，頭取大島小太郎）を中心とする草場猪之吉，大島小太郎，河村藤四郎（当時牟田部炭坑を経営）ら「唐津銀行一派」[1]により，唐津〜牛津間の鉄道敷設が計画された（鉄中，p 548）。発起人の草場猪之吉（薬種商）は唐津銀行取締役で，「唐津銀行の別働経営」[2]唐津貯蓄銀行専務取締役，唐津製糸監査役など頭取の大島小太郎と提携して各種の事業に従事する一方，満島馬車軌道の創立や，唐津軌道取締役を勤め，唐津の交通整備を念願としていた[3]。

　草場らの「地の有志者二三と相謀り唐津鉄道会社を発起し…其の取締役」[4]となったのが大阪の株式仲買人・浜崎永三郎で，彼は筑豊に石炭鉱区23.8万坪所有（34.9.18門司）する関西コーク（北浜銀行取引先）監査役を兼ねるなど，北九州地区の炭鉱との地縁関係を有していた。古賀善兵衛[5]ら旧多久坑業鉄道を発起した一派を加え，27年4月17日草場猪之吉ら29名により，「九州鉄道…の線路へ接続する」唐津興業鉄道[6]（資本金100万円，唐津鉄道と改称）が発起され，28年10月25日唐津〜（九鉄）牛津間の仮免状を受けた。「其主ナル目的ハ運炭ニアリ」[7]，菊地龍太郎（九州鉱業合資社長）ら，沿線の唐津炭田の各炭坑主らが松浦川の川舟による唐津への石炭輸送を鉄路で代替し，唐津港から積出をしようと目論むものであった。28年11月20日免許を申請し，翌29年2月7日免許，29年2月資本金120万円で会社を唐津町に設立した。浜崎永三郎ら「大坂人八分，唐津人二分より成り立」[8]っている大阪資本主導の当社は北浜銀行（以下北銀と略）を当然に株金取扱銀行に選定したが，30年下期の北銀報告書は「当期間当銀行ニ於テ諸会社ノ委託ヲ受ケ株式申込証拠金ノ払込ヲ取扱タルモノ左ノ如シ」[9]と当社，紀和鉄道，嵐山三軒家，大阪商船，河州紡績の5社を挙げている。

　29年10月18日起工，31年12月1日妙見（西唐津）〜山本間6哩24鎖開通，32年6月13日山本〜厳木間7哩44鎖開通，32年12月25日厳木〜莇原
あざみばる

（多久）間3哩40鎖が各々開通した。33年10月社名を唐津鉄道に改称した。総工費120万円の計画であったが，岩屋〜莇原間など山地多く，建設費が割高になった一方，沿線には都市が乏しく，「多量ノ石炭ヲ運送セサル以上ハ到底満足ナル結果ヲ収ムル能ハサル」[10]状況にあった。しかし頼りの石炭の輸送量が予想を大幅に下回り，「益金挙ラズシテ負債増加シ，一回ノ利益配当サヘ為シ得ザリシ」（鉄中，p550）状態に終始した。こうした経営不振もあって31年5月社長加藤海蔵（前後して唐津製糸社長も辞任）が更迭され，社長に建野郷三[11]が就任した。当社はその後再三にわたって増資問題で株主が動揺，株価も低迷する「悲境に陥りて紛擾百出の中」で，「重役中端なくも二派を生じ…斯る内訌を醸し，所謂内憂外患交々至りて，会社の運命真に死地に陥れり，是に於て社長建野氏は策の為す可からざるを知りて総辞職を為せし」[12]ため，33年2月18日技術顧問だった南清（鉄道工務所代表）が社長に就任した[13]。

　当社大株主で役員2名を派遣した貝島太助（当社沿線に岩屋炭坑等を所有する筑豊の大炭坑主）と北銀の関係は貝島保証で福岡県直方町の鉱業家・原田勝太郎へ3,000円信用貸付[14]を行っている。また北銀は当社監査役で最終目的地であった佐賀県牛津町の呉服商・田中丸治右衛門へも20,000円貸し付けている[15]。

　また当社取締役の今西林三郎も「商略上紡績会社や其他石炭を使用する…諸会社の株券を所有」[16]する石炭商で，大正3年12月には北銀取締役に就任した北銀原始株主であった。当社相談役の浜崎も北銀原始株主で北銀丸抱えの西成鉄道（次章参照）とも関係が深く，当社の役員には北銀と因縁深い人物が多数占めていたと思われる。

　「〈南清〉君に委ぬるに社長の重任を以てした」[17]背景には従来20円前後の低株価が，南の就任前の32年秋「独り手堅きは西成並に唐津株」（32.9.16K）「西成，唐津に買物現われ」（32.9.30K）「西成は…益劇昂騰し，唐津鉄株亦た思惑買去らず」（32.10.7K）と西成に歩調を合せて盛んに買われた事実がある。「唐津は役員筋に於て現物を引取る筈」（32.9.23K）と言われたように西成にも連なる今西，浜崎ら役員筋が西成と同様に当社株に思惑を試み，一過性の花形株に押上げた可能性があろう。しかし33年5月には「唐津等相当の安値にありしもの迄も，益低落して額面半額以下」（33.5.12K）の15円という再暴落を示した。これら当社・西成株に踊った仕手筋の背後には当社最大の社債権者・北銀の影が色濃く感じられる。

第 4 章　唐津鉄道と北浜銀行

　こうした勢力から再建を託された南は臨時列車増発，各種乗車券発売等，貨客の利便を図る一方で「社員の大淘汰を行ひ，経常費を節約し，他方には資本の調達に努めて社債を起し」[18]た。

2．起債と北浜銀行引受

　当社は 31 年 6 月 29 日「工事設計変更並ニ物価騰貴ノ為メ建設費ニ不足ヲ生シ」[19] 90 万円増資と 12％社債 50 万円発行を認可され，期間 7 年，据置 3 年，発行価格 100 円で 8 月 25 日（30 円），9 月 26 日（30 円），11 月 10 日（40 円）の 3 回分割払込で発行した。取扱は第百，起業，山口，第一，北浜，豊陽，第十七，第七十二，栄，七十九，唐津の各行であった[20]。「唐津鉄道会社にては本年八月十日を以て社債五十万円を募集し，其内五万円は当分入用なかりしを以て四十五万円に止め，内三十六万円は北浜銀行引受け，残る九万円を一般に募集」(31.12 B) と報じられた通り，北銀は 31 年 9 月 6 日「唐津興業鉄道株式会社ノ社債金五十万円の内三十五万円引受ノ契約ヲ締結」[21]し「其の後…唐津興業鉄道社債（明治三十一年）引受」[22]けた。31 年末で北銀の当期社債券総買入高券面 616,850 円（当社，日本繊糸，播但鉄道 166,850 円から構成と推定），売渡又は償還高 337,550 円，現在高 279,300 円で内訳は当社 179,300 円（発行総額の 35.9％），日本繊糸（浜崎永三郎が監査役）100,000 円であった[23]。一般募集 9 万円の 8 割，帝国生命 3 万円，明治生命 2 万円，明治火災 2 万円，京都生命 2 千円の保険 4 社計 7.2 万円が判明する[24]。

　当社は 32 年春大阪で総会を開き 40 万円増資の件を可決したが，一転して「右四十万円を社債として募集せん事」(32.12.29 日出) に方針を変更した。「唐津鉄道新社債…過般社長建野郷三支配人小林謙次郎の両氏相携へて上阪し，北浜銀行及び藤田伝三郎氏に対し資金二十万円調達の儀を談じたる結果，北浜銀行岩下氏，藤田氏の息平三郎氏の出張視察となれり」(32．3．15 R)「借入れたる社債は已に工事費其他に投じ増資は決せしも未だ其払込期日定まらず，為めに他に金策を要する事となり，北浜銀行及び藤田伝三郎氏に対し資金二十万円調達の儀を談じたるが，相談は多分纏るべしといふ」(32.4 B) と報じられた。

　前段記事の平三郎は藤田の長男平太郎の誤りであろうが，わざわざ唐津まで出張視察したこと，後段記事でも「北浜銀行及び藤田伝三郎氏」と同列であることから見て，第 2 回社債の依頼は藤田経由で北銀にプッシュされたと思われ

る。建野郷三社長は宮内権大書記官を経て13年5月4日から22年3月16日までの長期間大阪府知事を勤め，大阪商法会議所会頭の藤田伝三郎等，大阪財界長老と深い繋りがあった。土木請負業者でもある藤田組は大阪府等から指名を受け，岩下も言う通り「〈藤田〉翁の如き官辺に縁故浅からざる地位に在り」[25]，その政商的な行動は当時からとかく批判もあったが，岩下にとり藤田は「磁石の如く予を引付けて，さながら親の如くに思はしめ…予を信頼して保護を与へられたるは，予の終生銘記して忘れ能はざる」[26]ほどの恩人だから当社起債の相談が纏まったのであろう。近接する九鉄側では当社の将来性を「今後未成線九哩余ノ工事ヲ落成シテ本社線ニ接続セシメ，且設備ノ完成ヲ期スルハ同社ノ経済ヨリシテ実ニ難問題」[27]と看破していたが，北銀は藤田側の意向を汲んで受理したと考えられる。北銀・藤田組への事前相談での受諾を経て，当社は32年5月13日「工事設計変更及物価騰貴ノ為メ建設費ニ不足ヲ生シ」[28]たとして8％社債60万円発行を認可された。第2回社債は期間8年，据置2年で40万円発行された。31年6月の12％社債50万円，32年5月の8％社債40万円の合計90万円は31年6月29日認可の増資額90万円と一致し，結局一時的に「右増資丈の金額を社債として北浜銀行より借受け」（32.8.15 R）たも同然であった。北銀は33年12月末（券面161,500円）から35年6月末までは当社社債券面161,500円を所有していた。

　さらに34年4月27日「工事設計ノ変更及物価騰貴等ニ依リ資金不足補充ノ為メ」[29] 10％社債30万円発行を認可された。この社債は「昨今同社社員来阪して右社債募集に奔走中なるが，大阪の銀行にては十四，五万円を引受くるの相談整ひ，残額は株主中より募集する筈」（33.10.15 R）と報じられた。33年11月5日当社は第3回10％社債30万円を期間7年，発行価格92円で発行した。取扱は小城が加わっただけ（第1回の七十二は営業満期時佐賀に改称）のほぼ同一メンバーであった[30]。この結果33年度社債残高は1,135,800円，借入金残高は4,800円に達し，相次ぐ起債を九鉄は「社債ニ社債ヲ重ネテ一回ノ利益配当サヘナシ能ハサルノ苦境」[31]と見ていた。また前回の社債募集の出願時にも一旦は「不認可の命に接したれば，同社は重ねて出願に及びたり」（32.12.29日出）と報じられるなど，相次ぐ起債に当局も慎重な姿勢をとっていることが窺える。「社債の償却の為めに一時北浜銀行より借金して一割二分利付と一〈割〉利付との社債は既に完済し…尚ほ残りの社債八朱利付の四十万円」（35.9.27 R）の35年末の社債権者は北銀26.5万円，鴻池銀行5万円，

東讃銀行2.4万円，唐津銀行2万円合計35.9万円で，北銀が66.3％を占めた（35.12 R）。同時に第1，第2社債償還資金約80万円も融資していたから，一時的には北銀の与信額は100万円の大台を突破したとみられる。次章の西成にも見られる北銀のメイン銀行としての「丸抱え行動」が当社でも発揮されている。

一方社債を2万円引受けた唐津銀行は設立時から草場猪之吉，大島小太郎らが主唱者として関与し，34年にも当社「創立の際は，其創立委員として尽瘁甚だ力む」[32]とされた同派の河村藤四郎[33]が監査役に加わって最後には清算人になるなど，地元銀行として創立から清算まで一貫して関わったと考えられる。唐津銀行の34年6月末保有の株券社債は6.46万円だったから[34]，当社社債はそのうちの3割強を占めていた。

3．財政整理と九州鉄道買収

当社でも会社の先行きに関して「今日の儘にて九鉄連絡線起工の準備を為す能はず…社債利子に追はるるのみ」（34.3.16門司）との判断から，一万株の買入消却と八朱利付優先株の発行という「減資と増資を一時に断行する」（34.3.16門司）財政整理を決断した。当社は「既成線補修，未成線完成ノ為メ九十万円ヲ増資シ後，経済整理ヲ為サンガ為メ二百三十万円ヲ減資シ，更ニ五十万円ヲ増資」[35]するという，差引き90万円の減資に相当する申請を行い，34年3月6日認可された。これに基づき34年3月「二十一日午後二時同本社に於て一万株の入札購買を行う由なるが，今回の買入消却を完成せば会社財政の鞏固を致す」（34.3.15 R）として，株主の競争入札に基づく時価での株式買入消却による50万円減資と，同時に50万円8％優先株発行を断行，「資本減少株式消却規定」第三条には「消却株式は入札価格の最も低きものより，漸次高価のものに及ぼし，其数一万株に至て止む」（34.3.15 R）と入札方式を規定したが，「斯くの如き買収消却は同社を以て嚆矢」（34.3.15 R）とする新機軸であった。「益金挙ラズシテ負債増加シ，一回ノ利益配当サヘ為シ得ザリシカハ寧ロ隣接鉄道ニ併合セラレ以テ爾後ノ損失ヲ免ルニ如カズトノ希望ハ株主一般ノ与論トナリ」（鉄中，p 550），34年春「九州・豊州両鉄道合併談成立スルヤ間モナク唐津鉄道ヲモ九鉄ニ合併スルノ談」（34.3.16門司）が起り，協議するも「条件に就き双方甚しき懸隔を生」（34.3.16門司）じたとされる。「株金額百二十万円に対して，百二十万円の社債の外，別に高利の一時借入金あり

て, 社の収利をば悉く此に注入せしめざるべからざるの折柄, 経済界の趨勢倍々非にして, 社運再び逆境に沈めり, 依つて止むなく株主の希望を容れ, 九州鉄道との合併の約を調へ, 三十四年十二月本契約成立」[36]した。まず仙石貢九鉄社長と当社南社長間の仮契約は34年10月締結されたが, 南は交渉のため「仙石氏を別府まで追ひかけて行って交渉した」[37]が,「命脈将に旦夕に迫らんとせる小鉄道より合併を申込む, 其交渉の困難にして, 幾多の屈辱に遭遇した」[38]とされる。仮契約第二条は「九州鉄道…ハ代金トシテ其会社本株二万九千株ヲ唐津鉄道…ノ指定スル株主ニ付与スベシ」[39]とあるが, 実質的には北銀等の債権者に九鉄株で代物弁済したことから考えると, 九鉄との合併は西成と同様, 北銀等債権者の圧力によると思われる。さればこそ南は「幾多の屈辱に遭遇」しても身売話を進めざるをえなかったのであろう。当社では171万円かつ株式での受取を希望したが, 九鉄が両社の折衷案を出した貝島太助の仲裁をも拒否したため, 結局145万円での売却を飲まされた (34.10.25 T)。一方の九鉄としても, かねて「本社線接続ノ鉄道布設ヲ企ツルモノ続出シ, 之ヲ自然ニ放任スルトキハ本社ハ永遠ニ経済上ノ悪影響ヲ被ル而已ナラス, 又小鉄道ノ各地方ニ割拠スルノ不便」[40]を痛感して順次筑豊, 豊州, 伊万里各鉄道を合併した。しかし仙石は「此迄いろんな鉄道を買収もしてみたが…それだけの直打がない…ダカラこれからの買収は余程慎重に考へなければならぬ」(34.2.5 R)との厳しい態度で臨み, 当社全財産を145万円に値切る方針を提示した。「清算中ノ唐津鉄道 同鉄道にては社債の償却の為めに一時北浜銀行より借金して一割二分利付と一〈割〉利付との社債は既に完済し, 同行へは先頃より同会社株四千株を売払ひて返金せし由なるが, 尚ほ残りの社債八朱利付の四十万円に就ては清算人は近々債権者に交渉を遂げし上, 来月中に清算を結了するの予定」(35.9.27 R)と報じられた。当社の8％社債40万円のうち未償還は北銀26.5, 鴻池5, 東讃銀行2.4, 唐津銀行2万円, 合計35.9万円 (35.12 R)となり,「九州鉄道会社より売価として受取りたる九鉄株は右等社債償還を終へ, 六千株を残し, 同株券は北浜銀行へ売渡す事の内約も整ひ」(35.12.27 R), 結局当社は34年10月29.6 kmの鉄道と「現今の終点なる莇原駅と九鉄牛津駅間九哩の未成線…敷地全部買取済」(34.3.16門司)など一切の財産の九鉄への譲渡を決定, 35年2月14日九鉄への引継手続を完了して2月22日解散した (鉄中, p 551)。解散後の登記手続は当社支配人池田源十郎が監査役の河村藤四郎とともに清算人に就任して継承実施した。

第4章　唐津鉄道と北浜銀行

注

1) 3)『九電鉄二十六年史』大正12年, p234, 210。草場らの創設になる唐津銀行は35年末に唐津鉄道社債2万円保有するなど (35.12 R), その後も地元銀行として深い関係を持続していたと考えられる。
2)『佐賀県銀行会社実勢』大正9年, p11～3
4) 倉田熱血『近畿実業家列伝』32年, p25。浜崎は第5章注16参照
5) 古賀善兵衛は両替商の出身で銀行を経営の傍ら, 20年北方炭坑を入手, 多久, 坂口等の諸炭坑を経営し, さらに松島炭鉱等にも巨額の投融資を行った。古賀などの佐賀財閥については本間靖夫「佐賀財閥」(前掲『地方財閥の展開と銀行』p613以下) 参照。
6)「起業目論見書」28.8.29『第六回鉄道会議議事速記録』, p33所収。商号に関し鉄道会議でも曽我祐準委員からの「興業ト云フ字ヲ頭ニ冠ッテ居リマスガ, 是ハ勿論石炭ヲ出スノガ目的デアラウ」(28.12.20『第七回鉄道会議議事速記録』, p39) との質問に幹事は「会社ノ名前ハ差支ナキ限リハ, 発起人ノ選ブ所ノ名前ヲ以テ認可」(同上) しただけだと回答している。ほぼ同時期の筑豊興業鉄道 (31年6月30日却下), 北方興業鉄道 (29年3月出願), 御徳 (31年8月8日出願), 筑紫, 企救, 両国各運炭鉄道等と同様な発想からであろうが, より直接的には旧多久「坑業」鉄道発起人多数の合流を意識した「興業」の付加であろう。
7) 10) 27) 31) 39) 40) 前掲『九州鉄道小史』p37, 39, 15
8)『鉄道雑誌』第10号, p35。当初の役員は社長加藤海蔵 (唐津, 唐津製糸社長), 黒川幸七 (大株仲買, 夫人は石崎喜兵衛五女), 石崎喜兵衛 (大阪, 酒造業, 堺酒造取締役, 大阪麦酒取締役, 石崎合資業務担当社員。唐津『太閤』醸造元の古舘正右衛門と特約), 浜崎永三郎 (大株仲買), 阪本経懿 (唐津石炭合資社長), 大島小太郎 (唐津銀行頭取), 西英太郎 (多久村, 大地主10,012円, 後に代議士, 佐賀県農工銀行頭取歴任), 相浦秀剛 (小城), 守永久吉 (小倉, 第八十七国立銀行取締役), 監査役松藤和四郎 (大阪, 会社員, 31年度所得税5円83銭), 田中丸治右衛門 (牛津, 呉服商・玉屋, 佐賀貯蓄銀行監査役, 北銀2万円貸付先), 井上孝継 (唐津), 評議員中沢孝政, 徳田平次郎, 支配人小林謙二, 会計課長池田源十郎 (後に大林組支配人) であった (諸M 29, p591, 鉄中, p551, 商31年, し p15)。
9) 北銀『第二期報告書』30年下期, p4
11) 建野郷三は職業会社員, 日本移民合資監督, 31年度所得税20円10銭, 関与鉄道は高福鉄道発起人, 中播電気鉄道創立委員 (『鉄道』13号, p38)。彼の所有の公債株券15,213円うち合資会社出資分6,190円 (資34年, 神戸p89) が, 全額日本移民合資 (設立29年9月) だと仮定すると同社の資本金 (払込済) 5万円の12.4％となり, 監督という名称にかかわらず業務担当社員浜中八太郎と並ぶ経営者であったと考えられる。同社は熊本, 広島等西日本各地に出張所を設置して,「海外移民取扱」(諸M 34年, p484) をおこなって, ハワイ・ホノルル府に置いた布哇代理店へ送り出していたが, 唐津方面との接点は未詳。当社を混乱させ投出した建野は顔を利した金融ブローカーにすぎず,「移民の無智なるに乗じ不当の手数料を貪り, 又其の積立金を着服」(35.10.20大朝) する等, とかくの批判ある移民会社経営者として同類の岡部廣と同様に虚業家的な側面も垣間見れる。

12) 17) 18) 36) 37) 38)『南清伝』42年, p 76～8
13) 南清は村上亨一らの鉄道技術者とともに「鉄道の設計線路の実測等の依頼に応じ并に布設工事の受負をも為さん」(『鉄道』18号, p 41) として「鉄道設計相談所」たる鉄道工務所を主宰し, 30年4月土居通夫に代り阪鶴鉄道社長となった。31年5月発行の第1回阪鶴社債130万円は百三十, 大阪共立, 住友, 北銀の4行が引受けており, 北銀とは繋りがあったと考えられる。33年の役員は社長南清, 取締役建野郷三, 今西林三郎, 前川槇造 (代議士, 阪神専務, 日本舎密製造取締役, 中央セメント監査役), 守永久吉 (小倉), 西英太郎 (多久村, 佐賀県農工銀行取締役), 金子辰三郎 (戸畑, 「貝島太助氏の名代」『南清伝』p 76), 監査役原庫次郎 (鞍手郡宮田村, 貝島の義兄), 田中丸治右衛門 (牛津), 相談役浜崎永三郎 (米穀仲買, 両替商, 大株, 西成各監査役), 法律顧問三谷軌秀 (大阪, 公証人, 大阪時計製造監査役), 総支配人森島佐次郎 (諸M 33, p 695)
14) 15)『(北浜銀行) 取引先住所録』(仮称), 宇田正氏蔵, 当該史料の解題は拙稿「明治30年代における北浜銀行の融資基盤と西成・唐津鉄道への大口融資」『滋賀大学経済学部研究年報』5巻, 平成10年, p 41以下参照
16)『今西林三郎遺文録』大正14年, p 12, 年譜p 3
19)『鉄道局年報』31年, p 55
20) 30) 前掲『社債一覧』p 209
21) 23) 北銀『第四期営業報告書』31年9月, p 7, 16
22) 前掲『岩下清周伝』p 8
24) 明治期社債の保険引受に関しては拙稿「明治期の社債発行と保険会社の銘柄選好―長期, 大口, 確実性志向と鉄道債―」『証券経済』第178号, 平成3年12月参照
25) 26) 岩下清周『藤田翁言行録』大正2年, p 111, p 141～2。藤田組としては例の贋札事件直後に着任, 府高官の大幅更迭を断行, 府の御用を「一手にて引き受け来りたるを…不可とし…断然解約せん」(13.10.5朝報) とした建野「改革」知事とも, 渡辺前知事と同様な関係を修復しようと努めたと推定される。
28)『鉄道局年報』32年, p 41
29) 35)『鉄道局年報』33年, p 42～3
32)『佐賀県商工名鑑』40年, p 171
33) 河村藤四郎は唐津銀行監査役, 唐津物産代表, 唐津倉庫業務担当社員。石炭を扱う唐津物産取締役には炭坑業者の岡田平太らが参加 (要録M 31, 役p 86)
34) 唐津銀行「第三十一期営業公告」(34. 8 B)

第5章　西成鉄道と北浜銀行

1．西成鉄道の創業

　西成鉄道（以下西成と略）は明治26年10月16日（以下明治の年号は省略）発起人総代の江川常太郎（西成郡下福島村福島，西成創立委員，会計委員，設立時300株引受）他「該地方ノ大地主タルモノ」[1)] 26名による大阪の臨港鉄道計画であり，ほぼ同時期に沿線外の資本家が発起した川口鉄道が27年1月18日申請を取下げ西成に合流した結果，27年10月29日江川常太郎外46名に対して仮免状が下付され，29年2月8日無条件で免許された（鉄中，p 554）。この間の鉄道会議では当局が西成は「大幹線ノ付属物同様ノ線路」[2)] であるとして官設論にこだわったのに対し，「官設ニスルト云フコトモ最モデアルガ…私設デモ速ニ遣ラセル方ガ宜シイ」[3)] との私設論が大勢を占め，激論の末免許されたが，「該鉄道ヲ他日官線ノ一部トスルノ道ヲ便ナラシメンカ為メ之ニ条件ヲ付ス」[4)] べきとの意見も繰り返し出され，別に調査委員会を組織して検討したが条件付免許は行政上不可能との結論に達し，見送りとなった。小川資源を技師長として工事は早川組（実際の施工は星野鏡三郎の店員山中徳太郎）の請負で29年5月5日起工[5)]，天保山に「船渠及汽船繋留所を造築し，又倉庫を造営して毎日二万噸の貨物を容易に集散し，数千旅客乗降の便を謀らん」[6)] との計画の下に31年4月5日大阪～安治川口間3哩52鎖が開通した。4月23日の開業式で真中忠直[7)] の式辞に続いて，西村捨三築港事務所長は来賓，重役，株主等800余名を前にして「西成鉄道と大阪湾築港とは最大なる関係ある所以を述べ」（31. 4.24大毎）た。

　28年10月28日の創立総会で専務に真中忠直，取締役に今村清之助（東京，450株），井上保次郎（大阪，180株）[8)]，金沢仁兵衛（大阪，180株），桜井義起，監査役に浜岡光哲（京都，京都鉄道社長），田島信夫（東京，毛利家代表）を選任，総支配人二木彦七，技師長小川資源であった（持株は31年時点，M 32. 3.30～4.6時事）。

　27年11月8日「大ニ規模ヲ拡張シ資本増額ノ事ヲ内決シ，在東京有力者ノ

助力ニヨリ，其目的ヲ達センカ為メニ，小川資源，吉岡直一，桜井義起上京ス」[9] 28年3月22日「小川技師，創立委員吉岡ハ…大ニ尽力シテ，東京ニ於テ株主募集ハ頗ル好良ノ結果ヲ収メ帰社セリ」[10] とあるので，27年末から28年初にかけて，今村は西成の発起人総代の吉岡から「東京に於ての大株主を纏むる要件」[11] を委嘱され，「東京付近の株主を募るに於て，己れ率先して尽力し，自ら遊説して一万株をも纏め」[12]，同社を東京資本主導で成立させた。鉄道ブームの絶頂期の29年1月時点の西成の権利株は1.5円の払込が5.6円と3.7倍の高値を呼んでいた（29.1.25 T）。29年6月10日東株でも2.2万株が売買開始され，29年の株価は44.0円の払込が高値63.0円，安値53.0円であった[13]。

こうした西成株主構成の偏重に対しては当時，「之レヲ東京ノ有力者及ヒ西成一地方ノ有志者ニ放任シ置クコトハ本〈大阪〉市ノ利益ニ非ス」[14] との意見が内部からも出て，遅ればせながら28年4月5日藤田組（31年時点215株），松本，田中，住友（31年時点180株）ら大阪財界主流派へも株式応募を呼び掛け，かくして28年4月8日「二万二千株ノ引受申込ミ充満」[15] したのであった。後述する鷲尾・帯谷らによる買占め直前の31年時点では西成株式は全国の持株数1万株以上の百大株主のうち渡辺治右衛門（第2部第2章）640株，今村清之助450株，渋沢栄一300株，川田龍吉300株，㈴藤田組215株，井上保次郎180株，金沢仁兵衛180株，住友吉左衛門180株，原六郎150株，田中平八105株，浜崎永三郎[16] 70株の11名が保有していた（32.3.30～4.6時事）。しかし依然として東京偏重の傾向があり，北銀と関係が深い大株仲買人には浜崎の名が見られるだけで，阿部彦太郎，島徳次郎，竹原友三郎らの持株は確認できない。つまり31年頃までは西成は在阪企業ながら大株仲買人や北銀とはほとんど無縁の存在であったと考えられる。

今村は別途，停車場，船渠，倉庫用地の先行取得「是等買収に要せし総ての金員は，皆一時之を〈今村〉君の手により支出」[17] したのであった。長門無煙炭礦では渡辺と，汽車製造では今村と接点を有し，今村，渡辺らの東京資本を代表する真中専務の「社務の運用拙きを見て，当会社の到底永続せざるべきを見越し，機敏にも株券を売払ふ株主多きに至れり，社長は狼狽せり，取締役は苦悶を重ねぬ，而して株式は追々に下落することとなれり。これ当時の社長真中氏が，大なる失態を演ずるに至りし遠因」とされる。「終に真中氏は刑事上の人」[18] となった失態とは西成が第一銀行から24,500円，渡辺の第二十七銀

行から35,000円（いずれも約手），その他車両メーカーの平岡工場から借入れた結果，31年末に返済不能となり，「西成鉄道会社前社長真中忠直氏は約束手形を以て第一銀行より二万四千五百円，第二十七銀行より三万五千円を借入れて之を返却せざりしが，去る九月十八日の西成鉄道会社の臨時総会に於て真中氏より三万円を出金せしむることになりしに拘らず其約束を履行せざりし為め遂に債権者より法廷に出訴し」(31.12 B) 第一銀行から訴訟を起こされたことをさす。在阪鉄道でありながら東京の両行から資金調達したことは西成が東京資本主導であり，真中も東京に在住し，かつ信用が乏しいため創業期には個人的な因縁のある銀行からしか資金調達できなかったのであろう。31年8月真中専務の辞任により桜井義起[19]が専務に就任したが，桜井は12月12日の臨時総会で「借入金の内三万円は今村清之助氏の周旋にて調金出来た」(32.1 B) 旨を報告した（今村は，32年12月辞任）。この「今村清之助氏の周旋」とは28年10月取締役就任以来今村が「専務取締役たる真中忠直氏を佐けて事を視し…当会社創立の初より，常に其議に参して力を致せし」[20]関与責任を痛感しての尽力であろうが，井上保次郎と目される証言によれば「〈今村〉君及び予は此間に処し，種々苦心経営する所ありしも，そは一時の弥縫策に過ぎざるを以て，大勢の向ふ所之を奈何ともなすべきなく，終に真中氏は刑事上の人たらむとし，予は〈今村〉君を始め東京某々紳士に縋りて，真中氏の窮を救ひたり」[21]とあり，これが第一銀行への働きかけをさすのであろう。

2. 西成鉄道の買占め

西成は30年に55万円増資して，資本金を165万円とし，32年までに全額払込となった。鉄道会議付議の際も「当局者ハ之ヲ官設ニスルノ論」[22]を出し，軍部（児玉源太郎）も「築港…ガ出来上…レバ大変価ヲ為ス鉄道デ…官設ニナラナケレバナラヌ」[23]と主張した通り，「西成線の如きは官鉄の支線とも見做すべき形勢を占むればなりと，所謂想像は想像を生じ，世人は之を最も頼みある事業として，其株主たらむことを希ふに及べり，之が為めに西成鉄道会社にても其好景気に乗じて五十五万円の増資を為し，新株を一般に募集せしが，当時西成鉄道株の最頂に騰りしときは，八十円台をも往来した」[24]ほど仕手株化したのであった。まず32年2月第十三議会で星亨らによる鉄道国有建議案が可決され，鉄道国有調査会が設置された。このため32年9月「西成鉄道株の昂騰が動機となって株価の動揺を見」[25]，従来一括して端株類と見做された西

成,京都鉄道(京鉄)等が急に花形株,政治思惑株,化物株と騒がれ,一躍「当時人気株の随一」[26]にのし上がった。西成では「買上げ価格は或は七十五円ならん」(32.9.16 K)「倉庫を別にし,鉄道株のみにても六十五円替」(32.10.7 K),京鉄でも「舞鶴軍港迄は政府も早成を欲せるを以て…一部買上げ…あるへし」(32.11.4 K)との諸説も流布した。調査会の答申に基づき,32年11月開幕の第十四議会に鉄道国有法案と9私鉄の買収を内容とする私設鉄道買収法案が会期末の33年2月に提出された。西成こそ当然に買収されるとの期待が高まり,臨時総会で「株主の手取現金ならば八十円,公債ならば九十円を最低価として,凡ての交渉を重役に一任」(32.12.30 K)した。33年2月には「西成鉄道を百六十五万余円…に先づ買収の噂あり」(33.2.6報知)と報じられ,大株相場は「議会に於ける鉄国問題も前月下旬より愈々持上りて次第に熱気を加へ,当〈大阪〉市場の西成,京鉄の類は樹に餅のなる好評に人気添ひ,他の鉄株類も何となく気乗り強かりしが,本月中旬となりては右の問題も何やら障害のあるらしき傾きとなり,相場も稍々下向き半信半疑の裡に数日気迷ひつつありしが,議会の閉会に迫りて鉄国案は遂に握り潰されの運命と定まるや,市場は投売続出して直接関係の種類は激しき暴落」(33.3.15 R)となった。財源問題と野党の反対から鉄国法案等は審議未了となり,「株式の崩落せしに連れ,大阪に於ける各銀行は先月二十六七日頃より諸株の担保価格を引下げ」(33.4.5 R),「前月下旬は鉄国問題破れて政治屋筋の失敗相場も一段落を告げ」(33.4.15 R),さらに5月は「満場売声に覆はれ山陽,九鉄の如き…払込額より切込の相場」(33.6.5 R)まで呈した。結局国有化期待から2月には70円にまで膨らんだ西成も「議会通過の望を失ふと共に気崩れ,就中京都鉄道株,西成鉄道株等直接関係ある会社の株式は忽ち大暴落」[27]し,33年の西成高値69.25円に対し,33年安値は半値以下の33.5円になり,売買高も32年380,880枚が33年は1/7以下の50,980枚に激減した[28]。

　一方,西成で創業以来同社の中心的勢力であった今村,井上,田島が32年12月17日そろって辞任している。これは今村が推進した関西鉄道(関鉄)と西成の合併談が関鉄で「あはれ議題外に葬り去らるるに及べり…〈今村〉君は此時に於て,男らしく勇退したり…西成鉄道会社の取締役は爾後一年間,同社独立の方針を確定するため留任」[29]していたものであった。今村らの辞任により,代って後述の酒造家・鷲尾久太郎らが新役員となったという対応関係から判断して,鷲尾らの買占時に西成を見限っていた今村らは持株を高値で売抜け

第5章　西成鉄道と北浜銀行

たものと推測される。

3．鷲尾久太郎と北浜銀行

　鷲尾久太郎[30]は29年12月27日の創立総会で北銀取締役，30年6月現在では1,782株と藤田組の1,790株と並ぶ北銀大株主で，32年12月西成取締役に就任した。32年12月20日北銀取締役は「家事ノ都合」[31]を名目に辞任した。久太郎の弟・幸治郎[32]も同じく今津村の「愛国」醸造元で，北銀の20株主，33年7月西成取締役に就任した。鷲尾松三郎も15年1月15日大阪株式取引所肝煎となり，26年9月17日大株監査役に就任（29年1月12日辞職），摂丹鉄道（第1次）発起でも伊丹の酒造家小西新右衛門とともに中心となり（22.6.8東日，22.5.10，5.22大毎），摂津鉄道監査役に就任，血縁関係は未詳ながら大株監査役として北銀取締役の久太郎と表裏一体の関係にある極めて近い関係にある人物と推定される。同じく今津の酒造家，「大東」醸造元で，創業天保14年設立（諸p221）の豊島屋・鷲尾伴五郎[33]は三島実業銀行頭取を兼ね，西成「買方大手筋と目指さるる府下三島郡三島実業役員筋」（32.12.30 K），「鷲尾氏が昨〈32〉年十一月以来西成鉄道株式会社買占に関係あり」（33.12.15 B）と報じられており，いずれも『岩下清周伝』の「姻戚や一二仲買人と結託して同社株式を買占め」[34]た鷲尾兄弟・姻戚者の一人と考えられる。

　岩下は32年の「大株主鷲尾家の西成鉄道買収に伴ふ救済」と35年の「西成鉄道救済」[35]を実行した。まず32年11月相場過熱を警戒した大株でも「西成鉄道株等に付ては証拠金の引上，臨時増証拠金の徴収」[36]を決定した。さらに売方が「市中銀行に対し，西成株を担保として貸金をなすの危険を説く等，百方妨害を試み」（32.12.2 K）ため，「買方をして資金の出所に窮せしめ」（32.12.2 K），さらに日銀の金利引上発表も加わって「宛然小恐慌の姿となり，金融界は近来稀れなる緊縮」（32.12.9 K）となった。12月にはまず「京鉄買方筋の証拠金納入に至らず…仲買人の瀕死」（32.12.25 K）に続き，「西成買方の追証拠金納入に至らざる為め…売買中止…西成買方の頓挫」と仲買人の違約事故が連続した（京都取引所も12月16日から4日間西成株は売買休止）。12月20日には北銀でも「取締役鷲尾久太郎家事ノ都合ニ依リ辞任」[37]している。そこで大株は急遽12月25日付で違約処分の規定を変更[38]した。西成株は「買方の失態に依り一頓挫を来し五十円搦迄暴落せしも，其後阿部彦の尽力に依り，追証拠金並に増証拠金調達し，尚ほ受渡資金も北浜銀行出資の約定整ひたり」

(32.12.30 K) と救済者として北銀・阿部彦の名が出た。『岩下清周伝』では「西成鉄道の買上説が唱へられた際，北浜銀行重役の鷲尾久太郎は姻戚や一二仲買人と結託して同社株式を買占め，其の持株一万株以上に及んだ。然るに之が資金の調達意の如くならず，受渡に迫って株式代金を支払ふことができなかった。そこで北浜銀行では磯野大株理事長の懇談により，鷲尾氏を救済する事に決し，鷲尾家所有の動産不動産全部を抵当として一時に巨額の資金を貸出した。その貸金八十四万余円を明治三十五年に至り整理した結果，西成株一万五千株（三十二円替，金額四十八万円）を銀行に引き取ったのである。随って銀行の自衛と云ふ点からも，渡辺社長辞任帰東後，〈岩下〉君は自ら進んで社長となったのである」[39]と総括する。

　34年時点の西成は「日々の営業上より見れば相当の利益を収めつつあるも，何れも豊川鉄道類似の手段を以て，一時借入と称して莫大の負債あり」(34.5.30国民)と評されたが，具体的には「先に肥後銀行より一万五千円の負債ありしを，漸次償却して今日にては僅に五千円内外となりたるが，元来此五千円は桜井西成社長振出し，鷲尾久太郎裏書の約束手形にて，去る五月頃の期限なりしかど，不渡となりて，其後何分にも埒明かざる為め，去る二十五日肥後銀行より鷲尾氏の財産差押へを為し遂に同氏より其金を償却したり。其他横浜英一ジャアデンマセゾン商会にも機関車の代価一万八千円の借金あり，是れも昨二十七日期限となり，矢張り桜井社長の振出し，鷲尾氏の裏書ある約束手形にて，昨今頻に督促を受け居り，尚目下負債の重なるは今村銀行に三万円，其他個人に対しても諸所に借金あり，期限の既に到着せるもの合計十八万円計りにて何れも厳重なる催促を受くるも償却の途立たず，大に困難を極め，先頃其整理に取懸り」(34.11.2 R)という窮状に陥っていた。さらに「肥後銀行は既に裏書人鷲尾氏の財産を差押へたるが，其後も桜井氏は相変らず之が債務を履行せざるより今回は鷲尾氏より西成鉄道の有体財産及び収入を去る四日差押へたりと」(34.11.9 R)報じられた。これは桜井社長から責任を振られた「鷲尾ハ其不法を怒り遂に去四日を以て会社の収入を差押へた」(34.11.7万)のであった。また一族の鷲尾伴五郎が頭取の三島実業銀行も「同銀行役員が西成買占に行金を流用しつつある旨云ひ囃やし，株主に檄を飛ばして中傷」(32.12.2 K)された結果，「兎角同行も不評判なりし処，当時より鷲尾氏と大株主勝田悌三郎氏との関係円滑ならず…勝田氏は茨木及亀岡地方に於て持株を売放ちしかば茲に世間の疑惑を醸し…遂に他の支店及本店に及びて支払に応する能は

ざるに至り」(33.12.15 B) 33 年 11 月支払停止に追込まれていた。

桜井義起社長時代の 34 年末に西成は不要地 3.6 万坪を住友へ 1 坪 7 円 50 銭での売却を内定，住友は沖島新田所有地の隣につき，購入して「将来は西洋風の倉庫を造る積りなり」(34.9.21 R) と報道された。非売却派はこれに絶対反対，仲裁の労をとった府知事は桜井社長と岩下を招いて妥協案を示したが，34 年 12 月 1 日の臨時総会でも「議論頗る喧くして，岩下氏の如きは若し十円以下の価格ならんには自から進むで買受くべしとの説盛にて」(34.12.7 R) と，担保株の名義書替以前にも影のオーナー岩下は西成の経営に深く関与した。

4. 北浜銀行の西成株式取得

こうした西成の危機的事態を反映して 35 年 12 月期には西成 1.5 万株（券面 75 万円, 実価 51 万円）が初めて北銀の有価証券明細表に登場する。当期に本店扱貸付金の返済高 617,492.97 円の大半を占める，臨時巨額の返済で，株券抵当と工場地所建物抵当を併用（＝「鷲尾家所有の動産不動産全部を抵当」）していた大口貸付（51 万円相当）が『岩下清周伝』記述の通り，西成株式に振替えられたことになる。その後も北銀の西成株（券面額）は 36 年 12 月期 823,250 円（50 円額面で 16,465 株，実価 617,437.50 万円），37 年 6 月期 885,250 円（50 円額面で 17,705 株，実価 672,790.00 万円），37 年 12 月期 915,750 円（50 円額面で 18,315 株，実価 760,072.50 万円）へと漸増する。したがって 38 年 7 月末の株主名簿上の西成筆頭株主・小塚正一郎名義の 18,550 株は実際には北銀所有の西成株であった。

商業興信所の阿部直躬は「株式定期市場にて鷲尾某等が資本金百六十五万円の西成鉄道株の買占めをやったが，受渡の日に至り引取が出来ぬので，取引所は大困りをしたことがある。其時〈岩下〉氏は俠気を起し，其受渡資金を北銀より供給して無事に受渡を結了せしめ，後日其鉄道株の為の面倒を見た，結局国有に引継ぎて其結末を着けた」[40]と，岩下の俠気に起因するものとしている。

「之れ〈西成〉が故人〈岩下〉の事業に余〈渡辺千代三郎〉の直接関係した事業の唯一なるもの」[41]とする渡辺千代三郎も「余の洋行以前の事」として「西成鉄道株を鷲尾久太郎氏等が買占めをやりましたので，之が対策を磯野小右衛門[42]君からの話で，北銀が引受け，結局鷲尾氏等の乗っ取り運動は不成功に終った」[43]結果，「〈岩下〉君の懇請に依り」[44]「余〈渡辺〉が…帰朝後其の整理方をば委嘱されて西成鉄道株式会社社長の任に就き，二年数ヵ月在職し

て」[45]（渡辺は35年1月西成専務に就任），「行詰った社運の挽回に努力」[46]し，「整理一段落を告げたるを機に」[47]，37年1月辞任したので，岩下は37年2月10日渡辺に代って西成社長に就任した[48]。西成社長辞任後について渡辺自身は，「当時私は東京にて閑散生活を致して居りましたところ，故人〈片岡直輝〉と岸〈清一〉博士との推薦によりまして，此〈37〉年十一月副社長兼財務総長として〈大阪〉瓦斯会社に入社致しました」[49]と回顧している。したがって，大阪瓦斯副社長就任のために西成を辞任したのでなく，その間には10ヵ月余の「閑散生活」が存在したことになる。しかし西成専務であった35年「当時私〈渡辺〉は瓦斯会社と何等の関係はありませんでしたが，自分の従事の社用を帯び東京にて故人〈片岡〉と同一の旅宿に滞在して…何とか名案はあらざるかと懇談」[50]するなど，当時大問題だった大阪瓦斯の外資導入の善後策について片岡の種々相談にのっている。おそらく渡辺は短距離の貨物鉄道を国に貸渡すだけの西成経営にはあきたらないものを感じていた節が窺えるが，渡辺に西成の整理を委嘱した岩下は，片岡の大阪瓦斯株式募集にも「岩下清周君の斡旋にて北浜銀行は一万株前後の株式を引受け」[51]た大恩人であったから，西成を辞任し，即刻大阪瓦斯へ転身することを避けて無為にすごした10ヵ月余の「閑散生活」は岩下，片岡の双方に気配りした結果の冷却期間だったのではなかろうか。

5．西成買占事件の真相

『岩下清周伝』の解釈は岩下の親友・渡辺千代三郎の「西成鉄道株を鷲尾久太郎氏等が買占めをやりましたので，之が対策を磯野小右衛門君からの話で，北浜銀行が引受け，結局鷲尾氏等の乗っ取り運動は不成功に終った」[52]（p178）との回顧に準拠し，買占めをやった悪人は鷲尾，大株の混乱を防ぐため救済に乗出した中立的な仲裁者が大株理事長の磯野，磯野から頼まれ義侠心を発揮した正義漢が岩下との構図である。しかし大株仲買人・帯谷伝三郎[53]の評伝は全く別の解釈を取っている。すなわち帯谷は「西成鉄道の株の買占めに，取引所の磯野理事長や，鷲尾理事，又た北浜銀行の，岩下，八木等と共に策動して，彼〈帯谷〉は場の戦争を引受けた。磯野，岩下，阿部彦の三角同盟が出来て，政府に買取運動を開始したが，伝さん〈＝帯谷〉等は，ドンドン金を北銀から引っ張り出し，買占めを行った。…だが然し，株を買占めて了ったものの，政府は買上げを肯ぜず，運動上京中の磯野等が，青い顔をして帰って来た。

第 5 章　西成鉄道と北浜銀行　　　　　　　　　　　　　97

…其所へもって来て，七十九難波銀行の破綻に，端を発した，財界恐慌となり，市中銀行の将棋倒れで，彼等一味も，此渦中に物の見事な失敗をした。西成鉄での痛手に堪へず，彼は忽ち姿を韜晦して，東京落ちをきめこんだ」[54]という説である。大株「鷲尾理事」とは 29 年 1 月 12 日辞職した大株監査役の鷲尾松三郎（今津の酒造家）のことであろう。西成の「株を買占めて了った」事実は西成株が東株で 29 年 6 月 10 日から売買開始されたが，売買高は 29 年 11,100 株，30 年 6,610 株の後は激減，32 年は 50 株，33 年は 260 株と極端な薄商いで東株にはほとんど玉が底をついたことからもうかがえる。

　著者の岡村周量（蒼天）は大阪毎夕新聞に「人間雑炊」という記事を連載した新聞記者で，出典の『黄金の渦巻へ』は連載記事や，「毎夕在社中，閑を偸んで書き集めたもの」を退社を機に独自出版したもので，恐らく取材した帯谷ら老相場師の直話に基づくものと考えられる。帯谷の名前は 35 年 6 月末現在の西成の第 4 位 1,840 株の大株主として登場，西成「買方筋の仲買人にて，過日来運動の為め，上京中なりしもの帰坂後頻りに買煽り，尚ほ二三仲買店の付和するものある」（33.2.3 K）と報じられた買方筋仲買人として活躍したことは事実であろう。仮に帯谷が岩下から直接買占めの指示を受けていなくとも，発注者が北銀重役の鷲尾で，買占資金が北銀から潤沢に貸出されたら，買い本尊は北銀・岩下と認識しても不思議はなかろう。

　帯谷は西成買占に際し，「朝日と対抗して居た，東雲新聞の主筆，阪部清次郎に財界意見を書かせ，自分の所論として発表したから，全国に帯谷伝三郎の名は鳴った」[55]という。岡村元記者は帯谷のこの行動に「親爺，あれで昔も今も，新聞記者利用がうまいと，我等，感心して居る」[56]との感想を添えている。もっとも阿部直躬は「どう云ふわけか，最初大阪株式取引所理事長の磯野小右衛門翁は北浜銀行取締役の一員でありながら，〈岩下〉氏を良く云はなかった。寧ろ陰で非難する方であった」とし，北銀による西成株引取後，「之が為め曩に〈岩下〉氏を非難せし磯野翁も氏に対し閉口して仕舞った」[57]と，西成買占時の「磯野，岩下，阿部彦の三角同盟」説と異なる見解を示している。

　しかし岩下が「俠気を起し，其受渡資金を北銀より供給」[58]したとの前述の阿部説よりも，「鷲尾久太郎は姻戚や一二仲買人と結託して同社株式を買占め」[59]た際に，鷲尾と「結託」した帯谷らが「ドンドン金を北銀から引っ張り出し，買占めを行った」との岡村説を援用した方が，「其受渡資金を北銀より供給」した動機を『岩下清周伝』のいう「銀行の自衛と云ふ点」[60]から合理的

に説明出来そうである。つまり，買占資金を一手供給した北銀としては，融資先である西成株買い方のデフォルトが表面化するよりは，「銀行の自衛と云ふ点」からみて「其受渡資金を北銀より供給」して不良債権露呈を防止し問題を先送りした方が，銀行首脳部の保身上好都合であったわけで，こうした岩下の判断は「俠気」というより，「狂気」に近いと言えなくもない。その場合，阿部のいうように「〈岩下〉氏を非難せし磯野」という両者の関係が事実であって，買占行為そのものには「磯野，岩下，阿部彦の三角同盟」が存在せず，単に帯谷らの宣伝文句だったとしても，北銀がほぼ同時期に勃発した守山又三（結論参照）の三品買占事件の場合と同様に買占資金を供給する金主[61]であった可能性までは否定は出来まい。『岩下清周伝』の関係部分「北浜銀行では磯野大株理事長の懇談により，鷲尾氏を救済する事に決し，鷲尾家所有の動産不動産全部を抵当として一時に巨額の資金を貸出した。その貸金八十四万余円を明治三十五年に至り整理した結果，西成鉄道株一万五千株（三十二円替，金額四十八万円）を銀行に引き取った」を岡村説に準拠して，著者なりに修正すれば，北銀は鷲尾・帯谷らに「西成鉄道株一万五千株」「全部を抵当として一時に巨額の〈八十四万余円」もの買占〉資金を貸出した」が，相場急落で担保不足に陥り，「鷲尾家所有の動産不動産全部を〈追加〉抵当として」徴求し，「三十五年に至り〈鷲尾家を財産〉整理した結果，西成鉄道株一万五千株を〈代物弁済として〉銀行に引き取った」のではないかという新たなシナリオになる。この間の事情に明るい今西林三郎[62]も35年7月「先頃も鷲尾家が持って居る株券の名義を北浜銀行へ書きかへる前に，鷲尾家が其財産の整理を急ひで居る」（35.7.26 R）と，35年初の鷲尾家の逼迫した資金繰りと換金売りの事実を証言している。こうした北銀の不良債権露呈を恐れたため，岩下ではなく，世間的には北銀行員とは認識されていない渡辺千代三郎[63]が「〈岩下〉君の懇請に依り」[64]岩下のダミーとして西成社長に就任，西成の借入先も敢えて北銀直接融資を避け，以下にみるように北銀保証による露清銀行，日本生命等からの迂回融資を模索したと考えられる。いずれも北銀の名が出ると西成買占めとの連想を懸念した隠密行動であり，北銀隠しは当時の経済記事等を見る限りほぼ成功したようだ。

6．西成鉄道の資金調達と北浜銀行

西成は34年7月29日臨時総会で「同会社の鉄道及び附属の物件並に土地建

第5章　西成鉄道と北浜銀行

物の全部若くは一部を担保として二十万円迄の借り入れを為し，従来の借入れ金を消却するの件は原案に決し…右借り入れ金は年八朱の利息にて向五箇年の契約となし，之を露清銀行より借り入るることに略ば相談纒まるべしとなり」(34.8.3 R) とロシア資本の外国銀行である露清銀行よりの借入を画策した。露清銀行は34年9月信用の乏しい豊川鉄道にも百三十銀行裏書を条件に20万円を割引いており (第2章参照)，西成にも北銀保証なら乗ったと見られる。35年4月頃には今西林三郎の仲介で西成と関鉄との合併談が進行しつつあったが，関鉄側は「西成の二十万円の負債は西成持」(35.4.19 R) と負債非継承を主張したのに対し，岩下は「其儘無条件なれば可なるも，負債の当方持は苦情を唱へざるべからず」(35.4.19 R) と強硬に反対した。このことは「西成の二十万円の負債」は借入先が露清銀行名義かどうかにかかわらず，「負債の当方持」すなわち実質的な北銀の債権放棄を意味するものと見られる。

　35年6月末の西成大株主は，①渡辺千代三郎 (北銀) 4,800株，②山田秩 (北銀南支店長) 3,300株，③小塚正一郎 (北銀取締役・支配人，39年末北銀550株主) 2,500株，④帯谷伝三郎 (30年6月末北銀80株主) 1,840株，⑤岩下清周 (北銀常務) 1,000株，⑤原敬 (北銀頭取) 1,000株 (35.8.30 R) で，「ドンドン金を北銀から引っ張り出し，買占めを行った」帯谷を含む上位6名合計14,440株 (総株数3.3万株の43.8％) は実質的には北銀所有と考えられる。38年7月末現在でも西成の役員・大株主[65]にはダミー的な北銀関係者多数が含まれることから，西成は依然として北銀の丸抱えであったことがうかがえる。例えば小塚正一郎は三井銀行堂島出張所主任であったが，「〈岩下〉君の推挙により〈北銀に〉入行」[66]，副支配人兼貸付係長となり，31年時点では所得税18円96銭，32年支配人に昇進，35年時点で公債株券類10,328円，市街宅地家屋11,520円 (資 p 444) という資産状態に鑑み，多量の西成株は北銀のダミーであったことは明らかである。こうした北銀と西成との関係について『鉄道時報』は「資本金は従来の百六十五万円に桜島延長線敷設に対する負債三十五万円を併せ総額二百万円にして，其の七分は北浜銀行の所有する所なれば，同鉄道は殆ど同銀行の所有と云ふべきもの」(37.10.29 R)[67]と評している。西成は北銀と緊密に連絡をとるべき統轄部門を北浜3丁目北銀内に設置した出張所に置き，少なくとも支配人米山熊次郎，計理課長吉村曹四郎，計理課書記山口民蔵など，37年の官鉄への貸渡時に現業部門人員を国に移管する際に「本社ニ残ルヘキモノ」[68]と注記されたスタッフを常駐させたと見られる。

36年8月22日西成は北銀楼上で臨時株主総会を開催し,「安治川口ヨリ桜島ニ至ル約一哩間線路敷設ノ件」,「本社従来ノ一時借入金約二十万円ノ償却及安治川口ヨリ桜島ニ至ル約一哩間線路敷設費トシテ金三十五万円社債募集ノ件」[69]の2議案を満場一致で可決した。「従来ノ一時借入金約二十万円」の明細は未詳ながら34年7月末に「向五箇年の契約となし,之を露清銀行より借り入」(34.8.3 R)れた「二十万円迄の借り入れ」かと思われる。36年8月の『鉄道時報』では「現借入十七万五千円」とあり,これが露清銀行借入と仮定すると,「一時借入金約二十万円」との差約2.5万円は北銀からの借入である可能性もあろう。36年9月7日西成は社長渡辺千代三郎名で安治川口～桜島町(天保山の対岸)間77鎖の桜島延長線敷設(建設費18.7万円)の免許申請を行ったが,12月21日の鉄道会議でも特段の異議なく認可された。添付の「起業目論見書」でも本延長線に要する「資本金ノ総額ハ十五万円トス…前項ノ資本金ハ社債ヲ以テ之レニ充ツルモノトス」[70]とあり,併せて一時借入金約20万円返済と桜島延長線工事費15万円の合計に相当する「金三十五万円社債募集」を申請した。この社債に関しては「曩に社債三十万円の募集を其筋へ出願中なりしが,今回認可されしを以て,北浜銀行保証に立ち来月募集する筈なり。又利率は年七分五厘」(36.10.17 R)と報じられているが,『鉄道局年報』の35, 36, 37年版には西成社債の認可現在額,認可欄,募集済額とも該当なく,『社債一覧』にも西成社債はない。翌年には「西成鉄道の借入金　同鉄道会社にては今回財産全部を抵当に供し北浜銀行の保証に依り日本生命保険会社より利子年九朱の割にて三十五万円を借入るる契約出来し頃日, 其登記の手続を了りたるが, 貸借期限は一ヵ年半の約束なりと。而して同会社にては此借入金の内二十万円は従来の負債償却に充て, 十五万円は桜島延長工事費に充つる筈なり」(37.10.15 R)との記事が出るので,なんらかの事情で起債計画を中止し日本生命[71]からの借入に切換えたと考えられる。なお官鉄側が「〈西成を〉合併スヘキ鉄道ハ蓋シ関西鉄道ニ外ナラザルヘク」(鉄中, p 215)と「有力ナル抗敵」視した関西鉄道社長に日生社長の片岡直温が就任するのは直後の37年12月であるので,関西鉄道による西成囲込み策とは直接関係はないと見られる。日生は37年,「西成鉄道株式会社全財産」を担保として,年利9.0％,期間1.5年で35万円を契約上4口(10万円×3口と5万円×1口)に分けて融資しており, 37年12月31日現在, 償還期限は4口とも38年3月30日となっていた[72]。社債募集を決議した株主総会の第2号議案には「社債募集迄ハ

一時借入金ヲ以テ整理ノ件ハ総テ取締役ノ決議ニ一任スルコト」[73]との付帯決議があるので，貸借期限一年半の日生借入金は「社債募集迄」の「一時借入金」という扱いであったと考えられる。日生所蔵の『日誌』には38年6月14日「西成鉄道所有地ニ異動登記申請用委任状四通ヲ作成シ，第三部長ニ交付ス」，38年8月3日「西成鉄道貸付金担保土地担保抵当権放棄ニ付，其抹消登記委任状ヲ作成シ，第三部長ニ交付ス（但し土地五筆ナリシ）」[74]との記述があることから，西成への貸付金には北銀が保証していたが，日生では北銀保証にはさして重きを置かず，4口の全契約とも西成所有土地五筆に現実に抵当権を設定登記し，38年8月貸借期限の一年半が経過したことによる貸金回収準備に伴い，抵当権抹消登記に必要な日生側の委任状を，社印・社長印等の押印事務を所管する庶務課（『日誌』記載の担当課）で作成し，財務を所管する第三部長岸田杢に交付したことが判明する。仮に西成による弁済が当初の約定通り行われたものと仮定すると，38年8月3日の一年半前の37年2月頃には日生が西成に融資を開始した計算になる。

　35年4月の関鉄への売却話の際には「西成線は将来有望なるを以て今売却するは不利なり」（35.4.19 R）と猛反対した北銀も「負債の利子を控除すれば二朱の配当を為すにも足らざるを以て，銀行としては最も不利益なる持物と云ふべし。是れ会社が当初政府に対し其の買上げを運動したる所以」（37.10.29 R）として，西成「会社重役は此際政府に同鉄道を買上げんとて目下運動中」（37.10.15 R）と報じられた。さらに折からの日露戦争の勃発で西成の兼営する倉庫は陸軍に借上げられ，軍需品で満杯となったが，西成の幹部は「この際，鉄道も」と政府に借上方を猛運動（37.10.29 R），かくして西成の借上が決定した。政府の借上後にも西成は「近来安治川口付近ノ地価非常ニ昂騰致シ，倉庫会社ヲ始メ，運送又ハ製造業者ニシテ地所買取希望者顧々有之候有様ニ付，今日弊社所有地ヲ全部売却ノ事ニ候ハヽ，土地代金ノミヲ以テ優ニ建設実費ヲ償フテ余リアル勘定ト相成候ヨリ，昨今株主中ニモ彼是論議致居候者モ御座候」[75]と高値での鉄道買上げ方を陳情している。さらに国有化後にも岩下清周（西成清算人）は残された安治川口の遊休地38,668坪（簿価13.1万円，坪当り3.39円）は付近の土地と比較して，坪15～20円と見て総額58～77万円（賃貸すれば1坪当り月額5～10銭，年総額2.3～4.6万円の賃貸料）の価値があると主張[76]，買収価格の引上げを強く求めている。なお国有化に伴い，鉄道施設と倉庫業ともに総額265.8万円で国に買収され，北銀の投融資は

最終的に交付国債の形態で回収された[77]。

注
1）西成「起業目論見書」27．1．19『第三回鉄道会議議事速記録』，p 9 所収
2）22）28．8．28『第六回鉄道会議議事速記録』，p 105～6
3）28．2．11『第七回鉄道会議議事速記録』，p 10
4）28．12．20『第七回鉄道会議議事速記録』，p 2
5）『日本鉄道請負業史』明治篇，昭和 42 年，p 252
6）『鉄道雑誌』第 27 号，p 40
7）真中忠直は東京市浅草区，31 年の所得税 90 円 66 銭，内国通運取締役，東洋石油会長（紳 M 32, p 378），汽車製造合資業務担当社員，天草炭業監査役，長門無煙炭礦相（要録 M 32, 役 p 200）
8）今村清之助，井上保次郎に関しては拙稿「明治期の私設鉄道金融と鉄道資本家―参宮鉄道における渋沢・今村・井上・片岡の役割をめぐって―」『追手門経済論集』第 27 巻 1 号，平成 4 年 4 月参照
9）10）14）15）中谷徳恭（川北村村長，西成創立委員長）『沿革日誌』（武知京三「西成鉄道の成立と展開」『大阪の歴史』第 7 号，昭和 57 年所収）
11）12）17）18）20）21）『今村清之助君事歴』39 年，p 414，419，416，421
13）東株『五十年史』付 p 146
16）浜崎永三郎は大阪，株式仲買人・浜永株式店，25 年米穀仲買をも開業。31 年 6 月大株監査役。30 年 6 月現在で北銀 514 株，西成監査役，大阪三商銀行取締役，大阪晒粉取締役，大株，堂島米穀取引所，日本繊糸〈北銀の社債買入先〉，関西コーク〈北銀融資先〉各監査役。長男で株式店後継者の浜崎健吉も 38 年 7 月末現在西成 430 株主
19）桜井義起は東成郡西高津村，北英合資会社業務担当社員。31 年所得税 22 円 69 銭，28 年 2 月 5 日西成追加発起人，設立時 300 株引受
23）27．1．19『第三回鉄道会議議事速記録』，p 31
24）29）前掲『今村清之助君事歴』p 416，436
25）26）27）28）前掲『大株五十年史』p 593，付 p 36
30）鷲尾久太郎は兵庫県今津村西谷の酒造家で 7 年 3 月 22 日生れ，幼名保太郎，19 年 10 月先代久太郎死亡により襲名した全国レベルでの大資産家である。鉄道とも関係が深く，まず 19 年 12 月には山邑，辰馬，小西新右衛門ら灘の酒造家と連盟で山陽鉄道を発起，20 年には川辺馬車鉄道で，筆頭株主の小西新右衛門に次ぐ第 2 位 408 株の大株主となり（「摂津鉄道建設願」25 年 6 月 30 日，鉄道院文書，西成，有馬電気，摂津鉄道），30 年 4 月紀和鉄道取締役（『人事興信録』第四版，大正 4 年，わ P 37，鉄上 p 821，中 p 587，『日本国有鉄道百年史』第 4 巻，昭和 47 年，p 437）。家業は兵庫県武庫郡今津村の創業宝永 3 年 9 月（『大日本商工録』昭和 5 年，p 179，『西宮市産業要覧』昭和 10 年，p 35）の「志ら泉」「錘鳩」醸造元（商兵庫は 65，諸 p 221，40 年は『日韓商工人名録』兵庫 p 71）の鷲尾本店で，所得税 1,795.8 円（全国第 9 位，40 年では 568.50 円），営

第5章　西成鉄道と北浜銀行

業税1,200.6円（全国第13位，40年では509.23円），合計2,996.4円（全国第6位）の資産家（宮本又郎，阿部武司両氏の集計による）．

31) 北銀『第六期営業報告書』p 5
32) 鷲尾幸治郎は所得税70円58銭（40年では64.11円），営業税218円5銭8厘（40年では154.63円）で（商兵庫ほ65．記載は幸次郎とあり，40年は幸治郎『日韓商工人名録』兵庫 p 72）．今津村には他にも28年時点で享和5年設立の鷲尾醸造場〈持主鷲尾文太郎〉，32年時点で鷲尾萬介，鷲尾清太郎（「正宗」「日ノ出鷲」巽鷲尾商店，東通南の元蔵は3年12月創業），鷲尾良三（「歓迎」）（商2版，兵庫ほ65），大正2年時点で鷲尾友之助，鷲尾嘉一郎（10年12月創業）等の鷲尾姓の酒造家が存在した（商5版，兵庫ホ35）．
33) 所得税81円86銭，営業税180円41銭4厘商兵庫ほ65．記載は半五郎．なお鷲尾本店の文書中には北店の小豆嶋屋伴五郎の名がある（『関西学院大学図書館所蔵史料目録』第二輯，昭和63年，p 329）．
34) 39) 44) 46) 47) 59) 60) 64) 前掲『岩下清周伝』p 26～7
35) 前掲『岩下清周伝』p 11
36) 前掲『大株五十年史』p 593
37) 北銀『第六期営業報告書』p 5
38) 前掲『大株五十年史』p 213, p 181
40) 57) 58) 前掲『岩下清周伝』p 153
41) 43) 45) 52) 前掲『岩下清周伝』p 178
42) 大株理事長の磯野小右衛門は米穀商，磯野製紙所（39年梅津製紙に改組，同社債は北銀が引受）主，大阪堂島米穀取引所理長，京都織物，中国鉄道各取締役，29年12月27日の創立総会で北銀監査役に選任，30年6月現在では210株主
48) 『帝国鉄道要鑑』第三版，蒸 p 509, p 505
49) 50) 51) 『片岡直輝翁記念誌』昭和3年，p 18, 11, 16
53) 帯谷伝三郎は29年5月6日仲買人開業，38年7月4日廃業，31年所得税23円94銭
54) 55) 56) 岡村周量『黄金の渦巻へ』大正13年，p 148
61) 32年から33年にかけて北銀は九州紡績大阪支店長守山又三の三品市場での買占めに関与したとされる．守山又三自身に取材した絹川太一は「守山氏が買占着手の動機は北浜銀行の岩下清周氏と三井物産大阪支店長山本条太郎氏が之に賛成し，北浜銀行と三井物産とが金融の途を図った」（絹川太一『本邦綿糸紡績史』第6巻，昭和17年，p 287）とする．34年の越井弥太郎（米穀仲買人，北銀株主）の買占めの際にも「買方の金穴ハ北浜銀行なりと云ふが如き噂」があり「買方の越井と取引所の磯野と北浜銀行の岩下とが京都に密会した」（34. 5. 13万）と報じられた．
62) 今西林三郎は一時期山陽鉄道支配人692株に就任，北銀とも関係深い西成鉄道，唐津鉄道，播但鉄道630株，紀和鉄道，京姫鉄道各取締役，徳島鉄道，関西鉄道各監査役，朝日紡績社長，大阪糸綿木綿取引所理事等を兼ね，浪速鉄道375株，九鉄1,200株，筑豊鉄道354株等に幅広く出資する一方，「他人と組合での石炭山も肥前の北松浦郡の松浦炭坑と豊前の田川郡に本添田炭坑の二個所を所有し，尚ほ筑前の遠賀郡香月村にある緑炭坑に資金を供給し，其石炭の一手販売」（今 p 15）を行う「事業狂と云はれた」（今

p 16）石炭商。

63）渡辺千代三郎は 22 年 7 月帝国大学法科を卒業し、日本銀行に入行、32 年 3 月いわゆる日銀事件で片岡直輝らと連盟辞職した。33 年大株は欧米への調査を「当時北浜銀行の渡辺千代三郎氏に委嘱」（『大株五十年史』p 52）とあり、この時点の渡辺千代三郎は北銀に所属していたことが判明する。

65）社長岩下清周（北銀頭取）、取締役今西林三郎（30 年 6 月末北銀 54 株）、吉田鉄太郎（北銀神戸支店長、45 年時点で東京支店長、30 年 6 月末北銀非株主、39 年末北銀 220 株）、室田頼章（北銀金庫係長、大阪合同紡績発起人、30 年 6 月末北銀 325 株、35 年時点で公債株券類 191,364 円、39 年末北銀 285 株）、岡松忠利（大阪府知事官房から、日銀を経て、36 年北銀入行岩 p 129、45 年時点で京都支店長、39 年末北銀 348 株）、監査役浜崎永三郎（米穀仲買）、幹部は総務顧問村上享一、支配人米山熊次郎、経理課長吉村曹四郎、運輸課長山中嘉一。大株主は小塚正一郎（北銀取締役・支配人、30 年 6 月末北銀 50 株、45 年時点では常務、39 年末北銀 550 株）18,550 株、岩下清周（北銀頭取、30 年 6 月末北銀 500 株）1,000 株、小川平助（大株仲買、30 年 6 月末北銀 142 株）680 株、大島甚三（株券仲買、通商銀行、関西採炭各取締役、30 年 6 月末北銀 38 株）670 株、渡辺治右衛門 615 株、石原永吉 490 株、浜崎健吉（浜崎永三郎の後継者・大株仲買、30 年 6 月末北銀 20 株）430 株、浜崎永三郎（西成監査役）418 株、宮本善吉 350 株、橋本半次郎（大株仲買、両替商、30 年 6 月末北銀 200 株）350 株、寺西成器（三菱合資大阪支店支配人）345 株、西川庄之助（内外煙草問屋・西川商店、難波銀行監査役、330 株、足立角次郎 320 株、村上享一（大阪鉄道工務所主、西成総務顧問）300 株、蜂須賀茂韶（侯爵、枢密顧問官）300 株（『帝国鉄道要鑑』第三版、蒸 p 509）

66）前掲『岩下清周伝』p 6

67）38 年 6 月 24 日「鉄道時報」第 301 号以下連載の「鉄道の大資本主は誰ぞ」では西成のみ投資する北銀が時価（6 月 3 日直取引中値段）総額による全国順位が 41 位となっており、多くの鉄道に分散投資していた日本生命 48 位、東京海上 52 位を凌駕し、田中銀行 49 位、鴻池銀行 66 位、東海銀行 68 位、横浜火災 80 位、第一銀行（全株九州鉄道）95 位などを大きく上回っており、いかに北銀の西成株保有が異例の巨額投資かが判明する。

68）「西成鉄道職員調」37 年 10 月 19 日現在、鉄道院文書、西成、有馬電気、摂津鉄道

69）36 年 8 月 22 日「臨時株主総会ノ議事及決議ノ要領書」鉄道院文書、西成ほか

70）添付「起業目論見書」鉄道院文書、西成ほか

71）日生は 30 年代には大阪を中心とする私鉄を中心に幅広く鉄道投融資を行っていたが、西成との接点を示す史料は未発掘である。片岡直温＝片岡直輝＝岩下清周という単純な図式、すなわち片岡直温（日生）と岩下清周（北銀）を結び付ける、双方にとってのキーパーソン（兄弟、親友の関係）である片岡直輝という人物の介在で、直温と岩下が接近し、西成というお荷物を背負い込んで、社債の引受先を探していた岩下と、累増する資金の消化先を探していた日生との利害の一致により、社債が北銀保証の借入に変更されたものであろう。この北銀保証による西成への大口融資が、その後の日生の対電灯・電鉄投融資基盤形成の出発点になったものと解される。すなわち岩下の影響下にある投融資先として大林芳五郎への大口融資、阪堺電気軌道、広島電気軌道、広島瓦斯、

京津電気軌道など岩下＝片岡直輝＝大林ラインの電鉄，才賀電機商会および同系列電灯・電鉄企業への投融資等が，この後陸続として日生の貸付明細に登場するからである。

72) 日生『事業報告書』付録甲「貸付金明細表」37年12月
73) 36年8月22日「臨時株主総会ノ議事及決議ノ要領書」鉄道院文書，西成ほか
74) 38年6月14日，38年8月3日『日誌』日生所蔵
75) 39年1月29日付鉄道作業局長宛岩下社長名，西第二号文書，鉄道院文書，西成ほか
76) 77) 逓信省『鉄道国有始末一斑』42年，p 914, p 765 ほか

第6章　新旧会社方式による再建

1．新旧両社間の営業譲渡

　『日本鉄道史』は金辺鉄道（第10章参照），京北鉄道[1]など「免許状ヲ受ケタル鉄道ニシテ…開業ニ至ラザリシモノ」（鉄中，p 261）の一覧に続き，「開業シタル鉄道ニシテ他ノ鉄道ニ合併シ又ハ譲渡シタルモノ」（鉄中，p 262）の一覧を掲げる。富永裕治氏は『日本鉄道史』の後段に依拠して明治39年～40年（以下明治の年号は省略）の鉄道国有化に先立つ鉄道資本の自主的な集中現象として，鉄道熱と時を同じくして小規模に進行しつつあった日本，九州，山陽，関西の4鉄道会社等への合併・譲渡の事例を掲げている[2]。野田正穂氏も29年以降の鉄道会社の他社への合併・譲渡の事例を掲げて，「以上みられる私有鉄道の集中・合併は，内容からみて大鉄道による小鉄道の合併，および小鉄道同士の合併の二つに大別することができよう」[3]と指摘される。老川慶喜氏も富永説を踏襲して「大私鉄による小私鉄の合併状況」[4]の中へ河南による河陽，水戸による太田などの事例も併記している。しかし著者は以下に詳述する新旧会社方式による再建は「合併」とは基本的に異なるとの立場に立って，三氏の掲げた鉄道における資本集中の系譜図に，新たに「デフォルト等を原因とする整理の一環としての事業譲渡」という一形態を追加したいと考える。実は明治末期に鉄道業の現状を分析した川上龍太郎も既に河陽，高野等での新社設立の本質を「河南鉄道が河陽鉄道を買収して起てると等しく，高野登山鉄道は高野鉄道を買収して立ちたるもの，二者何れも買収と言はば言はるるも，実を言へば旧会社が手も足も出なくなった窮状を整理する為め，変形整理の新会社組織に過ぎず」[5]と極めて正確に本質を看破している。

　河南による河陽が「大私鉄による小私鉄の合併」か否か，解釈が分れるのは，官庁統計として『電気事業要覧』等と並んで詳細な数値を誇る一連の「鉄道統計」でも鉄道会社の破綻すなわち破産宣告，和議，強制和議，手形の不渡り，負債償還不能，差押，担保権の実行（鉄道財団競落は把握可能な時期がある）等の有無は全く捕捉不可能であるという事情による。従って鉄道会社の破綻の有

無を判定するには「鉄道統計」や社史，先行研究等から破綻の前兆と考えられる高利資金等の導入，大幅減資，優先株発行などの財務整理，破綻の結果と推定される旧会社から新会社への鉄軌道の営業譲渡，不自然な休廃止，解散，免許取消等の事象を手掛かりに個別研究を積み上げるほかはないと思われる。

わが国の鉄道など企業経営の実務上，赤字や不良資産を克服するスキームとして法的整備を待たず各種の財務面での諸方策が編み出されてきた。たとえば別途会社を設立せずに，新線開業などに伴う赤字による全社の配当率低下を軽減する財務的方法として，新線沿線の株主など，特定の投資家が一定期間の無配当を承知で引き受ける後配株制度[6]が存在する。わが国では昭和3年に商法の特例として後配株制度の導入に道を開いたが，それ以前でも「民間に於ても鉄道界に於ては岐阜県の竹ケ鼻鉄道，岡山県の井笠鉄道など私かに行ってゐたが，これは明かに商法違反であって，鉄道省ではこれを取締らんとする説もあった」（S3.8.21読売）とされる。また別途会社を設立しない同種の区分経理ないし，より厳格な分離勘定を整理目的に活用した事例としては昭和21年の企業再建整備，金融機関再建整備における「旧勘定」「新勘定」分離があり，「新勘定」という前向きの活動による収益が過去の損失の補填に充当されたり，逆に「旧勘定」という過去の重荷が前向きの活動を妨げたりしてはならないという基本的思想に基づいていた[7]。

38年制定の鉄道抵当法は債権者が鉄道財団を自己競落して新会社を設立する便法を講じている。栗栖赳夫氏はその立法趣旨を「強ひて之を競売せむとすれば著しい不当な安値を忍ばねばならぬ…寧ろ総社債権者又は多数社債権者に於て新に会社を設立し委託会社の担保財産及事業を継承した方がよい」[8]と解する。工場抵当法にはこの種の便宜規定を欠くため発起人が一旦自己の名義で競落した上でこれを会社に移転する等の面倒があるとされる。戦前期の日本には会社更生法がないが，栗栖氏は鉄道抵当法における管理人を欧米のReceiverに近い存在と捉えている。栗栖氏は債権者が新会社の有価証券を「現金化せむと欲するときは其株式又は社債を処分すればよい」[9]と不良債権の証券化による流動化の可能性も併せて指摘している。こうした事情から会社更生法制定前には，旧会社の債務凍結・棚上げと類似名称による新会社設立による鉄道事業の譲渡（優先的債権相当額での資産売却），債権者による債権放棄と新会社出資という改組形態による会社再建の必然性があったと考えられる。わが国私鉄最初の鉄道財団強制競売申立は広島信託による防石鉄道の事例とも

第6章 新旧会社方式による再建

言われているが，実は20年代から，実質的にはこれと経済的には同一機能を持つと考えられる再建事例が数多くみられることに注目する必要があろう。すなわち近年でも金融機関の不良債権処理の手法として自己競落会社設立や証券化，債権放棄とセットになった債務の株式化などへの模索が延々と続いているが，市場での一括売却が困難な巨大物件の換価については古くから様々な工夫がなされてきた。法的な整理としての会社更生法が制定されていない時代において行われたのが，本章以下第10章まで河陽，太田，豆相，高野，金辺各鉄道ごとに詳しく取り上げる旧会社の債務凍結・棚上げと類似名称による新会社設立による鉄道事業の譲渡（優先的債権相当額での資産売却），債権者による債権放棄と同時履行される新会社への出資という改組形態による会社再建であると考えられる。過去の繰越欠損の補塡に対しては旧株主が100％減資によって，株主の負担責任を明らかにした上で，優先弁済権を持つ担保権者等を中心に新会社を設立して，不良化した債権を新会社の株式と交換することになる。これによって新会社は旧会社の過大評価された資産を減資分に見合って切り下げ，さらに借入金を株金に振り替えるため，適正な資産評価と借入なしで再出発出来ることとなる。結局100％減資，100％第三者（特殊の利害関係者＝優先担保権者）割当に近い経済効果があったものと考えられる。

今城光英氏が著書の中で明治期の『鉄道局年報』に準拠して「私設鉄道の輸送と経営」に掲げられた各表[10]によれば，例えば豆相鉄道（第8章）は35年度値で哩当益金が高野，西成，龍ヶ崎，青梅等とともに最低ランクの1千円未満（同著の表0-1）で，旅客輸送密度500人未満のローカル線区17社の中で河南，青梅等とともに営業収支率は75％以上100％未満（表0-4）と，100％以上（龍ヶ崎1社）に次ぐ低ランクで，したがって自己資本比率でも50％以上60％未満（表0-5）と，50％未満（播但1社）に次ぐ低ランクに位置付けられている。かように最悪私鉄の代表格ともいえる豆相鉄道と線区には何ら変化のない「継承会社」[11]の伊豆鉄道の自己資本比率は80％以上90％未満という6ランク中の上から2番目の上位ランクに移行し，3ランクもアップしている。同様な継承後のランク・アップは太田鉄道（第7章）→水戸鉄道（2ランク），河陽（本章）→河南鉄道（2ランク）など，今城氏が注意を喚起するために特に（　）カッコで示した「継承会社」と従前の「解散会社」との間でも顕著にみられる。

2. 河陽鉄道と河南鉄道
(1) 河陽鉄道の概要

『鉄道時報』は太田鉄道（第7章）を「兎に角鉄道会社全部の抵当流れは実に之を以て本邦に於ける嚆矢とす」（33.6.5 R）とするが，新旧両社間の営業譲渡方式による鉄道再建の最初の事例と思われる「執達吏の封印附の儘運動中なりし河陽鉄道会社は片岡直温氏の仲裁に依り，遂に負債額二十五万余円は一先債権者に譲り渡し会社は解散」（31.10.21日本新聞）した河陽鉄道から河南鉄道への改組（単なる改称ではない）を最初に検討することとしたい。河陽鉄道（以下河陽）という大阪府南部の地方鉄道（現在の近鉄長野線）は出水弥太郎[12] 100株，田守三郎平[13] 100株，木下直治（富田林，木下喜逸の実弟，29年日本生命代理店主）らによって出願された。柏原～長野間の高野街道には滝谷不動，観心寺等多数の「霊勝地アリ…旅客不少亦貨物ハ薪炭木材ヲ始メトシ木綿，米穀，氷豆腐等ノ大坂ニ搬出スルモノ夥数」[14] あるため，「二十四年中鉄道馬車ヲ敷設シ是レカ便利ヲ助ケント当発起者ニ於テ已ニ予測ヲ為シ結社出願」[15] したが，何らかの事故のため一旦中止となり，改めて26年7月21日柏原～三日市間を出願，28年10月仮免状，29年2月4日免許，29年5月29日動力を蒸気に変更し，31年3月24日柏原～古市間を新規開業，同年4月14日古市～富田林間を開業した[16]。

河陽に関与した資本家グループのリーダーと考えられる岡橋治助[17] は河陽との関係について「明治二十七年九月　南河内ニ於ケル運輸交通ノ不充分ナルヲ感ジ河陽鉄道之布設ヲ発起シ工事ヲ急ギ業ヲ開ケリ」[18] と記載する。河陽役員には大阪鉄道支配人の菅野元吉，泉清助[19] 等，岡橋治助ないし日本生命の関係者と見られる人物が多数兼ねていた。河陽の地元側発起人と日生との接点としては23年から富田林に代理店を置き，実質的には富田林銀行（名義上木下喜逸，直治，田守三郎平に順次継承）に委嘱していたことが挙げられよう[20]。

河陽は29年11月5日道明寺で起工式をあげ，「余興として煙火楽隊相撲餅撒」[21] 等で前途を祝したものの，開業後まもなくの31年15.2万円の借入金を抱え，「経済界不振の結果事業経営困難なる状態に陥」[22] って会社として維持することが困難に陥った。

(2) 整理を引受けた片岡直温

31年10月18日の総会で整理救済を依頼され，「現在負債ヲ返済スルノ程度ヲ以テ河陽鉄道ヲ此儘新会社へ売却」[23] 調理方を一任された日生副社長の片岡

第6章　新旧会社方式による再建

直温[24]は、こうした不良債権の発生を契機に32年に関係の深い日本共同、日本中立両行を三十四銀行に合併させた立役者の一人で、片岡自身も三十四、日本共同、日本中立三行合併の委員会の責任者に選ばれ、三行の不良債権の全体像を調査して、個別の処理方法も検討していたと思われる。そこで片岡は鉄道を抵当に徴求していた債権者（三十四、日本共同などと推定）から不良債権たる河陽の処置策を依頼されたものであろう。片岡は当時を回顧して、「機関銀行、機関事業を持つ事を避けねばならぬ。此の如きものは順調に行って居る間は頗る便利なものだが、一度逆境に立つと本家も引き込まれざるを得ない…自分が共同銀行を三十四銀行に合併したのも此の意味に外ならない」[25]と語り、「私が日本生命保険の業務担当の傍ら、鉄道事業に関与したのは、明治三十二年四月、今の大阪鉄道の前身たる河陽鉄道株式会社が、業務不振の為め経営困難に陥り、先輩知友の懇請黙し難く、その整理を引き受けて以来のことであり、なほ私は、これと前後して右同様の理由で、紀和鉄道の整理を担当した」[26]とも回想している。片岡のいう「先輩知友の懇請」とは河陽の役員であった岡橋、泉らの懇請であろうし、紀和鉄道[27]の整理を託した「有志株主並びに現任重役」も甲斐宗治（日本倉庫専務）、和田半兵衛（日本中立銀行監査役）、菅野ら岡橋派の株主をさすのであろう。こうした意味で河陽と紀和の整理は片岡のいう「前後して右同様の理由で」という同一性を有する一連の救済措置と考えられる。日生が財務代行機関たる日本共同銀行の三十四への合併直後の32年4月15日に紀和へ5千円の仮払をまず開始し、40万円もの大口融資[28]に踏み切ったのも共銀、中立など片岡も深く関係していた銀行の融資先の再建、債権保全、合併に伴う不良資産の処理など複雑な問題が微妙に関係していたものと想像される。日本共同銀行は先行した中立銀行と同様に、岡橋系の資本家グループのための機関銀行としても機能し、鉄道ブームの29年頃に株取扱を行った関係鉄道に対し、同系の株主への株式担保貸付を行うなど「頗る便利なもの」であった。しかし鉄道ブームの終焉、景気後退、金融逼迫のなかでピーク時に出願した鉄道の多くは免許を取得しても株金払込難から起業を断念、解散を余儀なくされた。岡橋らのグループが関与した鉄道でも31〜35年にかけて31年4月四国、6月土佐、10月河陽（倒産）、勢和（破産）、12月大社両山、32年10月台湾（政府買収）、33年9月中備、11月伊賀、35年11月吉野各鉄道など9社が解散している。このうちたとえば大社両山の場合、払込は証拠金1円にすぎず、解散すれば1株当り60〜70銭は割り戻し可能とされたが、土佐鉄道の

場合の割り戻しは僅かに10銭内外であった。こうした未開業，未着工鉄道の解散においてさえ，株主はかなりの損失を被ったが，着工あるいは開業していた河陽，伊賀，勢和などでは株主ないし貸付けていた銀行の打撃は大きなものであった。岡橋系の機関銀行がすべて三十四に大合同するに際し，各行の不良資産のすり合わせとその処理の一環として，共銀が責任を持つべき不良資産（河南株式等）を三十四が引き取ったこととの見合いで，共銀の「本家」としての日生がやむなく参宮鉄道[29]株式を大量に引き取らざるを得ない事情が存在したとも考えられる。

(3) 片岡の再建スキーム

　破綻寸前に陥った河陽の整理救済を引受けた片岡が下した結論は普通の企業整理の手段ではとても再建できないというものであった。すなわち「到底尋常ノ手段ニテハ恢復ノ見込難相立ヲ以テ新ニ一ノ会社ヲ組織シ，其線路ハ勿論総テノ設計ヲ河陽鉄道ト同一ノ仕組トシ，発起人ヲ募リ，発起願書ヘ河陽鉄道ニ於テ新会社設立ノ免許ヲ得タル上ハ任意ノ解散ヲ為ス旨連署ヲ為シ許可ノ暁ニ至レハ其当時現在ノ負債ヲ弁償シ得可キ限度ヲ以テ新設会社ヘ売渡ノ手続ヲ為スノ外採ル可キノ策ナシ」[30]との意見を出した。片岡のいう「尋常ノ手段」としての河陽の増資可能性は，株価が払込金額の半分以下まで切込んでいた実状に照らしまず不可能で，やはり資本金相当を切捨て建設費を圧縮し何とか収支均衡が可能な新会社への新規出資を勧誘するほかなかったのではないか。そこで「不得已之レヲ改革シテ新タニ株式会社ヲ組織」[31]し，関係銀行の有する不良債権を新設の鉄道会社の株式と交換しようとした。今日でも「債務の株式化」という名のスワップ方式として利用されている債権放棄の一連の手順は，①河陽（旧社）と同一の線路を有する新社（河南鉄道）を発起。②新社の発起人から敷設免許申請を鉄道当局に提出（31年11月5日）。③旧社は臨時総会を開き新社が免許を得た段階で即刻解散することを決議。④旧社と新社との間で河陽の全財産の売買契約書を締結。⑤売買金額は簿価より大幅に切り下げ，旧社の負債の現在高228,190円にまで圧縮。⑥大口の債権者である三十四銀行など8行（負債152,300円）に新社の株式（@50円）を額面金額で3,046株を割当。⑦三十四銀行などは現金での払込みをせず，新社の株式払込金額と同額の債権を放棄。⑧こうして三十四銀行などの不良債権は償却することが可能となり，代りに無借金の状態に生まれ変わった新社の株式が手元に残り，⑨結局，河陽の負債22.8万円は償却されるとともに，旧社株主の負担により出資した

第6章 新旧会社方式による再建

資本金相当額で過去の赤字額を帳消しにしたことになる。

31年12月1日の仮免状下付を経て，32年1月23日開催された河南の創業総会と1月29日の三十四，日本共同，日本中立3行の総会での合併案決議とがごく接近していることからも，河陽の整理と3行合併とが密接に関連していることが推測できる。おそらく片岡がほぼ同時期に関係しはじめた紀和鉄道，参宮鉄道等への関与も3行合併に伴う資産の洗い直し作業と密接に連動しているものと想像される。31年11月29日河陽は片岡の「意ヲ享ケ」[32]臨時総会で解散を決議，32年1月21日河南は河陽の「総財産ヲ同会社ノ総負債金高ヲ以テ買受ノ契約ヲ取結」[33]んだ。1月23日片岡は弘世助三郎[34]とともに河南創業総会で相談役に就任した。

新設の第二会社たる河南が「買受価格…二十二万八千百九十円二十三銭三厘」[35]で一切の営業を譲受した。河陽の「債権者タル三十四銀行外八口此金額十五万二千三百円ニ対シテハ当社株式三千四十六株ヲ割当テ，其株式払込金ヲ以テ振替弁済ニ充テ，已ニ金五万三千三百五円ヲ償却シ，残額九万八千九百九十五円ナリ」[36]とされる。

(4) 新旧会社方式考案の背景

鉄道業にも関わりの深い片岡が19世紀末から20世紀初頭にかけてアメリカの鉄道業で多用された，改組による再建方式にも通ずる当該方式を提案するに至った発想の筋道そのものは明らかではないが，片岡の本業である生保業界では27年3月共済五百名社が未納掛金を補塡し，経営を打開するため合資会社組織の共済生命に生まれ変わった事例や，片岡自身も監査役として経営に関与していた不振の中立銀行が，29年4月に新設の日本中立銀行に銀行業務を営業譲渡し解散したという「変形整理の新会社組織」[37]が続発しており，こうした新旧両社による再建事例を参考としたことは十分に考えられる。また日本中立銀行が台湾に「銀行の資産として土地を所有し置くなど余り面白からざる理由」(32.4 B)により台湾の不良土地40万坪を分離すべく，同行株主が32年4月「台湾島ニ於テ不動産ノ売買賃貸借」を行う中立起業（43年5月現地資本の台湾建物と合併）を設立した例も同時並行的に存在した。生保や銀行での営業譲渡による再建方式は既に存在していたものの，債務と新社の株式を交換することを併用し「現在ノ負債ヲ弁償シ得可キ限度ヲ以テ新設会社ヘ売買ノ手続ヲ為ス」[38]企業再建手法の開発は会社更生法などの法律が完備していない当時としては画期的な方法の創始であったと評価できるものと考えられる。また大

きな資本金を有する鉄道会社などで適用されたのは恐らく河陽が最初と思われる。少なくとも信商銀行，東京麦酒新，金辺鉄道，水戸鉄道，伊豆鉄道等「整理・受皿会社」に多くかかわった加東徳三（第10章）・伊藤久蔵・小山田信蔵（第8章）らのグループ，合同毛織，共同毛織，新興毛織，毛織工業など，毛織物業界でこの手法を多用した河崎助太郎[39]などよりも時期的に先行している。

(5) 河南鉄道原始株主と関与銀行

　32年4月7日河南の免許により，片岡の処方箋通り5月10日河陽は河南に営業譲渡して儀式的に解散し，新社が鉄道一式を買い取る方式で，河陽は新しい河南として再建された。河南（資本金30万円，総株数6,000株）創立時の株式申込簿によれば150株以上の大株主は三十四銀行600株，日本共同銀行400株，岡橋治助400株，村上嘉兵衛400株，㈲有魚銀行200株，菅野元吉200株，岸田杢150株[40]，その他関係銀行の役員個人名義（坂上新次郎，片岡直温，泉清助，村上嘉兵衛ら）を含めて総株数の過半数に当る50.8％も出資した。この当時は三井銀行のような財閥系私立銀行，銀行条例により有価証券の供託を義務付けられていた貯蓄銀行等は別として，一般には普通銀行の株式保有はさほど普及していなかったと考えられる[41]。

　こうした金融機関及びその関係者が今日でいえばさしずめ流通性に欠け換価できない鉄道財団の抵当権実行の際，債権相当額で自己競落するのと同じ事情で，再建のための新会社たる河南の株式を，旧会社たる河陽に対する貸付債権の見返りないし融資責任見合いでやむなく引受けたものといえよう。なお32年9月30日現在の河南の140株以上の大株主は三十四1,300株，有魚銀行206株，阪上新治郎200株，中尾善右衛門200株，入江伊助140株であった[42]。1月23日の河南創業総会の後の4月1日付で三十四が日本共同，日本中立両行を合併したため，三十四持株は当初の600株に共銀分400株と，さらに名義株300株[43]を戻した1,300株に増加している。河陽の「第五回報告」には，「三十年十月二十九日…資金借入ニ際シ時宜ニヨリ会社財産ヲ担保トナスノ件ヲ可決セリ」[44]とあるので，河陽の債権者たる「三十四銀行外八口」[45]とは河陽の株金払込行であり，かつ河南の預金先でもある三十四，日本共同，有魚銀行等から会社財産を担保として借入れていたと考えられる。こうした債権者各行が河陽への担保貸付を新会社への出資に切り替え多数株式を引受けたものであろう。1株50円の計算で河陽への貸付「金額十五万二千三百円ニ対シテハ

当社株式三千四十六株ヲ割当テ」⁴⁶⁾られたから、債権者持株 3,046 株の持株比率は 50.77％ であり、銀行名義を出した 1,506 株（三十四銀行 1,300 株、有魚銀行 206 株）の外に、役員・支配人等の個人名義とした株式がなお 1,540 株もあったものと推定される。なお河南の原始株主には土屋金次（大阪鉄道支配人）、松永芳正、森二三（同会計課長）各 10 株、高木久正（会計課書記）、岩本義信（建築課長）各 5 株、計 40 株の大阪鉄道社員名義が含まれるが、大阪鉄道は単に連帯運輸関係だけでなく河陽に対し、車両賃貸料などの債権も有しており、銀行と同じく債権の見返りによる出資の可能性もあろう。また河陽の株主でもあった河南原始株主（140 株）の入江伊助は土木請負業者入江組の代表者であり、河陽の工事に関する債権者である可能性もあろう⁴⁷⁾。

(6) 河南鉄道の更生

その後の河南鉄道の更生過程にはなかなか厳しいものがあった。日本共同、有魚両行を順次合併し、それらの河南持株も継承した三十四は当該資産の不良性を認識し、既に簿価を額面の一割にまで切下げていたが、さらに 37 年には 1,506 株もの「河南鉄道会社株式ノ全部即此払込高七万五千三百円実価七千五百参十円ヲ悉皆消却」⁴⁸⁾することに踏み切った。この種の消極保有株式はまず簿価をできるだけ切下げて、折を見て償却するか、適当な肩代わり先を見つけるのが通例だからである。重野謙次郎（山形県選出の衆議院議員）は、33 年 5 月 24 日の第 12 回鉄道会議で 32 年 11 月 2 日出願の大阪乗入れを却下した河南の窮状に次のように同情する。「河南鉄道ノ如キハ聞ク所ニ依リマスレバ最初三十万ノ会社デ…五十円払込ンデアッタガ…資本ヲ取ッテ仕舞ッテ…五十円ノ株券モ無クナッテ仕舞ッタ…活路ヲ求メルニハ二ツシカナイ、大阪鉄道ニイキナリト合併スルカ…〈大阪に〉頭ヲ出セバ成立ツ。頭ヲ出サナカッタラ鉄道ガ潰レテ成立タヌ…頭モ出セヌト言ヘバ三十万円ノ株主ガ無配当デ年々ヤルコトハ出来ヌカラ、最早延長ガ出来ヌト言ヘバレールヲ引剥ガシテ売テ仕舞ッテ、十万円ニナルカ五万円ニナルカ、詰リ其会社ハ潰レテ仕舞ウ…無配当デアッテ五十円ノ払込ガ食込ンデ仕舞ッテ、社債ヲ払ヘバ年ニ三千円モ損ガ立ツ…河南ノ如キハ二百五十万円モ掛ケテ立ッタ会社デアル、是等ノ交通機関ノ命脈ヲ絶テ仕舞ウト云フノハ甚ダ自分ノ職責トシテ嘆カハシイ」⁴⁹⁾

河南を自らの支線と見なす大阪鉄道は河南の「新計画線路延長ノ義出願ニ対シテハ前掲ノ如ク逓信大臣ヘ其却下ヲ請願シタリシモ尚進ンテ其妄挙タルノ理由ヲ拡張シ其競争妨害線タルノ事実及事情ヲ敷衍シ以テ其企挙ノ排斥ヲ逓信大

臣へ追願セリ」50)とその出願を再三阻止した。三十四としても，"一支線"に過ぎない河南一社の存亡よりも本線たる大阪鉄道の利害により関心を抱いていたと考えられる。その後の銀行関係者が河南鉄道に対して当面の不良債権が回収できればよしとする消極的態度に終始したのも，三十四等が銀行管理的な消極的動機からやむなく出資したものと解すると説明しやすい。

　また40年4月河南の線路取調のため現地出張した逓信技師は「車両ノ総数ハ機関車二両，客車十四両，貨車二十五両ナリ…客貨車ハ検査修理不行届ニシテ…車窓硝子ノ破損セルモノ敷物ノ汚損セルモノ…等頗ル多シ…検査修理ニ対シテ別ニ帳簿ヲ置カス…完全ナル記録ヲ欠ケリ」51)と酷評している。これを受け河南の野田吉兵衛社長は取調べの上，当局の指摘事項に対し「各種車両ノ台帳ハ此之際整理仕候」52)と弁解に努めている。当時の記事も「河南鉄道は元河陽鉄道の窮極を引受けその後身として再生せしものに属し，創立以来困難は遺伝性となりて今尚ほ経営に不如意なる者の如く，現在柏原，長野間の全線路に敷設されたる軌道は…僅かに四十封度として使用し居れば其筋より屢々線路改造の内諭を受けしも…其筋にても事情を察し今日まで黙過し来り…」（40.11.9R）と，河南の遺伝性の経営困難の故に当局も大目に見て来た事情を報じている。

(7) 最終引受けした野田吉兵衛

　筆頭株主の三十四銀行が消却済の河南株式を手放した後，筆頭株主として登場した野田同族会53)は主宰者・野田吉兵衛が三十四の初代取締役支配人であるという意味で三十四関係者であった。野田吉兵衛54)は叔父の先代野田吉兵衛の養子となり，呉服商を継承，岡橋治助ら同じ呉服商仲間とともに11年に第三十四国立銀行を発起し，初代取締役支配人に就任したほか，大阪電灯，日本綿花，天満紡，天満織物，東華紡績，大東セメント，中央セメント，大阪石油，日本煉瓦，大阪時計製造，硫酸晒粉などメーカー各社や大阪土木，明治炭坑の創業にも広く関係した。鉄道も湖東鉄道発起人のほか，大阪鉄道検査役，監査役のほか，35年以降本章の河南鉄道社長にもなった55)。野田は「一旦会社の株主となりたる以上は…決して之を売却せず飽まで之を持続して会社と運命を共にする」56)ことをモットーとしており，現に天満紡績でも谷口房蔵による買収に際して，「他の重役等が皆後日の払込を恐れて手持ち株式をば捨売せし間に，一株も手離さず自ら一箇の株主として谷口君の如き熱心なる手腕家と行動を共にせんとて，大に谷口氏を感激せしめた人」57)でもあった。藤井善助らか

ら「華城財界における代表的徳望家…隠れたる商聖」[58]との賛辞を呈される野田は「会社と運命を共にする」独自の哲学に基づき，三十四が「捨売」せんとする河南の支配株を敢えて同族会名義で大量に引取り，河南をいわば世襲財産として家業化したと考えられる。吉兵衛の女婿・野田広三郎も当初「単なる重役に過ぎずして経営一切は支配人に一任したるの観あり」[59]と評されたが，大正9年河南の専務就任後は「他の郊外電車に後れざらん事を希望し」[60]積極経営に転換したとされる[61]。

3．新旧会社方式のメルクマール

　鉄道監督の実務家である佐藤雄能は「債権者たる銀行其の他の会社が担保財団を競売に付して其の鉄道を取って見ても銀行又は保険会社が自ら鉄道を経営する訳には行かぬので困って居る者もある，中には競売に付して銀行関係者が競落して一時個人名義で経営したものもあった」[62]とする。財団の強制競売によっても，鉄道のような巨大かつ有機的結合体を一括処分する市場は存在せず，いわゆる正常価格によって売却できる可能性は乏しい。このため金融機関がダミー（多くの場合は役職員や別会社名義）により自己競落せざるをえない場合が少なくない。河南で開始された新旧会社方式による破綻企業の再建が少なからず実施された可能性を個別的事例に即して検証しようとする場合，そのメルクマールは次のようなものと考えられる。以下筑後平野の田主丸〜秋月間11哩43鎖，秋月〜碓井村飯田間12哩43鎖，計24哩06鎖を大正13年11月28日付で許可を受け，14年4月27日新両筑軌道への譲渡（理由は未詳）を実行した福岡県の両筑軌道[63]の事例を使って，一つの想定し得る仮説を提示してみたい。

① 経営難

　昭和初期の新両筑軌道は「不景気で車が動かず，レールは遂に赤鰯の如く錆びた。そのレールを，どしどし引剥しては工事材料に売り払ってゐる。代金を滞った従業員の給料に当てやうと云ふ」（T5.8.16T）ような困窮私鉄の一つとして紹介されている。

② 類似社名間の営業譲渡

　両筑軌道から軌道一切を譲受した新両筑軌道は後に昭和6年5月12日従前の両筑軌道の名に復帰しており，単なる改称かと思われがちであるが，繁雑な会社解散・新設・営業譲渡手続が手間暇をかけてなされている背景を見落とし

てはなるまい．現に新両筑軌道は吉井区裁判所田主丸出張所の商業登記において株式会社設立公告[64]されている．

③　旧会社の債務凍結・棚上げ

両筑軌道の借入金は開業間がない大正3年現在で既に6.8万円[65]，6年3月現在で11.8万円に達しており，「決算上注目すべき要点は借入金に対する利子の計上を見ざる一事にして恐らくは此を建設費勘定に繰込めるものならむか」[66]と問題視されていた．しかるに新両筑軌道では借入金はわずか600円に圧縮されている[67]．河南の場合と同じく旧株主の100％減資と同様の効果で負債償却，繰欠補填ができたことになる．

④　優先弁済権を持つ担保権者等を中心に新会社を設立（不良債権を新会社の株式と交換）

旧株が紙切れになった上に，更に新社の長期無配当株を引受けるのは，旧社経営陣など，関係者（貸付金融機関の経営者・幹部行員を含む）か，鉄道の存続等に特殊な利益を受ける株主に限られよう．

⑤　株主数の大幅減少

両筑軌道は大正6年3月現在で100株以上の大株主だけで55名[68]も存在したのに，昭和3年現在の新両筑軌道の全株主数はわずかに13名で，うち地元銀行家の森田一族が3名以上を占めた．

⑥　役員の集中傾向

新両筑軌道は株主数の減少だけでなく，設立時の役員数は5名と過少とも思えるほどに絞り込まれ，取締役森田富次郎（浮羽銀行頭取，両筑軌道，田主丸銀行，田主丸貯蓄銀行各取締役を兼務），森田純三[69]，山下丈市（江南村），監査役伊藤友次郎（碓井村，両筑軌道，大隈煉瓦各取締役），橋本喜市（田主丸銀行支配人，田主丸実業銀行監査役）であった．浮羽銀行，田主丸銀行，田主丸実業銀行の地元三行関係者が大半を占めた．

⑦　ダミー株主の増加

昭和3年3月現在の新両筑軌道の100株以上の大株主である森田千（富次郎長男）は大正6年3月現在では両筑軌道の186株主で，「森田家系グループは，明治四十四年二月，同族系の浮羽銀行を設立した」[70]とされる浮羽銀行700株主の非役員で昭和3年12月7日浮羽銀行が筑後銀行に合併後には取締役に就任（要録S 8，p 2役下p 210），同じく新両筑の大株主である森田工（富次郎次男）も浮羽銀行700株主の非役員であった（要録T 11，p 3）．新両筑大株主の

第 6 章　新旧会社方式による再建

森田正（富次郎四男）を含め，いずれも『両筑日田商工人名録』（大正14年）の田主丸町の商工業者リストに該当がないため独立した商人でなく，また浮羽銀行では大株主であるにもかかわらず，非役員に甘んじていることから，ダミーであると考えられる。家族名義など，ダミー株主を上位株主として先に出したのは，両筑軌道から新両筑軌道への軌道そのものの売買行為が浮羽銀行の信用に芳しくない背景をもつためと考えられる。

⑧　本店所在地の特殊性

地元の『田主丸町誌』は『甘木市史』を引用する形で「新会社の本社を田主丸町に設置。営業事務は甘木七日町の新設出張所で行われた」[71]とするが，商業登記簿上の会社所在地たる浮羽郡田主丸町田主丸580番地は浮羽銀行頭取の森田富次郎の自宅に相当する。鉄道の営業事務を行った甘木には両筑軌道時代の本社が置かれていたから，わざわざ田主丸へ名目上の本社を移転した理由は設立母体にとって登記等，手続上の便宜と，秘密保持のためと考えられる。

⑨　持株，経営権等の早期譲渡

昭和9年現在では両筑軌道（新両筑軌道が改称）の取締役は多田勇雄，久野宗一郎，多田豊，税田末次郎，古賀俊造，監査役具嶋得真，森田弥七郎，北村善太郎の8名に増員され，森田姓は1名（森田純三との関係の有無未詳）となり，森田色は大幅に後退した（諸S 10, p 556）。おそらく森田家ないし「地元にては森田銀行の称」（T 15.4 OB）もあった浮羽銀行の両筑軌道持株が多田勇雄（東海生命専務，弥寿銀行頭取，大正14年4月27日朝倉軌道社長就任）ら朝倉軌道関係者に譲渡されたものと見られる。結局森田一族の関係していた浮羽銀行等の田主丸三行に代って，多田の弥寿銀行が朝倉軌道に加えて，支線的存在の両筑軌道を傘下に収めたものと考えられる。昭和11年9月両筑軌道は両筑産業に改称した。

⑩　銀行等，関係金融機関の整理が随伴

大正14年5月新両筑軌道への営業譲渡の直前，地元では「田主丸及田主丸実業…の両行は殆んど株主及重役を同ふし，以前は両行共成績良好なりしが近年貸付金の回収意の如くならざる等にて成績挙がらず，殊に実業銀行は多額の固定貸を生じ内情困難に陥り昨年来整理中」（T 15.4 OB）と報じられ，浮羽銀行も「現頭取森田富次郎氏一家の経営に係り地元にては森田銀行の称あり従来経営振堅実を主とせる為め内情悪しからざる方なるが，別項記載の如く今回同町の田主丸及田主丸実業両行が合併することに決したれば当行も此際右両行

の合同に参加するを将来得策とし種々協議を進め」(T 15.4 OB)と田主丸の三行合併談がこの頃に浮上した。三行合併談は流れたが、森田一族経営の浮羽銀行は昭和3年12月7日筑後銀行に合併され[72]、田主丸支店となり、森田千、森田正之が役員に就任した。一方田主丸実業銀行は預金者より破産を申請され、昭和2年6月27日破産宣告を受けた[73]。関係各行が「成績良好なりしが近年貸付金の回収意の如くならざる」一因には大正14年5月新両筑軌道への身売りを余儀なくされた旧・両筑軌道等への固定貸が存在したと仮定すれば、上記の両筑軌道を取り巻く諸関係がうまく説明できるのではないかと推測しているが、関係各行の貸付内容、両筑軌道の借入先が未詳のため現時点では一つの仮説の域を出るものではない。以下、第7～10章で4社の実例を検討したい。

注

1) 拙稿「明治中期における近江・若狭越前連絡鉄道敷設計画の挫折と鉄道投機─小浜商人主唱の小浜鉄道と東京資本主導の京北鉄道の競願を中心に─」『滋賀大学経済学部附属史料館研究紀要』第31号、平成10年3月
2) 富永裕治『交通における資本主義の発展』、岩波書店、昭和28年、p 374
3) 野田正穂『日本証券市場成立史』、有斐閣、昭和55年、p 162
4) 老川慶喜『鉄道』東京堂出版、平成8年、p 160
5) 37) 川上龍太郎『鉄道業の現状』44年、p 100。ここでデフォルト等は広義に解釈して鉄道会社等が業績不振や大事故、天災等により、経済的に破綻し、買掛金、支払手形、一時借入金、財団抵当借入金、社債等の各種外部負債の元本返済・利子・施設賃貸料等の支払不能等に陥ったことをいうものとする。また経済的破綻の意味も協議契約、破産宣告、和議、強制和議、戦後の会社更生法申請などのほか、手形債務について不渡り・銀行取引停止、無担保借入金について(仮)差押、担保付借入金について担保権(抵当権)の実行、財団抵当(但し1905年以降)借入金・社債について強制管理申立(許可)、強制競売申立(競落)、社債について元本・利払不能など各種の現象形態を対象と考えている。
6) 後配株については山一証券『特殊株式の研究』昭和8年、p 81以下参照
7) 加藤新一「終戦時、破産の連鎖はどう修復されたか 銀行不良資産一括処理の知恵」『週刊東洋経済』平成6年8月13日、参照
8) 9) 栗栖赳夫『社債及其救済論』啓明社、昭和3年、p 18～9、栗栖赳夫『工場・鉄道及鉱業抵当法論』日本評論社、昭和4年、p 82
10) 11) 今城光英『明治期鉄道統計の推計と分析(1)私設鉄道』平成12年、大東文化大学経営研究所、巻頭の解説、p 8
12) 出水弥太郎は丹南郡平尾村、地主、黒山銀行頭取、河内煉瓦社長、和泉鉄道創立委員、狭山鉄道発起人総代(『鉄道雑誌』12号、p 38、15号、p 34)

13) 田守三郎平は富田林の地主，木綿商，富田林銀行頭取，河内紡織発起人，36年日本生命代理店主
14) 15) 27.6.19『第四回鉄道会議議事速記録』，p 91
16) 河腸に関しては武知京三「明治期一私有鉄道会社の命運」(『社会経済史の諸問題』昭和48年，所収，武知京三『都市近郊鉄道の史的展開』昭和61年所収)，里上龍平「河陽鉄道の創業—南河内地方における近代交通の黎明—」『藤井寺市史紀要』第3集，昭和57年，西城浩志「大阪鉄道II覚書」，『鉄道史料』第42～4号，昭和62年，渡哲郎「河南鉄道から大鉄IIへ」『阪南論集』33巻4号，平成10年3月など参照
17) 岡橋治助は地主，木綿卸・岡橋商店主，三十四銀行頭取，天満紡績社長，中立起業取締役，四十三銀行，大阪鉄道，河南鉄道，紀和鉄道，近江鉄道，日本生命，日本紡績，天満織物，共同曳船各監査役，岡橋銀行主，勢和鉄道相談役，摂丹鉄道など多数の発起人
18) 岡橋治助『事業経歴』32年，岡橋家所蔵
19) 泉清助は百三十六，日本生命などの取締役（第3章注40），大正8年河南取締役に就任した泉弥市（三十四元行員）は泉清助の養子で，大鉄阿部野橋駅の地所を提供するなど大阪乗入れに協力した。
20) 田守三郎平家の代理店業務は宮本又郎（執筆）『日本生命百年史　上巻』平成4年，p 506以下参照。
21) 『鉄道雑誌』第29号，p 41
22) 31) 前掲『大日本銀行会社沿革史』，p 254
23) 31年10月18日「臨時株主総会決議要領」，鉄道院文書，河陽鉄道ノ部
24) 片岡直温は日本生命副社長，日本海陸保険社長，大阪瓦斯取締役，日本共同銀行初代頭取，中立銀行，日本中立銀行各監査役・相談役，予讃，四国，浪速，伊賀各鉄道発起人，参宮鉄道取締役・社長，土佐鉄道取締役・清算人，九鉄調査委員，帝国物産監査役，参宮鉄道取締役・社長，紀和鉄道社長，関西鉄道社長，大阪鉄道清算人，京津電気軌道監査役，河南，有馬，京都電気鉄道，摂丹鉄道（大正期）各相談役，函樽鉄道創立委員，紀阪，伊賀，摂丹，四国各鉄道，宮川電気各発起人，株主として山陽，浪速，河陽，大社両山，近江，中備各鉄道等に関係
25) 「片岡直温氏談話要領」昭和2年頃，日生所蔵。片岡のいう「本家も引き込まれ」たとは「発起人日本生命保険会社ト同ジキヲ以テ同会社ノ金銭ヲ運用スル為〆付着シテ出来タ」(『日本生命百年史』上巻，平成4年，p 202所収）日生の機関銀行としての共銀が思惑の観念で不確実な事業に放資した結果，逆境に立って本家である日生も引き込まれたという点にあろう。
26) 片岡直温『回想録』昭和8年，百子居文庫，p 246
27) 片岡が「同様の理由で…整理を担当した」紀和鉄道整理引受のいきさつは「有志株主並びに現任重役は…万般の事を挙げて之を一任…片岡氏ついに其求に応じ…」（久嶋惇徳『紀和鉄道沿革史』39年，p 24)というもので，共銀，中立など片岡も深く関係していた銀行の融資先の再建，債権保全，合併に伴う不良資産の処理など複雑な問題が微妙に関係していたものと想像される。なぜなら『鉄道時報』は「此程片岡直温氏を社長として社内の改革をなすの相談纒まり同氏は視察の為め去七八日頃出張せし由なるが既に

（片岡）氏が社長たる日本生命保険会社より資金数十万円を借入るるの内契約もあり」(32.3.15 R) と紀和の整理を報じているからである。その後の報道では「同鉄道は借入金の借換と新工事費に七十万円を要する由なるが，過般片岡社長上京の砌り紀州徳川家と交渉の上四十万円借入の約束整ひ又他の三十万円は海陸保険より別に借入ることとなり」(32.8.5 R) となっている。このうち「徳川家が紀和鉄道に同情を寄せられたるは全く重役児玉仲児の尽力」(32.12.15 R) によるものという（児玉仲児は和歌山県会議長，衆議院議員，紀和鉄道監査役）。

28)『日本生命百年史』上巻，平成4年，p392以下
29) 参宮鉄道への片岡の関与は拙稿「明治期の私設鉄道金融と鉄道資本家—参宮鉄道における渋沢・今村・井上・片岡の役割をめぐって—」『追手門経済論集』第27巻1号，平成4年4月，岡橋系の資本家の共同投資は拙稿「日本生命創業者人脈と弘世，岡橋，片岡らの共同投資行動—証券引受機能の集団的発揮—」作道洋太郎編『近代大阪の企業者活動』平成9年4月，思文閣出版，参照。
30) 32) 33) 35) 36) 38) 42) 45) 46) 河南鉄道『第一回報告』32年9月，近鉄所蔵
34) 弘世助三郎は29)の前掲拙稿参照
37) 前掲『鉄道業の現状』p100。銀行では昭和銀行のほか，大正9年5月休業した七十四銀行の「整理受託銀行」たる横浜興信銀行，小田原実業銀行の受皿銀行たる明和銀行（昭和2年7月）など，多数の例がある。明治33年12月信濃商業銀行が類似行名の信商銀行を設立し，半年後に同行を合併した例もある。
39) 河崎助太郎は岐阜県出身，外国直輸入の洋反物ブローカー・河崎商店主，根津と同様にボロ会社を買収して整理再生する術に長けた人物。岐阜県選出代議士，共同毛織社長，東京毛織，毛斯綸紡織各取締役のほか，十数社の重役を兼ねた（結論参照）。
40)『大鉄全史』昭和27年，p389〜92
41) 試みに『日本全国銀行会社資産要覧』を使って28年の銀行決算公告から株式保有が5万円超の事例を抜き出すと，横浜銀行67.6万円，八幡銀行19.3万円，松山興産銀行11万円，山乃内銀行9.7万円，江頭農産銀行7.6万円，伊万里銀行5.2万円，熱田銀行5.1万円などであり，具体的に鉄道株への投資が判明するのは両毛鉄道250株（小千谷銀行，新潟県，資本金15万円，3.9万円），両毛鉄道200株（堀之内銀行，静岡県，資本金10万円，2.1万円）などである（『日本全国銀行会社資産要覧』29年）。
43) おそらく日本共同銀行支配人の岸田杢名義の150株，片岡直温名義100株，弘世助三郎50株の合計か
44) 河陽鉄道『第五回報告』p5〜6，田守家所蔵
47) ただし『日本鉄道請負業史 明治篇』には河陽の「工事は主として沢井市造，池田勇造の請負に付し」(『日本鉄道請負業史 明治篇』昭和42年，p253) とあり，当時大阪の大手請負業者たる入江組の名は見当たらない。
48) 三十四銀行『第十四期営業報告書』37年上期，p16
49)『第十二回鉄道会議議事速記録』第六号，p36〜49
50) 大阪鉄道『第二拾五回営業報告書』33年3月，p10（宇田正氏蔵）
51) 40年4月17日復命書，逓信省公文書第149巻
52) 40年7月13日河第九五号，逓信省公文書第149巻

53) 大正9年9月資本金360万円で設立，取締役野田吉兵衛，野田広三郎，野田真吉，監査役宮城卯三郎（諸T 10，上 p 487）
54) 野田吉兵衛は呉服商，三十四発起人 90 取締役支配人，百二十一株主，天満紡取締役，天満織物 1,840 社長，大阪商船 60，日生 50，湖東鉄道発起人，河南，日本煉瓦，大東セメント，硫酸晒粉製造，大阪製紙，紡織用品，大阪再綿，天満織物 1,840 株，大阪時計製造各社長，大阪電気分銅専務，日本貯金銀行，大阪土木，日本綿花，大阪電灯，明治炭坑各取締役，大阪鉄道 1,080 株，天満紡績，三十四銀行，中央セメント各監査役 351 株，讃岐電気鉄道創立委員長（鉄道雑誌 26 号，p 39），34 年 12 月時点で会社員，公債株券類 250,989 円。野田吉兵衛は「関西実業界に於いて其名を知られ事業狂とまで称せられた」（古川省吾編『両羽之現代人』大正 8 年，p 299 以下）。
55) 『東区史』第五巻人物編，昭和 14 年，p 806，宮本又次『大阪商人太平記―明治中期編―』昭和 36 年，p 220
56) 商業興信所『三十年の回顧』大正 11 年，p 198
57) 絹川太一『本邦綿糸紡績史』第 6 巻，昭和 17 年，p 247
58) 熊川千代喜『藤井善助伝』昭和 7 年，p 194
59) 『大阪財界人物史』大正 14 年，p 328
60) 『関西業界人物大観』大正 15 年，p 46
61) その後の河南鉄道は拙稿「大都市鉄道への経営転換と資金調達―阪神急行電鉄，大阪鉄道の対比を中心として―」『鉄道史学』第 8 号，平成 2 年 9 月，鉄道史学会参照
62) 佐藤雄能『鉄道経営の理論と実際』昭和 4 年，同文館，p 133
63) 『鉄道統計資料』大正 14 年，p 183。両筑の調査計画に際して永江眞夫氏より種々ご助言を頂きながら，著者の怠慢で実行できず，今回は単なる臆測にとどめざるを得なかった点をお詫びしたい。
64) 大正 14 年 7 月 10 日『官報』第 3864 号
65) 『鉄道電気事業要覧』鉄道通信社，大正 3 年，p 143
66) 68) 『九州諸会社実勢』大正 6 年，p 95
67) 『地方鉄道軌道営業年鑑』昭和 4 年，p 526
69) 森田純三は森田益蔵の次男，富次郎の弟，新両筑軌道社長，田主丸銀行頭取，浮羽銀行常務，昭和 2 年田主丸町長就任。森田一族の関係は東京朝日通信社編『一九二四年に於ける大日本人物史』大正 13 年，も p 10～3
70) 71) 『田主丸町誌』第 3 巻，平成 9 年，p 576, 883
72) 73) 『本邦銀行変遷史』平成 10 年，全国銀行協会，p 69, 487。杉山和雄氏は大正末期の福岡県下の銀行合同の阻害要因として「地元銀行間でも人的，地理的に密接なものがあった」（杉山和雄「福岡県下の銀行合同問題と三井銀行」（朝倉孝吉編『両大戦間における金融構造』昭和 55 年，御茶の水書房，p 257）例として田主丸実業と田主丸銀行ほかを列挙した上，「それぞれの地方銀行のもつ取引先との関係にも問題があったであろう」（同上）と推測されるが，両筑軌道はこうした合併談流産の一因としても位置づけ可能であろう。

第7章　太田鉄道と十五銀行

1．はじめに

　本章では鉄道抵当法制定前に存在した鉄道施設一式の自己競落と新会社設立の事例として太田鉄道のケースを検討することとしたい。債権者・十五銀行（以下単に十五と略）は新会社の全株式を安田家に譲渡することにより，不良債権の流動化に成功した。すなわち太田鉄道を継承した水戸鉄道（以下単に水鉄と略）自身は「当鉄道は元太田鉄道株式会社と称し…地方有志の創設に係るも，屢々経営難のため同三十四年十月遂に解散せるを以て，同社財産の全部を譲受け，経営を継承し来りたるが，四十年七月よりは，全然安田家の経営する所となり今日に至る」[1]と沿革を略述する。田辺朔郎が中心になって編纂した『明治工業史』の鉄道編には既存鉄道のうち解散した会社に関する記述に「太田鉄道は十五銀行に買収せられて，水戸鉄道と改称」[2]という一文がある。これらの記述を補足するなら債権者・十五は太田鉄道に対する延滞債権（鉄道抵当貸付）を自己競落を通じて証券化し，水戸鉄道と名付けた実質全額出資の自己競落会社株式の第三者への売却により不良債権の最終処理を行ったわけである。

2．太田鉄道
(1)　太田鉄道の発起

　太田鉄道の目的地である茨城県太田町（現常陸太田市）は水戸光圀の隠棲地として有名だが，徳川以前は佐竹六十万石の城下町として栄え，古くから水府烟草，木炭，こんにゃく，寒水石等物資の集散地として商業活動が盛んであった。「商業見習いには太田へ行け」[3]と言われたように魚問屋の竹内家，呉服太物商の前嶋家等の有力商人を生んだ土地柄であった。しかし一方で人口7千人余の町に銀行が太田銀行[4]，太田協同銀行（資本金7万円，うち3万円貯蓄部），久慈銀行（資本金3万円），沼知銀行（資本金3万円），猿田銀行（資本金1.2万円）の5行も乱立した。また前嶋本家の店員から婿養子になった亀半・前島平（太田銀行取締役）らは実業倶楽部を組織して「太田の七人組」[5]を自称し，同

派を中心に明治38年(以下明治の年号は省略)に茨城電気を設立するなど,狭い地域での各派人脈の分立錯綜が感じ取れる[6]。こうした古い城下町等に見られる複雑な地域風土の中で政治的な対立も加わったため,太田鉄道は「本会社創立総会ニ際シ各株主意気投合セサルモノ多ク,為メニ役員ノ選挙ニ当リ互ニ確執拮抗シテ下ラス,所謂党派ノ関係ヨリ自然選挙ノ円滑ヲ欠キ,頗ル軋轢競争」[7] 状態が続いたため,平坦地の短距離鉄道にもかかわらず,全路線完成までの経過は複雑で相当に難航した鉄道の一つであった。

太田鉄道は当初佐藤信熙(茨城県久慈郡小里村,第百四国立銀行取締役)を総代とする太田馬車鉄道として25年7月18日水戸~太田間を軌道条例により特許されたが,馬車鉄道では将来輸送の円滑を欠くとの判断から計画を変更して,「小機関車鉄道」として再申請した。すなわち社名も太田鉄道(資本金17万円,本社太田町)に改称して,25年11月25日発起人総代・矢田登[8],宮本逸三[9],豊田幸延[10],佐藤信熙,前嶋由兵衛[11],旧水戸鉄道にも参画した立川与一(太田町,太田商業会議所会頭,太田銀行頭取),加納甚三郎(太田町,薬種商兼紙・砂糖商,太田銀行取締役),田辺利兵衛(太田町,金物商,太田銀行取締役),橘宇兵衛(太田町,呉服太物商兼洋物商,紙屋,太田協同銀行取締役)らにより発起された。26年4月8日仮免状を取得,26年8月時点では追加発起人として旧水戸藩勘定方から出発した川崎財閥の川崎東作[12],旧藩主・侯爵・徳川篤敬(100株,東京市本所区,豆相鉄道原始株主100株)なども参加した[13]。26年8月の創業総会で佐藤信熙ら取締役5名,監査役3名を選任,翌9月佐藤信熙を社長に互選し,12月会社の位置を太田に定め,12月12日免許状を得た。(鉄中,p496) 27年6月東京測量会社の磯長得三[14]を技師長として,小林留吉,鈴木秀次郎の請負で工事に着手した[15]。

(2) "救世主" 小山田信蔵

小山田信蔵[16]は3年10月1日旧水戸藩重役小山田勝貞の長男に生まれ,18年上京して経済学を修め,代議士,26年に北海道炭礦鉄道大株主となり29年に同社監査役に就任したほか,多くの鉄道にも関与し世間からは富豪と目され,31年上期には天満紡績の151株(第9位)の株主となっていた。「小山田信蔵伝」によれば大阪に出て「交を二,三の紳商に結び…偶々大阪電灯会社の創立あるや直ちに同志と謀って率先之れが株主となり次で大阪鉄道会社に加盟して両社の株式を領するもの頗る多く後ち之を転換して巨大の利益を博せり」[17]とするが,おそらく大阪電灯,大阪鉄道,天満紡績3社の共通役員である野田吉

兵衛（前章参照）との交流ルート等から大鉄等の株式募集に応じたものと考えられる。なお小山田は28年岡橋，浮田桂造，菅野元吉らが役員となった勢和鉄道の取締役にも就任している。23年株主であった日本織物の危機に際して「救済に奔走して遂に社運を未到に挽回」[18]し，29年には次章で検討する「率先豆相鉄道株式会社を起して其社長となり」[19]，北海道炭礦鉄道監査役，その他豊中電気鉄道，石巻鉄道など多くの鉄道等にも発起人として関与し，全国第60位の大株主であった。明治期の乗っ取り屋として知られる岡部廣（次章参照）の買占めた生保のうち，九州，北陸，真宗信徒，京都各生命に対して岡部が握っていた実権を15万円で譲受した。一説には「大山師」[20]とも称され，同郷の飯村丈三郎によれば「人物真価が不明…実に不可思議千万な人物」で「水戸家の金を随分利用し，そして損毛をかけて居る」[21]と評した（小山田の性向に関しては次章で詳しく検討する）。小山田は30年10月に久能木宇兵衛（200株），川島正訓[22]（200株），北村英一郎（150株），矢田登（取締役）らにより水戸商業銀行[23]（以下単に水商と略）が「創立せらるるや亦参画して成立後同行頭取に推挙」[24]された。

(3) 太田鉄道の資金調達

この頃「画策其機を怠り，挽回其途なきに苦しむ」[25]太田鉄道の関係者から「郷友交々来りて君が一臂の助力を得んことを求」[26]められた小山田は多忙を理由に極力辞退したが，100株を引受けた追加発起人の侯爵・徳川篤敬・「（旧水戸）藩侯亦特に君を召して之れが整理回復の任を嘱」[27]したため，28年1月佐藤信熙の社長辞任を受けて「已むを得ずして郷に帰り…同社々長の任に上り，部下を総括」[28]した。28年時点の役員は小山田専務，取締役山中新[29]，立川与，佐藤信熙，矢田登，監査役豊田幸延，宮本逸三，支配人心得宮津木芳次郎であった（諸M 28, p 261）。

29年4月資本金を34万円に増資して，6月には仮新株券を発行したが立川与は取締役として小山田社長とともに株券に記名，捺印している[30]。小山田派の立場からは佐藤信熙（前社長），多賀義行（前取締役），宇野清右衛門（前取締役），松本錬蔵（前取締役，東京麹町区）ら「不適当ナル前役員ヲ退ケ，更ラニ衆株主ノ信任ニ依リ選挙セラレタル」[31] 29年現在の役員は社長小山田，取締役山中新，矢田登，久能木宇兵衛（以上重任），「川崎系の代表者として」[32]の飯村丈三郎[33]と水商にも関係する小山田系人脈が多数を占めていた。小山田は「郷里の太田鉄道株式会社の破綻を整理復活せしめ」[34]，広田三郎によれば「糾

紛乱麻の如き社務を統治し，更に其社規を更革して大に社運の興隆を図る。今や商勢大に振ひ，規模拡大，復た昔日の観を存せざるに至れり」[35]と小山田と太田鉄道とを激賞するが，現実はまったく逆であった。

　28年8月臨時総会を開き，「一時借入金ヲ為シ断然起工其他ノ事ニ着手ノ議決…役員一同ハ各自ノ財力ヲ犠牲ニ供シ」[36]一時借入金をおこなったが，払込の渋滞は解消せず，株主間の対立もあって資金難に苦しんだ。そこで華族銀行，大正以降は宮内省本金庫として知られる，東京の一流銀行たる十五銀行から30年時点で20万円借入れている（鉄中，p 497）。「線路ノ地勢ハ概シテ平坦ニシテ工事容易」[37]のはずが，日清戦争の影響，主任技術者の召集，資金難，株主間の対立等の悪条件がかさなり，竣工期限を過ぎても見通したたず，延期願を提出する始末であった。29年7月9日東株で3,400株を売買開始した[38]。一説には30年頃，日本鉄道（以下日鉄と略）は太田鉄道を買収して線路を延長しようとしたが，話合いがまとまらず，太田は通過駅とならず，孤島のような状態になったともいわれる[39]。大幅に遅延したあげくに，ようやく30年11月16日に一部区間の水戸～久慈川（現上菅谷）間9哩77鎖が開通したものの，同鉄道最大のネックである132メートルの久慈川橋梁の架橋工事が大幅に遅延して，太田方面への連絡が不便なため，貨客が直通の便がある馬車に食われて予想の半分以下にとどまった。31年の株価も高値で39.3円と払込額を大きく切込み，32年小山田は経営不振の責任をとって太田鉄道社長を辞任した（32.3.25 R）。資金欠乏から工事が中断し免許期限が切迫したため，「免許状取上げの不面目」[40]を恐れた後任の社長久能木宇兵衛は十五より5万円の追加融資を受けて，残った工区の建設費に充てるとともに，「当時岩越鉄道技師長たりし〈長谷川謹介〉博士を訪ふて切に其助力を求めた。博士は大に同情して直に時の鉄道局監理課長野村龍太郎氏の了解を得て残工事の速成を引受け，菅野忠五郎氏をして之が速成工事に当らしめた」[41]結果，32年4月1日久慈川～太田間2哩14鎖が仮橋のままで開通し，免許失効の危機が回避され，58.6万円の建設費を投じた念願の水戸～太田間が全通した。長谷川（後に鉄道院副総裁）が勤務する岩越鉄道は日鉄の助力で過半数株主を得たという経緯[42]があり，「実質上，日本鉄道会社の系列下にあった」[43]が，日鉄と十五も極めて密接な関係[44]にあり，岩越は金融的には5,000株の大株主でもある十五系列の私鉄でもあったといえる。したがって日鉄水戸建築課長のままで岩越技師長（後に専任）を兼ねた「優秀なる技術者たるに止まらず，又運輸営業の権威者」[45]で

もあった長谷川の義侠的救済も，結果的には失効寸前の危機に直面していた太田鉄道の大口債権者であり，且日鉄・岩越の後盾でもある十五の意向にも添った経済合理的行為ともなろう。またそもそも十五自体も，資本的関係はなくとも路線網としては日鉄の一支線と見做して太田鉄道に安易に融資を開始した可能性もあり，当時十五の貸出方針には「取引先ハ一部ニ局限セラレ…一部ニ偏シ」[46]ているとの批判も多かった。

　しかし全通後も「営業不振ニシテ収入ハ僅ニ営業費ヲ支弁シ得ルニ過キズ，之カ為株主間ニ不満ノ声絶エザリシ」(鉄中，p 497) という最悪の状態に陥った。32年の太田鉄道役員は社長久能木宇兵衛，取締役矢田登，山中新，小山田，伊藤謙吉，監査役豊田幸延，宮本逸三であったが (商M 32 ぬ 29)，役員全員が総退陣に追い込まれ，同年9月には『太田鉄道株式会社整理報告書』[47]という百頁もの冊子まで刊行されたように，本格的な財政・役職員の整理を余儀なくされるに至った。同じ頃，久能木社長が一族計5,435株の筆頭株主として関係していた毛武鉄道も「財界不振ノタメ…資金ヲ得ルコト能ハズ」[48]，渋沢，今村ら大株主の要求で32年5月15日解散に追込まれている。

(4) 十五銀行の抵当権実行

　当時唯一の鉄道専門誌『鉄道時報』は33年6月，十五が元金25万円，利子3万円の不払いを理由に融資先の太田鉄道の「会社全体の財産を抵当流れとして押収する筈」として「兎に角鉄道会社全部の抵当流れは実に之を以て本邦に於ける嚆矢とす」(33.6.5 R) とする。太田鉄道は「営業不振ノ為益金乏シクシテ開業以来借入金利子ヲ支払フコト能ハズ…負債償却ノ為鉄道一切ヲ売却スルノ議起リ…」(鉄中，p 497)，33年7月14日の臨時総会で「十五銀行への負債償却の件，任意解散の件」(33.8.15 B) を議決したが，株主間に紛糾を起こし，反対派株主は総会決議無効取消，取締役資格無効確認請求を提起したため，売却案，解散等を決議しようとする株主総会の開催が反対派の申請で水戸地方裁判所の仮処分，さらに上訴に基づく東京控訴院の命令により何度も差し止められた。

　太田鉄道の債務不履行により十五は担保権の実行を決意したが，十五の債権回収を阻止したのは反対派株主による法廷闘争だけではなく，鉄道法規上の諸制約も加わった。すなわち鉄道当局は「鉄道会社に属する鉄軌，車両，地所其他の有形財産は勿論抵当流により十五銀行の手に帰するも，営業特許権は太田鉄道会社に対して特許せられたものなれば他に対して売買譲与等為し得べき

ものにあらず…土地収用法により購入したるものは同法の明文によりて一旦之を原所有者に還付することとなり…既設の鉄道会社に譲与するか又は太田鉄道の解散前に引受会社の組織に関する諸般の手続きを了し，同鉄道所有権の十五銀行に移り更に転じて新設会社に帰する間に一時一刻の間隙なからしむる様予じめ準備するの要あるべし」(33.6.25 R)との見解[49]を示した。このため会社解散前に十五が競落して，即刻安田に譲渡する総会決議を「鉄道局と交渉の結果更に一変して新に水戸鉄道会社を創立して太田鉄道会社の財産全部を譲受」(33.8.15 B)することに変えた。翌年の34年になって「北村英一郎両派の間に斡旋」(34.10.19 万)した結果，紛糾していた「株主等ノ意見漸次一致シ来リ」(鉄中，p 499)，7月には臨時総会を開催して28万円で鉄道を譲渡し，任意解散する決議を行って，34年10月21日太田鉄道は解散した。太田地方ではこの鉄道破綻と訴訟闘争の苦い経験から，鉄道のような新規事業に対する危惧の念が長く人々の脳裏から去らなかったといわれている[50]。

　十五は北海道炭礦鉄道（25～26年の鉄道部3銘柄90万円の大部分），25年の甲武鉄道，26年の大阪紡績などの社債引受に密接に関与しており，星野誉夫氏によれば「鉄道会社への直接貸付けは明らかにしえないが，日鉄に対してはおそらくほとんどなかった」[51]とされるものの，著者が知り得た直接貸付は太田のほか，31年播但鉄道に対して他行とともに20万円を融資した例もあり，鉄道への信用供与には安田等とともに積極的な大手銀行の一つであったと考えられる。また十五の32年前後の持株は日鉄304,876株，岩越鉄道5,000株，日本郵船1,500株（要録M 31，32.4.6時事）など，星野氏が明らかにした如く同根ともいえる華族資本の日鉄株・社債投資を資本金運転で行ったことを中心に鉄道株投資等に注力していた。また高橋亀吉は宮内省本金庫の「十五銀行は欧州戦争直後までは，最も堅実な銀行の一に数へられて居た。経営方針は堅実過ぎる位堅実で資本の大半は公債より成り，普通銀行として最善のもの」[52]と評するが，31年の北炭買占事件では別働機関の丁酉銀行（大正9年親銀行の十五銀行が買収）ともども雨宮らの買方の主な資金源[53]になるなどハイリスク案件にも関係したものと考えられる。

3．水戸鉄道

(1) 十五銀行による自己競落

水鉄は南海，高野，近江，豊川，豆相，博多湾らの鉄道とともに「一地方ノ

第7章　太田鉄道と十五銀行

交通ヲ目的トスル鉄道」として国有化対象から除外された20私鉄の1社で、私鉄ブームの去った33年以降、39年度までの数少ない新設鉄道として上武、北海道、博多湾各鉄道とともに挙げられるが、「水戸鉄道は既設太田鉄道をそのまま継承した」[54]特殊な新設鉄道であった。こうした種類の私鉄としては別に「伊豆鉄道は既設の豆相鉄道を、高野登山鉄道は既設高野鉄道を夫々継承したるもの」[55]等があった。豆相鉄道が40年7月、高野鉄道が40年11月解散したように、太田鉄道も負債消却の必要上、34年10月29日開業した新社水鉄に総財産を28万円で譲渡し解散、相次ぐ株主による訴訟など、「多年紛糾を極めたる同鉄道も落着」(34.10 R)と報じられた。株主の反対を無視する形で太田鉄道と十五との間で協商が進んだ。33年7月13日株主総会で「十五銀行ヘ負債償却ノ件ニ付テハ今日ノ場合到底他ニ償却ノ途ヲ要ムル能ハザルヲ以テ…本社ノ財産全部ヲ売却シ其代金ヲ以テ十五銀行負債ノ償却ニ充ツル事」[56]を決議した。太田鉄道社長からの「政府ニ於テ〈水鉄〉御許可相成候上ハ当会社ノ財産ヲ挙ゲテ同社ヘ譲渡ノ儀株主総会ニ於テ決議仕候」[57]との副申書を添えて解散総会決議の翌日の33年7月14日付で水鉄の仮免状申請が行われた。

　書面には経緯の説明は一切省略されているが、七名の発起人全員とも非発起人の木村勘之助（十五抵当課長、のちに水鉄社長就任）を代理人として申請手続の権限を委任、「創立事務所ハ東京市京橋区木挽町七丁目六番地株式会社十五銀行内ニ設置」[58]した旨だけが追記され、7月16日付の千家尊福東京府知事の副申にも「至急ヲ要スル事情モ有之趣ニ付書面其儘進達候」[59]との理由で通常の申請書類に添付されるはずの発起人の資力調も一切なく、鉄道会議への諮詢も省略し、8月1日水鉄へ仮免状が下付され、翌日には免許状申請、8月20日には太田鉄道が任意解散を遂げた後に発効するという停止条件付きで認可されるというスピードぶりであった[60]。無意味と思われる水鉄の「工事方法書」は太田鉄道在籍中と思われる俵彦次郎（後に水鉄保線係長に就任）が作成し、府知事も「図面ハ旧太田鉄道株式会社ヨリ既ニ進達置候」[61]と太田鉄道まかせの態度に終始した。つまり当局と十五等との間での事務的な折衝はすべて申請以前に決着し、「書面其儘進達」すなわち書類だけが形式的に府知事を二度通過したとの感がある。

　こうして水鉄（本社東京、資本金23万円、4,600株）は伴野乙弥[62]、成瀬正恭[63]、今井高行[64]、松山可澄[65]、林耕作、中根虎四郎[66]、山中安吉[67] 7名の発起人の全株引受により34年10月20日設立され、総株主僅か9名のみで成立

した。『鉄道時報』は総株主一覧を紹介した上「株式組織にあらざる専用鉄道の類は個人又は二三の人より設立する少なからざるも，株式組織にして僅かに九名の人々により成立する鉄道は珍らし」(35.8.30 R)と評している。33年8月1日仮免状下付，翌2日「十五銀行内に開会…創業総会に出席したる申込人は七人にして其引受株数は四千六百株」[68]で創業総会をわずか一時間弱で完了し，同日免許状申請，8月20日に超スピードで免許を得ながら，新会社設立まで1年以上を要したのは反対派株主である鴨志田龍三，大貫信次郎（ともに非発起人），荒井軍司（太田鉄道発起人，久慈郡金郷村15株）らの粘り強い法廷闘争のためであった。資料不足から抵当権実行を阻止しつづけた反対派株主の社会的性格を特定することは不可能であるが，少なくとも太田鉄道大株主・役員でなく，発起人でも中小株主に近い存在であるにもかかわらず，かくも強固な反対意思の持続の背景には恐らく地元利用者の共感・支援も存在したと推定される。

　設立の翌日である34年10月21日に元太田鉄道の水戸〜太田間12哩11鎖を十五の太田鉄道に対する元金25万円，利子3万円の合計額に相当する28万円で買収し，開業した[69]。旧太田鉄道会計係長横山甚太を例にとると，34年10月20日一旦「会社解散ノ為メ解嘱」されたが，「同月同日水戸鉄道株式会社会計係長ヲ命セラレ月俸二十五円給与」[70]と，減額なしに同一月俸で再雇用されたことが判明する。中川浩一氏が先行研究において「水戸鉄道の業績は，好調に終始した。借入金の返済に苦しんだ太田鉄道から，捨値で事業を譲受けたことが，大きな力」[71]となったとの指摘通り，建設費の大幅圧縮こそが収支改善の最大のポイントであった。

　発足時の水鉄の役員は専務兼社長に伴野乙弥，取締役に成瀬正恭，監査役に今井高行ら十五幹部行員のほか安田資本の代表として取締役に中根虎四郎，監査役に山中安吉を選任しており，当初は「安田善次郎氏に鉄道其他一切の財産を売却して負債を償却」(33.8.15 B)する計画であり，『安田保善社とその関係事業史』も「当初安田側に資本参加はもちろん当社経営の意思があったとみなしてよい」[72]とする。しかし安田系2重役は10月23日に辞任，十五側と「何等かの意見相違が生じた」[73]ようで，同社は安田側を加えず十五の完全な直系会社として再建に努力した。すなわち36年1月末日現在の役職員は社長木村勘之助[74] 364株，取締役成瀬正恭 657株，松山可澄 657株，監査役今井高行 657株，関口雄[75] 607株，株主総数9名で役員以外の大株主は小林公松（十

五出納課長,計算課長)500株,戸田正良(十五抵当課長,出納課長)500株,原田周次郎[76] 350株,洲戸吉漸(十五系列の丁酉銀行取締役日本橋支店支配人)308株,事務長河崎晋,庶務係長早川利信,会計係長横山甚太(旧太田鉄道会計係長),運輸係長能勢誠六,汽車係長近藤清蔵,保線係長俵彦次郎であった[77]。持株は35年8月30日の『鉄道時報』の記事と変化なく,39年1月末日現在の役員は不変で事務長河崎晋に変わり,主事黒屋久三郎が就任,株主総数9名で持株も4年間もの間全く変化がなかった[78]。

　この時期の水鉄の鉄道会社としての異様さは,①本社が沿線外の東京(東京市京橋区木挽町7丁目6番地の十五本店内),②「実に我国鉄道会社中最少株主の鉄道会社」(35.8.30 R)と評された如く,株主数の極端な少なさ(僅か9名),③木村社長はじめ役員も全員東京在住,④数年間に株主も,持株数も全く不変,⑤設立時に7名の発起人により資本金23万円全額払込済で公募,増資一切なし,⑥設立日と開業日がほぼ同時,⑦歴代社長・専務は東京帝国大学法科大学卒業の法学士と高学歴といった諸点にうかがえる。役員・株主全員が十五の幹部行員(非役員)で,支配人,副支配人,日本橋支店支配人,貸付課長,抵当課長,出納課長,庶務課長等々,おそらく旧太田鉄道への抵当貸付に関与したであろう歴代幹部行員のほとんどが総動員された感がある。たとえば株主の原田周次郎は「抵当課長としての年月可なり長きも其間一つの疎漏なく,徹頭徹尾真面目」[79]とされた人物であり,行命による名義貸としか考えにくい。不良債権の回収という重荷を関与行員が自己競落会社を組織して,日々の僅かな運賃収入から徐々に回収していく姿が浮かんでくる。40年11月安田に持株を譲渡直後の水鉄を営業監査した今野譲三郎逓信技師は「道床砂利不足セリ…停車場本屋の木羽葺屋根腐朽セルモノアリ」[80]と改良すべき数点を列挙している。水鉄専務兼任を命じられた伴野十五支配人は35年3月27日付で政府系の興銀理事(兼営業第一部長)に当選したため,特別法上兼任できない水鉄専務職の方を辞任したが,伴野は内心では恐らくや重荷から解放されて新天地興銀に喜んで転じたことであろう[81]。普通,ダミー会社の名義株なら役職の高低に応じた切りのいいラウンド数字というのが常識だが,水鉄の場合総株数4,600株の分割としては,いかにも妙な端数となっており,水鉄での役職の重さ(たとえば社長と監査役)とも比例していない。華族銀行たる十五の役員は錚々たる名士揃いということもあって,倒産私鉄の役員・株主には名前を出しにくかった事情も考えられるが,大手行である十五の支配人・課長クラスといえば当時で

はかなりの著名人（特に子爵成瀬正恭や興銀初代理事に転じた伴野乙弥）であり，必ずしも十五の名前を隠すことにはならない（単なるダミーならもっと無名の下級行員の名義仮用が考えられるはず）。したがって単なる名義株というような生易しい性格のものではなく，行員本人の何らかの経済的負担をも伴っていた可能性もあり，当事者間では当該不良債権発生にかかわった責任の程度といった，なんらかの内部ルールが存在したのかもしれない。なお岩越鉄道社長前田青莎[82]は39年11月1日国有化に伴い，岩越と同様に十五の影響下にある水鉄社長に転じた。

(2) 安田家への株式譲渡

　十五は水鉄の売却を意図して，38年には大阪の桑原政（元藤田組支配人で染織・鉱山経営）などとも交渉した。桑原は郷里の水戸から代議士に当選し「動力を電気に変更し…線路を大洗まで延長」(38.10.11保銀)することも計画したが，実現に至らずに終った。

　40年8月15日安田から多額の借金をしていた小山田の仲介で安田家は水鉄4,600株全部を28.5万円で十五から引取り，本社も十五内から安田の本拠地である日本橋の小舟町3丁目に移転，前田青莎をはじめ取締役2名，監査役今井高行ほか1名は全員辞任し，代って社長太田弥五郎[83]，専務杉田巻太郎，取締役藤田善兵衛[84]，監査役安田善之助[85]，安田善助[86]と全役員を安田家関係者で占めた。専務の杉田巻太郎は着任早々に鉄道局今野技師から改良を要する数点を列挙され，11月21日「御通達相成候弊社線改良事項左記之通リ取調御回答申上候也」[87]との回答を迫られた。なお支配人の大越賢一は安田保善社社員で，現在の出向ないし派遣者に相当する「他所詰」[88]であった。関係鉄道株式を多数保有した安田銀行も水鉄株は所有せず[89]，役員名義以外は安田保善社が全株を保有した。十五とは無関係の生え抜き・横山甚太は引き続き残留し，主事兼運輸係長を長く勤めた。

　安田善次郎はかねてより陸上の運輸機関への放資を持論として「支線とも目すべき線路に向って，機会ある毎に資本を下す」[90]ことを企て，雨宮敬次郎，岩田作兵衛らが経営する諸鉄道や，35年の横浜電気鉄道への救済融資のように「地方鉄道の有利なるものあって，助勢を求め来るときは，之に対して応分の力を貸して，これを部下に収め」[91]てきた。「各地の鉄道建築に援助を要請せらるるに当り，身自ら必ず其の沿線地方の貧富盛衰を調査しなければ承知せぬ所以は，万一将来経営当事者が失敗の不幸あるときは結局自身之を経営する

量見があるから」[92]であった。安田傘下に入った地方私鉄群は中国鉄道のように杉山岩三郎との姻戚関係（杉山の弟が安田の養嗣子・彦四郎）で安田善次郎自身が当初から大株主として参加していたケースや，阿波鉄道や小湊鉄道のように安田系銀行（関西銀行，九十八銀行）との関係に端を発する場合が多いが，水鉄は安田系との過去の因縁もないようで，小なりとはいえ，国家的事業を安田一人買受け，自身之を経営する安田家世襲財産の好例であったと考えられる。また安田が得意とする「沿線地方の貧富盛衰を調査」[93]した結果は，水鉄の路線が水戸と郡山を結ぶ水郡線という地域住民の悲願の鉄道ルートにほぼ合致したもので，近い将来の国有化も期待できるとの確信も得られたことであろう。また通常私鉄は多数の株主の出資からなる典型的な公開型株式会社であることが多く，地元株主の意向に左右されやすい傾向を持つ。しかし水鉄は既に述べたように地元から切り離された特異な閉鎖的株式会社で，十五の全額出資の自己競落会社であったため，地元の利害に敏感な少数株主が皆無で安田家が100％完全支配できるという点も「安田家世襲財産」を目指す安田善次郎には好都合であったことであろう。近年でも上場会社の弊害を除去すべく，株式を買取って非公開の私的会社に移行する外国の事例も報じられているが，安田系でも帝国製麻等の場合など少数派株主の懐柔に苦労した事例も見られる[94]。

こうして水鉄は40年度には安田の関係銀行会社（11行，8社）の一員に加わり，安田直系の21社から構成する「八社会」でも共済生命に次ぐ10番目の序列を与えられた古参企業で，『鉄道業の現状』は「水戸鉄道に買収せられて以来経営難に幹部は屢次更迭し，現在では安田一家の株式組織となれる会社…安田一家以外に一株の所有者なき」[95]と評する。43年12月末時点で水鉄は「借入金三万七千四十四円二十銭二厘，償還期限ハ明治四十三年十二月十日迄に有之候処，都合ニヨリ更ニ明治四十六年十二月二十日迄ニ延期仕候」[96]となっていた。

軽便鉄道法により，44年2月16日付で高野登山鉄道等とともに軽便鉄道に指定された。45年6月時点の本社は日本橋区小舟町3丁目9番地（安田銀行，第三銀行と同一）に置き，役員は社長安田弥五郎（安田銀行顧問役），専務伊臣真[97]，取締役安田善兵衛，安田善弥[98]，監査役安田善三郎（善次郎の姉婿，安田銀行出資社員），安田善之助，顧問安田善次郎（安田銀行監事），相談役小山田信蔵，44年度末の重役以下の総人員は76名，給料月額1,068円，一人＠14.1円であった[99]。大正6年6月末の株主は安田善三郎750，善之助700，善四郎

600,善五郎600,善雄600,伊臣真250,善造,小倉鎮之助各107,その他13名計886株であった[100]。大正11年時点でも本店を日本橋区呉服町1,現地に太田事務所を置き,常務安田善弥,伊臣真,取締役安田善兵衛,小倉鎮之助[101],近藤重三郎(衆議院議員),監査役堤定次郎[102]であった(要録T11,p282)。その後水鉄は安田銀行からの借入等により,国鉄線との競争から大正7年には上菅谷〜常陸大宮間を建設した。必要資金は「九万九千五百八十二円十八銭也ノ銀行預金ヲ有シ居リ」[103],「諸積立金ヲ以テ流用シ残額ハ安田銀行ヨリ借入レ又ハ一部増資ニ依ル」[104]としていたが,現実には建設費24万円の金額を安田銀行に全面依存であった。水鉄は「国有鉄道既設線との線路の系絡をはかり,円滑な連絡を行なう」[105]との理由で昭和2年12月1日国有鉄道に336.3万円で買収されて姿を消した。昭和初期の私鉄買収には種々の思惑が付き纏ったが,当社の買収理由は「政府の予定線に合致し…鉄道省と会社と協定して,前から直通運転をやって居り…買収は時期の問題で遅かれ早かれ国有鉄道となるべき運命にあった」[106]とごく自然に理解されている。十五が32年2月までに累計25万円の融資を敢行して,一回の利払いも受けることなく,8年後の40年8月に僅か28.5万円で手放し,辛うじて元本ロスだけは免れた水鉄といういわくつきの投資物を買収時期を数年以上も引き伸ばしたあげく,捨て値で拾い上げた安田は,若干の追加投資はあったものの,20年後の昭和2年に当初投資額の何倍もの金額で国家に買収されて,相応以上の利回りをも享受した上で投下資本を全額回収した。結果的には安田善次郎が当初から見込んだように,国有鉄道網の支線たる地方鉄道への投資は安田家の世襲財産として十分な安全性と収益性を安田家にもたらしたといえよう。

注

1) 100)『帝国鉄道要鑑』第4版,大正7年,p86
2) 田辺朔郎編『明治工業史』鉄道編,大正15年,p325。『茨城交通三十年史』も「太田鉄道は明治34年,十五銀行に買収されて水戸鉄道と改名した」(昭和52年,p4)とする。
3) 竹内権兵衛談『日立電鉄40年史』昭和43年,p4。竹内家五代目権兵衛が茨城交通の前身・水浜電車社長等に就任「茨城の交通王」と称されたが,太田鉄道は10株の出資のみ。
4) 6年5月創業,資本金5万円,払込済,株主人員114名(農商務省『第八次農商務統

計表』26 年 7 月, p 117)
5) 佐藤幸次『茨城電力史』上, 昭和 57 年, p 6, 38
6) 後の大正期にも竹内・前島はともに電気事業を経営し,「両雄並び立たずと言うか, 太田町の生んだ二人の偉材は, 政治的にも経済的にも対立した仲」(海老沢尊照『評伝竹内勇之助』昭和 42 年, p 74) と言われた。
7) 28 年 12 月 5 日付「工事延期願」『鉄道院文書・太田鉄道』所収
8) 矢田登は 20 株主, 水戸市上市荒木町, 第百四国立銀行支配人, 日本鉄道水戸駅の貨物取扱業者の水戸運送取締役, 後に水商取締役 50 株主, 常岩鉄道指名委員『鉄道雑誌』14 号, p 37
9) 宮本逸三は那珂郡芳野村, 太田鉄道監査役, 水商 30 株主, 後に水浜電車取締役, 昭和 5 年 4 月 15 日死亡 (『茨城交通三十年史』昭和 52 年, p 269)
10) 豊田幸延は 10 株, 太田町, 太田商業会議所副会頭, 太田協同銀行頭取, 水商取締役 25 株主, 常岩鉄道指名委員 (『鉄道雑誌』14 号, p 37)
11) 前嶋由兵衛は太田町, 太田商業会議所常議員, 呉服太物商, 亀屋, 地主, 太田銀行取締役, 水戸運送取締役, 30 年に株式を額面で 1.55 万円, 内訳は太田銀行取締役 120 株, 百四銀行 20 株, 太田協同銀行 20 株, 常北商業銀行 30 株, 東京人造肥料 20 株を所有して太田鉄道も 100 株引受。前嶋には前島貞之助『前嶋由兵衛と私』昭和 12 年という私家版伝記あり (野田正穂『日本証券市場成立史』昭和 55 年, p 202)。
12) 川崎東作は 200 株主, 東京市日本橋区桧物町, 川崎銀行副頭取, 東京割引銀行監督, 旧水戸鉄道検査委員, 日本石油等の設立にも関与。署名は取締役となる東京麹町区の松本錬蔵が代筆 (『財づる物語』大正 15 年, p 242)。
13)「太田鉄道創立願」25 年『鉄道院文書・太田鉄道』所収
14) 磯長得三 (東京市京橋区) は東京測量会社技師長・同社社長, 23 年 12 月岩越鉄道の若松~新潟間を線路踏測。前掲『帝国鉄道要鑑』第三版, p 職 5,『岩越鉄道創立趣意書並路測報告書』23 年 12 月
15)『日本鉄道請負業史 明治篇』昭和 42 年, p 232
16) 小山田信蔵 (東京市本郷区真砂町 15 番地) は 3 年 10 月生, 士族, 北海道炭礦鉄道取締役・監査役 5,052, 日本鉄道 1,985, 日本郵船 1,500, 3 種合計 8,537 株, 時価総額 73.6 万円 (32.4.2 時事), 31 年上期には天満紡績 151 株, 水商頭取 200 株等を保有。主な関係先は豆相鉄道社長, 勢和鉄道取締役に就任したが,「同会社重役中に内訌を生し…辞任」(『鉄道雑誌』1 号, p 26), 太田鉄道社長, 日本製革相談役, 金沢電気監査役, 水海道鉄道, 王子電気鉄道各創立委員, 豆相電気鉄道, 函東鉄道, 豊中電気鉄道 (信州豊野~中野), 石巻鉄道 (小倉良則成田鉄道社長ら), 房陽鉄道, 京堺鉄道, 北信電気鉄道 (豊中電気鉄道の延長), 女川鉄道 (千坂高雅, 首藤陸三らと), 水陽鉄道各発起人 (『鉄道雑誌』『要録』「役員録」M 31), 隅田川倉庫社長 (要録M 34, 役 p 89), 毛武鉄道 600 株
17) 25) 26) 27) 28) 35)「小山田信蔵君伝」広田三郎『実業人傑伝』30 年, p 56
18) 19) 24) 34)『大日本実業家名鑑』大正 8 年, p 274
20)『本邦生命保険業史』昭和 8 年, p 138
21) 32) 西村文則『飯村丈三郎伝』昭和 8 年, p 324~5,127。小山田側では水戸徳川家の

2万円返還の訴えに対して「故義礼公とハ株式売買を始め種々の営利事業に関係したる間柄なるを以て其間にハ相互に貸借あり」(34．7．13万) と抗告し無罪となった。
22) 川島正訓 (東京下谷区) は破綻した久次米銀行の元副頭取, 房総鉄道, 津軽鉄道各取締役, 高根山石材, 成田鉄道各監査役 (要録M 31, 役p 129), 成田鉄道株主, 常岩鉄道発起人
23) 水商には取締役として久能木宇兵衛 (200株, 東京市日本橋区室町3丁目, 帝国鉄道協会正員, 滋賀県の八幡鉄道, 毛武鉄道2,000株各発起人, 京板鉄道発起人総代, 常岩鉄道指名委員。渋沢栄一も毛武1,100株主, 京板発起人), 北村英一郎 (150株, 第百十二銀行監査役20株, 内国保険取締役300株, 北海道鉱山取締役, 帝国貯蓄銀行専務300株, 札幌貯蓄銀行頭取, 諏訪電気取締役, 東京電灯監査役, (筠田中銀行監事150株, 東洋石油取締役, 北海道炭礦鉄道取締役3,500株), 田中専五郎 (荏原郡大森町, 日本製革社長, 大森銀行取締役, 品川銀行監査役 (要録M 31, 役p157)), 子爵・小笠原寿長 (大阪生命の預金先で, 42年重役の投機失敗で取付となった佐野商業銀行の頭取, 愛国銀行頭取, 日本生存保険社長, 日本製革取締役, 羽田養魚取締役, 完全肥料取締役 (要録M 31, 役p 77)), 弁護士の宮古啓三郎 (京橋区本材木町, 護国生命監査役 (要録M 31, 役p 389)), 本橋和助 (本郷区元町, 所得税4円 (紳M 31, p 567), 東京支店詰 (要録M 31, 役p 420)), 大株主として小倉良則 (100株, 成田鉄道社長, 成田銀行頭取, 東京市内衛生社長, 石巻鉄道取締役 (要録M 31, 役p 80)), 梅津三之助 (200株, 東京京橋区, 山形県平民, 嘉永元年11月生, 豆相鉄道400株, 毛武鉄道30株, 両羽絹絲紡績取締役, 帝国砂金取締役, 蔵王石油取締役 (要録M 31, 役p 228)), 矢田登 (取締役) らが参加した (水商『第一期営業報告書』31年上期, 要録M 31, 役)。同行東京支店事務長には落合甲太郎〔日本橋浜町, 小山田も相談役の日本製革の監査役, 36年11月30日解散を決議した豆相鉄道臨時総会では株主総代として議事録に署名 (36年11月30日豆相総会「議事録」)〕が就任した。
29) 山中新 (本所区新小梅町) は豆相鉄道相談役 (要録M 31, 役p 255), 水商100株主, 29年小山田と豊中電気鉄道発起『鉄道雑誌』4号
30) 『日本国有鉄道百年史』第4巻, p 387 所収
31) 36) 前掲「工事延期願」
33) 飯村丈三郎は茨城県真壁郡黒駒村, 県会議員, 第六十二国立銀行取締役, 水商30株主, 自由民権運動のリーダーで, 旧・水戸鉄道には創立時より参画し (中川浩一『茨城県鉄道発達史』上, 昭和55年, p 18), 18年取締役, 24年いはらき新聞社長, 30年太田鉄道社長, 31年東京精米社長, 35年日本火災専務 (後に副社長) に就任した。なお飯村は太田鉄道以後は「完全に川崎系の代表者として」(前掲『飯村丈三郎伝』p 127) 京成, 常総, 茨城各鉄道にも関与した。17年に救済した水戸六十二銀行は36年12月14日支払停止, 37年6月8日破産宣告 (M 37．7 B) となった。
37) 逓信技師による「監査復命書」『国鉄百年史』第4巻, p 387
38) 東株『五十年史』付p 146
39) 立川次郎介太田町長談, 前掲『日立電鉄40年史』p 17
40) 41) 45) 『工学博士長谷川謹介伝』昭和12年, p 54～5
42) 日鉄小野社長が同社株主に岩越株引受を勧誘し,「岩崎氏に於て四千株, 十五銀行に

第7章　太田鉄道と十五銀行

於て四千株応募」(「日下知事の演説」『渋沢栄一伝記資料』第9巻,昭和31年,p 125所収)した。日本鉄道の岩越株買入はM 30.10.20, 8,653株買入(@5円払込を3.5円17.3万円買入)れたが,岩越株下落で11.8万円評価損計上(35.2.15 R)

43)『国鉄百年史』第4巻,p 336

44) 太田鉄道に融資した十五は「明治十四年十一月に至り日本鉄道会社の創立に際し大投資を行ひ」(『大日本銀行会社沿革史』大正8年,p 47),31年現在でも304,876株も保有する日本鉄道の筆頭株主で,明治期の銀行を通じても異例の大口投資であり極めて高い持株比率となっていた。十五は他にも岩越鉄道5,000,日本勧業銀行205,日本郵船1,500,横浜正金銀行100,総武鉄道100株等を保有しており,日鉄がさらに岩越鉄道8,653株を保有していた(要録M 31, p 232)。十五銀行監査役(丁酉銀行取締役)の清水宜輝が岩越鉄道監査役を兼務し(要録M 31,役p 395)前田青莎が33年6月11日岩越鉄道取締役,33年12月専務,38年3月専務兼会長に就任した。日本鉄道と十五の関係については星野誉夫「日本鉄道会社と第十五国立銀行(3)」『武蔵大学論集』第19巻,昭和47年,p 154以下参照

46) 十五銀行は「二十八年一月ヨリ六月ニ至ル六ケ月間貸付金額左ノ如シ…一,金六十一万千七百五十円　七口　銀行会社…又此抵当物ヲ種類ニ拠リテ区別スレハ左ノ如シ…一,金四十万円　鉄道」(第十五国立銀行『第三十七回実際考課状』28年6月,p 22~3)とあり,28年上期に鉄道抵当で40万円を融資したが,これは銀行会社への7口の貸付金の65.3%を占める。仮に太田鉄道への20万円融資がここに含まれているとすると,銀行会社への全貸付金の1/3,全鉄道抵当金の半分を占める大口貸付ということになる。ほぼ同じ頃の大口貸付として判明するのは十五銀行が他行とともに播但鉄道に20万円を融資した事例である(32.9 B)。日本勧業銀行が軽便鉄道に貸付開始するのは大正3年11月からで,貸付先は第一号とされる播州鉄道以下,富士身延,御船,藤相,中遠,武岡,魚沼,流山軽便,下津井軽便,芸備,大川,石川,吉野,松阪軽便,宮崎軽便他2社,15口,245.8万5千円であった(日本勧業銀行『創業二十年誌』大正6年,p 100以下)。十五の放漫な貸出方針に関わった山本直成常務は旧小浜藩士,岩倉家家扶で,23年9月十五の世話役から支配人,30年3月常務に昇任,30年8月設立の十五系・丁酉銀行の初代常務に就任(30.9 B)したほか,日本鉄道,岩越鉄道各取締役(要録M 31,役p 262)を兼ね,小浜鉄道発起人など各地の鉄道発起にも関与する一方,根室の柳田藤吉,佐賀の諫早などとともに横山源太郎仲買店の「自店の得意なる十五銀行の山本直成」(野城久吉『商機』43年,巻末p 86)などと株界との濃密な関係をしばしば噂され,「支配人山本直成は公岩倉具視の家令であったが,公卿さまの家令には似気ない相場ずきで,炭礦株の買占めなどもやった」(狩野雅郎『買占物語』昭和2年,p 44)とも言われる。31年3月の日本鉄道役員選挙では十五銀行派と改革派の対立があり,日鉄旧役員でもある十五銀行派の代表格の山本と,「旧役員の多数を挙げ,今回の好機を逸して刷新を加うるあたわず」(31.3.31時事)と旧役員の居座りに反発した改革派(参加華族210余名)の華族との間に亀裂が生じた。同じ頃十五の株価も85~6円に下落し「株主間の不安の念は…益々鬱結」したため初めて十五の総会で紛議を生じ,議長は「将来,行務ノ改革ヲ約束」(『十五銀行沿革史(稿本)』下)した。この後十五頭取に新任の園田孝吉が「銀行員ガ仲買人ト来往スルヲ禁絶セントス」と厳重に注意す

ると「行員皆ナ此点ニ於テ深ク戒ム」(『十五銀行沿革史(稿本)』下)とあり,園田の下で31年10月5日常務を辞任した山本直成等の言動を想起したと見てよかろう。
47)『太田鉄道株式会社整理報告書』
48) 前掲『渋沢栄一伝記資料』第9巻,p 312。毛武鉄道『株主名簿一覧表』明治29年時点
49) 鉄道抵当法の第66条の便法がない場合は「会社を設立した上之をして競落さす…場合に競落し得ざるときは会社は解散することとなる」(前掲『工場・鉄道及鉱業抵当法論』p 80)危険がある。
50) 前掲『茨城電力史』上,p 8
51) 前掲「日本鉄道会社と第十五国立銀行(3)」p 180
52) 高橋亀吉『株式会社亡国論』昭和5年,p 378
53) 十五は東株仲買人の吉川金兵衛と緊密な取引関係があり,31年の北炭買占事件では子銀行の丁酉銀行ともども雨宮らの買方の主な資金源になったと目され,「雨宮の持参する炭礦株に対して現金を融通しないで,他の株券や公債を提供」(南波礼吉『日本買占物語』昭和5年,p 59)し,雨宮は借出した証券類を株式仲買人の井野粂吉の名義で第三,安田,明治商業(以上安田系),七十七,東海,東京商業,三十六,第二各銀行等へ担保に差入れて資金調達したが,これは十五の小切手を振出すことで買占めの本尊が暴露するのを恐れたためとされている。雨宮の北炭買占が失敗した理由は一説には十五は買占め資金供給のリスクを勘案して雨宮から担保に徴求した北炭株をこっそりと証券市場へ売りつないでいたからとも噂された。なお丁酉銀行日本橋支店長鬼塚静敬は岡部広と懇意で岡部の買い占めた生保株式を担保に16.9万円もの融資を行うなど,買占めに加担し「時価十三円内外,平均十六円内外で買占めし株券が一個二十五円づつの担保となる,丁酉銀行の無算当も驚くべきである」(『本邦生命保険業史』昭和8年,p 137)と評されている。丁酉銀行(大正9年十五銀行と合併)は大正3年8月には大蔵大臣から担保付社債信託法に基づく信託会社の免許を得た(興銀『本邦社債略史』昭和2年,p 62,『日本金融史資料 昭和編』第24巻,p 478以下)。
54) 55)『帝国鉄道大観』第4編,昭和2年,p 33,38
56)「株主総会決議録」33年7月13日,鉄道院文書,水戸鉄道ノ部
57) 60)『国鉄百年史』第4巻,昭和47年,p 389所収,付録 p 3。中川氏は『日本鉄道史』に33年8月20日付免許の記述がない点に注目されるが(前掲『茨城県鉄道発達史』上,p 53),『日本鉄道史』以外にも同様に訴訟による会社設立の遅れを見落とした記述が多いように思われる。
58) 33年7月14日付「設立認可願」,同文書
59) 33年7月14日付千家尊福東京府知事逓信大臣宛副申,同文書
61) 33年8月3日付大臣宛千家知事副申,同文書
62) 伴野乙弥(牛込区矢来町)は法学士,日銀営業局第二課長を経て31年11月24日十五支配人就任,35年3月27日興銀理事
63) 成瀬正恭は子爵,横浜正金,日本貿易銀行を経て31年十五副支配人兼預金課長となり,34年7月日本橋支店支配人,35年3月本店支配人,44年7月取締役,副頭取,頭取,十五系列の丁酉銀行頭取ほか兼務多数(前掲『銀行会社と其幹部』T 6,p 35)

64）今井高行（浅草区）は大蔵省より帝国商業銀行副支配人に転じ，十五副支配人・貸付兼計算課長，35年3月日本橋支店支配人，丁酉銀行，帝国倉庫等の役員を兼務（『銀行会社と其幹部』T 6，p 36）
65）松山可澄は32年12月十五の最初の支店たる日本橋支店初代支配人就任
66）中根虎四郎は安田銀行庶務課長，甲武鉄道，房総鉄道，京浜電気鉄道各監査役
67）山中安吉は日本橋区の質商，安田銀行顧問役，協議役，中国鉄道1,685株主
68）33年8月2日「創業総会景況書」，同文書
69）78）『帝国鉄道要鑑』第3版，39年，蒸p 480
70）横山甚太「履歴書」，鉄道院文書，買収・水戸鉄道巻一
71）中川浩一『茨城県鉄道余話』下，昭和56年，筑波書林，p 131
72）73）安田不動産刊『安田保善社とその関係事業史』昭和49年，p 372
74）木村勘之助は十五抵当課長，35年3月辞任した社長伴野乙弥に代って4月社長就任
75）関口雄は十五庶務課長，房総鉄道社債権者4万円
76）原田周次郎は大阪府出身，十五創立以来の古参で十五貸付，抵当課長（『銀行会社と其幹部』大正6年，p 36）
77）『帝国鉄道要鑑』第2版，36年，内p 334
79）『銀行会社と其幹部』大正6年，p 36
80）40年11月8日鉄第九〇五号，逓信省公文書第150巻
81）『日本興業銀行五十年史』p 19，諸M 34，p 78
82）前田青莎は東京上大崎，33年6月11日岩越鉄道取締役，33年12月専務，38年3月専務兼会長，後に十五系国際信託社長
83）太田弥五郎（後の安田弥五郎）は善次郎の妹婿，31年時点では安田銀行協議員，水橋銀行監査役（要録M 31，役p 102），七尾鉄道発起人，安田銀行株主，類家・瓢舎（前掲『安田善次郎伝』p 574，由井常彦編『安田財閥』昭和61年，日本経済新聞社，p 261，283以下同じ）
84）後の安田善兵衛，安田保善社出資社員・理事，類家・桔梗舎，京浜電気鉄道常務
85）善次郎の長男，安田銀行頭取，宗家・松廼舎
86）善次郎の養子，安田保善社出資社員，分家・葵舎，安田銀行株主
87）40年11月21日水甲第一三五号，逓信省公文書第150巻
88）89）由井常彦編『安田財閥』昭和61年，日本経済新聞社，p 261，283
90）91）92）93）『安田善次郎伝』大正14年，p 415，465，426。たとえば38年に安田系の中国鉄道を山陽鉄道が現金210万円で買収しようと申し込んだ際，大株主兼大口社債権者である安田善次郎は中鉄の身売に猛烈に反対し「売急ぐ要なし，山陽と同額にて安田一人買受けん」（M 38.11 R）との意向まで示した。また40年に安田善次郎は東京大阪間を数時間で直結する日本電気鉄道発起に関する談話の中で「如何なる方面から考へて見ましても是れは立派な国家事業でありますから私は無論賛成とか権利とかそんなものを当てにせず利回はりにも関係せず総ての株を皆売っても是れを世襲財産にする積りで遣りたい」（40.2.23 R）と安田家世襲財産の心算を吐露している。
94）安田が傘下に収めた帝国製麻等の場合，計数感覚に優れた近江商人が株主として多数参加していたこともあってか，「帝国製麻の所有地を自家直営の安田製釘所に譲渡した

時の如き時価の三分の一…関係会社の株主配当を故意に減少せしめて株式の低落を画策し機に乗じて之を買収し一族の勢力圏内に引入れ」（T 10.10.6 保銀）たとの「猜疑嫉視の妄評」も見られた。

95) 川上龍太郎『鉄道業の現状』44年, p 151, 4
96) 44年1月27日水甲第八号, 鉄道院文書, 買収・水戸鉄道巻一
97) 伊臣真（浅草区今戸町）は善次郎の養子となった善三郎の実弟, 安田保善社理事, 根室銀行, 東京火災各取締役
98) 安田善弥は弥五郎長男, 類家・萩廼舎, 安田銀行副支配人, 第三銀行取締役・大阪支店支配人
99) 『株式年鑑』大正2年版, p 356, 『明治運輸史』軽便, p 27
101) 小倉鎮之助は秋田電気, 群馬電力等安田系各社取締役（要録T 11, 上 p 129）
102) 堤定次郎は秋田電気, 群馬電力等安田系各社取締役（紳T 14, p 333）
103) 大正6年1月22日付「事業資金ノ儀ニ就キ御願」, 鉄道院文書, 水戸鉄道巻二
104) 大正5年12月15日付「重役会決議」, 鉄道院文書, 水戸鉄道巻二
105) 『国鉄百年史』第9巻, 昭和47年, p 630
106) 清水啓次郎『私鉄物語』昭和5年, p 305

第8章　豆相鉄道・伊豆鉄道

1．豆相鉄道
(1) 豆相鉄道の創立

　明治期の諸私鉄の中でも困窮度の最も高いと考えられる豆相鉄道（資本金18万円、以下単に豆相と略）は明治27年4月18日（以下明治の年号は省略）甲州系鉄道資本家の雨宮敬次郎、岩田作兵衛、水戸の代議士で水戸商業銀行（以下単に水商と略）頭取・小山田信蔵（第7章参照）ら6名により発起された。27年9月静岡県駿東郡長泉村大字下土狩（旧三島駅）から三島町、南條等を経て田中村大字大仁に達する10哩50鎖（2呎6吋）の仮免状を下付された（27.10B）。開通前の30年頃は東京から修善寺方面への温泉客は沼津駅から三島宿までの1里25町を乗合馬車または人力車で後戻りし、「三島宿の中央三島神社華表前のほとりより右折せる修善寺道あり、其の里程は五里余にて人力車三十五銭、夏季は乗合馬車の往復する事もあれど発着の時間甚だ不規則」[1)]という不便をかこっていた。当初の第一次計画は創業総会で小山田が報告した会社沿革の大要によれば「二十六年五月…国府津ヲ起点トシテ小田原、吉浜、門川、熱海ヲ経テ日金嶺ヲ横貫シ大場ニ出テ三島ヨリ沼津ニ至ル本線及ビ大場ヨリ分岐シテ南條ニ至ルノ支線ト小田原ヨリ分岐シテ箱根湯本ニ至ルノ支線ヲ布設シ水力電気ヲ以テ運転セン」[2)]との豆相電気鉄道計画に端を発している。測量に数ヵ月かけて調査した結果「建設資金多額ニ上リ収支ノ見込確立セザルニヨリ更ニ転ジテ国府津ヨリ小田原湯本ヲ経テ箱根嶺ヲ貫キ（同嶺ニ長キ隧道ヲ穿チ）三島ニ出テ沼津ノ官線ニ連絡スル」[3)]第二次計画に縮小した。雨宮、小山田、辻村熊吉[4)]らは「早川水流を利用し塔の沢に発電所を設け国府津を起点として熱海、三島を経て沼津に達するの電気鉄道布設を計画し、已に塔の沢に仮事務所を設置して多数の技師をして測量せしめつつあり」（36.10.17R）と既存の小田原馬車鉄道側に警戒の念を起こさせていた。これらの大掛かりな測量費等は総計で6千円を超えたと小山田は報告している。

　第二次計画は箱根の「早川の水力を利用し国府津より小田原熱海を経て海浜

を回り三島の本線に連絡せしめん」[5] というもので，御殿場回りの東海道本線に比し「トンネルの暗中を避け風光明媚の海浜を通過して旅客を楽しましむる」[6] 回遊型遊覧電気鉄道を志向していた。

26年9月30日豆相電気鉄道としての創立総会を東京市本郷区真砂町15の小山田宅[7] で開催，同日付の創立請願書では第二次計画のうち両端の小田原線，三島線のみを敷設し，中間の伊豆山の東西連通線は「追テ時運ノ進歩スルニ随ヒ東西相連通セシムヘキ希望」と事実上棚上げした上で，「小田原線ハ早川ノ水力ニ依リ，三島線ハ稗川ノ水力ニ依リテ発電シ…小田原及三島線トモ米国ノ法式ニ依リ四呎八吋半ノゲージ」[8] に修正（第二次計画）していた。

一方22年雨宮敬次郎と熱海の有力者によって出願され，「当地小田原間に人車鉄道を敷設せんとて当地の有志者発起し，中途にして電気鉄道に変更の計画ありし」[9] 豆相人車鉄道（29年3月全線開通）も一時期には上記の第二次計画とほぼ同じ「熱海終点を延長して天城山麓を横断し南條三島を経て東海道線沼津に連絡するの設計変更を企つる」[10] 電化・延長の可能性を報じられているが，「静岡県三島町の有力者が，雨宮敬次郎氏と契約し，東海道線佐野，沼津の間なる薄原に電車停車場を新設して該鉄道に連絡し，さらに三重町を経て伊豆南條に達するの企画」[11] に合流するなど，雨宮らの立てた計画と，この豆相（電気）鉄道計画とは共通点も多く，雨宮系と小山田系との間で企画段階での連携がその後に離合集散を示したことを推測させる。現に豆相では雨宮は創立時にこそ400株の筆頭株主で仲間の岩田作兵衛を取締役に送り込むものの，すぐに姿を消すからである。『静岡県鉄道物語』も24～6年頃に開始された雨宮・小山田共同の電気鉄道計画が実地調査による計画変更のため，それぞれ別の豆相人車鉄道と豆相へと分離したものと解釈している[12]。

しかし当時は技術的に未確立だった電気鉄道計画のままでは「政府当時未だ電気鉄道の利害を詳にせす…〈認可が見込み薄なため〉…已むなく其計画を変して之れを普通鉄道となし」[13]，27年4月社名から電気を外して豆相鉄道に変更，「設計ヲ変更シテ神奈川県下ノ線路ハ当分其敷設ヲ見合セ」[14] 下土狩～大仁間の軽便鉄道に三転して，冒頭の出願となったものである。工事は当初大阪の長谷川工学士[15] に監督技師を委嘱，東海道線の佐野と沼津間に新駅を設置して，大仁と連絡する計画であった[16]。

29年5月23日中泉～田中間10哩41鎖の本免状下付後，創立総会を開き，本社を東京市日本橋区蛎殻町に定め，役員を選挙した結果，社長小山田2,545

第8章 豆相鉄道・伊豆鉄道

点200株,取締役に美濃鉄道を共同発起した岩田作兵衛2,545点200株,南部助之丞2,345点(東京,200株),辻村熊吉2,345点200株,監査役に子爵・山内豊尹2,475点70株[17],地元三島の駅設置請願運動の中心人物の一人であった花島兵右衛門2,415点50株[18]が当選した。その他相談役には雨宮が収監された「鋳鉄会社事件」で小山田らと共に「善後策講究の委員」[19]となった阿部彦太郎(大阪,米穀商,100株),伊東茂右衛門(豊多摩郡淀橋町),山中新50株(第7章)が就任した。創立時の役員以外の大株主としては雨宮400株,横山孫一郎200株[20],徳川篤敬100株[21],日本郵船社長で,小山田も取締役として参加した勢和鉄道社長でもある森岡昌純100株[22],佐々田懋(東京,80株),旧水戸藩主・徳川篤敬家家扶の川辺善固[23],吉村信吉(東京,50株,水商250株),中山直温(茨城,50株,水商250株),高須善助(福井,50株,水商295株主),小倉信近(東京,50株),石坂俊寛(東京,50株),大貫一(茨城,50株,水商200株),青木章次郎(茨城,50株),三島町長・鈴木代二郎40株など株主数32名であった[24]。遠隔地の水商ないし茨城県関係者は小山田派株主と考えられる。監査役選挙で85点で次点となった川崎芳之助[25] 80株,梅津三之助50株[26]はいずれも後に社債を引受け役員となる。

　免状下付後,雨宮・岩田が役員の甲武鉄道技師・建築課長の菅原恒覧を技師長(要録M31,役p432)として,30年2月三島町より両方面に起工したが,起点を沼津に変更,線路を大仁～湯ヶ島,江の浦,沼津～佐野間に延長,このため15万円の増資を決議した[27]。30年6月時点で資本金40万円(総株数8,000株,うち22.1万円払込),借入金59,083円であった。31年5月5日第1工区竣工,同月20日三島町～南条(現伊豆長岡)間5哩65鎖,同年6月15日旧「三島」駅(現下土狩)～三島町間1哩45鎖,32年7月17日南条～大仁間3哩21鎖開通,32年度の開業路線は10哩51鎖,停車場数6,機関車2両,客車11両,貨車12両であった[28]。

　部分開業のままでは運賃の安い既存の乗合馬車との競争が激しく,32年3月14日「未成線路を速成する為め」(32.3.25 R) 12%もの相当高利な社債20万円を起こして,大仁までの全線開通を目指した(32.4 B)。しかし終点大仁から修善寺までは約1里もあり,全線開通後の36年発行の案内書は「豆相と称すれども,今は未た伊豆の西部に十哩強の短かき線路を有するに過ぎず…皆小停車場にて,付近に記すべきなし」[29]と冷たい記述か,巻末に付録的に豆相を取上げても「伊豆の西部十哩ばかりの処を運転せる短距離鉄道にして,沿

岸見るべきもの少なしと雖ども，温泉として有名なる修善寺は実にこの鉄道によるを至便なりとす」と記述するものの，本文では「伊豆修善寺の温泉に行かんとする者はこの（佐野）停車場よりするをよしとす」[30]と佐野駅経由しか紹介していない。御殿場経由時代には豆相はむしろ修善寺への迂回ルートだったのであろう。

(2) 豆相鉄道の社債発行

　豆相社債に関して『社債一覧』は僅かに発行高 200 千円，発行明治 32 年とするのみであるが，現実には「豆相，高野の両線は当時に於ける有数のボロ鉄道で，可成りひどいやりくりを続け…」「当時この〈豆相〉鉄道は欠損続きで買収でもして貰はんことには二進も三進も行かない状態」[31]であった豆相にとって，高利社債発行は物価騰貴，新株募集失敗のための資金難の現れの一つであったと考えられる。31 年 7 月 31 日豆相は外債募集を検討中の房総，豊川，尾西の 3 鉄道と協議して「政府ニ於テ外人ノ債券所有ヲ公認スヘキヤ否ヤ」[32]の伺書を連署して鉄道局に提出しており，小山田が房総の加東徳三，豊川の横山孫一郎らと連携して外資導入まで模索した。社債募集の手続としては豆相はまず 31 年 6 月 7 日臨時総会を日本橋倶楽部で開催し，「社債券発行之件」は「募集並ニ払込期日等ハ重役ニ一任ノ事」[33]を議決した。さらに 31 年 11 月 13 日臨時総会を開催し，「一，元金ニ対シテハ払込ノ翌日ヨリ償還ノ当日マテ一ケ年ニ付百分ノ十二即チ年一割二分ノ割合ヲ以テ支払フベシ。…一，社債応募価格ハ百円ニ付金八十五円以上トス…但シ社債応募時期ハ当分延期スル事」[34]を決め，32 年 1 月 10 日逓信大臣に社債発行を申請，32 年 3 月 14 日認可された。社債権者は全部で 6 名で小山田信蔵 12.3 万円，和田鉄太郎（麹町区平川町 6 丁目）2.5 万円，川崎芳之助 2 万円，梅津三之助 1.9 万円，小山田量（小山田と同じ本郷区真砂町 15）8,000 円，宮川由五郎（東京府荏原郡大森町）5,000 円であった。梅津と川崎の分は後に小山田が買い取ったが，この分は 1 枚 100 円の少額券面であった。

　金欠の小山田らは社債引受資金を他から調達したものとみられ，現に総額 20 万円のうち 28 ％が帝国生命 1 社に担保差入れされていたことが判明する。帝国生命の有価証券担保貸付の担保銘柄を吟味すると豆相社債等を含む貸付が 33 年末で 5 件（証書番号は有 19，有 27，有 38，有 40，有 50）あり，当該社債券面額の合計は 5.6 万円である。貸付先は空欄となっているが，「有 38」の共通担保が天満紡績 151 株，豆相 635 株，水商 739 株だから 31 年上期で天満紡績

⑨ 151 株主である小山田に対する貸付であろう。別に豆相株式を含む貸付 1 件（証書番号は有 48）も 37 年には証書番号有 105（担保は豆相 635 株，豆相社債 5.4 万円，水商 740 株，東京保税庫 400 株，枝下疏水開墾 345 株，帝都銀行 750 株）に一本化されるので同様に小山田分と推定される[35]。結局，豆相 945 株，同社債 5.6 万円は名義の如何を問わず，実質的には豆相社長たる小山田の物で，帝国から引受けの原資を得ていたと推定される。この融資の経緯は帝国の主事堀口昇の独断による貸株事件の処理策として 33 年末で小山田に対しやむなく総額 40 万円の大口貸付を行ったことに起因する[36]。小山田は「横浜港南沿岸数万坪の埋立を出願し先輩星亨氏を介して其許可を得た」[37]といわれるほど，当時は有力政治家・星亨との緊密な関係が取沙汰されていた。

(3) 豆相鉄道と三島銀行

豆相は『日本鉄道史』に車両を「三島銀行ヨリ借受ケ使用」（鉄中，p 609）した困窮私鉄として登場する。32 年 7 月豆相は官設鉄道を介して日本鉄道等とも連帯運輸を開始したが，当時の豆相等の乱脈私鉄は「官設鉄道連絡輸送に対する運賃のごときも，厳重なる作業局の約款にて，やむを得ず辛うじて納付する有様にて，間には延滞勝ちにて連絡輸送を解約せられんとするものあり，すこぶる窮迫の有様なり」（43.5.30 国民）と報じられ，鉄道官僚の小林源蔵も「借金で有名な…豆相，豊川の両鉄道の如きは輸送連絡の結果，官線に対する運賃の勘定を自分のところで取っておき…催促すると今ま金が無いから暫く待って呉れと云ふやうな有様」（35.1.18 R）と両社の資金難を暴露している。34 年 7 月，鉄道作業局は計算尻の担保提供に応じない豆相の連帯輸送停止を決定した。交渉過程で北越鉄道は免除となり，6 社は担保提供に応じ，豆相のみが不名誉な停止処分を受けた[38]。

豆相が「車両ヲ…借受」（鉄中，p 609）けた三島銀行[39]は三島町久保町に本店を置き，後に大仁，函南等に支店を配置する豆相沿線を営業エリアとする 27 年 10 月設立の銀行で，豆相監査役でもある花島兵右衛門が創立以来頭取職にあり，32 年末現在で資本金 15 万円（うち 14 万円払込），預金 10.6 万円，貸付金・貸越金 22.5 万円の規模であった[40]。

車両等を担保とした私鉄の資金調達の例としては未開業私鉄である伊賀鉄道が 31 年現在で北浜銀行より 2.5 万円（今西林三郎周旋，車両担保），鴻池銀行より 1.5 万円（機関車抵当）などを調達した例（31.12, 32.8 B）が知られている。通常は一旦債権者に質物の所有権を名義上移したことにして与信を受け，返済

時には元利金相当額で債務者が質物を買戻す形で担保解除するという譲渡担保形式[41]が一般的だと思われるが，三島銀行に保有の全車両を譲渡した事情はそれ以上に深刻であったようだ。次のような三島銀行に関する逓信省便箋に書かれた「豆相鉄道車両ノ件」と題する担当官のメモがある。「一，明治三十六年四月十八日付ヲ以テ機関車二台，客車十台，有蓋貨車六台，無蓋貨車六台，三島銀行ヘ譲渡許可申請。一，同年四月二十三日付ヲ以テ願意却下」[42]。

このメモは豆相の提出した整理方針に対し担当官が「三島銀行ヘ仮出シタル金一万四千四百二十四円ハ如何ナル性質ノモノカ」[43]と尋ねたのに対し，古山豆相社長が「用地買収等ノ為メ会社ノ帳簿上ニハ仮出シタル如ク記帳シアルモ，銀行ニテハ此勘定ノ記載ナク，之ヲ認メサルヨリ，債権トシテ計算スル能ハサルナリ」[44]と「仮出ノ性質不明」の事実を回答したことに関連して添付された。担当官としては却下されたはずの「三島銀行ヘ譲渡」された車両等に関連した違法行為を疑ったものかと考えられる。同じ担当官が豆相の負債整理方法を「事実ハ会社ノ帳簿ヲ検査セサレハ窺知スルヲ得ス…処分実行スルヲ得ハ従来ノ違法行為ハ消滅スルコトトナル」[45]として，整理案に多分に疑義を抱きつつも監督官庁が「従来ノ違法行為ハ消滅スル」と黙認したことから，勝手に「三島銀行ヘ譲渡」した車両問題等，「違法行為」が豆相に頻発していたことを示している。当局はこの車両譲渡問題を由々しき問題と捉えていたようで，1年後の38年2月4日の貴族院特別委員会で高木豊三から鉄道の差押事例を質問された山ノ内一次鉄道局長は「機関車ヲ差押ヘタ例ガアリマス，豆相鉄道デスカ，遂ニソレヲ競売シテ仕舞ッタノデアリマス」[46]と答弁している。正史の『日本鉄道史』にまで「車両ヲ三島銀行ヨリ借受」運転した事実を記載されたり，古参の鉄道記者の清水啓次郎が『私鉄物語』で「落語そっくり汽車差押ヘ」と形容する静岡県のさる私鉄の次の挿話も，当時の鉄道界・法曹界を賑わした三島銀行と豆相との訴訟事件の実話に基づいて笑い話に脚色したものであろう。「よくよく金に困ったと見えて，大切な機関車だの車体だのをそばから質に入れ，結局数列車分を皆抵当にして金を借りた，がさて利子は払へないし元金だって返せよう道理はない…結局談判が破裂して差押へ処分といふことになった…私鉄側は見得を切ってる債権者を冷やかに眺めながら『いかにも債務を履行するまでは抵当物件に関する限りお指図通りに致しませう，けれど車輪は，これは抵当に入って居りませんから…』と言って車輪を動かす手配をした…債権者の驚愕はその極に達し，やがて蒼くなって激昂し直ちに詐欺だといっ

て告訴した…抵当でない車輪を使用するのだから断じて詐欺ではないと私鉄側は抗弁した」[47]。

　33年8月5日原木～北条間が開通したが、33～4年頃には豆相の機関車の飛ばした火の粉が沿線の民家数軒を全焼させ、その補償問題も加わって、経営悪化に拍車を掛けたといわれる[48]。34年末にはこうした経営責任を取る形で小山田が社長を退任、34年11月13日[49]新社長には第二銀行（本店横浜、頭取原善三郎）東京支店支配人だった古山政治（本郷区弓町7）が就任した。第二銀行も豆相の債権者であった可能性もあるが、古山はその後住所を小山田と同じ本郷区真砂町に移すなど、密接に関係していた。解散前の38年9月末現在の豆相役員は一変し、社長古山政治、取締役・支配人越智元雄（本郷区弓町2から静岡県三島町へ移転）、取締役中村新之助（富山、千石、北陸生命取締役）、矢田勇、監査役は小山田の腹心と目される島村言一[50]、山鹿芳弼（下谷区仲御徒町）、職員は越智支配人のほか、庶務課伊藤龍之亮、計理課斉藤半三郎、運輸課斉藤銓三、保線課三浦為三郎であった[51]。役員中200株以上の大株主は取締役の矢田勇が764株所有するだけで、役員録に載るような資本家は登場せず、小山田前社長の1,993株（24.9%）を筆頭に梅津三之輔400株、高須善助（福井、水商株主）250株、横山孫一郎200株、辻村熊吉（水商株主）200株、阿部彦太郎200株などが上位を占め[52]、身代りの無名役員を立てつつ実権は依然として小山田が掌握し、後に述べるように伊豆鉄道への売却の時期を狙っていたと見られる。当時の三島警察署は自由党政治家でもある小山田の動向に関して33年10～12月の「星亨逓信大臣タリシ時、豆相鉄道線ヲ政府ニ買収セシムルノ目的」で50円払込の株式を平均25円で買占め、「十株以上ノ株主ニハ当時手形ヲ渡シ、今尚ホ其支払ヲ為ササル」[53]状態で、豆相は「創業以来利益ノ配当ヲ受ケサル…ヲ以テ多クノ株主ハ数年前ヨリ続々株券ヲ売放チ、前社長小山田信蔵ハ其等株式ヲ悉ク買ヒ占メ、目下ハ殆ンド小山田独有ノ会社タル状態ニシテ現ニ株主タル名義ヲ表ハスモノハ九十余名ナルモ其大部分ハ名義ノミノ株主ニシテ其実質ハ小山田ノ所有ナリ」[54]と内偵結果を報告している。例えば豆相社債の名義人・梅津三之輔も「拙者ノ名義ニ相成候趣ニ候得共、右債券ニ対シテハ拙者何等ノ関係無之候」[55]との覚書を豆相に提出している。真正所有者たる小山田は用心深く、名義人からこの種の覚書を事前に徴収していたものと考えられる。

(4) 豆相鉄道の借入状況

38年9月末現在の豆相の財政状態は資本金40万円（払込済），社債（32年3月発行）20万円，借入及未払金17.5万円の合計77.5万円で建設費54.3万円，繰越欠損12.4万円ほかを賄うという，極めて劣悪かつ不健全な体質であった。このほか，車両借入先の三島銀行分は，いわばリース取引のため，簿外負債となっていたと思われる。豆相の主要借入先である両羽銀行東京支店の所管取締役千坂高雅[56]は旧米沢藩国老の長男で，小山田が社長を兼ねていた隅田川倉庫（要録M 34, 役p 80）監査役であり，小山田と千坂は女川鉄道を一緒に発起[57]するなど，共同投資を行う間柄にあった。36年末における両羽銀行からの借入明細は，①34. 5. 9 抵当貸付 120,000円，日歩3銭2厘，②34. 6. 27 信用貸付 3,100円，日歩3銭，③34.10.13 信用貸付 720円，日歩3銭，3口計 161,988円であった[58]。①は逓信「省ノ御認可ヲ得タ」[59]正式な鉄道抵当貸付で，「抵当権設定金円貸借証書」によれば，34年5月9日両羽銀行頭取池田成章は豆相鉄道社長に対して「主務大臣ノ認可ヲ受ケ其所有ニ係ル後記鉄道及之ニ属スル物件ヲ抵当」[60]として12万円を貸与，償還期限は35年3月31日，金利は日歩3銭2厘で，「債務者ハ以上ノ契約ヲ履行セサル時抵当物件及動産ニ付直チニ強制執行ヲ受クルコトヲ認諾」[61]し，公正証書としている。

(5) 小山田信蔵の困窮と性向

38年までは大阪生命社長の岡部廣[62]に服属して，「岡部のために…九州生命には重役の一員となり，又大阪生命には一社員」（36. 9. 17大毎）として働いた九州生命（九生）取締役・野守嘉猷[63]は38年6月「全然他ノ羈絆ヲ脱シ旧地ニ復帰」（38. 6. 20福日）した九生創業者の一人として提出した農商務省への陳情書の中で，九生の中心人物に就任した小山田を評して「彼の言動は一も信を置くに足らず既往の事蹟を聞くに殆んど皆失敗に終り負債は一時数百万円の巨額に上り今猶数十万円を有し実業界の一大怪物を以て目せらるるの人」（38.11.14保銀）と断じている。すなわち36年12月18日大阪生命の実権を大和田荘七[64]から取り戻すことに成功した岡部は38年小山田に「金十五万円で九州，北陸両社は勿論，真宗，京都の二会社に対し今日まで岡部が握って居た実権」[65]を一括して譲渡する秘密契約を締結したとされる。岡部，小山田（水戸藩重臣小山田勝貞の長男）とも御三家・親藩の重臣の子息という誇り高い出自で共通していた。この契約には「小山田が他人より二十万円迄の借金をなす場合には岡部は真宗信徒の重役連をして，其の証書に連帯せしむることを承

諾」[66)]するという借入予約条項をも含んでいたとされる。野守は大阪生命買収に関し「岡部廣に交付したる等の金員は十数万円なりと誇称し其幾分を小沢男爵[67)]の直接関係ある徴兵保険会社より支出し又幾分は河村隆実之を負担したり」(38.11.14 保銀)として,買収の真意を「彼等の支出したる金員を九・北〈＝九州生命,北陸生命〉両会社の資産より償却し加之将来横浜港埋立工事[68)]其他彼等の事業に放資するが為めなり」(38.11.14 保銀)と断じている。しかし 35 年 7 月 16 日には小山田の機関銀行と考えられる水商が解散決議, 7 月 30 日解散登記し,またパートナーの川崎芳之助が取締役の帝都銀行も 37 年 10 月 18 日甲辰銀行と改称の翌年, 38 年 12 月任意解散に追込まれた[69)]。このため,生保株式買収資金に関して「小山田は十五万円はおろか五万円の金も融通が利かない」[70)]困窮状態と伝えられる。小山田は鈴木久次郎が 27 年に開坑経営していた茨城県の炭坑が転々と譲渡されていたものを阿部吾市(茨城採炭社長)と共同経営していたが,資金繰りのためか 41 年 3 月には山口嘉三(唐津炭礦主)に売却している[71)]。

　小山田の言動を地元の水戸で熟知する飯村丈三郎の実話によれば,小山田が水戸家重臣の金看板を悪用して各方面から無心を繰り返していた常習の詐欺師同然であった事実を列挙している。すなわち「〈小山田は〉世間から富豪を以て見られて居り,又相当豪奢な生活を続けて居る」[72)]にもかかわらず「自分は小山田が大金を儲けた話をきかない」[73)]上に,「安田善次郎から,可なり債務を受けて居る」[74)]ばかりか, 16 年飯村が整理を引受けた因縁のある水戸藩士族銀行の「六十二銀行の為に,水戸の士族の金を相当に損害させ…水戸家の金を随分利用し,そして損毛をかけて居る」[75)]「人物真価が不明」の「実に不可思議千万な人物」[76)]であると観察している。そして人物を鑑別する能力に長けた安田善次郎ですら,多重債務者のはずの小山田にはなぜか「あとからあとから金を貸して呉れる」[77)]と不思議がっていた。

2．伊豆鉄道
(1) 伊豆鉄道設立に関する従来の説

　豆相は車両を三島銀行より借受運転せざるをえないなど,負債が増加し,営業継続の見込なきため, 40 年 7 月 18 日新会社伊豆鉄道に総財産を譲渡した後に解散した(鉄中, p 610)。海野実氏は「豆相鉄道は営業権と総資産を姉妹会社の伊豆鉄道に譲渡」[78)]したとして姉妹会社への譲渡と解釈し,『静岡県鉄道

物語』でも「豆相鉄道は経営が思わしくなく…経営立て直しを図って…経営者はそのままで明治四〇年七月一八日に社名を伊豆鉄道に変えることになる」[79] とする。しかし現実には単なる改称ではなく，豆相の場合も 36 年 11 月 30 日の臨時総会で，第 6 章で検討した再建方式である既存会社の任意解散と新会社の新設という形態を採用した。伊豆鉄道（以下伊豆鉄と略）は 40 年 2 月 23 日に豆相と同一の土狩〜大仁間の仮免状を受け[80]，40 年 3 月資本金 60 万円で新設された。『日本鉄道史』によれば伊豆鉄は「水戸市小山田量外六名ノ発起ニ係リ資本金六十万円ヲ以テ豆相鉄道ノ譲渡ヲ受ケ明治四十年二月仮免許ヲ受ケ三月役員ヲ選挙シ会社ノ位置ヲ東京市本郷区真砂町ニ定メ七月十日本免許ヲ受ケ十九日ヨリ三島大仁間十哩五十一鎖ノ営業ヲ開始」(鉄下，p 579) した。専門誌『鉄道時報』も「小山田量氏外六名発起となり資本金六十万円を以て静岡県駿東郡長泉村字土狩を起点として同県田方郡田中村大仁に至る延長十哩五十一鎖間に蒸気鉄道（軌道幅員三呎六吋）敷設の件は予て本免状下付申請中なりしがさる十日付を以て下付せられたり」(40. 7 .20 R) と報じるに過ぎない。40 年の『鉄道局年報』でも判明するのは以下の諸点に限られる。すなわち豆相が 40 年 7 月 18 日三島〜大仁間 10 哩 51 鎖の免許状を返納し，同区間に関して 40 年 7 月伊豆鉄道設立が認可され，東京市本郷区真砂町 (＝小山田自宅) に本社を置き，資本金 60 万円，払込額 42 万円の「伊豆鉄道ハ豆相鉄道ヲ…買収営業シ」[81]，年度末において社債，借入金はなく，払込資本金 42 万円とその他 17.2 万円を併せた 59.2 万円の財源で，豆相買収費に創業費 388 円を含めた建設費 43.8 万円 (39 年度末の豆相建設費 54.4 万円より 10.6 万円も安く，1 哩当り平均建設費も 4.1 万円と私鉄平均の 6.1 万円より低い)，貯蔵品 822 円，その他 15.3 万円を併せ 59.2 万円の使途を賄っていた[82]。

　伊豆鉄設立に関する従来の説のうち，最も有力と思われるものは『三島市誌』のいう「新規出願者防止策」[83] 説であろう。『三島市誌』は花島兵右衛門 (三島銀行頭取)，蛭海文平，河島新兵衛 (三島銀行監査役)，河合龍節 (三島銀行取締役，前三島町長) と小山田，辻村らの合同発起になる伊豆鉄を「新規出願者防止策として組織された姉妹会社」[84] と位置付け，沼津・三島間の複数出願状況に鑑み，「万が一にも競願者の出た場合…対抗できない」として「三島・大仁間…だけは是が非でも権利の確保に当らねばならなかった」[85] との理由をあげている。出典は示されていないが，当時の地元での一般的な理解を反映した解釈と考えられる。しかし同書も後段では伊豆鉄の「経営は花島系統の銀行

経営者に移り…鉄道経営は金融業者が机上で算盤をはじき利息を生み出すが如き易々たるものではなかった」[86]として、三島銀行が机上で算盤をはじき債権回収を企画した自己競落会社としての性格をも暗示するなど、競願防止との説明には一貫性を欠くのではないかと思われる。

このように伊豆鉄については不純な意図の特別目的会社にありがちな非公然性選好の故か、情報が極めて乏しく、納得のいくような説明も存在しないように思われる。以下限られたデータから今一つの仮説の可能性を推論してみたい。

複雑で、官庁相手に手間暇のかかる法的手続が採用された以上、それに応じた相当の金融的な必然性がなければならない。まず小山田は前章の元太田鉄道社長としての経験から、太田鉄道が十五銀行からの負債を返済できず、十五銀行が太田鉄道の総財産を28万円で自己競落し、新社・水戸鉄道を設立した金融手法について身を以て熟知していた。さらに自己の機関銀行・水商も35年7月、関係深い帝都銀行も38年12月ともに解散に追込まれている。34年11月20日公証人の吉井立吉は「強制執行ヲ為スニ付豆相鉄道株式会社ニ送達」[87]すべく正本を作成したが、このことはとりもなおさず、豆相が支払利子を「二ヶ月間延滞」[88]するなど、「強制執行ヲ為ス」[89]に相当する債務不履行を既に起こしたことを示している。小山田が太田鉄道と同様に多年紛糾を極めた困窮私鉄たる豆相の借入金、社債、車両の譲渡担保、さらに当該社債等を担保とした自己の借入等、各種の負債返済の重圧から逃れるために、太田鉄道での新旧両社間の資産継承による再建手法をヒントにして種々画策したものと考えられる。遅くとも36年11月頃には計画されはじめた伊豆鉄は、40年7月に正式に設立が認可されるまでに数年間も要しており、この間に伊豆鉄の性格や内容が微妙に変化しているように思われる。そこで時期区分をした上で、時代順に追ってその性格を検討することにしたい。

(2) 第一段階の伊豆鉄道

37年2月5日に実行された豆相の抵当権者たる両羽銀行[90]から信濃商業銀行への債権譲渡以前の36年末の段階の伊豆鉄の構想を仮に第一次伊豆鉄と呼ぶことにしよう。この段階では地元の豆相株主であり、車両を担保に押さえた大口債権者でもある三島銀行花島頭取、河合取締役ら同行役員に対して、『三島市誌』のいう「競願防止」[91]という大義名分の下に新会社出願への参加を依頼した可能性があろう。

豆相はまず36年11月30日臨時総会で解散を決議し、会頭の小山田は豆相

総財産の売却代金，協定価額を一任すべき「清算人トシテ伊藤久蔵，滑川利左衛門，橋本亀次郎ノ三氏ヲ選定」[92]した。この際の「議事録」には水戸商業銀行東京支店事務長であった落合甲太郎[93]が株主総代として署名した。清算人の伊藤久蔵[94]は岡部廣の大阪生命の大口預金先の信濃商業銀行[95]元頭取で，35年12月18日大和田荘七から大阪生命の支配株式（もと岡部廣所有）を「信濃商業銀行にて引受け…同銀行側の人々大和田一門に代り」(37.1.8報知)，大阪生命および系列の海国生命など各生保の取締役（諸M 39, 上 p 297）等に就任した人物で，共謀関係にある岡部から「天晴れの敏腕家」[96]と激賞された「岡部と同じ穴の貉」[97]であった。岡部は信濃商業銀行頭取伊藤久蔵と共謀して「岡部の名を以て同銀行に約束手形を振出し銀行よりは之に対して預証券を発行せしめ之を担保として二三銀行より約六万円を借入れ而かも右の金額は之を会社の債務となし」[98]ている状態であった。このほか信濃商業銀行には有価証券を寄託しており，農商務省よりの「会社が金銭を預け入るべき銀行に就ては予め主務大臣の認可を受けしむること」「認可を受けたる以外の銀行に預け入れたる預金及会社の権利に属する有価証券にして現に寄託中に係るもの並に会社の貸付金は遅滞なく回収又は取立を為さしむること」[99]との回収命令にもかかわらず，38年1月現在なお預金の全額ともども一切回収に応じなかった。

　第一次伊豆鉄の発起人は発起人総代で信濃商業銀行元頭取の伊藤久蔵，信濃商業銀行元専務の鈴木茂七郎[100]，井口廣光[101]，雨宮正太郎[102]，伊藤彦九郎（芝区東町，木材所経営），越智直（本郷区元町1丁目，文教社取締役），稲垣丹次郎（神田区通新在町），栗原宜太郎（神奈川県中郡南秦野村，衆議院議員）となっていた。伊藤，鈴木，井口は信濃商業銀行の頭取・専務・東京支店支配人だったが，33年12月12日ほぼ同一役員による類似行名の信商銀行を設立したわずか半年後の34年6月20日信濃商業銀行は信商銀行合併を決議（34.7 B）して，34年8月6日合併実行[103]するなど，なんらかの深刻な決算操作を実行した後の30年代後半には相次いで退行し，同行自体も42年他行に買収され解散したことから見て，東京支店扱の不良債権の発生に関わったものではないかと推測される。三人が打ち揃って発起人に名を連ねざるを得なかった営業エリアを逸脱した遠隔地私鉄こそが問題の不良債権そのものであったと考えられる。雨宮正太郎など信用の程度不明の芳しからざる発起人が過半の6名にも達し，所管の東京府知事の進達書でも「一二ノ者ヲ除クノ外ハ概シテ信用厚キ資産家ト謂フコトヲ得ス。本起業ニ対シテハ充分ナル適任者ト認メ難ク」[104]と副申し

第8章　豆相鉄道・伊豆鉄道

ている。

　37年7月15日静岡県知事が山之内鉄道局長宛に提出した「三島警察署長ヨリ…申出」[105]た三島警察署の内偵結果でも「伊豆鉄道ノ発起人中伊藤久蔵，鈴木茂十郎ノ如キハ豆相鉄道会社ノ大株主ニシテ其他ノ発起人中ハ小山田信蔵ノ代表者及小山田ト関係深キ者ノミナレハ…自己ト密接ノ関係アル輩ヲシテ伊豆鉄道会社ヲ起サシメ，現豆相鉄道ヲ同会社ニ譲リ渡シ，其売却代金ノ内ヲ以テ負債ヲ償還」[106]しようと画策したと見ている。そして三島署の聞いた「両国銀行」（現実は両羽銀行→信濃商業銀行）などの「債主ハ会社ノ現状ニ鑑ミ，或ル一定ノ金額ヲ以テ示談棒引ト為スニ同意シタ」[107]としており，この36年末段階の第一次伊豆鉄は，水戸鉄道における十五の場合と同様に債権者たる銀行のダミー（又は自己競落会社）としての性格が濃厚である。しかし鉄道局では「豆相鉄道建設費決算額ハ現ニ五十四万円余ニ上リ候ニ拘ラス，其譲渡代金十六万円ニ止リ候儀ハ頗ル其意ヲ得難キ次第」[108]と，なぜ価格が大幅に圧縮されるのかの自己競落のメカニズムへの理解が不十分であった。

　債権者銀行の中の三島銀行，両羽銀行→信濃商業銀行の間の相互関係は残念ながら未解明である。『三島市誌』のいう「競願防止」という新会社設立の名目が三島銀行への小山田側の説明だったと仮定すると，各行別に名目を使い分けた可能性もあり，各行は同床異夢で伊豆鉄構想に乗った可能性もあろう。未設立の時期に伊豆鉄側は既に三島〜大仁間の既存鉄道の買収を「当会社創立以来ノ宿志」[109]とする駿豆電気[110]と「多年交渉」してきたが，駿豆電気の贄川支配人によれば「買収方ヲ伊豆鉄道ヨリ砌ニ申込ミ来リ，価格モ亦二十五万円以内ニテ協定ヲ得ヘカリシモ当会社財政上ノ上ヨリ之ニ応スル能ハス」[111]，駿豆と伊豆鉄側でまず「三十八年三月多年交渉ノ結果，線路賃貸借ノ仮契約ヲナシタリ」[112]という事実を明らかにしている。つまり38年3月の仮契約時点で既に駿豆は伊豆鉄買収方の「多年交渉」を重ねて来ており，それ以前に25万円以内の価格での買収協定成立があと一歩の状態だったという事情が判明する。すなわち小山田は豆相の債権者には金がないと返済を渋って借金の大幅棒引きを要求する一方で，密かに豆相の鉄道一式を駿豆という全くの他人に25万円で売り付ける交渉を重ねていた。しかも豆相が直接に駿豆に売却して債務を返済するという通常の方法ではなく，両者の間に伊豆鉄なる正体不明のブローカーを介在させ，このブローカーにまず豆相を買い叩かせて安く仕入れた鉄道一式を，最終ユーザーの駿豆に高く売却しようとしたのではないかと考え

られる。豆相が鉄道局長宛に提出した「負債整理方法書」の骨子は 161,988 円に協定した「両羽銀行負債承認スヘキ額，社債償還ニ充当ス」[113]るもので，豆相「鉄道全部ヲ右負債付ニテ売却シ，余剰アレバ社債元利権利者へ支払フヘキ事」[114]とされていた。つまり伊豆鉄の買値 16.2 万円と駿豆への売値 25 万円程度との利鞘約 9 万円を小山田とその仲間で不当利得しようと謀ったかと憶測される。したがって伊豆鉄の発起人こそは不当利得を山分けするメンバーという性格を有すると思われる。第二段階の伊豆鉄のメンバーは小山田の腹心というよりは岡部廣と「同じ穴の貉」たる信濃商業銀行の伊藤久蔵頭取の一派であって，小山田は伊藤一派と組んで三島銀行，両羽銀行らには適当な名目を並べて騙していた可能性もあろう。岡部の縁者である斉藤修一郎[115]は星亨衆院議長（自由党）とともに収賄の容疑で農商務次官を辞任するなど，井上馨（外相時代の部下）とともに星亨とも関係が深かった。星亨は岡部が主宰した京浜銀行の相談役に就任するなど，小山田・岡部双方に影響力を発揮していた可能性も認められる。

(3) 両羽，信濃商業両行，九州生命への債権譲渡の真相

しかし第二段階すなわち豆相が鉄道局長宛に「負債整理方法書」を提出した 37 年 2 月 6 日の前日の 37 年 2 月 5 日付で両羽銀行は豆相への「債権貴行へ譲渡」[116]したため，両羽銀行に返済するための借入金相当額での鉄道譲渡という伊豆鉄の性格が一変することとなる。野守は前掲の陳情書の中で「豆相鉄道会社の事務を握り以て債権の回収を確実ならしめんと計り小山田との契約中に特に該鉄道会社の専務たることの一項を加へ…此債権を死せしめ以て豆相鉄道会社が負ひたる債務を免れしめんとするにあるや明かなりと信ず」「彼れ（小山田）の実権に属する」豆相は「既に解散決議をなし線路其他の財産は新に伊豆鉄道会社なるものを起し窃かに之を移転したりと云ふ」（38.11.14 保銀）と述べている。地元警察署でさえ「豆相の債主」は正確な両羽銀行ではなく，「両国銀行ト聞ク」[117]との伝聞にとどまっているのに比し，野守の得ていた内部情報は銀行名まで極めて正確であることが分かる。野守によれば小山田が主宰する豆相は両羽銀行東京支店から，34 年 5 月 9 日以降に順次借り受けた約 17 万円の年賦償還条件付債務を「詐欺的手段を以て」順次信濃商業銀行，さらに同行の伊藤久蔵頭取とも関係ある大阪生命，九州生命[118]に借換させ，九州生命では「殆んど死物同然の貸金」（38.11.14 保銀）となっていたと主張する。実は鉄道局でも当時この野守の主張を裏付ける以下のような複数文書を徴収して

いた。
　逓信「省ノ御認可ヲ得タル豆相鉄道株式会社ニ対スル当行債権金十二万円ハ抵当権付ノ儘過般株式会社信濃商業銀行ニ譲渡致シ，従テ同鉄道会社ニ対シ貸借関係無之…」[119]とあり，回答に添付された豆相宛の両羽銀行頭取池田成章「債権譲渡通知書」の日付は37年2月5日であった。また信濃商業銀行専務鈴木茂七郎宛の両羽銀行取締役千坂高雅「債権譲渡証書」は前記①，②，③の豆相宛の「右債権貴行へ譲渡候処相違無之候」との公正証書となっている。九州生命は取締役中山直方（福岡市外三番，諸M39，下p864）の名で38年10月20日付で豆相社長宛に提出した「当社ハ貴社ノ解散ニ就キ聊カ異議無之候。依テ承諾書差出候也」との文面の承諾書の前書において，「当社ハ株式会社信濃商業銀行ヨリ譲渡ヲ受ケタル貴社不動産抵当付債権譲渡人タル債権上，関係有之ニ付」[120]と，野守の主張通り，信濃商業銀行からの債権譲受を明確に確認している。
　ほぼ同時期に岡部と一体関係にある信濃商業銀行と小山田との間の豆相「譲渡代金十六万円」の売買契約は，小山田に「金十五万円で…岡部が握って居た実権を売らう」[121]とされた関係生保の売買契約と密接不可分の関係にあったものと考えられる。そして現実に小山田が岡部から支配権を譲受した九州生命に豆相に対する不動産抵当付債権が最終的に譲渡され，「信濃商業銀行ヨリ譲渡ヲ受ケタル」九州生命は「当社ハ貴社ノ解散ニ就キ聊カ異議無之」[122]と，事実上の借金棒引きを承諾した。結局信濃商業銀行は債権譲渡人たる両羽銀行と，最終譲受人たる九州生命の間に名目的に介在した金融仲介業者としての役割を果しただけと考えられる。あるいは信濃商業銀行は小山田から岡部への「金十五万円」の支払を確実に担保するために，小山田の最大の私有財産たる豆相をいわば一時期譲渡担保にとっていたにすぎないのかもしれない。いずれか断定するだけの情報が乏しいが，小山田が生保株代金を岡部へ払った時点で信濃商業銀行は豆相の処分権を小山田に返還したと見るべきであろうか。

(4) 第二段階の伊豆鉄道
　両羽銀行から信濃商業銀行への債権譲渡以後の段階の伊豆鉄（第二次と呼ぶ）の発起人は第一次伊豆鉄の発起人と全面的に変更されている。すなわち発起人総代小山田量[123]2,800株，副島延一[124]2,000株，鈴木広[125]1,000株，菅谷駒之助[126]1,000株，河村隆実[127]2,000株，川崎芳之助[128]2,000株，栗原宜太郎（神奈川県中郡南秦野村，衆議院議員）1,000株で7人の発起人引受株数は

11,800株であった。このうち小山田量，副島，鈴木の3名は小山田が岡部から実権を継承した北陸生命役員に38年3月に就任した人物だが，副島延一はれっきとした東株仲買「丸一」商店主で，加東の子分だった島田金次郎を調査部主任に雇入れ大正2年『放資要覧製糖篇』，5年『製糖株の研究』などを副島商店から刊行しており，また後に豆相の後身・駿豆鉄道500株の優先株主にもなっている[129]。

3月1日「残部二百株ヲ募集セシニ応募者四人，各五十株ノ申込アリテ満株トナリ」[130]，小山田五三郎[131] 50株など非発起人4名を含め総数11名，12,000株であった。伊豆鉄の創立時の役員は社長小山田量（伊豆鉄発起人），取締役栗原宜太郎（伊豆鉄発起人），関根柳介（東京府南葛飾郡奥戸村曲金，50株），監査役片見金之助（水戸市大字上市南三之丸，50株），砂押亀太郎（小山田量と同じく水戸市下市川崎351番地，50株，水商100株主）であったが，小山田量，栗原以外は非発起人が役員となる異常な人事であった。その後取締役が加藤力（東京府北豊島郡滝野川村），島村言一[132]に交代した。44年度末の重役以下の総人員は90名，給料月額1,236円，一人@13.7円であった[133]。遠方の水戸人を中心とする伊豆鉄の役員の正体は少なくとも豆相の原始大株主でもなく，著名な鉄道資本家も皆無で会社録，役員録等ではほとんど解明できないが，小山田が頭取を務める水商の株主姓名表には小山田量（東京800株），砂押亀太郎（水戸100株），島村言一（東京50株）などが軒並み登場し，伊豆鉄の株主に名を出した小山田五三郎や，大正8年6月に小山田信蔵を除く小山田一族だけで設立された東京三ッ輪メリヤス[134]の取締役・監査役として登場する実弟の小山田純[135]，小山田英（小山田信蔵と同居）（要録T9，p123）と同様に小山田との絆の強い親族・縁者・配下である可能性を窺わせる[136]。例えば水戸の酒泉彦太郎は小山田の前妻（氏名未詳）の父で，娘が「中途離縁になったにも拘らず，酒泉は小山田を怨まず，而かも…選挙といふ選挙に，懸命して奔走する」[137]献身的な信奉者であったとされる。人を丸め込む天才たる小山田の周囲には彼を郷土の偉人として崇める"崇拝者"が多数取巻いていたと見られる。しかも創立事務所・本社を置いた東京市本郷区真砂町15番地が小山田の自宅[138]で，「創立事務所借家賃」70円を乏しい伊豆鉄の創業費の中からちゃっかりと取込んでいることを併せて考えると，三島署のいう「新会社ハ豆相鉄道会社ノ化身」[139]というよりも，むしろ小山田ファミリー企業と見做しても差支えないだろう。小山田自身は登場せず，母とも考えられる女性[140]を社長とするなど，明治期

第8章　豆相鉄道・伊豆鉄道

としては異色の企業だが，多額の負債を抱えて倒産した企業経営者が差押等を避けるため，旧会社の役員ではない親戚・縁者名義で第二会社を設立して同一業種の事業を継続する手法は現在でもよく見られる（例えば昭和初期の恐慌期に福島県では第百七銀行による昭和土地商事の設立など，休業銀行が設立した姉妹会社がある。日銀福島支店長によれば「休業銀行ハ店ヲ閉メルトスグ姉妹会社ヲ作ル…ソシテ全部ノ資産ヲ引継グ，之レハ，ブローカーガ預金ヲ安ク買集メ，スグニ差押ヲ行フカラ，夫レヲ免レル為メ資産ノ譲渡ヲヤル」[141]ものと説明している）。

　本社を転々と移転させる手法なども併用しており，「窃かに之を移転し」て債権者の追及をかわす高度なテクニックを多用する小山田は相当の智恵者と考えてよかろう。後年の議論だが社債法制に詳しい板橋菊松は，太平洋製薬を設立し，（旧）星製薬を吸収して「未払込株金を全部解消して了ふ」（S8.8.19 T）社債償還不能を見越した星製薬の「からくり」を論評した中で，「若し本当に他会社に合併された場合には右と同様の事件が起ったならば，肝腎の社債はそれこそ宙に迷って了っただらう」（S8.8.19 T）と指摘するが，まさにこれが豆相のケースであろう（星製薬は結論参照）。野守のいうように「豆相鉄道会社が負ひたる債務を免れしめん」（38.11.14保銀）との「からくり」によって九州生命など旧会社の債権者はもとより，現実に旧会社の株式，社債等を担保に与信を行った帝国生命や，「安田善次郎から，可なり債務を受けて居る」[142]といわれた安田系の銀行などの債権者も程度の差はあれ，打撃を被ったものと思われる。三島署の内偵でも「債主ハ会社ノ現状ニ鑑ミ或ル一定ノ金額ヲ以テ示談棒引ト為スニ同意シタルト云フ…加之小山田トハ密接離ルヘカラサル関係ノ者ノミナレハ今回ノ措置ニ同意シ小山田ノ画策ニ盲従スルモノ」[143]と聞き込んでいる。

3．小　括

　39年度末には豆相は払込資本金40万円で社債20万円を抱え，40年7月18日付で解散し，橋本亀治郎[144]が以前の総会決議通り清算人に就任した[145]。一方伊豆鉄は「豆相鉄道会社が負ひたる債務を免れ」た結果，債務を切り捨てたリストラ効果をフルに享受して，翌40年度末は払込資本金42万円で社債はなくなり，一方建設費は39年度末に豆相は54.4万円だったのに対して，豆相から鉄道を安く買収した伊豆鉄は43.8万円と10.6万円も減少している[146]。45

年現在でも伊豆鉄は払込資本金42万円で，建設費もほぼ同額の43.8万円となっており，営業収入から営業費を控除した益金は建設費の8.1％に上昇し，43年度は7.5％の配当を行っている（鉄下，p 580）。『鉄道業の現状』も「旧豆相鉄道を買収して四十年七月設立認可と共に開業せるもの…小山田信蔵一派の私有鉄道」[147]と評する。ここで「私有鉄道」とは単に「私鉄」の意味ではなく，この「私有」には公益・公開を目的としないプライベート・カンパニーの意味が込められているようだ。なお小山田自身はその後も水戸選出の代議士[148]として活躍する一方，東洋ペイント製造社長（要録T 9，役上p 133），日本電機製作所代表取締役，漢口取引所理事（要録T 11，役上p 129）や政友会高柳淳之助代議士の発起した行方鉄道（鹿島参宮鉄道に改称）取締役[149]，さらに小山田一族の経営する東京三ッ輪メリヤス，小山田五三郎が取締役の日本鉛筆製造（要録T 9，役上p 133）などにも間接的に関与した。彼が理事に加わった漢口取引所の理事長は泡沫企業の代表格の上海取引所，天津取引所と同様に大株理事長・島徳蔵であり，また創立時に取締役となった鹿島参宮鉄道の主唱者も空前の証券サギ事件を起こした同じ茨城県選出代議士高柳淳之助[150]という天才ペテン師であったから，晩年になっても悪名高い島徳蔵，高柳淳之助と交わる小山田のあくまで懲りない泡沫体質を象徴するものと考えられる。

注
1) 野崎左文『改正東海東山畿内山陽　漫遊案内』30年，p 103
2) 3)『豆相鉄道株式会社創業総会議事録並株主名簿』（東京府第三課文書）
4) 辻村熊吉は小田原，豆相取締役200株，小田原銀行取締役，水商200株主（要録M 31，役p 185），辻村は三島駅設置請願運動の村上桝太郎と親友の間柄であったため，豆相と三島町有志との連携が成立したとされる（『三島市誌』下巻，昭和34年，p 170）。
5) 19) 前掲「小山田信蔵君伝」p 54, 43
6) 13) 潜龍居士『百家高評伝』第四篇，28年，p 40
7) 東京の小山田別邸（宅地1,050坪『東京市及接続郡部　地籍台帳』45年，p 38）は後に伊豆鉄道本社所在地に一致する。小山田別邸周辺には旧水戸藩以来の関係からか，小山田・豆相関係者が集中して居住している。
8) 14)『第四回鉄道会議議事速記録』第10号，27年6月14日，p 34, 32
9) 青木純造『改正増補熱海鉱泉誌』34年
10) 11)『明治運輸史』軌道，p 42。豆相の創業総会議事録にも「線路ヲ下土狩ヨリ三島町ニ至ル事ニ変更シタルニ付テハ三島町民ト当会社発起人トノ間ニ契約アリ」と契約を確認している。三島町長・河合龍節の持株40株は当時東海道線から外れ「維新前は人馬

第 8 章　豆相鉄道・伊豆鉄道　　　　　　　　　　　　　　　　　　　　　161

　　絡繹頗る繁昌を極めしも鉄道の開通後は此駅を通行する旅客大に減じて駅内俄かに衰
　　微」(前掲『漫遊案内』p 102) し五十三次の宿場町の繁栄を失った三島町民が当計画に
　　賛同し誘致すべく鉄道用地提供等の便宜をはかった事実を株主構成からも裏付ける (吉
　　川文夫「伊豆箱根鉄道・鉄道線」『鉄道ピクトリアル』昭和40年7月, p 43)。
12) 静岡新聞社『静岡県鉄道物語』昭和56年, p 89。豆相人車鉄道役員の雨宮敬次郎,
　　横山孫一郎らの豆相出資が両社の連携関係を示すものと見られる。
15) 長谷川工学士とは雨宮とともに「二十五年に六人枕流館に集って是非製鉄所を起そう
　　ぢゃないかと相談した」(雨宮敬次郎『過去六十年事蹟』44年, p 178) 三菱社の鉱山技
　　師として三菱の高島炭坑, 吉岡鉱山等に関係した長谷川芳之助か。
16)『鉄道雑誌』4号, p 31
17) 山内豊尹 (日本橋区箱崎町) は子爵, 70株, 豆相監査役以外兼務なし
18) 花島兵右衛門 (知春) は大正10年まで三島銀行頭取に在職, 三島の酒造家から乳業
　　に転じた。養子の花島轍吉は函南村の旧家・仁田常種の五男で, 花島は仁田大八郎とも
　　交流があった (『三島市誌』中巻, 昭和34年, p 768)。
20) 横山孫一郎 (東京) は帝国ホテル社長, 豊川鉄道社長500株, 茨城炭礦取締役, 東京
　　銀塊取引所理事, 福島合名, 海外殖民合資各業務担当社員, 豆相人車鉄道監査役 (要録
　　M 31, 役 p 144), 豆相鉄道200株
21) 徳川篤敬 (本所区小梅町1) は侯爵・旧水戸藩主, 100株, 太田鉄道追加発起人100
　　株
22) 森岡昌純 (東京) は100株, 薩摩藩士, 退官後郵船社長, 北炭創立, 28年小山田ら
　　と鉄管事件善後策講究委員, 久能木宇兵衛らと毛武鉄道1,220株, 京板鉄道発, 31年
　　死亡
23) 川辺善固 (東京) は50株, 役員選挙で400点で次点, 徳川篤敬家家扶, 第三銀行,
　　水戸百四銀行各監査役 (要録M 31, 役 p 124)
24) 前掲『豆相鉄道株式会社創業総会議事録並株主名簿』, 水商『第一期営業報告書』31
　　年上期, 要録M 31, p 233
25) 川崎芳之助 (京橋区新富町5丁目) は東株仲買, 播但鉄道株主, 帝都銀行常任取締役,
　　東京巡航船取締役, 豆相取締役80株, 水商200株, 利根鉄道, 大山電気鉄道各発起人,
　　常武鉄道創立委員
26) 梅津三之助 (京橋区築地1) は当初50株 (後に400株), 両羽絹絲紡績, 帝国砂金,
　　蔵王石油各取締役, 吾妻橋電気鉄道発起人 (『鉄道雑誌』12号, p 35), 海南鉄道発起人
　　(『鉄道雑誌』18号, p 37), 水商200株, 北見の「砂金採取販売」目的の帝国砂金筆頭
　　取締役 (諸M 34, p 103), 毛武鉄道30株
27)『鉄道雑誌』19号, p 36
28)『鉄道局年報』32年, p 25, 前掲『私鉄史ハンドブック』p 110
29) 36年6月15日『太陽』第9巻, 第7号, 臨時増刊「陸の日本」p 89
30) 安藤荒太『避暑漫遊案内』36年, p 192, 59
31) 47) 清水啓次郎『私鉄物語』昭和5年, p 72, 276, 212
32) 豊川鉄道『第十回実際報告』33年9月, p 3
33) 31年6月7日豆相臨時総会「議事録」東京府第五課文書, 都立公文書館蔵

34）31年11月13日臨時総会「議事録」前掲府文書
35）『朝日生命百年史』上巻，平成2年，p341〜6。このうち帝都銀行は豆相取締役の川崎芳之助が常任取締役（諸M34, p14），水商は35年7月16日解散決議，7月30日解散登記，枝下疏水開墾は愛知県挙母町に支店を置く開墾会社で，小山田と交流のある河村隆実が社長，太田実（旭貯金銀行取締役，浅草の水族館取締役，手綱炭鉱相談役，要録M31, 役p103）らが取締役，林策一郎らが監査役（諸M34, p103），東京保税庫は後に渡辺家が買収し，渡辺倉庫の母体となった。
36）当該貸付の経緯は『朝日生命百年史』p116〜7, p346〜9参照。堀口昇は「政界に於て，実業界に於て有名」(M32.7.30保時) で小田原電気鉄道監査役を兼ね「帝国生命支配人として辣腕を揮ひ以て該会社今日の盛運を致す」(M37.4.18保銀) と評されたが，帝国退社後神戸市水道部長を経て37年日宗生命入社
37）『大日本重役大観』大正7年，p51
38）連帯輸送はその後再開され，38年時点の豆相の「連絡金預入」は11,753円になっており，鉄道作業局も38年同局編纂の『線路案内』では「三島駅…当駅は豆相鉄道の接続駅なれば…温泉地に向ふ旅客はここ茲にて乗り換へを要す」と紹介している。
39）大正12年6月伊豆銀行に合併され，同行三島支店等となり，広田伝一らの役員の一部が伊豆銀行役員に加わった（『伊豆銀行沿革』昭和9年，戸羽山瀚『伊豆銀行沿革誌付伊豆金融史』昭和16年）。
40）「第十一期営業報告」，三島銀行は大正12年5月伊豆銀行に合併（『伊豆銀行沿革誌―付伊豆金融史―』昭和16年）
41）例えば日本生命は32年4月18日付で紀和鉄道との間で「有体動産売買契約書」「物件賃貸借契約証書」を締結し，貸付金の返済期限に「元利返済し来るは売戻す約束」（同社4月22日『日誌』）で機関車1号34トンほかの鉄道車両を紀和鉄道から融資金額相当で譲受して，同時にリース・バックしている。
42）43）44）「豆相鉄道ノ計算上質問事項」鉄道院文書
45）「負債整理方法書」37年2月6日に添付の担当官メモ，鉄道院文書
46）前掲『鉄道抵当法特別委員会議事速記録』p12。同委員会では都筑馨六も「現在或ル小鉄道ハ借金ヲシテ其結果，差押ヲ食ッテ居ル」(p68) と発言した。
48）79）前掲『静岡県鉄道物語』p93
49）51）52）前掲『帝国鉄道要鑑』第3版，p蒸481, 487, 要録M39, p134
50）小山田と同じく東京市本郷区真砂町に居住，水商50株主，44年現在では水戸市下市馬場と小山田との関連が濃い人物かと推定される。
53）54）保親第三七九号ノ二別紙写，鉄道院文書
55）39年10月24日鉄道局宛豆相古山社長「御届」に添付の覚書，鉄道院文書
56）千坂高雅（麻布区市兵衛町）は錦鶏間祗候，貴族院議員，武州鉄道社長（要録M31, 役p72），横浜倉庫社長，羽陽貯蓄銀行，横浜鉄道各取締役，東京米穀商品取引所監査役（要録M44, 役p99），渋沢と陸羽電気鉄道発起人（『鉄道雑誌』30号，p40）
57）『鉄道雑誌』21号，p33
58）鉄道局長宛豆相古山社長名「御届」37年9月16日，鉄道院文書
59）37年5月13日鉄道局宛両羽銀行回答，鉄道院文書

第8章　豆相鉄道・伊豆鉄道　　　　　　　　　　　　　　　　　163

60) 61) 34年5月9日「抵当権設定金円貸借証書」第二条，第五条，鉄道院文書
62) 岡部廣（深川区深川公園地37号）は福井藩家老岡部豊後長の養子で，成田鉄道，相模鉄道各取締役（要録M34，役p95），毛武鉄道100株，日本橋区通3-16，和洋紙商・岡部商店主，江戸川製紙監査役（紳M31，p144），襲名後の岡部長は岩代硫黄取締役（要録M44，役p132）。大阪生命は拙稿「大阪生命の生保乗取りと日本生命の対応—鴻池財閥から山口財閥への移動説の吟味—」『保険学雑誌』516号，昭和62年3月参照
63) 野守嘉猷（福岡市西小性町/日本橋区浜町）は九州生命支配人，真宗信徒生命監査役
64) 福井の大和田銀行主で，第9章の高野鉄道にも融資（第9章参照）
65) 66)『本邦生命保険業史』昭和8年，p138
67) 男爵小沢武雄は貴族院議員，第10章の金辺鉄道社長（第10章参照），房総鉄道（第1章参照），八十七銀行各取締役，日宗生命顧問（要録M34，役p90）
68) 帝国生命（以下帝国と略）による横浜埋立事業への関与は『朝日生命百年史上巻』（平成2年，p116以下）によれば33年11月横浜市山手町の「横浜港南沿岸数万坪の埋立を出願し先輩星亨氏を介して其許可を得た」（『大日本重役大観』大正7年，p51）自由党代議士，水商の頭取小山田信蔵に対し帝国は埋立権を見返りに豆相の社債・株式等を添担保として40万円を融資した。埋立完成時点で1万坪の上地と，2.7万坪を坪37円で低廉譲渡を受ける等の付帯条項をつけていた。この背景には主事職の堀口昇（24年に帝国に入社し，27年以来事務執行全般を担任）が33年福原社長の海外出張中に独断で小山田に貸株を行ったとされる。しかし小山田の埋立権取得は「端なくも天下の物議を惹起して内閣及び反対党たる憲政党を震駭」（『大日本重役大観』p51）させ，帝国は大正2年埋立権譲渡の条件として埋立を計画中の武蔵電気鉄道の大株主となり，貸付金40万円も同社に肩代わりさせた。この結果5年4月末現在帝国が岡田治衛武（徴兵保険社長，東京電気鉄道社長）に次ぐ19,709株，28.1％の大株主となった。しかし同社は建設費暴騰による予算の膨脹，資金難から計画は進捗せず，仮免状を得ていた横浜市内延長線も却下された。そこで帝国は同社再建過程で埋立権127万円相当を自己競落し，4年12月，資本金150万円（うち払込75万円），総株数1万株，本社日本橋区南茅場町23（後に横浜市山下町に移転）の横浜埋立㈱を設立した。帝国の株式明細表には4年から横浜埋立株71.3万（75万円の95％相当）が登場する。12年末では帝国持株は9,500株，95％（払込@150円，簿価@95円，配当5％，利回り7.89％）で，帝国取締役の志賀直温が代表取締役社長，鈴木太郎（庶務課長），城谷忠三郎（会計課長）が取締役，矢野義徹（取締役，小田原電気鉄道取締役），窪田隆次郎（統計課長）が監査役に就任，全員を帝国役職員で占めた。帝国の横浜埋立への投資は逐年増加し，ピーク時の8年には124.5万円に達し，実質的には帝国直営の形で8.3万坪の埋立地を392.4万円で大正11年10月完成させた。
69) 前掲『本邦銀行変遷史』p770，252
70) 96) 97) 98) 99) 121)『本邦生命保険業史』昭和8年，p137～8
71) 清宮一郎『常磐炭田史』昭和30年，p74
72) ～77) 西村文則『飯村丈三郎伝』昭和8年，p324～5。六十二銀行は36年12月14日支払停止，37年6月8日破産宣告（37.7B）。徳川篤敬は「太田鉄道の関係上小山田信蔵に二万円の債権ありたり」（35.10.27万）と東京地裁に訴えたが，35年10月25

日「原告徳川家は証拠不充分にて敗訴」(同) した。
78) 海野実『静岡県の鉄道　今と昔』昭和61年, p 233
80) 田辺朔郎編『明治工業史』鉄道編, 大正15年, p 334
81) 82)『鉄道局年報』40年, p 18, 35～7
83) ～86) 91)『三島市誌』下巻, 昭和34年, p 174～7
87) 鉄道局長宛豆相古山社長名「御届」37年9月16日, 鉄道院文書
88) 89) 34年5月9日「抵当権設定金円貸借証書」, 鉄道院文書
90) 両羽銀行は本店山形市, 支店米沢, 酒田, 鶴岡, 出張所長井, 設立29年4月 (商M 32, ゐp 35), 頭取池田成章 (米沢市, 旧米沢藩家老, 天保11年5月生, 池田成彬の父), 常勤取締役渡辺吉兵衛, 取締役千坂高雅 (赤坂区青山南町, 貴族院議員, 横浜鉄道取締役, 大日本炭砿社長), 発起人は平田安吉 (酒田鉄道監査役) ほか。34年6月末の資本金100万円, 内払込70万円, 貸付・貸越136.8万円 (M 34. 8. 15 B), 両羽は31年10月開業の東京支店 (日本橋区本材木町2-7 支店長宇佐美駿太郎, 日本銀行当座取引先) を33年11月8日に小舟町2-4に移転, 34年に今清水乾三と交代, 宇佐美は35年3月長井支店長退任 (『両羽銀行六十年史』昭和31年, p 176, 469)。同行貸出金は33年212.3万円から34年180.0万円へ32.3万円の純減するなど貸出面でも恐慌の影響を受けている (『六十年史』p 180)。小山田との接点は隅田川倉庫, 梅津三之輔が取締役を兼ねる両羽絹糸紡績 (本社山形市, 取締役高梨源五郎は両羽取締役) などか。
92) 36年11月30日総会「議事要領筆記」, 鉄道院文書
93) 落合甲太郎 (日本橋区浜町) は帝都銀行取締役, 日本製革監査役
94) 伊藤久蔵 (松本町847) は弁護士, 製糸工場主, 信濃商業銀行頭取, (銜) 中信銀行2万円出資, 36年豆相清算人に選任, 大阪, 九州, 北陸各生命取締役で, 九生事件では河村隆実被告の弁護士を務めた。
95) 信濃商業銀行は29年10月30日設立され, 31年時点では頭取中村弥六 (深川区, 材木商, 代議士, 要録M 31, 役p 199), 34年6月20日信商銀行合併を決議 (34.7 B), 42年4月7日六十三銀行に買収され, 任意解散した (『本邦銀行変遷史』p 336)。33年時点では頭取伊藤久蔵 (松本町847, 弁護士, 製糸工場主, (銜) 中信銀行2万円出資, 36年豆相清算人に選任), 専務鈴木茂七郎 (松本町847, 銀行取締役, 洪会社1,030株主) (諸33, p 316), 本店松本町伊勢町, 32年末現在, 資本金50万円, 払込資本金30万円, 預金70.8万円, 貸付・貸越・割手・荷為替合計97.2万円 (「第七期営業報告」M 33.3 B)。岡部の大阪生命は37年末同社総預金235,473円の49.5%相当の116,557円を同行に集中的に預金していた (38. 3. 11 保銀)。
100) 鈴木茂七郎 (松本町847) は信濃商業銀行専務, 洪会社1,030株主, 北陸生命, 明教生命各監査役
101) 井口廣光 (日本橋区南茅場町, 自宅は麹町区上六番町36) は信濃商業銀行東京支店支配人, 北海道炭礦鉄道30株 (要録M 34, 役p 10)
102) 雨宮正太郎 (山梨県東八千代郡祖村) は宿屋業で,「身元及資産等調書」は資産欄が空欄,「夙ニ資産ヲ蕩尽シテ多額ノ負債有リ。余リ信用ナキモノノ如シ」(「伊豆鉄道株式会社発起人身元及資産等調書」, 鉄道院文書) など, 信用の程度「不明」とされる。
103) 前掲『本邦銀行変遷史』p 369

104）37 年 1 月 11 日逓信大臣宛東京府知事進達，鉄道院文書
105）保親第三七九号ノ二，37 年 7 月 15 日，鉄道院文書
106）107）139）143）前掲「別紙写」，鉄道院文書
108）37 年 6 月 3 日鉄道局長宛庶務課長文書，第九五六号，鉄道院文書
109）111）112）贄川邦作手記（前掲『三島市誌』下巻，p 177 所収）
110）29 年 6 月設立，39 年 10 月駿豆電気鉄道と改称
113）114）37 年 2 月 6 日鉄道局長宛「負債整理方法書」，鉄道院文書
115）斉藤修一郎は福井藩医・斉藤策順の長男，福井藩の貢進生として開成学校の法学部を第一期生として卒業，米国留学後外務省に入省，商工局長，農商務次官等を歴任後，37 年 1 月北陸生命，九州生命各監査役，明教生命取締役就任
116）37 年 2 月 5 日付豆相宛両羽銀行頭取池田成章「債権譲渡通知書」，鉄道院文書
117）三島署の刑事が聞き慣れぬ山形の銀行名を聞き違えたか。両国銀行は 31 年 4 月設立，日本橋区若松町の質屋・大黒屋・山川喜太郎が頭取の銀行（商M 31，い乙 p 8）であったが，33 年 8 月頃すでに破産宣告（33.8 B）
118）九州生命は拙稿「明治 20 年代の社債発行と保険会社引受―九州の鉄道・紡績を中心として―」『経済学研究』第 56 巻 5・6 号，九州大学，平成 3 年 2 月，同「明治期の地方債と生保引受」『証券研究』第 103 巻，平成 4 年 9 月，日証研参照
119）37 年 5 月 13 日鉄道局宛両羽銀行取締役千坂高雅回答，鉄道院文書
120）122）38 年 10 月 20 日付豆相社長宛九州生命「承諾書」，鉄道院文書
123）小山田量は水戸市大字下市川崎 351，無職，38 年 3 月北陸生命監査役就任，大正 9 年では小山田一族の東京三ッ輪メリヤス代表取締役（要録T 9，p 123）
124）副島延一（麹町区元園町）は東株仲買「丸一」（要録M 44，役 p 46 広告），京浜火災保険監査役，東セメント取締役（要録M 34，役 p 196。酒井家家扶，小浜鉄道発起人の佐伯成允と，石炭コークス商で小浜鉄道発起人の田野元次郎ら，旧小浜藩関係者が設立），北陸生命，九州生命各監査役（諸M 39，下 p 617，864），日本安全取締役（要録M 44，役 p 241）
125）鈴木広（麹町区紀尾井町）は直輸出入業，北陸生命取締役，九州生命監査役（諸M 39，下 p 617，864）
126）菅谷駒之助（芝区神明町）は通運業，豆相社債権者 4 万円
127）河村隆実（京橋区三十間堀 3 丁目）は土木請負業者，37 年 4 月㈴河村組代表社員就任，書籍出版昌栄社，陸測地図発行・共伸社業務担当社員（紳M 31，p 185），海運合資社長，枝下疏水開墾，入間馬車鉄道，京北鉄道各取締役，九州麦酒相談役，「林河村合名会社共伸社」〔海運合資とも直輸入商・林策一郎との合弁で，「皮革諸器械其他雑貨ノ売買及土木工事ノ請負」（要録M 31，p 334，要録M 44，役 p 47）〕，函館地所合資，共伸社各代表社員（要録M 34，役 p 132），㈴河村組代表社員，大谷炭礦，立石鉱業各取締役（要録M 44，役 p 167），王子電気鉄道では小山田，油屋熊八らと創立委員（『鉄道雑誌』29 号，p 40），福成鉄道創立委員（『鉄道雑誌』9 号，p 35）
128）川崎芳之助（京橋区新富町）は東株仲買，利根鉄道発起人，豆相取締役（紳M 31，p 182）80 株，豆相社債 2 万円，帝都銀行常任取締役，東京巡航船取締役（要録M 34，役 p 137）

129) 駿豆鉄道『第四回報告書』大正8年5月
130)「伊豆鉄創業総会議事録」40年3月17日, 鉄道院文書
131) 小山田五三郎（本郷区千駄木林町104）は大正9年では小山田一族の東京三ッ輪メリヤス取締役（要録T 9, p 123)
132) 島村言一（水戸市下市馬場/本郷区真砂）は旧豆相監査役, 水商50株主, 北陸生命, 九州生命各監査役（諸M 39, 下 p 617, 864), 大正9年では住所は本郷区真砂15で小山田一族の東京三ッ輪メリヤス監査役（要録T 9, p 123)
133) 前掲『明治運輸史』軽便 p 27, 付録 p 67
134) 資本金20万円, 払込5万円, 本店は小山田量と同住所の小石川区上富坂町3
135) 小山田純（小石川区表町109）は信蔵の弟, 明治15年生れ, 日本電機製作所取締役（要録T 11, 役上 p 129)
136) 水商『第一期営業報告書』31年上期
137) 前掲『飯村丈三郎伝』p 325
138) 水戸選出の現職政友会代議士たる小山田の水戸市三之丸の本邸は大正7年3月25日の水戸大火でも「類焼を免れた」（T 7. 3. 26時事）と本人が語っている。伊豆鉄道は43年度から下谷区練塀町, 45年静岡県田方郡三島町と本社を移転
140) 小山田が28歳時点での水商株主には小山田夫人米子, 娘春子（前掲『現代人名辞典』p ヲ 129）は登場せず, 父勝貞と量が同数500株保有
141) 昭和4年5月日銀福島支店長口答報告, 日本銀行編『日本金融史資料　昭和編』24巻, p 552所収
142) 前掲『飯村丈三郎伝』p 325
144) 橋本亀治郎は36年11月30日解散を決議した豆相臨時総会で伊藤久蔵, 滑川利左衛門とともに清算人に選定された人物
145) 40年7月23日付豆相鉄道社長古山政治「御届」, 7月19日付登記簿謄本, 逓信省公文書第151巻
146)『鉄道局年報』40年, p 18, 35～7
147) 川上龍太郎『鉄道業の現状』44年, p 151, 4
148) 立憲政友会所属, 大正13年1月脱党し新政倶楽部結成に参加（T 13. 1 .22大毎）
149)『関東鉄道七十年史』平成5年, p 173
150) 高柳事件とは高柳淳之助という天才ペテン師の起こした被害額180万円, 被害者6.6万人という空前の証券詐欺事件で, 高柳は茨城県行方郡麻生村に生れ, 43年頃『貯金新聞』,『富強世界』等を発刊して, 株式講義録や各年株の予想など高柳一流の貯金・投資法を鼓吹し, 日本農工債券を設立して社長となり, 茨城県郡部選出の政友会代議士, 高柳合資代表, 高柳金融, 高柳興業, 高柳信託, 東京貯金新聞, 日本農工債券等を主宰（T 14. 9 .15国民）したほか池上電気鉄道, 鹿島参宮鉄道, 筑波山鋼索鉄道, 京浜土地各社長, 榛名興業代表取締役, 日比谷ビルディング, 東京土地改良, 日本製薬各取締役, 関東窯業監査役（要録T 11, 役中 p 54), 東京電話等13社の役員を兼ね, 筑波鉄道, 村松軌道等にも出資した。郷里の筑波山鋼索鉄道は高柳が中心となって筑波山へのケーブル敷設を申請, 大正11年11月16日に許可され, 翌12年4月4日資本金35万円で設立され, 14年10月12日宮脇～筑波山頂1.6キロを開業した（『関東鉄道七十年史』

第8章　豆相鉄道・伊豆鉄道

平成5年, p 140)。また鹿島参宮鉄道も高柳が中心となって11年9月3日に設立され, 高柳が主宰する高柳信託が6,280株（31.4％）を引受けた（『関東鉄道七十年史』p 173)。高柳の手口は情報の乏しい地方の小金持を狙って, 大日本メイルの手で自己の東京貯金新聞を送りつけ, 彼の達者な勧誘文で釣るというもので,「いくつもの会社を持ち, その会社の性質からどの地方にこの株がむくかを研究しその株の買込みは決して同じ村へ多数には入れない。各々遠距離の地へ散らすので株主は相互に持株の結果がわからないやうにしてある」（T 14. 9 .18読売）という悪知恵の限りを働かしていた。この事件が発覚した直後の大正14年9月30日高柳は「選挙違反の責を負」（『関東鉄道七十年史』p 182) うとの理由で鹿島参宮鉄道社長を辞任した。同種の郡部資産家を狙った会社詐欺の実例としては, 事情に疎い但馬の山間部の資産家や富裕な農家に「非常な儲けのある様な話」（T 12. 3 . 8 神戸又新日報）で誘い込み, 多数株主に仕立てた「会社屋と称するものの手に依って創立された」神港土地建物（直ぐに神戸倉庫に改称, 代表者内橋佐七郎）という「看板が掛けてはあるが, 内容は更に判らない」（同上）架空土地会社による株金取込詐欺がある。

第 9 章　高野鉄道・高野登山鉄道

１．高野鉄道
(1) 高野鉄道の成立

　明治 36 年 6 月（以下明治の年号は省略）発行の『避暑漫遊案内』は高野鉄道を「大阪より高野山に参詣する者を迎えんがために設けたる処にして，起点を大阪汐見橋に置き，南河内郡の長野に至り，さらに進んで高野山麓なる橋本に達する計画なるよし」[1]と記述するものの，本文では同じく「目的とせる処は高野山に参詣せんとする者を迎ふるにある」[2]紀和鉄道の項で高野山を紹介している。このように高野は社名に反して高野山参詣者を誘致できない中途半端な半成鉄道を余儀なくされ長らく経営難に苦しんだのであった。

　34 年 3 月 28 日大阪の個人銀行・北村銀行[3]が支払いを停止し，大阪を中心とする金融恐慌の発火点となったが，行主北村六右衛門は「高野鉄道会社株式を買付けて三十万円を，堺株式米穀取引所株式を買付けて七万円を損失した」（35.4.15 B）との噂を立てられたのが原因で一時に取付が起こった。こうしたことから高野鉄道には「大阪の株界で顔色蒼白生気を失なって煩悶してゐる人，若しその人があるとすれば，高野の株の思惑買をした人であるといふくらゐ此の株は株屋界の鬼門玉と相場が決ってゐて，しまいには如何に安い売りものでも手にする人は皆無といふ状態」[4]とまで悪評が定着していた。本章では株界の鬼門とまで酷評された高野鉄道の再建までの紆余曲折をとりあげる。

　高野鉄道[5]（以下単に高野と略）は 26 年 10 月 7 日付で川端三郎平[6]ら，堺，岸和田を中心とする大阪府南部の商人層主体に 74 名の発起人が堺橋鉄道（資本金 150 万円，3 万株，翌 27 年 6 月 29 日高野鉄道と改称）の名で堺～橋本間 23 哩 40 鎖，3 呎 6 吋の私設鉄道を出願し，27 年 9 月 7 日逓信省から仮免状を下付された（27.10 B）。28 年 11 月株式募集に着手し，折からの鉄道熱により 29 年 1 月時点では高野の権利株は 1 円払込が時価 3.3 円に高騰していた。

　29 年 4 月 30 日免許，31 年 1 月 30 日大小路～狭山間新規開業，31 年 3 月 29 日狭山～長野間が開通したものの，高野鉄道という名称にもかかわらず，堺か

ら途中の河内長野止まりで，途中は純農村地帯でさしたる観光資源もなく，頼みとした「高野山へ八哩人力車の便に依り山麓に達す」[7]という半成の状態が続いた。部分開通したに過ぎぬ高野は旅客・貨物とも見込み違いで，はやくも31年下期から欠損を計上，極端な営業不振と資金不足に陥った。このため高野は32年1月31日の総会で昨年7月29日の一時借入決議に加えて「社債券発行又は借入金を為すに当り，債主の請求に依り本会社財産の全部又は一部を担保と為す事を得」（32.2.2大毎，32.2.15 R）との一項を追加し，会社財産の全部を担保とした借入を計画した。32年3月22日の重役会で延長工事のため社債を起こすことに決し，「額面百円一通を年一割凡九十五円以上の申込とし目下其引受銀行と交渉中なるが，残り三十万円も亦た会社財産を担保とし追て社債を募集」（32.4.5 R）しようとした。延長工事は細野組，池田勇造，熊田亀次郎（35年9月末現在高野510株保有）等に請負わせたが[8]，最大の難工事である約5千尺の紀見峠トンネルは神戸の土木請負業者稲葉組（38年現在の使用人25名）組長稲葉弥吉[9]が48.5万円で落札し，3月28日起工式を行った。大阪に直結すべく33年9月1日には堺東～汐見橋間6哩71鎖をまず開通させた。

(2) 高野鉄道の社債と藤本銀行

高野は80万円の社債発行枠を押えた上で，まず第1回10％社債20万円（1年据置後，3年間で返済）は「藤本銀行及び堺の堺銀行にて一切之を引受くる契約をなし，更に一般に募集すること」（32.4.15 R）になり，32年4月20日申込価格98円以上で公募発行したところ，募集総高2千通（1通＝100円，総額20万円）に対して申込数2,129通の募集超過となり，申込価格の最高は100円51銭，最低は98円であった（32.4.25 R）。さらに6月10日には10万円の10％第2回社債，合計30万円を発行したが，いずれも藤本銀行，堺銀行が関与した（32.4 B，32.5 B）。33年6月25日にはさらに30万円の10％第3回社債を発行し，社債の累計残高は60万円になったが，第3回社債は藤本銀行が残額引受に代えて融資を行ったほか，なんらかの特殊な事情で一部の社債に関して保証していた可能性がある[10]。

受託行の藤本銀行[11]は「東京に諸井あり，大阪に藤本あり」（36.5.15 T）と並び称された有力ビルブローカーである藤本銀行ビルブローカー（以下ＢＢと略）銀行（現大和証券の前身）の母体で，大阪土佐堀の米穀商住吉屋・藤本清兵衛（五代）が28年12月合資会社藤本銀行を資本金50万円で設立したこと

第9章　高野鉄道・高野登山鉄道

に端を発する。藤本清兵衛[12]は和歌山県の日方に生れ，奉公先の関西有数の大手米穀問屋の養子となり，福島紡績（現敷島紡績）社長，泉州紡績，大成紡績各取締役のほか，大阪合同紡績，東洋紡織等の株主であった。藤本清兵衛が非発起人ながら250株を引受けたのは彼の叔父，米穀商藤本清七[13]が高野の発起人として参加していたことによるものであろう。また藤本清七が29年以来取締役で藤本清兵衛も31年上期で705株も所有（藤本一族郎党で約1/3支配）し，33年には社長となった泉州紡績には高野発起人となった太田平次[14]，前川迪徳[15]，河盛利兵衛（専務，高野，堺銀行各取締役）ら「堺派」[16]の資本家が多数参画しており，藤本一族と高野との接点になった可能性もあろう。

(3) 堺銀行，大和田銀行などからの資金導入

33年6月25日を締切期限として募集していた10％高野第3回社債30万円（期間5年）は一般から7万円内外の申込みあり，「尚其他に堺銀行に於て二万円許りを引受る由」(33.7.5 R)であったが，藤本銀行とともに高野社債に関与した堺銀行は25年12月の設立で堺市甲斐町に本店を置き，資本金60万円，28年の保有社債は全部で1万円[17]に過ぎなかった。そのような規模と社債投資の実績しかない堺銀行が高野社債を2万円も引受けたのは同行が堺株式「取引所の機関」(34.5.15 B)で同行役員7名中，5名までが高野の発起人，うち3名が役員となるなど密接に関係していたことによると思われる。

しかし高野の社債残額20万円はまったく応募なく，「重役は某銀行に依頼して社債の残額を調達せんとし…其銀行の意向を聞くに条件に依りては或は応ずる無きにあらざる」(33.7.5 R)との期待を抱いて東京を含め各方面に金策に奔走した。結局，「到底普通の条件にては出来難きの模様あれど社債全額の募集は実に困難」(33.7.5 R)となったため，大阪～堺間の工費85万円に対して「差引二十五万円の不足額は大阪の藤本銀行其他一，二の銀行より一時借入れを為し居りしも既に返済期に迫りたることとて同会社の田中支配人は先頃来上京して第三銀行其他一，二の銀行に掛合中なるも孰れも担保品なければ貸し出しに応ぜざるより目下其方法に付て協議中」(33.10.15 R)であったが，第三銀行など東京の一流銀行の反応は恐らく芳しいものではなかったと推定される。

このうち藤本銀行以外に具体的な借入先銀行名が判明したものには，遠隔地・敦賀の個人銀行である大和田銀行（資本金10万円，開業25年11月，設立26年7月）からの約2.8万円の借入がある。これは払込資本金10万円，積立金

5.5万円の規模の同行にとっても資本金の3割に近い大口貸出であるが、「地方本支店に遊資あれば、一時大阪で確実な商業手形又は有価証券の担保に放資」[18]しようとする資金運用上の必要から29年10月大阪市西区靱南通3丁目に大阪支店を設置した直後であり、「別天地を開拓する積り」で「大阪に支店開設の効果」[19]をあげようとした融資先開拓の結果と考えられる。また行主大和田荘七[20]自身も福井県出身の名士である由利公正の主宰する京北鉄道取締役に就任[21]するなど、築港に加えて鉄道事業にも関心が高かったためとも考えられる。たとえば大和田銀行は遠く播但鉄道にも2.5万円を融資していた(36.2.28 R)。しかし地元の北陸方面の事業とは異なり、大和田自身も当該地域の実情に疎く、高野の芳しくない風評も察知できなかった遠隔地銀行にありがちな不覚をとったものであろうか。しかし大和田荘七が安全を考え公正証書扱とした融資契約28,175円は大和田側の激しい抵抗もあって一般債権者とは別に取扱われ、36年9月現在、大和田銀行への支払手形計46,700円余が未整理のままで残留しており、高野の全整理勘定62,021.5円の45.4％を占めていた。

(4) 極度の資金難と高利資金導入

極度の資金難のため長野～橋本間の延長工事が中止に追い込まれた。「三十三年に一部掘さくを手がけ」[22]ていた紀見峠トンネル工事も「南北口より約千尺を掘鑿せるも事情ありて工事を中止」[23]した。この「紀見隧道工事中止のため五千五百円前後の土地を工事受負人に渡せしのみか尚ほ補償金として多額の手形を振出した」(34.10.26 R)といわれ、現にトンネルを請負った稲葉組、他の工事を請負った熊田亀次郎等も、整理後に多量の高野優先株を保有しており、名古屋の請負人伊藤某も約1万円余の手形債権を有して後に強制執行をなすなど(35.2.15 B)、工事関係者には工事中止の補償金を含め多額の支払手形が渡ったのであった。

工事中止の一方で、応募がなかった残額20万円余の社債券を担保に差入れるなどして、やむなく個人を含む金融業者等数名から、期間が短く、担保条件も厳しく、かつ小口で高利な資金を場当り的に導入した。高野の元支配人で「改革派」株主の一人である富永藤兵衛(後述)は36年5月に高野「在職中実見せし重役の不始末十六ヶ条」(36.5.16 R)なる文書を公開したが、これによると北区天神橋筋の両替商・奥井保太郎に社債券98通を差入れ調達したが、奥井は「期限の過了したるを奇貨とし…社債額面の償還を求め」(36.5.16 R)

たが，担保契約書，利子領収書の所在は不詳であった。また同様な方法で泉谷兵二郎に差入れた約手のみは買戻したが，担保の社債券 130 通は取戻せず，36 年 9 月 3 日現在担保預け社債 9,800 余円は未整理となっている。また吉田宗三郎（東区内淡路町，売薬製造，吉田静雅堂，大阪活版製造所社長，高野 400 株主）宛に額面 1,771 円 40 銭 6 厘の約手 2 通を振出したが，帳簿不記入の簿外負債であった。こうした苦し紛れの高利資金の場当り的な調達が高野の破綻を一層決定的なものにしたと考えられる。なぜならこうした金融業者等は当然ながら債権回収に厳しく，元利返済の遅延に対して差押，強制執行，破産等の法的措置が個々に数件も提起され，高野の信用を決定的に失墜させたからである。

(5) 北村六右衛門らによる高野鉄道買占めと暴落

32 年頃から大阪の個人銀行・北村銀行主の北村六右衛門（泉北郡の豪農，泉尾新田等の大地主で堂島米穀市場の買方に関与）は，高野株を大量に買占め 30 万円もの損失を出したと噂された (34.4 B)。当時大阪株式取引所は高野株式に対して臨時増証拠金を徴収したが，同様な措置は 29 年参宮鉄道，32 年西成鉄道等の買占銘柄に対しても実施されたことがある[24]。高野株は信用低下を反映して 33 年末には 50 円払込が 16.5 円，34 年には 50 円払込が最高で 11.1 円，最低が 4.2 円，平均 5 円 95 銭 8 厘という有様で，32 年の 38.5 円払込，最高 25.75 円，最低 18.8 円，平均 23 円 39 銭 5 厘に比して惨憺たる暴落を示したのであった[25]。34 年 3 月 28 日北村銀行[26]の経営者の高野その他の買占め失敗等に端を発して，一時に取付が起こり，支払いを停止した。現に高野をはじめ，金辺鉄道，堺株式米穀取引所，大阪運河等，北村六右衛門の買占めた株式を担保に北村銀行へ 8.5 万円の貸付を支配人が独断で行っていた中立貯蓄銀行（頭取岡橋治助）も北村銀行の連鎖で 34 年 9 月取付にあった (34.11 B)。また詳細な経緯は未詳ながら堺米穀株式取引所も解散に追い込まれたほか，高野と因縁ある「藤本銀行等の各行は皆激烈なる取付に遭遇し」(34.4.20 東経) たとの記事もあり，藤本銀行の預金が 3 月末からの 1 ヵ月に約 17.5 万円も激減するなど，藤本銀行にも金融恐慌は波及した。このため手形の所有者である中立貯蓄銀行は北村銀行に対して訴訟を起こした。北村銀行の預金は 32 万円，資産の大半は大阪市西区の築港付近の泉尾新田 37.5 万坪（簿価 125.2 万円，坪当り 3 円）に固定しており，早期の現金化が困難であった。債権者は浪速銀行の 19 万円の大口債権を始め，積善，阿波商業銀行，中立貯蓄銀行，大阪農工銀行，谷村，有魚，虎屋等の各行の 30 万円などであった。担保の競売も実施さ

れたが，回収額が大幅未達に終り，破産宣告が出され，一時は北村銀行の整理は「殆んど成功の望なき」状態にまで陥った。しかし清水芳吉（後に社長）らが債権者間を東奔西走して示談を重ね，泉尾新田の小作人を中心とする預金者にも株式を交付して資本金95万円に増額することで，ようやく債務弁済の一便法としての泉尾土地会社の設立に成功した。泉尾土地の取締役には高野取締役の鈴鹿通高[27]が参加し，創立委員には同じく高野取締役で堺米穀株式取引所監査役の太田平次，株主には高野監査役の森久兵衛100株，同三木伊三郎（堺米穀株式取引所監査役）492株，高野元専務の北田豊三郎52株（堺米穀株式取引所清算人名義）が加わっているなど，北村の買占銘柄である高野・堺米穀株式取引所関係者が目立っており，買占めへの何らかの組織的な関与ぶりが窺える[28]。

2. 高野鉄道の破綻と財務整理
(1) 破産切迫，債権者と協議開始

金融恐慌の最中「愈々窮況に陥る」(34.3.7日出)と報じられた高野は34年4月4日債権者総会を開催，130余名が出席，東尾社長は「目下約束手形十五万円，社債利子三万円，機関車購入費二万円合計二十万円の債務の為に会社は一週日を経ずして破産せん」(34.4.13 R)と窮状を訴え，かねてからの懸案である第3回社債の「未募集の二十万円を引受けらるるか，若くは会社自身が三十万円を他より借入るる事に就き承諾を与へられたき旨」(34.4.13 R)を懇願した。これに対して債権者は各地区代表として大阪から竹内作平，大阪実業銀行支配人の山岡千太郎，大和田銀行，兵庫から清水精快，堺醬油製造社員の柴谷清二郎，京都から橋本清助[29]，岐阜から中島十助の委員を選定して会社側の提案を調査することとなった。

6月24日の大株主会で整理委員より，社債権者より60万円，手形債権者より25万円を出資して新社を設立し，旧社の権利義務を引き継ぐとの解散案が提出された。議論の結果「社債権者及び手形債権者の出資額を八十五万円とソレを年一割利付の優先株として現在会社の百五十万円の払込資本を八十五万円に切り下げ株主と債権者と同数の権利個数にて新会社を設立せん」(34.6.29 R)と，後に実施された整理方式に近い案が固まり，この線で債権者側と交渉することとなった。10月20日開催の高野総会は会社再建案を巡り，紛糾した(34.10.26 R)。また11月22日には債権者協議会を開催し，ここでも

整理案を検討したが，22.6万円にも達する手形債権者側から紀見峠工事を48万円で請負った神戸・稲葉組代表の稲葉弥吉，上田僖平（堺共立銀行代表，堺紡績株主），八木栄次郎[30]ら9名（債権額16.9万円）が参加したが，他に不参加者の債権額5.7万円が存在していた（34.11.30 R）。

高野の整理委員会では以前にも提案した，総財産を担保とする担保付社債45万円を手形債権者より募集する案も検討された（34.11.23 R）。こうした中で34年11月15日2.9万円（@100円×290通）の社債権者である橋本清助は4月末日利払分の社債利息未払を理由に高野の差押を大阪地裁に申請した（34.11.23 R）。また大阪の小間物商・田中清兵衛他8名は約3万円の社債元本に対する利子支払の催告を行い，橋本は更に35年1月12日大阪地裁に高野の破産申請を行った。さらに名古屋の請負人伊藤某は1万余円の手形に対し強制執行をなし，名古屋の債権者一同も破産申請するものと見込まれた（35.2.15 B）。さらに堺共立銀行も2月12日を競売期限として高野を差押えた（35.2.15 R）。ほかにも破産申請が相次ぎ，計4件にもなったが，東尾社長は1月27日に大口債権者を招集して協議会を開催して協力を呼び掛けた結果，35年4月末には4件中3件は一応落着した。

(2) 整理案の正式提示

この時期の高野の役員は社長東尾平太郎，取締役八木栄次郎，藤井藤造，北田豊三郎，桜井亀次郎，小西綱雄，鈴鹿通高，監査役山家平造，吉田宗三郎，川崎篤三郎[31]であった（35.5.3 R）。

300株以上の大株主は，①鍵田甚三郎850，②尾野源次郎600，③高木又次郎517，④松村徳太郎430，⑤中村総兵衛370，⑥阿部彦太郎350，⑦手塚倍三郎340，⑧橋本清助330，⑧加藤貞明330，⑩黒田藤市300株であったが，著名な投資家である高木，阿部ら「京阪の大株主は大概定期に売繋ぎ，実際所持するものは地方の農家の株主」（34.3.1日出）とされ，橋本清助を除けば，整理局面での具体的言動は伝えられていない。また新整理案を担当する起草委員には社債権者より藤本清兵衛（代理村松岩吉），仁寿生命[32]，橋本清助，足立平助[33]，大塚三郎兵衛[34]，普通債権者より稲葉弥吉（稲葉組組長），堺共立銀行（代表上田僖平，差押を申立）の8名が選任され，整理案の検討を続けてきた（35.2.1 R）。堺共立も整理案成立の見込が立てば申立を取下げ差押を解除する意向といわれた（35.2.15 R）。

35年2月7日には1万円以上の債権者が集まり，減資した上，社債および

手形債権を甲種（9％），乙種（7％）2種の優先株に振替えることを骨子とする整理案が決定された。破産申請者にも交渉することとし，「相談纏まらざるときは株主総会を開きて任意解散の件を決議し更に債権者に於て新会社を創立することとし，其議決成らざる時は債権者一致して破産を申請し其決定を俟て新会社を創立する」(35.3.15 B) として，新会社のカードをちらつかせて株主らに圧力をかけた。

35年3月22日の臨時総会でまず「既成線路工事中諸物価暴騰ノ為メ多額ノ工費ヲ用シ，資金欠乏候…到底増資ノ見込ミ相立タズ，随テ期限内ニ工事竣工難致ニ付，長野橋本間工事ヲ廃止シ既成線路即チ汐見橋長野間ニ短縮」[35]することならびに90万円の減資を決議し，逓信省に長野～橋本間10哩35鎖の免許返上を願出て5月29日認可された。

(3) 整理案の具体的内容

優先株に関して37年4月発行の木本光三郎著『放資』は「我国に於ける株式会社の数其幾千と云ふ事を知らず従って株式も又其種類多しと雖も優先株式を発行せしは記者の記憶する所によれば僅かに高野鉄道，近江鉄道，紀和鉄道，大阪紡績等の数会社に過ぎず而して其発行も又最近両三年の事にかかり…」[36]と高野を真っ先に掲げ，「既に一度優先株を発行し更に再度優先株を発行せんとするが如き時（高野鉄道の優先株，甲乙の如し）…」[37]と言及している。同時に2種の優先株を発行した私鉄の事例としては大正11年9月に伊勢電気鉄道がやはり甲種（6.5％），乙種（7％）2種の優先株を発行した例があるが，一般には珍しいケースと考えられる[38]。

35年8月21日の臨時総会で監査役の川崎篤三郎から整理の始末を報告後，藤本の代理である村松岩吉委員より資本金150万円を6割無償減資（額面50円を20円に変更）して60万円に切り下げ，社債その他の債務一切を100万円の，①甲種（9％），②乙種（7％）2種の優先株に振替えるとの整理案の詳細が説明され，満場異義なく承認された。

① 甲種優先株40万円＝額面@20円×2万株

内訳は26万は手形債権でこのうち2.4～5万円は「担保品を有し不同意を表し」(35.9.15 B) ている，残りの9万円は社債利子の償還に振替充当し，5万円は整理費および準備費，該当する債権者数220人。

② 乙種優先株60万＝額面@20円×3万株

社債元金の償還に振替充当。該当者数228名…ただし社債主中80円は持主

転々して不明（35.8.30 R）。

35年7月30日には主務大臣の認可を受けて8月26日付で優先株に振替え，9月には整理が完了し，株主等関係者宛報告された。減資，優先株振替直後の35年9月30日現在の大株主のうち100株以上保有していた原始株主は東尾平太郎（第4代社長），太田貞雄[39] 322株，坂ノ上清三郎[40] 306株等しかなく，原始株主が一連の整理によりほとんど大株主から姿を消したことになる。

31年7月4日藤本銀行に入行した行員の横田義夫[41]の名義で整理後の高野優先株を35年9月末現在2,234株（甲1,099，乙1,135，普0），整理委員に選ばれた藤本の代理を務めた村松岩吉[42]の名義で3,091株（甲981，乙2,110，普0）をそれぞれ所有していた。横田，村松ともたとえば『商工業者資産録』（35年大阪の項）に該当なく，多量の社債を個人で保有できるほどの資産家とは考えにくく，恐らく横田，村松ら行員名義の優先株は藤本銀行の高野に対する手形・社債による不良債権が優先株式に転換したものと考えられる。こうした藤本の関与ぶりは一顧客ないし社債保有先への取組みとしては，後年に谷村一太郎[43]，横田義夫と2代続いて社長を派遣した湊鉄道[44]と同様に尋常ではない事態であったことが窺える。

高野では従来からの不明朗な雑借入を整理統合するため，新しい資金を借入れて未整理の簿外負債等を償却予定であった。その一環として35年9月線路用地を根抵当として高野取締役2人から5万円（年利12％）を借入れ毎月収益金を以て2年間で完済する方法を立案し，大阪府へ申請した（35.9.6 R）。抵当借入先は高野取締役の桜井亀次郎と同取締役八木栄次郎の両名であった。

(4) 整理の結果と重役派・改革派の対立

しかしもともと整理内容が甘く35年下期は甲種（優先配当率9％），乙種（同7％）2種の優先株に対して同一の2％の配当を実施したに過ぎなかった（36.5.9 R）。しかも整理案の起草委員として関与したはずの大塚三郎兵衛と太田貞雄が何故か「優先株引替に法律上手続の具備せざるものある」（38.5.13 R）として「社債権者として二万五千余円に対する利子請求」（38.5.13 R）を内容とする訴訟を起こし，第一審，第二審とも勝訴した。この敗訴の結果「同鉄道の整理は全く水泡に帰し非常なる結果を来す」（38.5.13 R）おそれが出て，会社では対策を協議した。

36年5月「改革派」を名乗る株主団は「同鉄道を現在施設のままに放任せば一層の窮地に沈淪すべし」（36.5.16 R）と主張し，まず改革派の株主の一

人である富永藤兵衛[45]が高野「在職中実見せし重役の不始末」(36.5.16 R)を内部告発した。同時に高谷弁護士をして検査役選任の申請をなし，帳簿検査を求める訴訟も提起した。改革派の頭目は松山与兵衛[46]で九鉄改革運動の少し前の32年4月，大塚磨，佐藤精一および島徳次郎らの北浜の仲買人とともに大阪鉄道において現経営者を「鉄道事業に経験なき人々にして支配人の如きも何等の素養なき人物」(32.4.11大毎)と批判，「営業費が他の鉄道会社に比し多きに失す」(32.4.20大毎)と改革を主張，派の代表として大塚を取締役に送り込み，批判対象の支配人菅野元吉を辞任に追い込むことに成功した実績を誇る人物である[47]。

その後盾は松山，今西林三郎が監査役となっている三品取引所系統の機関銀行・大阪三商銀行[48]であったから(36.5.30 R)，重役派でも対抗策として同派の別働隊「新株主」団体を結成し，「改革派が検査役の手を借りて内部を調査するは不穏当」(36.5.30 R)として改革派と関係深い大阪三商銀行を攻撃するなど「彼我の事情は日々切迫し来りて昨今種々の暗流動揺」(36.5.30 R)の様相を示した。一方，足立，布井，岸本らの大株主は別途，中立派の株主団体を組織して重役派と交渉した(36.5.30 R)。

この内紛は藤本清兵衛が重役派に，今西林三郎が改革派に各々働きかけ，「相互の確執は会社前途のため甚だ不利益」(36.5.30 R)として仲裁に入り，藤本，今西両氏への一任を重役派も承諾し，結局現任重役を総辞職させるとともに，懸案事項の堺「共立銀行[49]，松山与兵衛氏の債務は後継者定まるまで旧重役に於て支払を延期せしむる事。藤本銀行の債務は後継重役定まるまで旧重役に於て保証を継続し義務を新重役に移すと同時に担保を新重役に引継ぐ事」(36.7.15 B)を重役会で決議して総会に諮り，松山一派に高野の実権を握らせることで決着を図った。この引継事項の意味は一部判然としないが，改革派の松山，仲裁者を装う今西，藤本とも今回の整理の直接の利害関係者で，一連の改革運動も太田らによる訴訟と同様に大義名分はともかく実は債権回収を巡る激烈なる金銭上の条件闘争にすぎなかったことを推定させる。

(5) **宇喜多秀穂の入社**

こうした改革派の勝利後の37年9月には讃岐汽船取締役の宇喜多秀穂が讃岐鉄道時代の同僚であった大塚惟明の紹介で支配人に就任した。讃岐鉄道・高野両社の実力者である「松山与兵衛氏其他の諸氏が協議の結果，〈宇喜多〉翁を最適任者として」[50]讃岐鉄道時代から親しくしている大塚惟明(南海専務)

を介して高野支配人に招聘したのであった。37年8月23日付の大塚からの書簡には「同会社も愈々松山を中心としたる強固なる顔触にて組織する事に確定仕候…営業上一切は支配人に一任し，社債其他貧乏会社の資本算段の事は財務商議員三人社長を補けて常に仕事を為す筈に御座候，右商議員中には松山氏主権を握る筈」[51] とあるのは36年7月今西林三郎，藤本清兵衛の尽力で現任重役派と改革派の対立抗争の調停成り，現任重役を総辞職させて，改革派を名乗る松山一派が高野の実権を握る形で紛議落着し，37年8月25日就任した伊藤喜十郎社長の下で松山与兵衛が財務商議員として社債等の資金調達に乗り出したことを示している。39年の幹部職員は宇喜多支配人，庶務課長堂本平太郎，営業課長兼運輸長坂本民次郎，経理課長長谷川令太，主任技術者兼保線長湯川為太郎，車両長河野通久であった（諸39上，p 303）。宇喜多は讃岐鉄道等での経験を生かして乗車券の改正や長野遊園地を経営して旅客誘致に努力した[52]。

3．高野鉄道の担保付社債発行

36年9月3日の臨時総会で改革派の新重役は前の総会で決議した20万円借入の件を取消し，新たに「会社の財産を担保として金十五万円以内を借入る事」（36.9.12 R）を提案した。資金使途は支払手形3.1万円，銀行借入金5,600円，整理勘定6.2万円，借入金3万円等の旧債償還が中心であった。先の内紛の際に中立派の株主団体を組織した足立平助（652株），岸本萬紀，伊藤与三吉（1,409株），永井義尚，中村与四郎，広井代蔵らは「新重役が新任早々十五万円の借入を然も会社の財産を抵当になしてまでもなさざるを得ざる理由なし」（36.9.12 R）と反対した。総会で公表された整理勘定62,021円55銭1厘の内訳は大和田荘七公正証書28,175円，社債未了分10,700円，藤本銀行保証付社債10,900余円，奥井保太郎担保預け社債9,800余円，営業部より仮受2,446円（36.9.12 R，36.9.15 B）で，手形および社債「債権者の中数名の社債五万円を優先株に引換へることだけは未だ交渉整はざる」（36.5.30 R）問題債権が整理勘定の大半を占めていた。「藤本銀行保証付社債」とは前重役が引継事項として「藤本銀行の債務は後継重役定まるまで旧重役に於て保証を継続し義務を新重役に移すと同時に担保を新重役に引継ぐ事」（36.7.15 B）とされたものである。

営業部勘定には90円の仮出金のほか，甲種優先株2,026株，乙種優先株1,005株の自己株も含まれていた。自己株の件は富永元支配人の「重役の不始

末十六ケ条」と符合しており，告発文書の信憑性をある程度裏付けている。自己株所有に関しては37年9月支配人に就任した宇喜多も「自今株券売買ヲ市場ニ懸ケルニ於テハ…予テ会社ニ於テ処分ヲ有スル株券ヲ処分為スニ在テハ殆ンド処理ニ困難ナルト云フ此債権ノ片付モ相付ク…」[53]と重役に具申している。中立派の株主有志会は36年12月11日会議を開き，15万円の借入問題について協議し，「会社の財産を担保として借入金を為すは株主に危険」(36.12.19 R)と反対の態度を決めた。

宇喜多の年譜には38年3月「高野鉄道財団設定につき調査委員となる」[54]とあり，前掲意見書にも「刻下の問題となり居る十五万円（借入金）」[55]調達とあるように38年9月末現在で借入金が12万円，銀行からの借越が1,771円に膨張し，再度「個々に分れたる高利債務の為めに久しく整理難」(39.6.30 R)に陥った高野は高利の借入金を返済して，財団抵当ででも一本に纏まった社債ないし借入金を起こす準備をすすめていた。判明している借入交渉先の一つに日本生命があり，38年8月頃「従来高利の借入金十三万円許あるより之が整理を為さん為め」(38.8.15 B)日生に対して高利の旧債整理のための借換資金を申込んだ。日生側にはこの時期に高野に融資を実行した記録は見当たらず，社債を受託した安田銀行の場合と同じく，恐らく日生と緊密なコール取引等があった藤本BB等を介して融資申込があったのではないかと考えられる。

この時期，高野社長伊藤喜十郎は寺田兄弟にも社債借換斡旋を依頼している。『元朝　寺田元吉』は「社長の伊藤喜十郎が〈寺田元吉〉翁を訪ね，高野鉄道は目下紀見峠トンネルを抜いているんだが，社債が多くて，手も足も出ないから，〈寺田甚与茂，寺田元吉〉翁兄弟に社債借入を斡旋して欲しいと懇願した」[56]と記載している。同書は「〈寺田元吉〉翁は兄〈寺田甚与茂〉と相談の結果，これを受入れた」[57]とするが，これは後の「四十一年十一月低利〈七分〉の資金を〈和〉泉貯蓄〈金が正当〉銀行より仰いで借換」[58]えた事実との混同した記述ではないかと思われる。

38年各方面に社債あるいは借入の斡旋を依頼していた高野は藤本の斡旋(38.10.11保銀)で安田家とも交渉していた。10月には安田善次郎が安田保善社の名義での貸付を承諾した(38.10.21 R)。さらに「金額は差当り二十万円とし利子は年八分にて担保には鉄道全部を提供する」(38.11.15 B)との条件で交渉を続け，上京中の高野社長伊藤喜十郎，安田銀行代表者安田善之助との間に年利10％，期間5年（2年据置後，3年償還）の条件で20万円起債の仮

第9章　高野鉄道・高野登山鉄道

契約を38年11月29日締結した（38.12 O B）。信託料は最初年800円との安田側の要求を年400円に低減し，鉄道抵当法に準拠して逓信省の手続が終了次第，39年1月頃に現金の授受をなす予定とされた（38.12.2 R）。

　38年12月24日には株主総会で利率10％以下で担保付社債20万円の募集を決議したが，その間に鉄道国有法案問題が起こり，原案では高野も国有化対象32社の中に含まれたこともあってか，本契約締結までにかなりの時間が経過した。関西の各私鉄も関西，山陽，南海等の大手は国有化反対の空気が支配的であったが，「近江，河南，高野，徳島の如き小鉄道にして独立経営の困難なる会社は法案通過を希望しつつあり」（39.3.17 R）といわれ，懸案の資金調達も国有化の様子眺めとなっていた感がある。しかし39年3月27日貴族院が法案審議の過程で国有化対象から比較的規模の大きい東武，南海，成田，中国をはじめローカルな豆相，水戸，豊川，近江，河南，高野，博多湾各鉄道など合計15社を幹線には該当しないとして削除し，17私鉄に絞られた。一時高野株式は「二三円の普通株忽ち七円台に空飛したるも殆ど売人なき」（39.4.7 R）まで素人筋の思惑買で吊り上げられたものの，国有化除外によって大暴落に陥った。

　同じく国有化から洩れた中国鉄道でも「国有に洩れて独立整理の急を告げ…整理方法考究中」（39.6.9 R）であったが，「安田銀行に借入金の交渉中抵当権の事につき調談行悩みの姿なりし」高野でも39年6月になって漸く交渉が纏まり，7月鉄道抵当法による手続を経て，内国債として初の担保付社債として10％担保付高野社債（期間5年据2年）が38年7月に担保付社債信託法に基づく受託会社の免許を受けたばかりの安田銀行の受託（年間信託料400円），総額引受で発行された。内国債として第2号の担保付社債は興銀受託・総額引受による39年9月発行の富士製紙社債200万円であった[59]。

　安田銀行から20万円の現金の授受を終えた高野は「従来区々なりし債務を償却して茲に全く整理を見るに至れり」（39.9.29 R）とされたが，実はこれは大幅な整理劇の序幕に過ぎなかったのである。宇喜多が38年3月27日重役に提出した意見書の冒頭にも「会社将来ニ於ケル経営ノ大方針トシテ現在ノ資本金一百六十万円ヲ多クモ八十万円乃至一百万円ニ減資スルニアラザレバ確固タル永遠ノ持続覚束ナク故ニ早晩其実行ヲ要スル期アルベク」[60]とあり，この時期既に再度の抜本的整理が不可避であることを示唆している。

4. 高野鉄道の売却

(1) 「大阪電気鉄道」計画の背景

39年8月4日の『鉄道時報』には大阪電気鉄道なる阪神に準拠した新式の電気鉄道を大阪の中心部から高野山頂まで敷設する計画が報じられている。一見しただけでは高野と全面競合する単なる新線構想の一つと思えそうだが、主唱者の深沢五三九、川井悦造、＊島田祐信、特志主唱者の密門宥範（高野山管長）に加えて、＊伊藤喜十郎（高野社長）、＊松山与兵衛（高野取締役）、＊富永藤兵衛（同）、＊鈴鹿通高（同）、足立平助（同）、山本隆太郎（同）、寺田元吉（高野監査役）、上田僖三郎（同）、三木伊三郎（高野367株主）（＊印が主事5名）という高野の松山派で主唱者の大半が占められている点が注目される（高野の監査役辻本安七は不参加）。しかも計画事務所を高野汐見橋駅内に置き、「工事着手の際は高野鉄道会社大阪長野間線路を交渉の上利用する」「同鉄道の既設線路なる大阪長野間に電車を運転する」（39.8.4 R）という内容から松山派主導の折からの電鉄ブームに便乗した高野新会社構想であることが判明する。大阪電気鉄道は資本金を600万円とし、うち160万円を高野買収に充て、他は新営に投資するものとし、測量等を阪神の三崎省三へ嘱託することとしていた。

高野重役会は早速大阪電気鉄道との間で仮契約を締結し、「一、臨時総会において委員十五名（内重役七名株主八名）を選び高野売却の最低価格を協議せしめ且つ電鉄会社に対し高野鉄道財産全部及び営業譲渡上の手続を一任すること　二、高野鉄道株主はその所有株式の額面価格と同一の額面を限り電鉄会社の株式引受けの特権を得ること」（39.8.11 R）を総会にかけることとした。このような電光石火の反応は前章の小山田一派による伊豆鉄のプランと同様に大阪電気鉄道計画自体が松山派による"優先株主切捨"のためのゆさぶり策だと考えると納得がいく。

(2) 高野鉄道の売却

こうして高野は39年10月31日の株主総会で第1号議案として「当社鉄道財団其他一切の有体財産及不動産並に営業権譲渡の件」、第2号議案として「当会社解散の件」外を付議した。第1号議案の骨子は39年に発行したばかりの社債20万円は売却代金51.5万円から控除して新社で継承すること、「当会社の株主は高野登山鉄道株式会社に於て募集の同会社株式を一般募集者に先だち引受くべき特権を有する条件を付せしむる事」（39.10.27 R）等であった。鉄道および付属物件一切を51.5万円で他社へ売却する案には「同社の重役等

第9章　高野鉄道・高野登山鉄道

が発起せる高野登山鉄道」(39.11.10 R)が相手先である故，大株主の協賛もあり通過は容易との見方もあったが，「一部の株主は売渡価格の低廉なる理由を以て絶対に反対」(39.11.10 R)したが，価格の外にも「高野登山鉄道より十三万円優先株に付与する条件あるより，普通株主も同様其の特別代償の分配に与るべき」との普通株主の反対もあった。議論が紛議して反対株主はそろって退席したが，残留株主で投票裁決したところ 38,416 票の大多数で売却案を可決した。

　こうした案を提出した理由を高野重役は「僅かに優先株に於て一二朱の配当を為し得るに過ぎず，普通株に至りては毎期無配当の悲況を呈し，百五十万円，七万五千の株式は殆ど反古同然の有様なるより，斯くては所詮倒産の外なし…仮りに之（減資）を実行しても百五十万円を半減して七十五万円とするも外に端株整理の為に五万円を要し，安田銀行の社債等を積算すれば合計百万円となるの勘定にて是亦思はしき効果を挙げ得べしとも思はれざるより終に是が実行の予則手段として新に高野登山鉄道なるものを設立し高野鉄道株主をして同会社株式の先取権を有せしめ，之に高野鉄道を売却するの案を立て，目下の事業勃興を好機として一方新会社の設立を図ると同時に旧鉄道売却の議を進め」(39.12.15 R)たと説明している。なお前述の「大阪電気鉄道」なる計画(「長野橋本間及橋本より高野に至る間に電気鉄道の敷設の計画」)にも「高野鉄道重役中之に関係せるものあるより彼是混同する者あるも彼と是とは全然別種の計画に属す」と断っているが，当初の「大阪電気鉄道」計画(その後名称を高野登山鉄道と改称)と，今回の売却先の高野登山鉄道とは寺田甚与茂と根津嘉一郎を除いてほぼ同一の発起人メンバーであるにとどまらず，当然に同一のものと考えられる。わざわざ全然別種とことわる点をしいて勘ぐれば，「大阪電気鉄道」なる全くの別物を突如登場させて買収価格160万円といった美味しい話を新聞に流し，むしろ売却が有利と思わせる雰囲気をあおって，当然に売却には抵抗しそうな高野の総会での反対派の抵抗をできるだけ和らげるための事前に松山派が上げたアドバルーンともいえようか。

　高野登山鉄道となった経緯について宇喜多は「高野線を名称通り高野山まで延長することを念願とし，名称も高野登山鉄道と改称するに至った」[61]としか語っていないが，当時でもこの売却については「河南鉄道が河陽鉄道を買収して起てると等しく，高野登山鉄道は高野鉄道を買収して立ちたるもの，二者何れも買収と言はば言はるるも，実を言へば旧会社が手も足も出なくなった窮状

を整理する為め，変形整理の新会社組織に過ぎず」[62]と看破されている。

5．高野登山鉄道
(1) 高野登山鉄道の発起

39年10月1日伊藤喜十郎，松山与兵衛，富永藤兵衛，上田僖三郎，寺田元吉，三木伊三郎，東尾平太郎，森久兵衛，鈴鹿通高，山本隆太郎らは高野登山鉄道（以下登山と略）の発起人会を開き，創立事項を協議した。計画では資本金は70万円，1.4万株とし，うち2,800株は発起人で引受け，残り11,200株は高野株主に申込の先取権を与えて募集することとした。39年12月「高野登山発起計画ハ亦着々として其歩を進め発起人中には新に東京の根津嘉一郎，大阪の寺田甚与茂二氏を加へ」(39.12.15 R)，松山670株，宇喜多130株と追加発起人寺田，根津の各200株を含めて11名で各200株，計13名で総株数1.4万株中21.4％に当たる3千株を引受けた。結局辻本安七[63]および先の「大阪電気鉄道」段階では主唱者に名を連ねた足立平助（大阪信託社長）以外は新会社の発起人となった。辻本一族は辻本紡績の倒産で共倒れになり，また足立の主宰した大阪信託も高利資金で玉出の数万坪等の不動産の見越買いに失敗して莫大な損失を出し，42年には大阪進出を狙っていた東京信託に買収されたため，ともに登山への参加を控えざるをえなかったのであろう。

(2) 高野登山鉄道創立総会

登山は39年11月9日「高野鉄道株式会社ノ既成鉄道…ヲ買収シ…尚将来ニ於テ時機ヲ図リ長野以南へ延長セシメ遂ニ社名ノ如ク高野山頂迄鉄道ヲ敷設」[64]する目的で岸和田の寺田甚与茂[65]ほか12名が発起したもので，40年2月5日仮免状を得て，宇喜多高野支配人に登山創立事務長を委嘱した[66]。40年9月21日創立総会を開き，寺田甚与茂を社長に，松山与兵衛，寺田元吉，寺田利吉，鈴鹿通高，富永藤兵衛，宇喜多秀穂（常務就任）を取締役に，東尾平太郎，寺田久吉[67]，三木伊三郎を監査役に選任した。44年度末の重役以下の総人員は230名，給料月額3,504円，一人@15.2円であった[68]。

寺田が社長となった経緯について宇喜多は「寺田元吉より以上の人物を必要とすることになって，その令兄の寺田甚与茂氏が代って社長となった」[69]としか語っていないが，経営難に陥り，前途を悲観した高野社長の伊藤喜十郎が同社取締役である寺田元吉の実兄であり，南海，山陽等の鉄道経営に参加して手腕を発揮した寺田甚与茂を見込んで「此の鉄道の経営を挙げて〈寺田〉翁に依

頼し…翁は此の依頼を快諾して同社取締役社長の椅子に座し…高野鉄道を悲境より脱出せしめ，其の旧態を一掃した」[70]からであった。

　資本金70万円（1.4万株）中51.5万円（うち20万円は高野担保付社債の償還義務継承に対する分）で旧高野の既設鉄道を買収，5.5万円は営業資金に，13万円は別途補償その他の費用に宛てることとした（40.10.15 B）。高野は「株主総会ノ決議ニ基キ鉄道其他一切ノ財産ヲ高野登山鉄道株式会社へ売渡シ十一月十五日其授受ヲ了シタルニ依リ，同月十六日ヲ以テ解散致候」[71]と解散届を提出した。設立後の登山は「漸次悲境より脱出して旧套を更め其の敷設区域を延長して前途の発展頗る見るべきものが有った」[72]とされる。

(3) 和泉貯金銀行，日本生命からの借入

　39年7月発行の安田銀行引受10％高野担保付社債20万円の償還期限は44年7月であったが「一割の高利を継承せるにて経営上の不利なるにより，四十一年十一月低利〈七分〉の資金を〈和〉泉貯蓄〈金が正当〉銀行より仰いで借換」[73]えたため，41年上半期には償還されている。旧会社時代にも社長伊藤喜十郎は寺田兄弟に社債借換斡旋を依頼している。『元朝　寺田元吉』には「社長の伊藤喜十郎が〈寺田元吉〉翁を訪ね，高野鉄道は目下紀見峠トンネルを抜いているんだが，社債が多くて，手も足も出ないから，〈寺田甚与茂，元吉〉翁兄弟に社債借入を斡旋して欲しいと懇願した」[74]と記載している。「〈寺田元吉〉翁は兄〈甚与茂〉相談の結果，これを受入れた」[75]とするが，和泉貯金銀行は30年9月設立，同年10月12日資本金5万円で岸和田町に開業，39年9月には堺支店を設けており，寺田甚与茂が頭取，元吉，久吉，利吉が取締役と寺田兄弟を中心に経営されていた寺田直系の貯蓄銀行であった。高野は38年にも「従来高利の借入金十三万円許あるより之が整理を為さん為め」（38. 8.15 B）日生に対して融資を申し込んだことがある。

　登山は「近キ将来ニ於テ…蒸気車ト電車トヲ併用シ，貨物ハ専ラ蒸気車ヲ以テ輸送シ，旅客ハ電車ニ依リ敏速ニ往来セシムル計画」[76]を立て，45年3月4日の総会で「橋本高野山間線路延長，堺東駅ヨリ堺市吾妻橋迄支線敷設，汐見橋橋本間電車併用設備及付帯事業兼営ノ為メ要スル資金ニ充当スルカ為メ，一時借入金ヲ為シ又ハ社債ノ募集ヲ為サン」[77]とする原案を可決し，旧会社時代にも依頼したことのある日生に融資を再度申し込んだ。今回日生は大正元年9月期に満額の20万円を融資実行したが，資金使途は「汐見橋・長野間電車併用設備ニ要シタル材料代金及工費支払ノ為メ」[78]の事業拡張資金であった[79]。大

正元年9月期の登山の借入金は20万円であり全額が日生からのもので、ほかに電車併用設備関係の支払手形（三井銀行宛）が52,585円あった。44年頃登山は阪堺電気軌道の技師長である杉山清次郎（その後大阪市電気鉄道部長）を顧問に迎え、電気併用工事と紀見峠のトンネル工事を開始したが、ほぼ同時期に日生社長の片岡直温は信頼している杉山に新たに藤本系から肩代りした投資先である京都電気鉄道の技術指導も委嘱している。また日生は阪堺電気軌道とも投融資面で深く関与[80]しており、杉山の登用自体が日生からの融資の前提条件となっていたものと考えられる。前回と同様の藤本BBからの仲介に加えて、こうした諸関係ならびに杉本の技術的な助言から38年申込時とは判断を変えて、融資を応諾したものと考えられる。

(4) 日本興業銀行、日本勧業銀行からの長期資金の導入

非常な難工事で排水や落盤事故に災いされた紀見峠のトンネル工事が予算超過で行き詰った登山は大正3年4月日本興業銀行（興銀）より70万円を借入れ、鋭意延長工事の進捗を図り、ようやく橋本まで完成させた[81]。これは旧高野以来関係の深い藤本BB銀行会長の平賀敏の指示で藤本の調査部がトンネル工事完成後の長期的収支を調査したところ「仮令工事費は予算を超過しても、完成の暁には必ず有利」[82]との結論を出した。そこで平賀はこの調査をもとに興銀に働き掛けて、トンネル工事資金を同行から引き出し、3年9月トンネルを貫通させた。3年9月期の登山の借入金は70万円で全額興銀からの延長資金であり、日生からの20万円を返済したため、3年3月期に比して50万円純増となっている[83]。3年下半期には大阪高野の社債・借入金合計は約80万円増加して164.6万円に達した。5年3月末現在では借入金70万円、支払手形87.6万円となっている。その後興銀に代わって日本勧業銀行（勧銀）が登場し、6年9月末現在では社債はなく年賦借入金120万円、その他借入金30万円、支払手形が14.5万円となっている。7年度の借入金は勧銀を中心に158万円に達していたが、8年9月30日の臨時総会で勧銀からの既存長期借入150万円に加え、鉄道財団の第2抵当で30万円の追加借入を可決した。この勧銀からの長期借入については南海と合併後の大正15年上期でも勧銀からの電化工事等に充当した鉄道財団抵当借入金が3口計で92.9万円も残存しており、最終返済期は昭和9年11月末であった[84]。

(5) 根津嘉一郎と大阪高野鉄道

根津嘉一郎が大阪高野社長となった経緯について宇喜多は「改革すれば改革

するほど会社の状態は行詰るばかりであったので更に根津嘉一郎氏を招いて社長と仰ぎ…」[85] としか語っていないが，宇野木忠による根津の伝記『根津嘉一郎』も執筆者の宇野は根津合名支配人の鎮目泰甫（大阪高野大株主），吉田義輝（富国徴兵社長），河西豊太郎（東京電灯取締役）等に取材しているが，取材源の制約もあって時期や細部には疑問も残る伝記となっている。しかしこの伝記によれば時期は不明ながら「嘉一郎は一日関西に旅行し，自から乗客となって調査した結果，『今は拾ひ手もないが将来は有望な株である』と心に期し，纏まったものでも又は端数でも売に出た以上ドシドシ買占をやった」[86] とする。38年9月末現在の高野の大株主には工事請負人の稲葉弥吉 4,557 株を抜いて，根津一秀[87] が 5,010 株で筆頭株主となっている。

根津嘉一郎は37年には相場師的な行動パターンから抜け出し，東武鉄道社長として再建に乗出し，「ボロ買嘉一郎」[88] と陰口をたたかれながらも「ボロ会社の株式をかき集めて，それを結局，物にし」最後は「鉄道王」と称されるようになった根津自身「俺が相場を張ったのは一生にたった一度だった。そのほかはみんなソロバンを弾いての投資だ」[89] と述懐していたとされ，この高野でも全く同様に将来は有望と見て長期的観点から得意とする「ボロ買」手法をとったことがうかがえる。

『根津嘉一郎』はさらに続けて「一方会社では紀見峠の隧道作業が資金難で頓挫し，投資家を窃かに捜し回ってゐた。嘉一郎は株を買集めたことは噯にも出さず数十万円を金融した。その結果…蓋をあけて見ると過半数の株主になりすましてゐた」[90] と記述する。この記述から根津が整理前の高野に対して前述した正体未詳の債権者に含まれるダミーを使って紀見峠隧道資金「数十万円を金融し…蓋をあけて見ると過半数の株」すなわち債権者に交付された優先株をも他人名義で大量に取得したことが推定される。例えば不本意ながら大口優先株主となった請負業者の稲葉弥吉が大正元年10月の高野登山役員選挙で200株分の委任状を根津の腹心たる須田宣[91] に投じた行為[92] から判断して，根津は稲葉ら経営介入の意思のない優先株主からも「株を買集めた」ことを暗示していよう。従来の根津関連の書籍では「根津嘉一郎が高野鉄道へ乗込んだのは，明治四十四年であった」[93] とされ，44年10月27日の登山総会で欠員の取締役の補充として選任[94] された時期からとしていたが，実は更に数年以上古く株付けして周到に登場の機会をねらっていたことになる。資金力に物をいわせて一気に高値で買占めるような行動には走らず，根津の粘着力のある投資姿勢が

うかがえる。

寺田甚与茂の伝記では「根津嘉一郎氏との経営方針に於て相容れざるものあり，大正元年九月社長の椅子を根津氏に譲って引退した」[95]とさらりと触れるにすぎないが，寺田元吉の伝記では明治43年3月の増資直後に起こった寺田対根津の高野支配権奪取騒動である「所謂根津事件」を次のように生々しく記述している。「根津嘉一郎は高野鉄道KKの新株を多くもっていた。従って，根津の発言が相当強く，寺田対根津の対立によって，会社の方針は事毎に話しが巧く纏まらなかった。最後に，会社を根津の手に移すか，或は寺田によって経営するかといったドタン場が訪れた。翁兄弟は，根津の持株以上に株券を買占められるまで自重し，根津以上の持株をもつに至って愈々根津と最後交渉を始めた。『お互いに持株に対し希望があるならば売でも，買でもどちらでもよいでしょう』と出た寺田に対し，根津は『買いましょう』と応え，結局寺田一門の持株を買取った」[96]

寺田に対抗した根津自身の著書『世渡り体験談』によれば「私も高野鉄道の株主で，寺田君と私で，八分どほりの株を所有していた。併し寺田君側の支配人が鉄道の分からない人であったから，重役会議では寺田君と私は時々意見が違って…会社は，殆んど破産状態に瀕してゐた」[97]と回顧している。『根津翁伝』では寺田は「鉄道に関しては造詣もなく，知識も欠乏して居ったので，万事消極的」[98]と片付けられている。甲州人の根津から見て，生粋の泉州人で「岸和田駅で一銭の車賃を値切るのに二時間を費した」[99]ほどの吝嗇ぶりを随所で発揮した寺田とは肌が合わなかったことであろう。両財閥の談合で寺田が「自分は紡績畑だし，君は鉄道事業で苦労してゐる人で，餅は餅屋に若かずだ，自分の持株は君に譲るから，高野鉄道の経営は宜しく頼む」[100]として持株一切を三井物産の藤野亀之助大阪支店長の仲介で根津に譲る形で落着し，45年7月20日寺田が社長を辞任し，根津が代表取締役社長に就任した[101]。寺田利吉，元吉，元之助，鈴鹿通高も同時に退任したが，「〈寺田甚与茂〉翁の持株は勿論翁の姻戚の人達の株まで」[102]根津が全面的に引受けたことによる。

大正2年上期の大株主としては根津嘉一郎名義は3,204株と総株数4万株の8.01％にすぎないが，根津の姻戚と推定される森田豊[103]名義で2,212株，根津の姻戚・福島良[104]名義で2,100株，須田宣（根津の甥）名義で2,000株，根津の「執事兼女房役」といわれ自らも「四十余年間根津さんと生活を共にし影の形に添ふ如く終始し」[105]た鎮目泰甫[106]名義で800株，根津の養甥で根津合

名出資社員となる根津啓吉[107]名義で600株，森沢鳳三郎[108]名義800株なども須田宣に委任状を投じた根津系株主であった。須田宣に委任状を投じた原六郎1,000株，益田孝700株など著名な東京資本家も根津の依頼によるものと考えられる。他にも無名に近い資本家にもかかわらず，身分不相応な大株主となっている上原勝[109]名義1,243株，和田辰三郎（1,000株主で須田宣に委任）名義1,000株，信夫喜代志（800株主で須田宣に委任）名義800株なども真性な株主かどうか疑義がある株主と考えられる。

　大阪高野取締役となる須田宣を除けば森田豊，福島良，鎮目泰甫，根津啓吉らは登山の大株主でありながら，役員にはならず，後年に根津の持株会社である根津合名の支配人や，交通関係の持株会社，個人的色彩の濃い企業等の役員・大株主等としてのみ登場する，当時ではいわば無名に近い人物である。したがって根津の近親者かダミーと考えるのが自然であろう。こうした名義株は大正6年9月時点では一部分は根津嘉一郎名義9,704株に統合され，更に大正9年11月設立の根津合名に移行されたものと推定される。ほかに甲州系の佐竹作太郎[110]が1,500株所有して取締役となっている。

　「高野鉄道に乗込んだ根津嘉一郎は東武式手術を施し，当時東武系の佐野鉄道に居った早川徳次を抜いて，支配人に据ゑ，東武と同じ方針で，堺より線路を延長して大阪汐見橋まで進出し，他方長野からの線路は紀見峠の難工事を完成して高野迄延長した」[111]のであるが，根津が高野の再建に送り込んだ支配人が東武の傘下になった佐野鉄道の再建で腕を振った早川徳次（後の地下鉄創始者）である。30歳の若さで大私鉄の支配人を任された早川は紀見峠のトンネル貫通に努力した。しかし「早川氏は入社後数年にして常務と意見の衝突を来して飛び出してしまひ」[112]，鉄道省嘱託となって欧米の港湾・交通調査に渡航してしまった。これが後にわが国最初の地下鉄建設に開花することになる。

　大正6年9月末現在では株主数は218名，大株主は根津嘉一郎（大阪高野社長）が9,704株（24.3％）の筆頭株主で，根津の「執事兼女房役」鎮目泰甫の名義で2,460株，松山与兵衛（取締役）2,423株，福島良2,720株，森田豊2,212株であった[113]。大正5年3月現在の役職員は社長根津嘉一郎，常務石塚幸次郎，取締役松山与兵衛，飯田精一，日置藤夫[114]，監査役森久兵衛，佐竹源蔵，支配人兼工務課長松岡春吉，庶務課長堂本平太郎（旧高野庶務課長），運輸課長石塚幸次郎，車両課長富永文吉であった[115]。南海と合併直前の大正11年では資本金400万円（うち払込220万円），社長根津嘉一郎，常務日置藤夫，

取締役は根津の甥・須田宣，梅鉢安太郎[116]（堺，諸器械製造），山本源吉，大塚晃長[117]，監査役高橋太郎兵衛，山本為三郎[118]であった（要録T 11, p 48）。

大阪高野が南海と合併した結果，大阪高野の支配権を巡って，不倶戴天の敵として相対立した「根津は再び，〈寺田〉翁兄弟と相まみえる」[119]皮肉な結果となった。根津自身も「所が其後高野鉄道と南海鉄道との合併問題が起って，到頭其合併が成立して…再び鉄道経営について〈寺田〉翁と事を共にするようになったのはつきせぬ縁とでも云うのであろうか」[120]と記している。

注
1）2）安藤荒太『避暑漫遊案内』36年，p 108, 98
3）28年4月資本金5万円で設立，支配人稲葉通久，本店泉北郡，支店西区松島町，出張所西区三軒屋経営者は泉北郡の豪農北村六右衛門
4）86）90）宇野木忠『根津嘉一郎』昭和16年，p 102～4
5）高野鉄道の沿革に関しては武知京三『都市近郊鉄道の史的展開』昭和61年，日本経済評論社，南海電気鉄道『南海電気鉄道百年史』昭和60年などに負うところが大きい。
6）川端三郎平は大鳥郡添村，綿繰・綿実油商，大地主，堺紡績社長860株，「毎日の様に北浜市場へ往復して…株式相場を弄ぶ」（絹川太一『本邦綿絲紡績史』第6巻，昭和17年，p 156）ため30年の恐慌で倒産，31年5月6日～8月20日株式仲買開業，高野株式500株引受
7）8）『帝国鉄道年鑑』第三版，38年，p 蒸 441，彙 43
9）『日本鉄道請負業史 明治編』昭和42年，p 244
10）35年の整理に際して「藤本銀行の債務は後継重役定まるまで旧重役に於て保証を継続し義務を新重役に移すと同時に担保を新重役に引継ぐ事」（36. 7 .15 B）とあり，高野の整理勘定62,021円55銭1厘の内訳には藤本銀行保証付社債 10,900余円が含まれていた（36. 9 .12 R, 36. 9 .15 B）。
11）藤本銀行は28年12月21日資本金50万円で東区横堀一丁目に設立，藤本清兵衛が業務担当社員に就任した。森泰博「大和証券の起源」町村昭五編『金融システム論』平成6年，御茶の水書房，参照
12）藤本清兵衛は金融機関と事業会社等の間に介在して資金の仲介を行うビルブローカー業務の将来性に着目して藤本銀行の一室で少数行員により，ビルブローカー業に着手した。森泰博「大阪における証券業者の抬頭」作道洋太郎編『近代大阪の企業者活動』平成9年4月，思文閣出版 p 282～307，藤本ビルブローカー銀行編『開拓者』『藤本ビルブローカー銀行週報』330号付録，大正12年，p 72，前掲『北浜盛衰記』p 108以下。『八木与三郎伝』等を参照
13）藤本清七は大阪，米穀売買，泉州紡績，堺倉庫各取締役，大阪競売各監査役，全国第91位の大株主，大阪商船3,436，福島紡績558，泉州紡績460，山陽鉄道433，大阪鉄道300，大阪硫曹200，大阪倉庫125，大阪共立銀行52の8種合計5,565株，時価総額

14.9万円（32.4.6時事）
14）太田平次は丹南郡，清酒醸造，大地主，多額納税者，高野発起人・取締役400株社長，堺銀行頭取，堺倉庫社長，堺株式取引所監査役，泉州紡績取締役，泉尾土地創立委員
15）前川迪徳は奈良県添下郡片桐，泉州紡績社長，高野発起人・取締役400株
16）99）前掲『本邦綿絲紡績史』第6巻，p96，75
17）「第七回計算」『日本全国銀行会社資産要覧』29年，p157
18）19）21）『北陸の偉人大和田翁』昭和3年，p130〜4，441
20）大和田荘七は敦賀郡多額納税者，大地主，敦賀米穀肥料取引所理事長，敦賀商品取引所理事長，敦賀貿易汽船社長，対北㈱社長
22）前掲『南海電気鉄道百年史』p176
23）加藤木重教『日本電気事業発達史』後編，大正7年，p556。総工費22万円，5,109呎のトンネルが貫通したのは大正3年9月21日（T3.10.3R）
24）『大株五十年史』昭和3年，p46，593。割増証拠金に関しては島本得一『北浜と堂島』大正元年，p78参照
25）前掲『大株五十年史』相場高低表p33〜9
26）28年4月資本金5万円で設立，本店北郡，支店西区松島町，出張所西区三軒屋
27）鈴鹿通高は大阪土地建物，泉尾土地各監査役，和泉製紙，日本白煙炭磑，大阪木津川セメント各取締役，高野鉄道749株主，高野登山鉄道発起人・取締役200株
28）泉尾土地『第四期報告』40年3月
29）橋本清助は京都株式取引所仲買人，高野取締役・小西綱雄の姻戚，38年9月末現在高野400株主，西区靱より京都へ移転，肥料卸小売，社債95通を担保に高野へ融資，社債引換未了，34年11月社債利息未払を理由に大阪地裁に差押申請（34.11.23R），35年1月12日大阪地裁に破産申請
30）八木栄次郎は堺，染色業，段通原糸色染㈱取締役，高野発起人100株取締役，35年9月線路用地を根抵当に，高野取締役の桜井亀次郎（西区靱中通，塩干魚・鰹節仲買）とともに高野に年利12％で5万円貸付
31）川崎篤三郎（堺市櫛屋町）は乾物問屋，高野発起人100株
32）代理永井義尚，高野第2回社債1万円保有
33）足立平助（東区淡路町）は質商，大阪信託社長，大阪通商銀行，高野各取締役，高野社債権者・起草委員
34）大塚三郎兵衛（堺）は清酒醸造，大町精米所，太田貞雄と社債2.5万円保有
35）「線路短縮願」前掲『南海電気鉄道百年史』p129所収
36）37）木本光三郎『放資』37年，p340，342。ただし『放資』の「更に再度優先株を発行」との記述は不正確で，一度に2種の優先株を発行した。優先株については長谷川安兵衛『優先株の総合的研究』昭和16年，ダイヤモンド社参照。
38）山一証券『特殊株式の研究』昭和8年，p41
39）太田貞雄（堺）は浪速紡織取締役，大塚三郎兵衛と高野社債2.5万円保有，豊国火災取締役（諸T10，上p419）
40）坂ノ上清三郎（堺）は塩問屋，堺米穀取引所理事
41）横田義夫は東区島町，大分県竹田出身，28年藤本系の日本貯蓄銀行入行，31年7月

4日藤本銀行入社，36年7月4日藤本BB支配人，福島紡績株主，日本紡績株主，尼崎紡績株主，東洋紡織株主，39年11月株式会社に変更した藤本BBの取締役（昭和8年会長）に推挙された。昭和11年3月谷村一太郎の後任として湊鉄道社長に就任（『二豊実業家名鑑』昭和2年，p 172）。
42）村松岩吉の名は㈱藤本BB『営業報告書』40年3月の「株主姓名表」になく，大和証券山田充郎氏の調査でも藤本との関係は未詳とのことであった。
43）谷村一太郎は泉州紡績支配人から藤本銀行に配転，39年10月株式会社藤本ビルブローカー設立と同時に新設された信託部長となった。41年9月博愛生命株主，京都電気鉄道，八木商店各監査役を兼務，大正5年4月湊鉄道社長に就任した。昭和11年3月26日死亡。
44）湊鉄道は昭和5年9月末藤本ビルブローカー銀行の谷村一太郎が4,820株（資本金50万円，@50円なら総株数1万株の48.2％）と断トツの筆頭株主，社長に就任しており，株主総会も藤本ビルブローカー銀行東京支店で開催している（湊鉄道『第四十六回営業報告書』昭和5年9月）。鉄道財団借入金24万円の借入先は未詳。昭和11年3月26日死亡した谷村一太郎の後任社長も藤本ビルブローカーの横田義夫であった。藤本の持株6,180株と横田義夫名義500株は昭和15年9月には水浜電車に譲渡された（6,680株に従前の200株を加えた6,880株を超える8,077株の筆頭株主）（湊鉄道『第六十六回営業報告書』昭和15年9月）。大和証券社内報の中で元社員は「那珂湊町に湊鉄道という鉄道会社があって，この会社の株式を藤本が持っていた。株主総会は藤本で行なわれていて，相当関係が深かった」（『不二』昭和37年10月，p 30，大和証券提供）と証言している。
45）富永藤兵衛は綿花商，富村合名業務担当社員，仏教生命取締役，高野元支配人，松山与兵衛らとともに播但鉄道清算人。元従業員の内部告発というより，九州鉄道，大阪鉄道，播但鉄道等の改革運動等に見られた大塚磨・松山与兵衛一派の常套手段である現任重役の中傷，総辞職，経営の実権奪還作戦の一環という性格をもっていたと見るべきであろう。
46）松山与兵衛は足袋商，松山合名業務担当社員，讃岐鉄道監査役588，大阪鉄道485，播但鉄道622，野田紡績120株保有
47）大阪鉄道での重役派・改革派の対立は拙稿「大阪鉄道の経営と資金調達―岡橋治助・弘世助三郎らの資本家集団の分析を中心に―」『鉄道史学』第10号，平成3年10月，鉄道史学会，参照。
48）今西林三郎は大阪の石炭商で，元山陽鉄道支配人，北銀と関係深い西成鉄道，唐津鉄道，播但鉄道，紀和鉄道，京姫鉄道各取締役，徳島鉄道，関西鉄道各監査役，朝日紡績社長，大阪糸綿木綿取引所理事等を兼ねた。西成鉄道（第5章）注62参照。大阪三商銀行は29年6月「大阪三品取引所の機関銀行」（37.8 B）として設立され，資本金百万円，頭取中村惣兵衛。川上銀行とともに北村銀行の整理も担当（34.4.15 B），37年10月役員の「三品市場に於ける投機失敗の為め」（37.8 B）任意解散した。
49）堺共立銀行は26年3月「質屋の機関」として設立，資本金5万円（34.5.15 B），高野の債権者であったためか，40年7月29日休業に追込まれ，破産申請を受け，裁判所の口頭弁論の際，「預金者は法廷にて銀行の弁護士に暴行を加ふる」（40.10 O B）は

第 9 章　高野鉄道・高野登山鉄道　　　　　　　　　　　　　　　　　　　　193

どの混乱を招き，41 年 9 月 16 日任意解散，「堺市にては曩に堺共立銀行破綻の為め一般に神経過敏となり」(商業興信所『三十年之回顧』大正 11 年，p 152) 41 年には浪速銀行堺支店，大阪貯蓄銀行堺支店等へも取付けが波及した．
50) 51) 53) 54) 55) 60) 61) 前掲『産業界の先駆・宇喜多翁』p 99～123, 256
52) 讃岐鉄道等，明治期の遊園地経営に関しては拙稿 History of Amusement Park Construction by Private Railway Companies in Japan, "Japan Railway & TRANSPORTATION REVIEW" No.15, March 1998 参照
56) 57) 中沢米太郎『元朝　寺田元吉』昭和 36 年，p 108
58) 62) 73) 川上龍太郎『鉄道業の現状』44 年，p 100～2
59) 興銀編『本邦社債略史』昭和 2 年，p 56～7
63) 辻本安七は堺，紡績糸商，辻本各家総本家，辻安，辻本紡績業務担当社員，堺製絲取締役，堺紡績取締役 1,300 株，阿波紡績常務，高野発起人 200 株 (前掲『本邦綿絲紡績史』第 6 巻，p 157)
64) 「免許申請書」前掲『南海電気鉄道百年史』p 173 所収．なお後に「同じ人々によって高野登山鉄道の別働隊として，その前方に姉妹鉄道とも云ふべき大師鉄道が創立され」(前掲『産業界の先駆・宇喜多翁』p 105, p 149) た．電力を高野登山に供給する千早川水力電気 (44 年 12 月設立) も社長森久兵衛 (高野登山発起人)，取締役加納由兵衛，宇喜多秀穂 (同常務)，監査役遠藤美之，東尾平太郎 (旧会社社長，同監査役)，高野登山鉄道の補助の意味から設立された高野索道等と同様に，大阪高野とほぼ共通役員による別働隊 (要録 T 5, p 38)．
65) 寺田甚与茂，寺田財閥については藤田貞一郎「地方財閥生成の条件」(安岡重明編『財閥史研究』昭和 54 年所収) 参照
66) 69) 85) 前掲『産業界の先駆・宇喜多翁』p 256, 104
67) 寺田久吉 (貝塚) は清酒醸造，寺田本店，寺田甚与茂の弟
68) 『明治運輸史』大正 2 年，軽 p 27
70) 72) 95) 岸和田紡績『寺田甚与茂翁小伝』大正 15 年，p 75～6
71) 40 年 11 月 28 日解散届，逓信省公文書第 151 巻
74) 75) 96) 119) 前掲『元朝　寺田元吉』p 108～9
76) 「鉄道延長敷設免許申請書」大正 2 年 1 月 10 日『鉄道省文書』大阪高野巻三所収
77) 大阪高野「総会決議録」『鉄道省文書』大阪高野巻三所収
78) 大阪高野『第十回営業報告書』p 13
79) 大正元年 9 月 10 日日本生命取締役会決議録，日本生命所蔵
80) 京都電気鉄道，阪堺電気軌道と日本生命との関係は拙稿「明治末期，大正初期における生保の財務活動─電灯，電鉄事業への関与を中心として─」『生命保険経営』第 48 巻 5 号，昭和 55 年 9 月，生命保険経営学会，参照．
81) 前掲『日本電気事業発達史』後編，p 556
82) 前掲『平賀敏君伝』p 218
83) 大阪高野『第二十四回営業報告書』(前掲『都市近郊鉄道の史的展開』p 336)
84) 前掲『近畿電鉄号』p 115
87) 根津一秀は根津嘉一郎の実兄．甲州系資本家に関しては斎藤芳弘『甲州財閥物語』

上・下，昭和50～1年，テレビ山梨，斉藤康彦『地方産業の展開と地域編成』平成10年，多賀出版参照．一秀の養子啓吉の実兄・内藤宇兵衛に関しては内藤章『直温内藤宇兵衛』昭和17年，私家版参照

88) 93) 111) 勝田貞次『大倉・根津コンツェルン読本』昭和13年，p 185～6
89) 長谷川光太郎『兜町盛衰記』第1巻，昭和32年，p 232
91) 須田宣は根津の甥，富国徴兵第一部長の福島茂富の兄で，大阪高野，利根発電，高野大師鉄道，加富登麦酒各取締役，鬼怒川水力電気，東武，東京興産，日光登山鉄道各監査役，清交会々員．大正元年10月で高野登山2,000株主（「総会決議録」）
92) 高野登山「株主総会決議録」鉄道省文書，大阪高野巻三
94) 高野登山「商業登記簿謄本」鉄道省文書，大阪高野巻三
97) 100) 根津嘉一郎『世渡り体験談』昭和13年，p 115～6
98) 『根津翁伝』昭和36年，p 106
101) 高野登山「商業登記簿謄本」（鉄道省文書，大阪高野巻三），鉄下p 652．ただし変更登記の日付はなぜか大正3年8月2日まで大幅に延ばされている．
102) 120) 覺埜才介『寺田甚与茂・偲び草』昭和7年，『南海電気鉄道百年史』p 177所収
103) 根津合名出資社員森田とめの関係者か『中堅財閥の新研究』昭和12年，p 332)．
104) 根津の甥・福島茂富の養母で根津合名出資社員「福島りゅう」（前掲『大倉・根津コンツェルン読本』p 293）大正元年10月で登山2,100株主（登山「株主総会決議録」『鉄道省文書』大阪高野巻三所収）
105) 鎮目泰甫「天物尊重」前掲『根津嘉一郎』p 273以下所収
106) 鎮目泰甫は根津と同村出身，縁戚者，根津家執事，大正9年11月設立の根津合名入社，支配人就任，国民新聞社長（萩原為次『素裸にした甲州財閥』昭和7年，p 372．前掲『大倉・根津コンツェルン読本』p 294），大正元年10月で高野登山800株主（「総会決議録」）啓成社，関東荘園，昭和土地，横浜土地各取締役
107) 根津啓吉は山梨，内藤宇兵衛弟，根津一秀の養子，嘉一郎養甥，26年同志社卒，農業を営み，多額納税者・貴族院議員，有信銀行，大日本麦酒各取締役（『交通人物小史』昭和16年，p 62），後に根津合名出資社員，東武，関東瓦斯，大日本麦酒，東京興産等役員（前掲『大倉・根津コンツェルン読本』p 290）．大正元年10月で高野登山600株主（「決議録」）
108) 森沢鳳三郎（荏原郡上目黒，大阪高野800株主）は鎮目の後任の根津家執事（日本殖産興業の仙洞田照男氏教示による），会社員，昭和土地（第二部第6章）800株主，日本麦酒鉱泉⑥4,220株主
109) 上原勝は大正元年10月で1,093株主で須田宣に委任．大正11年の「役員録」に該当者なく，従って主要な会社役員の兼務なし
110) 佐竹作太郎は第十銀行頭取，37年代議士当選，東京電灯社長．大正元年10月で高野登山1,500株主（「決議録」）．なお根津系人物とされる佐竹次郎はその次男
112) 前掲『素裸にした甲州財閥』p 384
113) 前掲『帝国鉄道年鑑』第四版，p 37
114) 日置康夫は安田家を辞して40年根津系の加富登麦酒常務に転じ，東武鉄道監査役（『岡山県紳士録』大正5年，p 24）

115）前掲『電気大観』p 632
116）梅鉢安太郎は堺の車両製造業者・梅鉢鉄工場主，大阪高野鉄道，播州鉄道，龍野電気鉄道各取締役
117）大塚晃長は元鉄道院技師，高野技師，紀和索道取締役，後に南海・東武両社の取締役，清交会々員
118）山本為三郎は元日本製壜専務，大正11年根津系の加富登麦酒に合併。根津直系の加富登麦酒とも共通役員を有する大阪高野のターミナルである汐見橋駅には当然ながら「カブトビール」の大看板が掲げられていた（『高野電車沿線名所図絵』所収写真，大正11年）。

第10章　金辺鉄道・小倉鉄道

１．金辺鉄道と百三十二銀行
(1) 金辺鉄道の概要

　本章では数多くの不振私鉄群の中でも「半成の鉄道は公売に付するも僅々たる材料を除く外，殆ど価格なく，随て債権者も多大の損失を招く」(34.7.14門司)との最も悲劇的な結末を迎えた中途挫折鉄道の典型である金辺鉄道(以下単に金辺と略)をとりあげる。「元金辺鉄道の後身」[1]と位置付けられる小倉鉄道[2]について，渋沢栄一らから明治40年(以下明治の年号は省略)に中断工事の再開可能性の現地調査を依頼された谷口守雄[3]は「小倉鉄道は以前金辺鉄道と云って居り…経営不首尾から事業上に全く蹉跌を生じ，鉄道建設中途にして既に廃棄せねばならぬ羽目に陥った」[4]と回顧しているが，35年時点の払込資本金で福岡県下第3位の大企業[5]たる金辺には「経済界沈滞ニ禍サレ，加フルニ難工事ニ遭遇シ，失敗ヲ繰返ヘシタル為メ，重役ノ破産又ハ技師長ノ自刃等惨澹タル窮地ニ陥り，策尽キ，力及バズ悲痛恨ヲ呑ンデ…解散」[6]との伝説まで語り伝えられている。後身の小倉鉄道にも開業までには「金辺鉄道株式会社以来多大の経営難と，幾多の曲折とを経」[7]たとの強い認識が継承されており，ずっと後年にも林田惣七郎(元専務)，木田虎彦(社長)ら会社関係者によって金辺の苦難の歴史を後世に伝えようとする努力が払われて来た。「重役ノ破産…技師長ノ自刃」との悲劇の伝承など，「金辺鉄道創設以来の迂曲辛酸は今尚ほ斯界の話柄に屢々上ほる所」[8]であったが，金辺には本邦社債史上，希に見る未開業会社の発行した社債のデフォルトまでが発生した。しかるに渋沢の斡旋により新設の小倉鉄道に百万円を大口融資し，金辺以来の未成線を完成させながら，またもや回収不能になりかけた当事者であるはずの興銀の戦前刊行物においてさえ，行内記録がないためか，自行も因縁浅からぬ金辺社債に関して「発行スル計画ヲ為シタルガ…本社債ハ事実其ノ発行ヲ見タルヤ否ヤ不明ニシテ鉄道局年報ニハ其ノ表示ナシ」[9]とのみ記すにとどまる。

　28年10月5日渋田見興衛[10]ほか14名の金辺発起人により，資本金150万

円で「金辺峠は有名なる険山峻嶺なり，之を隧道とせん」（32.5.22東日）との敷設認可を申請した。主唱者は「同地方の出身たり，将に同地方の事情に精通せる」小沢武雄[11]，安場保和[12]の両男爵と小室信夫[13]，加東徳三（後述）らが地元有力者らを糾合したのであった。田川郡には筑豊・豊州両鉄道があったが，筑豊は三菱，豊州は田川採炭と密接な関係があり，「其他の坑主は其恵に浴する能はざるの事情…田川郡に於ける無数の炭坑主が一大苦痛としたる所」（32.5.12東日）に鑑み，田川郡と小倉を直結し，豊前炭坑から採掘する石炭を関門海峡から搬出するショートカットの運炭鉄道として計画された。これに対して全面競合する既設の九鉄，筑鉄，豊州3社の対応は「九州鉄道会社に於ては迚も斯る既設路線に大妨害を与ふる路線は政府の許可を得る能はざるべしと信じ毫も意に介せざりし」[14]，「豊州鉄道にては若し金辺鉄道にて発起認可を得ば自ら進んで行橋，日ノ浦間十八哩の鉄道を敷設し以て自線の利益を保護せん」[15]，「金辺線を以て三会社の並行線と認め以て既得権を侵害するもの」（32.5.12東日）と見做して，平行線たる門司鉄道を出願して妨害した。筑鉄との関係が深い子爵堀田正養[16]も32年3月14日の鉄道会議で「金辺鉄道…ハズット先キノ方ニナリマスカ是丈ノ間ハマダ金辺峠ノ隧道ガ抜ケナイダラウト思ヒマスガ，アレガ抜ケナイト達シナイガ，是丈許可ニナルト部分営業ガ出来ル目的ガアルノデスカ」[17]と求救郡と田川郡の分水嶺たる金辺峠の隧道開削の困難性に基いて反対を表明している。

28年10月24日湖月樓で発起人会を開き，29年4月4日の鉄道会議を経て，7月31日付で仮免状を下付された（鉄中，p 678）。8月15日東京の京橋区地学協会で，28名，権利株数572で開催された創業総会で小沢武雄（1,000株）が会長席につき，渋田見興衛，窪田弥兵衛[18]の指名に一任し，取締役には小沢（専務に互選），山崎忠門[19]，安場1,000株，吉沢直行500株，監査役に加東1,000株，福江角太郎[20]1,000株，堤猷久[21]700株を選任した[22]。相談役に熊谷直候[23]500株，小室800株を委嘱し，支配人は秋元増太郎[24]700株，技師長は工学士山田寅吉[25]であった（株数は発起株の引受）[26]。

30年3月22日免許，企救郡足立村に本社を置き，31年4月末現在では資本金150万円，3万株，うち払込40.4万円，社長小沢武雄750株，取締役渋田見興衛1,000株，吉沢直行，監査役加東1,000株，堤猷久630株，福江角太郎1,012株，株主数408人，非役員の大株主は安場保和850株，守永久吉[27]705株，清水可正[28]542株であった（要録M 31，p 238）。

東京の資本家が多いため，30年3月京橋区本八丁堀2丁目1番地の房総鉄道（以下房総と略）内に東京出張所を開設し[29]，森田角五郎を主事とした（要録M 31, p 423）。これは小沢，窪田，加東ら房総人脈の主導で株主募集を進めたことの反映でもあろう。29年には猪伊金〜添田〜益木間13哩を計画して，小沢，小室，安場，加東，河村，秋元支配人ら金辺の主要メンバー数名で1万株を引受けた別組織の添田鉄道（資本金70万円）を発起，「金辺鉄道延長線として接続せしむる」[30]計画であったが，結局同社はまもなく金辺と合流[31]の後，31年6月30日却下された。

　折からの鉄道ブームの中で一時は新設鉄道中でも最も有望とされた時期もあり，29年1月時点の金辺の権利株は1円の払込が3円（29. 1. 25 K），29年中の高値では10円にまで騰貴したが，久留米銀行，京都商工銀行を払込銀行に追加した30年1月時点では5円払込が5円にまで急落しプレミアムが消失した[32]。30年3月22日付で本免許を得て，「本邦私設鉄道中稀に見る難工事」[33]といわれた総延長5,280呎もの長大な金辺峠トンネルの開削に「会社にては最新式の機械もて中央部及び左右両部より同時に起工」[34]した。

(2) 金辺鉄道の社債発行と加東徳三による引受

　30年4月29日の臨時総会で第五号議案「工事進行ノ都合ニ依リ一時借入金ヲナスノ件，但シ其手続ハ取締役ニ一任シ，利子ハ百円ニ付日歩四銭以内トス」[35]の原案を可決した。なお30年下期で銀行預金が6.8万円もあったにもかかわらず，既に一時借入金が1.3万円も存在した[36]。

　金辺は資本金150万円と社債150万円で全線落成させ，利益配当をなして新株を募集し，社債を償還する当初計画であった。30年6月19日起工，難関の金辺峠トンネルの開削にも着手，まず採銅所に竪坑を開いた。32年7月1日東株で3万株が売買開始された[37]。また社債を50万円に減じ，年1割，95円以上で募集することとなった。地方での引受分15万円を差し引いた35万円を東京大阪で募集すべく，小沢武雄社長，秋元増太郎支配人が奔走した。「幸にして二三有力家の援助する所となり殆んど其目的を遂げんとする」（32. 5 .12 東日）寸前に金融情勢の激変で募集延期に追い込まれた。そこで「増資ニ係ル百五十万円募集ノ如キ遽ニ其目的ヲ達スル能ハザルヲ以テ」[38]，32年12月11日付で8％社債（1年据置後，5年償還）80万円の発行認可を得て，申込期限を33年1月15日と定めた（32.12.25 R）。この間の社債関係の報道は以下の通り二転三転し，金辺の苦境を示している。「外資より募集せんと種々力を尽

せしも外人の望む条件過大にして到底其相談出来ざるにより目下大銀行に引受を求め」(32.1.15 R)，「経済界の状勢不振なりしがため臨時必要に応じて借入を為し，其募集は見合せ居りしが，今回愈々七分利付にて五十万円借入の内約整ひたる」(32.9.15 R)，「東京の三銀行は同社社債を引受けんと申込みたるも会社にては先づ従来同件に関係ある銀行へ対し昨今額面九十五円年七朱にて交渉」(32.9.25 R)し，結局 33 年 2 月 20 日，8％（応募者利回り 9.323％），期間 6 年，発行価格＠95 円で 50 万円が発行され，残額 30 万円は 33 年 3 月 20 日に発行された。募集取扱は第三，帝国商業，百三十二，鴻池，京都農商[39]，京都商工（頭取田中源太郎），および地元の八十七，豊陽，十七の 9 行であった[40]。

「募集高八十万円の内五十万円は東京二三銀行のシンヂケートにて引受の事に決し，他三十万円も凡そ募集の見込付きたりといふ」(32.11 B)，「金辺鉄道会社にては曩に社債八十万円募集の件を決議したるも未だ其募集を為さず一時借入金を為して工事を継続せしが，今回弥々加東徳三氏が百三十二銀行の名義にて右五十万円丈引受くることの交渉纏まり，残り三十万円は第三及び安田の両行にて略ば引受の約束成立したりといふ」(32.12 B)，「金辺鉄道会社にては…一月二十一日限の期限を以て社債八十万円を募集せしか，其結果予て特約ある銀行にて四十万円，東京，大阪，京都の三府にて二十五万円，其他の地方にて十五万円の応募ありて其最高申込価格は九十六円六十銭なりと云ふ」(33.2 B) と相応の応募があったかのように報じられたが，内実は次のように金辺相談役でもある加東が社債 80 万円のうち 50 万円を百三十二銀行（以下百三十二と略）の名義で引受け，残り 30 万円は第三及び安田銀行で残額引受したに過ぎなかった (32.12 B)。「社債は僅々十五万円の応募ありたるのみにて不足分は加東徳三氏が引受け，名古屋，大阪の某々銀行が応募する筈なりしかど金融緊縮のために其事も行はれざりしより，横浜なる某外商に交渉し外資を借入れんとしたるも是又調はず，困難の中に今日に及べり。然るに此十五万円の外に四十余万円の借入金あり，工事は遅々として進行せざるに借入金の期限切迫し，債権者たる銀行は厳重に取立を為さむとし，内憂外患交々到り非常に困難を極めつつあり」(33.7.15 R) と困窮ぶりが報じられた。この外資とは「白耳義人リンド子ル氏に依り同国シンヂケートに救済を請はん」(34.7.14 門司) としたものであろう。

東株の 33 年の株価は高値 30.5 円，安値 7.5 円，平均 18.85 円[41]となって

いるが，京都では8月17日の金辺の株価は50円払込が17.7円であったが，33年12月14日では6.5円にまで惨落，12月15日以降は相場が収録対象から外され，流通性を喪失したことを示していよう[42]。

(3) 加東徳三

「二引将軍」の異名をとる加東徳三は30年の北炭買占めでは今村清之助と売方に参加した東京株式取引所の有力仲買人である。加東は安政3年兵庫県の別府村に生まれた。『兵庫県人物史』も「蓋し播州には亀田，古門氏等を初め随分投機界に人物は少くない」[43]として，加東をはじめ印南郡曽根村出身の「電光将軍」こと亀田介次郎（堂島から蛎殻町の米穀仲買人），印南郡曽根村出身の古門九右衛門（堂島の米穀仲買人），藤井忠兵衛，八田木久次，加西郡北条町出身の香野蔵治（阪鶴鉄道株を買占め）らを列挙し，明治末期の印南郡の「小学生徒に向って未来の方針を問へば異口同音，相場師になると云ふ」[44]とされ，「地方先輩の感化程世に恐るべきものはない」[45]としている。こうした投機的風土の「播州の片田舎に育ち，少年の頃から小僧に出された位の生立ち」[46]だが，「幼にして父を喪ひ専ら家兄の手に鞠育せらる。後ち家政大に傾くに及んで家兄家を挙げて大坂に移り，君又従ふ。九歳の春出てて某呉服商に奉公」[47]した後，17歳で堂島の米穀仲買人となり，兜町にも進出，この間，伏見紡績の設立，東京の麻布ビール醸造場新築を手掛けた。22年には「一躍して業を株式仲買に転じ専心斯業に従事為めに巨万の財を積み…二引将軍の偉名を冠」[48]された。

26年には関西鉄道の第5位の大株主になっており，今村清之助・井上保次郎らによる関鉄買占めに加担した形跡がある。26年6月営業停止中の第百三十二銀行[49]を一派で買収して頭取となる一方，由利公正が主宰する有隣生命の副社長（34年4月辞任）兼東京支店主任となり，28年4月には腹心の百三十二銀行副支配人の島田金次郎に有隣の東京支店支配人を兼務させた[50]。

29年頃の鉄道ブームの際には小沢武雄（金辺社長）など房総鉄道人脈を形成した投資仲間とともに相模（旧相т）鉄道発起人，創業総会座長，作東鉄道，遠参鉄道，埼千鉄道，北信鉄道各創立委員，武蔵鉄道，山陰鉄道，常岩鉄道（太田と合併），添田鉄道（金辺の延長線），城南高架鉄道，武相連環鉄道，関東鉄道各発起人など多数の新設計画に深くかかわった[51]。30年の第一次北炭買占めでは今村清之助とともに売方に参加した。30年時点で房総740株，金辺鉄道監査役1,000株，磯湊鉄道100株，相模鉄道200株を所有した（要録M 31, p 239, 222)。

31年の雨宮敬次郎らによる第二次北炭買占事件の際には「雨宮は田中平八や加東徳三等と共に買った…三十一年の買占には，さきの味方たる，而も同じ株式で遂に失敗してしまった」[52]とされる。32年帝国商業銀行頭取在職中に死亡した成川尚義に代って房総鉄道社長に就任した。

彼の「相棒」[53]だった河村隆実[54]とともに近畿鉄道ならびに京北鉄道発起人（引受300株）となり，由利，岡部廣らの旧福井藩関係者が辞任した後，京都の中村栄助とともに乗り込んで，35年時点では京北2,888株の筆頭株主で取締役に就任している。その他東京麦酒，札幌製糖各社長，品川銀行取締役，日本昆布，帝国水産各監査役，同伸合資相談役などを兼務した。加東は河村隆実らと組んで房総買占めを断行して太田実を追い出して小沢武雄を社長に推し，小沢社長の後任の成川尚義（帝国商業銀行頭取）が32年11月27日死亡すると房総社長に就任するなど，常に主導権を握っていたとみられる。加東には地縁関係のない金辺は主唱者の小沢房総社長の出身地であり，この房総の人脈に繋がって1,000株を引受け，監査役に就任したと思われる。

32年4月成田鉄道総会で加東は優先株とは異なり，「旧株新株と経済を別にして配当に区別を立つるは法律に抵触する」（32.5.5R）などと法律論を展開して，新旧株式の配当率を同一にすべしとの修正案を提出して可決させるなど，証券分野でのプロフェッショナルであり，弁舌にも長けた人物であったと考えられる。

(4) 加東徳三のパートナー

「加東徳三，今井文吉，先代の徳田孝平，井野粂吉の…面々は常に共同戦線を張り，加東さんが采配を振った」[55]といわれたように，加東の投資パートナーとしては，前述の房総，近畿，京北各鉄道での「相棒」河村隆実のほかに次の人物が挙げられる（新設鉄道への関与は『鉄道雑誌』記事による）。

まず大物の盟友は21年株式仲買店を開業した徳田孝平[56]で，百三十二銀行監査役や，房総鉄道株主（411株）として加東と行動を共にした。

伊勢出身の相場師・井野粂吉[57]とは「常に共同戦線を張り，加東さんが采配を振った」[58]と評された。ただし北炭買占では雨宮らの買方に加担し，売方の加東らと対立した[59]。徳田らと大師鉄道，大船鉄道等の発起人となっている。

今井文吉も同じ伊勢出身で洋服商から同郷の井野に勧められ株界入り，百三十二銀行支配人となり，「加東さんの後盾もありまして，東株仲買人となり」[60]，

百三十二銀行の機関店としての今井文吉商店（屋号十）を開業した[61]。利根鉄道，大船鉄道，武相連環鉄道発起人となり，豊川鉄道の買占めでは松谷らの買方に対抗して売り向った[62]。

　加東が役員となった会社の経営に直接かかわったのが村山長太郎（日本昆布社長，東京麦酒専務，札幌製糖取締役，三春銀行取締役，要録M 31，役 p 216）であった。信濃商業銀行取締役の東郵守節も房総鉄道，東京麦酒等の取締役を兼ねた。そのほか京北鉄道常務の岡部廣とは京北では入れ替わった形だが，創業総会で座長を務めた相模鉄道（旧相王鉄道）では岡部を筆頭取締役に推薦するなど，緊密な共同出資関係にあった[63]。また広部銀行主の広部清兵衛（第 2 部第 1 章）とも武総循環鉄道，関東鉄道，埼千鉄道等で共同行動した。

(5) 百三十二銀行

　加東は 22 年 6 月「某銀行の閉鎖を買収し国立銀行を創設す。即ち今の第百三十二国立銀行是なり。当初〈加東〉君の此行を引受くるの際に在っては資金七万円に過ぎさりしか…二十七年四月又増して三十万円に拡張せり」[64] と銀行界に乗り出した。百三十二国立銀行は 12 年 4 月神奈川に設立され，22 年には資本金 7 万円，役員は頭取平松辰之助，取締役平松甚四郎ら[65] 平松銀行経営者であった。30 年 10 月百三十二銀行となり，本店は東京の日本橋青物町 15 番地に置き，資本金 30 万円（全額払込），頭取は加東徳三，取締役近藤金之助（30 株），取締役支配人千葉鉱蔵（深川区安宅町，150 株），監査役徳田孝平（30 株），関根鐘太郎（50 株）であった（要録M 31, p 42）。株主数は 7 名に過ぎず，加東が 3,000 株中，2,569 株と 85.6％を占め，加東の個人銀行の色彩[66] が強く，加東ら役員 5 名の持株は 2,829 株，他は千葉勝五郎 150 株，曽野峻輔 30 株であった。

　百三十二の預金者として判明するものに加東が専務の京北鉄道[67] 9.5 万円，取締役の品川銀行[68] 6 万円がある。加東は独断で京北の払込金のほぼ全額を自己の百三十二に預け入れたが同行財政難に伴い引出し不能となり，この焦付預金のため京北の清算も困難となった（36. 8. 29 R）。また品川銀行も「払込資本金の総額六万円を加東の為に百三十二へ融通せられ一方ならぬ困難を感じ居る」（34.10.24 万）時期があった。百三十二の 30 年末の総預金は 46.3 万円であったから，京北鉄道の払込金 9.5 万円だけで 2 割強を占め，同行の受けたメリットは大きかった。加東らがプロモートした新設鉄道計画は 29 年だけで少なくとも十数鉄道もあり，そのうちの何割かは預金受入につながったと考え

られ，仮に未完成に終っても払込金を自己の機関銀行の預金として長期間拘束できるという利点があったと考えられる。しかし百三十二は「僅かに五十円の取付に遇ふも…行員を裏口より出して奔走せしむ」(34.10.24万) とまで噂され，36年8月「今回整理の為め従来の資本金三十万円を半減して十五万円となすことに決し，此程株主総会を開て之を決議」(36.8 B) し，整理に数年を要したが41年1月11日任意解散を余儀なくされた。同行破綻と相前後して，加東と彼のパートナーなど「当代の名大手連も三十九年から四十年の一大波濤に遭遇して…落城の憂目を見た」[69]といわれる。

2．金辺鉄道破綻と小倉鉄道への譲渡

金辺は「経済界ノ変動ニ際会シ物価騰貴ノ為予算ニ齟齬ヲ生ジ，為ニ負債増加シ苦境ニ立ツニ至リ…三十三年以来経費ヲ節約シ一旦工事ヲ中止シ現状ヲ維持スルノ方針ヲ採リ，会社ノ組織ヲ縮小シ職員ヲ減シタリ。然レトモ形勢益々非ニシテ，爾来工事ヲ再興スル能ハザリシ」(鉄中, p 680) 悲境に陥った。同じ悩みを共有する金辺，中国[70]，高野鉄道など「未成線を有する関西の鉄道会社は此程大坂に会し未成線速成に要する資金を得るの方策に就き協議」(33.12.7門司) し，「関東にありて同一の苦難を感じ居る各鉄道会社と交渉し最良の救済方法を講究する」(33.12.7門司) 鉄道救済会の東京での開催の音頭までとったが，関東各社は概して冷淡で救済を求める政治運動は失敗に終わった。

また九鉄への買収申込も冷たく拒絶されたため，34年6月14日の総会で「債務償還方法を講ずる為め株主中より若干名の委員を選定し，会社の当事者と共に各債権者へ左記範囲内に於て交渉を為すこと。一，会社の全財産を挙げて債権者に寄託するを得ること。二，前項の場合債権者は会社を継承するの姿を採り，工事を成効（ママ）するか，又は他の会社に売却して債務を償還し，余剰金を株主に割戻すこと」(34.7.20 R) という社債，借入金を優先株に引直す内容の整理を決議し，各地債権者と交渉することとした。この頃金辺重役が請負業者の井上利八（東京芝公園，井上組）と通謀して十数万円を詐取せんとしたとの株主大石万寿からの告訴 (34.7.2万) が出されるなど，債権者でも社債15万円のほか40余万円の借入金があり，期限が切迫して債権銀行は厳重に取立を行うという「現今の状況にては借入金の償還はもちろん，社債利子をも仕払ふ能はざるのみならず，利息の為め負債額は倍々増加し，事業竣成上一層困難を見るに至る可く，且此際債権者に於て断然たる処分を為すとするも，半成の

鉄道は公売に付するも僅々たる材料を除く外、殆ど価格なく随て債権者も多大の損失を招くに至る可きを以て、寧ろ時機を待ち、工事を竣成せしめ漸次社債を弁済せしむる方然るべしとのことに決し、大略左の条件を協定し、一般の債権者の承諾を求むることとし、同社重役株主委員等は目下専ら奔走中なりと云ふ。一、社債及借入金は凡て年利一割の優先株に引直すこと。一、優先株所有者は民法規定の特権を有する外、若し会社を他に売却又は合併する時は配当の先取権を有するものとす。一、前項協議確定後は臨時株主総会を開き、従来の払込金を三分の一（即ち四十五万七千円強）に切り下げ、株数を減じ、優先株発行の手続を為すこと」(34.7.20 R)とし、株主より斉藤美知彦[71]、古賀庸三（豊州炭鉱常務）、末松房泰（地方株主）、中村為弘（門司、運送業）、木村長七（東京、古河鉱業代表社員）、田中経一郎[72]を整理のための委員に選出した(34.7.14門司)。鉄道の開通を待望する地元田川郡の炭坑関係者を主体とする委員達は各地の主な債権者に総会決議を報告し、小沢社長も社債・借入金を10％優先株に引直すべく債権者の承諾を求めて福岡、京阪地方にも奔走した(34.8.24 R)。

35年3月末には建設費は150.8万円にもなり、「高浜北方間三哩ノ工事ハ殆ンド完成シ、主眼ノ大隧道又已ニ貫通セシニモ拘ラズ」[73]、払込資本金137.2万円のほか、社債は80万円、一時借入金は61.8万円にも達して、「事業遂行ノ見込立タズ、終ニ竣工期限ヲ経過シ、免許状ノ効力ヲ失スルニ至」（鉄中p680）る瀬戸際であった。このため35年9月13日には金辺の債権者会が開催され、善後策を協議した。出席者は肥後銀行上田充[74]、東京銀行（支配人）草刈隆一、八王子七十八銀行（東京支店副支配人）関谷和三郎、樋口保[75]、土浦五十銀行（東京深川出張所支配人）黒川金之助、京都農商銀行を代表する西堀清兵衛[76]、羽室亀太郎[77]、株主からも前述の木村、田中、斎藤の3委員が出席、樋口、羽室と佐藤又四郎[78]に相談役を委嘱した(35.9.20 R)。この席で35年7月鉄道工務所長・南清に委嘱した事業に関する調査報告書が報告された。南は報告書の中で「在来株金ノ大部分ハ之ヲ切捨テ、社債及ビ其他ノ債権ハ之ヲ普通ノ株式トナシ」[79]との債務株式化を骨子とする整理案を提言した。

債権者の樋口は「社務紊乱以来債権者ノ迷惑ハ御同様筆紙ニ尽シ難キ処…此儘袖手債権全部ノ反古ニ帰スルヲ待チ候ハ誠ニ残懐ノ至リニ堪ヘズ」[80]と、債権者の苦しい立場を述べるが、金辺の債権者が被った「迷惑」「残懐ノ至リ」の具体例を挙げたい。債権者会に出席した西堀清兵衛、土浦五十銀行は後身の

小倉鉄道でも長期間大株主[81]であったことからみて，ともに相当額の社債等を保有したと見られる。この頃相談役に名のある森清右衛門[82]は請負業者で，また相談役となった佐藤又四郎が監査役の長洲銀行も34年7月9日支払を停止して休業（34.8 B）したが，ここで主に取上げる大阪の中立貯蓄銀行（頭取岡橋治助）は北村銀行[83]の連鎖で34年9月30日取付（34.10 B）にあった。同行頭取の岡橋は京都の日本産業銀行[84]顧問で，京都の銀行界とも関係していた。これは「北村銀行と共同して投機を試みし由の噂」（34.9.29新聞報道を34.10 B引用）も出た村井正明同行主事が北村銀行に対して行主北村六右衛門の買占銘柄たる堺株式米穀取引所，大阪運河，高野鉄道等のボロ株とともに，問題の金辺株式をも担保にとって「八万五千円の担保貸付を行い且つ六万五千円の〈無担保〉預金を為した」（34.11 B）ためであった。具体的には「金辺鉄道会社長小沢武雄氏が北村銀行に宛て振出し，同会社支配人秋元増太郎外一名が裏書したる」（35.3 B）34年3月末を期限とする約束手形2万円等を所有する中立は倒産で損害を受けたとして北村銀行に対して支払を求める訴訟を起こした。金辺が取引銀行の北村銀行宛振出手形貸付を支配人らが裏書の上，中立貯蓄で割引いていたという事実から，金辺と北村（行主が金辺株にも投資），金辺と中立貯蓄（村井主事も金辺株に投資），北村と中立貯蓄（村井が北村と共同して投機）の間に秘めたる癒着関係が存在したという噂をある程度裏付けている。中立幹部行員が金辺株を含めて「北村銀行と共同して投機を試み」たとの文脈で推測すると，33年8月には関係ある日本倉庫（中立銀行の倉庫部門が分離独立）専務の甲斐宗治[85]が門司へ出張し，小沢社長，平岡浩太郎らと協議，内情調査の上，善後策を講じた事実（33.8.25 R），中立貯蓄にも関与する西堀清兵衛が支配人の京都農商銀行が金辺社債の取扱行であった事実などもなんらかの相互関連を暗示する。甲斐が自己の投機の始末でなく，仮に勤務先の帝国物産，日本倉庫両社の社長・岡橋（＝中立貯蓄頭取）の依頼で金辺の内情調査を行ない，当時「各種債主共過般来熟議を遂げ，善後策を講じつつある」（34.5.2門司）小沢社長らと善後策を協議したものと解すると，甲斐の立場は明らかに金辺の「債主」代表であり，岡橋頭取の中立貯蓄も北村経由の村井ルートか，京都農商経由の西堀ルートかは判然とはしないが，なんらかの形で金辺への投融資に関与し，不良債権を発生させた可能性が高い。その状況証拠としておりしも33年6月30日には中立貯蓄銀行京都松原支店（下京区中ノ町）が閉鎖され，旧行監査役で支店管理者であった羽室亀太郎，佐々木清七（ともに西陣製

織役員)，荒川宗助らが別に「資本金五万円を以て中立貯金銀行を設立し本〈七〉月一日より開業」(33.7 B)，旧小川代理店を新行支店とした事実がある。大阪本店側と京都側のいずれに原因があるにせよ，両者の分裂の裏にはなんらかの深刻な路線対立，ひいては金辺等への不良債権問題の潜在が推測される。現に京都の中立貯金銀行も34年の金融恐慌では京都商工銀行，商工貯金銀行に次ぎ「取付…最も甚しかりし」(34.7 B)打撃を受けた。

　債権者の中で＊岩田作兵衛[86]，＊三浦泰輔[87]，＊樋口保，＊久村辰之（東京)，＊関谷和三郎[88]，＊徳本今吉（大分)，＊堤猷久（＊印は小倉鉄道発起人）等の金辺社債権者が救済案として資本金350万円で新社たる小倉鉄道を創設して債権と30万円額面の新社株との交換を提唱した（36.12.19 R)。金辺は最後の総会で30万円で樋口保（旧大村藩主・大村純雄家家扶）に総財産を売却を決め(37.2.27 R)，「敷設期限満了ニ付総社員ノ同意ニ依リ明治三十七年二月八日解散」[89]した。金辺は37年2月8日免許失効し，すでに解散していたため，新会社小倉鉄道が新たに資本金350万円で足立村～熊田村26哩62鎖の免許を再申請，37年8月30日仮免状を得るとともに，金辺の既成・未成の土工，隧道，用地等（39.8.4 R)鉄道施設一切をそのまま77.5万円で譲受け，実質的敷設権を継承した（鉄下，p 578)。小倉鉄道は金辺買収費に77.5万円を要し，さらに金辺峠トンネル（4,745呎）に追加工事費108万円余を費やして[90]，漸く大正4年4月1日東小倉（足立）～上添田24哩45鎖を開通させたのであった。

注
1) 8) 33) 90) 前掲『九州諸会社実勢』大正6年，p 29～30
2) 44年6月設立，現JR日田彦山線
3) 谷口守雄は7年7月桑名の士族・谷口四郎兵衛の長男に生れ，23年東京専門学校卒，総武，京都，西成（技術課)，房総各鉄道（技術課）を経て31年志岐組顧問，37年三重セメント支配人，この間『鉄道時報』発刊に関わった。その後小倉鉄道の整理，関西瓦斯，山陰瓦斯，朝鮮中央鉄道，ボルネオ殖産，東洋電機製造，日本肥料各取締役，大正14年湘南電気鉄道社長，日本蓄電池会長，ボルネオ殖産常務（社長)，山陽水力電気，関西瓦斯，湘南電気鉄道，江ノ島電気鉄道，東洋車両，帝国食糧，武州瓦斯，旭電気，日本耐酸窯業各取締役，東京瓦斯，東京乗合，東洋電機製造，中野炭鉱各監査役，岩手採炭，朝鮮鉄道嘱託，帝国鉄道協会常任理事等を兼ねた（『実業家人名辞典』44年，タ p 74,『現代実業家大観』昭和3年，タ p 46,『財界人物選集』昭和4年，た p 60)。東京乗合，東京瓦斯，ボルネオ殖産，日本耐酸窯業などで渡辺一族と共同投資した。昭和

14年時点でボルネオ殖産社長，狩野川電力専務，湘南電気鉄道，武州瓦斯，大山鋼索鉄道，日鮮鉱業，山市商事各取締役，東京瓦斯副産常任監査役，東洋電機製造，京浜コークス，群馬自動車，空中電気鉄道各監査役，朝鮮鉄道嘱託（興亜之事業六百名士鑑』昭和14年，p 226）

4）『渋沢栄一伝記資料』第9巻，昭和31年，p 375～6
5）加藤要一「明治中後期福岡県における会社設立状況」九州産業大学『エコノミクス』平成12年11月，5巻2号，p 128, 156
6）昭和18年9月11日付鉄道大臣宛鉄道買上陳情書，『林田文書』（田川市立図書館蔵）
7）長坂金雄編『大日本銀行会社沿革史』大正8年，東都通信社，p 194
9）高平隆雄編『本邦社債略史』昭和2年，日本興業銀行調査係，p 28
10）渋田見興衛は旧小倉藩家老，1,000株出資
11）小沢武雄（牛込区払方町）は男爵，元陸軍中将，貴族院議員，金辺創立委員長・専務750株，房総鉄道社長475株，九州麦酒，門司鉄工場，八十七銀行各取締役，日宗生命顧問，上野鉄道発起人・社長，磯湊鉄道取締役100株，金辺の延長線たる添田鉄道，常岩（太田と合併）鉄道（房総鉄道東京出張所内），伊香保鉄道，遠州鉄道各発起人（『鉄道雑誌』各号）
12）安場保和は金辺創立委員，貴族院議員，旧熊本藩士，元老院議官，福岡県知事等歴任，32年死亡
13）小室信夫は金辺創立委員，貴族院議員，小倉製紙，千寿製紙各社長
14）15）前掲『鉄道雑誌』5号，p 28～9
16）堀田正養は子爵，長浜に隣接する旧近江宮川藩主，東京各区長等歴任，筑豊興業鉄道社長，鉄道会議議員
17）『鉄道会議議事速記記録』第11, 12回，p 144（日本経済評論社復刻版）
18）窪田弥兵衛（深川区）は肥料商，房総鉄道監査役・大株主，蔵王石油監査役
19）山崎忠門は金辺創立委員500株，常務に互選，元福岡県書記官，鴻池家を代表して積善同盟銀行頭取
20）福江角太郎（企救郡）は代議士，筑後鉄道取締役
21）堤猷久（京都郡行橋町）は代議士，大地主，若松築港取締役，後に小倉鉄道発起人
22）前掲『鉄道雑誌』14号，p 42
23）熊谷直候は田川郡長，筑豊鉄道相談役，豊州炭鉱専務，門司築港監査役
24）秋元増太郎は34年4月30日金取締役，清算人
25）技師長の山田寅吉は福岡藩士山田忠吾の長男で，明治初期に仏に留学して土木建築を修め，内務省土木局技師，15年東京馬車鉄道技師長，日本土木，九鉄，筑鉄，讃岐，佐野，京釜各鉄道の土木工事に活躍した技師
26）「金辺鉄道創立願」，鉄道院文書，金辺鉄道（免許），29～30年
27）守永久吉（小倉）は呉服太物商，第八十七銀行取締役，豊陽銀行頭取，筑後鉄道取締役，門司鉄工場監査役
28）清水可正は第八十七国立銀行頭取，門司築港社長，九州鉄道副社長
29）38）73）79）80）木田虎彦『小倉鉄道沿革史』p 2, 10, 11, 17
30）前掲『鉄道雑誌』6号，p 40

31) 前掲『鉄道雑誌』15 号, p 38
32) 野田正穂『日本証券市場成立史』昭和 55 年, 有斐閣, p 104, 126
34) 前掲『鉄道雑誌』32 号, p 43
35) 30 年 4 月 29 日「金辺鉄道株主総会決議録」, 前掲『鉄道院文書』
36) 金辺「第三回報告」
37) 41) 東株『五十年史』付 p 147
39) 京都農商銀行は頭取河原林義雄, 取締役中村栄助ほか, 支配人西堀清兵衛, 36 年 7 月「行務の整理に充てんか為め」(36.8 B) 資本金半減を議決したが, 同年 12 月藤井善助が取締役就任。なお遠隔の京都 2 行は京北鉄道の因縁で加東が取扱いを依頼した可能性が高い (百三十二と京北鉄道の関係は前掲拙稿「大津商人による鉄道発起と挫折—京都・大津間鉄道敷設計画を中心として—」『滋賀大学経済学部附属史料館研究紀要』第 30 号, 平成 9 年 3 月, p 38 参照)。
40) 前掲『社債一覧』p 234
42) 各日の曽野商店調「現取引相場」(京都日日新聞諸物価欄)
43) 44) 45) 田住豊四郎編『兵庫県人物史』44 年, p 64, 358, 66
46) 50) 島田金次郎 (貫堂)『兜町秘史』昭和 7 年, 三枝書房, 頁付なし
47) 48) 64) 広田三郎『実業人傑伝』28 年, p 9-9~30
49) 26 年 5 月神奈川より東京に移転
51) 久保田高三『百家高評伝』第 4 篇, 28 年, 博交館, p 130, 前掲『鉄道雑誌』1~26 号
52) 59) 62) 南波礼吉『日本買占物語』昭和 5 年, p 60, 48, 65
53) 18) 阿藤俊雄『昭和巨人録』昭和 3 年, 大日本精神団出版部, p 179
54) 河村隆実の履歴は結論参照
55) 58) 69) 報知新聞経済部編『相場実話』昭和 7 年, p 12, 加東の性向に関しては『兜町秘史』に詳しい。
56) 徳田孝平は坂本町の東株仲買人, 百三十二, 東京麦酒各監査役, 房総鉄道 411 株, 磯湊鉄道 150 株, 日本郵船 2,835 株 (要録 M 31), 京釜, 大師, 鎌倉, 武相連環, 蒲原, 芸石, 備前, 山海各鉄道発起人 (『鉄道雑誌』各号), 後継者は徳田昻平徳田商会社長
57) 井野象吉は屋号ヨコ井の東株仲買人, 後の農林大臣井野碩哉の父, 東京商品取引所評議員 300 株, 札幌製糖, 横浜四品取引所各監査役, 日本郵船 1,460, 北海道炭砿鉄道 796, 関西鉄道 341, 上海紡績 290, 九州鉄道 266, 日本麦酒 210, 横浜船渠 180, 横浜共同電灯 150, 参宮鉄道 89, 甲武鉄道 80, 横浜正金銀行 60, 東京建物 60, 播但鉄道 50, 日本精製糖 30, 北浜銀行 30, 川越鉄道 19, 19 種合計 5,738 株, 時価総額 35.3 万円で全国第 88 位の大株主 (32.4.6 時事), 東京株式取引所 17, 帝国商業銀行 2,000 株, 房総鉄道 620 株, 磯湊鉄道 150 株 (要録 M 31), 大師鉄道創立委員, 京釜, 船越, 大師, 大船, 大河, 鎌倉, 備前, 船越, 山海各鉄道発起人 (『鉄道雑誌』各号), 毛武鉄道 40 株
60) 前掲『兜町盛衰記』p 177
61) 『株式相場物語』昭和 27 年, p 21, 26。今井文吉は毛武鉄道 40 株主
63) 前掲『鉄道雑誌』8 号, p 28

65) 『東京横浜銀行会社役員及商館商店人名録』22 年，p 6。平松甚四郎は有限責任平松銀行頭取，辰之助は同行取締（同 p 66）
66) 30 年時点で株主数の少ない国立銀行，特殊銀行は，①6 名　百十九銀行，四十五銀行，③7 名　百三十二銀行，④9 名　百十二銀行，⑤26 名　第五銀行。また 1 株主当り株数の多い京浜地区の国立銀行，特殊銀行は，①3,333.3 名　百十九銀行，②666.6 名　四十五銀行，③645.1 名　二十七銀行，④461.5 名　第五銀行，⑤428.5 名　百三十二銀行，⑥320.2 名　十五銀行，⑦252.1 名　第二銀行，⑧169.4 名　日本銀行，⑨117.8 名　横浜正金銀行，⑩100.0 名　第十銀行であり（要録 M 31），百十九銀行，二十七銀行等とともに百三十二銀行の国立銀行としては異常な性格を示している。
67) 京北鉄道は 32 年 3 月創立，京都市岡崎〜大津の仮免状を得るも失効，拙稿「明治中期における近江・若狭越前連絡鉄道敷設計画の挫折と鉄道投機―小浜商人主唱の小浜鉄道と東京資本主導の京北鉄道の競願を中心に―」『滋賀大学経済学部附属史料館研究紀要』第 31 号，平成 10 年 3 月参照
68) 百三十二の取締役杉浦作次郎は品川銀行，品川電灯，日本ペイント製造各取締役を兼務（要録役 M 31，p 435）
70) 鉄道救済会の一員となった中国鉄道は 31 年 12 月部分開業したが，社債 60 万円を抱え，再度減資に追込まれるなど，「開業以来其営業成績兎角不振にして，第二期線…開通の運びに至れるは，実に開業後六年」（前掲『大日本銀行会社沿革史』p 370）という未成線を有する悩みを有していた。当時の中国鉄道経営者には農商務次官出身で，星亨や井上馨とも近く政治活動に深入りしていた斉藤修一郎（岡部廣の縁戚）が含まれていた。
71) 斉藤美知彦（小倉）は第八十七国立銀行頭取，九州鉄道常議員，豊州鉄道監査役，豊州炭鉱監査役，門司築港取締役，34 年 4 月 30 日金辺監査役就任
72) 田中経一郎（東京）は官省用達業，東京電灯取締役，興信銀行頭取，城戸炭礦取締役，上野鉄道監査役
74) 上田充は肥後銀行支配人兼営業部長，元日本鉄道社員
75) 樋口保（東京）は伯爵・旧大村藩主・大村〈純雄〉家家扶，房総炭礦取締役，茨城炭礦取締役，35 年 9 月 13 日金辺債権者会に出席し，相談役委嘱，後に小倉鉄道発起人
76) 西堀清兵衛は呉服商，京都農商銀行副頭取，日露韓貿易，中立貯金銀行，関西倉庫，峰山組運送各取締役。大正 6 年 6 月末で小倉鉄道 316 株所有
77) 羽室亀太郎は古物商，京都農商銀行取締役・支配人，中立貯金銀行，西陣製織各取締役，仏教生命，帝国用達各監査役，平安紡績専務，44 年時点京津電気軌道支配人
78) 佐藤又四郎（豊前宇佐郡北馬城村）は大分銀行取締役兼長洲支店長，元長洲銀行監査役
81) 大正 6 年 6 月末で 316 株，236 株所有（前掲『九州諸会社実勢』p 38）
82) 森清右衛門（東京）は土木建築請負業者（要録 M 34，役 p 435）で豊川鉄道優先株 100 株主
83) 行主北村六右衛門が堂島米穀市場の買方に関与した等の噂を立てられ取付。なお中立貯蓄岡橋治助頭取の孫の岡橋恒三名義が 40 年 3 月現在，中立貯蓄からも創立委員を出した泉尾土地の第 3 位 1,019 株もの大株主として登場するのは中立の対北村債権の存在

を裏付けるものであろう．
84) 日本産業銀行（京都）は29年設立，38年解散，清算人八田一精
85) 甲斐宗治は帝国物産副社長，讃岐鉄道社長等を兼務．後に「熊本なる中島〈茂七〉氏が熊本取引所に於て期米買占をなしたる当時甲斐氏は中島氏と結託して正米四万石を担保に取り軍用金を物産会社より融通し居たるに結果一石三円宛の損失に帰したるが為め」(34.6.11門司) 12万円の損失が発生し，「引責自殺の覚悟を極め〈34年〉五月二十七日の夜讃岐沖にて入水死去」（前掲『三十年之回顧』p72）した．帝国物産，日本倉庫は『日本生命百年史』上，p214以下参照．なお岡橋が顧問となっていた京都の日本産業銀行（29年10月設立，資本金50万円，払込25万円）も中立貯金銀行と「重役中二三名の両行重役を兼ぬるものもあり，其関係浅からざりし」(35.12B) 銀行であったが，35年11月取付に遭遇し，38年2月解散，八田一精らが清算人となった（40.1.1B）．
86) 岩田作兵衛は甲武，房総取締役，後に小倉鉄道発起人
87) 三浦泰輔は甲武鉄道，小倉鉄道発起人・専務
88) 関谷和三郎（東京）は七十八銀行を代表して35年9月13日債権者会出席，後に小倉鉄道発起人
89) 「金辺鉄道会社登記簿」，『鉄道院文書』，京北鉄道外二十九鉄道失効，36〜43年

終章　困窮・破綻企業の資金調達と銀行

1．困窮企業の資金調達パターン

　明治33年（以下明治の年号は省略）12月の『鉄道時報』は同年を回顧する記事である「本年度の我が鉄道」の中で「気の毒に耐えざるは小鉄道の困難にして此等小鉄道は創業日浅く，其線路の短小，自立の資に乏しき上に金融逼迫の為め，払込みを為すを得ず，高歩の資金を借入れ，之が為め会計上実に言ふ可からざる困難に陥りたる，其の実情は昨年よりも一層甚だしきを見る。遂には鉄道を挙げて一債権者の手に帰するあり」（33.12.25 R）と小鉄道に同情している。また翌34年3月日本鉄道（日鉄）の専門経営者（常務理事）の職にあった久米良作（第2部第2章参照）は最大の幹線鉄道でわが国最大の株式会社たる日鉄の特色を次のように集約している。「元来日本鉄道は他の鉄道と違ひ，線路も長く，資本も多く，又政府からは補助金も受けて居り，株主抔も華族などは多くて，其の株式は世襲財産となって居るものは多く，株式市場抔で株屋の手で弄あそばる所謂浮動株は実に九牛の一毛で…株主の種類が他の会社と違ひ，華族地主豪商などが多くして，温厚の人々なれば我国の金利に相当の配当さへ仕て居れば，他会社の株主の如く鉄道経済の如何に拘らず無暗に配当率を増加せよと迫ることなく，たへ数十万の繰越金をなすも確実を旨とする理由があれば，夫れ等の事に彼れ此れ喙を容るるやうなことはなく，至極温和なれば他の小鉄道の如く，鉄道虐使の弊に陥るに及ばず，此の辺の事は又日本鉄道の為めに幸福であり，我々職員一同も仕合せです」（34.3.25 R）。

　『鉄道時報』と久米の指摘に準拠しつつ日鉄の対極にある，当時の一般的な困窮・破綻企業たる非幹線系の私鉄のメルクマールを列挙すれば，①創業日浅く，②線路短小，③小資本，④政府補助金なく，⑤華族大地主豪商等の安定株主少なく（世襲財産不指定），⑥浮動株多く，⑦追加払込が困難，⑧性急な株主が過大な配当を要求し，⑨「鉄道虐使」[1]の弊に陥り，⑩資金繰りに窮して高利資金導入に走り，⑪その結果利払に営業利益を食われ，⑫経営困難に陥り，⑬重役・大株主・利害関係者間の対立が激化し，⑭最悪の場合は鉄道自

体も競落され，⑮鉄道自体も職員も不幸な結末を迎えるということになろう。

第1部の各章で分析・検討してきた十数鉄道の事例総武鉄道など一部の亜幹線鉄道を除けば，概ねこうしたタイプに該当する。各社の置かれた状況の差により，株主の性格も地元の地主，資産家，商人，地方財閥（例えば寺田財閥），中央の中規模財閥（例えば根津財閥），鉄道投資家，鉄道の債権者（優先株主）等様々で，採択された設備金融の中核形態も普通株，優先株[2]，社債，支払手形，借入金，リース（豆相）等に分かれ，関与した金融機関等も地元銀行，遠隔地銀行，財閥系，特殊銀行，生保，証券系，個人金融業者等と極めて多様性に富む。

こうした当時の典型的な不振私鉄の破綻に至る各段階の状況と資金調達パターンを各章での分析を集大成して示せば以下の通りである（[　]内は各章以外の追加事例，⇒印は鉄道一切の譲渡を示す）。①経済力・資金力が相対的に乏しい後進地域に立地。②中・近距離の非幹線・地方交通線。③沿線に全国的な鉱業地，名勝地等がなく，安定した旅客需要や特定の大口荷主等がない。④景気絶頂期に利権屋・投機筋等の勧奨により多分に投機的思惑から競願相手が続出し，免許取得・一本化・株式割当等が難航。⑤過大な需要予測，工事費・経費の過少見積等に基づく，壮大な敷設計画や楽観的で甘い利益予想に立脚。⑥株式募集が当該地域・沿線地域内では完結し難い（追加払込・増資の困難性）。⑦沿線外・地域外の不在株主（外資を含む）による大口一括引受への過大な期待。⑧株主資本以外の外部資本（支払手形，借入金，社債等）への依存度が極めて高い。⑨大株主・重役の関係する特定少数銀行への過大な大口預金の長期預入れ［京北…加藤の百三十二，勢和…大和興業銀行］。⑩適用法令・動力・経由路線・駅位置・延長線・負担割合等の協議・利害調整が長引く。⑪株主層の派閥対立や，複雑な地域利害の調整不足，信用力欠如等の反映として規模に不相応な過大役員数・相談役・顧問等が存在［東肥鉄道，水戸電気鉄道，九州肥筑鉄道］。⑫大株主・役員間での経営方針の不一致，派閥抗争化，内紛の頻発（荒れる株主総会）。⑬中心的役員等の辞任，役員引責総退陣等による，短期間での社長等トップ更迭頻発［紀和］。⑭用地買収・資材確保・難工事等の鉄道建設上の障害のために着工・全面開業が遅延し，半成・中途挫折。⑮中小・零細株主等の払込遅延が常態化し失権株の続発と公売処分の頻発。⑯高利社債・優先株発行，外資導入模索，起債失敗・大量の売残りと役員筋による残額引受。⑰低利・大口・長期・安定的な外部資本の導入を図るも実現困難［南和］。

終章　困窮・破綻企業の資金調達と銀行　　　　　　　　　　　　　215

⑱高利・小口・短期・不安定な外部資本に依存（負債比率，固定長期適合率が劣悪）。⑲金利分を含めた頻繁な手形書替・借換の都度，重役幹部が遠方まで金策に長期奔走。⑳拘束預金等，実質金利負担重く，金利控除後の損益が恒常的に赤字基調から脱出不能。㉑官線に対する連帯運輸の預り運賃の支払も延滞勝ちで，督促から果ては連帯停止処分。㉒長期無配で株価も低迷し，将来性ないものと不満株主が見切りをつけて持株の投売り。㉓公的助成，国による自社線の借上・買収等を猛運動し，国や政治家等へ強力に働掛け［中国］。㉔貸手への交渉力が弱く，貸手の過重な要求に屈して，屈辱的な債務条件まで受け入れ約束手形等へ全員ないし主要な重役の個人的裏書，債務保証または別途担保提供［北越，近江…重役連帯責任を以て会社財産全部を抵当］。㉕監督官庁未公認を含む車両抵当，線路抵当（含軌条枕木等），鉄道抵当，全財産担保［伊賀…車両担保，近江…重役連帯保証＋会社全財産抵当］。㉖実質的に未募集状態にある社債等を形式的な添担保として金融業者等に差入［伊予］[3)]。㉗工事請負業者，車両・資材納入業者への長期の支払手形・自己株で代物弁済。㉘何らかの財務整理（優先株，短期負債の社債振替，減資，債務切捨・株式化等）が必然。㉙粉飾決算の常態化と，役員・幹部等による背任的な私利行為の発生。㉚詐欺的な陽動作戦としての実現性皆無の新線構想連発や，資金繰目的の架空工事計上［武蔵野…吾野線］。㉛「訳あり」の金融機関相互間での不良債権の転々譲渡。㉜小口・多数の遠隔地・二・三流以下の雑多金融機関等からの掻き集め的な資金調達。㉝高利資金導入のために「金融ブローカー」的札付き人物の暗躍と，高率の手数料等支払。㉞株主に強弱双方の相場感が併存し，株式買占めの発生と銀行等の関与［参宮[4)]…油屋熊八，松谷元三郎，石田卯兵衛，北炭…雨宮敬次郎，横山源太郎，伊予…石田庄兵衛，古畑寅造］。㉟手形乱発等による信用低下・流言・風説・醜聞等の地元以外への広範囲な流布。㊱最終段階で債務不履行（借入金の利払・元金償還の停止，工事代金支払の遅延）。㊲支払遅延・停止による仮差押，差押，担保権の実行，強制執行，破産申立，支払停止等相次ぐ株主による訴訟，裁判沙汰頻発。㊳救世主を名乗るが，毀誉褒貶の定まらぬ，正体不明の二・三流資本家による救済乗出し［能勢電気軌道，摂丹鉄道…太田雪松[5)]］。㊴債権者集会の開催と大幅減・増資，債務の長期化・株式化など抜本的な再建策の樹立。㊵関係金融機関の取付・整理の随伴や共倒れ［参宮，河陽…日本共同銀行[6)]ほか］。㊶金融機関の実質的出資に基づく自己競落会社の設立と，鉄道総財産の強制競売実行［豊州電気鉄

道⇒豊後電気鉄道（二十三銀行，大分銀行），初瀬鉄道⇒長谷鉄道（八木銀行），湘南軽便鉄道⇒湘南軌道，播州鉄道⇒播丹鉄道，播州水力電気鉄道⇒谷口節⇒播電鉄道（芸備銀行），秋田電気軌道⇒秋田電車（栗原源蔵），余市電鉄⇒余市臨港軌道（小島栄次郎工業所），山梨電気鉄道⇒峡西電気鉄道］。

これらは明治期の産業金融ないし企業金融のごく一部を抽出したに過ぎないが，鉄道という巨額の資本を要する民営社会資本が初期投資の重圧と初期赤字の苦悩を克服するには長期で安定的な良質資金を豊富に提供しうる金融システムがいかに重要かということを示している。このことは第2章で見た通り，31年7月外債募集を検討中の豊川，房総，豆相，尾西の当時の典型的な不振私鉄は自らの資金調達の困難さを訴えて，政府が外国人による社債保有を公認するのか否かとの伺を鉄道局に提出したり，第9章で分析したように都市間連絡でなく，沿線人口も乏しく，かつ最終目的地に山岳が立ち塞がった未成・半成鉄道のゆえに当時「鬼門株」と忌避され高野鉄道が「未成線建設に要する資金を得るの方法」(34.1.15 B) を金辺鉄道など未成線を有する鉄道にも呼び掛け，未成線の金融システムを構築せんと必死に模索した史実からも窺える。

2．資金調達への重役関与の必然性

明治30年代には亜幹線・非幹線鉄道会社の資金調達の特色として，経済情勢の悪化により株価が低迷し追加払込が困難となった結果，株金払込に代えて社債，借入金等の他人資本に依存せざるを得ない場合が多いことがまずあげられる。40年代に資金仲介業務を開始した藤本ビルブローカー銀行の狙いは小池合資の場合と同様に「諸会社に融資の仲介を行えば，その後における借入金返済を目的とする証券（主として社債）発行の時期その他について相談を受け，またその引受ないし募集取扱を行なう機会にも恵まれる」[7]という引受との表裏一体に着目したためであるが，反面「中央市場に遠ざかれる地方の事業会社は仮令其の基礎健実にして，相当の利潤を挙ぐるものと雖も，其の実情世人に諒知せらるること少きを以て，手形の割引，借入金及び起債の希望の多くは調査の困難に藉口して一顧だに附せらるることなく，これ等の会社は金融制度の庇護を享くることを得ざるの窮状に在った」[8]からでもあった。

こうした社債，借入金等の外部資金調達には重役が直接関与する場合が極めて高いが，その理由は次のようなものがあげられよう。①外部資金調達の大綱そのものは株主総会で決議されるが，実施細目は重役に一任される。②鉄

道会社はルーティン・ワークである鉄道建設，運輸等に関しては専門技術者を内部に抱えているが，偶発的であり非日常的な資金調達のための専門家・専門組織は設置されていないのが普通である。③信用力のある幹線鉄道の場合とは異なり，亜幹線・非幹線鉄道においては実際問題として重役そのものの信用や個人財産の多寡に依存せざるを得ない。④株主総会での役員選出時においても重役の信用度とともに，個人としての資金調達力，金融界への影響力等が総合的に考慮されることが少なくない。⑤新たに役員への割込みを目指す野心ある株主は自己の立案に関わる具体的な資金調達策を提示して株主に賛同を呼び掛けることもある。⑥一方，与信を行う銀行・金融機関の側でも大半は全国的な支店網を持たず，遠隔地への投融資の発掘・推進は多く重役と重役との人脈・連携といった人的ネットワークに依存せざるを得ない。⑦銀行・金融機関側の与信判断も経営情報の開示が不完全で，「各商店の外部より営業の模様を瞥見して帰行復命」[9]させるべく，「各銀行は之を取調べん為め三五の手代を其事に掛け置くとも，取調の行届くべき筈もなく」[10]，組織的な信用調査・審査体制も未発達なため，「頭取支配人が…繁務の余暇に之が調査をなさん」[11]とするなど，極く少数のトップの属人的な情報による独断と偏見に依存せざるを得ない。⑧会計情報の開示や，担保とりわけ動産等の企業総財産の保全法制が極めて不十分な段階では「銀行の自衛と云ふ点からも」[12]，与信管理・担保管理上，「目付役」[13]としての役員派遣（ないし重役自身の兼務）による内部情報収集と担保保全が不可欠であったと考えられる。日生の片岡直温は紀和，関西，参宮各鉄道社長を兼務したが，37年の新年訓示で，他業兼営を禁止されている保険「会社自ら他の事業を営むべきにあらざれば，勢ひ他の確実なる事業に向て放資を要するは勿論なり。此時に当って其事業と本社との間に於て業務上実情の疎通を要すること勿論なる…」[14]として兼務の背景を説明している。

以上のような理由で鉄道会社側では金融界にも顔の利くようなタイプの大株主がえてして取締役等に選ばれ，総会決議，重役会決議を経て外部資金調達を一任されると自ら銀行等と折衝し，銀行等の要求に応じて鉄道会社振出手形の裏書き，必要に応じて個人資産の担保提供等の形で人的・物的保証を行って，鉄道会社の不十分な信用を重役個人が補完することが一般的におこなわれる。たとえば今村清之助は両毛鉄道の創設時に田口卯吉に向って「君は須らく其任務なる定款其他社内の運用事務に就て尽す所あれ，財政のことは，僕乞ふ之が任に当らんのみ」[15]と激励し，関西鉄道社長の白石直治にも「貴下は須らく技

師として社長として…其事務を渋滞せしめざらむことを,僕は甘んじて財政の衝に当らむのみ」[16]と発言し,西成鉄道が31年に返済不能となり,第一銀行から訴訟を起こされた際,「借入金の内三万円は今村清之助氏の周旋にて調金出来た」(32.1 B)とされた。また今西林三郎は31年に伊賀鉄道が北浜銀行から車両担保で1.5万円調達した際には単に資金を周旋しただけでなく,伊賀鉄道は「抵当として今西氏に貨車十両を預け,今西氏は更に南海鉄道会社に対し右貨車の保管を頼」(32.8 B)むなど,銀行が保管に難色を示した担保の保管先確保まで買って出ている。また阿部彦太郎も播但鉄道の外資輸入を周旋(30.12 B)しようとした。

　銀行・金融機関側でも鉄道等への投融資に積極的な方針を有するトップが就任すれば,地域内の鉄道はもとより,銀行等の支店所在地域を超えた遠隔地の鉄道にも,まず株金取扱等の業務的関係を出発点として当該鉄道株主への株式担保貸付に始まり,次第に株式投資,貸付,社債の応募・引受へと関係はエスカレートしていく。銀行が地域内のある種の資本家・投資家集団[17]の共同投資上の便宜をはかる使命を持つ場合も多く,当該銀行の大株主・役員等を含む支配層が発起人となった鉄道では当然に株金取扱銀行となり,関係集団の株金払込の窓口銀行＝株式担保金融の役割を果たすことが期待される。こうした結果,銀行の担保に占める特定鉄道の株式の割合が高まると,当該鉄道の株価・業績如何に当該銀行の側も強く影響されることになる。そこで好むと好まざるにかかわらず,銀行側は当該鉄道の株価引上げ,業績好転等に強い関心を持たざるを得ず,自然発言力を強めるため経営陣に加わり,同時に企業の存続のために資金繰りにも関与せざるを得ない状況に陥るものと考えられる。この結果特定の金融機関にあっては鉄道事業は極めて重要な投融資対象となり,社債のアンダーライティング,財団抵当等の包括的担保制度,自己競落会社設立,その他各種の財務整理等,ファイナンス上の新しい工夫や革新を鉄道業等を主たる対象として順次生み出す契機となった。さらに特定,少数の銀行家等にあっては超長期の投資対象としての鉄道事業の優位性を一般の銀行や投資家に比して特に強く認識する傾向があり,銀行の主要な長期投資先[18]として積極的に銀行サイドから開拓するだけでなく,銀行家個人でもいわば「世襲財産」的な長期凍結財産として長期保有する者も出現した。

　このような結果,明治30年代には鉄道企業と金融機関との間には非幹線鉄道の返済能力の欠如のため,与信の長期延滞化傾向[19]が不可避ななかにあっ

て，当該金融機関のトップ等が私鉄役員として直接経営に深く関与[20]し，とりわけ不振私鉄の資金調達・再建等にかかわらざるをえなかったという鉄道企業と金融機関との不可分な癒着構造，換言すれば「鉄道と金融の渾然一体化現象」までが随所に見られるようになった。明治30年代には鉄道株の買占め等投機的行動に銀行自体（ないし銀行トップ）が直接間接に関与する事例も少なくなく，買占めがひとたび失敗すれば当然の帰結として担保に徴求した大量の買占め株式が一挙に銀行サイドに流込んだ。こうした金融機関では鉄道は単なる一債務者という域を超え，大口の投融資先変じて大口の不良債権と化していわば運命共同体的癒着関係に陥り，その結果不振私鉄への不良債権等を原因・一因として整理過程で切り捨てられた普通株主，投機家，工事業者を含めた数多くの利害関係者の不利益・損失・連鎖倒産や一部銀行では取付・破綻を招く事態まで生じた。

注
1) 鉄道虐使の意味は第3章の注63参照
2) 長谷川安兵衛氏は「交通系統，特に鉄道業方面に優先株の流行をみたことが判る。このことは鉄道業がその発展の初期に於て財政整理に直面し，優先株を発行するの已むなきに至ったことが，その主要原因」（長谷川安兵衛『優先株の総合的研究』，昭和16年，ダイヤモンド社，p25）として，米国の例と同様に「鉄道業が我優先株制度の発達に大なる刺激を与へた」と指摘している。
3) 社債を引受けた「松山商業銀行は…社債を担保とし興銀から金四万五千円を借入」（伊予鉄道電気『五十年史』p646）
4) 6) 参宮鉄道，日本共同銀行に関しては拙稿「明治期の私設鉄道金融と鉄道資本家—参宮鉄道における渋沢・今村・井上・片岡の役割をめぐって—」『追手門経済論集』第27巻1号，平成4年4月参照
5) 太田雪松という不可解な人物に注目された西藤二郎氏は「経営手法は積極果敢」な反面で，関係者と意思疎通を欠き「事の運び方がやや性急」で「眼中殆ド株主ナキモノノ如」（田中真人，宇田正，西藤二郎『京都滋賀鉄道の歴史』平成10年，京都新聞社，p296～9）き感があったと評する。太田は明治5年鳥取県に生れ，早稲田卒業後新聞記者を経て京都府，滋賀県属，長崎新聞社長，日清印刷専務，共同信託合資社長と転職を重ね，45年平野増吉（乾新兵衛の大口債務者）らと摂丹鉄道を発起，大正2年免許を受けたが「一部ノ株主ヨリ煙カラレ」，3年創立総会で功労金を受け体よく排斥された。能勢電専務としての太田を同社史は「渾身の勇気と熱意とをもって，まさに危殆に瀕せる当社に起死回生の努力を傾注した」（『風雪六十年』p13）救世主とするが，能勢電も追放された。内紛続出で工事中止中の摂丹鉄道に「太田ノ再起ヲ促スモノアリ」，

6年専務で復権した太田は「徒ラニ法律ノ力ヲ藉リテ吾々沿道ノ小株主ニ強要スル」(『鉄道省文書』)との反発も招いた。当局は「太田ハ所謂口八丁手八丁ノ男ニシテ,事業ノ経営上相当ノ手腕ヲ認メザルヲ得ズ…鉄道『ゴロ』ノ為スヘキコトヲ易々トシテ断行スル…者ナルカ故ニ,将来相当警戒ヲ加フル必要アル」(検査副命書『鉄道省文書』)とし,五島慶太も「解散ヲ断行シテ失権競落株ニ依リ利得ヲ図ル」整理屋の人物と看破し「斯ル紊乱シタル会社ノ事業整理ハ…太田雪松ノ如キ人物ニ於テハ到底不能ト認ム」(同上)と加筆した。同種の人物として小塚貞義(第2部第10章)を参照。

7) 『山一証券史』昭和33年,p 538
8) 『藤本ビルブローカー証券三十年史』p 144
9) 前掲『三十年之回顧』p 8
10) 11) 『軽雲外山翁伝』昭和3年,p 82
12) 前掲『岩下清周伝』p 27
13) いわゆる「目付役」「目付重役」は融資を行う金融機関から実質的に銀行管理に近い状態にある融資先企業に出向・派遣される会計監査等を名目に自行の債権保全回収等を主な任務とする役職員であり,鉄道に対しては興銀等が多数の目付役を派遣した。例えば昭和初期には興銀は伊那電気鉄道,伊勢電気鉄道(専務),三河鉄道,耶馬渓鉄道(社長)に半田貢,静岡電気鉄道に中岡孫一郎(興銀課長),相模鉄道(監査役→社長)に重田益次(興銀課長),神戸有馬電鉄に入江芳之助,青柳一太郎(興銀嘱託),三河鉄道に鈴木均平,盛岡電灯,花巻温泉,花巻電鉄(各社長)に前述の中岡をそれぞれ派遣した(『京浜電気鉄道沿革史』p 184 ほか)。
14) 明治37年1月日本生命『社報』第21号,p 22
15) 16) 前掲『今村清之助君事歴』p 153, 271
17) 明治20年代に本格化する排他的な「資本家集団」の証券引受機能の集団的発揮に関しては拙稿「日本生命創業者人脈と弘世,岡橋,片岡らの共同投資行動—証券引受機能の集団的発揮—」作道洋太郎編『近代大阪の企業者活動』平成9年4月,思文閣出版 p.251-280 参照
18) 例えば十五銀行の33年6月末の所有株式では券面10,357,702円のうち鉄道2社(日鉄,岩越)が10,342,702円と99.9%を占め,社債では券面2,063,700円のうち鉄道5社(日鉄,北炭,山陽,阪鶴,播但)が1,970,600円と95.5%を占めた(十五銀行『第四十七回営業報告書』33年6月,p 13)。また安田銀行の28年末現在の所有株式は銀行・保険74%に対して鉄道は18%を占めた(前掲『安田保善社とその関係事業史』p 192)。
19) 一時貸付⇒転がし⇒社債振替⇒債務株式化(DES)・優先株・自己競落など証券化の絡んだ金融手法へと繰延べ・長期化・固定化が進行した。
20) 社債権者たる松本重太郎は七尾鉄道に対して32年9月「社債七十万円の全額償還を終る迄は当会社取締役及び監査役は凡て松本氏の指名する者を選挙する事」(32.9.15 R)を総会に議決させた。また36年2月安田善次郎氏は房総鉄道社債3万円を引受けるに際して「同氏の代表者として旧臙山陽鉄道を辞して入社したる吉野周次氏を専務に任ずるの内約ある」(36.2.7 R)と報じられた。

第 2 部　金融破綻

序章　金融恐慌の導火線・東京渡辺銀行

1．東京渡辺銀行を対象とした理由

　岡田和喜氏はわが国の金融資産家全般を概観し，金融財閥へ発展した安田，川崎らと「大正末期以降の動揺期のなかで姿を消していった」[1]弱小の銀行業者に区分されたが，金融恐慌の休業銀行の実態や整理，受皿銀行の研究としては数多くの資料を発掘・分析・公開された渋谷隆一氏の業績[2]をはじめとして，進藤寛氏[3]，伊牟田敏充氏[4]，西村はつ氏[5]，植田欣次氏[6]，山崎広明氏[7]などがあり，個別銀行の研究も八王子第七十八銀行[8]，更池銀行[9]，浅田銀行[10]，北浜銀行[11]，近江銀行[12]，十五銀行[13]，久次米銀行[14]，亀崎銀行[15]，明治銀行[16]，京浜銀行[17]，第五十九銀行[18]，四日市銀行[19]，藤田銀行[20]，百三十銀行[21]，日向中央銀行[22]など多数の事例研究[23]がある。しかし無数ともいえる消滅銀行群に比して研究の進んだ銀行はごく一部をカバーするに過ぎず，また後年に破綻した銀行ではあっても破綻処理そのものを対象としない研究も少なくないなど事例研究の集積はなお不十分である。

　また銀行以外の金融機関では経営不振の信託会社としての日米信託，信託大信社，朝日信託，加島信託，盛岡信託などはいずれも麻島昭一氏による一連の信託研究[24]に含まれ，また保険会社の破綻研究[25]も近年盛んとなってきた。しかし破綻銀行等の整理・最終処理までを一元的に取扱った研究が相対的に希少な理由は伊牟田氏の指摘通り，「破綻銀行の債務（預金を含む）の最終的な処理がどのように行なわれたかを記述した資料は…さほど残されていない…ことに，破産に追い込まれた中小・零細銀行における債務処理についての情報が残されていない」[26]からにほかならない。破綻した弱体保険会社の場合も全く同様で，宇佐見憲治氏も「破綻に至るまでの経過を知るまとまった資料も得られない」[27]とされるのが実情であろう。

　本書第2部の金融破綻の分析で中心として取り上げる東京渡辺銀行は序論で検討したように破綻の社会的影響度も深刻であり，経営者の個人的性向も問題含みであろうと推論された典型的な事例である。すなわち「東京渡辺，中井，

村井，中沢，八十四，左右田ノ諸行ヲ収容スルコトヲ目標」[28]として昭和2年11月設立された休業銀行受皿機関たる昭和銀行からも「資産内容最不良ニシテ殆ンド手ノ下シ様ナク加フルニ疑獄事件，訴訟事件等頻出シ益々紛糾ヲ重ネ…ルヲ以テ…除外」[29]され，「休業銀行中一番内容が悪かった」[30]との定評ある銀行であった。

いうまでもなく昭和の金融恐慌の発端となった片岡直温蔵相による同行破綻の発言問題が「恐慌勃発の契機」[31]となった当の休業銀行として以前から日本経済史や金融史のテキスト等に登場するほど著名な存在であるため，同行に言及した当時の著作物は少なくない。しかしもっぱら蔵相発言の是非を巡る政争的な論述が中心の当時の時事評論，経済解説類を除けば，伊牟田氏もいわれるように実証的分析は皆無に近いと言える[32]。

本書では昭和4年5月に日本銀行（調査局）が作成した内部資料「東京渡辺銀行ノ破綻原因及其整理」[33]を定本とし，同行の貸出，持株，預金等の内訳は出典を示さない場合も含めこれに準拠している。東京渡辺銀行は破綻したため，日銀等を除き後継機関に資料が継承される可能性も乏しい。本書でも関係機関の所蔵資料の発掘，子孫を含めて関係者への面接・ヒヤリング等を試み，可能な限り当時の資料を探求した。東京渡辺銀行の幕を引いた渡辺六郎専務の長男秀氏にも直接お目にかかる機会を得て，同氏の著書『渡辺六郎家百年史』や数々の遺品をも拝見させて頂いた。しかし渡辺六郎本人は心中に深く期すところがあったと見えて，秀氏によれば「今日まで銀行のことについては，身内の者にさへ一切口にせず，あの激動の中をただ一人，数々の辛苦を自分の胸に収めて，黙々としてこの世を去った」[34]とされ，最近発見された「銀行預金者に対しては，今日尚責任は痛感する」[35]との走書き以外には一字も書き残さなかったとのことであった。

第1章の東京渡辺銀行を小型化した「ミニ渡辺」ともいうべき広部銀行は金融恐慌直前の京浜地区の破綻例として周辺各行に様々な影響を及ぼしており，また同行のとった独自の整理方式は東京渡辺銀行その他でも検討ないし踏襲された。実は日本銀行では金融恐慌についての当時の調査資料の冒頭で「基礎ノ脆弱ナル銀行ニ対シテハ従来トテモ時々兎角ノ風評伝ヘラレツツアリテ，東京ニ於テハ本年二月広部銀行ノ休業ヲ見タリシカ，右両法案ノ議会ニ於ケル審議手間取リ世評亦漸ク喧囂ヲ加ヘ来レル折柄，偶々三月十五日東京渡辺銀行及同行ト姉妹関係アルあかぢ貯蓄銀行ノ休業ヲ見ルニ至リ…」[36]と，「兎角ノ風評」

があった「基礎ノ脆弱ナル銀行」として東京渡辺銀行，あかぢ貯蓄銀行に先立って，まず広部銀行から金融恐慌を説き始めている。

　第3章以下は東京渡辺銀行の関係会社等の被った連鎖・波及事例であり，第8～9章は同行傘下の旭日生命が資金難から，「不良会社の譲り渡しについては…その間いはゆる悪徳な会社ブローカー出没して目前の利益を得る」（S2. 8. 22 中外）ため，より低級な資本家[37]に売却され，収奪される過程を追っている。

　第10～11章には旭日生命とほぼ時期を同じくして連続破綻した共同，八千代の両生保を加えた。共同は資本系統の「漂流性」の点で際立っており，また底流において乾新兵衛という高利金融業者が関与した点で，八千代は中心となった創立者が渡辺一族の女婿であった点などで，渡辺・旭日とも多くの共通項を有していた。

注
1）岡田和喜「金融（銀行）財閥」（渋谷隆一・加藤隆・岡田和喜『地方財閥の展開と銀行』平成元年，日本評論社，p 427 所収）
2）渋谷隆一「解題『銀行事故調・全』」駒沢大学『経済学論集』第6巻臨時号，昭和50年3月，同編『明治期日本全国資産家地主資料集成』，同編『大正昭和日本全国資産家地主資料集成』，柏書房，同編『都道府県別資産家地主総覧』，日本図書センターほか多数。本書の資料の多くも渋谷氏らが発掘・分析・公開された一連の復刻資料群に多くを負っていることはいうまでもない。
3）進藤寛「昭和恐慌期における地方貯蓄銀行の破綻と復活」（今田治弥編『東北地方金融の展開と構造』昭和53年，時潮社所収），同「昭和恐慌期における休業銀行・開店休業銀行の実態と影響」『地方金融史研究』第18号，昭和62年3月ほか多数
4）伊牟田敏充「銀行整理と預金支払」『地方金融史研究』第27号，平成8年3月ほか多数
5）西村はつ「地方銀行の経営危機と不動産担保融資の資金化―信濃土地証券の設立と日銀特融を中心として―」『地方金融史研究』第32号，平成13年3月ほか多数
6）植田欣次「日向中央銀行の破綻・処理と『担保付預金』」『創価経営論集』第24巻1,2,3 合併号，平成12年3月ほか多数
7）山崎広明『昭和金融恐慌』平成12年，東洋経済新報社
8）鈴木竜二「八王子第七十八銀行破産事件の真相」『多摩文化』3号，昭和34年11月，同「村野報告書の脚注―第七十八銀行事件―」同4～8号，35年4月～36年6月，同「八王子第七十八銀行破産事件」同7号，36年1月，同「八王子第七十八銀行事件」同8, 12号，36年6月，38年2月

9) 武部善人「『更池銀行』の顛末―その地域経済史的意義―」大阪府大『経済研究』29号, 昭和39年1月
10) 関島久雄「浅田銀行の興廃」『成蹊大学研究報告』3号, 昭和40年9月
11) 伊牟田敏充「岩下清周と北浜銀行―明治, 大正期における『機関銀行』に関する覚書」大塚久雄他編『資本主義の形成と発展』昭和43年, 東京大学出版会（伊牟田敏充『明治期金融構造分析序説』昭和51年, 法政大学出版局, 所収), 西藤二郎「岩下清周と北浜銀行―彼の経営理念をめぐって―」『京都学園大学論集』第10巻第2号, 昭和57年2月ほか, 高嶋雅明「大阪における銀行業の発展と銀行経営者」作道洋太郎編『近代大阪の企業者活動』平成9年, 思文閣出版, 佐藤英達「北浜銀行の没落」『帝塚山学術論集』第7号, 平成12年12月
12) 伝田功「近江銀行の破綻―昭和金融恐慌の一側面―」『滋賀大学経済学部附属史料館研究紀要』第6号, 昭和47年11月ほか（同『地域の金融財政史―滋賀県と近江銀行』平成5年, 日本経済評論社所収), 石井寛治「近江銀行の救済と破綻」『地方金融史研究』第31号, 平成12年3月
13) 星野誉夫「日本鉄道会社と第十五国立銀行(1)～(3)」『武蔵大学論集』第17巻2, 6号, 第19巻1, 5, 6号, 昭和45～47年, 岩堀洋士「大正期の資本価値保存体制の一断面―十五銀行＝松方系諸企業の事例」大阪市大『経富研究』131号, 昭和49年5月
14) 高嶋雅明「久次米銀行の分析―木材問屋の銀行経営―」『地方金融史論』昭和49年, 大原新生社
15) 村上（西村）はつ「知多郡・亀崎銀行の経営分析」『地方金融史研究』第7号, 昭和51年3月
16) 村上（西村）はつ「名古屋金融市場の成立と発展―明治銀行を中心として―」『地方金融史研究』第9号, 昭和53年3月
17) 木村健二「京浜銀行の成立と崩壊―近代日本移民史の一側面―」『金融経済』214号, 昭和60年10月
18) 拝司静夫「昭和恐慌期における地方銀行の破綻と復活―第五十九銀行（青森県）の事例―」『地方金融史研究』第20号, 平成元年3月
19) 桜谷勝美「昭和初期における休業銀行の再建と行政指導―四日市銀行の再建を巡って―」『三重大学・法経論叢』10巻2号, 平成4年10月, 武知京三『近代日本と地域交通』平成6年, 臨川書店
20) 佐藤英達「藤田銀行の収束」『帝塚山学術論集』第6号, 平成11年などの一連の研究業績
21) 石井寛治『近代日本金融史序説』平成11年, 東京大学出版会
22) 杉山和雄「県是銀行の設立過程―宮崎県の場合」『成蹊大学経済学部論集』31巻1号, 平成11年10月
23) 白鳥圭志「1920～1930年代岩手県下の金融危機と銀行合同―政党政治状況・金融危機・官僚支配―」『地方金融史研究』30号, 平成11年3月ほか多数
24) 麻島昭一「岩手県信託業の挫折―盛岡信託を中心として―」『信託』第123号, 昭和55年8月（信託協会『信託研究奨励金論集』第8号, 平成2年2月, p183～220所収), 同『本邦信託会社の史的研究』平成13年, 日本経済評論社など多数

25) 竹森一則『日本保険史』昭和53年，同朋舎（類似保険結社），宮脇泰『保険史話―保険実の一側面』平成5年，保険毎日新聞社（発起計画後の消滅会社や東京都公文書館の保険行政文書に基づく解散会社），福永保「昭和期における国内生保会社の破綻」『生命保険経営』63巻3号，平成7年5月，安藤直紀「我が国損害保険会社の経営破綻」『生命保険経営』64巻3号，平成8年5月，植村達男「大日本自動車保険㈱の経営破綻」『保険学雑誌』563号，平成10年12月，藤中章三「恐慌期における日米英生保の業績と経営対応」『生命保険経営』67巻4号，平成11年7月，宇野典明「国光生命の破綻について」『保険学雑誌』567号，平成11年12月，
26) 伊牟田前掲「銀行整理と預金支払」p 63
27) 宇佐見憲治（解題）『昭和生命保険資料』第1巻，昭和45年，生命保険協会，p 176
28) 29)『関東震災ヨリ昭和二年金融恐慌ニ至ル我財界』日銀調査局，昭和8年9月（『日本金融史資料 明治大正編』22巻，p 997～8 所収）
30) 前掲『株式会社亡国論』p 374
31) 土屋喬雄監修『地方銀行小史』昭和36年，全国地方銀行協会，p 181
32) 前掲「銀行整理と預金支払」p 82．明石屋の横浜店については高村直助「幕末・明治前期における売込商石炭屋の経営形態」『横浜市史補巻』昭和57年，p 159～252 参照。なお渡辺家と有名な片岡蔵相発言の背景をドキュメントとして描いた佐高信氏の『失言恐慌』（平成3年，駸々堂出版）がある。
33) 日本銀行（調査局）「東京渡辺銀行ノ破綻原因及其整理」昭和4年5月，『日本金融史資料 昭和編』第24巻，昭和44年，p 446～458 所収。日銀金融研究所で原本と照合したが，原本の全頁がもれなく翻刻・掲載されているので，以下の引用は同書によった。日銀アーカイブの公開が進めばさらに同書作成の基礎となった周辺資料も閲覧可能となる可能性があるが，目下管見の限りでは同書を凌ぐような詳細資料は見出し得ない。
34) 35) 渡辺秀『渡辺六郎家百年史』平成元年，私家版，p 175, 70
36) 日本銀行調査局「昭和二年三月ノ金融界動揺ニ就テ」『日本金融史資料昭和編』第25巻，p 14
37) 当時の不良生保を買収した事例として岩田三平による藤田組経営の富士生命買収がある。岩田三平は小樽の木材商で釧路の道有林の立木伐採で巨利を占め，大正5年数多くの泡沫企業に関与した神戸の三上豊夷（30万円出資，増田ビルブローカー銀行，矢野鉱業，咸興炭砿鉄道，日米信託，内国通運，中華企業各取締役，松昌洋行，内国自動車各監査役），三井徳宝（札幌，後に野付牛殖産を経営）と不動産会社の北辰社を180万円で買収し，大正9年木材商を廃業し，所有土地の整地分売を行っていた人物で，取引銀行の北海道銀行当局は「可ナリニ手ヲ焼イタル…強カモノ」，日銀も「時節柄収入モ少ク，富士生命関係ノ債務モアリ手許楽ナラス，正味身代不詳，気質大胆，怪腕，我が侭ニシテ多少法律経済ニ通ジ，利ニ敏ナリ」（昭和10年11月15日日銀小樽支店長報告，『昭和十年重要回覧書類 審査部』，日銀金融研究所保管資料 # 387）と評している。岩田三平による富士生命買収は北辰社顧問で代議士，政友会北海道支部長等を歴任した「小樽市ノ元老…寺田省帰ノ使嗾」（同，日銀 # 387）によると見られた。

第1章　広部銀行と昭和土地

1．広部銀行と広部清兵衛
⑴　広部銀行

　東京渡辺銀行の休業に先立ち,「三月の東京金融界擾乱の先駆」(S 2.7 O B)となった広部銀行[1]は東京市日本橋区本町4丁目10番地[2]に本店を置く,行主・広部清兵衛の無限責任による個人経営の銀行であった。広部銀行は「一大金融機関を設けんと企画し日本橋区本町三丁目」[3]に明治20年5月設立され,22年時点では本店東京市日本橋区本町4丁目10番地,資本金6万円,頭取広部清兵衛,取締兼支配人広部清左衛門,貸付兼為換課長島田六兵衛,簿記兼書記課長三浦親友,出納兼鑑定課長藤田新太郎[4],29年時点では資本金10万円,行主広部清兵衛,役員・使用人12名(要録M 30, p 82),30年末時点では役員・使用人9名,行主広部清兵衛,支配人兼貸付主任安田琮十郎,預金主任内藤新太郎,出納主任五十嵐鏑次郎,為替主任田上金太郎,その他使用人4名であった(要録M 31, p 140)。

　同行は日本銀行当座取引先(要録M 31, p 452)で,30年末では資本金10万円(悉皆出資済),定期預金42,509円,当座預金99,711円,その他諸預金122,144円,総預金264,364円,借入金120,979円,諸貸付金316,261円,割引手形80,987円,国債・有価証券61,694円であった(要録M 31, p 140)。この時点で既に諸貸付金の13.76％に相当する流込地所建物が43,523円もあり,同行の不動産抵当比率の高さ,貸倒の多発を示している。「広部銀行の不正事件」と題する批判記事を連載した業界紙に準拠すると,「取引所の仲買人等が身元保証金として納むべき軍事公債やら銀行株券等を取引所より預り受け…之れを担保と見做し…手形の割引を為すのである。何んと危険極まることではないか…広部銀行などは之れが却て専業である」(M 35. 8. 15保銀)として,竹屋事件で破綻同然の「三十九銀行同様の轍を践むに至るは数の免れざる処」(M 35. 8. 15保銀)と「広部銀行の高利貸的」(M 35.10.25保銀)で危険な体質を鋭く批判した。この連載記事が紹介する34年時点の広部銀行の融資例を挙

げれば、2.5万円の個人貸付先・地主岡村某（浅草区七軒町7）への金利は年24％で、「六ケ月毎に債権を更改して其度毎に一割四分の手数料を出すべきの約」（M35.9.25保銀）であった。担保は南葛飾郡字木根川の「目下新開の地所にして前途頗る有望」（M35.9.15保銀）の遊園地[5]（家屋への貸地、養魚池）1.5万余坪で、岡村が「買受けたる後は種々工事に大金を払へ衣装をこらして作りたる其庭は恰も一個の公園にて周囲数十余の池溏は満々として水を湛へ、水に望んで岡あり、倭松数千株翠り滴たたるばかりの光景」（M35.12.25保銀）であった。広部銀行の2.5万円の資金使途は不動産の取得費と、その後の遊園地造成費等と見られ、この融資は「広部銀行の…参謀となり…手足となり」（M35.8.25保銀）金融ブローカー的な役割を果した松本泰輔[6]が「広部清兵衛を説いて岡村に三十三年七月頃一万三千円、又其翌三十四年に三千円」（M35.11.25保銀）という具合に順次実行させた。

　こうした広部銀行の「高利貸的」（M35.10.25保銀）体質を反映して、行主広部清兵衛は39年末の地籍台帳調査（序章参照）[7]では東京市の大地主中260位に相当する5,218坪（麻布㉑5,200、その他18）を所有する。三菱、三井に次ぐ東京市第3位の大地主・尾張屋の商法を修得した「広部氏の私財また不動産が主なるものである」（S2.2.15東日）とされた通り、明治末期には広部清兵衛（日本橋区本町4-10）宅地7,807.01坪、広部清一郎（日本橋区本町4-10）宅地898.72坪、広部銀行（日本橋区本町4-10）宅地2,898.44坪、合計で宅地11,604.17坪が判明[8]するなど、39年末に比して行主名義だけでも約5割の増加を示している。

　同行は大正7年末には預金302万9,517円、貸出210万3,368円、有価証券32万4,692円、金銀在高19万9,976円、積立金21.3万円を擁し、同行千駄ヶ谷支店では「千駄ヶ谷町公金を預かり」（S2.2.25読売）、「営業は申す迄もなく堅実なり、故に幾分旧弊は脱せざるも、他行の如く大なる希望をも有せず、唯従来の方針を確守して、誤らざるを第一要義とせり、然れども其の間に於て基礎は漸次強固となり小銀行ながらも、泡沫的流行会社組織のものとは異なり所謂昔流の地味なるを以て恐慌を来すが如きことなく前途は光明あるもの」[9]と評された。

(2) 行主・広部清兵衛

　広部銀行頭取の広部清兵衛は慶応2年6月26日日本橋元浜町の豪商・質商の先代・広部清兵衛[10]の長男に生れ、幼名清太郎。藤樹私塾に学び、日本橋元浜

第1章 広部銀行と昭和土地

町の豪商で,江戸時代から「世々質商を営み,資産家を以て知らる」[11] 老舗の質商・尾張屋峯島家に奉公した。峯島家は「東京の質屋の元締として古い暖簾を謳はれ」(T 14.12.16 萬朝報),日銀当局も「親質屋トシテ市内ニテ最モ有名」[12] と評している。明治15年[13] 家業を相続,清太郎を改め,清兵衛を襲名した。広部清兵衛は28年度末では九州鉄道1,517株,関西鉄道706株[14] 等を保有する一方,勢和鉄道監査役に就任したが,「同会社重役中に内訌を生し…監査役広部清兵衛…辞任」[15],29年5月11日勢和鉄道取締役に就任[16],29年8月四国鉄道の創業総会で平川靖らとともに相談役に選ばれた[17]。このほか29年5月21日就任の相馬鉄道創立委員・常務委員のほか,畿内鉄道発起人総代,武蔵鉄道,桐生鉄道,三国鉄道,埼千鉄道,愛岐鉄道各創立委員,常岩鉄道,宮王鉄道,大神鉄道,武総循環鉄道,西武鉄道,東京循環馬車鉄道,山海鉄道,武相連環鉄道,関東鉄道,宇都宮鉄道各発起人[18] など広部の関与鉄道は地元関東が多いものの,東北,北陸,東海,近畿,四国に及び,鉄道ブームにのって手当り次第無原則に新設鉄道計画に関与していったような印象を受ける。武相連環,関東,埼千各鉄道では加東徳三,今井文吉ら房総・金辺両鉄道に関わった百三十二銀行系集団と共同行動したが,必ずしも特定集団に所属して共同行動していたようにも思われない。

　30年時点では広部銀行所在地でもある東京市日本橋区本町4丁目10番地に居住し,忍商業銀行,東京商品取引所,宮城水力紡績製紙各監査役,31年時点では住所が芝区田町1丁目12へ移転,日本石油精製,中外倉庫[19] 各取締役を兼ね(要録M 31,役 p 410),33年上期には宮城水力紡績製紙175株,尾張屋銀行360株等を所有した[20]。35年時点では広部清兵衛は37歳,妻トク34歳との間に長男清一郎13歳を頭に三男二女があり,父清左衛門の住む本町の本邸とは別に「芝浦の海浜に別荘を持て居り,多く此別荘に住居をして居る」(M 35. 8 .15保銀)とされた。33年時点ではかつての奉公先の峯島家の養子峯島茂兵衛経営の尾張屋銀行取締役[21] 兼務が追加された。さらに峯島一族が44年尾張屋「銀行以外に信託事業を興し」[22] た尾張屋信託(資本金50万円)にも広部清兵衛は関与し,取締役を兼務するなど,血縁の有無は別として広義の尾張屋一族に位置付けられよう。大正5年時点では広部清兵衛は長男・広部清一郎持株を含めて,東京土地700株,東京製粉456株,九州水電100株,宝田石油200株,東京米穀132株,東京瓦斯400株,北炭118株,東株570株,東京土地建130株,大東鉱業250株,合計3,056株の株主であった[23]。

広部清一郎は明治23年9月広部清兵衛の長男に生れ，慶応義塾卒，38年渡米，43年帰朝，東京市日本橋区本町4丁目10番地，広部鉱業社長，広部拓殖無限責任社員[24] であった。

　大正8年には広部銀行は満鉄200株，富士水電200株，浦賀船渠215株，東京土地1,715株，日米信託1,000株，東京製綱1,718株，日本鋼管571株，合計5,619株，広部清兵衛は東京府農銀200株，日本絹布73株，東洋製糖80株，東京土地745株，九州水電200株，東洋汽船200株，東京株式646株，東京米穀132株，合計2,276株，広部清一郎は東京土地200株，日米信託100株，合計300株をそれぞれ所有した[25]。しかし日米信託の持株1,100株（広部銀行1,000株と広部清一郎100株の計）は日米信託の総株数40万株の0.28％に過ぎず，役員等の関係もない。

　また大正末期には広部清兵衛は広部拓殖合名無限責任社員，尾張屋銀行取締役，忍商業銀行取締役，東京土地取締役等を兼務し[26]，昭和5年時点では昭和土地取締役[27] であった。

(3) 広部拓殖，広部鉱業

　広部直系両社の経営の実務に当っていたのは広部清兵衛の養子・広部和三郎[28] と，「同行の柱石として重用せらる」[29]，広部銀行出納主任（要録M44，役p6）から支配人に昇任した五十嵐鋿次郎[30] の二人であった。広部拓殖(名)は明治41年12月設立，土地開拓，本店日本橋区本町4の10，資本金100万円，無限責任社員は広部清兵衛であった[31]。広部和三郎，広部拓殖は大正13年時点で北海道中川，空知両郡に合計471町歩の耕地を所有する大地主[32] であり，広部銀行も「不動産金融を主として取扱へるも営業方針は極めて堅実」（Ｓ2.2ＯＢ）とされていたので，広部銀行が広部一族等が所有する北海道の広大な土地開拓を目的とする広部拓殖にかなりの貸付を行っていたものと見られる。

　広部鉱業は大正5年7月設立，目的石炭及鉱物採掘，本店日本橋区本町4の10，資本金50万円[33] であった。社長広部清一郎，常務広部和三郎，取締役五十嵐鋿次郎，監査役田上金太郎（渋谷町，広部銀行為替主任出身）であった（要録T11，p242）。主要な事業所は川部鉱業所[34]，川尻鉱業所[35]，竜田鉱業所（福島県双葉郡竜田村），盛生鉱山（兵庫県朝来郡山口村），村山鉱山（山形県北村山郡宮沢村），赤谷及泊鉱業所（鹿児島県川辺郡南方村）であった[36]。

　広部鉱業の本社は「技術の方よりも，何でも炭山の方の費用が安ければよい」[37] との無定見な方針であったという。川部鉱業所の石炭の鉱産額は大正9

年の 22,840 トンから 10 年 5,689 トン,11 年 6,522 トンへ激減,鉱夫も 13 名に半減,川尻鉱業所の石炭鉱産額も大正 9 年わずかに 303 トンで,10 年から休山[38]に追込まれており,反動恐慌後は当然に大幅赤字必至であったと思われる。

(4) 兼務先の尾張屋銀行

尾張屋銀行は「尾張屋本店社長江守善六」(T 14.12.16 万) が市内有力質屋たる尾張屋の分家一統を糾合して資本金 20 万円で明治 33 年 2 月 16 日設立し,江守善六の後任の頭取には義弟の峯島茂兵衛[39]が就任し経営した。本店は東京市日本橋区元浜町 1 番地,支店小石川,牛込,本郷,駒込その他,資本金は増資で 1 千万円,頭取峯島茂兵衛,監査役町田平三郎で,「事業の堅実を以て世の信用頗る厚し」[40]とされた。渋谷隆一氏は明治 10 年代に没落した旗本・御家人の市街地宅地約 70 万坪を買入れ膨大な資産を所有したことに峯島家の発展の基礎を求め,尾張屋銀行を「高利貸の残存形態の上部構造」[41]と位置付ける。

峯島一族は三菱,三井に次ぐ東京の大地主であり,41 年現在で 11.9 万坪を所有[42],峯島こう[43]・峯島きよ[44]の両名合算では 110,917 坪[45]と,三菱の 231,792 坪,三井の 170,258 坪に次ぐ第 3 位となっている。

明治末期には尾張屋銀行(日本橋区元浜町 1 番地)は宅地 1,387.32 坪,尾張屋信託(日本橋区元浜町 1 番地)は宅地 1,107.00 坪,耕地 3.305 反を所有している[46]。

大正 5 年の峯島茂兵衛の資産額 1,200 万円は東京府下では 1,300 万円の渡辺治右衛門に次ぐ第 11 位に相当した[47]。しかし大正 5 年,8 年時点の主要銘柄の大株主名簿[48]に峯島茂兵衛,峯島こう,峯島きよなど峯島一族の名は見当たらず,一族は専ら土地投資に注力していたことを示している。

「今日の尾張屋銀行が商業金融に非常の勢力を占めたるもの,一に其独特の営業振りに因る」[49]といわれ,日銀当局も峯島一族は「尾張屋銀行…ヲ有シ之ヲシテ預金ノ吸収ヲ為サシメ,之ヲ以テ市内各区ノ質屋ニ融通ヲ与ヘ」[50]る市内の親質屋としての機関銀行と位置付けている[51]。

(5) 兼務先の東京土地

次に広部一族が大株主・役員として関わった土地会社の例として東京土地をみておきたい。大正元年 9 月 24 日には広部清兵衛は創立委員長の前川太兵衛[52]らとともに本社を牛込区市ヶ谷谷町 93 に置き,不動産担保貸付,土地家

屋売買を主要業務とする「東京土地株式会社の創立に関与」[53]した。大正2年11月期の資本金500万円，払込資本金125万円，土地62.9万円，諸貸付金48.5万円，現預金29.5万円，諸預り金及借受金15.1万円であり，社長前川太兵衛，専務広部清兵衛，取締役支配人佐久間定吉，監査役高橋熊三[54]であった（T 3 .11.25 T）。

6年12月京橋区伝馬町に営業所，7年7月市谷管理所を開設し，大正9年時点で東京土地の専務は高橋熊三，取締役は広部清兵衛，黒川庄次郎[55]，滝沢吉三郎，小宮勇三郎，監査役丸山名政，渡瀬寅次郎，使用人は支配人黒川新次，営業係長斉藤弥三郎，庶務係長心得河野賢一，会計係長心得入江武之吉ほか3名，株主数489名，筆頭株主は広部銀行1,715株，河合房三郎[56]915株，広部清兵衛745株，反町茂作[57]624株，高木益太郎[58]300株（要録T 9，p 86），広部清一郎200株で，広部銀行，広部清兵衛，広部清一郎の合計で2,660株（総株数1.5万株の17.7％）を占めた。

大正11年時点で東京土地の役員は広部，前川のほか，堤康次郎[59]が取締役，河合徳兵衛[60]，堤康次郎の腹心の永井外吉[61]が監査役であった。筆頭株主は広部清兵衛の次男賢二2,005株（13.4％）で，2位は反町合名574株であった（要録T 11，p 86）。

東京土地は大正8年時点では大幅に減資されており，資本金75万円（払込済），積立金22,355円，利益101,523円，配当率9％[62]，8年11月末現在の資本金75万円（払込済），積立金22,355円，土地家屋49.2万円，各貸付金21.9万円，現預金12.5万円，8年11月期の繰越・当期利益は67,975円，配当年10％であった（要録T 9，p 86）。

8年11月期の成績こそまずまずであったが，老川慶喜氏によれば「二度の減資を断行し…その後も低迷した」[63]とされ，堤「康次郎の三度目の正妻操の父青山芳三の支配下にあった…東京土地会社の事業を引き継いでいくなかで，たびたび青山家を訪れるようになり，操と出会った」[64]とされる。実際に堤康次郎が主宰する高田農商銀行[65]が大正12年10月2日日銀から不動産前貸を受けた臨時融通35万円の担保に含まれた東京土地1万株[66]（総株数1.5万株の67％）は名義如何を問わず，実質的に高田農商銀行の金庫内にあって，堤康次郎の意のままに日銀担保に供することが出来たことを示している。東京土地は最終的に昭和14年6月堤の箱根土地に合併された。

第1章 広部銀行と昭和土地

2．広部銀行の破綻と昭和土地
(1) 尾張屋銀行の取付

大正14年12月には「個人銀行で相当資力ある尾張屋銀行」（T 14．7．5 東朝）が同一屋号の「東京の質屋の元締として古い暖簾を謳はれた京橋築地三の九尾張屋本店社長江守善六」（T 14.12.16 万）との特殊な関係から取付にあった。江守善六は大正9年3月江守合資を設立して代表社員（要録T 11, p 195）となったが，まず大正11年の信託業法公布[67]により，尾張屋信託（社長峯島茂兵衛）が信託会社から尾張屋土地への改変を余儀なくされ，さらに大正12年の関東大震災で本業の質屋営業が大打撃を受けたことに加え，「株の思惑から思はぬ失敗を招」（T 14.12.16 万）き，債権者たる小池銀行[68]（小平常務）から破産を申請され，一部に義兄弟である「江守氏と尾張屋銀行頭取である峯島氏が結託」（T 14.12.16 万）と報じられた結果であった。いわゆる赤新聞の万朝報は「事件は意外な方面に移って会社側の重役の身辺にも及ぶ模様」（T 14.12.16 万）と観測したが，尾張屋銀行の取付自体は次の記事にみるようにまもなく鎮静したとはいえ，結託の有無は別としても因縁の深い尾張屋本店の失敗，破産申請の事実だけでも伝統を誇る尾張屋銀行の暖簾を著しく傷つける結果となった。

「東京市の尾張屋銀行は尾張屋本店が破産を申請されたるため昨年十二月中旬取付状態に陥りたるも幸にして日本銀行の援助により大事に至らすして鎮静したが同行十二月十二日現在の預金高は前週の預金高に比し百八拾万円を減少せり」（T 15．1 OＢ）

尾張屋銀行（頭取峯島茂兵衛）は金融恐慌直後に「同行の資産状態に見るところがあって二十二日安田銀行が今後これを極力援助することに決定」（S 2．3．23 東日）したものの，結局日銀の斡旋で昭和2年11月17日昭和銀行と営業譲渡の仮契約書を締結した。仮契約書では尾張屋銀行（乙）は2年12月10日までに株主総会を開き解散を決議するとともに尾張屋銀行の営業を昭和銀行（甲）に引継ぐものとされ，同附則で「尚譲渡スヘキ不動産ハ甲ノ指定スルモノノ名義ニ移転スルモノトス」[69]とされた。銀行譲渡後の峯島一族は11年時点[70]では峯島茂兵衛[71]峯島松太郎[72]，14年時点[73]では峯島松太郎（尾張屋土地常務，一族が設立した丸八倉庫監査役），峯島茂兵衛（峯島合資無限責任社員，尾張屋土地社長，丸八倉庫代表），峯島吉太郎[74]，峯島コイ（峯島合資無限責任社員），峯島品喜（丸八倉庫取締役）等が掲載されている[75]。

(2) 広部銀行の破綻

広部銀行は休業前には資本金10万円，積立金22万円，預金475.7万円，貸出金464.3万円の規模であった（S2.2OB）。このうち「一口百円以下の預金は人員約三千人，金額約七万円」（S2.7OB）であった。「主として不動産貸付を営み，中井銀行を親銀行とし，日本銀行の取引銀行でもある」（S2.2.15東日）広部銀行は大正14年には朝日から「個人銀行で相当資力ある尾張屋銀行，広部銀行」は「何れも数十年来の旧い経験を有し，全国に広い土地を所有し，金利計算から見ても相当高利回りになって居る」（T14.7.5東朝）と評されて，安田系の東京建物，三菱地所部並に「金融中心で行く」「成績は概して良好」な「金融中心で行く」「旧式の大地主主義」（T14.7.5東朝）の土地会社経営の中に分類されているなど，「個人銀行で相当資力ある…銀行」の代表格として相応の信用があったものと考えられる。しかし資金繰の実態は苦しかったようで，関東大震災後の大正12年11月2日には日銀より14.9万円の特別融通を受け，以後6回の切替えで13年8月8日9万円の期日到来で8万円に減額切替え，13年10月25日8万円の期日到来で7万円に減額切替え，14年1月12日7万円の期日到来で6万円に減額切替えとなっている[76]。

昭和2年1月26日衆議院に「震災手形損失補償公債法案」「震災手形善後処理法案」が提出され，三上忠造，吉植庄一郎委員らから債務者名の発表を強く迫られるなど，論議を呼んだ。このころ一部新聞（S2.2.14読売など）には不正確ながら各行別の震災手形の所持高などが報道され，東京渡辺銀行や広部銀行を含めて，特定の銀行が震災手形を多額に所持しているのではないかとの噂が盛んに流布されたと考えられる。事実，広部銀行も震災手形総額（日銀再割引額の意味）は21.3万円もあり，割引依頼銀行別の残高としては96行中第64位にランクされたが，大正13年11月末の決済高13.0万円，大正14年11月末の決済高6.8万円と減少して，昭和元年12月末の未決済高は5.6万円にすぎなかった[77]。

しかし従前より「広部銀行の貸付が殆ど不動産に固定してゐる関係から…同行の貸付方針の当を得てないとの非難があった」（S2.2.16読売）とされ，同行の担保物件は「震災並に借地法に因り地価低下の為め，貸出金の回収が意の如く運ばないのは当然」（S2.2.16読売）と預金者から観測された。このため折からの「震災手形問題の側杖を食ひ」[78]，2月10日頃から五反田，渋谷，千駄ヶ谷，六本木，目黒各支店で取付がはじまって（S2.2OB），五十嵐支

第1章　広部銀行と昭和土地

配人の言によれば，総預金 430 万円の 14％に相当する「六十万円ばかり…支払」（Ｓ２.２.15 読売）ったため，2月「十二日を以て手持現金の全部を支払ひつくし，十四日の金繰を尾張屋銀行を通じて三菱銀行へ三十万円の融通を依頼したが，尾張屋銀行が手を引くこととなった」（Ｓ２.２.15 東日）とされる。深い縁故ある尾張屋銀行自身も前述の通り，大正末期に取付にあって預金の減少を招いていたから，三菱銀行からの保証等の要求には二の足を踏んだものと見られる。当然に救済を依頼すべき親銀行たる中井銀行の名が出ていないのも，既に余力を失っていたためでもあろう。また震災後には 14.9 万円の日銀特別融通を受けた実績があるが，なぜか「日本銀行へは未だ何等善後処置を依頼して来ぬ」（Ｓ２.２.15 東日）とも報じられて，日銀との関係も必ずしも良好とはいかなかったとみられる。

　ついに 2月 14 日午前 9 時に本店に「帳簿整理ノ為メ向一週間臨時休業仕候　昭和二年二月十四日　当行は広部家全財産を挙げて必ず整理して御支払いたします」（Ｓ２.２.15 読売）との掲示を張り出して，一週間の臨時休業に入った。2月 14 日に東京手形交換所は「無限責任広部銀行　右ハ本日交換尻ノ払込無之旨中井銀行ヨリ届出有之候ニ付」[79]代理交換解除を会員銀行に通告した。「不動産貸しで尾張屋銀行と姉妹銀行の広部銀行の事だからたしかだ」（Ｓ２.２.15 読売）と思って，「私も他の人々でも，まさか間違ひはあるまいと信用はしてゐる」（Ｓ２.２.15 読売）という時計商の山岡猪之助を六本木支店に駆け付けた預金者の「代表者に選んで裏口から入れ，山辺支店長に面会」（Ｓ２.２.15 読売）させた。この際の同行側の説明では休業の直接的原因は東京毎朝新聞が 2年 2月 10 日「第二の松島事件」と題する「営業妨害の号外を撒いたため」（Ｓ２.２.15 読売）とされ，「渋皮の様な顔をした」広部銀行の五十嵐支配人は「やや受太刀，おどおど声ではあるが，自信あるらしい調子で…毎朝新聞には私の処が始めてではないんです。森村銀行，村井銀行，中井銀行が既に同じ手でやられた」（Ｓ２.２.15 読売）と弁解し，「銀行の内部に不正とか混乱が起った為めではない」（Ｓ２.２.15 読売）旨の発言を繰り返した。読売は開店時期に関して「私から明日明後日とキッパリ申上げられませぬ」といいつつも，多分に期待を持たせた「支配人の言葉が本当か否かに数百の預金者の運命が託されてゐる」（Ｓ２.２.15 読売）と結んだが，1週間後の 2月 21 日にはさらに 2週間休業，その後も継続的に休業した[80]。

　この間，広部銀行では「広部清兵衛氏の私財は勿論関係会社の資財をも投じ

て整理に当る」（S2.2.15東日）と説明し，まず「財界の某有力者を介して」「川崎銀行に対し合併整理の申込みをなし」（S2.2.23読売），大阪銀行通信録も「営業方針は極めて堅実なるを以て開店の見込あり」（S2.2OB）と報じ，読売新聞も「頭取が私財を提供するに於ては相当の不動産を有しこれを処分することとなれば整理は可能」（S2.2.23読売）と判断したが，結局先方に拒絶された。川崎銀行はほぼ同時に合併整理を申込んできた小田原実業銀行に対しては新銀行・明和銀行を設立し，6万株中の「五万四，五千株は川崎銀行にて引受け」（S2.7OB）たから，広部銀行の内容を吟味して拒絶したと考えられる。さらに川崎銀行系統の麹町銀行にも救済を申し込んだが，同行も「大蔵日銀よりの口添がなければ困る」（S2.2.25読売）との口実で応諾しなかった。そこで広部銀行は「千駄ヶ谷町公金を預かり居ることを挙げて大蔵省へ口添方を運動」（S2.2.25読売）した。

金融恐慌の始まる年である昭和2年の休業銀行としては1月24日の今治商業銀行，1月31日の深谷商業銀行に次いで広部銀行は3行目であり，金融恐慌の発火点となった京浜地区の銀行としてはもっとも時期的に近接した休業例という位置付けにある[81]。広部銀行休業直後の新聞は「某行も脅威を感ず」と題して，「預金を挙げて不動産貸付に放資し…自然手許資金尠く」なった「同行と同様の貸付方針を採ってゐる某行の如きも相当に脅威を感じてゐる」（S2.2.16読売）と報道されるなど，「某行」に当ると見られる関係銀行の尾張屋銀行，親銀行の中井銀行をはじめ東京渡辺銀行など京浜地区の同類型の中小銀行に悪影響を与えたと考えられる。現に「尾張屋銀行はその関係銀行なる広部銀行の休業以来多少の取付が行はれて来た」（S2.3.23東日）とされ，「広部銀行の休業以来緩慢な取付を受け東京渡辺，中井両行の休業以来は殊の外著しく預金の減少」（S2.3.22東日）を見たという。

広部銀行は勧銀に土地を担保に提供して資金調達していたが，5月16日には18万円を勧銀に返済して，当該土地の担保権解除が決定したため，整理上の難関が解決し整理が実行しやすくなった。5月中旬の委員会で次のような整理案を決定した（S2.6.25T）。

「一，現存預金額三百十万円を今後二ヶ年間半期毎に八十五万円宛支払ふこと。一，この方法による支払を待ち得ない者には土地を提供す。一，据置中は無利息とす，若し整理後残余財産あれば五分以内の利息を付することとす。一，本年中支払資金が出来次第預金百円以下は全額支払のこと」

この方針に基づき，所有不動産の一部資金化により大口預金者の了解を取り付けた上で7月[82]14日からまず百円以下の小口預金（約3,000人，金額約7万円）の全額払戻しを開始した（S2.7OB）。この時点ではすでに総預金400万円のうち110万円は貸付金と相殺され，残余の預金額は290万円に減少していた（S2.10.20B）。

　百円以上の預金者に対しても4年6月末上半期末までに順次段階的に残額を分割支払う整理案を立案して，預金者の承諾を求めた。しかし払戻資金の手当がつかず，予定よりも遅れて2年12月25日には百円以上，500円未満の預金に対しては一律100円，500円以上は一律1割（3月頃までにさらに1割の追加支払を予定），合計38万余円の第1回払戻分を支払った（S3.1.20B）。しかし所有不動産処分による資金化が予定したようには進まず，回収が困難で予定していた3年3月の1割追加支払の調達が出来ず，整理は頓挫した。

(3) 昭和土地の設立

　今後の支払の成算も立たないため預金者代表の委員と善後策を協議して，日銀当局の意見を徴した上，同行重役，重役の関係会社等が提供した「同行所有の不動産全部を債権者に提供し，左の如く土地会社を設立し其の株式を交付すること」（S3.5.20B）とし，株券の分配により株主となる預金者の調印を求めた上，創立総会を開くこととなった（S3.3.31T）。

　この土地会社は土地の売上金および債権取立金等で順次株式償却を進め，存立期間は6年の臨時的・暫定的な整理機関で，この間に整理を完了することとし，会社の役員はすべて預金者委員より選任する計画であった（S3.3.31T）。

　昭和土地株式会社との名称の新会社の定款の概要は次の通り（S3.5.20B）

「一，資本金　資本金三百六十万円
一，存立期間は設立登記の日より起算し満六箇年とす，但し必要に依り延長することを得
一，株式は十八万株，一株の金額を二十円とし全額払込済とす
一，株金払込は現金及び広部銀行，広部清兵衛，広部清一郎，広部合名会社，広部拓殖会社の提供せる財産を以て為す
一，毎年三月に株主総会を開き其の議決を経て株式と不動産及び債権との相殺競争入札による株式の買入，株式の抽選償還の方法に依り資本減少を為す

一，取締役は百株以上の株主より七名以内，監査役は五十株以上の株主より三名以内を選挙す
一，当会社の負担すべき設立費用は金五万四千八百六十五円以内とす」

　同社の資産の内訳は不動産・営業用土地・建物・什器一切（時価の七割六分）485.4万円，貸出金の回収30万円，金銀・預け金，諸証券3万円，合計518.5万円であった。

　昭和土地は昭和3年12月，京橋区銀座一丁目に設立され，一株の金額二十円，10年時点の資本金は200万円（払込済），役員は代表取締役広部宇一[83]，取締役広瀬新七[84]，取締役石井久作（下谷区中根岸），監査役高見作太郎（鎌倉町材木座）であった（諸S 10，上 p 137）。

　12年版の『銀行会社要録』では広瀬新七の取締役兼務先（要録S 12，役下上 p 292）として掲載するが，本文には該当会社は見当たらず，整理の一段落など活動低下を窺わせる。また本体の広部銀行[85]も昭和2年2月14日以来，帳簿整理のため休業中であったが，大蔵省の認可を得て，4年6月14日限り廃業した。

注

1）広部銀行は資本金10万円，全額払込，諸積立金22万円，昭和元年末現在の預金475.7万円，貸出金464.27万円（S 2.2 OB）昭和2年2月14日休業，3年3月1割追加支払の調達が出来ず，整理は頓挫，4年6月24日廃業
2）広部清兵衛，清一郎の住所，同系の広部合名，広部拓殖合名，広部鉱業の所在地
3）22）29）53）五十嵐栄吉編『大正人名辞典』大正7年，p 1151，453，1227
4）『東京横浜銀行会社役員及商館商店人名録』明治22年，p 66
5）同類型の遊園地の例として新橋竹川町21所在の割烹店・花月楼本店の主人平岡広高（後の花月園主）は31年前後に「都人の静養を為す便宜としての，一つの遊園地を経営せんものと，向島の地を卜して，花月華壇といふを経営する事となつた…君は之を経営する事七年，資本を投する事拾萬円，殆んど満身の努力を之に捧げたのであったが，當時此種の社會的事業はまだ世人の嗜好を喚起する事難く，殊に向島の地は沿岸の低地なので，水害を被る事三回，比事業は終に失敗に帰し」（柏村一介編『昭和国勢人物史』S 3，極東社，p 59～65），「高尚なる文明的御遊園地」（M 34.10.19 万）を謳った花月華壇は閉園となった。
6）本町二丁目の商人，帝国生命取締役
7）水本浩，大滝洸「明治三〇年代末の東京市の宅地所有状況―借地・借家法性格論のために―」『商経法論叢』13巻2号，神奈川大学，昭和37年

第1章　広部銀行と昭和土地

8) 『東京市及接続郡部　地籍台帳』明治45年, 東京市区調査会, p 38
9) 長坂金雄『大日本銀行会社沿革史』, 大正8年, p 40
10) 27)『大衆人事録』第三版, 昭和5年, p 55（隠居名は清左衛門）
11) 『実業家人名辞典』明治44年, ミ p 18
12) 『質屋ニ関スル調査』大正2年, 『日本金融史資料』第25巻, p 102 所収
13) 『大衆人事録』では16年
14) 『鉄道雑誌』5号, p 23, 8号, p 22
15) 『鉄道雑誌』1号, p 26
16) 『鉄道雑誌』6号, p 37
17) 『鉄道雑誌』15号, p 36, M 29.9.4 東日
18) 『鉄道雑誌』6号～24号
19) 中外倉庫は22年2月設立, 深川区黒江, 監査役株式仲買戸田利兵衛ら（諸M 33, p 67）
20) 21) 山口和雄編『日本産業金融史　紡績金融編』昭和45年, 東京大学出版会, p 10, 52, 渋谷隆一ほか『日本の質屋』昭和57年, p 367
23) ダイヤモンド『全国株主要覧』大正6年版, p 440
24) 26)『日本紳士録』大正14年用, 第28版, p 693
25) ダイヤモンド『全国株主要覧』大正9年, 下 p 485
28) 広部和三郎（神田区鎌倉町）は木綿染絲商, 広部鉱業取締役, 広部拓殖合名代表社員（前掲『大正人名辞典』p 399）
30) 広部鉱業取締役を兼務する五十嵐鍋次郎（神田区西小川町）宅には事情があって広部清兵衛の実母が同居（M 35.8.15 保銀）
31) 33) 農商務省『会社通覧』大正10年, 東京 p 2, 4
32) 47) 渋谷隆一, 石山昭次郎, 斉藤憲「大正初期の大資産家名簿」『地方金融史研究』14号, 昭和58年4月, p 37～8
34) 川部鉱業所（福島県石城郡川部村）は勿来軌道終点小川駅より, 鉱区面積23.6万坪, 大正7年継承開坑, 採炭夫22名, 1日出炭量12～13万斤, 主任射手政治
35) 川尻鉱業所（茨城県多賀郡櫛形村）は川尻駅までの18町を馬力で輸送, 鉱区面積51.6万坪, 大正5年7月埼玉県の加藤から継承, 採炭夫170名, 所長青山, 主任牧
36) 『日本炭礦行脚』大正8年7月, p 177～88, 221～4, 要録 T 11, p 242
37) 『日本炭礦行脚』大正8年7月, p 187
38) 『日本鉱業名鑑』大正13年, p 125
39) 先代の峯島茂兵衛（東京市日本橋区元浜町4番地）は質商兼貸地業・尾張屋, 嘉永3年生, 明治14年先代峯島キヨの養子となり, 明治21年家督相続し, 作次郎を改め峯島茂兵衛を襲名（『実業家人名辞典』明治44年, ミ p 18）
40) 『実業家人名辞典』明治44年, ミ p 18
41) 渋谷隆一『庶民金融の展開と政策対応』平成13年, 日本図書センター, p 356
42) 『不動産業界沿革史』昭和50年, p 50
43) 「峯島こう」は慶応3年生, 峯島茂八の長女で, 峯島茂兵衛の養母（『大日本実業家名鑑』大正8年, み p 10）

44)「峯島きよ」は質商,先々代峯島茂兵衛の長女,峯島茂兵衛の養祖母
45) 110,917坪の内訳は深川⑪13,037,小石川(48) 2,541,浅草① 28,900余,麻布⑦ 9,000余(こう),麻布⑪7,400(きよ),麹町(55) 1,778,神田⑤ 10,760(きよ),神田⑥ 7,903,日本橋⑦ 14,579,その他15,019坪(前掲水本浩,大滝洸「明治三〇年代末の東京市の宅地所有状況―借地・借家法性格論のために―」『商経法論叢』13巻2号,神奈川大学,昭和37年)
46)『東京市及接続郡部　地籍台帳』明治45年
48) ダイヤモンド『全国株主要覧』大正6年版収録の285社の500株以上の株主,9年版収録の511社の300株以上の株主
49)『大日本実業家名鑑』大正8年,み p10
50) 前掲日銀『質屋ニ関スル調査』『日本金融史資料』明治大正編,第25巻,p102所収
51) 尾張屋銀行と峯島一族の質屋業との相互関係については渋谷隆一,鈴木亀二,石山昭次郎『日本の質屋』早稲田大学出版部,昭和57年,p368以下参照
52) 前川太兵衛(日本橋区富沢町)は山梨県出身,旧姓鳳間,近江商人の初代前川太郎兵衛(日本橋堀留町,近江屋・山叶・和洋綿糸金巾太物問屋,東京瓦斯紡績社長,毛武鉄道100株主)の長女と結婚して近江屋を継ぎ,東京銀行発起人・頭取,日本共立生命,南日本製糖,東京堅鉄製造所各取締役,東洋モスリン会長,東株理事など「太兵衛は人に推されていろいろな会社に関係した。その重なるものは東京銀行,近江銀行…日本共立生命」(『商傑　前川太郎兵衛翁』昭和11年,p73),大正12年3月死亡
54) 高橋熊三は帝国冷蔵取締役ほか,多くの物産・食品会社に関与(要録T 9,役中 p43)
55) 黒川庄次郎は東京株式取引所監査役(要録T 9,役中 p158)
56) 河合房三郎は河合銀行代表社員(要録T 9,役上 p210)
57) 反町茂作は反町合名代表,東京動産火災保険取締役(要録T 9,役中 p73)
58) 高木益太郎は尾西鉄道社長(要録T 9,役中 p55)
59) 堤康次郎(豊多摩郡落合村大字下落合575)は箱根土地専務取締役,堤合名代表社員,千代田護謨専務,東京土地取締役ほか(由井常彦,前田和利,老川慶喜『堤康次郎』平成8年,リブロポート,由井常彦編『セゾンの歴史』上・下・年表資料集,リブロポート,平成3年,野田正穂「西武コンツェルンの形成について」『鉄道史学』2号,昭和60年8月,野田正穂「1920年代の担保付き社債―箱根土地社債のデフォルトについて―」『経営志林』34巻3号,平成9年10月,野田正穂,中島明子編『目白文化村』日本経済評論社,平成3年ほか参照)
60) 河合徳兵衛は河合銀行頭取(要録T 9,役上 p209)
61) 永井外吉は永井柳太郎(金沢・前田藩士族,明治38年早大政経卒,42年早大講師,堤の恩師,堤 p53)の甥で堤康次郎の妹ふさと結婚(由井,前田,老川『堤康次郎』p72)東京護謨常務,箱根土地監査役,東京郊外住宅取締役で,昭和10年時点では東京護謨監査役,昭和16年時点では大雄山鉄道専務。なお東京護謨は堤が「大正六年四月には東京ゴムという会社を設立し…今日におよんでいる」(筑井正義『堤康次郎伝』昭和30年,p70)もので,現西武ポリマ化成
62) 農商務省『会社通覧』大正8年末調査,p126
63) 64) 由井,前田,老川『堤康次郎』平成8年,p225〜6

第1章　広部銀行と昭和土地　　　　　　　　　　　　　243

65)　関東大震災の直後、日銀は不動産金融の援助方針を打出し、勧銀を経由する「特殊資金ノ融通」を実行したが、なぜか「高田農商銀行ニ対スル分五十五万円ハ日本勧業銀行ノ融通実行セラレズ」(『関東震災ヨリ昭和二年金融恐慌ニ至ル我財界』日銀調査局、昭和8年9月、『日本金融史資料明治大正編』22巻、p783所収) 日銀前貸金として残存した。なお高田農商銀行には「日銀特別融通及損失補償法」に基づく第二別口割引手形をもってする特別融通が昭和2年7月11日46万円実施され、昭和3年5月8日の残高も同額であった。(前掲『我財界』p956) 高田農商銀行については野田正穂「高田農商銀行覚え書」『金融経済』199号、昭和58年4月、参照

66)　「高田農商銀行ニ対スル臨時融通更新ノ件」大正13年11月13日、日銀金融研究所保管資料#319、「営業局回議写・審査部」大正13年

67)　麻島昭一『日本信託業発展史』昭和45年、p98以下

68)　小池銀行は大正6年商栄銀行が改称し、昭和9年銀行業を廃止し、小池証券に合併 (前掲『本邦銀行変遷史』p242)

69)　「昭和銀行ノ尾張屋銀行買収」『昭和銀行の諸銀行引継契約書其他　審査部』昭和2年、日銀金融研究所保管資料#264

70)　『帝国信用録』昭和11年版、p395

71)　峯島茂兵衛（麹町区下二番）は明治26年生、峯島松太郎の実弟、大正5年先代茂兵衛の養子となり、家督相続し徳三を改め茂兵衛を襲名 (『大日本実業家名鑑』大正8年、み p10)、尾張屋土地社長、貸地、会社役員、日本橋区大伝馬3-8

72)　峯島松太郎（小石川区丸山）は峯島茂兵衛の実兄、尾張屋信託の後身・尾張屋土地専務、会社役員

73)　『日本紳士録』昭和15年版、p559

74)　峯島吉太郎の次女・美代は峯島茂兵衛の養妹、尾張屋土地監査役、昭和9年資本金50万円の丸八倉庫取締役

75)　関係の有無は未詳ながら尾張屋を名乗る峯島督治郎は金銭貸付業者 (『東京市商工名鑑』東京市編、昭和4年、p1007)

76)　「広部銀行ニ対スル特別融通更新ノ件」大正13年12月3日、前掲、日銀金融研究所保管資料#319

77)　日銀『日本金融史資料明治大正編』第22巻、p878以下

78)　『昭和二年金融恐慌誌』(Ｓ２.５ＯＢ)

79)　「代理交換解除通知」昭和2年2月14日、日銀金融研究所保管資料#552、「銀行事項・考査局」昭和2年

80)　日銀『日本金融史資料昭和編』第25巻、p371では「昭和2年2月21日以来休業」となっている。

81)　日時的に近接した休業例は2月24日の徳島銀行・徳島貯蓄銀行、3月8日の丹後共立銀行・丹後商工銀行 (前掲『日本金融史資料明治大正編』第22巻、p986)

82)　Ｓ２.10.20Ｂでは9月

83)　広部宇一（渋谷区円山、他に兼務なし）の広部一族での位置付けは未詳

84)　広瀬新七（渋谷区代々木西原）は在郷海軍大佐、会社員 (紳Ｓ6、p646)、昭和14年時点スタンレー電気取締役 (紳Ｓ15、p490)

85) B/S，P/Lは『日本金融史資料』昭和編，第25巻，p 93 所収

第2章　東京渡辺銀行の概要と創業者

1．東京渡辺銀行の沿革
(1)　「あかぢ」渡辺家の由緒
　東京渡辺銀行自身が破綻の約1ヵ月前に出した広告では「資本金の点では一流銀行とはいへまいが…創立は古く明治十年で…同行と親類関係にある株式会社あかぢ貯蓄銀行は…東京渡辺銀行と共に『あかぢ』一族の経営と称してもいい位に、その株式の殆ど大部分を同家一族で持って居るのである。この「あかぢ」といへば江戸幕府草創の頃より連続して居って、当主渡辺治右衛門氏は都下の大地主としてまた我が財界にもその人ありと世間から知られてゐる」（S2．2．19 N）ともっぱら大地主「あかぢ」のブランドに訴求・依存していた。
　『國乃礎』が「渡辺氏ハ累世江戸ノ豪家ナリ。曩祖治右衛門元祿五年江戸本材木町一丁目ニ於テ塩干魚及肥料商ヲ開業シ、享保十年七月没ス。爾来相継承シテ七世治右衛門ニ至ル」[1)]と述べるごとく、明石出身で江戸の四日市で海産物商を営み、「十代前の祖先は播州明石から江戸に出て…明石屋治右衛門を称したところから、夫の『あかぢ』の商号が起って」[2)]代々屋号を初代の出身地に因んで明石屋治右衛門、略して明・治「あかぢ」と称したとされるが、渡辺家の出身地を愛知県明治（あかぢ）と解し、屋号「あかぢ（明治）屋」[3)]という海産物商を営み、「祖先墳墓の地、尾張あかぢの名に因んだもの」[4)]との俗説も相当に流布している。

(2)　東京渡辺銀行の略史
　東京渡辺銀行は明治10年10月[5)]第二十七国立銀行（本店日本橋区本材木河岸六号地）として資本金30万円で設立された[6)]。頭取には渡辺治右衛門（先代）が当選し、国立銀行という名称にかかわらず、創立当初から実弟・渡辺福三郎[7)]の出資5.3万円を含む「渡辺治右衛門氏一族の機関銀行」[8)]であったと見られる。30年7月第二十七国立銀行は普通銀行に転換し、二十七銀行と改称した[9)]。普銀転換直後の30年12月決算（要録M 31，p 21）では資本金100万円、払込65万円、定期預金33.4万円、当座預金52.7万円、その他とも預金計

97.5万円，貸付金123.0万円，割引手形40.0万円，払込＋預金162.5万円で貸付＋割手163.0万円とほぼ釣り合っていた。本店のみで支店はなく，役員7名，使用人は副支配人以下12名，株主数は31名で，上位6株主で18,647株93.2％を占めるなど集中度が高く，下位25株主の平均は@54.1株で第6位の渡辺米566株の1/10以下となっていた[10]。役員は頭取渡辺治右衛門6,244株（総株数2万株の31.2％），取締役渡辺福三郎4,895株（24.4％），取締役渡辺牧太郎[11]，取締役日向野善太郎（内国通運取締役）1,532株（7.7％），取締役支配人安藤三男（安藤兼三郎名義1,425株），監査役平沼専蔵[12]（横浜銀行頭取，横浜銀行名義3,985株），日向野善五郎，副支配人は内山常吉であった（要録M30，p 9）。

42年11月には先代渡辺治右衛門が死亡，九代渡辺治右衛門（幼名源次郎から襲名）が頭取に就任した。大正2年11月には他行を買収し姉妹銀行あかぢ貯蓄銀行とした。

大正5年時点の二十七銀行は頭取渡辺治右衛門，取締役渡辺勝三郎，渡辺六蔵，監査役伊藤幹一，石川甚作，支配人師岡政辰，相談役渡辺福三郎，渡辺牧太郎であった。また姉妹銀行・あかぢ貯蓄銀行は頭取渡辺勝三郎，専務渡辺六郎，取締役渡辺六蔵，渡辺四郎，池田庄吉，監査役渡辺岱三，福沢平太郎，渡辺健児，監督渡辺治右衛門であった（帝T 5，p 2，2510）。

大正9年4月5日には二十七銀行は東京渡辺銀行と改称し，資本金500万円に増資（200万円払込）した。東京を冠したのは同族の渡辺福三郎が頭取の渡辺銀行[13]との区別のためであろう。

2．先代渡辺治右衛門

(1) 先代の略歴

先代渡辺治右衛門[14]は上野国松井田の生れで，12歳の時渡辺家に奉公し番頭にまで昇格，認められて八代の養子となり，明治元年に家督相続した。渡辺治右衛門（先代）の略歴は［表-3］の通りである。

主な企業関与について見ると，「先代ハ夙ニ地価ノ将来ニ着眼シ，勤倹力行獲得シタル資財ヲ以テ市内各区ニ亘リ土地ヲ買入レ，市中屈指ノ地主トナリシガ，其土地ノ利用手段トシテ市内ノ電気瓦斯等ノ土木工事ヲ経営スル甲州若尾系ト提携スルニ至リ」[15]，まず18年7月設立の東京瓦斯は創立「初期から甲州の若尾家，東京の渡辺治右衛門家の着眼する所となり，両家の共同経営の形と

第 2 章　東京渡辺銀行の概要と創業者　　　　　　　　　　　　　　　　　247

[表-3]　先代渡辺治右衛門の略歴　　　　　　　　　　　　（　）内は関連事項

年月	事項
弘化4年11月	八代目渡辺治右衛門信明の長男新太郎として生れる
明治6年9月	家督相続し，九代目渡辺治右衛門を襲名[m]
6年10月	東京商社肝煎
6年11月	東京商社頭取
6年12月	通商司北海道産物掛頭取
10年7月	日本橋四日市魚市場組合頭取として北海道の水産物の入荷に尽力
10年10月	第二十七国立銀行設立，頭取（福三郎取締役）[b]
11年	東京商法会議所議員
11年12月	東京府会議員
16年	東京商工会創立委員
20年	大日本水産会社の通信委員[c]
20年	海防費を献納，黄綬褒章，従六位
22年	水産伝習所参事員
22年11月14日	有限責任東京湾汽船会社創立[d]
23年6月10日	東京府多額納税者貴族院議員
23年12月	深川電灯開業，評議委員533株
25年	東京馬車鉄道取締役[e] 1,824株
26年12月	磐城炭砿創立[a] 取締役386株
29年5月11日	勢和鉄道監査役[l]
29年7月18日	陸羽中央鉄道発起人
29年8月6日	常総鉄道相談役[f]（川崎系，31年8月失効）
29年9月	浦賀船渠設立，取締役1,000株出資
29年10月	船越鉄道監査役（31年5月解散），群馬電気鉄道協議員[l]
29年	台湾鉄道創立委員[l]
30年7月	第二十七国立銀行は二十七銀行に改称[a]
31年1月	（福三郎東京瓦斯監査役）[b]
31年	日本鉄道内訌に際し久米良作等を重役に推挙[g]
	（福三郎，久米良作日本鉄道理事委員就任）[bk]
33年	貴族院議員
33年3月	久米良作実弟六蔵を養子とする
35年12月	（福三郎東京瓦斯常務）[b]
37年1月	東京瓦斯監査役就任[e]
37年	東株理事長中野武営より東株への買い出動を要請される[h]
	日露戦争の功により勲四等に叙せらる[i]
40年1月	東洋モスリンを若尾らと設立（福三郎取締役）[b]
41年	東京瓦斯監査役を退任，勝三郎氏が同社取締役就任[e]
	（久米良作は東京瓦斯に入り，常務，副社長を経て社長となる）[j]
42年11月15日	病死，浅草田原町の清光寺の渡辺一族の墓所に埋葬，法名宏徳院殿敦誉義淳大居士[m]

| 昭和2年9月6日 | ふみ夫人死亡,清光寺に埋葬[m] |

(資料)23年頃までは主に『國乃礎』後編下編,明治28年,p110〜4に準拠した(『帝国実業家立志編』とは就任年月に相当の差異がある)。a『金融史資料』p446〜7,b『福寿翁』昭和25年,p71〜5,c 岩崎勝三郎『商海立志明治豪商苦心談』明治34年,大学館,p90,d M22.11.15東日,e『素裸にした甲州財閥』p514,f『日本鉄道史』中巻,p687〜691,g『大正人名辞典』p78,h 長谷川光太郎『兜町盛衰記』第1巻,p238,i『財界物故傑物伝下巻』昭和11年,p655,j『鉄道先人録』p135,k『財界の人百人論』p197,l 雑誌『鉄道』6号,18号,26号,m 渡辺秀『渡辺六郎家百年史』平成元年

なり,両家談合にて社長,重役を選任した」[16]とされる。1,824株も出資した東京馬車鉄道でも「明治25年東京馬鉄の権利を奪取した若尾逸平は,牟田口元学,中野武営等と謀り,七代目渡辺治右衛門を取締役に加へることに成功した」[17]という。ただし渡辺六郎の手記によれば「若尾一家との知合いになったのも,この日鉄で同様大株主だったのであろう」[18]とある。

次に22年11月創立の東京湾汽船では初期の関与は未詳ながら,遅くとも30年末時点では先代治右衛門は総株数16,000株の17.65％にあたる2,824株を保有し,群を抜いた筆頭株主・評議委員で,同汽船取締役の渡辺源次郎(後の十代渡辺治右衛門)も816株所有し,渡辺父子だけで3,640株22.75％保有していた(要録M 30,p 250)。

筆頭取締役の最上五郎は内務官僚から大阪鉄道社長に天下りしたが,大株主の大阪商人と対立して辞職に追込まれ,地方の鉄道会社の庶務課長等でくすぶっていた人物であり,持株は不明(400株2.5％所有の大東義徹以下)ながら,大株主たる渡辺家に牛耳られていたことは間違いなかろう。

(2) 先代治右衛門の投資先

『平民新聞』の39年末の「東京市の大地主」調査[19]によれば,先代治右衛門の東京市内所有宅地約63,123坪は三菱の231,792坪,三井の170,258坪,峯島こう・きよ(第1章参照)合算110,917坪,4位阿部正桓65,536坪に次ぐ,108人の大地主中第5位の大地主となっている。渡辺秀氏が実母から聞いた話として「昔は日本橋から上野に帰るまでの道筋は大通りを除いては,大抵が渡辺の地所であり,渡辺の地所でない所は極少なかった」[20]ほど,地所を都心部に集中させ,株式での東京銘柄に集中していた事実と併せて,渡辺家の東京指向なかんずく都心指向の強さがうかがえる。

区別内訳は本所㉘4,798,小石川⑪6,238,本郷⑳4,700,下谷①31,000余,

麴町㊸2,231,京橋⑫4,801,その他9,355であった。一族の渡辺大治郎も8,052坪(麴町㊵2,000,その他6,052)で152位,同じく渡辺福三郎も京橋区のみでも⑪4,946坪と280位前後に入っている。

また明治末年の地籍台帳[21]による一族・関係法人の所有地は次の通り。先代治右衛門(日本橋区本材木町1-7)宅地4,263.62坪,渡辺保全合名(同)宅地8,812.67坪,耕地77.607反,渡辺勝三郎(同)宅地2,083.43坪,渡辺ヨネ(同,先代の妹)宅地198.56坪,渡辺倉庫(同町1-8)宅地1,924.27坪,耕地46.506反,渡辺源次郎(同町1-7)宅地(原文空欄)坪,渡辺大治郎(日本橋区青物町16)宅地9,860.70坪,渡辺東一郎(同)宅地3,346.06坪,渡辺イネ(同)宅地734.40坪,渡辺合名(横浜市元浜1-1)宅地9,323.17坪。

明治31年末時点の先代治右衛門の持株は『時事新報』調べで28銘柄,合計10,236株,時価815,816円となっており,全国大株主98名中単純株数で第47位と,大阪の有力資本家井上保次郎に次ぐ位置にあった。時価では日鉄,九鉄など一流株が多く,井上保次郎の時価583,250円を大きく凌いでいた[22]。28銘柄の内訳は日鉄1,622,九鉄1,187,東京瓦斯881,北越850,東株849,西成640,小田電600,郵船502,東洋汽船400,京都鉄400,日銀252,横浜船渠176,北炭156,正金158,東京火災400,帝商150,帝国生命130,甲武116,関鉄103,岩越100,品川馬車100,内国通運100,第一銀行72,播但70,帝国海上50,房総30,山陽29,勧銀13であった。1銘柄平均は365株,1,000株を超える日鉄,九鉄を除いた26銘柄の平均は285株にすぎない。このほか「水戸鉄道で苦い経験を嘗めた川崎家は,自家の持株以外絶対に融資を肯んぜない」[23]結果未成立に終った常総鉄道(第一次)の相談役など,鉄道等の発起人就任は枚挙の暇がないほどである([表-3]参照)。

先代治右衛門の銘柄数28は浜崎永三郎の29銘柄(全国84位,6,223株,@214株)につぎ,今村清之助の26銘柄(全国30位,14,217株,@546株)を凌ぐなど,営業上の要請から多数銘柄を取揃えた株式仲買人[24]のパターンに近いと考えられる。こうした投資パターンからみると先の東京湾汽船1社への2,824株投資は,当時の先代治右衛門としては東京馬鉄と同様に異例の支配を目的とした集中投資であったと考えられる。なお二十七銀行の保有国債・地方債は30年末31.6万円であった。

(3) 久米一族の登用

26年12月創立した磐城炭礦では養子の渡辺六蔵(後述する久米良作の実弟)

を役員に送り込み，六蔵が長期間同社「専務たるは先代治右衛門以来大株主たるの関係に依るもの」[25]とされる。また31年日本鉄道では「職員ノ公金費消，定款改正認可申請ノ却下及ビ従業員ノ怠業等ノ諸事件アリ，社長小野義真以下理事委員・検査委員一同，責ヲ負ヒテ辞任」[26]したが，この内訌に際して先代は「大株主を代表して一大革新を断行し…自家の信任する久米良作氏等をして重任に就かしめ」[27]たとされ，自ら重役とならず，渡辺六蔵，久米良作ら久米一族の腹心を送り込むケースも少なくなかったことが判明する。

先代が日本鉄道副社長に推し上げた久米良作は明治元年7月20日埼玉県児玉郡児玉荘の旧家・武蔵七党の「児玉ノ党」[28]旗頭の血を引く豪農・久米六右衛門の長男に生れ，24年東京法学院卒，30年4月日本鉄道営業部長時代に「日鉄の紛糾したる時に乗じて，最大株主たる渡辺，若尾（甲州）等の推薦により」[29]30歳の若さで日本鉄道の理事委員となり，常務委員，副社長にまで昇進し，隣接の成田鉄道取締役等を兼ねた。日本鉄道，国有化で専務清算人を勤めた後は41年東京瓦斯専務（43年社長），三河鉄道，帝国火薬工業，北海道瓦斯，国際信託，内外紡績，東京耐火煉瓦，「同族ニ関スル業務」を行う久米同族等[30]の経営に当る傍ら，「渡辺家の事業たる旭日生命保険会社其他に関係」[31]した。しかし大正中期にさすがの久米も「瓦斯会社の社長は辛気で御座る」[32]とこぼし，「社運の萎微名状すべからず，曾て百円台を抜きたる株価は終に払込内に低下した…東京瓦斯会社の経営に専らなる為め一切の繋累を辞し，僅かに社団法人日本工業倶楽部理事たるのみ」[33]という他社の兼務を一切辞退するほど緊張した時期もあった。

35年6月17日渋沢栄一はニューヨークでコンソリデーテッド・ガス会社と東京瓦斯の増資株引受の件を交渉した。また39年3月14日にも英国人マクノートンは渋沢栄一に東京瓦斯への資本参加を申し出た。先代治右衛門はこうした東京瓦斯の外資への身売り論議に際して「瓦斯事業を外人に左右せらるる…より寧自ら進んで資金を索むるに如かず」[34]と強く主張して「自家経営を事とし…畢生之に殉せし」[35]と評される。すなわち「渡辺治右衛門は三十七年一月既に東京瓦斯の監査役に選ばれ，四十一年には治右衛門氏に代って令弟勝三郎氏が取締役に列し，その持株も十万近くあった」[36]とされる。渡辺六郎の手記によれば「久米さん一家と知合いになったのも，この大磯が縁であったらしい。この久米さんの次男の六蔵氏が姉の見尾子さんの婿さんになったのも，ここが因であるのだろう。久米さんの長男の松太郎氏後の良作氏は，逸材だった

らしく又よく取り入ってか大いに使わせられて，当時の大会社日本鉄道の重役に推挙されて，最後に副社長にもなり，その後東京ガスの社長にもなられた」[37]とある。

41年「日鉄が国有となるや，彼〈久米〉は東京瓦斯会社に入り」[38]常務，副社長を経て社長となるという華麗なる転身の背景にも，当然ながら日鉄・東京瓦斯の大株主としての渡辺家の隠然たる発言力の存在があろう。逸材の誉れ高い久米は一面で「父にすすめて，自己の弟妹を東京の富豪に縁付かしめ，斯くて次弟は渡辺治右衛門，中弟は岩出總兵衛，季弟は須藤家，妹は三輪医学博士に縁付かしめ」[39]たという抜け目ない人物でもあったから，渡辺六郎の「よく取り入ってか大いに使わせられて」との観察は正鵠を射ている。思うに先代治右衛門は人物を見る目があり，その活用策にもたけ，日鉄・東京瓦斯など，大株主とはいえ，好業績でつけ入る隙のないような大会社でも内紛・外資導入時等，ここぞというタイミングで正論を吐露し，久米良作らの腹心を派遣・後援するなど，実に機を見るに敏であり，果たして自ら乗り出すべきかどうかの損得を冷静に斟酌する分別を持ち合わせた資本家と考えられる。同じ東京瓦斯でも後年の大正8年，いわゆる「瓦斯疑獄」事件が発生し，社長の座を巡って大株主間に激しい対立が起こったが，当時社長候補の一人だった岩崎清七は「渡辺系より勝三郎氏を社長候補として運動を始めたので，若尾謹之助氏は，若し渡辺が社長となれば会社は潰れて仕舞ふと云ふので同氏を中心に久米良作氏が先に立ち」[40]岩崎を社長に推したと回想する。この時のいかにも社長の座欲しさの稚拙な勝三郎の猟官ぶりに比して，先代治右衛門の深謀遠慮は際立っているようである。

(4) 証券界との関係

先代治右衛門は東株の大株主・相談役であり，主宰する二十七銀行が古くから東株の主要取引銀行の一つであったことから株界とも浅からぬ関係にあり，しばしば相場展開の重要な場面で主役・脇役として登場する。例えば31年甲州財閥系の雨宮敬次郎らの2回目の北炭株買占めが買方の資金難で失敗した際には，東株は北炭株売買にも参加し「買方の内情を知れる」治右衛門に調停を依頼し，彼は後始末としての総解合いの斡旋に，「雨宮氏と切っても離れぬ関係にある」(M31.4.4中央) 阿部彦太郎 (内外綿社長)，池田謙三 (第百銀行頭取) ら東西の財界有力者とともに尽力したといわれる[41]。

先代およびその後継者達が利用した機関店としては，福島浪蔵の福島合資

(山叶) とその後継者・前田二平[42]，田中勝之助，渡辺善十郎（丸水），現物商・荒城誠二郎，三星株式店あたりと考えられる。このうち福島浪蔵は旭日生命役員を兼務するなど，田中勝之助とともに二十七銀行時代から渡辺家と取引があった[43]。また丸水渡辺商店は法人化[44]当初の大正10年11月決算から「渡辺保全合資会社勘定」（要録T 11, p 178）が約2万円あり，渡辺系の東京乗合社債の引受も行った。また荒城誠二郎[45]も「渡辺さんのところへも出入りし，青バスの市場操作にもずっと片棒を担いできた」[46]といわれる。これらのうち後年，東京渡辺銀行の関係会社・重役貸出先として判明するのは三星株式店（貸出高71.5万円），前田二平（同5万円）である。また株式仲買の関谷商店主である関谷兵助[47]も渡辺系の大船田園都市取締役として勝三郎，六郎と接点があった。

37年の日露戦争直前の株式市場の低落の際，主務大臣である清浦農相は開戦を前にしての経済界の混乱を恐れ東株理事長の中野武営を呼んで協議した。その直後，中野理事長は東京有数の地主で日本橋きっての富豪である先代治右衛門の目白邸に急行して「内外の情勢と国家としての威信のことにも言及して」[48]東株への買い出動を要請した。しかし先代治右衛門は「如何に国家の為めなりとて，自家の財産を投出し，危険を冒すは御免なり」[49]と容易には同意せず，結局中野理事長は「誓って貴所に損毛をかけず」[50]と保険を付けて積極買いを了承させたといわれる。この結果，日露開戦前の株式市場大動揺が渡辺の買い出動で辛うじて安定した。このためもあってか，日露戦争の功により勲四等に叙せられている[51]。なお先代治右衛門の死後，現当主も「東京株式取引所の如き，君は方今其重役の列に加はらざるも勢力の絶大なる実に驚くべきものあり」[52]と陰然たる影響力を評価されている。

晩年の40年1月若尾璋八，若尾幾造，神戸挙一，久米良作，近江商人の前川太兵衛らとともに東洋モスリンを資本金100万円で設立した。以上の他にも東京馬車鉄道，深川電灯，浦賀船渠等10余社の重役を兼務した[53]。久米良作が日鉄にいた関係から，40年の国有化に伴い，山星徳太郎[54]をまず東洋モスリンに，購買係長だった小野田政次郎[55]を東京保税庫の整理に，といった具合に日鉄関係者を多数関係事業に投入している。

第2章　東京渡辺銀行の概要と創業者

注

1）『國乃礎』後編下編，明治28年，p110〜4
2）『財界双六』大正8年，中外商業新報社，p272
3）『財界物故傑物伝』下巻，実業之世界社，昭和11年，p654
4）時事新報社編『財づる物語』大正15年，東洋経済新報社，p265
5）11月説，12月説もあり
6）日本銀行（調査局）「東京渡辺銀行ノ破綻原因及其整理」昭和4年5月，『日本金融史資料　昭和編』第24巻，昭和44年，以下の各章では単に『整理』と略，p446所収
7）渡辺福三郎は横浜財界の有力者で，海産物商，明治34年時点で二十七銀行，日本鉄道，東京瓦斯，横浜貿易倉庫，横浜電線製造，浦賀船渠各取締役，京浜電気鉄道，横浜共同電灯，横浜正金銀行各監査役，横浜蚕糸外四品取引所理事，資産額は800万円（渋谷明治名簿），鉄道関係では日本鉄道検査委員，理事委員，成田鉄道監査役・取締役，関西鉄道常議員，横浜鉄道取締役・常務・専務・社長等（『日本鉄道史』），29年には東京中央鉄道発起人（『鉄道』第27号，p37）大正7年には東京電灯2,760，東京瓦斯2,200，成田鉄道510，北海瓦斯100，台東製糖100，東洋汽船140，合計5,810株（ダイヤモンド『全国株主要覧』大正7年，p128），旭日生命320株（横田渉編『福寿翁』昭和25年，渡辺利三郎刊，p73〜5）
8）五十嵐栄吉『大正人名辞典』大正7年，p534．同行の株主一人当り@645株は京浜所在の国立銀行平均@50株に比し異常に大きい．
9）前掲『整理』，p446
10）30年時点で1株主当り株数の多い京浜地区の国立銀行，特殊銀行は①3,333.3名百十九銀行，②666.6四十五銀行，③645.1二十七銀行，④461.5第五銀行⑤428.5百三十二銀行，⑥320.2十五銀行，⑦252.1第二銀行，⑧169.4日本銀行，⑨117.8横浜正金銀行，⑩100.0第十銀行であり（要録M31），百十九銀行，百三十二銀行等とともに二十七銀行の国立銀行としては異常な性格を示している．
11）渡辺牧太郎は先々代の養子で十代渡辺治右衛門の叔母の夫
12）平沼専蔵（横浜銀行頭取）は神戸の乾新兵衛，大阪の木村権右衛門とともに「天下の三大金貸」とまで称され，「世間已ニ華族征伐ノ名アリテ其手腕ノ鋭鈍ハ久シク人ノ知ル所」（『十五銀行沿革史（稿本）』下）と恐れられていた高利貸であるが，渡辺福三郎の「前身たる明石屋平蔵方に住み込みて，労役の傍ら専心勤倹を旨として貯財に努め，相当の資金を得たるよりここを辞し，始めて独立して石炭商を営」（T2.4.8中外）んだという主家に相当する縁故による．
13）渡辺銀行は明治45年6月横浜に設立，渡辺治右衛門も相談役就任
14）幼名新太郎，法名　宏徳院殿敦誉義淳大居士
15）前掲『整理』p446
16）岩崎清七『財界楽屋漫談』昭和14年，p167
17）萩原為次『素裸にした甲州財閥』昭和7年，山梨民友新聞社，以下単に『甲州財閥』と略，p514
18）20）渡辺秀『渡辺六郎家百年史』平成元年，p23，31
19）水本浩，大滝洸「明治三〇年代末の東京市の宅地所有状況—借地・借家法性格論のた

めに―」『商経法論叢』13巻2号, 神奈川大学, 昭和37年
21)『東京市及接続郡部 地籍台帳』明治45年発行, p50〜2。渡辺ヨネは東京渡辺銀行100株主の渡辺米と同一人か。
22) 明治32年4月2日『時事新報』(渋谷隆一編『大正昭和日本全国資産家・地主資料集成V』昭和60年, 柏書房, p6所収)。これ以外にも渡辺治右衛門は百十三575, 函館船渠500, 浦賀船渠1,000, 磐城炭礦386, 東京電灯601, 深川電灯533, 東京馬車鉄道1,824株, 源次郎も百十三300株を保有(要録M31より抽出)
23) 西村文則『飯村丈三郎伝』昭和8年, p131
24) たとえば村上太三郎19銘柄 (83位, 6,427株, @338株), 井野粂吉19銘柄 (88位, 5,738株, @302株), 竹原友三郎18銘柄 (76位, 7,074株, @393株) など現物商はまんべんなく保有している。
25) 前掲『財づる物語』p511
26)『渋沢栄一伝記資料』第58巻, 昭和40年, p34
27) 34) 35)『大正人名辞典』p78
28) 矢野滄浪『財界之人百人論』大正2年, p193
29) 矢野政二『財界の人百人論』大正4年, 時事評論社, p197
30)『丸之内紳士録』昭和6年版, p598『大日本実業家名鑑』大正8年, く p3,『現代実業家大観』昭和3年, ク p14,『日本鉄道史』中篇, 大正10年, p313〜4,522, 日本交通協会編『鉄道先人録』昭和47年, p134
31) 33)『大日本重役大観』大正7年, p334
32)『実業家の巨腕』大正4年, p84
36)『甲州財閥』p90
37) 前掲『渡辺六郎家百年史』p23
38) 39)『財界の人百人論』p197。岩出總兵衛は深川の廻米肥料屋・岩出屋で, 東京肥料問屋組合頭取(要録M44, 役p16)
40) 前掲『財界楽屋漫談』p176
41) 狩野雅郎『買占物語』昭和2年, p40, 長谷川光太郎『兜町盛衰記』第1巻, 昭和32年, p187
42) 前田二平は日露戦争後, 福島浪蔵より株式仲買店を継承, 福島合資を大正7年改組した株式会社山叶商会専務で中央証券監査役, 山叶商会, 佐藤製衡所代表取締役, 旭鉄工, 東洋製靴場各取締役(『財界物故傑物伝』下p315,『銀行会社要録』大正11年, p212)
43) 野田正穂『日本証券市場成立史』昭和55年, 有斐閣, p284。なお福島浪蔵は日本橋区青物町24, 株式仲買業の半田庸太郎商店に奉公後, 明治21年独立して兜町に株式仲買業福島商会を開業, 屋号は山叶。前田二平へ日露戦争後, 福島浪蔵株式仲買店を譲渡, 新たに有価証券売買, 金融仲介, 信託業務を行う合資会社福島商会を創設, さらに福島商会の定期取引部を独立させ, 山叶商会(代取前田二平, 顧問福島浪蔵, 大株主福島同族, 前田二平ほか)を設立した。東京湾汽船475株保有(要録M31)
44) 大正10年1月設立の一般取引員, 社長渡辺善十郎, 本社日本橋区兜町, 大正13年東京乗合1,645株保有

第 2 章　東京渡辺銀行の概要と創業者

45) 荒城誠二郎は京橋区南小田原，短期取引員，中央証券取締役
46) 長谷川光太郎『兜町盛衰記』第 3 巻，昭和 34 年，p 72
47) 関谷兵助は北海道瓦斯，羽田造船所各取締役，若松炭砿，明正印刷各監査役（『大日本実業家名鑑』大正 8 年，せ p 3 ）
48) 前掲『兜町盛衰記』第 1 巻，昭和 32 年，p 238
49) 50) 野城久吉『商機』明治 43 年，p 843〜 4
51) 『財界物故傑物伝』下，p 655
52) 『実業家人名辞典』明治 44 年，ワ p 6
53) 『大正人名辞典』p 1837
54) 山星徳太郎は三重県出身，「君の才器を知れる神戸挙一氏に招かれ」（『銀行会社と其幹部』大正 6 年，p 124）東洋モスリン取締役，日本製麻常務
55) 小野田政次郎は明治 4 年 10 月 15 日埼玉県に生れ，東京高商卒，日本鉄道の工場事務長，倉庫係長，購買係長，日鉄国有化で日本耐火煉瓦取締役支配人，東京瓦斯コークス監査役，三陸汽船取締役，東京保税庫の整理を託され，明治 44 年 7 月渡辺が買収・継承して設立した渡辺倉庫常務（『実業家人名辞典』明治 44 年，ヲ p 67）

第3章　東京渡辺銀行の関係企業

1．先代死亡以後の関与企業

　先代が関与した諸企業のうち，国有化された日本鉄道，市有化された東京鉄道（元東京馬車鉄道），関係が稀薄化した浦賀船渠等，昭和期には渡辺系と目されない企業を除外して，東京株式取引所，東京電燈，東京瓦斯，東京湾汽船，磐城炭砿，東洋モスリンの6社は昭和元年度ではいずれも有配当会社であり，磐城を除いてすべて在京企業であり，東京湾汽船を除いて若尾等ら甲州系資本家との共同出資の性格を有していた。特に若尾家とは「若尾，渡辺両家は一身同体となって，互に相吸引し合ひ，離れる事の出来ない因果関係」[1]とまで評された。

　これに対し42年11月先代治右衛門死亡以後の関与企業の主なものは［表-4］の通り54社で，関係役員の兼務状況は［表-5］の通りである。これ以外にも例えば勝三郎が役員に就任した企業はY台東製糖，I駿豆電気鉄道，東海製綱，富士製鋼，日本化学製油，t東京商船，Tボルネオ殖産，東京絹毛紡績，朝日海陸運輸，揖斐川電気，相武電力，沖電気，建築書院，富士毛織，中華金銀取引[2]，東洋電機具製作所，日本竹材工業，大正水産，日本特殊紡績，日本電炉工業，大正商船，唐津窯業，日支食料各取締役，日本機械製造，t日本電気亜鉛，日本鉄合金，日出セメント，日本化工ペンキ，東京電球各監査役，その他K外房電気等にも関与，以上の30社と［表-5］に掲載した54社中の31社合計約61社の重役を兼ねていた[3]（A印は阿部吾市[4]，S印は鈴木寅彦[5]，T印は谷口守雄[6]，t印は辰沢延次郎[7]，K印は樺島礼吉[8]，Y印は吉野周太郎[9]，I印は市原求[10]と共通役員）。

　渡辺一統とも関係の深いと思われる日本橋クラブ員である辰沢延次郎，市原求らとの共同事業も多く，例えば東京商船[11]では回漕店主の辰沢延次郎が6年7月社長に就任，勝三郎が取締役，市原求，岩崎清七が監査役であった。

　辰沢延次郎は自分が社長の多摩川水力電気の社金27.5万円を資金繰に窮する東京渡辺銀行に「大正十五年より定期預金をなし」（S2.12.6岩日）資金繰

[表-4] 先代渡辺治右衛門死亡以後の関連企業一覧（54社）

下線は関与時期

設立年月	属性	会社名	公称資本	払込資本	昭和元年損益	備考（主唱者，合併先，特記事項等）
			千円	千円		
（明治）						
43年7月	×＋	渡辺保全合名	5,000	725		東京保税庫の倉庫を買収
44年7月	×＋	渡辺倉庫	1,000	150		
45年3月	×＋！	日本石膏	150	150		久米良作ら，T10解散
45年6/18	×＋	旭日生命	500	125	無配当	S 3 解散
（大正）						
3年2月	＊	日本製麻	15,000	14,000	欠損	若尾家と共同経営，S 2，3 安田系の帝国製麻と合併
5年4月	＊！	三河鉄道	5,250	1,787	不明	設立は明治45年6月，神谷伝兵衛ら，現名鉄三河線
6年4月	×＋！	東洋製油	800	払込済	不明	永野護ら
6年10月	×＋	渡辺商事	2,000	5,000	解散	永野護ら，T10解散
6年10月	×＋	真砂商会	500	225		
6年12月	＊×＋！	極東練乳	1,500	1,200	互分	三井物産が1/3出資，S10名糖系
7年3月	×＋！	化学製剤	200	払込済	欠損	現明治製業
7年5月	＊	台湾拓殖製茶	450	払込済	無配当	
7年5月	＊	東洋耐火煉瓦	1,000	485		神谷伝兵衛ら，S18東芝と合併，現東芝セラミックス
7年7月	＊	旭薬品工業	200	80	無配当	若尾璋八の紹介
7年10月	×＊	東京市街自動車	8,450	5,930	年九分	石渡幸之輔の発明を企業化，若尾家も出資
7年11月	×＋	石渡電機	250	払込済		内田信也，水谷一二 S17 日本フェルトに合併，現市川毛織
7年11月	×＋！	東京毛布	1,000	600	欠損	T11火災でT13減資，S18東亜紡織に改称
7年12月	＊¥！	満蒙毛織	3,000	1,950	年一割	若尾璋八，S 3 東京発電と改称，S 6 東京電灯に合併
8年5月	＊¥	信越電力	32,000	払込済		
8年8月	×＋	旭工業	250	63	欠損	S 2 社賞還延期
8年9月	×¥！	東京土地住宅	1,500	払込済	無配当	久米，神谷ら S13日本油脂と合併，現日本油脂
8年11月	＊¥！	帝国水薬工業	10,000	3,100	不明	
8年12月	＊¥	日本耐酸窯業	200	払込済	不明	S16東洋紡績に合併
8年12月	×＋！	内外紡績	5,000	1,250	欠損	前田二平
8年12月	×＋	日本土木建築	6,850	2,073		郷誠之助，若尾ら T13園都市へ譲渡，現東急横線
8年12月	＃＋	旭鉄工	500	125		
8年12月	＊	武蔵電気鉄道	2,450	922	譲渡	
9年1月	×＋！	日本製氷	500	225	欠損	東京湾汽船

第3章　東京渡辺銀行の関係企業

年月	印	企業名	資本金	払込	配当	備考
9年1月	*＋	大正製氷	2,000	700	欠損	T15日東製氷に合併、大日本製氷を経、現日本水産
9年2月	×＋	渡辺保全	7,000	払込済	不明	株式会社に改組
9年2月	×＋！	山東産業	100			中野友禮ら
9年2月	＃＋	日本曹達	1,400	1,120	年一割	
9年4月	×＋	大正活映	1,000	652	欠損	
9年5月	*＋！	国際信託	50,000	11,250	年七分	十五銀行の信託部門　S15第一信託　S39第一銀行と合併
9年6月	×＋！	立山電力	1,000	911	無配当	
9年10月	×＋	久米同族	2,000	1,000		久米良作
9年11月	×＋	佐藤製衡所	1,000	500		前田二平
10年7月	×＋	中華取引市場	10,000	2,500	欠損	
10年7月	×＋	日本度量衡器				
10年12月	×＋！	大船田園都市	2,000	700	無配当	
11年3月	×＋！	朝鮮産業	500	125	不明	
11年6月	×＋！	大和毛織	2,000	695	無配当	
11年6月	×＋	新潟市街自動車	70			東京乗合
11年12月	×＋	日仏シトロエン	200	190	年一割五分	シトロエンのディーラー、S4日本シトロエン自動車販売設立
12年7月	×＋！	多摩川水力電気	7,500	2,100	年五分	
12年12月	×＋	渡辺同族	3,000	払込済	不明	樺島札吉が社長
13年1月	×＋	貪料研究	400	払込済	不明	東京乗合
13年3月	＋	大阪乗合自動車	5,000	5,000	年一割	
(昭和)						
2年7月	！	山陽土地	1,200	払込済		呉市の渡辺土地を継承？

(凡例) ￥印…東京荘園、×＋千代田リボン製織、昭和2年度掲載企業、＊印…上場企業への合併等まで存続、×印…主要企業の系譜図に該当なし、＋印…「社債一覧」に起債例なし、＃印…昭和10年時点での企業としての存続確認、下線は設立時期でなく関与時期

(資料) ￥印（調査同）『東京渡辺銀行／破綻原因及其整理』昭和4年5月、『大日本銀行会社沿革史』、『株式年鑑』大阪屋各年度、東洋経済『第1回　株式会社要録』大正5年、『会社通覧』大正10年、『銀行会社要録』大正9年、『株式年鑑』昭和4年版、同、昭和2年6月、『日本諸会社役員録』大正11年版、『第3回　株式会社年鑑』大正14年版、『電気大観』大正5年、『日本邦生保険業史』、『帝国信用録』昭和10年、『財づる物語』、『系譜にした甲州財閥』、『電気大観』大正5年、『株式年鑑』昭和2年度掲載企業、#印…「社債一覧」に起債例なし、×原安商会、×極東貿易、×豊商会、×富島組ほか、他に、×＋東京荘園、×＋千代田リボン製織、昭和61年、各社社史、各伝記等により著者作成

[表-5] 先代死亡後の関与企業54社への役員就任状況

設立年月	社名	治右衛門	勝四郎	六郎	六蔵	哲夫	健児	岱三吉郎	久米良作	久米弥太郎	八田熙	*小野田政次郎	*戸谷辰次郎	福沢平太郎	内藤悟吉	和田秋之助	稲木重俊	*細野温	*館栄治郎	樺島礼吉	*関守造	*鈴木寅彦
43年7月	渡辺保全	◎	○	○	○		○						○			△			△			
44年7月	渡辺倉庫	◎	◎	◎	○		△			△												
45年3月	日本石膏	△		△			○					●		△		△						
45年6月	旭日生命	◎	●	△	○		△		○	△		△		●								
3年2月	日本製麻	○	○	△				△														
3年5月	千代田リボン製織	○	◎	○																		
5年4月	三河鉄道	●	○	●	△							●								△		
6年4月	東洋製油	○		●																		
6年10月	渡辺商事	◎	○	△					○		◎			○				○	△	△	●	
6年10月	真砂商会	◎		△														○				
6年12月	極東練乳				○																	
7年3月	化学製剤								○													
7年5月	台湾拓殖製茶																		△	△	●	△
7年5月	東洋耐火煉瓦														△				△	△		
7年7月	旭薬品工業	▲			○																	
7年10月	東京市街自動車	○	◎									○								△	○	△
7年11月	石渡電機																					●
7年11月	東京毛布	△																				
7年12月	満蒙毛織	△													△							
8年5月	信越電力																					
8年8月	旭工業	△																				
8年9月	東京土地住宅																					
8年10月	原安商会	○																				

第3章　東京渡辺銀行の関係企業

年月	会社名							
8年11月	帝国火薬工業	○			◎		○	○
8年12月	日本耐酸窯業	○	△		◎	△		○
8年12月	内外紡績	△						○
8年12月	日本土木建築	●						
8年12月	武蔵電気鉄道	◎		●				◎
9年1月	日本製氷	○					○	
9年1月	大正製氷	○						
9年2月	山東産業	○				○		
9年2月	日本曹達				◎			
9年4月	大正活映							
9年5月	国際信託				○			
9年6月	立山電力	△			◎			
9年6月	東京莚園	△			◎			
9年10月	久米同族					△		
9年11月	佐藤製衡所							
10年7月	中華取引市場	△						
10年7月	日本度量衡器	◎				△		
10年12月	大船田園都市	○				△	○	
11年3月	朝鮮産業貿易	○			◎			
11年6月	大和毛織							
11年6月	新潟市街自動車							
11年12月	日仏シトロエン				◎			
12年7月	多摩川水力電気				△			◎
12年12月	渡辺同族				○			
13年1月	食料研究	△						
13年3月	大阪乗合自動車				○			
2年7月	山陽土地					△		

(凡例) ◎社長・会長・頭取、●専務・常務、○取締役、△監査役、▲相談役　※印は東京渡辺銀行貸付先（一族以外）

(資料) [表-4] に同じ

りに窮した同行を支援する姿勢を見せた。その他の会社に対しても当然に役員就任以外にも様々な取引関係が派生して生じていたと思われる。一例をあげれば駿豆電気鉄道は43年末には高利社債の借換資金として20万円の調達に奔走し，明治生命，東京海上等の中央の金融機関に交渉した。一連の金融工作は渡辺萬助（駿豆常務），贄川邦作，渡辺系各社の重役を歴任していた石川甚作[12]の3人の同社重役が伊豆方面の銀行とも緊密な関係のある渡辺治右衛門を介して東京海上等へ依頼した。石川の駿豆電気鉄道役員就任も渡辺系の資本を代表していた可能性もあろう。また渡辺勝三郎との共同投資も多い市原求も駿豆の相談役に就任していた[13]。

2．渡辺一族の役員兼職分布

当主の治右衛門（渡辺源次郎が襲名）は「性格快活頗る学を好み，又能く先代の衣鉢を享け」[14]，世間一般には「同家の関係せる諸般の事業を統轄し，あかぢの渡辺として事業界及び金融界に其覇を称するに至る，今や渡辺保全合名会社代表社員として渡辺一家を代表し，二十七銀行頭取，渡辺倉庫，旭日生命保険の各社長として実業界の重鎮と為る」[15]とされたが，実際には東株重役のように世間からも兼務を当然視されたポストでさえ「其重役の列に加はらざる」[16]主義で，余分な役員を兼務しなかった。東京渡辺銀行は「第二十七国立銀行時代より先代渡辺治右衛門氏及その一族の経営にかかり，地味に手堅き営業をなし…当主治右衛門氏に至っても手堅く営業してゐた」[17]との世評を得ており，後述する渡辺商事の発起に際して「由来堅実をモットーとして築き上げてきた〈渡辺〉財閥としては，同族中に相当の反対の起ったのは当然であり，随て宗家治右ヱ門氏は重役にも相談役にも名前を列せず」[18]とされており，当主治右衛門が重役として参加しなかった場合には当主が当該企業への多大な関与に反対の意思表示であった可能性もある。

これに対して実弟の勝三郎は明治6年10月29日に先代治右衛門の三男として生れ，九段の商業修学校を卒業し，34年分家して一家を創立，35年中国に渡り，揚子江一帯の海産物乾物等の販路状況を1年余視察した[19]。彼は「事業癖」[20]が強く，「渡辺家の事業が根を張り枝を伸ばして繁茂して行く」[21]ことを夢見て，先代後の主要関与企業54社のうち実に過半を占める30社の役員に就任し，「一人多職主義のサンプル」[22]と称されたほどであった。実の所は「舎兄源次郎氏家督を相続するや，更に此当主を補翼し…渡辺家全般の事業を総理

して…秩序整然として一糸紊れず」[23] という訳にはいかず，「寛厚ナル」[24] 兄の治右衛門と，強気一点張りの弟の勝三郎の関係はどうもあまりすっきりしなかったようで，若尾家における「若尾璋八氏と渡辺勝三郎氏が，家系的には夫々第二位，第三位の立場にありながら…互ひに持ち合わした強気一点張りの性格が，不思議に相一致」[25] したといわれる。勝三郎の評価は，一族に繋がる久米家や，提携している若尾家でも今一つだったようで，大正8年東京瓦斯でいわゆる「瓦斯疑獄」事件が発生して重役総辞職の後，社長の座を巡って大株主間に激しい対立が起こった際，「渡辺系より勝三郎氏を社長候補として運動を始めたので，若尾謹之助氏は，若し渡辺が社長となれば会社は潰れて仕舞ふと云ふので同氏を中心に久米良作氏が先に立ち」[26] 岩崎清七を社長に推すという若尾・渡辺両家間の内紛が起こっている。結局若尾家の番頭格の丹沢善利らの仲立で両家の妥協が成立し，大正14年，渡辺社長，岩崎副社長体制が成立したが，勝三郎が名門の東京瓦斯の社長の座に相当に固執したこと，久米・若尾家からも「渡辺が社長となれば会社は潰れて仕舞ふ」「勝三郎社長では東京瓦斯の経営は困難」[27] との批判があったことなどが判明する。

　他の兄弟では勝三郎の下の四郎（明治13年生れ）は渡辺保全出資社員（大正5年には312,500円），渡辺商事の6,500株主であり，渡辺財閥の御曹司として財力に不足あろうはずもなく，かつ父が多大の投資をした日鉄はじめ明治期幹線鉄道の大株主として無料パスを保有し，しかも高名な鉄道技師であった義兄六蔵からの直接の専門的指導・感化という，当時としてこれ以上の恵まれた好条件は考えられない中で，小川一真という超一流のお抱え写真師を同行して全国を撮影旅行し，貴重な草創期の鉄道記録写真を世に残した人物として著名である[28]。しかし横浜の貿易商・田中善助の娘・ワカ（明治24年生れ）と結婚したが，大正10年2月13日40歳という若さで病死した。四郎は高等工業卒業後，明治43年織物研究のため渡仏した成果を生かし，帽子，髪飾，装飾，化粧用各種リボン，絹綿テープ，その他小巾織物各種を取り揃え，敷地面積1,054坪の「東洋第一のリボン，テープ工場」[29] を自称した千代田リボン製織[30] の社長のほかは，あかぢ貯蓄銀行取締役，日本製麻以外にはほとんど経営には関与していない。おそらく経営よりは芸術や趣味の世界により深い価値を見出していたのであろう。渡辺秀氏によれば，実は東京渡辺銀行を継いだ六郎（明治20年生れ）も，兄の四郎と同じように写真や，読書，美術，旅行など多種多様な趣味の持ち主で，家業の銀行経営にはほとんど興味がなかったとのことである。

先代治右衛門の死亡直前に「お前は渡辺銀行を継げ」[31)]と申し渡され，自ら希望していた大蔵官僚への道を断念して，いやいや銀行を引き継いだ六郎は合資会社三丸組代表社員，渡辺商事専務，あかぢ貯蓄銀行専務，真砂商会監査役[32)]など13社で役員となり勝三郎に次ぐ関与となっている。

「同族中堅実の聞え高き渡辺六蔵氏」[33)]と評される養子の六蔵は明治4年3月埼玉県久米六右衛門の次男に生れ，前述の久米良作の実弟で29年東京帝国大学工科大学卒，久米六蔵時代には軌制取調委員にも就任するほどの一流の鉄道技師であった（鉄中，p778）。33年先代「渡辺治右衛門氏の切望により入りて其女婿となり」[34)]，先代長女の渡辺見尾（明治10年生れ，昭和20年6月30日死亡）と結婚，33年3月分家を創設した。44年時点では東京湾汽船，東京鉄道，磐城炭砿，渡辺倉庫各取締役，二十七銀行監査役を兼ねた。「専務たるは先代治右衛門以来大株主たるの関係に依るもの」[35)]とされる磐城炭砿専務，渡辺保全出資社員（大正5年には125,000円），久米同族取締役のほか，「渡辺一門を以て組織せる旭日生命保険の大株主として今や実兄久米良作氏と共に取締役に上任し，鋭意社運の隆盛を企画」[36)]するなど，この時期は渡辺系9社に関与している。なお久米良作の従弟の久米弥太郎（渡辺倉庫，久米同族各監査役）は二十七銀行副支配人から十五銀行系統の国際信託に転じて経理部長となった[37)]。

その他の渡辺一族では現当主の妹園（明治23年生れ，昭和20年1月25日死亡）の婿で六郎と大学の同期生でもある哲夫[38)]は3社，現当主の妹はな（明治18年生れ，昭和13年11月1日死亡）の婿である健児[39)]は4社，海産物問屋・明代家の従兄弟，現当主の叔母スズ[40)]の夫で，明治44年11月から渡辺四郎，六郎と一緒に欧米外遊経験のある岱三[41)]は1社（日本製麻）と各々関与企業は極めて僅かである。このほか渡辺吉郎（四郎の子息）を始め，大治郎[42)]，東一郎（大治郎の関係者，海産物商を継承），あかぢ貯蓄銀行監査役の周松，初男（勝三郎の長男，明治33年生れ），および女性（米，静尾[43)]など），未成年者（三男[44)]，伊都尾[45)]，秀[46)]など）等の同族がいたが，ごく一部を除き，役員としての関与はほとんどない（ただし直系の東京渡辺銀行，旭日生命，東京乗合等では有力株主として加わっている。[表-8]参照）。

3．設立時期と業種分布

先代治右衛門死亡以後の関与企業54社のうち設立が判明した49社を設立順

第3章　東京渡辺銀行の関係企業

[表-6]　関与企業54社の業種別分布

金融・証券5社	旭日生命，国際信託，久米同族，中華取引市場，渡辺同族
不動産・建設7社	渡辺保全，東京土地住宅，日本土木建築，大船田園都市，山陽土地，東京荘園，富島組
電力・瓦斯3社	信越電力，立山電力，多摩川水力電気
運輸・倉庫6社	渡辺倉庫，三河鉄道，東京市街自動車，武蔵電気鉄道，新潟市街自動車，大阪乗合自動車
化学・薬品6社	日本石膏，東洋製油，化学製剤，旭薬品工業，帝国火薬工業，日本曹達
繊維6社	日本製麻，東京毛布，満蒙毛織，内外紡績，大和毛織，千代田リボン製織
ガラス・窯業2社	東洋耐火煉瓦，日本耐酸窯業
商業7社	渡辺商事，山東産業，朝鮮産業，日仏シトロエン，原安商会，極東貿易，豊商会
サービス1社	大正活映
食品5社	極東煉乳，台湾拓殖製茶，日本製氷，大正製氷，食料研究
電機1社	石渡電機
精密2社	佐藤製衡所，日本度量衡器
製造業3社	真砂商会，旭工業，旭鉄工
別に植民地4社	台湾拓殖製茶，満蒙毛織，山東産業，朝鮮産業

（資料）［表-4］に同じ

に並べると，明治期3社，大正期45社，昭和期1社であり，大正期45社の内訳は大正元年～5年3社，大正6年～10年34社，大正11年～15年8社となっており，全体の実に7割が第一次世界大戦勃発直後の大戦景気による空前の起業ブーム期に設立が集中していることがわかる。この時期渡辺一族は「欧州大戦当時種々の新事業に関係し，且つ他方に渡辺商事会社を新設して貿易業にも従事し，大に財界に活躍」（S2.5.10B）したのであった。

本業に関連した金融・証券5社，不動産・建設7社や，化学・薬品6社，商業7社，繊維6社などがやや多いものの，［表-6］の通り，各業種にまんべんなく分布しており，特定の業種に偏重したという形跡は見当たらない。このあたりが「どんな事業にでも手を出してむやみに財界に名前を出して活動するのが大好き」[47]との渡辺勝三郎の世評を裏付けている。地域的には銀行所在地の東京とその周辺に集中するのは当然であるが，三河出身の神谷伝兵衛[48]との関係からか，愛知県に工場・事業所等を有する三河鉄道（第5章参照），東洋耐火煉瓦（本社東京，工場刈谷），帝国火薬工業（工場愛知・武豊），内外紡績（愛知

県）等が目立つ。また東京乗合の経営ノウハウの移転を狙って新潟，大阪，群馬等の地方バス会社にも関係した（第4章参照）。

4．関係した会社のレベル

日銀は「是等多数ノ事業会社中ニハ，東京電燈，東京瓦斯，信越電力等基礎鞏固ナルモノ三，四ナキニアラサレドモ寧ロ基礎薄弱ナル泡沫的ノモノ多数ヲ占メ」[49]とし，高橋亀吉，森垣淑両氏も「一族は他に日本製麻はじめ多くの事業会社を経営し，また東電，東株などにも関係が深かった。東電はじめ若干の会社を除いてはほとんどが泡沫会社」[50]と断定する。先代死亡以後に関係した54社のうち，少なくとも23社は昭和10年時点でそのままの社名で企業としては存続していることが『日本全国諸会社役員録』等で確認でき，少なくとも10年以上も存続し得たという意味からは，うたかたのごとく雲散霧消する「泡沫会社」ばかりだとは言えまい。

また日銀は「其後之等諸会社，打続ク財界不況ニ悩マサレ，何レモ其業績振ハズ，経営益々困難ニ陥リ」[51]とするが，10％以上の有配当会社は日仏シトロエンの15％配当を先頭に10％配当の東京モスリン，渡辺倉庫，信越電力，日本曹達など少なくとも5社，10％未満の有配当会社は極東煉乳，石渡電機，国際信託の3社，逆にはっきり無配当と判明するものが旭日生命，台湾拓殖製茶，東京乗合，帝国火薬，立山電力，大船田園都市，大和毛織の7社，欠損と判明するものが日本製麻，化学製剤，満蒙毛織[52]，東京土地住宅，大正製氷，日本製氷，大正活映，中華取引の8社で，他は日銀の調査でも不明とされている。もちろん不明の多くが無配当ないし欠損であろうことは想像し得るところだが，判明会社23社中の有配当の割合は35％と，恐慌期の新設間もない企業だとして若干割引いて考えると，「泡沫的…何レモ其業績振ハズ」と断定するのは過酷な評価に過ぎる。たとえば渡辺・若尾両家が出資した石渡電機は大正7年11月発明家の石渡幸之輔らにより設立され，石渡発明の各種電機を製造するベンチャー企業であった。石渡は山形県飽海郡松嶺町の出身で，国学院，鉱山学校を経て鉱山官吏，三菱鉱業部等に勤務後，明治40年から人造大理石，安全ソケット，セイトホールダー，人工象皮調帯，人造砥石等56種の発明を行い「我邦発明界に於て…第一の有権者」[53]と称された。石渡は山形県最上郡の菜山炭坑の経営にも関与した。また㈱真砂商会は大正6年10月25日発明家の酒井良太郎（明治35年大阪高工卒）の個人企業「旧真砂商会の一切を其儘継

承」[54]し,「資本金五十万円の株式会社に進展せしめ」,「天才的創造力」[55]を有する専務兼技師長の酒井が考案した「酒井式自動噴砂機の如きは,其噴々の好評ある真に斯界を圧する」[56]発明と称された,石渡電機と同様なベンチャー企業であった。もっとも54社以外には東京商船など設立当初こそ「三,四割強の配当をなし,非常の好況なりしが休戦後は一般沈衰と共に不況」[57]となった典型的なバブル企業も少なくなかったとみられる。

また資本金を充足した払込済の企業も少なくとも10社もあり,株主が払込義務を果たし終え,当面に必要とされる資本金は備えていた点では「基礎薄弱」とも断定できないことになる。渡辺倉庫は関係者の間では,明治期からの関与先である東京湾汽船と共に「渡辺財閥の花形事業」[58]と称されており,投機のみの虚業ばかりではなく,一応企業としての体をなしているものもかなりあるように感じられる。

各社の企業としてのレベルや投資成果を判定することは困難であるが,54社中,そのまま発展して戦後上場企業に成長したのは日本曹達1社のみである。ほかに大正13年10月田園都市系に身売りした武蔵電気鉄道は東京横浜電鉄を経て東急に成長したが,渡辺は未開業時に関与したにすぎない。このほか東京湾汽船も「渡辺一族の破綻以来,兎角前途が危まれ」(S3.9.21 D),昭和2年12月渡辺一族の手を離れ,いわゆる「番町会」として有名な郷誠之助を中心とする財界人グループ[59]や中島久万吉を中心とする財界人グループ(「薬王子会」)が経営を引受けた。中島久万吉が社長,渡辺系とも浅からぬ因縁がある林甚之丞[60]が専務となって伊藤忠兵衛を「無断で株主にし,監査役にし」[61],ほかに取締役には永野護[62]ら,監査役には河合良成らが就任,まず東京渡辺銀行への預金25万円を切り捨て,30余隻の既存老朽船を順次処分し,不用土地を売却,企業基盤を固めて戦後の東海汽船の系譜につながっている。

『主要企業の系譜図』によれば上場企業に吸収合併された企業は信越電力,駿豆電気鉄道,日本製麻,三河鉄道,極東煉乳,東洋耐火煉瓦,東京毛布,帝国火薬工業,内外紡績,大正製氷,国際信託の11社が判明しており,少なくともこうした企業群は後に上場企業の一工場,一事業所になりうる事業基盤や社会的意義を一応は有していたものと推定される。このほかにも「大正十四年十月設立された関東土地株式会社は昭和四年三月渡辺倉庫の営業を継承し乾倉庫土地株式会社と改称(更に昭和十一年乾倉庫株式会社と改称)」[63]したり,磐城炭砿は昭和19年3月川崎財閥系列の入山採炭(明治28年4月設立)と合併し

て常磐炭砿となった例もあるが，このほか非上場企業への吸収合併までは残念ながら十分には捕捉できていない。

また企業の資金調達力を示す一尺度として戦前に社債を発行した実績を有するのは信越電力，駿豆電気鉄道，東京乗合，東京湾汽船，日本曹達，東京土地住宅，日本製麻，三河鉄道（神田銀行受託），満蒙毛織，内外紡績（ただし渡辺破綻後の昭和8年11月1日発行）の10社である。

54社のうち証券の流通性を反映すると考えられる昭和2年度の大阪屋『株式年鑑』掲載企業は，＊東京乗合自動車，東京土地住宅，＊大阪乗合自動車，＊内外紡績，＊多摩川水力電気，満蒙毛織，国際信託，＊帝国火薬工業，＊信越電力の9社である。このほか明治期からの関係一流企業として＊東洋モスリン，＊東京瓦斯，＊東京電灯，＊東京株式取引所，＊東京湾汽船の5社がある（＊印は東洋経済『株式会社年鑑』昭和4年度にも掲載）。

以上のような考察から，一流企業ないしこれに準ずる企業と呼べるのはせいぜい10社程度で，他は非上場企業で社債も発行せず，『株式年鑑』等にも掲載されず，上場企業へ合併されることもない，いわば無名企業で終わったものが大半を占めたと言えよう。しかも優良な東京瓦斯，東京電灯，東京株式取引所などは当然に東京渡辺銀行への依存度は低い反面，新設間もない満蒙毛織，旭薬品や巨額の設備投資を必要とする大船田園都市など同行にとって好ましからざる先ほど他行依存度が極端に低く，同行が担保に徴求した株数が当該企業の総株数の2/3を超えるなど，ほぼ東京渡辺銀行丸抱えといってよい状態であった（[表-7] 参照）。

したがって，破綻寸前の東京渡辺銀行が資金繰りのために預金吸収先として利用し得る有力関係企業は姉妹銀行のあかぢ貯蓄，明治期からの東京瓦斯，東京電灯，東京株式取引所の古参3社以外では渡辺倉庫，信越電力，東京乗合，東京湾汽船などのほんの数社に限定されていたことがわかる。このうち社債を発行できたのは信越電力（若尾系主導），東京乗合，東京湾汽船などであるから，とりわけ渡辺色の濃い東京乗合，渡辺倉庫などの優良企業に社債で調達した資金の流用や担保の流用等の親からの皺寄せが集中する必然性があったと考えられる。

5．投資成果

株価データの得られた関係企業に関して，東京渡辺銀行が破綻した昭和2年

の高値が払込金額に対してどの程度の水準にあったかを見ると，東洋モスリン（95％），東京乗合（140％），大阪乗合（154％），満蒙毛織（17％），国際信託（68％），帝国火薬工業（41％），同じく昭和4年では東京乗合（78％），東京湾汽船（37％），大阪乗合（154％），内外紡績（49％），満蒙毛織（2％），帝国火薬工業（44％），昭和6年では多摩川水力電気（29％），日本曹達（60％）となっている。東京渡辺銀行が安全を見込んで払込金額で手堅く評価して担保に徴求していたと仮定しても，東京乗合，大阪乗合を除いて大幅に担保割れを生じていたことになる。大正中期から連続して株価データの得られた東洋モスリン，東京乗合，満蒙毛織3社について，ピーク時の最高値と昭和2年の高値との対比を見ると東洋モスリンで18.6％，満蒙毛織（昭和4年）で3％と，東京乗合を除き，極端に下落していることがわかる。同様に上毛モスリンでも「一時百八十円から二百円台に昂騰した同株も漸次下り坂となり今日では殆と手を出すものがないまでに暴落」（T 15.9.6 東日）したため，上モス専務の川又貞次郎は「上毛株の買ひ煽りを行って相場のつりあげに奔走した」（T 15.9.6 東日）ほどであった。もし東京渡辺銀行が貸出時のピーク値で評価していたとしたら，いずれの株でも相当に悲惨な状況になっていたことになる。この面では日銀の指摘通り，「大正九年財界反動ノ際ニハ是等ハ何レモ相当ノ打撃ヲ蒙リシ結果，所有株ノ値下リ，株主配当ノ減少等ヨリ渡辺一族ノ損失ハ蓋シ尠少ナラザル額ニ達シ」[64]たことは間違いない。

　さらに東京渡辺銀行の破綻は「既に見越されてゐたものであるから，大した影響はあるまい」（S 2.3.16 東日）との強気の見方もあったものの，「東京渡辺銀行が事実上同行重役の関係事業の機関銀行となってゐた」（S 2.3.20）ため，当然ながら昭和2年3月15日後場の株式市場に大きな影響を与え，東京乗合自動車，東京瓦斯，東京湾汽船，東京電灯，東洋モスリン，日本製麻など「東京渡辺銀行系の関係ある諸株は特に崩れ」（S 2.3.16 東日），「六七百万円はけし飛んでゐよう」（S 2.3.16 東日）として「渡辺家と因縁浅からぬ東株」の値下り損370～380万円と合わせ「蔵相の失言代千万円」（S 2.3.16 東日）ともいわれるなど，今度は同行の破綻が関係企業に打撃を与えるという，悪循環に陥ったのであった。

6．東京渡辺銀行の貸付先

　高橋亀吉，森垣淑『昭和金融恐慌史』は東京渡辺銀行の破綻原因を次のよう

[表-7] 関係会社との取引状況

会　社　名	預金 千円 （＊印担保付）	銀行所有株数	担保株数	計	対総株数比率 ％	貸出額 千円 （＃印役員名義）
渡辺保全	2,448	30,000			100.0%	
渡辺同族						
東京渡辺銀行	2,885					＃262
あかぢ貯蓄	＊150					182
旭日生命	1,224		12,150	12,150	60.8%	＃667
渡辺倉庫						37
渡辺商事						
三河鉄道						560
東京湾汽船	500	27,725		27,725	34.7%	
東京乗合	3,920	530	10,334	10,864	6.4%	
信越電力	＊2,553	5,310		5,310	0.8%	
東京瓦斯	2,035（＊500）	23,096		23,096	2.0%	
東京電灯	＊2,080	14,314		14,314	0.2%	
東京株式取引所	873（＊773）	2,213		2,213	0.2%	
中央生命	＊50					
若尾銀行	＊400					
第百銀行	＊9					
柳田ＢＢ	＊3,335					
大船田園都市			26,750	26,750	66.9%	266
東京土地住宅						188
東京港園						1,327
日本製棟						
帝国製棟		906	4,922	5,828		
東洋モスリン		73	42,113	42,186	11.7%	
上毛モスリン			26,123	26,123	10.7%	1,135
大正製氷						

第 3 章　東京渡辺銀行の関係企業

会社名					
石渡電機					
極東練乳					
台湾拓殖製茶					
日本曹達					
帝国火薬	840				
内外紡績					
中華取引					
日本製氷	12,120				
磐城炭礦					
食料研究					66
東洋製油		10,630	11,470	5.7%	1,562
国際信託					
立山電力		6,929	19,049	10.5%	#249
日本耐酸窯業					
大正活映		10,400	10,400	1.0%	
大和毛織					
朝鮮産業					
満蒙毛織		10,000	10,000	100%	
日仏シトロエン					
化学製剤					
旭薬品工業		2,650	2,650	66.3%	678
千代田リボン					33
佐藤製衡所					50
日本度量衡器					148
東洋耐火煉瓦					43
極東貿易					
豊商会					95
その他関係会社	*716				
多摩川水力	275	13,790	13,790	9.2%	

（資料）日本銀行（調査局）「東京渡辺銀行ノ破綻原因及其整理」昭和 4 年 5 月

に要約している。「東京渡辺銀行の経営の乱脈さは最も顕著であり，機関銀行としての欠陥を遺憾なく露呈している。当行は渡辺一族の手により経営されており，一族は他に日本製麻はじめ多くの事業会社を経営し，また東電，東株などにも関係が深かった。東電はじめ若干の会社を除いてはほとんどが泡沫会社であり，大戦中につぎこんだ巨額の資金は，戦後反動により甚大な打撃を蒙り，資金は焦付き固定化した。一族は，銀行の吸収せる資金を関係会社に投資したのであるが，整理時にはこの一族およびその関係会社向け投資は，全体の七割を超えていたのである。九年反動により関係会社は打撃をうけ，十三年から大正末期までにかけ，その窮状は表面化したので，渡辺銀行の信用は低下し，預金も集まらなかったが，借入金によって追貸しを行って破綻を糊塗してきたのであった。」[65] また高橋亀吉は「休業銀行中一番内容が悪かった」東京渡辺銀行を取り上げ，「当行破綻の原因は一言にして云へば不正貸出で…貸出高は四千二百万円で…其内二千六百万円は渡辺一族及び其一統に対する貸付で…其一統と云ふのは特別事情の下にある関係会社員，番頭小僧に至る一切を指す，何の必要あって小僧迄銀行の金を融通したのかと不思議が起るであらうが，之は名義を借りただけのこと」と，数十社もの関係会社株式が「一時払込の何倍，何十倍として居た株価が反古紙同様となった」渡辺一族による「投機の失敗」[66] によるものと断じている（一族名義および関係役員名義の持株は［表-8］参照）。たとえば日銀調査資料に含まれる東京渡辺銀行の関係会社・重役貸出先を検証すると，融資金額の大きい順に関係会社である日本製麻，上毛モスリン，食糧研究，千代田リボン，東京乗合，東京荘園，大船田園都市，東洋製油，三河鉄道，佐藤製衡所，東洋耐火煉瓦，極東貿易，旭日生命，豊商会，日本度量衡器（［表-7］参照），および関係会社重役である山星徳太郎（日本製麻），八田熙[67]，川又貞次郎（上毛モスリン），堀内良平（東京乗合），安東偶二郎（東京乗合），戸谷辰次郎（東京荘園），池田庄吉[68]，細谷助太郎（日本耐酸窯業），鈴木徳太郎（東京渡辺銀行監査役），青木亨（渡辺倉庫常務）のほか，通常の会社役員録等[69] では全く名前が登場しない無名に近い人物の西田洋三，山口源次郎[70]，日置富太郎（東京渡辺銀行800株主），森三郎，田中寛[71]，猪子徹雄などが掲載されている。

このうち，日銀資料では関守造，大野直利，益子智らの同行との関係は不明とするが，関守造は大正13年傘下を離れた武蔵電気鉄道常務のほか，旭薬品工業，真砂商会，大正活映各取締役，ボルネオ興産監査役等の関係会社重役で

あり，大野直利は渡辺保全合名の技術者であり，益子智は大正10年破綻して解散した渡辺商事の元経理課長で，後に渡辺家から離れた東京湾汽船で経理部長となった人物であり，おそらく勝三郎，六郎主導で「潰れてなくなった」[72] 渡辺商事への不良債権の残滓かと推定される。日銀資料の宮越金一郎は室越金一郎の誤りで，大正15年時点で東洋モスリン旧2,300，帝国火薬100，日本製麻旧586，新1,192，東京瓦斯1,600，東京電旧20，第一新1,420，信越電力108など渡辺系を中心とする企業の大株主[73]であった。また日銀資料では一般大口貸出先として分類される中にも内藤恒吉[74]，宮本儀三郎（元東京渡辺銀行芳町支店長心得），高橋虎太（帝国火薬監査役，満蒙毛織取締役ほか多数）のように明らかに渡辺関係者や，細野温[75]，鈴木寅彦，前田二平（佐藤製衡所代表取締役，旭鉄工取締役，山叶商会専務），神谷伝兵衛（三河鉄道社長，東洋耐火煉瓦，帝国火薬各取締役）など，渡辺関係企業の役員や，田中同族会社[76]，佐藤製衡，山東産業など関係の浅からぬ企業が含まれている。こうした人物のうち辰沢延次郎は大正7年頃「近時経済界好況に乗じ続々として新会社の勃興を見たのは誠に喜ばしき極」[77]と語って，大正5年12月日本電気亜鉛，6年6月帝国塗料等を次々創設した人物であり，渡辺家にも「日本の産業界に馳駆する者は此際一層の奮励と勇気とを以て是等新興会社…の進展を輔け…ねばならぬ」[78]と投資を勧誘した煽動者の一人ではないかと考えられる。大正6年朝鮮中央鉄道，ボルネオ殖産等を創立した谷口守雄も同様に東京乗合，東京瓦斯，日本耐酸窯業など数社で渡辺と共同投資した人物である。

　また大正11年6月時点の東京渡辺銀行の2,186株主である本山徳太郎は渡辺治右衛門家の執事であり，渡辺倉庫社員を兼ね，所得税391円であった（紳T 14, p 707）。同じ大正11年6月時点で東京渡辺銀行福沢平太郎監査役（所得税7,864円），内藤恒吉常務（所得税4,116円），館栄治郎[79]（所得税3,303円）（紳T 14, p 509, 339, 319）がいずれも東京渡辺銀行の500株主であるのに比し，所得税391円にすぎない本山の銀行持株2,186株は所得水準に比し過大傾向にあると見られる。本山のように渡辺家の使用人が渡辺倉庫等の関係会社の社員を兼ね，かつ東京渡辺銀行等，関係会社の大株主の名義人となっているような名義仮用例は少なくなかったものと推定される。正体が判明した同行貸付先の大野直利，益子智らが非重役で，幹部社員とも言いにくい中堅の身分にすぎなかったことから考え，関係が不明の関係貸出先（個人名義）の多くは，中小規模の会社役員にも就任せず，主要企業の株主でもなく，個人商工業者でも

[表-8] 渡辺一族の関係事業の株主一覧

社名	治右衛門	勝三郎	六蔵	六郎	哲夫	健児	岱三	初男	大治郎	静尾	吉郎
渡辺保全	3937500円	343750円	125000円	281250円							
東京渡辺B	65900	6700	2500	5500	1715	2000	72		60		6100
あかぢ貯蓄	400	250									
旭日生命	4000	400	140	320	100	110	100	50			
渡辺倉庫	7200	3000	2000	3000		2000					
東京湾汽船	11212	1070	390	870	270	310	48	236			980
	N4283	N535	N1200	N200	N1130		N72	N354			N1140
東京乗合		900	300	300	300		300	300	53	300	
		N900	N300	N300				N300	153	N300	
信越電力	1920	350	120	280		100			601		300
東京瓦斯	19580	2250	2180	2070	636	720	762				230
東京電灯	9000	1730	360	1280	430	500	163		3237		1570
	1N8200	1N1050	1N380	1N860	1N264	1N305	1N113		1N3196		1N950
							2N125				
東京株式取引所	640	482									
		N582									
日本製麻	760	1090		100			1000	340			300
	N520	N1440		N200			N2000	N680			N600
東洋モスリン	19754			7549	167	273				100	
	N600					N150				N100	
渡辺商事		10000	5000	6300		3000		600			
磐城炭礦	5327		1393	420	130	150		600			460
	N2663		N700	N210	N65	N75		N300			
国際信託		10000	3000			2500		4000			N270
帝国火薬		1000	250								
真砂商会		2500									

第3章　東京渡辺銀行の関係企業

	ふみ	園	秀	三男	東一郎	本山	戸合※	日置※	鈴木※	内藤※	青木※	池田※	館	小野田	和田	森脇
渡辺保全	67															
東京渡辺B						2186	1070	800	800	500	800	630	500	500	500	500
あかぢ貯蓄					60											
旭日生命		100				30	50			50		100	50	200		
渡辺倉庫			N500									493 N1484		100 N100		
東京湾汽船						N2200										
東京乗合			N90 1N100	90 N300					N500	1620 N1620	330 N330				300 N300	N500
信越電力							300				290		300			
東京瓦斯	420		100				1300			590		1620	1250			
東京電灯	100	100	1N100		1N300	1N1200	2000			100	2000 1N50	2300	2000			
東京株式取引所													50 N50			
日本製鉄	100			467 N952 889			889			1000 N1060	381	2310 N820	1640 N4380		240 N5	
東洋モスリン										2512		1280				
渡辺商事														200 N100		
磐城炭鑛																
国際信託				3000												
帝国火薬					100					1110		1000	650	200		
真砂商会																

（凡例）　※印は東京渡辺銀行貸付先（一族以外）、渡辺保全以外は株数、Nは新株、1Nは第一新株
（資料）『全国株主年鑑』大正15年、東京渡辺銀行『第五十七回報告』大正14年12月、『第十三回報告』大正13年12月、『銀行会社要録』大正11年（渡辺倉庫、あかぢ貯蓄、真砂商会）、同大正9年（渡辺倉庫、渡辺商事）、『帝国銀行会社要録』大正5年（渡辺保全）

ないため，一般大口貸付先に登場する顧問弁護士（大正3年開業の庄野理一，古田正など）等とともに高橋亀吉の指摘通り，「特別事情の下にある関係会社員，番頭小僧」[80]をダミーとして利用しただけで，「洗って見れば勝三郎，六郎に対する貸出に外ならなかった」[81]と考えた方がよいように思われる。

注

1）25）萩原為次『素裸にした甲州財閥』昭和7年，p 515, 510
2）大正11年8月中華企業と合併（前掲・日銀「世界大戦終了後ニ於ケル本邦財界動揺史」p 661)
3）前掲『大正人名辞典』p 929,『日本紳士録』大正14年用，第28版, p 193,『財界物故傑物伝』下, p 656, 前掲『甲州財閥』p 515,『財界双六』p 274
4）阿部吾市は茨城採炭，東洋耐火煉瓦，大正活映各取締役，帝国火薬監査役
5）鈴木寅彦は東京乗合専務，大阪乗合，東洋耐火煉瓦，日本曹達，北海道瓦斯各取締役，日本耐酸窯業，東京瓦斯各監査役ほか多数
6）谷口守雄（第1部第10章注3参照）は東京乗合，東京瓦斯，日本耐酸窯業などで渡辺と共同投資した人物
7）辰沢延次郎は回漕店主，東京商船，多摩川水力電気各社長，東京乗合，台湾拓殖（マレー半島でゴム園経営），日本曹達各取締役，武蔵電気鉄道監査役など渡辺と共同投資，S 6 .10.16死亡（S 6 .10.17東日）
8）樺島礼吉（谷中真島町1番地）は安房電気社長，食料研究社長，成田電気軌道代表取締役，帝国電灯専務，松永電灯専務，外房電気，第一電気，天草電灯，小名浜電灯ほか電灯各社取締役，中野炭鉱取締役，電機機器製作所，帝国精油，日本寒天各取締役，常野電灯，東予水力電気，東洋製油，真砂商会各監査役，大船田園都市取締役（『大日本実業家名鑑』大正8年，か p 7,『大日本重役大観』大正7年, p 82), 後志電気，帝国精油，旭町電灯各取締役，日蘭興業監査役（要録T 11, 上 p 206）等を兼ねた。大正13年11月帝国電灯専務から社長に就任するも14年3月17日死亡。
9）吉野周太郎は明治4年白河に生れ，33年福島倉庫合資社長，39年福島銀行頭取，40年3月福島羽二重取締役，42同会長，44年福島瓦斯取締役，45年1月岩代銀行頭取，第百七銀行取締役，45年8月二本松機業取締役，大正2年3月福島県農工銀行取締役，台東製糖取締役，2年5月夏井川水電取締役（後に社長），2年7月武蔵野貯蓄銀行頭取，3年6月福島電灯取締役，6年10月信達軌道取締役，南洋製糖監査役，7年1月共済生命監査役に就任した（前掲『大日本重役大観』p 107,『大日本保険名鑑』昭和2年, p 68)。
10）市原求（日本橋クラブ員）はポンプ製造業，豊国銀行発起，市議，日本橋区会議長，田園都市，目黒蒲田電鉄各社長，日本製麻，有恒社各取締役，東京乗合，日本製麻，東京商船，日本電気炉工業各監査役，駿豆電気鉄道相談役，昭和2年3月20日死亡71歳で死亡（『東急50年史』p 1179)

第 3 章　東京渡辺銀行の関係企業　　　　　　　　　　　　　　　　　　　　*277*

11) 東京商船は大正 6 年 7 月, 資本金 100 万円で京橋区に設立, 東京丸, 東陽丸ほか計 4 隻所有して大倉組石炭部に用船に出すなど一般海運業を営んだ (『大日本銀行会社沿革史』p 252)。
12) 石川甚作は栃木県都賀郡赤津村の出身で, 21 年明治法律学校卒, 弁護士に合格, 「直に事務所を開設して公私訴訟の事務に従事」(『大日本重役大観』大正 7 年, p 251) したが, 代議士のほか「日本橋協和会」幹事に推されるなど,「実業家の間に信任篤く」(『大日本重役大観』大正 7 年, p 251) 代議士, 弁護士として, 二十七銀行, 渡辺倉庫, 旭日生命, 東京湾汽船, 渡辺倉庫各監査役など渡辺系各社の重役を歴任, おそらく渡辺家の顧問弁護士的な位置付けであったと推定される。他に城東電気軌道各監査役, 日本電線取締役 (帝 T 5, p 2, 135, 243, 112, 職 p 21) を兼ね, 『贅川良以居士小伝』の著者
13) 『鉄道電気事業要覧』大正 3 年, 電 p 92
14) 16) 34) 『実業家人名辞典』明治 44 年, ワ p 6, 20
15) 55) 56) 77) 78) 『大日本重役大観』大正 7 年, p 187, 270, 67
17) 渡辺広重『財界恐慌の真相』昭和 2 年, 大阪毎日新聞社, p 29
18) 33) 58) 61) 『林甚之丞氏の足跡』昭和 36 年, p 58, 78, 128
19) 21) 23) 『財界双六』p 273～5
20) 24) 49) 51) 64) 日本銀行調査局『東京渡辺銀行ノ破綻原因及其整理』(以下『整理』と略)『日本金融史資料・昭和編』24 巻, 昭和 44 年, p 446～7
22) 35) 『財づる物語』p 265, 511。渡辺家は磐城の片寄平蔵と炭坑を共同経営し, 横浜店 (明石屋平蔵名義) で販売した。(前掲『横浜市史補巻』p 166 以下)
26) 『財界楽屋漫談』p 176
27) 『先駆者の旗』昭和 45 年, p 272
28) 『交通博物館所蔵　明治の機関車コレクション』昭和 43 年, 機芸出版社, 巻末後記。現在は交通博物館に寄贈され「岩崎・渡辺コレクション」と呼ばれる。
29) 渡辺周松編『東京近海遊覧案内』大正 3 年, 巻頭広告
30) 東京リボン製織の本社は下谷区初音町 4-38 (『東京市及接続郡部　地籍台帳』明治 45 年, p 31)。古川省吾『両羽之現代人』大正 8 年, p 54。千代田リボン製織は大正 7 年技師長に新潟県染織学校教授の井上英治 (明治 36 年高等工業染織科卒, 京都織物, 帝国撚糸織物等の技師) を迎え, 技術部を担当させた。一族の渡辺周松も監査役就任。
31) 『渡辺六郎家百年史』p 27
32) 54) 『大日本実業家名鑑』大正 8 年, わ p 8, 80
36) 『大正人名辞典』p 2123
37) 『現代実業家大観』昭和 3 年, ク p 14
38) 「原町」(『渡辺六郎家百年史』p 38) こと渡辺哲夫は明治 17 年大分県陶山直良の四男として生れ, 渡辺園と結婚した (『大日本実業家名鑑』大正 8 年, わ p 7)
39) 「五番地」(『渡辺六郎家百年史』p 38) こと渡辺健児は明治 14 年和歌山県中川弥次の弟として生れ, 渡辺ハナと結婚し, あかち貯蓄銀行監査役 (『大日本実業家名鑑』大正 8 年, わ p 7)
40) 渡辺スズは二十七銀行相談役の渡辺牧太郎 (万延元年生れ) の長女

41) 渡辺岱三は栃木県金子太郎平の三男で，明治16年先代の牧太郎の養子となり，40年慶応理財科卒，あかぢ銀行監査役，二十七銀行副支配人を歴任，富士商会取締役，大正10年家督相続（『財界人物選集』昭和4年，ワp16）
42) 渡辺大治郎はヨネの夫，先代の義兄弟，明代家。海産物問屋「明代」主人，小牧六郎兵衛の三男で渡辺家に勤務中に「認むる所となり，懇望されて女婿となる」（『実業家人名辞典』明治44年，ワp14），二十七銀行，帝国冷蔵各監査役
43) 渡辺静尾は勝三郎の長女，明治44年生れ
44) 渡辺三男は勝三郎の三男，明治41年生れ
45) 渡辺伊都尾は勝三郎の二女，大正3年生れ
46) 渡辺秀は六郎の長男，大正4年生れ，『渡辺六郎家百年史』の著者
47) 下田将美『今なら話せる』毎日新聞社，昭和31年，p 73
48) 初代神谷伝兵衛は安政2年7月11日三河国幡豆郡に生れ，茨城県牛久でブドウ酒製造を開始し，明治12年浅草花川戸町に洋酒店開店，神谷酒造合資設立，無限責任社員，「酒精製造，日本清酒の改良より酒類試験，酢の醸造，養豚事業等に成功し，近くは富士石油株式会社を買収し後宝田石油株式会社と合併する」（『実業家人名辞典』明治44年，カp 2）など，日本石油精製取締役の兼務（要録M 31，役p 139）に始まる石油会社への関与や，富士革布，旭製薬各社長，日本建築用製紙，日本澱粉，東洋遊園地，輸出食品，九州炭礦汽船各取締役，東京鉄道，日本畜産各監査役など数多くの企業に関与した。その後も豊国銀行相談役，東洋耐火煉瓦，日本製粉，帝国火薬工業各取締役，日魯漁業監査役を兼務。東洋耐火，帝国火薬は久米良作らとの共同事業であった（坂本辰之助『神谷伝兵衛』明治44年）。初代の養子は浅草区花川戸4，神谷酒造専務，東洋遊園地取締役，神谷伝兵衛本店㈱取締役，酒精含有飲料水製造業。
50) 高橋亀吉，森垣淑『昭和金融恐慌史』昭和43年，清明会出版部，p 113
52) 満蒙毛織は大正11年の奉天工場の失火で600万円の損失となり，13年資本金1,000万円を300万円に減資した。同社の監査役には島徳蔵の実弟の定治郎（貿易商，島貿易）が監査役に就任している。満蒙毛織の社債は東洋拓殖引受，昭和6年2月利率を無利子に変更
53) 古川省吾編『両羽之現代人』大正8年，p 316
57) 『大日本銀行会社沿革史』p 252
59) 読売新聞社社長の正力松太郎，伊藤忠兵衛，永野護，渋沢正雄，河合良成ら10名で構成，客分として中島久万吉，小林一三等も参加。河合良成『私の履歴書』4，日経，p 113
60) 林甚之丞は渡辺系の渡辺商事嘱託から貿易部課長，営業部長としての勤務経験あり，「渡辺商事の失敗で渡辺家を追放され，日本レール専務に転身」（『林甚之丞氏の足跡』）
62) 永野護は大正6年頃東大を出て東洋製油取締役支配人，渡辺商事営業部長（『林甚之丞氏の足跡』p 54～8），大正9年時点では北豊島郡日暮里に居住（要録T 9，役p 115)，なお終章を参照。
63) 『日本倉庫史』昭和16年，p 632
65) 高橋亀吉，森垣淑『昭和金融恐慌史』昭和43年，清明会出版部，p 113
66) 72) 80) 81) 高橋亀吉『株式会社亡国論』昭和5年，萬里閣書房，p 373～5

67) 八田熙は渡辺六郎と大学の同期生，上毛モスリン代表取締役，東洋製油，山東産業，不動沢炭各礦取締役，帝国鉱業監査役
68) 池田庄吉は明治31年時点で東京湾汽船取締役「商店通勤」（要録M 31，役p 26）あかち貯蓄常務
69) 該当時期の資料として『銀行会社要録』大正11年，『帝国信用録』大正14年，『日本紳士録』大正14年，昭和6年『全国株主年鑑』大正15年のほか，既に一線を引退していた場合を考えて『帝国銀行会社要録』大正5年版と，後年に役員に就任した可能性を見る意味で『帝国信用録』昭和11年版等を併せ参照した。
70) 山口源次郎は上毛モスリン3,203株主（『東洋経済株式会社年鑑』大正14年版，p 5），多摩川水力電気2,920株主
71) 田中寛は日本鋼管優先株100株主（『全国株主年鑑』大正15年，p 69）
73) 『全国株主年鑑』大正15年，p 94
74) 内藤恒吉は第百銀行計算係首席よりあかち貯蓄銀行支配人に転じ（『大日本実業家名鑑』大正8年，な p 6），東京渡辺銀行常務
75) 細野温は東洋製油，帝国鉱業，不動沢炭礦各取締役，立山電力，日本度量衡器各監査役
76) 社長田中海一，田中海一は日本製麻監査役，東洋モスリン取締役，富士毛織取締役，大日本紡織取締役，田中同族は日本製麻の14,040株主（『東洋経済株式会社年鑑　第一回』大正11年版，p 4）
79) 館栄治郎は渡辺保全，あかち貯蓄銀行，三河鉄道各監査役，所得税3,303円

第4章　東京乗合自動車

1．東京乗合社債償還不能事件の意義

　金融恐慌のさきがけとなった東京渡辺銀行破綻の翌日である昭和2年（以下昭和の年号は省略）3月16日，片岡直温蔵相が衆議院で「渡辺銀行関係会社の株式は休業前から下落しつつあった」（S2．3．17国民）と答弁した通り，渡辺系の東京乗合自動車（愛称「青バス」，以下乗合と略）の株価惨落[1]は金融恐慌の前兆現象としての意義を有している。また乗合の社債は大阪アルカリ，大日本木管工業，上毛モスリン，日本製麻，後藤毛織，星製薬，箱根土地，桜麦酒，三河鉄道，川崎造船所，大正製糖などとともに，大正末期から金融恐慌期にかけて続発した償還不能社債のひとつとして知られている[2]。これに続く昭和恐慌期には「社債償還不能問題ノ出現ニ依リ社債界ノ状況全ク萎靡停頓スルニ至リタリ」[3]と嘆いて，これを契機に「混乱に陥っていた起債市場を浄化し，社債制度全体の信用を強化することを意図した」[4]社債浄化運動[5]が日本興業銀行（以下興銀と略）を中心に展開されることとなる。

　高橋亀吉は乗合を「重役が自己の中心事業救済のため，その支配下の会社を食潰した最も典型的な一例」[6]として「破綻会社各個の研究」第1号に掲げる。乗合は以下に詳しく述べるように東京渡辺銀行の支配下にあって，同行資金繰りのために不要不急の大口起債を行ったが，さらに社債引受先でかつ大口預金先（両者には実は必然的な関連があった）の神田銀行も連鎖して破綻し，不必要な負債の背負込みと大口預金の喪失という二重の苦痛を味わされた。上記の一連の償還不能債のうち，乗合を始め，後藤毛織[7]，箱根土地[8]の実に3銘柄もが，問題の神田銀行引受であった。社債法の専門家として知られる栗栖赳夫は神田銀行破綻当時の著書の中で社債「受託銀行が全く信用を失墜し，整理の為に休業を継続するが如き場合が惹起したとすれば誠に由々しい問題」[9]と大いに警告を発している。なぜなら神田銀行は並の中小銀行ではなく，大正8年4月大蔵大臣から担保付社債信託法に基づく信託会社の免許を得たという特別の位置付けを与えられ，10年には担保付社債の受託全体の9.3％，11年80.0％，

12年14.1％, 13年15.2％, 14年6.9％, 15年8.1％を占める実績を挙げていた[10]。興銀を別格とすれば, 神田銀行は受託分野で三十四, 三井, 三井信託と拮抗する大手行の役割を果していたといえよう。ただし, その引受姿勢には後に見るように相当の看過し得ぬ問題点を内包していた。

このように乗合の発行した有価証券は金融恐慌の前兆, 社債償還不能, 利益相反[11], 引受銀行破綻など金融史・証券史上いくつかの重要な問題点が重層しているが, 遊覧バス事業に限った『はとバス三十五年史』を除けば社史も先行研究も少ない。詳細な業務資料『東京交通史』を著した西川由造氏も「青バスの資料について残存しているものが殆どない」[12]とされるように, 基本的な第一次史料も十分には残っていない。そこで当時の新聞, 経済雑誌など間接的な同時代資料をも援用しつつ, 渡辺系の数少ない優良会社であった乗合の成立の経緯と渡辺側の介入ぶり, 転落過程について明らかにしたい。

2. 東京乗合の沿革と甲州系

乗合は大正7年10月東京市街自動車（本社東京市麹町区内幸町2丁目, 資本金1千万円）として設立されたが, 小野金六, 雨宮敬次郎ら甲州系の代表的人物多数が参画した。それは中心人物の堀内良平[13]が山梨県出身であり,「甲州系の先輩連が, 東京の交通機関を独占した故知に倣って」[14]渡辺系の久米良作（東京瓦斯社長）, 渡辺勝三郎, 阿部吾市[15], 渡辺六蔵ら「あかぢ渡辺系に若尾, 根津の両系を結ばせて東京乗合自動車を創立した」[16]からである。堀内は当時既に小野金六, 岸衛らと日本観光を設立して, 熱海ホテルや精進ホテルを買収して経営していた。『堀内良平伝』は「相談を持ちかけた甲州出身の若尾璋八が紹介したのが, 渡辺財閥であった」[17]とする。若尾璋八は若尾銀行頭取の若尾民造二女清野子の夫（養子）で, 雨宮亘の実弟でもあり, 若尾家は代々いわゆる甲州財閥と渡辺家を結ぶ接点の役目を果していた。すなわち両派の結合の経緯は「甲州系の若尾, 雨宮, 小野, 根津氏等は, この頃すでに東京電車, 東京街鉄等を創立し, 市内全般に亘って新線を拡張敷設中であったが, 治右衛門の土地が到る処に出張ってゐたので, 彼を仲間に入れることの得策なるを悟り, 若尾逸平が先づ乗出てこれと握手した」[18]ことに始まる。

乗合が第二の「街鉄」的存在であり, 甲州系の独擅場たるべき東京の交通機関である故に, 渡辺家としても緊密なパートナーである若尾璋八の紹介に応えて応分の出資をすることはもとより当然だが, その計画路線が最初の新橋～上

野間を始め，概して東京の下町一円であったことから，渡辺家の地所ならびに東京渡辺銀行の営業網ともほぼ完全に一致し，渡辺家のベクトルと合致したため，甲州系への協力の程度を超えてより積極的に関与したものと考えられる。また当主の渡辺治右衛門は「ダイムラーをはじめ，四，五台の車があり…もと車夫に運転させてそれらを乗りまわし」[19]，「自動車狂」といわれるほどであったから，渡辺一族は自動車そのものに十分な理解と関心があったためとも考えられる。

業界団体の発行した『日本自動車交通事業史』（以下『事業史』と略）によれば「日本自動車業界の先覚功労者」として巻頭に写真が掲げられている堀内良平は明治末期に創業した乗合自動車に着目して「大正二年頃よりその調査研究を議ね〔ママ〕」[20]たといわれる。直接的には鉄道資材等の輸入物品販売・仲立業者のセールフレザー㈱取締役の中村桂次郎から自動車営業の将来性を説かれたのが契機になった。東京市電気局の井上敬次郎局長らに乗合自動車兼営を献策したが，「未だ自動車の実用化に想ひ到らず贅沢視されてゐた当時の事と軽く一蹴され顧られなかった」[21]という。そこで堀内は6年4月当局に初めて自らの全市80哩もの乗合自動車営業を出願した。「警視庁に於ひても営業出願の最初であった為め当局も慎重を極め，大正七年六月まで其の許可が持ち越され」[22]，その間当局は東京市に乗合自動車営業の意思の有無を諮問したが，「当時の市長田尻稲次郎氏は，経営の意思無之との回答を為た」[23]ので，当時荷馬車不足から市内の貨物輸送が停滞して困っていた「警視庁でも…同年八月中乗合自動車及貨物自動車の営業を始めるなら許可をしても好いといふ内達を発」[24]し，7年7月22日付[25]で警視庁は警視総監岡田文吉名で堀内に許可書を交付したとなっている。そして「愈々許可となると東京市会は曩の諮問答申を忘れたかの如くに反対運動を起すと言う始末で，折角の事業の進展を阻害する事甚し」[26]と東京市側を非難する。

これに対して東京都側の刊行物では許可の経緯がかなり異なっている。7年5月久米良作（東京瓦斯社長）ら9名の名義で乗合自動車運転方を警視庁保安部交通課に出願[27]していたが，書類不備を理由に訂正を命じられ，許可は保留されていたという。それにもかかわらず警視庁は東京市側の反対を押し切って8年1月23日許可したが，東京市電気局長の井上敬次郎は小冊子を発行して警視庁の措置を自治体を蹂躙する専断の処置なりと難詰し，乗合事業の民営化に反対したとする[28]。

警視庁の内達を受けて、堀内は「取り敢へず乗合及び貨物輸送の認可を受け、遂に資本金一千万円、四分の一払込で会社の設立を進める段取になった」[29]として8年1月からまず当局の意向に沿って貨物自動車（大正12年7月休止）を開業した。

当時の新聞が同社は「先づ市街自動車を経営し更に自動車一切の製作販売をも行はんとしてゐる」[30]とも報じたように、その営業目的は「自動車の製造販売をなし、東京市及市に隣接する郡部に於て乗合自動車、貨物自動車を運転して乗客輸送及貨物の運搬等運輸に関する業務を営」[31]むことであった。

資本金1千万円の1/3をまず公募したところ、創立が第一次大戦中の株式ブームの真っ最中であった上に、東京市側の警視庁の許可非難の報道が新聞で書立てられたため、「一般より非常の人気を受け株式募集の際などには、プレミアム付にて数十倍に達し選定に苦む」[32]ほどで、甲州財閥が収益源とした往年の花形株であった東京鉄道株の勢威を想起させるほどであったという。

乗合の概要や事業内容は開業直後から南波禮吉、小布施商店等の東株仲買人が顧客に配布した会社便覧類[33]はもとより、大阪の野村商店発行の『株式年鑑　大正八年度』[34]にも取り上げられた。株主数も募集時の人気を反映して7年11月末で実に3,672名に達するなど、上場前にも相当の流通性を保っており、8年の株価も高値25.0円（20円払込）安値13.0円（12.5円払込）とともに払込を超えていた[35]。

しかし8年3月1日新橋～上野間約5.5キロの乗合バス路線を最初に開業したものの、事業開始当初は自動車が1台1.2万円もするのに、乗り心地がよくなく、さらに9年の反動恐慌で経営難に陥って株価が低迷、25円払込で高値で8.5円、最安値は3.7円まで暴落した[36]「大正十年年末には重役全部が解散を主張し、堀内氏は全く孤立の苦汁を嘗め」[37]るなど、「最初の間は業績甚だ振はず減資又減資で、危くガソリンが切れはしまいかとまで危まれた」[38]ほどであった。

10年6月資本金を1,000万円（半額払込済）から500万円に減資、11年6月さらに300万円に減資、局面打開をはかって東京乗合自動車に改称した。12年7月貨物自動車を休止し、同年8月貸自動車部門を24％出資の東京実用自動車に譲渡するなど、赤字部門の経営改善を行った。12年9月関東大震災で約20.6万円の損害を受け、翌年本社を下谷区北稲荷町に移転したが、競合する交通機関が破壊されたため乗合の独占体制となり「大震災によって東京市電

の軌道，車輌等が滅茶々々に破壊されたのとスピード時代の時流に投じたものか，大正十三年頃からトントン拍子に持直して，一時は株価も百八十円どころを唱へたものだ。堀内氏の懐が最も肥つたのはこの頃」[39]といわれた。また当時「日本で初めての女車掌」[40]の採用に成功した堀内は，ドイツ製の電気自動車の導入を検討する過程で女子運転手採用も検討したり，バス車体を利用した広告を実行するなど，次々と新しいアイディア開発に熱心に取り組んだ[41]。

　12年3月14日乗合は創立から2年を経過して，上場資格を得て東株に上場された。乗合の上場に際しての市場操作にも関わり，渡辺家にも出入りしていた兜町の現物商・荒城誠二郎（中央証券取締役）は現株の大半が渡辺家に保有され，浮動株が極めて少ないのに目を付け，「渡辺さんの買注文を場に取り次ぐと同時に，自分でも窃かに買思惑の手を伸ばし」[42]て買占めたが，3.7円という「安値時代を知っていた連中は，それが市場操作の結果と見て，その成行きを馬鹿にして，盛んに売り叩」[43]いたものの，荒城の読み通り，どこからも現株が出ず買方の勝利に終わった。

　一旦社長となった渡辺勝三郎は14年8月「銀行の方に責任を持っている関係上，弟の六郎を後任に据え，常務にその腹心の安東偶二郎を置いて」[44]退任した。『堀内伝』ではこれを「良平専務の独断専行を許さない機構を作っていた」[45]と解している。渡辺六郎は大正末期には遊覧自動車の運転を開始して，退勢を挽回し，「震災後の東京の足ともいうべき乗合バスの復興に，その社長として大変に努力を払って…堀之内，中野，築地の東西線を新設」[46]した。乗合は「日本で初めての女車掌を登場させ」たり，渡辺滋との共同経営で「最新型高級展望車」[47]による便利な東京名所巡りの遊覧自動車を創始した業界のさきがけとしても知られる。全国的に著名な別府の地獄巡りは亀の井バス（2年7月免許）が2年12月に開始，鎌倉遊覧は5年6月に開業しており[48]，東京名所巡りが先行した。堀内ゆかりの富士急行の発行した『富士山麓史』では「大正14年7月…この頃はじめて市内遊覧バスの運行開始」[49]した「いまの『はとバス』の前駆たる東京遊覧バスの構想もまた，〈堀内〉良平のアイディアによるもの」[50]とするが，当時の新聞では千代田自動車の経営者で，専修大学で交通政策を教えている渡辺滋[51]の発案として，東京市街自動車の後援で東京の名所14ヵ所を8時間，40マイル，3円で大正14年12月15日から登場すると報じている（T 14.12.14 東日）[52]。

3．関係会社への投資

『ダイヤモンド』によれば乗合の保有株式は京浜乗合755株，前橋乗合1,600株，小型タクシー1,084株，群馬乗合1,539株，常磐タクシー3,000株，東京遊覧1,350株，タクシー自動車9,955株，合計19,283株で「右の内，立ち行いて一割配当をして居るのは群馬乗合だけで，他は悉く無配当」(S3.9.21D)であった。さらに分身の第二実用自動車もタクシー株式会社[53]の1万株を保有し，同社に20万円余を融通していた(T15.4.17T)。14年9月にはかって乗合から分離した東京実用自動車，第二実用自動車を合併して資本金を845万円に増資(T15.2.13T)，貸自動車部門を再度直営化した。これは市内に乗合路線網を拡張しつつある乗合を買収する意図が東京市にあるため，「市への買収下準備」(T15.6.20T)と見られるなど，乗合は「東京市が乗合を買収して乗合自動車を統一する計画があったのに乗じ，渡辺六郎社長はなるべく高価に売りつける方法として，無理な配当を続けた」(S3.5.1D)と指摘されている。渡辺六郎の長男秀氏は乗合の「バス事業は東京の外に大阪，新潟へも進出」[54]したとするが，乗合は第二実用自動車の合併後，資産としてタクシー㈱への貸付金51.5万円，新潟，前橋両自動車株式9.3万円等を計上している(S2.3.26T)。秀氏によれば新潟の市街自動車(8年新潟合同自動車に統合)も乗合の子会社的存在で，新潟に地縁関係ある乗合の役職員多数が創立に関与した由である。新潟市街自動車は大正11年6月6日資本金4万円で設立され，新潟市内で初めて6台の乗合バスを運行した[55]。

発起人は寺尾芳男(新潟県新発田出身，乗合営業課長，乗合を代表し大阪乗合常務に就任)，山田篤治[56]らで，山田が専務(後に乗合出身の手代木熊三郎が就任)に就任した。子会社第二実用自動車が新潟自動車の株式を保有したほか，乗合の具体的な関与は未詳だが，発起人の寺尾芳男は「東京でさんざん失敗した揚句に出来上った制度ソックリのものを持って来て市街自動車乗合を始めたい」[57]と述べており，大正2年に一旦創始しながら「運賃が極めて高かったことや，車両の整備が思うようにいかず，間もなく廃業」[58]した乗合バスの復活を狙っていた山田に相談を持ち掛けたといわれる。資本金の「四分の三を東京市街自動車関係が占め会社の実権は殆ど東京側に握られていた」[59]ので，明らかに乗合経営ノウハウの組織的移転に間違いなかろう。「赤バス」と呼ばれた新潟市街自動車は新潟駅前から発着し[60]，大正14年2月1日の国鉄調査によれば営業区間は新潟～白山間，1.8哩，運賃35円，所要時間18分であった[61]。

新潟合同自動車（9年現在車両数常用130台，予備34台，合計164台）の新潟（古町通）～白山～関谷間の路線は4.2キロ，大正13年1月10日開業であった[62]。地元資本中心に転換後の昭和4年には資本金7万円，売上高28万円，車両数56台，従業員150名余，一日の利用者約1万人の規模に成長した[63]。
　新潟のほか大阪にも乗合ノウハウの移転が企画され，「震災後に於ける東京市の乗合自動車事業が都市の交通機関として必要欠くべからざることが証明され，而も前途発展性に富むことが明らかとなった」（S2.6.20T）ため，渡辺六郎は大阪でも乗合許可申請を行ったが，「事業が公共的である為め…三派提携の上で許可されることになった」（S2.6.20T）結果，大正13年3月29日他の競願者である酒井猪太郎[64]，渋沢正雄[65]らとともに大阪乗合自動車の設立に関与[66]，乗合が出資，渡辺が監査役に就任，乗合関係の寺尾芳男[67]が常務，乗合常務の鈴木寅彦[68]も取締役となった[69]。
　しかし東京と同様「青バス」と称し13年7月開業した大阪乗合は「設立早々から内部の紛乱甚しく遂に前社長酒井氏の社金費消問題を惹起するに至って頓挫」（S2.6.20T）したこともあってか，14年度には酒井社長，三好常務ら重役陣が一新され，乗合系役員も退陣，ついで阪神電鉄系の阪神国道電軌が第三者割当分を引受けて阪神系列となり，同社の15年11月末現在の2,100株以上の大株主には渡辺系ないし乗合系統の名義は見当たらない。なお東京乗合が1,539株出資した群馬乗合は，東京乗合監査役の谷口守雄が長く監査役を兼ねた群馬自動車と同一系譜と見られる。

4．第1回，第2回社債起債の経緯
　14年1月26日には第1回9％社債150万円を発行価格98円，1年据置き，償還期限3年1月25日，利払6，12月の条件で発行した[70]。さらに翌15年12月11日の締切りで第2回8％社債200万円を発行価格99円，償還期限5年12月11日の条件で起債し，「神田銀行ニ於テ引受募集シタル処同日全額ノ申込アリタルヲ以テ募集ヲ締切」[71]った。第1回社債は神田銀行，早川ビルブローカー銀行（東京渡辺銀行のコール調達先の一つ），紅葉屋商会，遠山芳三商店，丸水渡辺商会（乗合大株主），玉塚商店，万屋鈴木圭三商店の取扱であった。第2回は第1回社債150万円の借換と車両購入，新宿車庫の新設等50万円の設備投資を名目として，第1回とは異なり何故か神田銀行の一行単独による総額引受であった。第1回社債の償還期限は3年1月25日であるから，償還ま

でにはなお1年余も期間があり、「実の所かくして募集した社債二百万円は、全然渡辺銀行の救済に充てられた」（S2.3.26T）のであった。現に東京乗合の同行への預金は14年5月末49.0万円であったが、第2回社債起債直後の昭和元年末には起債額に一致する200.3万円に急増、2年9月末には392.0万円にも達し、あかぢ貯蓄による288.5万円、信越電力による255.3万円をも凌ぐ同行の最大預金者になっていた[72]。

　日銀『調査月報』は箱根土地社債の償還不能が発生した大正15年4月の債券市場に関し「月央某証券業者ノ手持品投売リヲ伝ヘラルルアリ」[73]、15年6月「七月十日ヲ以テ第一回定期償還期ニ達スヘキ上毛モスリン会社第一回物上担保付社債四百万円ハ未タニ償還準備ニ着手スルニ至ラサルモノノ如ク結局償還不能ニ陥ルヘキカト取沙汰スルモノ多ク…」[74]、15年7月「近来箱根土地、上毛モス社債償還不能ノ債券界ニ一抹ノ暗影ヲ投シタルハ拒ミ難キ…」[75]と連月に亘って暗い起債環境を伝えている。15年12月の『月報』は「本月中発表アリシ会社債ハ年末接迫ノ折柄ナレハ東京乗合自動車二百万円（利回八分三厘三毛払込期日十二月十一日）ニ止リタリ」[76]とするが、12月中の払込社債は電気化学工業第2回、宇治川電気第14回、樺太工業第5回、東京電力は号、後藤毛織第3回、名古屋鉄道第2回、乗合第2回、西陣織物第3回の8銘柄あり、乗合の年末駆込み起債ぶりがうかがえる。このうち後藤毛織と乗合が問題の神田銀行引受であった。神田銀行広告「好利回公社債売買　預金利下愈々実施此際利回よき債券の提供！」（S2.2.16東日）には第3回担保付後藤毛織社債、物上担保付福島電灯社債等とともに掲げられた乗合社債の発行条件は利率年8％、利払4月15日、10月15日、償還期限5年12月11日、裸値段百円に付百円であった[77]。

　『月報』によれば大正15年12月の債券市場は「更月後来春ノ金利安見越ニ基キ保険会社等ヨリ比較的大口ノ買注文アリタレハ相場ハ底固ク相当ノ売行ヲ見セ新規物ノ内東京電力、宇治川電気等ハ左迄引受業者ノ背負込ニ帰セサリシ模様」[78]と金融恐慌突入直前ながらまずまずの売行であったのにもかかわらず、乗合社債の「売行きは甚だ悪く、可なり神田銀行の背負ひ込みとなった模様」（S2.3.26T）とされる。この時期大口の社債買注文を出した保険会社中、たとえば日本、帝国、明治、第一、共済、高砂、日之出、仁寿各生保は乗合社債の保有なく、同時期に神田銀行引受の福島電灯社債を197,000円保有する千代田も、後に5年12月20日発行の第5回乗合社債（200万円発行）を19,000

円, 8年12月21日発行の第6回担保付社債（200万円発行）を93,000円保有した愛国生命もこの時の保有はない[79]。僅かに乗合社債保有が確認できた生保は東華生命だが, 東華は神田鐳蔵が株の過半数を占め, 酒井忠亮子を社長に, 神田の義弟（夫人の弟）[80]清水景吉を専務に据え, 乗合社債の斡旋役を務めた永野護[81]が常務という純然たる神田系の生保で後藤毛織社債（神田銀行引受）の方も当然に保有していた（S5.8.16T）。

5．不明朗な起債の背景

　乗合の第2回社債200万円のうち,「約五十万円は渡辺銀行の預金に振替へられた」（S2.3.26T）が, 残りの150万円は何故か引受けた神田銀行にそのまま預金され, この間の事情について弁護士の上原鹿造[82]は監査役として乗合総会で「神田銀行の預金, 即ち社債金額の預け入れも, 相当の事情が纏綿するものの様ではある」[83]と奥歯に挟まったような答弁をしている。高橋亀吉は著書の中で東京渡辺銀行破綻を予測した某経済通信社の暴露の通信（昭和2年2月22〜25日に連載）を次のように引用している。「東京乗合自動車社債二百万円発行の内幕の如き…会社では借替の為と云ふけれど…その償還期は今秋の筈で…年末, 金利の高い時に, 慌てふためいて募集したのには…市街自動車の社債の払込の大半が, 預金とされていることは勿論であろう」[84]。

　渡辺商事の巨額赤字の責任を取って辞任した永野護はその後神田銀行取締役となったが, かつての主家である渡辺家からの切なる申込を受けて, 神田銀行の命取りになる乗合社債の斡旋役を務めた。大正15年に神田銀行を退職し, 紅葉屋商会嘱託となった『神田翁』の筆者は引受の内情を次のように述べる。事務方としては「乗合自動車から, ウーズレー買入並に之に伴う設備拡張資金として, 二百万円だったか, 三百万円だったかの社債問題が持ち込まれた。大前提たる物上担保付の問題が討議されたが, 軌道財団はあるけれ共, 車両財団と云う法制が無かった」[85]ので当然に謝絶方針であった。しかし永野から強く陳情された神田は「先方から切なる申込だから何とか物上担保付とする方法はないか」[86]と心情的に受諾に傾いていた。伝記の筆者が「車両財団と云う法制が無い以上, 車両に質権設定の公正契約でもする外は, 何とも方法ないでしょう」[87]と答えたのに対し,『『ソンナ馬鹿ゲタ事が, 話せますかッ』と永野君は席を蹴って, 帰り去った」[88]という。永野が無理難題の斡旋を敢行した真意は不明だが, 単に受託件数を稼ぐための営業優先だけではなく,「切なる申込」

をしてきた渡辺六郎との個人的関係,さらには自己にも責任がある渡辺商事の巨額損失への贖罪意識から渡辺家のために一肌脱いだ面もあろうか。伝記の筆者は「然るに,一週間後,意外にも乗合自動車社債は,引受売出しされて居たのであった。不思議に思って聞いて見ると,物上担保付でない普通の社債で,相当な引受料も,印刷費も,全部頭取に直接手交し,社債金は売れただけ渡す約束で,一応社債額面だけの別段預金証書を会社に渡して,社債券及同額会社の約束手形を受取ったので,実質的には,費用先方負担の委託販売と云う事になった」[89]との伝聞を記している。

神田錥三の配下だった西村活郎(紅葉屋商会証券部長等を歴任)も「甲銀行が乙会社に金を貸す,滞貸となる此銀行は危険を転嫁する為め社債発行の計画をする。斯る場合何でも食いつかれる神田さんを利用するのが彼等銀行家の慣用手段であって,神田さんがあの悲しむべき結果に終られたのも,主として彼等の巧言と欺瞞によるもので…社債の背負込みによる各種金利上の損失が主なる原因」[90]と神田側を弁護している。仮にこの説に立てば乗合社債の背負込みにより神田銀行が破綻したのは「東京渡辺銀行の巧言と欺瞞によるもの」となろう。現に東京渡辺銀行破綻後の昭和2年10月31日でも神田銀行からの借入金15万円はそのまま同行に存置していた[91]。

「渡辺一族ガ関係セル有力ナル会社ヨリ不条理極マル条件ヲ忍ビテ当行ヘ預金ヲ為サシメ」[92]たとの日銀指摘の如く,2年9月30日現在で乗合に391.9万円も預金させていた。大正14年5月末の預金残49万円に比して343万円も急増[93]したことから判断して,この間の第1回,第2回合計350万円もの「社債は全部渡辺銀行の遣繰りに使はれ…現金と云ふ現金は根こそぎ渡辺銀行に持って行かれ」(S 2.3.26 T)破綻寸前の同行の資金繰に流用された可能性が高いと見られる。上原監査役は総会で「重役諸氏は,元々あかぢの子飼いであるから,主人の命令に背き難く,かかる窮状となる迄,社長の放漫乱雑を黙認した」[94]と渡辺派重役の無責任ぶりを非難した。

6. 東京渡辺銀行破綻との関連

昭和2年3月15日乗合自動車の株価は49円20銭の呼値で始まり,一時は売物に押され46円80銭まで惨落したが,「乗合自動車と渡辺銀行とは因果関係があるので同銀行の破綻は直ちに同株に影響すべきは当然」(S 2.3.16読売)と見られた。同行破綻に伴い,東京瓦斯社長の渡辺勝三郎は「非公式に社

長辞任を申し出…東京渡辺銀行専務たる渡辺六郎氏も取締役を辞任するにいたるべく，また渡辺系の常務鈴木寅彦氏の辞任もやむなき情勢」（S2.3.16東日）にあると報道され，渡辺勝三郎の東京電灯取締役辞任も近いと見られた。

同行貸付先一覧には乗合名義56万円のほか，堀内良平（乗合専務）名義33,340円，安東偶二郎[95]名義144,073円，鈴木寅彦[96]8万円など乗合関係者多数が含まれ，当然ながら密接な融資関係が存在し，また乗合の預金も「大部分は東京渡辺銀行に預入れされてその額は百三四十万円」（S2.3.16東日）と見込まれていたから，乗合でも東京渡辺銀行の破綻を受けて重役会を開き，「一，渡辺社長の辞表提出善後策，二，東京渡辺銀行整理に伴ふ同社欠損調査，三，昨年末募集社債二百万円（神田銀行引受）中残額百五十万円の受領に関する引受銀行との交渉」（S2.3.16東日）を協議した。3月17日の重役会で「社長の辞任はこれを認め，後任は現専務堀内良平氏」（S2.3.18東日）とした。3月19日の中井銀行破綻で株式市場は「諸株一斉崩れ足となって…（東京）乗合自動車株はまるで底抜けの観があり小口買方の無数の投げ物と，売方の突撃売りなど利食ひ値頃観の買物によって大混戦を演じ又もや五円九十銭方大惨落」（S2.3.20東日）となった。堀内は3月19日の重役会で出席した渡辺側重役に対して「手形は渡辺氏以外の重役は全然関与せず自動車会社の関係以外に使用されたもので…渡辺氏に於て然るべく処理すること」（S2.3.20読売）を主張した[97]。また堀内は「一千三百万円で政府に売却することになるので近く巨資を擁する」（S2.3.17読売）越後鉄道の久須美東馬[98]と「予てから昵懇の間柄」なため「久須美氏を口説き落して社長に据え社内の整理を行はん」（S2.3.17読売）と画策したが実現しなかった[99]。

7．神田銀行との関係

乗合は唯一の財産として神田銀行に別段預金の払戻し請求を行ったが，神田銀行の円城寺頭取は「銀行は先方の手形を持って居るのだから相殺勘定にすれば宜しいので，それは先方も万々承知の筈」[100]との態度で乗合の約束手形を以て相殺しようとして払戻し請求に応じなかった。東洋経済によれば「神田銀行の預金となってゐる百五十万円は，実際は三月三十一日期限の預り証券であって，預金ではない。而して此の預り証券を担保に渡辺六郎氏が乗合自動車の社長として，昨年来渡辺銀行の支払手形に裏書きして，神田銀行から資金の融通を計って来た」（S2.3.26T）もので，「神田銀行との間にそう云ふ条件が附

されてゐた様子」（Ｓ２.７.９Ｔ）と社債募集費用とともに相殺する条件の存在を推定し，手形の引当となっている東京渡辺銀行の支払手形が返済されない限り乗合は神田銀行から回収不能と理解している。

堀内は同じ甲州系で親友の徳田昂平[101]らの尽力で，乗合の名で発行された手形を堀内良平名義の株券を担保にして半額に責任を持つことで回収した。乗合の重役会の決議として，辞任を申し出た渡辺系役員２名を背任，詐欺，横領罪で告発するとともに，堀内良平が創立関係者の一人として渡辺六郎の後任の乗合社長に就任して，会社再建に取り組んだ[102]。

8．手形乱発事件の処理

手形乱発の背景は「あかぢ銀行の破綻を，何で一族が黙って見逃すものではない。青バスの社長，（渡辺）六郎に対して，ＳＯＳが発せられて…渡辺六郎と安藤常務は，青バスの社印を使って，約束手形を濫発して，その信用を利用して，各金融機関で割引」[103]したもので，手形は全部で32口，その総額は払込資本金の７割を超える422.2万円にも達した（Ｓ２.７.９Ｔ）。

そこで乗合では「渡辺同族及渡辺保全会社から東京市内にある十万五千坪程の土地を提供させ，一先づ整理をつけた」（Ｓ２.７.９Ｔ）体裁をつくろって昭和２年５月の総会を乗り切った。３年６月29日東京渡辺銀行の破産宣告により乗合の株価は崩落した。それは「自動車会社が渡辺家より債権のかたに取得した土地十万五千坪を仮登記して債権を確保したのであったが，渡辺銀行が破産となり一切が清算人の手に委せられて自動車会社が折角取得した土地も危くなるとの懸念」（Ｓ３.７.１東日）によるものであった。乗合が所有権を移転したのは銀行の休業後であり，その有効性を疑問視する向きもあった。これに対し乗合は「当該地は銀行の所有物ではなく渡辺家個人のものであるから所有権移転は有効」（Ｓ３.６.30東日）と主張するものの，1.4万人もの預金者が預金払戻しの財源として期待するのは当該土地しかなく，各方面から「結局乗合自動車会社との間に争奪戦が開始されるものとして成行を注目」（Ｓ３.６.30東日）された。

しかしこの土地は休業してまもなく渡辺，あかぢ両行の整理資金として渡辺同族，渡辺保全が私財を提供すると新聞広告された物件であり，大蔵省に提出された両行の整理案にも掲げられている。しかも既に「勧銀から六百万円，根津氏から百万円，信越電力から二百五十万円合計九百五十万円の担保に入って

第 4 章　東京乗合自動車　　293

をル」（S 3 . 3 . 10 T）傷物で，中に含まれた渡辺個人名義の物件は渡辺同族が役員として無限責任を負うべき，あかぢ貯蓄銀行の破綻後に乗合へ譲渡の仮登記がなされたため無効となる危険もあり，東洋経済も「前社長の背任行為を逃れん為めの一時的糊塗手段」（S 2 . 7 . 9 T）かとも疑っている。しかし逆に東京渡辺銀行の土地会社方式を軸とする和議案の可否の審議では「東京乗合自動車会社ノ社長タリシ渡辺六郎ガ同社ノ名ヲ利用シテ不当ニ発行セシ手形ニ対スル賠償トシテ已ニ同社ニ譲渡セル不動産ヲ主体トスルモノナルガ故ニ，コレガ返還ヲ受クル手段ノ立ザル限リ成立ノ望ナク」[104] と，乗合への譲渡のため和議を疑問視している。

9．社債のデフォルト

第 1 回社債は償還満期日の昭和 3 年 1 月 26 日に償還不能となり，社債権者集会の決議を経て，一部分を現金償還とし，大半を第 3 回社債（3 年 5 月 26 日発行，7％，150 万円，縁故募集）の借換えとした[105]。これは井上準之助日銀総裁が「一昨年から昨年にかけまして，社債の不渡の為めに，財界の可なり表面及び裏面に於て苦しんで居た」[106] と社債償還不能問題の重要性を銀行界に提起した直後であった。乗合は神田銀行が預金不払の態度を固守すると見て神田銀行の破産を申請，神田銀行も和議申請で対抗した。3 年 8 月 18 日に神田銀行は破産宣告を受けた。結局，東京渡辺銀行の破綻が乗合社債のデフォルトを招き，乗合社債を引き受けた神田銀行の破産にまで波及したことになる。

2 年 3 月末以降乗合は『営業報告書』の中で貸借対照表の備考として「前社長渡辺六郎ガ当同会社ノ用途以外ニ振出シタル手形ハ会社ノ認ムル能ハザルモノナレバ之ニ因リ会社ニ幾何ノ損害ヲ生ズベキヤ明カナラザルヲ以テ未ダ之ヲ貸借対照表中ニ掲グル能ハズ。依テ別口トシテ左記ノ通リ整理セリ」と付記した上で，貸方「渡辺六郎整理仮勘定」約 422.2 万円，借方「渡辺六郎整理仮勘定補償不動産」約 422.2 万円をともに簿外に注記している[107]。

10．東京乗合の「根津財閥」への併呑

渡辺六郎の後任社長に就任した堀内良平は昭和 6 年 1 月東京市の馬渡電気局長を訪問し乗合経営権の売却交渉を開始したが，買収価格を巡って交渉が難航，「黒い影が動いてゐるとのうはさ」[108] から贈収賄事件に発展し，その最中に乗合株式は「石崎光〈石が正当〉三一派の手に買い占められ」[109] た。乗合大

株主間で纏まった根津への禅譲合意を破棄して、いわばクーデターを企て失敗した佐藤美代志[110]、佐藤美彦（美代志の子息）、堀江正三郎（昭和6年7月乗合取締役就任、9年10月死亡）ら佐藤一派に代って、昭和6～8年頃乗合役員になった上林慶喜（高崎セロファン常任監査役）、安藤竹次郎[111]、寺尾芳男[112]、佐藤麟太郎[113]、杉江仙次郎（高崎セロファン取締役、東京乗合監査役）らは石崎石三[114]と何らかの共通点があった。その後の渡辺六郎は長男秀氏の媒酌を務めるなど「親身に何くれとなく力になって頂いた恩人」[115]である「石崎石三氏経営の東京麻絲紡績㈱及び棉麻通商㈱の取締役として、重役会にも出席していた」[116]から、石崎派はむしろアンチ堀内、渡辺家シンパという位置付けかと思われ、営団の鈴木清秀がいう「経営に困難をきたし渡辺系の財政上の破綻もあって石崎石三氏の経営に移り」[117]との表現とはややニュアンスが異なる。堀内は起死回生策として子会社の京浜乗合自動車（資本金3万円）に競願者が多い京浜新国道路線権を獲得させるように奔走し、有力政治家に献金したことが命取りとなって失脚、「堀内氏の退去後捲き起つた青バスの会社騒動」[118]を招いた。5年8月現在では乗合は427両の車両を保有していたが、当時全国の民間バス業者のうち、東京市電気局の572両に次いで第2位の規模であり、第3位の大阪乗合284両、第4位遠三自動車160両、第5位大阪市電気局126両等を大きく引き離していた[119]。

根津嘉一郎とは乗合の創立時から同郷の堀内良平との関係に基づくゆるやかな連携があったが、東京渡辺銀行の破綻後にはその関係がより緊密化する。例えば乗合は昭和3年末に問題の子会社・京浜乗合自動車を2回に分けて60万円に増資して、第2回の「増資五十万円は半額を根津嘉一郎氏に引受けて貰」（S3.12.8T）い、その払込金50万円を親会社の当社が整理資金として借り入れるという了解もできていたとされる。この間、自己保身本能からの佐藤美代志一派の根津資本導入阻止の反乱もあり、根津による系列化は一時頓挫したものの、例えば根津に近い愛国生命は7年末現在で5年12月20日発行の第5回社債（200万円発行）を19,000円、9年末現在で8年12月21日発行の第6回担保付社債（200万円発行）を93,000円保有する[120]。麻島昭一氏は愛国生命の「新たに登場」した乗合社債への19,000円投資に関して、東武鉄道の198万円など「一銘柄で一〇〇万円を超えるものがあり…一方で五万円以下の零細投資」[121]があるという金額の零細さと、その利回りが9.33％と他の銘柄に比して異常に高いことから「特異なケース」[122]と位置付けるが、9年6月18日

発行の東京湾汽船第2回5.5％社債50万円を富国徴兵, 太平, 愛国各生命等根津系保険各社が引受け[123], 愛国が7年末現在第2回5.5％社債を48,000円保有[124]したのと同様な, 根津直系事業法人による本格的資本系列化に先行する, 投融資先との親密関係の形成を目論んだ根津系保険各社によるハイリスク承知の意図的な金融支援の一環と思われる。愛国社長の原邦造は東武取締役等を兼ね「根津財閥の外郭的後援資本家」[125]とか,「根津氏とは共同戦線を張る立場」[126]と形容されるなど, 根津系とはかねて親密な愛国にとって根津側からの引受依頼に応えたという点では東武への大口投資も, 乗合・東京湾汽船（第5章参照）への零細投資も同一次元での根津系への政策投資ということなのであろう。同様に根津側の政策投資と解される特異事例は富国単独による武蔵野鉄道社債の総額引受[127]にも見られる。結局,「石崎一派の買占めた青バス株は…早川の地下鉄へ買い取られ」[128], 根津系の東京地下鉄[129]が一躍55,255株の筆頭株主となって, その子会社[130]となった。12年末では東京地下鉄が「東京乗合を培養機関として」[131], 乗合株の20万株中88,085株を保有する筆頭株主で, 根津系の帝国興業[132], 富国徴兵等も乗合の大株主となった[133]。13年3月に乗合は東京地下鉄道に吸収合併された[134]。乗合の系列化・吸収は, 渡辺保全の全面移管, 東京湾汽船等の系列化とともに渡辺系列企業の「根津財閥」への包含過程の一環として捉えることができよう。

注
1)「東京乗合自動車株は…今前場はまたもや三円六十銭方…暴落して新安値を示した…異実同体の関係にある某銀行に対しとかくの風説あるのと…重役筋や会社関係筋が盛んに実株を売りつないでゐるので, 内部に何か重大な悪材料伏在してゐるのではないかとの疑心を生み, 投げに新規に売り慕はるに至った結果に外ならぬが, これと同時に東京ガス株も一円二十銭安と崩落したのはそこに何等の因果関係ありはせぬか」（S2.3.11東日「自動車株暴落」記事）。なお「青バス」は車体全部を緑色に塗ったことに由来し, 東京で最初の本格的なバス業者であり, 全国的にも規模で純粋民営バス業者としてトップクラス
2)『山一証券史』昭和33年, 山一証券, p700～1
3) 興銀『昭和五年の社債界』p5
4) 竹内半寿『我国公社債制度の沿革』昭和31年, 酒井書店, p76
5) 社債浄化運動に関しては松尾順介「日本における社債受託制度の導入と確立」『証券経済』第176号, 平成3年6月参照
6) 高橋亀吉『株式会社亡国論』昭和5年, 萬里閣書房, p293

7) 後藤毛織は大正7年7月5日後藤恕作が創立，社長の性格もあって経営が「万事派手に遣って放漫に流れ」（S 8 . 9 . 2 T），震災も加わって経営が困難となったため大正13年11月第1回社債を発行したが，大正15年12月に第一次分割償還50万円が支払困難となったため受託した神田銀行がさらに昭和2年6月1日までの短期間に3回もの担保付社債を次々と追加発行するという「四苦八苦の遣繰り算段」（S 8 . 9 . 2 T）を重ねた。しかし両社の間に紛争を生じ，後藤毛織側は「第二回以下の社債手取金の大部分も神田銀行が恣に資消した」（S 8 . 9 . 2 T）と主張，訴訟を準備するなど，東京乗合と酷似した複雑怪奇な社債償還不能事件となった。同社債の処理は松尾順介「戦前のディフォールト社債の処理について(2)」（『証研レポート』1542号，1997年1月）参照。次の注記の箱根土地ともども悪質な担保抜取り事件としてなお精査を要するものと思われる。

8) 箱根土地社債および神田銀行との関係については野田正穂「1920年代の担保付き社債」『経営志林』34巻3号，平成9年10月，野田正穂，中島明子編『目白文化村』日本経済評論社，平成3年，p30〜53，由井常彦，前田和利，老川慶喜『堤康次郎』平成8年，リブロ由井常彦編『セゾンの歴史』上・下・年表資料集，リブロポート，平成3年，野田正穂「西武コンツェルンの形成について」『鉄道史学』2号，昭和60年8月など参照

9) 栗栖赳夫『社債及其救済論』昭和3年，啓明社，p23

10) 興銀『本邦社債略史』昭和2年，p68〜87より算出

11) 利益相反の事実に関してはたとえば大正10年1月『日銀調査月報』（以下『月報』と略）は「社債ノ費途ニ関シテハ製紙又ハ電気会社債中ニハ事業ノ拡張ニ当テラルルモノアルモ而余ノ大部分ハ今猶旧債ノ整理又ハ借款ニ充テラルルヲ以テ銀行ニ於ケル焦付資金モ漸次回収セラレ…」（大正10年1月『月報』，『資料』，第21巻，p898）と述べている。

12) 西川由造（帝都高速度交通営団旅客課長）『東京交通史』下，昭和35年，p231

13) 堀内良平は乗合や富士身延鉄道，富士山麓鉄道（現富士急行）の創業者で，甲州財閥の一人として小野金六，根津嘉一郎らと行動を共にしたが，後には根津とも袂を分って創立時から尽した富士身延社長等の座を追われた。代議士としても国有化の風潮に激しく反対，軍部から睨まれたほど反骨精神旺盛な人物。伝記『甲斐の黒駒　堀内良平伝』（以下単に『堀内伝』と略，昭和29年，富士山麓電鉄）参照

14) 38) 時事新報社経済部編『財づる物語』大正15年，p248

15) 阿部吾市は明治6年3月15日岐阜県稲葉郡の貧家に生れ，苦労の末に浅野石油部に採用され，明治34年9月浅野，渋沢の支援で茨城採炭を設立し専務・社長となり，明治末に1行6社の重役を兼ねるに至った（『実業家人名辞典』M 44，ア p 9）。

鈴木久次郎が明治27年に開坑経営していた茨城県の炭坑が転々と譲渡されていたものを近傍の茨城採炭を経営中の阿部が悪名高い小山田信蔵と共同経営していたが，明治41年3月には山口嘉三（炭砿主）に売却（清宮一郎『常磐炭田史』昭和30年，p74）した。阿部が売先の山口炭礦（資本金300万円，代表取締役山口嘉三，取締役山口藤三郎ら，監査役岡部正樹ら『日本鉱業名鑑』大正13年，p80）取締役となったのはその縁であろう。

第4章　東京乗合自動車　　　　　　　　　　　　　　　297

　大正10年常磐石炭鉱業会創立時より理事長を務め（前掲『常磐炭田史』p83）、東京石炭同業組合長、東京瓦斯の久米良作社長から頼まれ、廃材同然のコークスを一手販売する（『常磐炭田史』p85）。東京石炭コークス社長、東京練炭社長、千代田炭砿、東ボタン各取締役、川井運輸監査役（『大日本重役大観』T 7、p343）、日本紙絲紡績監査役、日本寒天、山口炭礦、北海炭業、日之出汽船、大滝鉱山各取締役、阿部商事社長、帝国物産社長、東洋耐火煉瓦、大正活映各取締役（要録T 11、役p75、p148）、茨城無煙炭販売、山元オブラート、関東燃料各監査役（『現代実業家大観』S 3、ア p20）、茨城採炭、唐津鉱業各社長。東京瓦斯のコークスを一手販売した縁によるものか、社長の久米良作の関係した帝国火薬工業監査役となり、大正8年11月時点では東京乗合自動車の東京乗合取締役にも就任している。大正10年6月には古賀の大日本炭砿、阿部吾市の茨城採炭、山口無煙炭礦、茨城無煙炭礦、東光採炭が常磐無煙炭共同販売会社を設立し、共同販売を開始した（前掲『動揺史』p661）。
　大正14年9月には社長として君臨していた茨城採炭を磐城炭砿に合併した結果（『常磐炭田史』p88）磐城炭砿取締役となったが、大正13年頃突然「仕事の方も緊縮する」（『常磐炭田史』p88）と言い出して関係事業からなるべく手を引いた。この頃茨城採炭に隣接する茨城無煙炭礦も「震災後炭価の暴落から経営次第に困難に陥り、殊に昨年春からは業務不振甚だしく」（T 15.8.24東朝）大正15年8月23日には賃金不払に端を発する労働争議の末に破産宣告（T 15.8.24東朝）されている。事業縮小の決断との関係は未詳ながら、ちょうどこの頃、唐津鉱業社長としての阿部が関わった唐津鉱業振出、唐津銀行割引による震災手形5万円について日銀で正当性が問題とされたことがある（大正13年2月16日日銀門司支店長報告、日銀金融研究所保管資料＃335、「大正十三年中震災後店回議・審査部」）。唐津銀行の震災手形総額（日銀再割引額の意味。日銀、『日本金融史資料明治大正編』22巻、p882）は5万円であったから唐津鉱業振出分がその全額に相当した。
　阿部が取締役となっていた山口炭礦の経営者の山口嘉三は「一時九州唐津でも炭砿を経営したが、この方は結局芳しい話を聞かずにしまった」（『常磐炭田史』p75）ヤマが問題となった唐津鉱業と考えられる。なお大正12年時点の唐津鉱業は代表取締役阿部吾市（山口炭礦取締役）、取締役谷口尚蔵、岡部正樹（山口炭礦監査役、竹内鉱業監査役〈要録T 5、p162〉）、山口藤三郎（山口炭礦取締役）、渋谷正吉、岡谷兵助、鈴木太郎、伊藤健輔、藤田平馬、坂本博亮、岸田万次郎、監査役浦元清、鈴木善作、井手直三（『日本鉱業名鑑』大正13年、p44）で、一時期は土地ブームを煽る土地会社株の売買・信託を専門に行い『土地会社総覧』を発刊した木村準心（商事信託合資会社長、信貴土地建物社長、九州硅藻土、生駒聖天土地、御影土地、天王寺土地、野江土地等の役員を兼務）も参画していた。

16) 18) 39) 萩原為次『素裸にした甲州財閥』（以下単に『甲州財閥』と略）、昭和7年、山梨民友新聞社、p 347、513、349
17) 41) 44) 45) 前掲『堀内伝』p 151～4
19) 佐高信『失言恐慌』平成3年、駸々堂出版、p 72
20) 22) 『日本自動車交通事業史』（以下『事業史』と略）下、全国乗用自動車協会、昭和28年、p 1131、1132

21) 23) 26) 37) 前掲『事業史』上、p 26
24) 29) 堀内良平「東京乗合自動車の経営苦心談」『鉄道軌道経営資料』第81号、大正14年6月15日、p 37
25) 『富士山麓史』p 880 では7月27日付
27) 28) 30) 石川悌二編『馬車鉄から地下鉄まで』昭和36年、東京都、p 41、4328、渡辺伊之輔『東京の交通』昭和29年、東京都交通局、p 63
31) 乗合「起業目論見書」大正7年8月
32) 東都通信社編『大日本銀行会社沿革史』大正8年、p 93
33) 例えば東株の仲買人組合が大正8年末に発行した『会社便覧 第二十五回』、野上龍吉が大正8年末に発行した『大正九年 営業案内』など
34) 野村商店『株式年鑑 大正八年度』大正8年5月、p 414
35) 36) 大阪屋商店『株式年鑑大正十五年度』大正15年、p 252〜3
40) 『富士山麓史』昭和52年、富士急行、p 554、556
42) 43) 長谷川光太郎『兜町盛衰記』昭和34年、日本証券新聞社、第3巻、p 69〜70。なお中央証券監査役の前田二平(山叶商会、佐藤製衡所各代表取締役、旭鉄工、東洋製靴場各取締役、要録T 11、p 212)には東京渡辺銀行は5万円貸付けていた。
46) 54) 渡辺秀『渡辺六郎家百年史』平成元年、渡辺秀、p 23、57
47) 乗合『第十六回営業報告書』大正15年3月、p 5、「東京遊覧の栞」(前掲『富士山麓史』、p 557 所収)
48) 55) 61)『バス事業五十年史』昭和32年、日本乗合自動車協会、p 193、1045、908、113
49) 50) 前掲『富士山麓史』p 881、556
51) 渡辺滋は北豊島郡滝野川中里、大正14年所得税57円(紳T 14、p 198)
52) 乗合子会社の大東京遊覧の前身である東京遊覧乗合は大正13年渡辺滋により資本金30万円で設立された(『東京都交通局四十年史』以下『四十年史』と略、昭和26年、東京都交通局、p 315)。
53) タクシー自動車㈱は日本最初のタクシー会社として明治45年8月1日資本金50万円(払込25万円)で設立され、フォード90台保有、数寄屋橋畔でT型フォード6台で開業(『事業史』上、p 49)、その後資本系統の移行から社名を幾度も変更、東京合同タクシーとして存続。大正5年には大阪に進出するなど、同社の系譜に連なる人々が大阪、名古屋、神戸等各地のタクシー創業に関与した(伊藤正『社史余話』平成6年、名古屋鉄道、p 24)。
56) 新潟市古町三番町、新潟艀曳船取、大正2年12月5日に新潟〜新発田間30.6キロ、新潟〜弥彦間の乗合バスを運行した人物(『新潟県史 資料編18 近代六産業経済編II』昭和59年、新潟県、p 1001、『バス事業五十年史』p 52、要録T 11、中p 181)
57) 昭和4年12月24日『新潟毎日新聞』『新潟県史 資料編16 近代四政治編II』昭和60年、新潟県、p 132 所収
58) 60)『新潟県の100年 4 交通・産業編』昭和60年、新潟日報事業社、p 62、67
59) 『新潟交通二十年史』昭和41年、新潟交通、p 26〜7
62) 前掲『新潟県史』資料編18、p 1001 所収

第 4 章　東京乗合自動車　　　　　　　　　　　　　　　　299

63）昭和 4 年 12 月 24 日『新潟毎日新聞』前掲『新潟県史』資料編 16，p 132 所収
64）酒井猪太郎は大株仲買人・帯谷伝三郎の弟，魚問屋，市議，大阪乗合，別府温泉土地各社長，帯谷伝三郎商店取締役
65）渋沢正雄は大阪乗合取締役に就任
66）『銀行会社事業興信録』S 8，人事興信所，p 720
67）112）寺尾芳男は新潟県新発田出身，東京乗合営業課長，新潟市街自動車発起人・専務，大阪乗合常務等を歴任後，東京麻糸紡績監査役，棉麻通商取締役，8 年乗合入社取締役，常務，後に高崎セロファン，葛飾乗合，大東京自動車各取締役
68）96）鈴木寅彦は乗合「渡辺系の常務」（S 2．3．16 東日），東京瓦斯監査役，東洋耐火煉瓦取締役，武蔵電気鉄道常，大阪乗合取締役，北海道瓦斯取締役，泰平銀行取締役，日清生命取締役，成田鉄道取締役，両毛紡織取締役，ヤップ島興業取締役，日本電気炉工業取締役，隅田川精鉄所取締役，昭和 6 年横浜生命社長就任，藤田組経営の富士生命を買収した岩田三平との間で昭和 6 年 4 月売買契約を締結。
69）大阪屋商店『株式年鑑　大正十四年度』大正 14 年，p 219，乗合『第十二回営業報告書』大正 13 年 3 月，p 3。支配人の坂本行輔（後の常務）は酒井猪太郎の勧めで鶴橋署長から入社。
70）『第 33 回　全国公債社債明細表』昭和 2 年 6 月，興銀，p 190
71）乗合『第十八回営業報告書』昭和 2 年 3 月，p 5
72）前掲『整理』p 452
73）74）75）76）78）『日本銀行調査月報』『日本金融史資料明治大正編』，第 21 巻，p 1031，1052，1061，1103
77）前掲『月報』『社債一覧』では発行価格は 99 円，最終利回は 8.33 ％
79）120）121）122）麻島昭一『本邦生保資金運用史』平成 3 年，日本経済評論社，p 228，662～9
80）83）85）86）87）88）89）90）94）100）『風雲六十三年　神田鍈蔵翁』（以下単に『神田翁』と略），昭和 28 年，紅葉会，p 208～9，239，230，98，239，240
81）永野護（元渡辺商事・東洋製油支配人）の略歴は大正 4 年東大卒，東京渡辺銀行入行後，渋沢栄一の秘書として渡米，帰朝後渡辺系の東洋製油に転じ，9 年時点では取・支配人で渡辺商事営業部長を兼ね，渡辺保全が開発した日暮里道潅山で同僚・林甚之丞の隣に居住，11 年時点では神田系の東華生命常務，青島株式商品信託取締役，住所も豊島郡淀橋町角筈に移転，13 年には東京米穀商品取引所監となり，14 年時点では北豊島，西巣鴨，宮仲に再移転，横浜取引所理事，神田銀行，東華生命，丸ノ内銀行，青島株式信託各取締役，横浜倉庫監査役，所得税 1,498 円となっている。昭和 2 年には中島久万吉，林甚之丞ら「番町会」「薬王子会」グループとともに渡辺系の東京湾汽船の経営を引受け，8 年（山叶商会社長時代）番町会活動に関連して帝人事件に遭遇，9 年帝人事件で拘束された。戦前・戦後広島二区より衆議院議員に選出，丸宏証券会長，なお日商会頭永野重雄は実弟（石田朗『東京の米穀取引所　戦前の理事長』平成 4 年，東京穀物商品取引所，p 284～5，『林甚之丞氏の足跡』昭和 36 年，鋼管鉱業，p 54～8，250，要録 T 9，役 p 115，要録 T 11，役 p 117，紳 T 14，p 366）
82）上原鹿造は早稲田大学卒，鳩山一郎義兄，弁護士，代議士，京成取締役，ボルネオ護

謨監査役，南洋護謨監査役，万歳生命監査役，多摩鉄道監査役，日本電化取締役，東京琺瑯代表取締役（小浜利得『現代日本財界人物論』昭和31年，ダイヤモンド社，p 206）

84) 高橋亀吉『経済と金融の実際』昭和3年，白揚社，p 297, 299

91) 92) 93) 104) 前掲『整理』昭和編第24巻，p 451〜7

95) 安東偶二郎は乗合常務，渡辺兄弟の「腹心」（『堀内伝』p 152），東京実用自動車取締役

97)「然るに社長の渡辺六郎氏失則して例の大穴をあけて以來，会社の台所は火の車，業績も亦兎角平穏を欠いて挙らず，渡辺六郎氏の後釜を襲ふて社長に就任した堀内氏の重大な仕事の一つは，借金の言ひ訳と，そうして如何にして其の負債を償却するかといふ部の悪い役割だったといふから，以て会社の内容の程は窺はれようといふもの。現在川崎第百，神田銀行外数ヶ所の銀行に莫大な借金が残されてゐる。尤も会社側に言はせると，この借金は，渡辺家に対する債権として確保されてゐるわけだからと澄ましこんでゐるが，然し今日没落した渡辺一家から回収することは思ひもよらないことだ」（前掲『甲州財閥』p 349〜50）

98) 久須美東馬は明治10年11月6日久須美秀三郎の長男に生れ，昭和3年家督相続，明治32年早稲田大学英語政治科卒，「越後鉄道の創立に参与し，常務取締役に挙げられ，又寺泊銀行に入り，頭取となり，その他数種の事業に関与したるも，昭和四年所謂越鉄疑獄事件を惹起し，業界を退く」（『大衆人事録』第三版，p 6）衆議院議員，日英醸造，新潟新聞社各社長，北海拓殖代表社員（『大衆人事録』第三版，p 6）であった。名家に生まれた彼は庭園にも造詣が深く，「鉄道事業の負うべき責務…新潟県における文明の尺度を作る徹意」（同書p 89）から重役の反対を押切り「設計は全部自身で計画庭石植木の買出しまで自分でやり」（同書p 180）5.5万坪もの和洋折衷の弥彦公園を築造し，いずれ動・植物園，博物館等の増設も予定していた。しかし東馬が経営していたビール事業等の失敗，買収・清算の過程で社金流用が発覚，間もなく失脚し，越後鉄道買収工作での逮捕等の悲劇が重なり，家産を傾け，敗残の余生を余儀なくされた。越鉄の国有化時に公園は除外され，清算人は処分に奔走，結局業者が買収・寸断して分譲することになった。そこで名園の廃絶を惜しむ地元の努力で公園として存続することになった。晩年に地元市長が彼を慰めに訪問すると「往時を追想感極って」（『久須美父子の遺徳を偲ぶ』p 180）泣き出した。名門久須美家は没落したが，鉄路と県下最大の公園が立派に残った。

99) これは2年の井上鉄相による越後鉄道，水戸鉄道など5私鉄の買収が背景である。久須美東馬，久須美秀三郎父子は北越鉄道や越後鉄道の経営に参画し，新潟県に鉄道網を残した。久須美秀三郎は衆議院議員，北越鉄道，日本石油，長岡銀行，寺泊銀行の創立にあたった。

101) 徳田昂平は東京坂本町の証券業者・丸ト株式店・徳田商合会社長，大正15年現在徳田商会名義で乗合1,770株所有，6年現在個人名義で510株所有，富士山麓電鉄発起人，中央証券監査役，同証券の大穴事件で整理に追込まれた（前掲『明治大正史』10巻，p 204）。

102) 103) 109) 128) 前掲『堀内伝』p 154, 152, 159。「甲州系」資本家とされる堀内は

むしろ専門経営者的な立場に近く,「渡辺一家の没落後堀内氏が是に代つたのである。然し当社は其の株式総数十九万三千余株に対し,株主の数は三千五百余名に上り,大株主と言つたところで精々千株乃至二千株に過ぎない有様だから,他会社に見るやうな大株主といふものがない。堀内氏が社長に就任したもの,実のところ創立者としての歴史的立場からであつた」(前掲『甲州財閥』p 351) と極めて微妙な立場であったことがうかがえる。

105) 前掲『社債一覧』p 661〜2
106) 『井上準之助論叢』昭和10年,第3巻,p 30〜2
107) 乗合『第十八回営業報告書』昭和2年,p 14
108) 前掲『馬車鉄から地下鉄まで』p 91。「前任の馬渡局長は八百万円に査定,続く斉藤局長は八百万に査定して譲らなかつた為に,買収価格に於て折合はず,結局物別れ」(前掲『甲州財閥』p 350) に終わった。
110) 佐藤美代志(京橋区銀座 4-1)は電機具商(紳 S 6,p 340),銀座ゴンドラ店主(『丸之内紳士録』昭和6年版,p 630),昭和6年7月乗合取締役就任
111) 安藤竹次郎は名株取引員安藤竹次郎商店主,日本観光取締役,東京麻絲紡績取締役,東京乗合取締役
113) 佐藤麟太郎は新潟人絹工業監査役,御岳登山鉄道取締役,日本コンクリートポール監査役
114) 石崎石三(神田区三河町)は短期取引員・小松屋,東京麻絲紡績,高崎セロファン各社長
115) 116) 前掲『渡辺六郎家百年史』p 71, 107
117) 鈴木清秀『交通調整の実際』昭和29年,p 238
118) 前掲『甲州財閥』p 350,『堀内伝』p 154。「堀内氏は居城平かならず,遂に昨年労苦を共にした青バス社長の椅子を横取されてしまつた。そうして堪え得られぬ腹の裡を悲壮な笑ひにまぎらはして,表面相談役として名を連ねてゐるが,所詮は東電に於ける若尾氏の立場にも似通つた行懸り的関係に過ぎず,実質上殆ど除け者にされた形である。堀内氏が青バス社長を去るまでの経過,並に堀内氏の退去後捲き起つた青バスの会社騒動は東電の御家騒動よりも遙かに大がゝりなもので,現在のところ,そこに中心勢力もなければ,一定の営業方針が遵守されてゐるのでもない始末である」(前掲『甲州財閥』p 350)
119) 前掲『事業史』上,p 30
123) 山一証券『株式社債年鑑』昭和10年版,p 157
124) これも利回りが8.42％と異常に高く麻島氏は「特異なケース」とされる。
125) 勝田貞次『大倉・根津コンツェルン読本』昭和10年,春秋社,p 245, 208, 225, 253
126) 松下伝吉『中堅財閥の新研究・関東編』昭和12年,p 388, 380
127) 根津が社長の富国は昭和4年12月経営難の武蔵野鉄道の第4回6％担保付社債130万円を1社単独で総額引受した。その後同鉄道は破綻,昭和9年9月に鉄道財団の強制管理となったが,富国は再建・整理の過程に深く関わった。「鉄道王」根津は同業者として同鉄道の実態を知り尽くしていた筈であるから,ハイリスク覚悟での引受の背景には

武蔵野の株主総会が富国の行動を「他ノ致命的損失ヲ顧ミズ会社ノ実体ヲ奪取セントスルモノ」と決議したように，自己の東武に近接する他私鉄支配という特別の動機が働いたと思われる。(森克彦『武蔵野鉄道乗取りの策謀』昭和11年，保険春秋社，p 57)

129) 東京地下鉄は創業者の早川が根津系の佐野鉄道，高野鉄道等の支配人を歴任した根津系の人物であり，根津系の株主が少なくとも5.9％を占めるなど，一般には根津系企業と扱われている。

130) 12年末では東京地下鉄が乗合株の20万株中88,085株を保有して筆頭株主となっている。

131) 松下伝吉『中堅財閥の新研究・関東編』昭和12年，p 380

132) 帝国興業は9年6月設立，資本金300万円，「土地建物売買及其賃貸借有価証券ノ売買」を目的とする根津の持株会社で，昭和土地（第6章参照）と合併

133) 富国徴兵は12年末で乗合株2,750株を所有

134) これに伴って，東京合同タクシー，大東京遊覧自動車は，すでに12年4月東京地下鉄の傘下に入っていた葛飾乗合等とともに東京地下鉄道の投資会社となっていた。

第5章　渡辺系の各社概要

　本章ではすでに第4章で取り上げた東京乗合，第8章以下で取り上げる旭日生命以外の主な渡辺系の各社の概要を検討する。ただし不動産に関連する企業群は便宜上，次章で一括して取り上げ，また一部の関係先は第7章として東京渡辺銀行の破綻に直接関連するような時系列的な経過分析の中で取り上げた。

1．東京湾汽船

　東京湾汽船（以下単に汽船と略）は東京平野汽船組合，第二房州汽船会社，三浦汽船会社，内国通運に分立して競争していた「東京湾内航通ノ各汽船会社カ共同合併シテ」[1]，前田清照（麻布区飯倉），西村一彰（京橋区築地，西村茂樹長男），梅浦精一[2]，平野富二[3]，佐々木荘助[4]，福沢辰蔵（京橋区越前堀），桜井亀二（京橋区新船松町），広部正三[5]の8名の発起人によって出願，明治22年10月15日認可され，11月14日有限責任東京湾汽船会社として創立した。第1回株主臨時総会時点では資本金50万円で1万株，少なくとも94名の株主があり，渋沢栄一も株主の一人であったが，『渋沢栄一伝記資料』にも「東京湾汽船株式会社ニ於テ現蔵スル営業報告書・株主総会議事録ノ中…創立当初ノ株主名簿ヲ得ス」[6]とあり渡辺治右衛門の持株も未詳である。明治22年11月14日第1回株主臨時総会で社長前田清照，取締役西村一彰，梅浦精一，平野富二，佐々木荘助，福沢辰蔵，桜井亀二，相談役遠武秀行，真中忠直[7]，支配人広部正三，取締役補欠員に安藤源之丞，佐久間精一（内国通運支配人）を指名した（M22.11.15東日）。その後23年4月前田清照に代って社長に梅浦精一が就任した[8]。

　24年資本金40万円の株式会社となり，30年5月3日6,000株が東株で売買開始され，38年1月80万円に倍額増資，39年200万円に相次いで増資し39年5月24日新株16,000株も東株で売買開始となった[9]。社長はその後専務の最上五郎[10]，桜井亀二に順次交替した。30年末時点では七代渡辺治右衛門は汽船の総株数16,000株の17.6％にあたる2,824株の断トツの筆頭株主で，同

汽船取締役の渡辺源次郎（後の渡辺治右衛門）も816株所有し，渡辺父子だけで3,640株22.75％も保有していた（要録M 30, p 250）。筆頭取締役の最上五郎の持株は不明であるが，大東義徹[11]の400株（2.5％）以下と見られる。

創業当初は競争者が出現し経営が苦しかったが，漸次競争者を駆逐して東京～伊豆七島・伊豆半島航路をほぼ独占するに至って，業績も回復して1割前後の配当を継続，一時は2割5分の高配当も達成して株価も大正8年には12.5円払込の新株が最高で49.9円となり，「渡辺倉庫と共に，渡辺財閥の花形事業」[12]と称されるに至った。大正3年時点の航路は東京～伊豆七島線のほか東京～館山線（毎日交互5回），東京～勝浦線（毎日交互1回），東京～下田線（毎日交互1回），東京～千葉線（毎日交互1回），東京～木更津線（毎日交互2回），東京～三崎線（毎日交互2回），国府津～伊東線（毎日交互1回），網代～小田原線（毎日交互1回），下田～沼津線（毎日交互2回），松崎～清水線（毎日交互1回）などであった[13]。東京の発着所は新船松町の本社（霊岸島）と越前堀（千葉・木更津線）の2ヵ所，所有船数は東京丸，扶桑丸，恵比寿丸，鶴丸以下48艘，合計10,500トンに達し，「客船は何れも快速力の新船にして客室清潔電灯の設備あり」[14]，また大正10年の葛原冷蔵（結論参照）が大正10年に新型の冷蔵法を開発したのに刺激されて，大正末期には魚類の冷蔵運搬が一大ブームとなったが，汽船も冷蔵機船を建造して，千島，朝鮮等よりの冷凍魚を運搬してベースカーゴに取り込むなど，業域を拡大した[15]。また汽船は日本製氷，伊豆製氷などの製氷会社[16]と人的関係が深いが，汽船の冷蔵船による冷凍魚運搬事業と表裏一体の関係にあったと考えられる。例えば大正14年時点で汽船常務の稲木重俊は日本製氷常務，伊豆製氷冷蔵取締役を兼ね（紳T 14, p 40），昭和8年時点でも汽船専務の林甚之丞[17]が日本製氷，伊豆製氷両社の取締役を兼ねていた（要録S 8, 役上p 59）。

大正3年9月に汽船が刊行した航路の栞・『東京近海遊覧案内』には渡辺系の二十七銀行，旭日生命，あかぢ貯蓄銀行，渡辺倉庫，千代田リボン製織の各社が夫々巻頭に全頁大の広告を寄せており，渡辺の資本的背景を内外に誇示していた。

大正5年時点の役員は専務桜井亀二，常務渡辺六蔵，取締役渡辺治右衛門，池田左吉，中島清重，浅野良三，監査役伊藤幹一，石川甚作，大株主は渡辺保全8,500，北島亘4,740，渡辺四郎1,320，渡辺六郎1,320，渡辺治右衛門1,100株であった（帝T 5, p 112）。

しかしドル箱の東京沿岸航路は国鉄の北條線，房総線の延長によってまず内房，外房航路が，さらに熱海線の開通とバス網が発達するにつれて伊豆半島航路も次第に貨客を奪われ大打撃を受けるに至り，大正7～8年をピークに業績は下り坂となった。ピークには「二割三四分の利益を挙げ，一割五分の配当をした事もあつたが，後ち一割二分に下り，一割に減じ，更に大正十五年以降六分に減配」（S3.9.21D）し，高かった株価も昭和元年には12.5円払込の新株が最低で12.5円と払込額にまで低下した[18]。渡辺六郎が社長に就任後，乗合と同様に東京渡辺銀行に大正14年11.3万円，昭和元年35.6万円，2年9月末50.0万円[19]と預金を増加させていたため，同行の破綻で致命的打撃を被り「預金二十万五千円を食はれ…払込資本金百四十万円の当社として可成の打撃」[20]を受け，汽船株は「同行の跡始末がどうなるか整理救済が如何なる順序に進むかによって処分株も現れやう」（S2.3.16東日）と，「渡辺一族の破綻以來，兎角前途が危まれ」（S3.9.21D）ていた。汽船の業績不振の主因は「鉄道延長の影響によるものであるが…前経営者渡辺一族の放漫無能がまた大に與つてゐる」（S3.9.21D）と批判された。すなわち「渡辺一族の不仕末」（S6.4.5D）とは鉄道の延伸にも無策で貨客を奪われるのをただ看過するのみで，老朽船を全く償却もせずに酷使して，「表面は順調に営業」（S6.4.5D）するを装って蛸配当を継続したとされる。優良企業を謳う汽船の株式は東京渡辺銀行の直接保有となっていたので，無理やり高率配当を強いることとなったと見られる。かくして汽船の支配株27,725株（総株数の34.7％）は東京渡辺銀行の手を離れ，いわゆる「番町会」[21]として有名な郷誠之助[22]を中心とする財界人グループや中島久万吉[23]を中心とする財界人グループ（「薬王子会」）が安田銀行，興銀等からの資金融通（S6.4.5D）を背景に経営を引受け，整理会社として更生に着手した。中島久万吉が社長，渡辺系とも浅からぬ因縁がある林甚之丞が専務となって「番町会」メンバーの伊藤忠兵衛を「無断で株主にし，監査役にし」[24]，ほかに取締役には永野護，井坂孝[25]ら，監査役には河合良成らの「番町会」メンバーが就任した。まず東京渡辺銀行の焦付預金25万円の9割を切り捨て，30余隻の既存老朽船を順次処分し，不用土地を売却して47.5万円の損失を計上したが，7年3月100万円に減資して繰越欠損を償却し，7年6月新たに50万円の優先株を発行した。6年では東京～大島～下田，東京～大島～利島～神津島～三宅島～御蔵島，東京～三宅島～八丈島～青ヶ島等の各航路4線344航海を運航していた[26]。また林甚之丞は新鋭客

船を就航させて大島・下田線の観光路線化を打ち出す方針を立て,「番町会」メンバーの読売新聞社社長の正力松太郎に支援を頼み, 読売の読者招待策として, 大島の観光宣伝にも一役買ってもらっている。

　伊豆大島の観光開発や大島遊覧に適した快速客船建造や各種の観光客誘致施設建設に巨額の投資を必要とするにもかかわらず,「従来の行懸上世話をして居るといふ程度」(S 6.4.5 D) の取引銀行の安田, 武州等からの借入が思うにまかせず, 林は局面の打開を図って直接に根津嘉一郎に資金上の支援を要請した。林の熱弁に根津は「君の考は立派なもんだ。返さんでもいい。五十万円やろう」[27]と支援を快諾し, 約300万円の金融上の便宜を与えた。例えば汽船は50万円の優先株(8％配当)発行と同時に7年6月6日い号(第1回)8％無担保社債20万円および借替債として9年6月18日第2回5.5％無担保社債50万円をそれぞれ発行したが, 第1回は富国徴兵, 太平生命, 愛国生命等根津関係の3生保と安田生命, 第2回は左記4生保に帝国海上, 野村生命を加えた6保険が総額引受を行った[28]。このうち愛国生命は7年末に4.8万円を保有しており, 利回りは8.42％であった[29]。

　昭和11年時点では東武鉄道が1,000株, 太平生命新株750株, 優先株500株, 富国徴兵新株750株, 優先株500株を保有[30]しており, 7年の優先株・社債等の引受を契機に須田宣(東武常任監査役)が監査役に, 根津の腹心の小林中(富国徴兵支配人), 吉野伝治(東武専務)が取締役にそれぞれ就任している。『大倉・根津コンツェルン読本』では「根津財閥」の汽船持株20,500株, 持株比率25.6％に基づき, 東武の傍系と位置付けている[31]。根津が「持株比率が低くて…事業を支配し得る範例として特異性を発揮」[32]する所以は根津系生保の総動員による社債引受, 融資等の金融支配を併用できる強味からであろう。昭和17年8月7日合併により, 東海汽船と改称した。

　なお渡辺家はおそらく汽船との因縁からであろうが, 小笠原諸島に35万坪もの広大な土地を所有[33]していた。同行整理上の提供私財には小笠原は除かれており, 結末は判然としないが, 汽船と行方を共にした可能性もあろう。

2. あかぢ貯蓄銀行

　あかぢ貯蓄銀行は明治34年5月福岡県八女郡豊岡村に資本金3万円の豊岡貯蓄銀行として設立され, 渡辺一族が持株を買収して大正2年11月28日本店を東京へ移転すると同時にあかぢ貯蓄銀行と改称した[34]。銀行名の「あかぢ

(明治)」は創業者である海産物商・渡辺家の初代の出身地に因んだ屋号「明石屋」治右衛門「明・治」に由来するが，「あかぢ」と「平仮名を用ひたるは多くの人に読み易からしめんため」[35]であった。「祖先墳墓の地，尾張あかぢの名に因んだもの」[36]との説も流布している。株主の名義は一族でもあかぢ株50万円は実質的には東京渡辺銀行の所有資産として欠損補塡の財源に想定されていた[37]。東京渡辺銀行の貯蓄銀行部門として，同行の支店網に合わせ，3年3月根津支店，9月須田町支店，12月大塚支店を相次ぎ開設し[38]5年時点ではさらに芳町に支店を有していた。5年では頭取渡辺勝三郎，専務渡辺六郎，取締役渡辺六蔵，渡辺四郎，池田庄吉，監査役渡辺岱三，福沢平太郎，渡辺健児，監督渡辺治右衛門であった（帝T5，p2）。7年時点では本店を東京市日本橋区通1-2に置き，資本金10万円，積立金16,800円，頭取渡辺勝三郎，専務渡辺六郎，取締役渡辺六蔵，渡辺四郎，池田庄吉，監査役渡辺岱三，福沢平太郎，渡辺健児（渡辺治右衛門の妹婿）であった[39]。8年末では資本金100万円，払込37.5万円，積立金32,100円，利益90,048円であった[40]。

　大正9年2月東京渡辺銀行は「一般普通銀行事務の外月掛貯金を取扱」[41]っていたあかぢの貯蓄預金以外の預金とこれに相当する貸出金を継承したが，日銀も「継承セル預金貸出ノ内容…ヲ明カニスルヲ得ザルモ…大部分同族並関係事業会社トノ取引ニ非ルカ」[42]と想像している。9年11月18日には横浜倉庫株式を担保に取って，蔵内に多額の貸付を行っていた農工貯蓄銀行（東京）が取付を受け，「此影響にてあかぢ貯蓄銀行に取付起りしも速やかに支払ひし為め沈静」[43]した。この頃のあかぢの評判について日銀は親銀行たる東京渡辺銀行ともども「小商工業者，俸給生活者等より小口の預金を集め，其営業振り堅実地味にして一般の信用厚く」[44]と述べている。「預金者の大多数は昔からの馴染みの人が多い」（S2.3.16中外）と見られ，あかぢは東京渡辺銀行と「大体営業所を一にし…銀行重役関係の特定の大会社との取引を別とすれば，中小商人階級を顧客とするので預金口数は従って多い」（S2.3.15東日）とされ，あかぢは年中無休，「営業種目は一般普通銀行事務の外月掛貯金」[45]があり，「掛金は十銭以上，年限は二十年迄，五年以上は一回分贈呈，十年以上は割増付」[46]を謳い，普通預金は一銭以上から受付けた。長谷川光太郎も「日本橋界隈の小商人やその女房連，番頭，中小僧まで，零細な貯金は，渡辺銀行系のあかぢ貯蓄銀行に預けられておりました。何しろ，同行は三ヶ年満期とか五ヶ年満期とかの月掛貯金もやっておりました。この月掛貯金は，当時として

は，このあかぢ銀行とニコニコ貯金の不動銀行だけでしたので，あかぢ銀行は，大衆の懐ろふかく飛び入っていた観がありました」[47]と回顧している。

あかぢは姉妹関係にある東京渡辺銀行と同一の建物で営業しており，同行と同時に「各支店出張所一斉休業」（S2.3.16中外）の貼札を出した。あかぢ貯蓄銀行の高木高支配人は「この前にもあかぢ原事件で皆様を騒がせ，今度はまた休業して…誠に恐縮に堪えません」（S2.3.16中外）と語っている。あかぢ貯蓄銀行の債務者は東京渡辺銀行のみで，同行に大正14年425,555円，昭和元年1,707,696円，昭和2年9月末2,885,580円を預金し，最終的には預金見合で渡辺家の不動産に2,900,105円の後順位抵当権を設定していた[48]。なお渡辺治右衛門はその後も「破産整理問題で，一族郎党と共に検事局に引っぱられた」[49]といわれる。昭和2年12月14日の株主総会で任意解散を決議した。直後の12月26日には供託物件ならびに一部の財産（額面192.37万円）が競売され，185万円で競落，同行の預金者に42.5％の第1回の供託物件競落金分配（預金の払戻し）を行った（S3.1.20B）。さらに昭和3年1月16日以降に東京区裁判所執達吏役場で残余金50万円の第2回の払戻し（S3.2.20B）を行い，払戻率は42.5％となった。

唯一の債務者である東京渡辺銀行の和議条件が確定したため，同行の和議決定認可後，次のような整理案に基づき預金残額の1割を払い戻すこととなった。「一，所有現金十三万円，回収債権並に重役の提供したる私財を合したもの十万円，渡辺銀行より払戻しを受くる「あかぢ」銀行の預金三百万円の二割に相当する六十万円（但し第一回の払戻高は五分なるを以て三万円），供託金分配の残り二百五十万円此合計二百七十余万円を以て預金の一割を払戻す。二，尚ほ渡辺銀行に対する預金の払戻される毎に夫々預金額に応じて更に払戻を為す。三，最後に残れる預金額に対しては渡辺銀行の設立する昭和土地株式会社の株式を提供す」（S3.5.20B）（昭和土地は第6章参照）

東京渡辺銀行の池田庄吉への「関係会社及重役貸出」262,206円を日銀では「事業関係…あかぢ貯蓄常務」[50]と解するが，あかぢ貯蓄銀行が東京渡辺銀行へ全額預金していた体質から考え，池田庄吉名義であかぢ貯蓄銀行へ資金を還流させる必要性は感じられない。むしろ旭日生命100株など池田庄吉名義での多くの持株保有[51]に充当されたと見られる。

3．渡辺倉庫

　日本鉄道で久米良作の部下だった小野田政次郎[52]が「整理を委託せられ経営最も努」[53]めた東京保税庫㈱の所有していた北豊島郡南千住，京橋区南飯田町河岸，京橋区月島河岸通7，8，9丁目に所在する倉庫，日本橋区小網町3丁目の家屋を明治44年7月買収して，社員も継承して渡辺倉庫（資本金50万円，社長渡辺治右衛門）を設立した。

　東京保税庫は33年7月，税関（月島二号地）に隣接した私設の「保税貨物保管委託販売運送取扱及倉庫業」（諸M 34，上 p 85）を目的として隅田川倉庫[54]の名で設立された。東京保税庫の社長で400株もの大株主でもある小山田信蔵は37年には帝国生命証書から番号「有105」[55]の有価証券担保貸付を受けていた。38年には九州生命取締役・野守嘉猷は農商務省への陳情書の中で小山田を評して「彼の言動は一も信を置くに足らず既往の事蹟を聞くに殆んど皆失敗に終り負債は一時数百万円の巨額に上り今猶数十万円を有し実業界の一大怪物を以て目せらるるの人」（M 38.11.14保銀）と断じており，小山田の関係事業の東京保税庫も，同系の豆相鉄道（第1部第8章参照），帝都銀行（38年12月任意解散），水戸商業銀行（35年7月16日解散決議）等と同様に経営危機に瀕していた可能性が高い。東京保税庫の監査役となっている千坂高雅は豆相鉄道の大口債権者の両羽銀行取締役でもあり，同行も東京保税庫に融資していた可能性もあろう。

　38年時点では渡辺家「商店通勤」（要録M 34，役 p 28）の池田庄吉が取締役，当主治右衛門，桜井亀二（東京湾汽船専務）も評議委員（諸M 34，上 p 85）となっていたが，小野田が「整理を委託せられ経営最も努」[56]めた東京保税庫もこうした時期に債権者から競売等に付せられ，最終的に44年7月渡辺側が自己競落したものと考えられる。44年8月月島の私設保税倉庫（月島二号地の税関に隣接），南飯田川倉庫（築地に隣接，月島との間に渡し），南千住倉庫[57]を開設し，本社は日本橋区本材川岸74（73は二十七銀行本店）に置いた[58]。大正5年時点の役員は社長渡辺治右衛門，常務小野田政次郎，取締役渡辺六蔵，監査役石川甚作，久米弥太郎，会計主任佐藤晟，営業主任代理長島安平，月島倉庫主任角田正夫，南千住倉庫主任萩原久徴，資本金は50万円，総株数は1万株，株主は22名で，渡辺治右衛門3,600，勝三郎1,500，六郎1,500，六蔵1,000，健児1,000の渡辺一族5名で8,600株（出資比率86.0％）を占め，残り17名の少数株主（@82.4株）で1,400株（出資比率14.0％）を占めていた（帝T 5, p 135)。この中には前身の東京保税庫の整理を担当し,「渡辺治右衛門氏一家より成る渡辺倉庫株式会社の創立に関与し…常務取締役として専ら此の事業に向って全力を傾注し,其の誠実と敏活なる活動は社運をして益隆盛ならしめ」[59]た小野田政次郎をはじめ,役員の石川甚作,久米弥太郎[60]などの名義も含まれていたと見られる。

渡辺倉庫は資本金規模では「大戦勃発当時は東神倉庫と東京倉庫の二百万円を筆頭とし,帝国倉庫の百万円,渋沢倉庫,渡辺倉庫及商業倉庫の五十万円が之に次ぐ」[61]地位にあり,大正8年末では資本金100万円,払込62.5万円,積立金32,500円,利益228,080円,配当6％[62]で,「東京湾汽船と共に,渡辺財閥の花形事業」[63]と称された。渡辺倉庫は昭和元年末損益は年1割配当する優良会社で,同行に大正14年85.0万円,昭和元年103.0万円,昭和2年9月末122.3万円を預金していた[64]。なお青木亨[65]への東京渡辺銀行の貸出額677,264円は日銀では「事業関係…渡辺倉庫常務」[66]と解しているが,青木は「あかぢケ原」売却に際して復興局との折衝の責任者たる渡辺保全支配人としても活躍したことから,資産売却に関連した貸出の可能性もあろう(以後の経過は第7章に続く)。

4. 東洋製油

東洋製油は大正6年4月動植物製の一般油脂製造を目的に設立され,8年末では本店神田区須田町21,資本金80万円,払込24万円,積立金4,000円,利益22,959円であった[67]。昭和元年末には資本金80万円は払込済,損益は不明であった。東京渡辺銀行の貸出額1,562,526円,乾合名からの借入に対する同行保証1,500,000円,総与信は3,062,526円と巨額であった[68]。渡辺六郎と大学の同窓生の永野護[69]が渡辺家の企画する新規事業に参画し,「東洋製油株式会社を設立せしめ,其取締役支配人として」[70],八田熙(渡辺六郎と大学の同期生),岩永新太郎(渡辺六郎と大学の同期生)らと「世の中のインフレ的躍進を座視する能はず…小規模乍ら,船舶,鉄鋼の売買に進出」[71]したもので,次項の最大の不良先たる渡辺商事の母体ともいうべき企業であった。昭和10年現在の役員は代表取締役八田熙,岩永新太郎,渡辺六郎,監査役明石和衛,小川弥太郎であった(諸S 10,上p 260)。

5. 渡辺商事

　渡辺商事は大正6年10月設立された輸出入貿易商社で，本店を銀行と同一場所に置き，8年末では資本金200万円，払込50万円，積立金20,500円，利益2,974円[72]であったが，後述のような事情で10年解散した。東京渡辺銀行の「関係会社及重役」貸出先の益子智[73]は日銀では「不明」[74]とするが，渡辺商事経理課長の経歴から見て，貸出額130,250円は渡辺商事関係の不良債権の一部と見られる。

　渡辺商事は前述のようにもともと東洋製油内で小規模に実施していた船舶，鉄鋼の売買等の事業を発展させるため設立したもので，目的は「外国貿易，鉱山の経営，諸商品の売買，諸製造業及びこれ等事業に対する付帯事業，又其事業に対する出資等」[75]となんでも可能なように幅広く列挙していた。このため渡辺商事発起に際しては「家憲に反したこと」[76]との理由で「由来堅実をモットーとして築き上げてきた〈渡辺〉財閥としては，同族中に相当の反対の起った」[77]が，勝三郎＝六郎ラインが反対を押し切ったと見られる。

　渡辺商事は創立以来，業容を次々と拡大し，具体的な取扱品目も富士製鋼[78]，八幡製鉄所の指定問屋としてレールなどの鋼材，ブラックシート，ティンプレート，シトロエン製の自動車，東洋製油などの動植物性油脂，旭薬品工業などの薬品，ゴム，紫檀，黒檀，玩具等にのぼった。多角経営の一例を挙げると，渡辺商事の母体ともいうべき東洋製油専務の八田熙[79]は不動沢炭砿[80]取締役と帝国鉱業[81]監査役を，東洋製油取締役の細野温[82]も同じく帝国鉱業筆頭取締役を兼ねていた。不動沢炭砿や帝国鉱業と渡辺との直接の関係は未詳ながら，細野は東京渡辺銀行の大口債務者であり，東洋製油ないし後身の渡辺商事の目的の一つたる「鉱山の経営」の具体化と考えられる。また山東産業[83]も目的が「支那物産輸出入・農芸作物加工売買」で，八田熙が社長となっていることから，渡辺商事との関連が推測される。また東洋製油取締役の細野が監査役の日本度量衡器にも東京渡辺銀行は50,000円を貸出していた。勝三郎が取締役に就任した中華金銀取引は大正11年8月中華企業と合併[84]したが，中華企業社長の三上豊夷[85]が取締役として関係した増田ビルブローカー銀行，矢野鉱業なども反動恐慌以後に破綻した。

　世界大戦の終結で反動恐慌に突入し，大正9年3月15日の株式市場の崩落に続いて，米は9年3月の高値に比して1/2以下，生糸，綿糸は1/3以下に惨落した。反動恐慌期には多数の商社・商店の破綻が相次いだ。大正9年5月

24日破綻した横浜の七十四銀行と同系の茂木合名会社を始め，商品相場の暴落によって打撃を受けた貿易商，綿糸商，生糸商，砂糖商などが多数整理を発表した[86]。明石照男は「例えば安部幸とか増田屋とか湯浅貿易とか，其他何々商事など云ふ貿易商は一時殆ど全滅の惨状を呈した程」[87]と形容している。

当主治右衛門の後見人とされた清浦奎吾から「非常な人格者と褒めたたへ」[88]られ，手堅く営業して来たとされる「治右ヱ門氏は〈渡辺商事〉重役にも相談役にも名前を列せず，ただ同族中堅実の聞え高き渡辺六蔵氏，小野田政二郎氏（渡辺倉庫専務），福沢平太郎氏（旭日生命保険専務，あかぢ貯蓄銀行監査役）を重役に入れ」[89]若手の暴走に備えたという。渡辺商事の中核は専務の渡辺六郎，六郎の東大同期生の永野護，渡辺商事支配人の岩永新太郎[90]，永野が渡辺商事への入社を勧めたアメリカ帰りの林甚之丞[91]ら同期生グループであった。しかし支配人の岩永は小樽区堺町26に居住し（要録T9，p24），永野は上海に常駐して対日貿易業務に専念，林はアメリカ貿易に特化したから，渡辺商事は「統率する将帥に欠くる処ある為に，各課思い思いの行動に出て聊か収拾すべからざる様相」[92]を呈していた。第一次大戦当時は「新進気鋭の若年者に非ざれば役に立たずと云へる世間の空気」[93]があり，渡辺家でもこうした一般的な風潮に流され，渡辺商事の破綻も永年の経験や思慮分別のある年配者を排斥して，同窓の学友を過信重用した結果の，典型的な未経験者暴走型の破綻であった。おそらく他商社で散見された「一言一行を以て幾十万幾百万円の売買を瞬時に決行するが如き重大の行為を放任し事後報告を聞くに止めたるが如き」[94]失策も少なくなかったものと推定される。

八幡製鉄所の指定問屋でもあった渡辺商事扱の鉄鋼製品も大幅に値崩れを起こし，さらに中国での対日貿易や現地での金融活動の失敗，先高を見越して買付けた中国米の出荷不能等々が重なった。渡辺商事の元社員は大戦景気に咲いたあだ花・渡辺商事の末期を次のように回顧している。「だが日本の大戦景気にも終焉がやって来た。大戦終了と共に経済界にはガラがおそった。これまでの買付のキャンセルに，私は奔走し…戦後の反動は大小の商社の倒産となって現れた。茂木が倒れた。湯浅が倒れた。渡辺商事も例外にはならなかった。袁世凱の借款に応じたこと，富士製鋼との関係，上海米の買付等による損害一千万円によって，渡辺商事も倒れた」[95]

大正10年渡辺商事は「惨澹たる状態となったので，永野氏は責を負って辞職し，専務取締役渡辺六郎氏も引退し，岩永〈支配人〉，八田両氏も…之に殉

ずるに至」[96])り，渡辺家の「家憲に反したことをやった」[97]六郎同期生グループは渡辺一門から「追放」[98]されることになった。『銀行通信録』は渡辺「一族中欧州大戦当時種々の新事業に関係し，且つ他方に渡辺商事会社を新設して貿易業にも従事し，大に財界に活躍せし所，休戦後大正九年春の財界恐慌に打撃を受け…モスリン及製麻等，一族中の関係会社に対する巨額の固定貸付ありて資金難に陥り経営漸次困難」（S2.5.10B）になったと，渡辺商事等の新設を同行破綻の遠因と特記している。

6．日仏シトロエン

　日仏シトロエンは自動車を取扱品目の一つとしていた渡辺商事が大正10年に解散を余儀なくされた後，その営業権を継承する形で大正11年12月創立された「全鋼製…四輪制動十馬力，経済，堅牢，軽快」（S2.3.3東日）を売り物にしていたシトロエンのディーラーである。本社（東京市神田区内幸町2丁目4），大阪支社（大阪市東区大川町），福岡支社（福岡市渡辺通），資本金20万円，払込19万円，昭和元年末では年15％配当しており[99]，数少ない渡辺商事の優良商権の一つであったと見られる。渡辺商事の専務で東京乗合社長でもあった渡辺六郎は自動車の「大衆化に目を付けフランスのシトロエン社から車を輸入して，これをタクシーとして実用化した」[100]といわれる。東京乗合は当初自動車の製造までを夢見ており，治右衛門はじめ趣味に通じた渡辺一族は自動車には造詣が深く，とりわけシトロエン車にはある種のこだわりを有していたものと考えられる。また当時の日本最大級の民間バス会社であった東京乗合はウーズレーなど外車の大量買入を通じて自動車メーカーとのパイプがあり，大正14年9月には，かつて乗合から分離した東京実用自動車，第二実用自動車を合併して大規模なタクシー部門を再度直営化していた（T15.2.13T）。したがって日仏シトロエンは東京乗合のタクシー部門やその傘下のタクシー株式会社をシトロエン車の大口ユーザーとして摑んでいたものと考えられる。銀行破綻後の昭和4年2月日本シトロエン自動車販売が日仏シトロエン本社と同一場所に資本金25万円で設立され，代表取締役須田國雄（東京建鉄取締役），取締役には宮城の斎善家とも関係があり後年再建屋として名を上げた早川種三[101]ら，監査役には同行の55,217円の貸出先でもある煙谷忠[102]らが就任した（要録S8，p39）。

7. 東京渡辺銀行の大口預金者

次の2社は渡辺直系という位置付けではないが、渡辺一族と親交ある経営者により、要請を受入れて東京渡辺銀行の大口預金者ともなった親密企業である。

(1) 信越電力

信越電力は大正8年に事業許可を受け同年5月設立，大正10年事業開始[103]し，資本金200万円の中津川電力をも合併した東京電灯の傍系会社で「業界に相当に重きを成していた」[104]存在で，本店麹町区内幸町，資本金3,200万円，払込済，昭和元年末配当10％，昭和3年6月現在では資本金3200万円，払込済，社債・借入金36,295,450円，固定資産49,794,975円，配当8％，原動力水力，落成電力57,810 kW，未落成電力158,800 kW，最大電圧66,000 V，電灯取付数8,541個，大口電力供給57,000 kW，代表者若尾璋八であった[105]。

信越電力は東京渡辺銀行が5,310株保有するが，持株比率は僅か0.8％に過ぎず，支配力は全くないはずなのに，東京渡辺銀行に対して東京瓦斯の50万円を遙かに凌駕する2,553,667円もの巨額預金を行い，かつ預金見返として渡辺家の不動産に抵当権を設定していた[106]。これは同社設立の主唱者が東京電灯社長の若尾璋八[107]で，専務は北巨摩郡出身で，樺島礼吉（帝国電灯社長）の友人の八巻弥一であったが，若尾自身が「社長としてその威力を示しており」[108]，東電の傍系の中では若尾が意のままに渡辺支援のために資金流用できた数少ない会社であったためと考えられる。若尾璋八の子息若尾鴻太郎が経営する三ッ引電気商会は大正8年三ッ引商事へと発展して，東京電灯へ食い込み，「東電が購入する物品の大部分はこの会社の手を経て納入」[109]したため，「東電の関門会社」[110]との評があった特権的納入業者として悪名高く，根津が東電重役会ごとに「東電重役が私腹を肥やすために設立されたもので，東電及び東電株主の利益を蹂躙する」[111]と難詰・批判して係争となり，根津の正論に抗することができず，三ッ引商事は大正15年5月解散に追い込まれた。若尾主導下での信越電力による東京渡辺銀行への露骨な大口預金も三ッ引商事と同様に不純な動機が潜在している可能性があり，若尾が提携している渡辺への利益供与という性格を否定できまい。根津が重役会で睨みを利かしている東電では憚るような行為を根津が居ない信越電力で実行したのであろう。信越電力は昭和3年12月24日東北送電（福島），関東水電（埼玉）を合併の上，東京発電と改称[112]，6年東京電灯に合併された。

(2) 多摩川水力電気

多摩川水力電気は大正12年7月多摩川上流の水力発電を目的に設立され、事業許可昭和2年、事業開始未開業、本店京橋区弥左衛門町、原動力水力、未落成電力9,939 kW、最大電圧66,000 V、社長辰沢延次郎[113]、供給区域西多摩郡古里村、山梨県北都留郡小菅村[114]で、発電量の半分は東京電灯への売電契約済みであった（S6.4.5D）。

資本金750万円、総株数15万株のうち東京渡辺銀行は13,790株（9.2％相当）を担保に徴求し、おそらく社長の辰沢延次郎や山口源次郎[115]、佐藤美代志[116]など渡辺に近い大株主に株式担保で融資していたと見られるが、役員兼務等の観点から同行の「関係会社」とは扱われていない[117]。

渡辺と親交ある辰沢延次郎は自分が社長の多摩川水力電気が「震災に遭遇した為…工事に着手する迄になって居らぬ」[118]ことに伴う遊金27.5万円を資金繰に窮する東京渡辺銀行に「大正十五年より定期預金をなし」（S2.12.6岩日）同行を支援する姿勢を見せた。同社の預金勘定は昭和3年下期29.4万円（大半が東京渡辺銀行分）であったが、翌4年上期にほぼ同額の未整理勘定29.2万円を計上せざるをえない羽目となったため、昭和4年辰沢社長が取締役に退き、代議士の中島守利が社長に就任するなど、「当局者は更迭し、漸く工事の進捗を見るに至った」（S6.4.5D）のであった。「創立以来、経営者に人を得なく無駄を重ね」（S6.4.5D）不始末が暴露されたため、同社「株主は当局者を信用せず、払込も円滑に運ばない」（S6.4.5D）状態が続いた。したがって「銀行は勿論各方面の融通は警戒されて全く途絶状態にある」（S6.4.5D）ため、一時支援姿勢を見せた売電先の東電（同社の29,713株主）、京王（同社の5,220株主）も「前経営者の不信用から両社とも手を退いた」（S6.4.5D）ほどであった。昭和7年5月末でも東京「渡辺銀行預金の腐りが未だ二十七万六千円ある」[119]整理未了の状態が継続していた。なお辰沢前社長は昭和6年10月16日死亡した（S6.10.17東日）。

8. 神谷伝兵衛と三河鉄道ほか

渡辺勝三郎が専務となり、若尾璋八が取締役、久米良作や館栄治郎も監査役に列し、東京渡辺銀行が37,808円融資していた遠隔地の地方鉄道として三河鉄道がある。三河出身の三河鉄道社長で東洋耐火煉瓦、帝国火薬各取締役の神谷伝兵衛（後述）個人に対しても同行は69,000円の貸出があり、神谷らが設

立し久米も取締役であった東洋耐火煉瓦に対しても148,000円融資し，神谷が取締役の帝国火薬株式を840株所有，同10,630株を担保に徴求していた[120]。東洋耐火煉瓦（本社東京）の工場は刈谷であり，帝国火薬工業も愛知県武豊に工場を有するなど，神谷の出身地と密接に関係し，3社の共通役員（神谷，久米，渡辺勝三郎，芹沢多根ら）も多く，これらの諸取引は神谷・久米らの人的ネットワークから順次派生したと推定される。

(1) 神谷伝兵衛

神谷バーで有名な神谷伝兵衛は安政2年7月11日三河国幡豆郡に生れ，茨城県牛久で葡萄酒醸造業を開始し，明治12年浅草花川戸町に洋酒店を開店した。後に神谷酒造合資を設立して無限責任社員となり，34年1月房総鉄道（第1部第1章）が発行した総額3万円の第3回社債を1万円保有[121]，「酒精製造，日本清酒の改良より酒類試験，酢の醸造，養豚事業等に成功し，近くは富士石油株式会社を買収し後宝田石油株式会社と合併する」[122]など，日本石油精製取締役の兼務（要録M 31, 役p 139）に始まる諸石油会社への関与や，富士革布，旭製薬各社長，日本建築用製紙，日本澱粉，東洋遊園地，輸出食品，九州炭砿汽船各取締役，東京鉄道，日本畜産各監査役など数多くの企業に関与した[123]。その後も豊国銀行相談役，東洋耐火煉瓦（大正7年5月28日設立），日本製粉，帝国火薬工業（大正8年11月設立）各取締役，日魯漁業監査役（要録T 11, 上p 224）等の兼務を追加したが，これらのうち少なくとも東洋耐火煉瓦や帝国火薬工業は久米良作（大正3年時点で三河鉄道監査役）ら渡辺系統との共同事業であった。

(2) 三河鉄道

三河鉄道（当初碧海軽便鉄道）は才賀電機商会主の才賀藤吉[124]が発起人総代となって（M 44. 8 .12 R）三浦逸平[125]らにより明治43年11月出願，44年7月18日知立～刈谷～大浜港間を免許され，45年5月30日神谷伝兵衛ら三河に地縁関係ある資本家が「新川大浜における臨港線…三州丸太…三州木綿搬出の唯一の機関」[126]として同系の知挙軽便鉄道との合流により三河鉄道を資本金50万円で刈谷町に設立，神谷は当初から取締役に就任した[127]。三河鉄道は設立当初大阪の才賀電機商会の支援を受けていたため，大正元年9月才賀が倒産した際には「才賀商会と直接関係ある電気事業会社」として「未開業之部（目下工事中）」32社のトップに掲載（T 1 .10. 5 T）された[128]。

才賀電機商会の破綻後，大正3年2月5日刈谷新～大浜港間9哩00鎖，4

年10月28日刈谷新～知立間2哩38鎖など順次開業した。役員は専務阪東宜雄，取締役神谷伝兵衛，三浦逸平，監査役久米良作，大野介蔵，坂勘一であった[129]。5年4月5日初代神谷伝兵衛が取締役から社長に就任した[130]。大正5年時点の三河鉄道役員は社長神谷伝兵衛，専務山崎信一[131]（300株），取締役内田直三[132]（200株），官林伊勢吉（東洋耐火煉瓦専務），監査役石原平一郎（刈谷），山田佑一[133]，館栄治郎[134]であり，渡辺勝三郎も筆頭株主の神谷伝兵衛（1,375株），第2位の三浦逸平（500株）に次ぐ三河鉄道の第3位の大株主（420株，後に取締役に就任）になっており，駿豆電気鉄道[135]と同様な銀行エリア外の地方鉄道への関与が見られた（帝T 5，p 79）。大正5年5月末現在資本金50万円は払込済で支払手形247,246円，借入金47,586円（帝T 5，p 78）あり，東京渡辺銀行との取引の蓋然性があったと推測される。その後資本金を125万円に増資し，大正6年時点で，①神谷伝兵衛4,125株（16.5％），②別府金七[136] 1,678株，③渡辺勝三郎1,350株（5.4％），④若尾璋八（後に取締役）1,100株（4.4％）と渡辺＝若尾系で1割弱を占めた[137]。

　大正10年11月現在では資本金125万円，払込87.4万円，支払手形346,600円，借入金441,123円であった（要録T 11，p 42）。神谷伝兵衛は三河鉄道では大正11年4月の死亡まで社長として在任，資金不足の三河鉄道の経営を支え，延長工事を推進し「三河鉄道再生の恩人」[138]として出身地に「神谷」駅を設置する待遇を受けた。中心人物の神谷社長の死後，渡辺勝三郎が社長空席での専務となり，若尾璋八，久米良作（昭和期まで在任）が取締役，石原平一郎，芹沢多根（東洋耐火煉瓦，帝国火薬各監査役）が監査役であり（要録T 11，p 42），役員面だけから見るとあたかも渡辺＝若尾系企業かのような観を呈している。

　三河鉄道は大正14年9月5日渡辺とも因縁ある神田銀行の受託，引受で第1回担保付8.5％社債150万円を@99円（応募者利回り8.787％）期間5年で発行した[139]。この起債成立の直前三河鉄道は生命保険会社協会にも鉄道担保での借入を申込んでおり，恐らく渡辺系の旭日生命を介しての依頼と考えられる。これを受けて同協会では大正14年8月21日三河鉄道が「百五十万円の借入方を申込んで来た」（T 14．8．27保銀）件を協議したが，太平生命の岡本次三郎専務（同協会共同放資部長）は「三河鉄道からも借入交渉が来て居るが，申込みの百五十万円に達するかどうかは疑問である。借入金は鉄道の延長工事に投ずるもので貨物も相当にあり心配のない事業である」（T 14．9．20保銀）

と語っている。大正14年9月末の三河鉄道のB/Sには社債150万円のほか、借入金33.3万円、支払手形74.0万円、計107.3万円の電化関連の負債が併存しており[140]、少なくとも鉄道財団抵当での150万円借入は実現せず、同時並行的に進めていた起債に切り換えられたものと考えられる。14年末には三河鉄道社債を例えば日之出生命が5万円（利回り8.58％）、高砂生命が5万円（同8.50％）を保有したが、麻島氏は高砂生命の「他生保にはない特殊な銘柄として星製薬（大正一五年一二月償還不能）、神戸姫路電気鉄道、北丹鉄道、三河鉄道などがあるが、いずれも発行額のごく一部に過ぎない」[141]と指摘している。大手の日本、帝国、明治、第一、千代田、共済等は保有せず[142]、生保共同放資の一環として投資したのは一部の生保に限られたようである。

大正15年2月5日に大浜港〜猿投間の電化を完成させた三河鉄道は同年11月に二代目神谷伝兵衛[143]を社長に迎えた。実務は専務に迎えた伊原五郎兵衛[144]が担当して、電化直後で多額の設備投資に苦しむ三河鉄道の運営に当たった。三河鉄道の20,450株の筆頭株主の鉄道電気証券[145]は伊原が代表社員の五栄合名等の持株を継承した伊原系統の持株会社と見られる。なお二代目神谷伝兵衛も伊原五郎兵衛の関与先のうち塩原電車では取締役に加わるなど、両者の連携が見られる。

昭和2年9月末の三河鉄道のB/Sには社債150万円のほか、借入金112.8万円、支払手形64.4万円、未払金19.8万円、計347万円の外部負債があったが[146]、昭和2年12月興銀から350万円（1口）の大口借入[147]に成功し、高利の残存社債150万円ほかを繰上償還したものと推測される。

三河鉄道は大正15年の電化および相次ぐ細切れ延伸に多額の設備投資の直後に昭和恐慌で収入減に見舞われ、粉飾決算を余儀なくされ、昭和5年4月に契約まで漕ぎ着けた愛知電気鉄道との合併計画も粉飾決算が発覚して昭和6年6月愛電との合併契約は破談となった[148]。

この粉飾の一環として三河鉄道が33.3％出資した新三河鉄道[149]が昭和4年11月興銀から40万円融資を受けたうち、親会社の三河鉄道が20万円を流用し、10万円のみ返済したとされる[150]。しかし「現在の三鉄としては未払込金の徴収も借入金もできないという状態」[151]で残額の10万円弱は返済不能に陥ったため、銀行管理となり、6年興銀から半田貢[152]、鈴木均平（興銀）が派遣された。半田が昭和10年社長に就任した耶馬渓鉄道も昭和6年減資、10年には更生委員会を設置するなど、三鉄と同様に興銀による銀行管理下にあっ

た[153]。三河鉄道は昭和9年3月時点では鉄道軌道財団抵当借入450万円，借入金7.2万円，支払手形64.6万円，未払金31.2万円，借入総額553.1万円，前期末繰越欠損は80.7万円にも達したため[154]9年12月減資を断行した[155]。最終的に三河鉄道は16年6月1日名古屋鉄道に合併された。

(3) 東洋耐火煉瓦

東京渡辺銀行の関係会社として貸出額148,000円の東洋耐火煉瓦は大正7年5月28日神谷伝兵衛らが「耐火煉瓦装飾煉瓦製造」[156]を目的として資本金100万円（払込25万円）で設立，本社を麹町区内幸町に，工場を三河鉄道沿線の刈谷に置いた。渡辺勝三郎が社長，専務官林伊勢吉（三河鉄道取締役），取締役に太田半六[157]，神谷伝兵衛，阿部吾市[158]，井口延次郎[159]，鈴木寅彦（東京乗合専務），監査役久米伊予太郎[160]，芹沢多根（三河鉄道，帝国火薬各監査役），井出百太郎[161]，相談役久米良作で，大株主は①神谷伝兵衛3,100株（15.5％），②太田半六1,500株，②渡辺勝三郎1,500株，④井口延次郎1,000株であった（要録T9，p94）。大正8年11月期は借入金76,362円，未払金25,296円，利益9,920円，配当率5.6％，大正9年上期10％であった（要録T9，p94）。

昭和6年時点では社長神谷伝兵衛（三星粘土合資代表社員），常務可児信夫[162]，取締役久米良作，太田半六，監査役鈴木寅彦，営業課長村上義夫であった[163]。昭和18年東芝と合併，現東芝セラミックスのルーツに相当する。

(4) 帝国火薬

帝国火薬は大正8年11月軍用火薬の自給自足を目的として海軍省の後援を得て久米良作，山本粂太郎，岩崎清七，阿部吾市らが資本金1,000万円で設立した[164]。社長久米良作，常務参木録郎，常務三浦逸平[165]，専務磯部英一郎，取締役若尾謹之助，渡辺勝三郎，神谷伝兵衛，岩崎清七，岡本桜，監査役辰沢延次郎，高橋虎太[166]，阿部吾市，倉田亀吉，芹沢多根（三河鉄道，東洋耐火煉瓦各監査役）が就任した（要録T9，p232）。大正9年3月末の大株主は，①田林喜三郎[167]6,160株（3.1％），②渡辺勝三郎5,000株，②若尾謹之助5,000株，②久米良作5,000株，⑤小尾泰三3,970株，⑥磯部保次[168]3,000株であった（要録T9，p232）。

東京渡辺銀行が840株を保有，10,630株を担保として徴求していたから合計11,470株（総株数の5.7％相当）が同行金庫に保管され[169]，さらに渡辺系の旭日生命も6,110株を担保として徴求していた[170]。

本店を麹町区丸の内1丁目に置き，愛知県武豊町に45万坪の土地を買入れ，武豊駅から2哩の引込線を敷設し，軍用火薬の製造工場を新設した。大正12年8月1日東株で20万株が売買開始されたが，大正14年には軍縮のため海軍からの注文が途絶し成績は急低下，株価も15.5円払込が大正14年には最低で6.0円[171]と長期低迷を続けた。このため大正14年4月より民需・鉱業向の膠質ダイナマイト製造に転換し，昭和元年末は無配当，昭和4年下期ようやく3.2％配当に復帰した[172]。昭和7年時点で払込310万円，社長久米良作，常務太田半六，大株主は渡辺，若尾系持株を継承した火薬工業39,775株（19.9％）であった。昭和13年日本油脂と合併した。

9．樺島礼吉と帝国電灯ほか
(1) 帝国電灯

帝国電灯は才賀電機商会，電気信託，川北電気企業社[173]などとともに一種の公益企業持株会社的な性格を併せ持った特異な電灯会社であって各社統合の結果数種の株式が併存，大正11年時点の大株主は，①帝国商業39,848，い6,009，は38,884，②川北電気企業社い19,590，③樺島保全い16,194，④寺田省帰[174]い14,560，⑤永剛社い14,000，⑥吉村商店[175]10,944，に1,837，ほ9,107，⑦北垣晋一い10,500，⑧後藤商事8,914，い700，は8,214，⑨榎本武憲（会長）7,070，い7,040，は30，⑩帝国連合電球7,051，い6,250，ほ801株であった[176]。

帝国電灯は明治43年12月設立の帝国瓦斯力電灯が，佐倉電灯（明治45年），越ヶ谷電灯，加須電気，外房電灯（大正9年11月），豊国電灯（9年11月），下野電力（10年4月），三丹電気（10年10月），埼玉電灯（10年12月）など50余の同業者を買収・合併[177]し，資本金5,736万円，供給区域も関東，北陸，山陰，北海道，樺太に及ぶ有数の電灯企業に成長した。帝国電灯は大正末期に社債2,400万円，工場財団抵当借入金652.1万円，支払手形400.6万円を擁しており[178]，榎本武憲会長が死亡したため大正13年11月社長に昇格した樺島は高利の負債を一掃して会社財政を整理する必要に迫られていた。しかし大正14年3月17日樺島が就任まもなく病死したため，東京電灯としては強敵・東邦電力の子会社の早川電力が「南葛方面にも侵入する形勢に在ったので…営業区域擁護の上からも同社の合併を得策と認め」[179]帝国電灯を大正15年5月1日東京電灯に10（帝国電灯）：8.6（東京電灯）の比率で合併した[180]。

(2) 樺島礼吉

　専務・社長の樺島礼吉（谷中真島町1番地）は明治9年4月22日久留米の漢学者・樺島石梁の後裔に生れ，35年東京帝国大学工科大学電気科卒，福岡で電気顧問業の樺島商会を創業，「事業は順調に進んでゐたのを，使用人の為に費消され再起不能に陥った」[181]ため，中国で出稼ぎを余儀なくされた後，L.G.ヒーリング商会東京出張所技師として全国の電灯会社の創設に関与し，43年安房電灯監査役・常務，大正3年5月帝国電灯常務・専務・社長，安房電気社長，食料研究社長，成田電気軌道代表取締役，松永電灯専務，外房電気，第一電気，天草電灯，小名浜電灯ほか電灯各社取締役，中野炭鉱取締役，電機機器製作所，帝国精油，日本寒天各取締役，常野電灯，東予水力電気，東洋製油，真砂商会各監査役，大船田園都市取締役，後志電気，帝国精油，旭町電灯各取締役，日蘭興業監査役等を兼ねた[182]。渡辺勝三郎が大正7年時点で社長として関与していた外房電気[183]も樺島らが主導権を握って取締役として乗り込み，やがて帝国電灯に合併した。

　帝国電灯の資金調達は「財閥を背景とする時は，或る機会に於て事業を其手中に奪はるることあるべきを恐れ」，もっぱら「二三重役の手に依て中小銀行若くは個人より資金を得」[184]る方針をとった。帝国電灯の取引銀行として判明するのは同社の保有する100万円の震災手形の内訳として登場する中井銀行分，東海銀行[185]や，大正8年頃の樺島礼吉の取引銀行である「丁酉銀行，あかぢ貯蓄銀行，東京古河銀行，第一銀行其他」[186]等が非財閥の中小銀行の中に含まれていると考えられる。なおあかぢ貯蓄銀行は大正5年時点ですでに帝国電灯50株を保有しており[187]，帝国電灯の主要取引銀行の一つであったと推定される。しかし昭和4年当時の日銀調査局でも大正9年2月「あかぢ貯蓄銀行ニ於ケル…貸出金ノ継承ヲ為シタ」東京渡辺銀行の「継承セル預金貸出ノ内容ニ就キテハ今之ヲ明カニスルコトヲ得ザル」[188]とするなど，すでに資料を欠いていた。したがって樺島礼吉個人と渡辺家との人的交流を通じて帝国電灯との近親関係を類推するにとどめたい。

　樺島は折々に「財界の巨頭は儲かる仕事なら右から左へ資本を出すが，資本が固定して利潤の薄い電気事業に危険視して出さない」[189]と嘆いていたから，渡辺一族は数少ない理解者の一人であったと考えられる。こうした渡辺系統の中小電灯たる外房電気を樺島らが取り込んだことを契機に，勝三郎，六郎ら渡辺一族との親密な関係が生じて次第に食料研究，東洋製油，真砂商会，大船田

園都市など数社を共同経営する緊密な関係にまで発展したのであろう。

　樺島は大正 8 年まで十代渡辺治右衛門が住み，今も「あかぢ坂」[190]の名が残る谷中真島町[191]の 1 番地に居を構え，少なくとも近隣関係にあった。その後渡辺六郎が大正 13 年 9 月日暮里の渡辺町から大船田園都市の経営地へ移転した際に，樺島礼吉は渡辺六郎の「道灌山の家…を是非譲り受けたい」[192]と希望したため，渡辺六郎は大正 6 年 6 月建築したばかりの気に入っていた自宅（約 3 千坪の敷地に約 300 坪の和風建築）を「結局はその方にお譲りしてしまった」[193]のであった。この縁で渡辺六郎の長男の秀氏も母親とともに樺島礼吉夫人の八重子，令嬢の清子と挨拶を交わす仲であって，樺島礼吉が渡辺一族の家族ともかなり親密であったことを窺わせる。

(3) 神田銀行による帝国電灯社債引受

　電灯会社の買収資金が次々と必要なことから帝国電灯は「二三の銀行に其援助を求めたのであったが，銀行家は何れも借入金に依って事業の拡大を計らんより寧ろ現在の事業に傾倒して基礎を固むるを急務とすべしと，口癖の様に答へて首を左右に振った」[194]ため，樺島は社債募集を決断し，東京乗合と同じく起債面で神田銀行に全面依存した。神田銀行は帝国電灯の発行した第 1 回（T 10.9 発行，総額 300 万円）〜第 5 回（T 13.11 発行，総額 500 万円）担保付社債をすべて受託した[195]。大正 13 年 2 月には神田銀行大阪支店だけで少なくとも第 2 回担保付（T 10.11 発行，総額 200 万円）2,000 円，第 3 回担保付（T 12.3 発行，総額 500 万円）35,000 円，第 4 回担保付（T 12.12 発行，総額 500 万円）300,000 円，計 337,000 円（券面額）を保有しており，大正 13 年の特別融通担保として日銀大阪支店に差し出している[196]。大正 12 年 2 月 20 日に発行したばかりの第 4 回社債では保有率が発行総額 500 万円の 6 ％と高くなっている。神田銀行との経緯は帝国電灯の「経理部長金原慎吾君が日本興業銀行に於て偶然当時の財界の異才神田鑰蔵君に邂逅し，事を戯言に托して神田銀行に依る社債の追募を仄めかしたのであったが，豈図らんや此瓢箪駒を出さんとは，正しく之が第四回社債金五百万円募集の導火線となったのである。相談は初め紆余曲折を辿った。神田君の首は容易に縦に振られなかったのである。然し屢々繰り返された折衝に依って樺島君の人格と経綸とに信頼を深めた神田君は遂に快諾を与へたのであった。是に於て樺島君は財的不安を一掃し，事業に邁進するを得た」[197]とされる。特に第 5 回 500 万円引受により「災害後の帝国電灯は財的窮地を免れたので，樺島君も生前神田君の手腕に驚嘆し大に感謝」[198]したの

であった。

(4) ㈱真砂商会

真砂商会は大正3年「欧州戦乱の為め隆盛を来せる社会の趨勢に随伴し」[199]、酒井良太郎の個人経営として創業した旧「真砂商会をして資本金五十万円の株式会社に進展せしめ」[200]たもので、社長は勝三郎、専務は関守造[201]、取締役技師長酒井良太郎、監査役は六郎、樺島礼吉であった[202]。酒井良太郎は明治35年大阪高工を卒業した「天才的創造力」[203]を有する技術者で、彼が考案した「酒井式自動噴砂機の如きは、其噴々の好評ある真に斯界を圧」[204]したとされる。いわば町の発明家の創始したベンチャー企業に渡辺家がベンチャーキャピタルないしエンジェルとして乗り込んだ構図だが、勝三郎や六郎が技術を評価する能力があったとは思えず、株式会社化の決断に際しては監査役に名を連ねる東大電気科卒の電気技師たりし樺島の果した役割が表面的な役職や持株比率以上に大きかったものと推測される。

大正6年10月25日酒井式自動噴砂機、酒井式鋳物砂粉砕機、鋳物砂混合機、真鍋式ロータリーコムプレッサー、ヴェキュームポンプ、高圧送風機、真空ポンプ排気機、送風機、各種空気圧縮機、鋳物工場用機械器具一式、自転車製作等を行っていた「旧真砂商会の一切を其儘継承」[205]して資本金50万円で「諸機械其他製作」[206]を目的に設立された。本社を麹町区有楽町3-1、工場を池袋（西巣鴨池袋106の酒井自宅内）におき、「営業成績は順調にて第一期より相当の利益を挙げ、毎回一割乃至一割五分の配当を為すの盛況」[207]で、大正8年時点で払込22.5万円、積立金6,725円、利益9,832円、配当率10％、社債なしであった[208]。

(5) 食料研究

食料研究は大正13年1月設立され、資本金40万円、払込18.5万円、昭和元年末損益は不明、東京渡辺銀行の貸出額66,115円であった[209]。資本金も小さく、貸出額も多額とはいえないが、大正13年1月設立早々の日銀（おそらく原資料提出の渡辺側）でも損益不明な先に払込資本金の1／3相当の貸出を行うのは樺島との強い結び付きなしには説明できないと思われる。同社社長の樺島が本業の電気事業の傍ら、古くから帝国精油、日本寒天各取締役、東洋製油各監査役など多くの食品産業に関わり、しかも樺島が「読書を好み…其の書斎に…供へられたる幾百の新刊和洋書堆く積」[210]むタイプの技術者でもあったことから、同社の目指そうとする方向が読み取れる。食料研究の代表取締役には

渡辺六郎と渡辺國松[211]が就任していたが、銀行の破綻が近い昭和2年1月13日六郎と國松は一旦退任した。しかし2年9月10日六郎（住所は日本橋区本材木町一丁目七）と國松は再度、鈴木忠次郎[212]は新たに代表取締役に就任、監査役には樺島の古くからの「共同経営者」[213]の青山禄郎[214]、伊藤啓之輔（馬込村谷中1065）が就任した[215]。伊藤啓之助は渡辺関連の山陽土地（第6章参照）監査役で新興土地取締役（筆頭株主600株）に就任した伊藤啓之助と同一人物ではないかと思われる。食料研究にも関与したはずの青山禄郎が編纂した『樺島礼吉君伝』の年譜にも食料研究の記載はなぜか見当たらず、食料研究を「飲食物」に分類して計上する『工業年鑑』[216]でも本社芝区新幸町1第一堤ビル内、資本金40万円、払込185,675円との情報しか記載していない。伝記編纂で故人を顕彰する材料とは認められず、また具体的な業務実態に関する会社側の回答もなかったためと考えられるが、樺島礼吉が大正14年3月17日腸チフスで50歳で急死（T 14.3 .19東日）した際の地方紙葬儀広告では本業の帝国電灯と並び、大船田園都市とともに食料研究からの謹告（T 14.3 .19福日）のみが出されており、晩年の樺島の広範な経済活動全体の中で当社の重みが決して少なくなかったことを示している。

注

1）『青淵先生六十年史』第1巻，明治33年，p 907
2）梅浦精一（京橋区木挽町）は新潟県出身，石川島造船所委員・専務，北越石油会長（紳M 31, p 324），東京平野汽船組合幹事
3）平野富二（京橋区築地）は石川島造船所発起人・委員，東京平野汽船組合社長
4）佐々木荘助（日本橋区佐内町）は飛脚問屋和泉屋支配人，陸運元会社副社長を経て内国通運社長
5）広部正三（京橋区築地1丁目20）は，福井県出身，東京平野汽船組合支配人，東京湾汽船支配人
6）8）前掲『渋沢栄一伝記資料』第8巻，p 351～2。佐久間精一（麹町区）は内国通運取締役，磐城炭砿監査役，日本通商銀行取締役200株
7）真中忠直は東京市浅草区，26年内国通運取締役就任，西成鉄道社長，31年の所得税90円66銭，東洋石油会長（紳M 32, p 378），汽車製造合資業務担当社員，天草炭業監査役，長門無煙炭砿相談役（要録M 32, 役 p 200）
9）18）前掲『東株五十年史』p 154～5
10）最上五郎は内務官僚，大阪鉄道社長で大株主の大阪商人と対立して辞職
11）大東義徹は旧彦根藩士，司法省出仕，政治結社の集議社社長，明治23年代議士当選，

第 5 章　渡辺系の各社概要

近江鉄道初代社長（31 年 1 月 30 日退任），31 年 6 月憲政党内閣で司法大臣（『日本現今人名辞典』明治 33 年，お p 39），30 年時点で東京湾汽船 400 株主

12)　『林甚之丞氏の足跡』昭和 36 年，p 78，前掲『東株五十年史』p 155
13)　14) 渡辺周松編『東京近海遊覧案内』大正 3 年，巻頭広告。同社は航路の栞として大正 10 年頃にも『東京湾汽船航路案内』を刊行している。渡辺周松（亀島 1 丁目 18）は大阪商船出身，大正 11 年時点であかぢ貯蓄銀行監査役，昭和 6 年時点で帝国食料専務，千代田リボン監査役（紳 S 6，p 847）
15)　『銀行会社事業興信録』昭和 8 年，p 702，前掲『財界物故傑物伝』下巻，p 655
16)　日本製氷は大正 9 年 1 月設立，資本金 50 万円，払込 30 万円，昭和元年末損益は欠損，本店京橋区小田原町 2 丁目。大正 8 年 8 月，東洋製氷と東東製氷が合併して創立された日本製氷（『東株五十年史』p 212）とは同名異社。伊豆製氷は資本金 25 万円，汽船の主要港の一つである静岡県下田に立地した。このほか渡辺系には大正製氷（大正 9 年 1 月設立，資本金 200 万円，払込 70 万円，昭和元年末損益は欠損，大正 15 年東東製氷に合併，大日本製氷を経，現日本水産）が存在した。
17)　林甚之丞（世田谷区上馬町 1-566）は明治 17 年 3 月北海道に生れ，渡辺系の渡辺商事嘱託から貿易部課長，営業部長として活躍，渡辺商事の失敗で渡辺家を追放され，日本レール専務，汽船専務，常北電気鉄道，秋田電気軌道各監査役
19)　64) 106) 前掲『整理』p 452
20)　『明治大正史』第 10 巻会社編，昭和 4 年，p 409
21)　「番町会」は読売新聞社社長の正力松太郎，伊藤忠兵衛，永野護，渋沢正雄，河合良成（日華生命専務）ら 10 名で構成，客分として中島久万吉，小林一三（東電社長）等も参加していた（河合良成『私の履歴書』4，p 113）。
22)　郷誠之助は男爵，貴族院議員，東株理事長，東洋製鉄社長，常総鉄道等川崎系企業多数に関与し，川崎との縁が深いため，汽船も「川崎系」とされる場合もある。
23)　中島久万吉は古河合名理事，横浜電線製造，横浜護謨各社長，日本工業倶楽部専務理事，商工大臣在任中に帝人事件に連座して辞職
24)　『林甚之丞氏の足跡』p 128
25)　井坂孝は浅野系の東海汽船より横浜火災常務に転じ，大正 9 年七十四銀行の整理相談役，横浜興信銀行副頭取，共益不動産取締役に就任
26)　『交通詳解大東京地典』昭和 6 年，交通協会，p 71
27)　前掲『林甚之丞氏の足跡』p 87～9
28)　前掲『社債一覧』p 670，山一証券『株式社債年鑑』昭和 10 年版，p 157
29)　麻島前掲書『本邦生保資金運用史』p 667
30)　前掲『大倉根津コンツェルン読本』p 246，218，215，山一証券『株式社債年鑑』昭和 9 年版，p 141
31)　32) 前掲『大倉根津コンツェルン読本』p 209，218，215
33)　『実業之世界』昭和 2 年 5 月号
34)　前掲『本邦銀行変遷史』p 8，570
35)　38) 39) 41) 45) 前掲『大日本銀行会社沿革史』p 71
36)　前掲『財づる物語』p 265

37) 42) 前掲『整理』p 448。大正 5 年末時点のあかぢ貯蓄預金の持株は東京電灯旧 1,000，新 700，帝国電灯 500，東京瓦斯旧 200，新 1,000，猪苗代水電 200，桂川電力 600，計 4,200 株（『全国株主要覧』大正 6 年，p 358）で，帝国電灯の取引銀行であった（『大日本実業家名鑑』大正 8 年，か p 7）。
40) 62) 前掲『会社通覧』大正 8 年調査，p 120
43) 商業興信所『三十年之回顧』大正 11 年，p 378
44) 前掲『整理』p 446
46) 58) 渡辺周松編『東京近海遊覧案内』大正 3 年，巻頭広告
47) 『兜町盛衰記』第参巻，p 168。不動貯金銀行の独自の宣伝方式については田中兄『日本の銀行広告史』昭和 56 年，p 669～718 参照
48) 前掲『整理』p 452, 457。昭和 2 年 9 月末の「担保付預金内訳」にあかぢ貯蓄分がなく，その代りに内藤恒吉（あかぢ貯蓄銀行取締役，東京渡辺銀行常務，伊豆相互貯蓄銀行監査役ほか）個人名で 339,500 円が存在する。内藤恒吉は「一般大口貸出先内訳」でも「連合会監事内藤恒吉」として 325,238 円を同行から借入れた名義人としても登場する。
49) 前掲『素裸にした甲州財閥』p 514
50) 66) 74) 120) 前掲『整理』p 454
51) 東京瓦斯 1,620，興銀 150，汽船旧 493，新 1,483，東京電灯旧 2,300，国際信託 1,000，東洋モスリン旧 2,310，新 820，信越電力 400（『全国株主年鑑』大正 15 年，p 13）
52) 小野田政次郎は明治 4 年 10 月 15 日埼玉県小野田友八郎の長男に生れ，東京高商卒，日本鉄道の工場事務長，倉庫係長，購買係長等を歴任，日鉄国有化で日本耐火煉瓦を創立，取締役支配人，東京瓦斯コークスを創立し監査役，三陸汽船取締役
53) 56) 59) 『実業家人名辞典』明治 44 年，ヲ p 67
54) 隅田川倉庫は明治 33 年 7 月設立，資本金 40 万円，社長小山田信蔵，監査役千阪高雅，佐藤茂兵衛，取引銀行水戸商業銀行。明治 33 年 6 月には同社小山田社長の「実印を偽造し水戸商業銀行より二千五百七十五円を引出さん」（M 34. 1. 14 万）とした社員の詐欺事件が発生，35 年 1 月東京保税庫と改称した。
55) 担保は豆相株式 635 株，豆相社債 5.4 万円，水商 740 株，東京保税庫 400 株，枝下疏水開墾 345 株，帝都銀行 750 株
57) 南千住停車場に隣接，東隣は東京紡績，北隣は東京毛織。空地が約 5,000 坪
60) 久米弥太郎は久米良作の従弟，明治元年 4 月久米治三郎の長男に生れ，東京高商卒，日本鉄道入社，日鉄国有化で二十七銀行に入行，副支配人を経て，大正 9 年 5 月久米良作らが創立し社長に就任した国際信託（『銀行会社事業興信録』昭和 8 年，p 179）に転じて経理部長。渡辺倉庫，久米同族各監査役（『現代実業家大観』昭和 3 年，ク p 14）
61) 『日本倉庫史』昭和 16 年，p 632
63) 『林甚之丞氏の足跡』昭和 36 年，p 78
65) 青木亨（本郷区根津須賀）は渡辺保全の地所部員（紳 T 15, p 565）を経て支配人，渡辺倉庫常務，東京荘園取締役，東京渡辺銀行 800 株，東京電灯旧 2,000，信越電力 290，東洋モスリン旧 381（『全国株主年鑑』大正 15 年，p 144）

第 5 章　渡辺系の各社概要

67) 前掲『会社通覧』p 42
68) 117) 169) 前掲『整理』p 453
69) 永野護は明治 23 年広島県生れ，大正 4 年東大卒（ダイヤモンド『ポケット会社職員録』昭和 11 年版，p 355），後にいわゆる「番町会」メンバー
70) 71) 75) 76) 77) 前掲『林甚之丞氏の足跡』p 58
72) 156) 前掲『会社通覧』p 75
73) 益子智（下谷区谷中三崎 49）は明治 17 年栃木県生れ，渡辺商事経理課長，昭和 3 年汽船入社，会計課長，経理部長（ダイヤモンド『ポケット会社職員録』昭和 11 年版，p 356）
78) 富士製鋼（後に富士興業と改称）は鋳鋼，鉄鋼製造を目的に大正 6 年 11 月設立されたが，大師河原の再製銑事業が大正 7 年 2,286 トンから大正 8 年は僅か 335 トンに激減，大正 10 年は生産中止，塩基性鋼生産も大正 7 年 5,200 トンから大正 8 年 2,417 トンに半減，大正 9 年は僅か 553 トンに激減するまでに追込まれ（帝国興信所編『財界二十五年史』大正 15 年，p 82），大正 8 年 11 月決算で 4,091,552 円もの巨額損失を計上（前掲『会社通覧』p 28）して，8 年 12 月資本金 600 万円を 300 万円に減資する荒療治を余儀なくされ（要録Ｔ 11，p 217），渡辺商事倒産の要因の一つとなった。勝三郎が取締役，渡辺福三郎が 3,000 株出資する筆頭株主となっているなど，「渡辺家宗支を通じたる出資事業」（『財界双六』p 274）の一つであったが，同行との具体的取引は日銀資料には登場せず，未詳である。永野の実弟永野重雄（明治 33 年広島県生れ，大正 13 年東大卒）が支配人を経て取締役になっているのも渡辺家と永野との因縁であろうか。
79) 八田煕（日暮里町 1040）は六郎と大学同期，卒業後「直ちに渡辺治右衛門君一家の事業に関係し」（前掲『一九二四年に於ける大日本人物史』は p 1），千代田リボン製織取締役，上毛モスリン専務，東洋製油代表取締役，渡辺商事重役，不動沢炭礦取締役，日本耐酸窯業，朝鮮産業，山東農事，大船田園都市，帝国鉱業各監査役，山東産業社長等に就任
80) 不動沢炭砿は福島県石城郡内郷に 10.7 万坪，大正 11 年石炭鉱産額 10,054 トン，取締役上村貫蔵，高原重吉（所長兼務），監査役上郎新二（『日本鉱業名鑑』大正 13 年，p 87）
81) 帝国鉱業は福島県石城郡川部に 16.3 万坪，大正 11 年石炭鉱産額 8,281 トン，取締役細野温，武内徳次郎，森平吉，森和一，井上武八，監査役柳沢栄一（『日本鉱業名鑑』大正 13 年，p 94）
82) 細野温（麹町区上二番町 2）は日本度量衡器，立山電力各監査役（要録Ｔ 11，p 101）
83) 山東産業は大正 9 年 2 月設立，資本金 10 万円，本社青島陵界路（諸Ｓ 10，下 p 843），昭和 2 年 9 月末の同行貸出額 212,031 円ある反面で，同行は山東産業から 300,000 円の預金を有価証券担保（担保査定額 203,000 円）を提供して受け入れていた。
84) 前掲『動揺史』p 661
85) 三上豊夷は神戸の海運業者，矢野鉱業，海外貿易，咸興炭砿鉄道，日米信託，内国通運各取締役，松昌洋行，内国自動車各監査役，内国通運相談役 3,827 株主（『株式会社年鑑第一回』大正 11 年，p 19）

86) 『金融六十年史』東洋経済, 大正 11 年, p 545
87) 明石照男『大正銀行史』昭和 13 年 8 月, p 75
88) 前掲『財づる物語』p 264
89) 前掲『林甚之丞氏の足跡』p 58
90) 岩永新太郎は渡辺六郎と六高・東京帝国大学法学部政治科の同期生で「その後何かと親交のあった」(前掲『渡辺六郎家百年史』p 26) 人物
91) 林甚之丞は渡辺商事に嘱託として入社, 貿易部アメリカ課長として活躍, 日暮里渡辺町に居住
92) 前掲『林甚之丞氏の足跡』p 59
93) 94) 商業興信所『三十年之回顧』大正 11 年, p 378
95) 97) 98) 前掲『林甚之丞氏の足跡』p 57
96) 前掲『林甚之丞氏の足跡』p 60
99) 前掲『整理』p 447
100) 『渡辺六郎家百年史』p 57
101) 早川種三は宮城県地主, 日本建鉄工業常務 (紳 S 19, p 353) で, 斎藤報恩会監事の早川退蔵 (『財界人物選集』昭和 14 年, p 704) の近親者 (東京で同居)。日仏からの営業譲受に斎善家が関与した可能性を示す人事と思われる。
102) 煙谷忠は大正 9 年開業の貿易商 (油, 機械, 石炭仲介), (鉤亜州太商会代表 (帝信 T 14, p 289, 『丸之内紳士録』S 6, p 122 帝信, p 331)
103) 105) 112) 『電気事業要覧』20 回, 昭和 4 年, p 68, 2
104) 108) 『河西豊太郎』昭和 35 年, p 279~80
107) 若尾璋八は東京電灯副社長, 東京株式取引所理事, 東京乗合, 信越電力, 大同電力, 東洋モスリン, 日本製麻, 揖斐川電気各取締役, 富士製紙, 京浜電力各監査役, 大正 6 年時点で三河鉄道の 1,100 株 (4.4%) 第 4 位株主
109) 110) 111) 前掲『素裸にした甲州財閥』p 485, 438
113) 辰沢延次郎は回漕店主, 東京商船社長, 東海製鋼監査役
114) 『電気事業要覧』21 回, 昭和 5 年, p 13, 413
115) 山口源次郎は多摩川水力電気 2,920 株主 (東洋経済『統会社かがみ』昭和 2 年 6 月, p 54), 同行「関係会社重役貸出先」541,756 円で上毛モスリン 3,203 株主 (『東洋経済株式会社年鑑』大正 14 年版, p 5)
116) 佐藤美代志は多摩川水力電気 2,045 株主, 同取締役, 西洋料理・銀座ゴンドラ店主, 渡辺系統の持株を肩代りして東京乗合取締役就任に就任 (第 4 章参照)
118) 東洋経済『統会社かがみ』昭和 2 年 6 月, p 54
119) 東洋経済『統会社かがみ』昭和 7 年版, p 249
121) 房総鉄道『第二十三回実際報告書』35 年 6 月, p 12
122) 『実業家人名辞典』明治 44 年, カ p 2
123) 坂本辰之助『神谷伝兵衛』明治 44 年, 鈴木光夫『神谷伝兵衛』昭和 61 年など
124) 才賀藤吉は愛媛県に生れ, 一電気技師から身を起して才賀電機商会を創立, 全国各地の電灯, 電鉄計画に対し, 機械を売り込み建設工事一切を請負うだけではなく, 会社の設立, 株式の募集, はては不足株の引受, 経営参画まで行なうに至った。このためオ

賀藤吉等が大株主あるいは役員を兼ねるいわゆる才賀王国を形成する電気会社は美濃電気軌道，沖縄電気軌道（各社長），岩村電気軌道，和歌山水力電気（取締役），伊予鉄道，成宗電気軌道（監査役），鞍手軽便鉄道，松阪軽便鉄道，新湊軽便鉄道，碧海軽便鉄道，中新川軽便鉄道（発起人総代）ほか百余社に関与した「電気王」で明治41年以来代議士当選3回，大正4年7月29日死亡。三木前掲書p 256以下参照。
125) 165) 三浦逸平（麹町区富士見町）は大正3年時点で三河鉄道取締役500株主，帝国火薬常務
126)『帝国鉄道要鑑』第4版，大正7年，p 141
127) 130) 前掲鈴木光夫『神谷伝兵衛』p 92
128)「才賀関係会社　才賀商会が同商会又は支配人名義にて全国電気会社に重役として現に関係しつつある六十一会社名を列記すれば左の如し」（T 1．9．21大朝）として才賀関連企業として新聞の一覧表に掲載され，また「才賀商会と直接関係ある電気事業会社は左の如し」として「開業之部」29社，「許可未設立の分」6社とともに「未開業之部（目下工事中）」32社の最初に掲載（T 1.10．5 T）され，伊予水力電気など，全国各地の才賀直系の電鉄・電灯会社と同様に開業直前の大津電車も大きく信用を失墜して，経営上打撃を受けたものと見られる。才賀直系の電鉄・電灯会社で組織された「親交協会」には加盟しておらず，才賀との人的関係も一部にとどまるなど，親交協会加盟の才賀直系の電鉄に比べれば相互の関係は緩やかであり，才賀との債権債務関係も相対的には少なかったものと見られる。才賀との関係については三木理史『近代日本の地域交通体系』平成11年，大明堂，p 292以下参照
129)『鉄道電気事業要覧』鉄道通信社，大正3年，軽鉄p 66
131) 山崎信一（赤坂区青山北町）は日本坩堝取締役営業部長
132) 内田直三（本郷区根津）は東株監査役，万歳生命取締役ほか
133) 山田佑一（稲沢町）は稲沢銀行取締役，清洲銀行監査役
134) 館栄治郎（日本橋区鎧河岸14）は後にあかち貯蓄銀行，渡辺保全各監査役，あかちヶ原事件で召喚
135) 駿豆電気鉄道は明治43年末に高利社債の借換資金として20万円の調達に奔走し，明治生命，東京海上等の中央の金融機関に交渉した。一連の金融工作は渡辺萬助（駿豆常務），贊川邦作，駿豆取締役の石川甚作（日本橋区川瀬石町17，代議士，弁護士，二十七銀行監査役，渡辺倉庫，旭日生命，東京湾汽船，城東電気軌道各監査役，日本電線取締役（帝T 5，p 2，135，243，112，職員録p 21））の3人が東京の富豪渡辺治右衛門（二十七銀行頭取，渡辺保全代表社員，渡辺銀行監）を介して東京海上等へ依頼した。石川甚作は二十七銀行を代表し駿豆電気鉄道取締役に就任。
136) 別府金七（京橋区新富町）は料理業竹葉亭（紳T 15，p 115)
137)『帝国鉄道要鑑』第4版，大正7年，p 143
138) 伊藤正『社史余話』平成6年，名古屋鉄道，p 27
139) 前掲『社債一覧』p 320
140)『地方鉄道軌道経営年鑑』昭和4年，p 322
141) 142) 麻島前掲書 p 211
143) 二代目神谷伝兵衛は明治3年生れ，初代の養子，浅草区花川戸4，神谷酒造専務，

東洋遊園地，神谷伝兵衛本店㈱取締役，新三河鉄道，東洋耐火煉瓦各社長，三星粘土合資代表社員，九州炭礦汽船各取締役（『丸之内紳士録』昭和6年），酒精含有飲料水製造業，所得税 18,619 円，営業税 3,293 円（紳 T 15, p 242）

144) 伊原五郎兵衛は伊那電気鉄道専務，長野県飯田の漆器商・近江屋，衆議院議員，松本電気鉄道社長，伊那電気鉄道（報知ビル内），三河鉄道（報知ビル内），蒲郡臨港線㈱（報知ビル内）各専務，三信鉄道（報知ビル内），天竜川電力（海上ビル内）各常務，塩原電車（報知ビル内），新三河鉄道，武蔵野鉄道，東部電力（八重洲ビル内），東北電気（海上ビル内）各取締役，両総電気（報知ビル内），武州鉄道各監査役を兼務（『丸之内紳士録』昭和6年）。伊原五郎兵衛は宮坂勝彦編『気骨の明治人－伊原五郎兵衛』平成元年，参照

145) 鉄道電気証券は大正9年7月設立，資本金100万円，本社を伊那電気鉄道内に置き，役員も伊原五郎兵衛ら伊那電役員で占め，伊那電が鉄道電気証券の総株数2万株中 11,000 株（55％）を出資し，かつ 563.8 万円を貸付けていた（『株式投資年鑑』昭和9年下半期版，p366）。昭和7年11月期では資本金と借入金 918.5 万円に見合う有価証券勘定 324.4 万円，他会社勘定 644.9 万円を有しており（要録 S 8, p 189），伊原が関係する伊那電 60,574 株，三河鉄道 20,750 株などの持株会社であった。

146) 前掲『地方鉄道軌道経営年鑑』p 322
147) 佐藤雄能『鉄道経営の理論と実際』昭和4年，同文舘, p 127
148) 伊藤正『名鉄百年史』p 163～5
149) 新三河鉄道は三河鉄道の別働隊。岡崎電灯，尾西鉄道等の株主の江口一族が出資した尾張電気軌道（社長江口理三郎，資本金 100 万円，払込 49 万円『鉄道電気事業要覧』鉄道通信社，大正3年，p 143）は昭和4年6月新三河鉄道へ譲渡し解散した。伊藤正氏は江口一族の本業たる土地業は成功しており，単に赤字の部門の鉄道を分離しただけではないかと推測されている（伊藤正『名鉄私記』平成13年，私家版，p 72～8，伊藤正「八事電車物語」『れいめい』520 号，平成4年1月，名古屋鉄道，p 33）。
150) 伊藤正，前掲書，p 75
151) S 8．7．4 新愛知（伊藤前掲書 p 76 所収）
152) 半田貢は明治 39 年小田原電気鉄道入社，支配人兼技師を経て専務，大正 12 年京浜電気鉄道専務，大正 14 年湘南電気鉄道代表取締役，海岸電気軌道常務，伊勢電気鉄道専務，昭和鉱業常務，大江山ニッケル専務，日本ニッケル社長，三河鉄道，耶馬渓鉄道社長（『京浜電気鉄道沿革史』p 184）
153)『大分県交通史』p 117～8
154)『株式投資年鑑』昭和9年下半期版，p 463
155)『名鉄社史』p 299,『山一証券史』p 701
157) 太田半六は東京瓦斯取締役，帝国火薬工業常務，北海道瓦斯専務，平和海上保険取締役，横浜船渠代理店の太田半六事務所主（『丸之内紳士録』昭和6年版，p 532, 64）
158) 阿部吾市は茨城採炭社長，日之出汽船取締役，日本紙絲紡績監査役，日本寒天取締役，山口炭礦取締役，北海炭業取締役，大滝鉱山取締役，阿部商事社長，帝国物産社長，大正活映取締役
159) 井口延次郎は衆議院議員，東京海運，東洋電業，朝日海運運輸各取締役

160）久米伊予太郎は化学工業専務
161）井出百太郎は日本化学繊維取締役，東京乗合 1,650 株主
162）可児信夫は三星粘土合資支配人，柳田ビルブローカー監査役
163）『丸之内紳士録』昭和 6 年版，p 488
164）『銀行会社事業興信録』昭和 8 年，p 179
166）高橋虎太（豊多摩郡千駄ヶ谷）は帝国冷蔵，東京絹毛紡織各社長，多摩鉄道取締役ほか多数（要録 T 11，p 43），東京渡辺銀行貸出額 218,093 円
167）田林喜三郎は大日本信託専務，東京府農工銀行監査役（紳 T 15，p 265），田林商店主
168）磯部保次は衆議院議員，三ッ引商事専務，ボルネオ殖産取締役（紳 T 15，p 36）
170）旭日生命『第十三回報告』大正 13 年 12 月
171）前掲『東株五十年史』p 235
172）松本金次『代表的人物と事業』昭和 10 年（皓星社復刻版 37 巻 p 182）
173）川北電気企業社は明治 42 年川北栄夫が個人で創業，大正 2 年 4 月株式会社化，大正 8 年時点で社長川北栄夫，常務矢内克，取締役野口遵，古賀春一，前川善平，監査役頼尊淵之助，安居八。「川北氏は既に其間数十個の電気会社を設立せり，同社は其の最も直系」，『大日本銀行会社沿革史』p 280）とされる。
174）寺田省帰は帝国電灯取締役，「小樽市ノ元老」と称された政友会代議士で，北海道の電灯，電鉄等に幅広く関与
175）吉村商店は帝国電灯取締役吉村鉄之助が主宰。吉村は箱根土地，東京護謨，グリーンホテルなどで，同郷の堤康次郎の事業に関わったほか，出身地の江若鉄道社長，奥村電機商会監査役，山陰紡織取締役ほか多数の会社役員
176）『株式会社年鑑第一回』大正 11 年，p 16
177）エコノミスト編『日本金融資本戦』昭和 4 年，p 177，前掲『動揺史』p 661
178）青山祿郎編『樺島礼吉君伝』昭和 10 年，p 132
179）180）『東京電灯開業五十年史』昭和 11 年，p 157〜8
181）前掲『樺島礼吉君伝』p 186
182）前掲『樺島礼吉君伝』年譜，『大日本実業家名鑑』大正 8 年，か p 7，『大日本重役大観』大正 7 年，p 82，要録 T 11，上 p 206
183）外房電気（千葉県鴨川町）は大正 2 年 10 月開業，9 年 11 月帝国電灯が系列化，大正 10 年 3 月帝国電灯と合併
184）前掲『樺島礼吉君伝』p 32〜3
185）各 50 万円（日銀『日本金融史資料明治大正編』22 巻 p 878）
186）『大日本実業家名鑑』大正 8 年，か p 7
187）『全国株主要覧』大正 6 年，p 358
188）前掲『整理』p 448
189）前掲『樺島礼吉君伝』p 211
190）前掲『渡辺六郎家百年史』p 32
191）関口台町 29 の通称「目白御殿（蕉雨園）」への移転前
192）193）『渡辺六郎家百年史』平成元年，p 49

194）前掲『樺島礼吉君伝』p 92
195）前掲『社債一覧』p 587
196）大正13年2月15日〜4月14日日銀大阪支店長報告，日銀金融研究所保管資料#333，「大正十三年中震災後大阪支店回議・審査部」
197）前掲『樺島礼吉君伝』p 123
198）前掲『樺島礼吉君伝』p 36
199）207）前掲『大日本銀行会社沿革史』p 32
200）203）204）前掲『大日本重役大鑑』p 270
201）関守造（入新井，新井宿1849）は東京渡辺銀行の関係会社貸出先138,000円，日銀では「事業関係…不明」（前掲『整理』p 454）となっているが輸出入商・花菱商会主，旭薬品工業，真砂商会，大正活映各取締役，ボルネオ興産，建築書院各監査役（要録T 11, p 148），日本化学製油常務，大正15年時点日本製麻新1,500，東京乗合旧150，新150（『全国株主年鑑』大正15年，p 181）
202）205）『大日本実業家名鑑』大正8年，p 80
206）208）前掲『会社通覧』p 18
209）前掲『整理』p 447，454
210）『大日本重役大観』大正7年，p 82
211）渡辺國松の住所（芝区高輪南町30）は帝国電灯の青山禄郎の大正11年の住所に一致
212）鈴木忠次郎（北豊島郡日暮里1036）は第一部取引員（紳T 15, p 738）で渡辺町に居住
213）前掲『樺島礼吉君伝』p 156
214）青山禄郎（芝区高輪南町45）は帝国電灯取締役，日本国産，安中電機製作所各社長，藤倉電線取締役（紳T 15, p 564）
215）昭和2年11月14日『官報』第264号，p 333
216）『工業年鑑』第4版，昭和4年，p 645

第6章　渡辺系の不動産会社

1．渡辺系の不動産会社

　東京渡辺銀行は「その資金の大部分は不動産に固定」（Ｓ２．３.15東日）したと言われ，銀行破綻時に大蔵省に対して渡辺六郎自身も「東京渡辺銀行並びにあかぢ貯蓄銀行とも本十五日より，休業し，関係重役において祖先伝来の多額の不動産を資金化して整理をなすつもりである」（Ｓ２．３.15東日）旨回答したほど，不動産業との関係は密接であった。また「箱根土地に三百五十万円，大船田園都市に二百万円，其他関係会社に何れも巨資を焦付かして仕舞った」[1]と言われたように，当然ながら貸付先にも直系の東京荘園や秋山修（貸地業），河野通[2]など不動産業者・関係者が多く含まれていた。本章では明確に渡辺の関係会社である渡辺保全，大船田園都市，山陽土地，東京荘園の4社と，勝三郎が役員に名を出していた不良不動産会社の一例として東京土地住宅に関して判明した事項と，銀行の整理・受皿会社として設立が計画されながら全く別の形で設立された昭和土地を分析する。本章は結果として，結論において特異なタイプの資本家として取り上げる根津嘉一郎（第1部第9章の高野鉄道の継承者）が，破綻した渡辺系統の企業や個人資産，とりわけ優良不動産を選択的に低廉に取得していく資産移転の過程を摘出するものになっている。

(1)　渡辺保全合名

　渡辺保全合名会社は明治43年7月不動産有価証券取得利用を目的として日本橋区本材木町1の7に設立された。大正5年時点の資本金は500万円で，出資社員は代表社員の渡辺治右衛門が3,937,500円，勝三郎343,750円，四郎312,500円，六郎281,250円，六蔵125,000円であった[3]。大正5年時点の渡辺保全の持株は東京湾汽船8,500株，磐城炭礦1,500株，北炭348株，成田鉄道600株，第一銀行320株，北拓銀行338株などであった[4]。『全国株主要覧』では分家筋の神奈川の渡辺合名会社が合計20,931株所有しているのに比して渡辺保全の持株は合計3,106株しかなく，持株会社としての機能は今一歩だったと推定される。大正9年時点の持株は例えば東京渡辺銀行8,003株，磐城炭

砿 6,000 株（要録 T 9, p 8, 31）などであった。東京渡辺銀行の渡辺保全への貸出額は 26,000 円と僅少ながら，渡辺保全合名職員の大野直利への貸出額 402,450 円なども実質的には渡辺保全への貸出と考えられる。

　大正 4 年に羽後国久保田城主の旧佐竹侯下屋敷・山荘衆楽園のあった道潅山一帯の荒れ地[5]を渡辺家が買取った[6]。渡辺六郎は当時渡辺保全合名会社調査部長兼監査部主事であり，「土地開発業を勉強するため…外遊」[7]した経験から，自分の発想として「この地域一帯を芸術家村，文化人村にしたいと考え」大正 5 年 2 月に「銀行の仕事の他に土地開発を手掛け，日暮里の道潅山の開発に取組」[8]んだ。「道潅山の荊棘を払ひて渡辺新開地を拓き，理想的住宅地を建設して都市生活問題解決の一助たらしめ，田園都市の理想に近い新文明的市街地たらしめん」[9]と約 300 戸の渡辺町高級住宅地を建設・分譲した。各戸への水道，瓦斯，電気の供給のほか，600 坪のひぐらし公園の造成，電線の土中埋設などに欧米視察の体験を生かしたと思われる。六郎は自己の興味に沿う開発事業には，次項の大船田園都市をも含め損得抜きで没頭する傾向が見られる。六郎は自らここに新宅を建築し，大正 6 年 6 月日暮里渡辺町筑波台一号地[10]の約 3 千坪の敷地に立つ，約 300 坪の和風建築の新邸に移転した[11]。さらに，あかぢ貯蓄銀行と渡辺保全両社の監査役であり，創設以来の渡辺町自治会組織のひぐらし会代表幹事を務めた館栄治郎（北豊島郡日暮里 1050），実際の測量，設計等を担当した工手学校出身の渡辺保全合名の技術者の大野直利，東京渡辺銀行取締役支配人の内藤恒吉[12]（北豊島郡日暮里渡辺町中通 2 号〈筑波台 1 号ノ 2〉），東洋製油代表取締役の八田熙[13]（北豊島郡日暮里 1040），渡辺家顧問弁護士の鈴木徳太郎[14]（北豊島郡日暮里 1040），岩永新太郎（日暮里 1044，東洋製油取締役，渡辺商事支配人），林甚之丞渡辺商事貿易部アメリカ課長，永野護（渡辺商事営業部長），鈴木忠次郎[15]（北豊島郡日暮里 1036），26.9 万円貸出先で渡辺一族の会社員児泉清（北豊島郡日暮里 1040）等の渡辺関係企業，とりわけ六郎の深く関わった企業群（渡辺保全，渡辺商事，東洋製油など）の役職員が開発当初から渡辺町住宅地の特定街区に集中的に居住し，六郎のブレーン・取巻きとして緊密に連携機能していたと見られる[16]。居住者の一人である永野護は「大正八年今から四十二年前，日暮里の道潅山といへば，只今とちがってまだ淋しいほどの坂道でした。その中腹に瀟洒な洋館が新築されました。それが林〈甚之丞〉君夫婦の帰朝後の最初の家でした。丁度私共もそのつづきに家をもっておりまして，まだ交通も今日の様な事もなく，至極のんびりし道路端で家族同

志の懇親会が始まります」[17]と証言している。大戦景気に沸いて，まさにわが世の春を謳歌しつつあった渡辺関係企業幹部社員の束の間の黄金時代の生活描写と言えよう。

渡辺保全は大正9年2月合名会社から資本金700万円（払込済）の株式会社に改組され，昭和元年末の損益は不明であった。大正14年12月時点では同行重役は当時銀行保有になっていた渡辺保全の全株式3万株417.0万円の全額償却を含む根本的整理案を立てており，渡辺保全の内容劣悪を十分に認識していたと見られる。さらに日銀は東京渡辺銀行の「関係会社株式ハ渡辺保全全株以外殆ンドナキモ同株式ハ全ク無価値」[18]と判断した。同行整理の一手法として既存の同行100％出資子会社である渡辺保全を活用し同社を増資して，整理目的の土地会社たる昭和土地㈱に転用する和議案も出されたが実現しなかった。

(2) 大船田園都市

大船田園都市は大正10年12月に神奈川県鎌倉郡小坂村大船の大船駅前に設立され，公称資本200万円，払込資本70万円，昭和元年損益は無配当，昭和3年11月現在借入金78.4万円，東京渡辺銀行の貸付額は266,103円なので，少なくとも1/3は同行からの借入（他は朝鮮銀行等か）であり，払込資本金の2倍もの損失145.2万円を計上していた。社長は渡辺勝三郎，常務は勝三郎と相武電力等で接点のある肥後盛行[19]，取締役は渡辺六郎，福原信三，甘粕準三（大船の地主で県議），関谷兵助[20]，樺島礼吉[21]，監査役は栗田繁芳[22]，八田煕であった（要録S 4, p 10）。専務取締役として同社の実質的な経営者であった渡辺六郎は明治44年11月から欧米に「外遊して大いに見聞を広」[23]め，「外遊で得た都市開発の感覚」[24]から当時全くの農村地帯で，一面に湿地と田畑があるが交通の便がよい大船駅東側の東山一帯（その後松竹大船撮影所が移転）約10万坪の土地に白羽の矢を立てた。渡辺秀氏は「父〈＝渡辺六郎〉は銀行の仕事以外に，土地開発の事業に大きな関心を払っており，その候補地を神奈川県の箱根と大船に向けていた。箱根は箱根湖畔を中心に，大船は大船駅東側を中心に，それぞれ開発の構想を固め，これがためそれぞれ会社を設立して進めていたのである。その前者は箱根土地㈱であり，その後者は大船田園都市㈱であった」[25]とのべている。大船田園都市の設立が大正10年12月，資本金200万円であるのに対して，箱根土地の設立は大正9年4月，資本金2,000万円であった。箱根小湧谷にも洋風のモダンな別荘を造る一方，文化村等の建設・「箱根開発の将来を祈って」[26]箱根権現に寄進もしていたという。『実業之世

界』昭和2年5月号も「箱根土地に三百五十万円, 大船田園都市に二百万円, 其他関係会社に何れも巨資を焦付かして仕舞った」[27]と東京渡辺銀行から箱根土地への大口融資の存在[28]を示唆する。

大船田園都市の開発構想は「離山」という小高い丘を削りとって土地を造成して文化住宅を分譲するもので,「文化施設の完備せる理想郷」[29]「新鎌倉」を謳って大正11年10月1日から1区画350〜108坪, 坪当り@17〜22円で売り出された。六郎のモダーンな住宅感覚が強く反映され, 数戸の会社直営のモデル・ハウスにはライト風建築を含めすべて洋風住宅がたてられたが,「住宅建築の条件として, 和風建築は, ご遠慮願った」[30]由で, 幅員4メートルの街路には「あかしや」「さつき」「すずかけ」等の植物名が付けられ, テニス・コート, 野球のグランド等も完備していた。先年六郎が手掛けた「渡辺町」住宅を大規模化, 一段と高級化した内容であり, 米国視察で研究を重ねてきた建築技師山田馨[31]による寄与が指摘されている。

六郎は日暮里の開発時に自宅を建築したのと同様な発想から,「経営者自ら率先して住居を移し範を示すことにより, 本来の事業の推進に役立たせたい」[32]として大正12年3月ほぼ中央に位置する第一工区の夕日ケ丘の14区画の約3千坪の敷地に洋風建築の自宅を着工, 関東大震災の翌年大正13年9月9日[33]一家で日暮里から大船の新居に移転した。後年, 大船に進出した松竹大船撮影所のゲスト・ハウスに姿を変えたという六郎邸はイタリア風の庭園, 電化, 水洗, 全館スチーム暖房完備で『主婦の友』誌にも紹介されたほど, 当時最新鋭を誇る理想的住宅であった。六郎自身も帝国ホテル建築のため来日中のF.L.ライトを何度も日暮里の自宅に招き, 教授を受けたほど親しい関係にあったという。『鎌倉市史』は「『理想的住宅地　新鎌倉』の構想は, 渡辺家の倒産によって潰え, 実現することは全くなかった」[34]と指摘し, 升本喜年氏によれば「資金難となった渡辺一族は, 大船田園都市の土地も, 人手に渡し, 朝鮮銀行などの担保にしてしまった」[35]とされる。しかし昭和10年現在の大船田園都市の役員は社長渡辺勝三郎 (芝区西久保城山), 取締役渡辺六郎, 甘粕準三, 監査役栗田繁芳 (諸S 10, 上p 758) で, 東京渡辺銀行破綻後も同社は渡辺系企業として存続しており, 渡辺家は同社整理には深く関わっていたと考えられる。また一時期は東京農銀頭取の鈴木茂兵衛も監査役であった[36]。

升本氏も同社所有地の松竹への所有権移転には通説の菅原通済からの情報提供・地上げだけでなく,「もっとあった裏の事情」[37]の存在可能性を示唆してい

る。金融的側面に限って想像を加えるなら，例えば朝鮮銀行などの債権者が甲子不動産などのダミー会社[38]等を駆使して担保の早期処分に種々奔走し，最終ユーザーの松竹への橋渡しに菅原通済など各種ブローカーが暗躍するという構図が一般的と推測される。

(3) 山陽土地

山陽土地は昭和2年7月呉市堺川通6-9に設立され，資本金120万円（払込済），1株50円，当初の役員は代表取締役渡辺六郎，同・富島歌郎，取締役佐藤晟[39]らであったが，地元呉市東本通6の土木建築請負業者である富島歌郎が大きな役割を果したものと考えられる。富島は先代より継承した請負業や材木業（帝信T 14, 広島p 5）の傍ら，呉導西館社長（明治38年設立），芸南電気軌道，三津煉瓦，春日座劇場各取締役など，地元企業の役員を兼ねていた（帝T 5, p 19, 帝信T 14, 広島p 5）。渡辺との接点としては富島が土木建築請負業で東京に進出し，京橋区三十間堀3に拠点を置いたこと（帝信T 14, 東京p 66）が考えられる。山陽土地の目的（昭和2年11月13日改正）は「一，土地建物ノ販売賃貸借及ヒ仲介，二，海面埋立及ヒ土地開鑿，三，建物其ノ他工作物ノ建造，四，金銭物品ノ貸付，五，倉庫業，六，前各項目ニ関連スル一切ノ業務」[40]であり，昭和4年には対外的に「海面埋立」[41]を掲げていた。したがって富島が取得した地元の呉方面の「海面埋立及ヒ土地開鑿」を行う会社と考えられ，渡辺側は金融面で同社に関わることがまず想定されよう。

東京渡辺銀行の一般大口貸出先（617,681円）には富島歌郎と一字違いの富島敏郎（土木請負業）なる人物が登場し，また富島組も98,616円の貸出先となっている[42]。資料の制約から富島歌郎，富島組との関係を明示できないが，恐らく実質的には富島歌郎への同行貸付が少なくとも72万円程度存在した可能性が高いと思われる。仮に山陽土地の払込済資本金120万円が総投資額だと見做すと，同行貸付額72万円は全体の6割に相当する持分ということになる。

東京渡辺銀行が山陽土地に深く関与していた事実を示すものとして，同社の総発行株式2.4万株の6割に近い53.5％に相当する12,840株が渡辺系株主の保有の結果として同行に担保として徴求されていることが挙げられる[43]。東京渡辺銀行が東京付近ならともかく，軍港があるとはいえ遠隔地の広島県の海面埋立事業にまで深く関わっていく動機は判然としない。富島歌郎が土木請負業として東京に進出し，同行と取引開始したというだけでは説明出来ず，渡辺家と広島を強く結びつける特殊な因子がなければならない。単なる想像の域を出

ないが，広島県出身の永野護[44]という人物が富島を推挙し，海面埋立事業の有望性を吹聴した可能性もあながち否定しきれまい。

その傍証の一つとして渡辺家の個人資産等が広島県呉市に存在したことが挙げられる。同行に大口預金をさせられていた東京瓦斯副社長の岩崎清七[45]は「我等に何んの相談もなく八十万円の手形一枚が渡辺銀行に貸与されてあった事が判った…結局新たに二十万円の預金を増加して，既に預金しある二百数十万円と共に之れに対する担保として大森の別荘地，静岡県熱海，広島県呉市等の土地を提供せしめ…る事に成功した」[46]と書いており，大森，熱海等の別荘と同様な性格を有する「広島県呉市等の土地」が渡辺家の土地として存在したことを示している。もちろん山陽土地の埋立事業との関係の有無は未詳だが，渡辺家が呉方面の土地に強い関心を寄せていたことは間違いない。

同社の役員異動を見ると渡辺系の佐藤は設立後まもなくの2年11月30日辞任し，代って取締役に高城畊造（仙台）[47]，白須金三郎（芝区）[48]，和田秋之助（四谷区）[49]，監査役に渡辺寿（仙台市六軒丁7）[50]が就任した[51]。2年12月24日には六郎，富島に加え白須も代表取締役となった[52]。その後六郎も辞任し，昭和10年の同社役員は代表取締役白須金三郎，代表取締役富島歌郎，取締役高城畊造，取締役支配人赤松東一郎[53]，監査役渡辺寿，伊藤啓之助[54]，和田秋之助であった（諸S 10，下p 434）。

呉の土地会社の重役陣に意外にも仙台，東京等遠隔地の居住者が多いのが目立つが，監査役伊藤啓之助（大森，馬込東）は次項に登場する新興土地[55]取締役・600株の筆頭株主であり，同じく監査役の和田秋之助も元東京渡辺銀行日本橋支店長で昭和4年当時は渡辺保全監査役であるから，土地に明るい渡辺系の人物が就任したものと思われる。注目すべきは白須金三郎，高城畊造らの素姓である。まず高城は東北一の高利貸・斎善家経営の仙台信託取締役支配人であると同時に，「恐慌下に経営不振に陥り，不良債権の累積，不動産の処分の必要が生じ…設立された」[56]仙台の同系昭和土地の社長である。また白須は仙台信託等を金主，福島銀行等の不振銀行を与信先とする東京銀座に事務所を構える有力な金融ブローカーである。仙台の斉藤善右衛門は「手代を八方に飛ばして…金を貸付け…抵当はすべてとられる」と恐れられ，「税務署が血眼となって全国にわたる斉藤の投資事業を掘返してゐる」[57]とも報じられた全国に展開する最有力の金融業者である。また白須，高城のコンビは神田銀行とも関係の深い福島電灯手形偽造事件（第11章参照）で巨額の金員を騙し取られた被

害者としても登場するなど，吉野一派が経営していて資金難に喘いでいた福島銀行，武蔵野銀行などに融資するリスキーな高利貸的立場を見せている[58]。

　日銀作成資料の東京渡辺銀行「担保付預金内訳」に登場する「斎藤」（姓のみしか記載されず）なる人物は10万円を同行に不動産抵当で預金[59]しているが，この人物が乾と並んで貸金業者として著名な斎藤善右衛門だと仮定すると前後の辻褄がうまく合うことになる。「抵当権者」の一覧表[60]によれば渡辺家の不動産には勧銀，根津合名らの先順位抵当権があるが，「斎藤」の名はない。前記の「担保付預金内訳」には「斎藤」の担保種別は不動産となっているが，信越電力等の他の預金者とは別担保のようにも読める。したがって東京瓦斯が二百数十万円もの大口預金の「担保として…呉市等の土地を提供せしめ」たのと同様に，渡辺家関係者に融資するに際して斎藤は東京瓦斯と同様に呉市等の土地を別担保として徴求し，債務不履行により代物弁済で取得したというシナリオも考えられる。以下こうした仮定に立脚して山陽土地の成立背景を推論してみよう。海面埋立が長期にわたる事業であることを考えると，事業の開始は山陽土地の設立時期である昭和2年7月の少なくとも数年以上前の好況期に立案され，富島組ないし富島歌郎等へ造成資金を貸付ける形でスタートしたものと思われる。しかし東京渡辺銀行破綻により同行整理の一環として，海面埋立に伴う複雑な権利関係・担保関係をすっきりさせる必要もあって，昭和2年7月という金融恐慌直後の時期に，特別目的会社としての山陽土地が設立されたものと考えるのが自然であろう。そして同行の融資に見合う持分（53.5％）が渡辺側に一旦は所属したものの，その後債権者を代表する白須，高城のコンビに譲渡され，彼らが役員に乗り込んで富島ら現地側と共同で事業継続を通じて債権回収を図ったものと推定される。しかし設立後，8年を経過した昭和10年時点でも，会社がそのままの形で存続し，和田ら渡辺系役員も就任していることから見て，整理ないし第三者への譲渡による換価は容易に進まなかったことが想像される。昭和16年時点では富島歌郎の関与先から山陽土地がなくなり，代りに朝日興農取締役（要録S 16，役上p 156）が登場することから，同社の改称・目的変更の可能性を示していよう。

(4) 東京土地住宅

　東京土地住宅（本店京橋区銀座2-2）は大正8年9月資本金10万円で設立され，14年では常務三宅勘一[61]，取締役堀田金四郎[62]，三宅元雄，島田文治[63]，監査役渡辺勝三郎，山成喬六[64]，相談役根津嘉一郎（昭和7年11月では520株

の第2位大株主)，山岡順太郎，顧問には野村龍太郎（満鉄元総裁）など名士を並べていた。しかし同社は丹沢善利経営の日蘭貿易と並んで，「相手方ノ信用ヲ無視シタル」[65]と若尾銀行内部検査で指摘された東京支店の不良貸付先であり，東京渡辺銀行との直接的な財務取引を明示できないものの，勝三郎も関与した若尾＝渡辺傍系の一つと考えられる。

　14年5月末の同社所有土地は約百万坪111.3万円で，所有建物は18戸17.2万円，「分売地勘定」は248.1万円で，負債に「塩原温泉」勘定があり，この方面にも「分売地」等を有していたと見られる。13年11月115万円を「増資シ全額払込済ニテ一般公募」[66]した結果，「全国枢要の地に十株宛を所有する…株主を配備し」[67]株主数は1,617名となった。昭和元年では資本金150万円払込済，昭和元年の損益は欠損であった。大正14年6月1日には第1回9％無担保社債75万円を「経営地工事費」[68]を事由として発行価格95円，応募者利回り12.105％，1年据置，償還期限昭和2年5月31日の条件で発行したが，引受，受託会社ともなく，元利支払場所は「同社及び取引銀行」[69]であった。起債直後の14年11月末には「分売地勘定」248.1万円がなくなって「整理勘定」386.1万円を計上するなど，整理を必要とする異常事態が発生した。東京土地住宅の採用した業態である「委託の方は資金は土木費だけで済むから資金の固定は少いが，ごたごたが起きる事が多い」（T14.7.5東朝）いとされ，委託を主とする東京土地住宅も取締役の島田文治が村長として関わった「府下葛飾郡小岩村の小岩駅に接した土地四十余万坪を住宅地とすべく，地主と借地人との間にあって仲介的の事業をしているものであるが，過般来借地人のうち数名が同会社を相手取り告訴するものがあり…同会社は府下村山村に九十万坪，国分寺に六万坪，小岩十三万坪と藤沢に四万坪，大阪に十万坪と手広く売買契約をしたが，金融閉塞のため地主と買手の間にはさまり双方から矢の催促を受け，その整理に忙殺され目下積極的に営業はしていない」（T15.2.5東日）とされるのが「整理勘定」の正体であろう。最大の東村山の新規買収物件は大正14年の若尾銀行内部検査で「将来厄介物視スルノ時期必然到来スベキ」[70]と断言された不毛の山林であった。この「整理に忙殺され」ていた大正15年1月に別途新興土地が設立された。前期の「整理勘定」386.1万円が大正15年11月決算で299.3万円（昭和2年11月決算で272.4万円）へと86.8万円も減少し，新興土地からの負債勘定が大正15年11月決算で8.7万円（昭和2年11月決算で36.4万円）計上されるなど，順次「整理勘定」が負債に振替えられ

ており[71]，整理勘定振替先たる新興土地は同社借地人からの告訴の解決策のための特別目的会社として設立されたことが窺える。新興土地取締役に就任した伊藤啓之助は前項の山陽土地監査役であり，渡辺系統との緊密な関係が存在した可能性があろう。

また東京土地住宅の所有地は大正15年11月末には24,045坪（坪当り14.08円）で，「外に共同経営地」が160万坪（上記東日記事の「分売地」の合計は123万坪）存在した[72]。大阪市西区土佐堀の大同ビルに大阪支店を置いたのは関西土地と提携して瓢箪山住宅地10万坪を擁したためであろう。昭和2年6月30日現在社債の「償還延期手続中」[73]で，「償還期限を昭和12年5月31日に延長」[74]，昭和2年11月決算から社債勘定32.5万円と「更改社債債務勘定」32.7万円に二分され[75]，第1回社債の現在額も昭和4年6月には29.9万円と表示[76]されていることから，社債として利払・償還すべき金額をほぼ半減させ，残額を長期棚上げする処理がとられたものと推測される。無担保で受託会社もなく，取引銀行の一つと考えられる東京渡辺銀行も破綻した最悪のデフォルト社債の処理として注目されるが，通常備考欄に社債権者集会決議等を載せている『公社債年鑑』『株式社債年鑑』『社債一覧』等にも償還期限延長以外の当該社債情報が記載されておらず，また株式相場も昭和8～9年には該当なく[77]，同社の情報は十分には把握できなかったと見られる。

昭和2年12月には「温泉供給及び土地建物賃貸」（要録S 8, p 235）を目的とする緊密先の新那須興業が設立されたが，東京土地住宅の「塩原温泉」勘定と何らかの関係があるものと見られ，昭和8年時点では東京土地住宅の中心人物で専務の三宅勘一が新那須興業の筆頭取締役，監査役の真崎領一[78]が同取締役を兼務していたが，『株式投資年鑑』では東京土地住宅の「系統・関係会社」欄は新興土地，新那須興業とも言及せず，「特記事項なし」[79]としている。昭和8年時点では本店は京橋区銀座2-2，専務三宅勘一4,025株（総株数3万株の13.4％），取締役笠松万里雄，佐藤太平，監査役真崎領一，大株主根津嘉一郎（相談役）530株，藤瀬政次郎440株であった（要録S 8, p 71）。

根津の持株の増加状況を示し得ないが，次項の東京荘園や昭和土地がともに渡辺系から根津系への資産移転を示すことから，あるいは東京土地住宅の渡辺系持株も同様に移転した可能性もあろう。ただし，同社の中身の劣悪さもあって，根津は吟味した上で相談役としての関与までにとどめたのかも知れない。

7年11月期の繰越欠損が資本金の半分の74.5万円に達しており，借入金

134.1万円、社債249,800円、「更改社債債務」363,010円を抱え、同一場所に本店を置き、他社物件の分譲（S 3.6.24読売）等も取扱う新興土地からの債務は523,169円に達していた（要録S 8, p 235）。本店を麹町区内幸町1丁目へ移転したほかは変化はなかった（諸S 10, 上p 239）。なお旧蔵前高工用地の贈収賄事件を起した「東京土地住宅」会社（京橋区南紺屋町24, 資本金10万円）とは同名異社である。

(5) 東京荘園

東京荘園は大正9年6月資本金10万円（払込5万円）で京橋区本木材町1-7（東京渡辺銀行内）に設立された東京渡辺銀行の関係会社である。代表者の戸谷辰次郎（南葛飾, 小松川）は渡辺保全取締役（紳T 15, p 116）、東京渡辺銀行1,070株主、旭日生命50株主で、東京渡辺銀行から1,478,952円を個人名義で借入れているが、東京荘園への直接の貸出188,050円[80]や青木亨（東京荘園取締役）への貸出677,264円とももと同社不動産資金に充当されたと見られる。

東京荘園は昭和初期に関東荘園に改称した可能性が考えられる。昭和9年3月昭和土地（後述）に合併された根津系統の関東荘園[81]と同一ではないかと推測される根拠は類似の社名であり、資本金10万円、払込資本金5万円が同一、同じく渡辺家の土地を継承した昭和土地に合併されたなどである。関東荘園の本社は昭和土地と同じく麹町区丸ノ内3-6に置かれ、昭和8年時点で「不動産取得利用」（要録S 8, p 115）を目的とする土地分譲業で、昭和土地は同社から早稲田分譲住宅地[82]などを引継いで分譲を継続した[83]。

渡辺治右衛門は大正8年から昭和初期は東京市小石川区関口台町29の通称「目白御殿」（蕉雨園）に居住していたが、東京荘園は渡辺家所有地の資金化のため、関口町[84]等の住宅地分譲計画に関連して銀行内に設立され、造成資金等を東京渡辺銀行から借り入れていたものと推測される。なぜなら東京荘園の役員には一族の六蔵、六郎も参加し、また取締役の青木亨は渡辺保全の地所部員（紳T 15, p 565）を経て支配人となった人物で、渡辺倉庫常務等を兼ね、渡辺保全の「あかぢケ原売却に際し、主として復興局と折衝したのは青木亨」（T 15.4.9東朝）といわれた不動産のプロで、緊急課題である資産売却計画の責任者であったと考えられるからである。

2．昭 和 土 地
(1) 渡辺家による土地会社案の挫折

　東京渡辺銀行の整理過程に関しては『東京渡辺銀行の破綻原因及其整理』でも，その末尾で「遂ニ和議申請ハ却下セラレ，却テ破産申請者ノ申立ニヨリ，同年六月二十九日東京区裁判所ニ於テ破産ノ宣告ヲ受ケタリ」[85]とするのみで，3年6月29日の破産宣告から，当該報告書作成時点の4年5月までの間は「昭和四年一月十七日日本銀行ノ渡辺銀行ニ対スル震災手形融通損失決定額ハ四，五四四，三七八円ニ決シ，二月十四日日本銀行ハ補償公債ノ交付ヲ受ケタリ」[86]との自行関係事項しか記載していない。したがって日銀調査に基づいた伊牟田論文でも「営業継続の可能性が見出せず，破産となったことから，善後処理のための日銀特融も受けられなかった。預金のうち関係会社預金などは担保付で，無担保の一般預金者が大幅な損失を受け，小口預金者も救済されない，という最悪に近い結果となった」[87]とするにとどめる。また同行崩壊過程を証言と時事新報記事等で丹念に追った佐高信氏の『失言恐慌』[88]も4年2月末の第1回支払の予測記事までの段階で止める。

　渡辺家所有不動産の全貌を示す資料は未見だが，『実業之世界』は東京市内10万坪，東京市外3.8万坪，小笠原島35万坪，その他9.5万坪，計58.5万坪という巨額の数字を挙げる[89]。「是等の土地には特に何々銀行所有地といふ大標木を立て」[90]たとも言われる。渡辺家の私財提供の土地会社設立による整理案は大正12年12月渡辺同族会社設立案[91]等，過去に何度も繰り返された。同行は渡辺一族から所有地（渡辺銀行評価で23,600,023円，勧銀評価で10,952,466円）の提供を受けることとして，2年10月に日銀に整理を委嘱した。日銀では2年10月末現在の資産負債査定表を作成することとなった。私財提供土地の内訳は市内及近郊105,555坪（坪当@88.45円，総額9,336,560円），地方①85,050坪（坪当@7.19円，総額611,541円），地方②3,915坪（坪当@2.55円，総額10,000円）であった[92]。「市内及近郊」105,555坪は前述の東京市内10万坪と東京市外3.8万坪の合計13.8万坪より約3.2万坪少なく，「地方」85,050坪も前述の「その他」9.5万坪より約1万坪少ないのは，最盛期よりも売却等が進んだ結果と見られる。地方分は二口に別れ，地方①では同行評価の40％，地方②では同行評価の25％，と市内及近郊の46％に比して勧銀は厳しく査定したが，特に地方②は評価上なんらかの難点が存在した特殊な物件と推測される。

同行は小笠原を除く23.5万坪の一族所有地等の資産を2,400万円に評価し大蔵省に提出した。これに対し大蔵省は勧銀の査定額1,600万円に固執し，「結局従来曾て例のない国有財産管理委員会の評価に俟つ事となる模様」[93]と観測された。こうした評価上のネックも加わってか，政府の震災手形処理委員会でも同行は京和銀行とともに「整理の最も困難と称せらるる」（S3.1.25 OB）ことを理由に多くの休業銀行の中で一番最後の委員会への付議に回された。こうした一連の大蔵省の態度に六郎[94]は反感を強め「大蔵省で渡辺が憎い」のではないかとの手記[95]を残している。

　3年2月27日同行の鈴木徳太郎，庄野理一両顧問弁護士[96]がたてた和議条件の骨子は3年間で預金の2割を現金で支払い，残余は渡辺保全会社（代表社員渡辺治右衛門，全株3万株を同行が保有する100％出資子会社）を増資して，昭和土地㈱を創立し，債権者に対してこの土地会社の株式を分配するというもので，「預金者間に極力和議を勧告」（S3.6.30読売）した。しかしこの土地は前述のように債権者の一人でもある東京乗合が不正手形事件の補償として渡辺一族から提供させ，既に所有権の移転仮登記を済ませたものと同一物件であり，「同じ土地を種に両社の整理を同時に行ふ」（S3.3.10 T）ものであった。これまで渡辺保全からの譲受物件の仮登記は有効と主張していた東京乗合も「愈々渡辺銀行提起の和議に応ずることになった模様で…而して，アト半分は土地株を貰ふことにでもなるわけだ」（S3.3.10 T）とされた。同行の大口預金者でもあるあかぢ貯蓄銀行も同行の和議条件が提示されたのに伴って和議案を作成したが，その前提は同行和議案に準拠し「最後に残れる預金額に対しては渡辺銀行の設立する昭和土地株式会社の株式を提供」（S3.5.20 B）するというものであった。しかし土地会社設立は東京乗合に譲渡済みの不動産を主体とするため「コレガ返還ヲ受クル手段ノ立ザル限リ成立ノ望ナク」[97]預金者としては到底受容できないものとされ，ついに3年6月29日破産宣告され，木村篤太郎[98]ら5人が破産管財人に選任された。木村は破産管財人の立場を利用して「上仲尚明と云ふ者の名」（S6.7.1D）を使って競売の際「渡辺倉庫会社に対して過半数の株主権を握」（S6.7.1D）り，4年4月10日渡辺倉庫取締役に就任（S2.12.24官報第298号，付p10），渡辺系統の旧重役や乾側の重役に対して活発な訴訟戦術を展開した辣腕弁護士であり，庄川事件でも電力会社側の弁護士として乾側と激突しているので，かかる事情に精通したダイヤモンド誌（石山賢吉）は破産管財人の軌道を逸脱した乾への迂回作戦では

ないかと懐疑的であった（S6.7.1D）。破産宣告に関し六郎は「渡辺銀行が遂に破産宣告を受けた内幕を云えば、宣伝上手の破産推進側に負けた。丁度国際連盟で日本が負けた様なものである。大蔵省の普通銀行課長加藤氏[99]が業々司法省を訪れて、破産を従ようしたとの事だ。大蔵省で渡辺が憎いのなら、外に手段もあるべし。預金者の不幸になる破産を従ようするとは何事なりや。又裁判所でも破産と和議が真に預金者に有利であったか洞察が出来なかったとすれば情ない話である」[100]と無念の胸の内を僅かに書き残している。しかし当時の法曹界の主張は和議より破産を推す声[101]が少なくなく、匿名の銀行家の「不埒千万なる…休業銀行」は「須らく清算人の手に渡して一刀両断的処置に出づべきもの」[102]との放言まであった。

　破産宣告後、司法当局の同行関係者の取調べが急展開した。一説には抗告審において裁判所の破産宣告取消を企画して、破産申立人に取下げを運動する財界有力者として「某政党系の一流実業家、株式取引所関係の有力者等数名」（S3.7.5東日）が存在したとされ、その背景は「同氏と渡辺銀行とは密接の関係」にあったためといわれる。有力者の氏名は未詳だが、昭和土地設立時にも何らかの重要な関与を行ったとの証言の得られた読売新聞社長・正力松太郎[103]や永野護が「渡辺銀行とは密接の関係」ある人物の条件に合致し、正力の親友河合良成も「株式取引所関係の有力者」に合致し、かつ、正力、永野、河合ら、「番町会」[104]メンバーは当時、渡辺家の支配する東京湾汽船を買収しており、汽船買収と破産宣告取消運動[105]との間に何らかの水面下の関係が存在した可能性がある。

(2) **根津と勧銀の合意による競売**

　いわゆる「根津財閥」の総帥・根津嘉一郎は同行破綻以前から渡辺家に相当な貸付金があった。「日本殖産興業の沿革は根津財閥の渡辺財閥への貸付金に始まる」[106]と指摘される通り、「根津財閥」の総本社ともいうべき根津合名が貸付金の保全のため渡辺家の不動産に百万円の抵当権を設定していたが、富国徴兵等の根津系の金融機関から、同行への貸付という正規の経路ではなく、根津合名から渡辺保全への例外的な救済融資という点に、商業ベースではない何らかの特異性、例えば国民新聞への融資時[107]に見せた「俺が志を得た場合は必ず新聞を主宰して以て大いに天下を風靡する」[108]といった、ハイリスクを乗り越える根津個人の特別な動機・強烈な思惑が感じられる。おそらく甲州から出て一代で財閥を築き上げた人物の、江戸以来の名門あかぢのブランドへの憧

憶，渡辺家の東京市内枢要地の膨大な地所を得て「大いに天下を風靡」したいとの思いであろう。『平民新聞』掲載の竹内余所次郎の地籍台帳調査（明治39年末）を集計された水本浩氏らの研究[109]によれば，当時渡辺治右衛門所有の63,123坪（本所㉘4,798，小石川⑪6,238，本郷⑳4,700，下谷① 31,000余，麹町㊸2,231，京橋⑫4,801，その他9,355）は5位，根津嘉一郎の8,373坪（麻布㉗4,700，その他3,673）はまだ141位にとどまっていた。根津は「三十何年も前に，雑司が谷の雑木林を二万坪ばかり五千円で買った。一部の人々が『ボロ買ひが田舎の情景を偲ぶに適当な買物をしたゾ』と冷眼視して居る中に，グングン地価は上って…五千円の金が二百万円に変った」[110]と評されるほど，不動産投資にも注力した。当時141位の根津にとって，遙か上空の5位渡辺治右衛門の広大な地所は若い頃からの垂涎の的であったに違いない。

　一方同行は「震災直後においても，不動産を抵当として勧銀より約七百万円の融通を受け」（S 2.3.15東日），ピークには「勧銀から八百万円借りてゐた」（S 3.3.10 T）と言われた。一番抵当権者（渡辺家の不動産に600万円の抵当権を設定済）である勧銀の馬場鍈一総裁は名門・渡辺家資産がバラバラに散逸することを恐れ，関係資産の受け皿機関を設立して債権者の一人でもある「根津嘉一郎氏が一括して引き受けてくれないか」と根津嘉一郎社長に依頼したと言われる[111]。勧銀側の動向を伝える資料は少ないが，東洋経済は「第一担保権者の勧銀ですら，債権額だけに処分が出来ずして困ってゐる」（S 3.12.8 T）と報じ，根津の大番頭格の河西豊太郎の伝記も「渡辺がこの地区の膨大な所有地を勧業銀行に担保に入れていた。それが年月を経て勧銀でもこれが始末に困っていた。…勧銀としても内実はこの担保土地は頭痛なのである…交渉の重なるに従って漸次的に勧銀側も折れ，『それでは利息もないではないか』と言うを抑えて『いま手放すことは銀行としての荷厄介を解消するもの』として…勧銀側の驚くべき大譲歩となったのである」[112]と担保処分に窮した勧銀側から後順位抵当権者の根津側に対して何らかの共同処分の依頼があった事実を伝えている。根津の番頭連中は関与には危険が大きいと大反対した。かつて堀内良平の斡旋で徳富蘇峰が主宰する国民新聞を買収する際にも「慎重に駄目押し」[113]して，はやる根津を押し止めた河西は，この時も根津から相談を受け「なお考慮したら」[114]と提言した。根津自身一晩考えた結果「その土地の将来性を見て所謂遠謀計画に於てこれを買入れる決心をした」[115]とするが，前述の通り渡辺家へ貸した時点で根津にはすでに「遠謀計画」なるものが存在したの

ではなかろうか。

　馬場勧銀総裁と根津とのトップ会談を受けて，両者連合による競落行動が開始された。3年8月1日の時事新報は「渡辺あかぢ不動産を競売　勧銀と根津合名の申請　日本勧業銀行は渡辺あかぢ両銀行に対する債権六十三万八千九百三十二円六十八銭の返済を得られないので，抵当に取った麹町区内幸町，下谷区池の端七軒町，神田鍋町，本郷区根津，芝三染町等の宅地合計約一万数千坪に亘る土地に就いて，勧銀社員久野木栄氏を代理人として先般東京区裁判所執行係に不動産競売を申立て，八月二十日午前九時執行されることとなった。又之等の土地を抵当として右両銀行の持株会社なる渡辺保全株式会社に対して百万円の債権を有する根津合名会社もまた，弁護士広瀬重太郎氏[116]を代理人として競売申請が三十日付に差出されて居る」[117]と勧銀と根津合名のほぼ同時期の競売申請を報じる。

　六郎は「不動産の競売と云えば一括してやる，之では何人も手が出ない。不当に金持ちを利する結果になる。不融通性なること甚だしい」[118]と書残したが，預金者でなく「不当に金持ちを利する」の意味はこうした勧銀と根津のみによる貸金回収を非難したものであろうか。やや時間が経過した4年3月14日の東京日日は「渡辺一門の財産を競売　土地十数万坪　十四日午前十時から東京区裁判所執達吏役場において渡辺保全社，治右衛門，勝三郎，初雄[119]，あかぢ貯蓄等一門の財産が競売に付される。土地は市外日暮里の渡辺町二万坪をはじめ芝，京橋，日本橋，浅草，本所，深川，本郷，小石川，西巣鴨等に散在する十数万坪（十六口）で最低見積り七百万円としてあるが有楽町の一千坪の如き坪当り三百六十円の安値に見積ってゐるので大人気である」（4．3．14東日）と報じ，同日の東京朝日も「あす裁判所で執行　土地の大競売　没落した渡辺家のもの　市内外十数万坪の土地価格一千万円といふ近頃類のない大競売が十四日午前十時から東京区裁判所構内執達吏役場で行はれる。競売に付される土地は渡辺保全会社，渡辺治右衛門，勝三郎，初雄，あかぢ貯蓄銀行等先頃破産没落した渡辺一家のもので十六口，最低に見積っても七百万円と鑑定されてゐる。日暮里にある二万坪のいはゆる渡辺町を始め芝，京橋，日本橋，浅草，神田，本所，深川，本郷，小石川，西巣鴨とほとんど市内外全般に渉り，有楽町の千坪が三十六万円，坪当り三百六十円といふ安値に見積られてゐるので大変な人気を呼ぶだらうとうはさされてゐる」（4．3．14東朝）とする。

　翌15日の東京日日は「渡辺一家の競売始まる　落札したのは一ケ所だけ

渡辺一門の財産，市内外にまたがる十数万坪（十六口）約一千万円の競売は既報の如く十四日午前十時から東京区裁判所執達吏役場で行はれた。午後一時までには府下小金井の山林畑地二町五反十歩が勧業銀行に二万九千円で落札されただけで他の十五口はまとまらなかった。」（4．3．15東日）と報じ，東京朝日も「落札はただ一口のみ　渡辺家の土地競売　十三日夕刊所報没落した渡辺家所有地十数万坪鑑定価格一千万円の土地大競売は十四日午前東京区裁判所執達吏役場で行はれたが十六口の内十五口は最低価格に達せず小金井の山林畑地二町五反十歩（債権者根津合名会社）ただ一口が勧業銀行の手に二万九千円で落ちたのみ余りにいたいたしい豪家の末路であった」（4．3．15東朝）とやはり根津と勧銀の連携ぶりを報じた。昭和土地『第十回営業報告書』によれば競落物件取得原価の年月日は4年5月3日から6年12月1日までとなっており，おそらく競売は以後1年半にわたって持続されたものであろう。

(3)　(根津系) 昭和土地の設立

　4年4月8日（債権者集会期日の4年4月11日の3日前に相当），「土地建物売買賃貸及貸金」を目的とする昭和土地（以下当社と略）が麹町区丸ノ内3丁目6番地[120]に設立された。渡辺家，勧銀の馬場鍈一総裁，根津嘉一郎の三者会談が何度ももたれ，当社設立まで協議を重ね，有力者の正力松太郎なども介在したと言われる。この時の縁で根津は渡辺家から東京湾汽船その他傘下企業の経営権を引き受けたともいう。一株の金額50円，総株数4万株，資本金は200万円，払込は50万円，役員は社長は空席で，「根津幕下の古強者」と称された弁護士の宇都宮政市が専務に就任，中心人物の筈の根津は何故か相談役にとどまった[121]。設立時には根津側には不動産の専門家が少なかったこともあって，引継物件に詳しい同行員数名も引き受けて開業した。当社元専務の岩本彦松氏（昭和58年11月29日退任，相談役就任，80数歳で死亡）もその一人であった。株主は5年9月時点では根津合名1万株（25％），根津嘉一郎（根津合名代表社員448.5万円出資，当社相談役）5,000株（12.5％），福島茂富（根津の甥，根津合名社員5千円出資，富国徴兵第一部長）5,000株（12.5％），鎮目泰甫（根津の子飼，「根津の四天王」[122]の一人，根津合名支配人，当社取締役）4,000株（10.0％）の上位根津直系4株主だけで60％を占めた。7年9月時点でも上位4株主は変化なく，第5位森田豊（根津の知人，東武，大阪高野株主）3,900株（9.8％），第6位森沢鳳三郎（根津家執事，鎮目の後任，大阪高野株主）3,000株（7.5％）を加え，根津直系6株主だけで77.3％を占めた[123]。森田，

森沢らは根津の個人的色彩の濃い企業等の株主等としてのみ登場することから見て根津のダミーと考えられる[124]）。

『大倉・根津コンツェルン読本』では「渡辺所有不動産に勧銀並に根津の貸付金を整理すべく，担保不動産を保有する一社を根津財閥が設立し，之を肩代りした…現在尚勧銀に担保として貸付を仰いで居る」[125]とする。つまり渡辺関連に不動産担保付債権を有する勧銀と根津合名が競売を申立て，裁判所の許可を経て競落した物件で設立した「自己競落会社」が（根津系）昭和土地であって，同行による和議案に示された一般預金者を含む債権者全般に株式を提供する昭和土地（構想）とは社名は同じだが全く異なるものである。

4年時点の役員は専務取締役宇都宮政市（400株），取締役鎮目泰甫，吉田義輝（富国徴兵常務，200株），小林中（富国徴兵支配人，1,500株），河西豊太郎（1,000株），深沢議一（富国徴兵支配人），監査役吉野伝治（500株），内藤彦一（松屋呉服店専務，200株），別府丑太郎（西武鉄道社長，200株），相談役根津嘉一郎[126]であった（持株数は9年9月末現在）。当社創立時の「引受不動産は八万坪」[127]，建物数棟（ほとんど木造建物）と言われ，その大半は裁判所での勧銀抵当権に基づく競落物件[128]で渡辺一族の邸宅の所在地が多く含まれ伊豆の別荘などもあった。同行破綻後「治右衛門氏をはぢめ，一族一家悉く大船あたりのささやかなる住居にさびしき余生を送らねばならなくなった」[129]ためであった。『失言恐慌』によれば治右衛門の目白御殿は7年に大日本雄弁会講談社々長の野間清治に売却されたとされる[130]。

一説には「十万坪の土地，これが買入れ価格はその当時にあっては実に九百万円の巨額であった」[131]とし，また「引受不動産は…時価一千万円に達すと云ふ」[132]とも言われるが，「市内外十数万坪の土地価格一千万円」（S 4.3.15 東日）と称された競売物件の全体数値であろう。残念ながら当社の社内にも創立当初の当社『営業報告書』を欠くため正確には判明しないが，第十回『営業報告書』では当社の競落価格は4年5月3日から6年12月1日までの競落物件取得原価6,548,891円となっている。競落が継続中の5年9月期決算の不動産勘定は5,016,914円，支払手形（抵当借入金との振替前か）は4,632,00円で，両勘定の差約38.5万円は主に払込資本金50万円で賄っている計算である（要録 S 6, p 233）。次に7年9月期決算の不動産勘定（競落＋買入等）は6,736,581円，抵当借入金4,987,500円，支払手形2,763,000円である（要録 S 8, p 228）。当初「安値に見積られてゐるので大変な人気を呼ぶだらう」と

されながら「最低価格に達せず」延々と競売が継続した事実からみて，取得原価は当然に当初最低見積り7百万円をかなり下回るはずである[133]。最低見積りの7百万円は偶然にも渡辺一族の土地に設定された勧銀の抵当権603万円と根津合名の抵当権百万円の合計に一致し，また勧銀の査定価格の1,100万円に対する掛け目も不動産抵当で標準的とされる6割にほぼ（正確には63.6％）一致する。しかし「勧銀側の驚くべき大譲歩となった」[134]とされる以上何らかの勧銀による一部債権放棄があってしかるべきだから，7年9月期の（勧銀）抵当借入金4,987,500円と大差のない数値で競落して当社は出発したのではなかろうか。なぜなら当初は土地の評価益計上にもかかわらず，赤字続き[135]でなかなか借金が返せないので10年12月18日の当社重役会でも「日本勧業銀行よりの借入金弁済期限延長の件」[136]を決議したほどである。つまり債権放棄後の勧銀負債約500万円強と根津合名からの百万円の合計額600万円を僅かに上回る程度の654万円が『営業報告書』記載の通り，当初の競落物件の原始取得原価であったと考えられる。そうだと仮定すれば信越電力など第三順位以下の抵当権者には配当がなく，物件の仮登記を受けた東京乗合はもとより，無担保の預金者に回される資金余剰はほとんどなかったものと推定される。

　根津は多忙な中を当社で引き受けた一つ一つの物件を必ず実査して回ったと伝えられる。当社でも9年9月期合併した関東荘園から引継いだ早稲田分譲住宅地（椿山荘に隣接，小石川区関口町，約5千坪36口）の分譲を継続，箱根土地に委託したりして，渡辺家の邸宅を取り壊して，整地・造成して分譲したりしたが，当時も今と同様に地価が下がって殆ど儲からなかったと言う。そこで根津は自己の関係する関東荘園を9年3月合併して，増加資本金全額を9年8月に減資したり，「昭和土地は不動産専門であり，又，帝国興業[137]は有価証券専業で双に業務が片寄り易いから」[138]，帝国興業を12年11月25日に当社に合併させて払込資本金を155万円とするなど，当社の立直しに努力した。当社『報告書』も「帝国興業株式会社ヲ合併シタルニ当リ交付スベキ株式ヲ新株式ト称シ六万株此株主六十一名也…当社ハ従来不動産投資ニ偏シタル為メ資産ノ運用収支ノ均衡ニ不利不便ヲ感ジ居タルガ，本期ニ於テ有価証券ノ売買ヲ専業トセル帝国興業株式会社ヲ合併シタルヲ以テ将来叙上ノ弊ヲ緩和シ順調ナル経営ヲ期待シ得ベシト信ズ」[139]としている。帝国興業との合併の際に，現在の日本殖産興業という社名に改めたのは富国徴兵との連想（「富国強兵，殖産興業」）であったと言われる。帝国興業との合併後，戦時体制に突入した結果，多額の

株式売却益も加わった13年9月期から単年度黒字に転換,14年9月期には「所謂時局景気ハ当社ノ業務上ニモ漸次好影響ヲ齎スニ至リ土地価額ノ昂騰,地代取立ノ好調等其均霑スル所少ナカラズ…未曾有ノ好成績ナリトス」[140]と事態の好転を伝える。しかし戦前にはついに繰欠一掃はならず,当社は一度も配当せずに終戦を迎えた。

(4) 戦前の業績

9年9月末現在の不動産勘定7,018,340円(競落等が終了した6年末現在の土地面積87,863.26坪)は19年9月末現在では4,893,525円(土地面積70,305.85坪)と,この間2,124,815円(30.3％)(土地面積17,557.41坪約20％)純減したのに対して,勧銀等の抵当借入金は9年9月現在の4,976,500円から19年9月末現在では3,136,000円と1,840,500円(約37％)も純減している。土地の評価益,買増し,合併による継承,他勘定への振替えや金利,諸経費,税金等,他の要素を一切無視してごく単純化すれば簿価(=競落価格)2,124,815円分の土地を売却して,それ以下の1,840,500円しか抵当借入金が減少しておらず,当社の主たる目的が勧銀等にとっての不良債権の回収にあったとすれば,当社株主が戦前に一度も配当を受け得なかった事実と併せ,当初の競落価格が不当に安かったことにはならないといえよう。不動産勘定の減少率30.3％に比して土地面積の減少率が小さいのは,何度かの評価益計上にもかかわらず土地の平均単価が坪当り約80円から69.6円に約13％も下落しており,相対的に高価ないしは優良な画地から処分が進められたためと推測できる[141]。この13年の間に関東荘園(9年9月期),帝国興業(12年9月期)を合併したため,純粋の渡辺関係の土地処分以外の要素が混入しており,正確な比較は困難ではあるが,有価証券勘定は合併前は18万円台で推移しており,一挙に5,586,620円も増加したのは帝国興業(資本金300万円,払込資本金105万円)を合併した12年9月期からで,その時点の支払手形の増加額4,233,000円との差,1,353,620円は主として帝国興業により持込まれた自己資本部分(資本金純増300万円と未払込資本金純増195万円との差である払込資本金105万円と内部留保)がやはり相当に寄与した結果と見られる。

当社を他の破綻銀行整理の土地会社群(終章参照)と比較すると,農地主体の泉尾土地,神野新田土地に比して当社は宅地型であり,賃貸型の神野(10年間で総面積の9％売却)と分譲型の泉尾(14年間で33％売却)の間で,15年間で20％売却した当社はその中間的存在に位置付けられ,株主数では預金者に

提供した泉尾の930名，神野の1,502名に比して，根津派のみで固めた当社は帝国興業合併後の12年9月期のピーク時でも僅か86名（合併前は28名）に過ぎず，ほとんど株式の流動性を欠いていた。しかし決定的な差は予定通り数年で満期解散した広部銀行系昭和土地（同名ながら当社とは無関係）をはじめ他社の多くが清算型であったのに対し，当社は現在も盛業中である点であろう[142]。東京のど真ん中という典型的な大都市型の土地会社で，優良宅地が多い当社は戦前期無配に終始したとはいえ，賃貸収入を主体とする当社の不動産収益は年間30万円前後でほぼ安定しており，根津系主体の保有有価証券からの配当とともに当社の安定基盤を構成していた。こうした好条件にもかかわらず，決して楽な財政でなかったことは，戦前期の土地会社ないし担保不動産の処分を巡る環境がいかに厳しかったか，結局多額の不良債権処理には戦時景気の高揚を待つほかなかったこと等を当社の歴史は物語っている。仙洞田常務によれば当社が渡辺系から引継いだ物件の大半は底地で，第三者名義の建物が存在したため，処分はより困難であったとのことである。

注

1）27）『実業之世界』昭和2年5月号（『銀行論叢』「昭和金融恐慌史」p208所収）
2）河野通は田園都市取締役・支配人，渋沢秀雄の兄の友人，明治21年大分県生れ，あかぢケ原事件に関与して大正14年2月24日田園都市監査役を辞任（『東急50年史』p1179），昭和4年京成入社，監査役，成田鉄道専務（前掲『交通人物小史』p83）。東京渡辺銀行の貸出額49,100円，秋山修へは51,500円
3）農商務省『会社通覧』大正10年，東京p125，帝T5，p134
4）『全国株主要覧』大正5年版，p132，126，帝T5，p112
5）東京府北豊島郡日暮里町大字日暮里字北久保，昭和7年以降は荒川区日暮里渡辺町筑波台
6）森田伸子「日暮里　渡辺町　消滅」『郊外住宅地の系譜』p120以下
7）8）『渡辺六郎家百年史』p27～8，35
9）『大日本重役大観』大正7年，p187
10）北豊島郡日暮里町北久保1050番地（『大日本実業家名鑑』大正8年，わp8）
11）渡辺六郎の大船田園都市への移転後の渡辺邸は渡辺系とも交流の深い実業家の樺島礼吉（帝国電灯，食料研究各社長，大船田園都市取締役，東洋製油，真砂商会各監査役要録T11，p80，177）のたっての希望で譲渡されたが，昭和20年4月13日の空襲で焼失した。震災後に開成学園が神田から渡辺家所有の日暮里の未利用地に移転したため，現在筑波台一帯は開成グランド（前掲『渡辺六郎家百年史』，p35～6，49）。
12）内藤恒吉は第百銀行計算係首席よりあかち貯蓄銀行支配人に転じ，同系列の東洋モス

リン監査役,旭薬品工業(大正7年7月設立,資本金20万円,東京渡辺銀行が91,844円を貸出し,2,650株66.3％保有)監査役兼務(『大日本実業家名鑑』大正8年,なp6)伊豆相互貯蓄銀行,東洋モスリン,朝鮮産業,旭薬品工業各監査役を兼ねたが,例の蔵相発言の当日六郎と面談した大蔵省事務官の原邦道は六郎に同行した内藤恒吉について「他は同行の常務取締役らしい人でした」(全銀協『昭和金融恐慌の教えるもの』33年,『資料』26巻p185所収)と強い印象を残していない。
13) 八田熙は渡辺商事重役,千代田リボン製織,不動沢岩礦各取締役,朝鮮産業,帝国鉱業,山東農事各監査役
14) 鈴木徳太郎(日暮里1040)は渡辺家顧問弁護士(T12.5.4東日),東京渡辺銀行(800株主),東京湾汽船各監査役,東京渡辺銀行の貸出先名義人6,459円
15) 鈴木忠次郎は食料研究代表取締役(S2.11.14官報第264号,p333)
16) 森田前掲稿,p124～7,『林甚之丞氏の足跡』,p54～8,住所は『日本紳士録』大正14年,第28版等による。
17) 前掲『林甚之丞氏の足跡』p250
18) 『東京渡辺銀行の破綻原因及其整理』(以下単に『整理』と略),日銀調査局,昭和4年5月,『日本金融史資料』昭和編第24巻,p456。以下も同行貸出額は同資料に準拠
19) 肥後盛行は東京電灯社員から信越電力創立事務を担当,大正8年東電を辞して芦ノ湖水力電気専務,相武電力常務,狩野川電力専務(『財界人物選集』昭和4年,ひp14)
20) 関谷兵助は株式仲買の関谷商店主,北海道瓦斯,羽田造船所各取締役,若松炭礦,明正印刷各監査役(『大日本実業家名鑑』大正8年,せp3)
21) 樺島礼吉は帝国電灯専務,食料研究社長,東洋製油,真砂商会各監査役
22) 栗田繁芳は大船の地主・資産家,渡辺六郎家の縁戚。なお栗田伝兵衛は「鎌倉銀行頭取締役…土地の名望家,本年七十歳」(松下伝吉『中堅財閥の新研究 関東編』昭和12年,p302)
23) 『大日本実業家名鑑』大正8年,わp8
24) 『渡辺六郎家百年史』p52
25) 32) 『渡辺六郎家百年史』p41～2
26) 33) 『渡辺六郎家百年史』グラビア
28) 箱根土地は大正9年3月設立,千ケ滝遊園地を開設し,200戸の文化村分譲を開始,本店を豊多摩郡落合村大字下落合525 [東京護謨の本社の麹町区有楽町2丁目7より,大正11年下期には下落合1320に移転,堤p105]に置き,資本金2,050万円,内払込512.5万円,株数410,000株,配当は大正11年上期6％(要録T11,p30)であった(箱根土地に関しては由井常彦・前田和利・老川慶喜『堤康次郎』リブロポート,1996年,筑井正義『堤康次郎伝』東洋書館,昭和30年,由井常彦編『セゾンの歴史』上・下・年表資料集,リブロ1991年)。取締役には若尾璋八(東京,若尾銀行頭取の若尾民造養子,若尾銀行支配人,若尾貯蓄銀行取締役,東京電灯取締役,飯山鉄道社長,江若鉄道発起人大正9年2月28日現在1,000株,大正11年9月末1,000株)など,渡辺と密接な関係ある人物も加わっており,渡辺系の東京乗合と同様に大正13年8月1日付の信託契約に基づき大正13年9月10日神田銀行引受で起債(第4章)している。日銀資料には箱根土地向を暗示するような大口融資先名義人は見当たらず,治右衛門邸の分

譲を委託した点を除き，渡辺との直接的な関係は未解明として残された。
29) 35) 37) 升本喜年『撮影所のある街　大船物語』昭和63年，p 67～8，71
30) 『渡辺六郎家百年史』p 56
31) 34) 『鎌倉市史』近代編通史，平成6年，p 360以下。大船田園都市の建築設計の具体的詳細や設計思想は藤谷陽悦「大船田園都市株式会社の設立の目的と住宅地『新鎌倉』について」『日本建築学会計画系論文報告集』第444号，1993年2月に詳しい。
36) 『軍国日本人物大観』昭和13年，p 119。鈴木茂兵衛は第11章注50参照
38) 朝鮮銀行の不良債権の処理機関としては大正14年6月「不動産ノ所有売買交換管理利用収益」（要録S 8，p 177）を目的に設立された甲子不動産や昭和証券，佐賀炭砿等多数あり，茂木惣兵衛，中島鉱業，日魯漁業らの処理に関与している。
39) 佐藤晟は渡辺倉庫会計主任（帝T 5，p 135）
40) 昭和3年1月16日『官報』第312号，p 272
41) 『第四版工業年鑑』工政会，昭和4年，p 172
42) 43) 前掲『整理』p 447～57
44) 永野護は結論参照
45) 岩崎清七（東京渡辺銀行の貸出額107,848円）は深川の米穀商，日本製粉，富国徴兵，日本麦酒鉱泉など根津系に関係した「根津系大立者」（前掲『甲州財閥』p 336）で勝三郎後任の東京瓦斯社長に根津のお声がかりで就任した。
46) 岩崎清七『財界楽屋漫談』p 168
47) 高城畊造は仙台・掃部，元仙台市助役，東洋醸造取締役・支配人等を経て，斎藤善家経営の仙台信託取締役支配人，仙台の昭和土地社長，宮城電気鉄道監査役，斎藤報恩会理事，昭和16年時点で仙台信託，宮城電気鉄道各監査役
48) 白須金三郎（芝区高輪南）は土地売買金融仲介（帝信S 11，p 410），昭和16年時点で東京国債監査役
49) 和田秋之助（四ッ谷，右京）は元東京渡辺銀行日本橋支店長，昭和4年時点では渡辺保全監査役，昭和8年時点で新興土地監査役，昭和16年時点で帝都座常任監査役
50) 渡辺寿は仙台・六軒，多木製肥所取締役
51) 昭和3年2月4日『官報』第329号，p 112
52) 昭和3年2月23日『官報』第344号，p 560
53) 赤松東一郎（呉市北迫町）は昭和16年時点で山陽土地取締役支配人
54) 伊藤啓之助（大森区馬込町2-1065）は山陽土地監査役，昭和8年時点で民衆タクシー（小石川区関口町1，資本金6万円，払込済，要録S 8 p 224）取締役（要録S 8，役上p 11），新興土地（京橋区銀座二丁目一番地，勝三郎が監査役の東京土地住宅と同一場所に本店を置く関係会社）取締役・筆頭株主600株主，昭和16年時点で民衆タクシー取締役，化学薬料監査役。名は一字違いながら2年9月10日食料研究監査役に就任（S 2.11.14官報第264号，p 333）した伊藤「啓之輔」は住所が馬込村谷中1065と一致することから，ほぼ同一人と見られる。
55) 新興土地（京橋区銀座2-1）は勝三郎が監査役の東京土地住宅と同一場所に本店を置く会社で，7年11月期の600株30％の筆頭株主は伊藤啓之助，第2位300株15％は山成喬六，残りは55％。昭和8年の役員は専務真崎領一，取締役山成喬300株，伊藤

第 6 章　渡辺系の不動産会社

啓之助，監査役森清吉（要録 S 8，p 235）
56) 渋谷隆一『庶民金融の展開と政策対応』平成 13 年，日本図書センター，p 359。斎善家や仙台信託に関しては渋谷隆一「資本主義の発展と巨大貸金会社(1)(2)」『農業総合研究』16 巻 2，3 号，昭和 37 年 4 月，7 月，同「農村地方における中小信託会社の性格と機能」『同上』15 巻 1 号，35 年 1 月参照
57) S 2．3．4 東日（『経済風土記』東北の巻に転載）
58) 福島電灯手形偽造事件「予審終結決定書」日銀金融研究所保管資料 # 1055 所収。同じ被害者の立場で吉野一派に昭和 3 年 2 月 2 日 90,540 円を騙されたのは糸魚川の越後銀行・岩崎徳五郎らで，岩崎は悪名高い高利貸で「西頸城郡内ニ於ケル金融界ノ王座ヲ占メテヰタ」（昭和 9 年 10 月 29 日信毎）とも称された。
59) 前掲『整理』p 452。元資料の日銀 # 267 でも「斎藤」は姓のみで，名は空欄
60) 前掲『整理』p 457
61) 三宅勘一（四谷区左門町）は会社員（紳 T 15，p 647），新那須興業取締役
62) 堀田金四郎（麻布区一本松）は山梨田中銀行，小池銀行，常磐生命，相模鉄道各取締役，ボルネオ殖産監査役（紳 T 15，p 105），小岩田園都市社長（紳 S 6，p 381）
63) 島田文治（南葛飾郡，下小岩）は東京土地住宅の最大の計画地である「府下葛飾郡小岩村の小岩駅に接した土地四十余万坪」（T 15．2．5 東日）の地元の村長（紳 T 15，p 677），小岩田園都市社長（紳 S 6，p 381）
64) 山成喬六は東洋製糖社長，新興土地取締役 300 株主，東京海上取締役
65) 70)「若尾銀行東京支店検査報告書」大正 14 年 8 月（『山梨県史　資料編 17』p 208 所収）
66) 『株式年鑑』大正 15 年版，p 512
67) 前掲『一九二四年に於ける大日本人物史』と p 37
68) 71) 75)『公社債年鑑』昭和 3 年，p 436
69) 74) 前掲『社債一覧』p 669
72) 『株式年鑑』昭和 2 年版，p 520
73) 興銀『第 33 回全国公債社債明細表』昭和 2 年 6 月，p 190
76) 『公社債年鑑』昭和 4 年版，p 441
77) 79)『株式投資年鑑』昭和 9 年下半期版，p 1625
78) 真崎領一は東京土地住宅監査役，新興土地専務，新那須興業取締役
80) 前掲『整理』p 454
81) 取締役は鎮目泰甫ほか。昭和土地『第九回営業報告書』昭和 9 年 3 月。昭和土地は増加資本金全額を 9 年 8 月に減資した。
82) 藤田伝三郎邸の椿山荘に隣接，小石川区関口町，約 5 千坪，36 口
83) 日本殖産興業仙洞田常務の話
84) 小石川区関口町 1 に本店を置く民衆タクシー（昭和 8 年時点で資本金 6 万円，払込済，要録 S 8 p 224）取締役の伊藤啓之助（要録 S 8 役上 p 11）との接点もありえよう。
85) 86) 97) 前掲『整理』p 457
87) 伊牟田敏充「銀行整理と預金支払」『地方金融史研究』第 27 号，平成 8 年 3 月，p 63，79〜80，64。伊牟田氏は「整理案も実行しえなくなっていくにしたがって報道価値が減

退するのか資料が残らなくなっている」と指摘する。
88) 117) 130) 佐高信『失言恐慌』改訂版，1991 年，駿々堂出版，p 223 所収，271
89) 93) 129) 昭和 2 年 5 月号『実業之世界』（『銀行論叢』2 年 7 月臨時増刊号，『昭和金融恐慌史』以下単に『恐慌史』と略，p 207, 208, 210 所収）
90) 昭和 2 年 5 月 1 日『中央公論』，『資料』26 巻，p 598
91) 大正 12 年 8 月東京渡辺銀行内部の根本的整理の必要上，渡辺一族が各自の資産を提供して「株式会社東京渡辺銀行ヲ整理シ欠損ヲ補填シ其基礎ヲ強固トナス事ヲ目的」（前掲『整理』p 448）とする同族会社を設立しようと試みた（第 6 章参照）。
92) 前掲『整理』p 457
94) 例の蔵相発言の当日も六郎と面談した大蔵省の原邦道（後の長銀頭取）は当時，同行の資産調査を詳しくやっており，「銀行の内容をだれよりもよく知っている」と自負する「ぺいぺいの事務官」であったが，「頭取は渡辺治右衛門氏でしたが，（渡辺六郎）専務が一切銀行の業務を統括しておられた」（全銀協『昭和金融恐慌の教えるもの』33 年，『資料』26 巻 p 185 所収）と回顧し，専務の方は「私も知っている」とするのに専務に同行した内藤恒吉については「他は同行の常務取締役らしい人でした」（同上）と原の印象は薄かったことからも，大蔵省との事前の接触も六郎中心であったと見られる。
95) 100) 118) 渡辺六郎「社会制度の欠陥」（渡辺秀『渡辺六郎家百年史』以下単に『百年史』と略，p 69 所収）
96) 庄野理一（芝区西久保）は大正 3 年開業の弁護士，東京渡辺銀行貸出額 248,586 円
98) 木村篤太郎は昭和 4 年 4 月 10 日渡辺倉庫取締役就任（S 2 .12.24 官報第 298 号，付 p 10）し，上仲尚明（豊多摩郡落合町下落合 2767，東洋炭砿代表取締役，満州採炭取締役）らと渡辺倉庫の過半数の株主権を握り，渡辺六郎，乾合名側と対決した。
99) 大蔵省銀行局の加藤繁一郎普通銀行課長は渡辺六郎と直接面談した原邦道事務官の上司で，蔵相発言当日の渡辺側とのやりとりの報告も受けた当事者であった。
101) 休業銀行整理に和議より破産を推す声として斉藤常三郎は「和議を悪用し濫用せしめてはならぬ。和議成立の条件を容易くすると債務者は和議を濫用する」（S 3．1．17 大朝）とし，末弘厳太郎も「事業の破綻が明瞭になった暁に於て，直に破産宣告を受けたならば，債権者の受くべき損害は恐らく今日に比して遙かに少かった筈」（昭和 3 年 2 月 1 日『改造』，前掲『日本金融史資料昭和編』26 巻，p 628）とする。
102) 昭和 2 年 6 月 1 日『財政経済時報』，『資料』26 巻，p 609
103) 六郎と東大同窓。読売を大正 13 年に引受け，社長就任
104)「番町会」は郷誠之助を中心とする財界人グループで読売新聞社社長の正力松太郎，東京株式取引所理事の河合良成，永野護，伊藤忠兵衛，渋沢正雄ら 10 名で構成，客分として中島久万吉，小林一三等も参加した（河合良成『私の履歴書』4，p 113）。昭和 2 年 12 月東京湾汽船は渡辺一族の手を離れ，「番町会」や中島久万吉中心の「薬王子会」の財界人グループが経営を引受け，中島が社長，河合，永野らが取締役，伊藤らが監査役に就任，正力は読売読者招待策として大島の観光宣伝に一役買った。なお永野と渡辺との関係は終章参照
105) 破産申請を取下げようと運動した例は同時期の神田銀行等少くないが，現実に破産宣告を取消させた例も古くは北村銀行（泉尾土地）のほか，同時期にも帝国実業貯蓄銀

第 6 章 渡辺系の不動産会社

行がある。2 年 1 月 18 日破産宣告を受けた帝国の場合，預金者に対して大々的な新聞広告で「貴下の預金は斯うして救はれます」(S 2 . 3 .14 東日)と称して預金者の代理人となって手数料 2 円と預金回収額の 6％の成功報酬を受け取る業者まで現れた。

106) 125) 127) 132) 勝田貞次『大倉・根津コンツェルン読本』昭和 10 年，春秋社，以下単に『読本』と略，p 278。当社『営業報告書』でも 6 年末現在 87,863.26 坪所有

107) 根津が救済融資に踏み切った例としては堀内良平の斡旋で徳富蘇峰が主宰する国民新聞の欠損続きの窮状に同情して，求められるままに「前月も足らん今月も困るで，チビチビ貸した」(『財界実話』p 591) 金が積もり積もって 100 万円にも達した。根津は常に新聞経営を夢見ていたので国民新聞への融資は単なる資金投資とは別次元の行動と考えられる。大正 15 年 5 月 10 日の契約成立で株式組織に変更，根津側は優先株多数を引き受け，傘下に収め，国民新聞に対する総投資額は 230 万円に達した (『財界実話』p 591)。ただし別資料では「四年間に根津の国民新聞に注ぎ込んだ金額も当時にしてなお七百万円の巨額に達していた」(『河西豊太郎』昭和 35 年，p 272) とある。しかし中心人物である徳富蘇峰の根津系との反目を理由とする退陣による読者の喪失により打撃を被り，新愛知系事業となり，根津は結局，国民新聞の経営から手を引いた (『読本』p 203)。

108) 112) 113) 114) 115) 131) 134) 『河西豊太郎』昭和 35 年，p 266，p 319〜21

109) 水本浩，大滝洸「明治三〇年代末の東京市の宅地所有状況—借地・借家法性格論のために—」『商経法論叢』13 巻 2 号，神奈川大学，昭和 37 年

110) 『交通人物小史』昭和 16 年，p 58。これが俗に「根津山」3 万坪といわれる。

111) 以下の当社関係事項は主に日本殖産興業常務仙洞田照男氏談による (氏自身が当時のことを一番よく知っていた元代表取締役の故岩本彦松専務 (58 年 11 月 29 日専務退任，相談役就任，最近 80 数歳で死亡) や先代の長男根津嘉一郎氏 (大正 2 年生れ，当時は武蔵高校生) 等から折ふれて聞いた話として聴取)

116) 広瀬重太郎は根津の法律顧問として訴訟事件を処理する傍ら，笛吹水電等を創立経営する「根津老幕下の面々の内では最古参」(萩原為次『素裸にした甲州財閥』7 年，山梨民友新聞社，p 373) であった。

119) 渡辺初男 (雄は誤り) は明治 33 年勝三郎の長男として生れ，東京渡辺銀行から 209,224 円を借受け (前掲『整理』p 453)，旭日生命 50 株など関係各社の株主となり，同行の和議申立の際に不動産を提供 (前掲『整理』p 457) するなど，実質は勝三郎の資産の名義人として日銀資料に名が出る。東京自動車工業の鶴見製造所工務課長 (紳 S 15, p 640)

120) 設立直後の 4 年 4 月 15 日に本店位置を変更 (S 4 .12.27 官報 899 号，p 6)

121) 122) 松下伝吉『中堅財閥の新研究・関東編』(以下単に『新研究』と略)，12 年，p 338, 408, 398

123) 根津合名出資額は『新研究』p 332，要録各年度

124) 高野登山鉄道でも森田豊，森沢鳳三郎らは大株主でありながら役員にならず，その名義株は大正 6 年 9 月時点で根津嘉一郎名義 9,704 株にほぼ統合され，更に大正 9 年 11 月設立の根津合名に移行されたと推定される。高野鉄道と根津との関係は第 1 部第 9 章参照

126）要録Ｓ４，p 222，当社『第十回営業報告書』昭和９年９月，『丸之内紳士録』昭和６年版，p 48

128）谷中真島町の広大な物件は当主の旧邸（緑風荘）で，同名の中華料理店に貸されたが，13年頃当社が分譲するに際して「立派なお屋敷を壊」（『谷中・根津・千駄木』19号，平成元年３月，p 20）した由である。当社広瀬取締役の談では，当社の借地契約は双務契約ではなく，競落に基づき，借地権者からの一方的な差入れ書形式になっている由である。

133）当社『第十回営業報告書』の不動産勘定明細表では「自昭和四年五月三日　至六年一二月一日　競落物件取得原価」は6,548,891円58銭だが，ほかに「自昭和四年七月三日　至六年六月三日　買取物件取得原価」33,000円13銭や，関東荘園引継物件，９年３月末までの土地評価増を加え，９年３月末現在の簿価は7,751,894円。

135）毎期の損失額は5/3期85,402円，5/9期130,780円，9/9期2,395円，10/9期1,135円，11/3期1,477円，11/9期49,519円，12/3期2,189円，12/9期2,460円で，毎期の繰欠は7/9期559,756円，9/9期677,377円，10/9期682,855円，11/3期684,333円，11/9期733,852円，12/3期736,042円と累積し，ピークの12/9期は738,502円にも達した。13/9期以降は期間損益の黒字化により繰欠は逓減した。

136）当社『第十三回営業報告書』

137）帝国興業は根津関係事業の持株会社で９年６月設立，本社丸ノ内３丁目，目的「土地建物売買及其賃貸借有価証券ノ売買」，資本金300万円，払込資本金105万円，取締役佐竹次郎，河西豊太郎，山本為三郎（大日本麦酒常務），篠本鼎（昭和火災専務），加藤正道，監査役田中邦重，須田政道（精養軒常務，日本土地証券監査役）（諸Ｓ10，上p 205，『新研究』p 384，380）同社は東武鉄道の第７位の大株主・22,390株（『新研究』p 361），昭和10年では東京乗合65株（東京乗合『第三十四回営業報告書』昭和10年３月）等の株主であった。

138）『読本』p 278

139）当社『第十六回営業報告書』

140）当社『第十八回営業報告書』

141）先代の治右衛門は「苟しくも安い土地さへあれば飛地であらうが袋地であらうが，何でもかんでも片っ端から買って歩いた」（昭和２年５月『実業之世界』前掲『昭和金融恐慌史』，p 209所収）と言われ，当社の競落物件中にも当然に飛地，袋地等の条件の悪い不動産も混入していたと見られる。

142）仙洞田常務によれば当社の戦後の状況は以下の通り。戦前は有楽町に本社も置いていた。その後，戦災で建物が焼けて，根津美術館に間借りしたり，各地を転々として，ようやく４年前に京橋１丁目に日殖ビル（９Ｆ建）を建てて，ここに落ち着くことができた。戦前は借金を抱えた姿で出発したため，金繰りが苦しく必死に不動産をどんどん処分して返済を進めたが，戦後はインフレで不動産が値上がりし，ようやく軌道に乗ってきた。60年９月末現在で当社は土地を1,579物件，154,760㎡賃貸しているが，その大半は旧同行関係の土地である（借地権が存続する限り，こういう状態が継続する）。平成５年５月17日に資本金は4,687万２千円となって現在に至っている。

第 7 章 「渡辺財閥」の破綻過程

1．破綻の遠因としての渡辺商事破綻（大正 10 年）

　金融恐慌の破綻銀行の預貸率（昭和元年下期決算）は中沢銀行 139％，右左田銀行 107％，東京渡辺銀行 103％の順に高い。同行の預貸率の高さの遠因として渡辺商事に代表される一族関与企業の不良債権の多さが挙げられる。『銀行通信録』も渡辺「一族中欧州大戦当時種々の新事業に関係し，且つ他方に渡辺商事会社を新設して貿易業にも従事し，大に財界に活躍せし所，休戦後大正九年春の財界恐慌に打撃を受け…モスリン及製麻等，一族中の関係会社に対する巨額の固定貸付ありて資金難に陥り経営漸次困難」（Ｓ2．5．10 Ｂ）になったと，渡辺商事等の関係会社を破綻の遠因としている。渡辺家の「家憲に反したことをやった」[1]として追放された林甚之丞[2]は「大戦終了と共に経済界にはガラがおそった。これまでの買付のキャンセルに，私は奔走…袁世凱の借款に応じたこと，富士製鋼との関係，上海米の買付等による損害一千万円によって，渡辺商事も倒れた」[3]と回顧している。

　高橋亀吉も「渡辺銀行が問題にされるやうになったのは…大正九年の財界反動からで，姉妹銀行なるあかぢ貯蓄は，当時取付けを食った」[4]とするが，その背景は大正 9 年 11 月 18 日横浜倉庫株式を担保に取って，蔵内次郎作に多額の貸付を行っていた農工貯蓄銀行（東京）が取付を受け，「此影響にてあかぢ貯蓄銀行に取付起りしも速やかに支払ひし為め沈静」[5]した。明石照男も「それが動機となって東京市中の主として貯蓄銀行間に取付騒が波及し，例えば『あかぢ』貯蓄（十一月下旬）とか東京貯蔵（十二月上旬）の如きも可なり多数の取付を蒙ったやうである。尤も事情が判明し預金者側の不安が解消されるに伴って，内容の堅実な銀行は間もなく安定を回復することを得た」[6]と述べている。農工貯蓄とあかぢ貯蓄両行の因果関係の有無は未詳ながら，農工貯蓄銀行取付の発端は「神田方面ノ預金者ニ対シ同行ノ悪評ヲ流布スルモノアリ」[7]，同行神田支店を手始めに本所，深川，浅草の各支店に波及したという，あかぢ貯蓄銀行との営業エリアの重複も取付の一因と考えられる。

2. 関東大震災による関係会社の被害（大正12年9月）

　大正12年9月1日に起こった関東大震災で渡辺「一族所有ノ不動産中建物ハ殆ンド全部ヲ灰燼ニ帰シ」[8]ただけでなく，在京企業が多い渡辺系の関係会社は多大の被害を受け，「震災手形トシテ処理セラレシモノ約六百五十万円…ニ達シ当行ニ対スル影響亦多大」[9]であった。なかには東京乗合のように約20.6万円の損害を受けながらも，競合する交通機関が破壊されたため独占体制となり，「大正十三年頃からトントン拍子に持直し」[10]た例外もあるが，旭日生命では本社が罹災し，契約者カードまで焼失して事務体制が混乱し，同系の東京乗合の本社（内幸町）内に仮営業所を置く始末であった[11]。東洋モスリンでも第三，第四工場が倒壊，第二工場も機械が破損し，100万円を超える大被害を受け（T 12. 9. 2 大毎），この頃から粉飾決算を始めたような，震災が転落の起点となった例も少なくない。東洋モスリンは50万円（全額が東海銀行分），上毛モスリンも55万円（全額が中井銀行分）の震災手形大口債務者[12]であった。事実東京渡辺銀行の震災手形総額[13]は751.9万円に達しており，割引依頼銀行別残高では96行中第15位にランクされた。名義者内訳は八田熙220.0万円，田中同族155.0万円，三ッ引同族114.0万円，若尾璋八55.0万円，大口分計544.0万円（総額の72.3％）であり，大半は若尾との共同経営にかかる上毛モスリン，東洋モスリン，日本製麻関係とみられる。

　東京渡辺銀行の震災手形の所持高が異常に高いことを示す部分的な報道（S 2. 2.14 読売）が流されたため，当然ながら名を出された同行や中井銀行などは「大正九年の大反動と大震災の影響でその運命を気遣はれ」（S 2. 3.20 東日）たのであった。昭和2年3月上旬を過ぎた頃から「一部の比較的消息に通じた人々の間では，震災手形所持銀行に対する預金の取付や債権の回収をボツボツ行ふやうになって来た…東京渡辺銀行のごときは既に重役の関係事業に対する固定貸付のために，資金の運転に窮し，さらぬだに悪評が巷間に伝へられてゐた際，前記のごとき事情から，同行は震災手形を多額に背負込んでゐることまでも次第に洩れて，逸早く緩慢ながら取付を受け」[14]たと言われる。

3. 整理目的の渡辺同族会社の不徹底（大正12年8月）

　大正10年渡辺商事が経営不振で破綻，解散したことなどを背景に，12年8月頃から「当行営業ノ悪化漸ク顕著トナルヤ内部ノ根本的整理ヲナシ基礎ノ確立ヲ図ル必要アリトナシ…渡辺同族ハ各自其資産ヲ提供シ『株式会社東京渡辺

銀行ヲ整理シ欠損ヲ補填シ其基礎ヲ強固ト為ス事ヲ目的』トスル同族会社ヲ組織シ漸ク之ガ実行ニ着手」[15]したのであったが，9月1日に関東大震災が起こり，「着手セントシタル際震災ニ遭遇シタルタメ…整理ハ殆ンド不可能ノ状態ニ陥」[16]り，12年12月資本金300万円の渡辺同族会社[17]が設立されたものの抜本的な整理は中断を余儀なくされた。

また14年12月時点では，①同族への無担保貸付1,138.1万円，②渡辺保全全株式3万株417.0万円，③固定貸償却310.6万円，合計1,865.7万円の欠損額が見込まれたため，同行重役は「同族及渡辺保全会社所有ノ土地及借地権，合計一九，八七二，一一九円ヲ提供シ之ヲ資金化」[18]する整理案を立てたものの，不動産の換価が容易でないため当該整理案も実現するに至らず，再三にわたる整理案はいずれも甚だ不徹底に終わった。

その後は抜本的な整理案を樹立することもなく，一族は「何トカ窮境ヲ切抜ケント…全ク無方針ニテ日々ノ応急ニ暇ナキ状態ヲ続ケ」[19]，以下にみるように確固たる方針もないままに売りやすい個別資産の切り売り等のその場しのぎの成行策に終始した。

4．不動産売却（大正12年以降）とあかぢケ原事件（大正15年発覚）

先代以来の「市中屈指ノ地主」[20]である渡辺治右衛門は関東大震災以前の大正11年にも小石川富士見台を宅地分譲したが[21]，12年以降不動産等の資産売却のピッチは加速する。まず渡辺家所有の日暮里の未利用地を関東大震災で罹災した開成学園に売却した[22]。また12年春頃，渡辺家は小石川区小日向水道町（通称久世山）の広大な所有地を「七十万円で箱根土地会社に売渡し」（T 12.5.4東日），久世山は「箱根土地の手で売り出された」[23]。震災直後の箱根土地の当該分譲広告は「振古の強震もこの境域を犯すこと能はず…微塵の被害なく緑濃き芝生木立は今もなほ砂漠に於ける『緑地』の如く荒涼たる帝都に一脈の湿ひを止めて居ります」（T 12.11.17読売）と牢固たる地盤を売物としていた。

当時箱根土地分譲地は由緒ある華族等の一万坪前後の旧所有地が多く[24]，同社自身も「震災後に於ける当社の抜目なき活動」としての華族・富豪の「市内大邸宅の開放，土地の分譲」[25]という周旋事業を位置付けていた。この一環で久世山に所在した本邸（9,260坪，うち分譲面積8,195坪，道路1,065坪，13年上期の売却は3,072.67坪）を12年11月に箱根土地が分譲した[26]。54区画，

@350.13坪，価格60円/坪で当初は「五，六十坪より数百坪に分譲」（T 12.11.17読売）する方針をとっていた。長らく谷中真島町に自ら設計して建てた緑風荘（後の料亭と同名）に居住していた治右衛門は大正8年から関口台町29に「目白御殿の名を謳はれ，早稲田一円を瞰下して四時温藉の気に満てる」[27]蕉雨園を造営したほか，箱根，大磯，熱海（緑風閣，東京瓦斯へ），日光（現美登屋旅館）等各地にも広大な別荘を所有していた[28]。渡辺一族の贅沢な生活については「目白の大邸宅に住んで一ケ月十万円の生活費をつかひ，相撲年寄高砂のためにその部屋一切の経費を投じたりした事から次第に財界の信用を失」（S5.1.5東日）ったといわれる。箱根土地への売渡に先立ち，渡辺家の代理として福沢平太郎[29]が11年12月上旬に二人の個人との間で65万円で売買契約を締結し，仮登記を済ましていたため，「久世山を買った，売らぬ」（T 12.5.4東日）の訴訟沙汰となり，大きく報道された。4年後に起きた大正15年のあかぢケ原事件の際にも「当主治右衛門氏はその所有地を手放すことに決し，勝三郎，六郎の両氏がその任に当」（T 15.4.10都）ったが，「この間に介在して所有者たる治右衛門氏の知らぬ幾分の値ざやを私した」（T 15.4.10都）不良分子の存在も取り沙汰された。久世山でも福沢の代理権に不備があったとはいえ，渡辺直系の旭日生命常務ともあろう人物が直接かかわっただけに，不動産のプロを以て任ずる渡辺家側の販売体制が一枚岩ではなく，お粗末な失態があったことは間違いなく，重ね重ね世間の信用を損なう結果となった。とりわけ渡辺家の首脳部を巻き込んだ「あかぢケ原事件」は信用失墜の一大原因で，当時「天下の耳目を聳動せしめて居る」[30]といわれた大震災の復興事業を巡る疑獄事件であった。「あかぢケ原」とは「東京市内到るところに土地を買求め俗にあかぢケ原といわれた程」（S5.1.5東日）とされた隅田駅周辺を中心とする渡辺家の広大な所有地の通称で，一部は関係会社の東京乗合の事業用地等としても利用されていた。総額170万円とも称されたあかぢケ原の買収については内務省「復興局が材料置場として渡辺治右衛門氏からあかぢケ原約二万坪を買い入れたものに不正があるらしい」（T 15.3.23東朝）というふうに「これまで種々世上のうわさにも上り，一方これに関してしばしば投書もあった」（T 15.4.9東朝）といわれる。復興局は会計検査院から「あかぢケ原に四千坪の砂利置場を購入しているに拘わらずそのうちわずか六十坪しか使用せず」（T 15.7.7東朝）として厳しく追及され，そのデタラメぶりは会計検査院某幹部をして「復興局のごとく乱暴，乱脈極まる有様に接したことはない」（T

15.7.7東朝）と嘆かせたほどであった。報道によれば「渡辺家が財政上の苦しさを切抜ける手段として…余る程の所有地をより高値に売却すべく，或種の醜運動を試みた」（T 15.4.10都）との嫌疑もかかった。渡辺保全の社内で「あかぢケ原売却に際し，主として復興局と折衝したのは青木亨[31]」（T 15.4.9東朝）であり，大正15年3月21日には当の内務省復興局の太田円三土木部長が疑獄事件を苦に自殺した（T 15.3.23東朝）。このため15年4月8日には渡辺治右衛門をはじめ，勝三郎，六郎，六蔵，哲夫，八田熙，館栄治郎[32]，顧問弁護士中川孝太郎ら，一族郎党が打ち揃ってあかぢケ原事件で召喚され，「渡辺保全社と復興局の間に介在する疑惑の点」（T 15.4.9東朝）の有無に関する取調べをうけた。事件の行方については当時の報道でも「他に新しい事実が現れない限り，大体において大なる発展を見る事はあるまいと観測されて居る」（T 15.4.9東朝）としている。当該事件の全貌は必ずしも解明されなかったが，裁判の中で当時の内務省復興局整地部長であった「稲葉健之助は隅田駅隣接の渡辺治右衛門氏所有土地一万五千坪を砂利置場に買い入れる交渉を始めた時，坪七十円で話し中，当時の直木復興局長から『値は鉄道省の方へ任せたらよかろう』と云ふ事で，稲葉は直接の交渉を打ち切ったが，その間坪七十五円で売買契約が調った。稲葉が直木長官に質すと，『内閣へ呼ばれて小橋書記官長から話があったので，七十五円にきめた』と云う事である」（T 15.11.25時事）といった政界工作の疑惑が部分的にあきらかになった。

　銀行の首脳部まで取調べを受けた結果，東京都心の大地主として絶大な信用を有していた渡辺家も「指折りの大地主も内実は苦しい財政」（T 15.4.10都）などと連日各紙に報じられ「あかぢ」のブランド力に陰りが目立つようになり，「大正十五年のあかぢケ原事件に端を発して一途陥落の過程を辿った」[33]といわれる。昭和2年3月東京渡辺銀行破綻と同時に「各支店出張所一斉休業」（S 2.3.16中外）の貼札を出したあかぢ貯蓄銀行の高木高支配人も「この前にもあかぢ原事件で皆様を騒がせ，今度はまた休業して…誠に恐縮に堪えません」（S 2.3.16中外）と事件に言及している。

5．武蔵電気鉄道の立往生と身売り（大正13年10月）

　大正9年3月の反動恐慌で渡辺系の企業がどのような状況に置かれ，当時の専門経営者が大株主の渡辺にどのような対応をしたかを大震災後に田園都市へ身売りした武蔵電気鉄道の例を通じて見てみよう。武蔵電気鉄道（現東急東横

線を計画）は徴兵保険社長の岡田治衛武らを発起人として明治39年11月10日広尾天現寺橋～横浜市平沼（横浜駅付近）間の電気鉄道敷設を出願，41年5月8日仮免状を下付された。43年6月22日資本金350万円で創立し，麻布区と横浜の平沼駅を結ぶ22.7キロの電気鉄道計画のほか，調布（荏原）～蒲田間の支線など順次支線建設を計画し，終点の平沼から蓬莱橋までの横浜市内延長線計画を大正2年4月30日にはさらに浜海岸まで延長して，海岸を埋立て，海陸運輸の連絡を計画した。同社はかねて鉄道業の付帯事業として電灯・電力供給，娯楽機関の経営のほか，土地家屋の売買・賃貸等の雄大な多角化計画を有しており，第1部第8章で述べた小山田信蔵[34]の埋立事業に関する権利の買収による浜海岸の埋立てもこの一環として計画された。

　当時岡田社長は巨額の資金調達のために外資導入まで具体的に準備していた。大正5年4月末現在の大株主は，①岡田治衛武22,740株（32.4％），②帝国生命19,709株（28.1％），③岡田製勝15,940株（22.7％），④賀田金三郎（取締役）2,350株，⑤関守造（常務）1,100株であった[35]。常務の関守造（東京府荏原郡入新井村新井宿）は輸出入商・花菱商会主で，武蔵電気鉄道のほか，旭薬品工業，真砂商会，大正活映各取締役，ボルネオ興産，建築書院各監査役を兼ね，大正15年時点では日本製麻新1,500株，東京乗合旧150株，新150株等に投資していた[36]。兼務先に渡辺系が多く，同行から13.8万円借入れるなど，密接な関係があった人物と考えられる。

　しかし武蔵電気鉄道は建設費，用地価格等の暴騰等による予算の膨脹，資金難等から計画は進捗せず，仮免状を得ていた横浜市内延長線も「到底完成ノ見込ミナシ」[37]と却下され，一転して事業計画の縮小，切り捨てを余儀なくされた。こうした中で大正7年頃から猛烈な投機熱が起こり，郷誠之助[38]，若尾謹之助（若尾貯蓄銀行頭取），渡辺勝三郎らが，計画倒れの武蔵電気鉄道の好立地に着目し，連合して救済に乗り出した。郷は先代治右衛門とも常総鉄道以来関係があり，おそらく渡辺とも関係のある常務の関守造あたりが仲介した可能性もあろう。

　大正8年12月21日の臨時株主総会で岡田治衛武以下の役員は全員辞任し，新たに郷が社長，勝三郎が専務，東京乗合常務で8万円の同行貸出先で「渡辺系」（S2.3.16東日）ともいわれた鈴木寅彦[39]が常務にそれぞれ就任し，取締役は若尾のほか中村房次郎，小池國三，武和三郎，監査役は渡辺嘉一（京阪取締役），辰沢延次郎[40]，太田光熙（京阪常務），鈴木茂兵衛，支配人谷口守

雄[41]であった。大正10年時点の大株主は岡田治衛武4,430株（総株数4.9万株の9.0％），平井重美[42] 2,150株（4.4％），若尾謹之助2,000株（4.1％），渡辺勝三郎2,000株であった（要録T 11, p 166）。

　社長，専務，常務各1名を配置しながらも，「実務に明るい常務が欲しい，と郷社長から石丸次官に依頼があった」[43]ため，大正9年5月11日鉄道省監督局総務課長で，六郎と東大同窓の五島慶太が石丸重美次官の推薦で鉄道省を退官，「五万円の大金で一挙に会社の株式を取得し」[44]，同社常務として天下った。小林一三は田園都市の顧問として隣接の武蔵電気鉄道を「そのころは経営にいきづまって，五島さんを鉄道省から専務として迎えるなど，必死の状態だった」[45]と窮状を看破していた。五島が就任する寸前の大正9年3月15日株式が暴落し，いわゆる反動恐慌が始まり，私鉄各社を審査してきたその道のプロのはずの五島も「いよいよ入社してみると，これは大変な会社だということが本当に分った。郷社長をはじめ，重役陣としては実業界の第一流を集めていたが，創立当初の資本金三百五十万円は二百四十五万円に減資されており，建設に着手するには最低一千万円に増資しなければならないが，到底，困難」[46]であったと口述している。大正10年10月末には資本金245万円のうち払込は92.2万円にすぎず，借入金が13万円，支払手形が31万円あり，『東京横浜電鉄沿革史』も「実情は，或は借入金に，或は所有土地を担保に事業資金の融通を画策し，何とか難関を突破せんと努力をつづけたのであるが，天下の大勢なれば如何ともするにあたはず，果ては役員諸公の報酬は勿論，日々の雇用社員への支給にさへ事欠く惨状」[47]であったとする。おそらく勝三郎の東京渡辺銀行や，共同出資者の若尾謹之助の若尾銀行等へも借入要請を行ったのであろうが，銀行自体の資金繰逼迫から拒絶されたものと推定される。五島自身も同社取締役たる「小池國三氏と一緒に福沢桃介氏の宅へ，増資新株を持って貰らうことを頼みに行って断られ」[48]る始末だった。結局，「郷さんの下におってぶらぶらしていた」[49]五島は「鉄道の建設どころではなく，大正十二年の地震まえまでぐずぐずしておった」[50]実質休眠会社の武蔵電気鉄道に一旦見切りを付け，小林一三の説得に従って食うために一時出稼ぎにいったつもりの田園都市・目黒蒲田電鉄の方で勢いを盛り返し，田園都市の蔵前用地（旧東京高等工業敷地，大岡山と交換で入手）を大震災後，復興局に売却した180万円で古巣の武蔵電気鉄道の株式の過半数を買収しようとした。五島がまず常務の鈴木寅彦に乗っ取り計画を打ち明けると「大体，郷社長は大実業家で，育ちもき

わめて良く，据え膳を食うことはできるが，自ら働いて金を集めたり，鉄道の建設のできる男ではない。したがって，いくら君や僕が郷男にすがっていても武蔵電鉄はモノにならない」[51]と反乱に大賛成し株式買収を斡旋した。鈴木の鋭い批判の対象は郷社長となっているが，専務の勝三郎にもそのまま当てはまるものと思われ，世間では「渡辺系」と目され「ヌウボウとした鈴木」[52]にしてこれほど激しくトップ批判をしたのは，既に財界世話役と称された郷や勝三郎らを見限っていたことを示している。

　大正13年10月25日五島のクーデターが成功し，郷社長，勝三郎専務，鈴木常務らの経営陣は退陣し，社長に矢野恒太（第一生命社長），専務に五島，取締役に市原求[53]，服部玄三，緒明圭造（田園都市取締役，目黒蒲田電鉄取締役），竹田政智（田園都市専務，目黒蒲田電鉄社長），篠原三千郎（田園都市取締役，目黒蒲田電鉄取締役），監査役に小林一三（田園都市顧問，目黒蒲田電鉄相談役）ら田園都市の重役陣が就任した。田園都市の後盾であった第一生命創業者の矢野恒太の長男矢野一郎は次のように回顧している。「郷氏が社長の武蔵電鉄を全部手にいれる工作にかかり，大正十三年十月には社名を東京横浜電鉄と改称して，矢野を社長にしました。私が父から聞いた話では，父は五島さんを社長にするように主張しましたが，これから神奈川県，横浜市その他民間ともたくさん交渉をしなければならないので，社長は知名人の方が都合が好いという理由で，やむなくこの社長も引受けたので，一時田園都市，目蒲電鉄，東京横浜の三社の代表者になりました」[54]。

　東京横浜電鉄は五島の経営力と，第一生命等のバックアップで現在の東急東横線を完成させたが，勝三郎らが将来性に着目して，少なくとも形式上は専務として直接経営に関わりながら，一向に建設できないばかりか，飼い犬に手を噛まれたような不体裁な形で追い出されたのは，休眠同然の武蔵電鉄持株（あるいは担保株式）が相応の値で処分できれば面子などかまっていられない事情があったからと解され，反動恐慌以降に東京渡辺銀行が置かれた窮地と，同行首脳部の無策ぶりを象徴するような出来事と考えられる。

6．旭日生命株式の譲渡（大正14年6月）

　旭日生命は渡辺治右衛門が明治45年6月18日に資本金50万円のうち約9割方を一族で出資し，二十七銀行内に設立し，珍しく自ら社長に就任，専務は渡辺勝三郎，福沢平太郎，取締役は渡辺六蔵，渡辺和太郎（横浜），吉田丹治

郎（質商，夫人実家），久米良作，監査役は伊藤幹一，石川甚作，福島浪蔵と「役員の悉くを渡辺家の一門若くはその縁故者を以て之に充て」[55]たのであった。45年9月1日に開業し，久米良作が大正4年2月25日に取締役を辞任したので，代りに吉田丹左衛門[56]が就任した[57]。大正5年時点の役員は社長渡辺治右衛門，専務渡辺勝三郎，福沢平太郎，取締役吉田丹治郎，渡辺六蔵，吉田丹左衛門，監査役伊藤幹一，石川甚作，福島浪蔵であった（帝T5，p243）。

米谷隆三氏は大正14年に「特殊事業に資金を集中せしむる時は，その特殊の事情に依る恐慌に基づき，その事業の失敗は，引いて，保険会社の失敗となること，しばしば吾人の目撃する所」[58]と指摘するが，旭日生命も支配者である渡辺家・東京渡辺銀行の事業に資金を集中するなど，財産利用方法書に定めた運用方針に反した資産運用を行った。『本邦生命保険業史』は「内部は漸く紊乱し，資産運用は兎角放漫に流れ，大正九年の財界反動期には忽ち大欠陥を暴露したるのみならず，お家騒動まで惹起」[59]したとする。お家騒動との関係は未詳ながら，大正12年5月の久世山8千坪の地所の二重売買事件で旭日生命常務の福沢平太郎は「文書偽造詐欺の嫌疑で取調べを受け」（T12.5.4東日）るなど，一族の邸宅等の処分方法を巡る内紛に関与したことは間違いなく，当事件の報道で旭日生命そのものの信用にも傷がついたと考えられる。昭和3年に商工省から出された同社への解散命令でも「最初ハ渡辺治右衛門一派ノ経営スルトコロナリシカ其ノ資産ノ管理兎角放漫ニ流レタリシヲ以テ当省ハ大正十二年八月保険業法ノ規定ニ基キ所謂拘束命令ヲ発シテ其ノ安全ヲ期シタリ」[60]と不名誉な拘束命令を受けた事実に言及している。

かくして旭日生命は「従来社内の統一を欠き幹部間の軋轢が絶えなかったので主務省の印象をも悪くし大株主で社長たる渡辺治右衛門氏も聊か持て余し気味」（T14.5.11中外）のため経営を断念し大正14年6月8日社長を辞任した。渡辺家の持つ旭日株は「譲り受方の交渉を受けた」（T14.5.11中外）「神戸の実業家中村準策氏並に小口系に買収され」[61]，山十組（山十製糸に改組）の経営者である小口今朝吉が社長に就任し，買収資金を出した神戸の金融業者・中村準策（第9章参照）が配下の鷲野米太郎，岩川与助を専務に送り込んで，共同で経営することとなった（S2.2.27東日）。

旭日株売却の背景を高橋亀吉は著書の中で「渡辺氏が旭日生命を売却した際，渡辺銀行がその〈預金〉四十一万円を一度に引出されるやうでは，どうにもならないといふので，殆ど月賦償還に均しい恩恵的条件をつけて貰ったが，これ

などは慥に預金の性質を失って，借金に変化したものである。それが依然預金となって居るようだが，外にもそんなのがありはせぬかと疑はれる」[62]との某経済通信社の通信を引用している。このことから渡辺家の旭日生命売却目的は250万円[63]ともいわれる売却資金を捻出することにあったと考えられる。

ただし同行の「関係会社及重役貸出」には旭日生命181,996円が計上されているが，生保の通常の資金繰りでは銀行借入は不要なはずで，しかも同行に借入額見合の預金[64]を常時継続していたと見られるので，旭日は同行に預金するためだけの資金を同行から絶えず借り入れていたことになる。不明朗な両建に伴い当然に発生した逆ザヤは親銀行への不純な利益供与ということになろう。なお同行は旭日の同業者である中央生命からも不動産担保付で50,000円の預金を受け入れていたが，旭日，共同，中央各生命と星製薬系の戦友共済生命の「四つの会社といふものは互にいり乱れて醜関係を結んでゐる」（S 2 . 6 .29 東朝）と言われ，なかでも旭日と中央は京橋ビルディング（星製薬の元本社）等を共同経営するほど緊密な関係にあったことの反映の一つと考えられる（各生保相互の「醜関係」を含め，その後の旭日生命の破綻は第8章，旭日を買収した山十製糸の破綻は第9章参照）。

7．日本製麻の危機

「若尾，渡辺両家の共同経営事業」[65]の日本製麻は大正11年時点で勝三郎が取締役，岱三が監査役で，⑥館栄治郎（渡辺保全監査役）名義で6,020株，⑨治右衛門名義で4,380株保有していた[66]。東京渡辺銀行は日本製麻へ1,327,000円，山星徳太郎[67]名義1,181,840円，合計2,508,840円を貸出し，さらに漢城銀行による日本製麻への貸付40万円を保証，合計2,908,840円の与信を行っていた。また同行の183.6万円の貸出先の田中同族会社は日本製麻の14,040株[68]の大株主であり，かつ155万円の震災手形大口債務者で全額が東京渡辺銀行分[69]であったことから実質は若尾ないし日本製麻関連の債権と考えられる。

また日本製麻の旧586，新1,192株主の室越金一郎[70]も東京渡辺銀行の「関係会社及重役貸出」名義人の「宮越金一郎」[71]に該当すると思われ，同人名義の日本製麻，東洋モスリン旧2,300株，東京瓦斯1,600株，信越電力108株[72]も同行が実質的に保有していたものと考えられる。

両家で経営していた日本製麻は大正3年2月の創立で「創立して間もなく例

の欧州大戦に逢ひ，有頂天になって拡張又拡張を続けて，一時はかなりの成績を挙げたが，大正九年の反動恐慌によって大打撃を蒙った」[73]結果，第二回担保付社債（総額 400 万円）の償還期限が昭和 2 年 3 月 2 日に迫ってきたが，償還見込がたたず，償還不能必至と見られた。日本製麻は 60 万円の震災手形大口債務者[74]で，全額が東海銀行分であった。結局，日本製麻は昭和 2 年 3 月安田系の帝国製麻に屈辱的条件で吸収合併されることとなり，社債も継承され興銀から償還資金も融資された結果，償還不能は寸前で回避された。

8．上毛モスリン破綻（大正 15 年 8 月）

日銀の調査では「渡辺一族ノ事業会社上毛モスリン，日本製麻，東洋モスリン等大正十三年ヨリ十五年ニカケテ順次窮状ヲ暴露スルニ至リ是等諸会社ニ対スル当行ノ投資融通少カラザル額ナリシ関係上，当行ノ信用ハ頓ニ各方面ヨリ警戒セラレツツアリ」[75]と大正 15 年 8 月の上毛モスリン（上モス）等の破綻が東京渡辺銀行の信用失墜に直結したとする。東京渡辺銀行は「若尾，渡辺一家の支配下にあった」[76]上モス 26,123 株（総株数の 10.7％）を担保に徴求するとともに，上モスに対して 1,135,261 円，八田熙[77]名義 2,247,931 円，川又貞次郎[78]名義 187,528 円，合計 3,570,720 円を貸出していた。さらに中井銀行・第百銀行が上モスへ貸付けた 554,226 円を同行が保証しており，総与信は 4,124,946 円に及んでいた。他に同行「関係会社及重役貸出」に分類される無名に近い山口源次郎は上モス 3,203 株主[79]であり，山口への貸出額 541,756 円も上モス買占め関連のダミーと見られる。「上毛モスリンに六百万円からの巨資を注ぎ込んだのを筆頭とし，日本製麻に四百万円…其他関係会社に何れも巨資を焦付かして仕舞った」[80]との記事は時点や預金相殺等の関係か，金額に差はあるが，上モスが東京渡辺銀行の法人貸付先として前項の日本製麻等とともにトップクラスであったことには間違いない。

上毛モスリンは明治 27 年 6 月モスリンの試織をした館林町の有志により 29 年 11 月資本金 1 万円の毛布織㈲として設立され[81]，35 年 4 月上毛モスリン㈲に改称した。当初の役員は取締役加賀美忠七，正田文右衛門，千金楽喜一郎，家倉忠三郎，監査役荒井清三郎，藤森治平，鈴木平三郎であった[82]。40 年 6 月上毛モスリン㈱に改組し，42 年館林に新工場を設置し，45 年 11 月岐阜に設立された日本毛糸モスリンを大正 2 年 6 月合併した。大正 11 年 7 月には千葉県に中山工場を新設し，12 年 2 月大日本紡織（練馬工場），同年 12 月富士毛織

（沼津工場）を相次いで合併し，大正12年には資本金は1216.2万円にも達した。12年の関東大震災では主力の中山，沼津，赤羽，練馬各工場，市内営業倉庫等650万円もの被害を被り（T 12.9.2大毎），特に崩壊した練馬工場は全面的に修復整理に追込まれ，資金力に乏しい上モスは復旧困難と見られた。さらにモスリン市況も久しく低迷し，株価は暴落，清算取引市場からの撤退も余儀なくされた。「震災ノ翌年十三年三月株主総会ニ於テ社債三百万円募集ノ件ヲ決議シ応急措置ヲ取ラントシ神田銀行ニ持込ミテ拒絶セラレ，或ハ東京渡辺ニ，或ハ当行〈＝中井銀行〉ニ交渉セシモ何レモ成功セス」[83]といわれる。『日本毛織三十年史』は震災後の上モスについて「同社は戦後財界不況の打撃を受け業績悪化し，大正十四年下半期には繰越損金八百十二万円を計上するに至つたので，同年十月この損金を整理する爲めに，千二百十六万二千円の資本金を四百五万四千五十円に減少し，極力社業の挽回に努めたが其の効なく」[84]と述べている。このため大正13年には度々東洋モスリン（洋モス）に吸収合併されるとの噂が流れた。これは洋モスも若尾，渡辺両家の共同経営であり，整理の都合上同じく「若尾，渡辺一家の支配下にあった上毛モスリンを合併して，川又一派を重役に加へやうと企てた」[85]ためである。また毛織物商の河崎助太郎[86]が中心となって上モスを「東京モス，東洋モス及毛斯綸紡織三社ノ後援ニ依リ整理」[87]に乗り出したが，14年2月原毛輸入商の債権者が上モスの全工場に仮差押処分を執行したため，「河崎助太郎ハ整理ノ見込立タストナシ辞任」[88]している。このため上モスの整理を渡辺系で引き受けることとなり，渡辺勝三郎が社長に就任し，六郎と大学同期生の「八田煕主トナリ整理ヲ進ムルニ決シタルモ，債権者，株主，整理委員ノ意見纏マラス，数次ノ整理案モ成立スルニ至ラス，遂ニ各工場ハ競売ニ付セラレ，整理事務ハ今日尚混沌タル状態ニアリ」[89]とされた。15年1月20日上モス職工騒動が起こったが，この大争議は社会的な問題となり，従業員の悲痛な訴えにより給与の不払い，社内預金の不払いなど会社内部の不始末が露見して，重役が召喚されるなど，信用を失墜した。労使紛争当時の上モスの重役陣は専務が八田煕，常務は加賀美，若狭，監査役は海老沢であった（T 15.9.8東日）。

ついに極度の金融難に陥った上モスはまず15年7月第一回担保付社債（総額400万円）が第1回抽選償還不能に陥り，さらに15年8月に手形も不渡りとなって破産した。上モス社長として40万円の手形を振り出した勝三郎の西久保城山町の自宅の不動産，動産は昭和2年1月20日上モス債権者である日

本橋瀬戸物町の古河銀行等に差押えられた。この手形は「大正十年頃，上モスの好い時に資金として借り受け，切り替え切り替えて今日に及んだ」（S 2. 3. 16大毎）もので，上モス勝三郎社長，川又貞次郎専務の名義で，約束手形40万円の債務不履行により裁判となり，渡辺が敗訴したためであった。さらに川又専務には暴落した上モス株の買い支えのため85万円の社金を流用して約3万株を買占めたとの嫌疑もかかり，大正15年9月5日上モス社長として勝三郎も召喚され，「川又に対する不正支払ひを社長として渡辺氏が認めた」（T 15. 9. 6東日）かが糺問された。その頃，川又一派の機関店たる鈴木圭三商店調査部主任であった島田金次郎[90]は「先年上毛モスリン会社が経営難に陥ゐり，破綻に瀕してゐた時，重役連中が申合せて株価維持の為め防戦買を策し，其相談を鈴木〈圭三〉さんに持込んだ…頼まれて見れば断る訳にも往かずと決心して快く之を引受け，機関店として前後数ヶ月の間…悪戦苦闘を続けた後…水泡に帰し失敗に終ったので，数十万円の損害を掛けられた」[91]との関係者の一人として生々しい証言をしている。

　償還不能に陥った担保付社債の競売が現実に行われ，上モスは工場ごとに分割され，各工場は社債担保権者の関係でそれぞれ武蔵紡織（旧練馬工場），共立モスリン（中山，館林両工場）沼津毛織（沼津工場）として分離することとなった。すなわち第1回担保付（中山，館林両工場の工場財団に練馬工場を追加）8％社債（大正12年7月10日発行，発行高400万円）が大正15年7月10日の第1次分割償還期日に償還不能となり，受託行の興銀が社債権者集会を招集した。共保生命の堀貞を議長として競売申立てを決議し，受託行の興銀のほか，5社の調査委員を選任した（T 15. 8. 15時事）。上モスの幹部，株主有志，70万円を融資した中井銀行等社債以外の債権者は「社債の受託銀行に対し，何とかして会社の救済を講ぜられたい旨を懇願」（T 15. 8. 15時事）した。『日本毛織三十年史』は「昭和二年五月一部の債権者は，同社練馬工場を一百万円に評価し武蔵紡織株式会社（昭和三年三月東洋モスリンに合併）を設立した」[92]と述べている。なお上モス社債の追加担保たる上モスの練馬工場の一部は武蔵紡織を合併した洋モスに賃貸されていたため，和解により洋モスが15万円を代位弁済した。昭和2年7月中井銀行は「同シク工場抵当権者タル豊国銀行，三井物産株式会社ノ二者ト共同シテ資本金五万円ノ沼津毛織株式会社ヲ設立シ上毛モスノ沼津工場ヲ代金三，七七九，〇〇〇円ニテ引取リ，右代金ノ内一，五五〇，〇〇〇円ヲ工場財団一番抵当付債権トシテ存続セシムルコトトシ，残額二，

三七九，○○○円ハ沼津毛織ノ増資株式ニ引替フルコトトシテ三債権者ノ契約成立シタ」[93]とする。上モス債権者有志で組織する一志会は「債権を株に振替へ関東毛織会社を設立し，一方資金会社として三百万円の関東モスリン会社設立後両社合併の案」（S2.2.20東日）を立てたが，新会社の不動産登記費用等の点で新会社案を断念し，和議法によることとした。興銀は「物上担保付社債の償還不能と云うごとき不祥事は，今後の証券金融に対する悪影響も測り知れぬものあり」（T15.8.15時事）として「時価に換算して六百万円前後と云われるから，社債額の四百万円は優に弁済し得る」（T15.8.15時事）見込みで12月20日に第1回競売を行ったが，競落者なく失敗した。そこで興銀は別働隊の日興証券を通じて当該社債の額面引取りを進める一方，「上モスの経営者並びに株主はこの競売に応ずる資格なしと断定」（T15.8.15時事）して興銀は別に日本毛織の「川西清兵衛氏を勧説援助して共立モスリン株式会社を設立せしめ」[94]た。すなわち社債権者の同意を得て昭和2年7月4日の第5回競売で上モス償還不能債の抵当となっていた中山，館林両工場の工場財団の抵当権実行が行われ，興銀支援のもとに新設された共同出資の受皿会社である共立モスリン[95]が担保物件を社債現存額400万円で落札した。共立モスリンは昭和2年6月設立，資本金は落札価格と同額の400万円，1株50円，市川市中山町，中山，館林両工場を保有，日毛63,500株（79％），興銀14,500株，昭和10年時点では社長川西清司，専務高野吉太郎，取締役宝来市松（興銀理事，共立鉱業取締役）ほか（諸S10，上p31）であった。この結果上モス社債は社債額面100円につき受託行の費用等を控除した99.54円が分配され，ほぼ完済となった。

9．東洋モスリンの危機

東京渡辺銀行の「関係会社及重役貸出先」に東洋モスリン（洋モス）はないが，同行は洋モス株式を73株保有し，旧33,749株，新8,364株，42,113株を担保に徴求しており，計42,186株（総株数の11.7％）を金庫に保管していた。洋モスは明治40年1月，若尾璋八[96]，若尾幾造[97]，「若尾系の猛将で却々のヤリ手」[98]と称された神戸挙一[99]，久米良作，近江商人の前川太兵衛[100]らによって東京に資本金100万円で設立されたが，45年5月日本モスリン紡織（旧松井モスリン）を買収し，第二工場とし，大正10年3月には東洋キャラコを合併した。洋モスは若尾系等の甲州財閥が支配し，大正15年までの会長は

第 7 章 「渡辺財閥」の破綻過程

神戸挙一, 常務古田忠徳, 永井米蔵, 取締役若尾璋八, 若尾幾造, 渡辺勝三郎, 監査役山星徳太郎, 渡辺六郎であった。15 年末に取締役に転じた渡辺六郎に代り内藤恒吉（東京渡辺銀行常務, 旭薬品工業監査役）が監査役となったので歴代の監査役を派遣した渡辺側も後年発覚する巨額粉飾と無縁ではない。大正 12 年の関東大震災では第三, 第四工場が倒壊, 第二工場も機械が破損し, 1,000 万円を超える大被害を受け（T 12 .9 .20 大毎）, この頃から洋モスの粉飾決算が始まったとされ, 若尾の番頭丹沢善利の個人会社を換骨奪胎した三ッ引物産[101]への不当金融は 144.8 万円にも達した。洋モスでは「若尾, 渡辺一家の支配下にあった上毛モスリンを合併して, 川俣〈又〉一派を重役に加えやうと企てたが, この川俣一派は上毛モスリンを経営中, 問題を起こした札付き連中だったので, 反って流説紛々として伝はり, 株価は低落の一途を辿って会社の基礎に動揺を来し」[102]た。『ダイヤモンド』は, 武蔵紡織から継承した, この時期の洋モスの練馬工場財団担保の起債を次のように報じる。「過般安田銀行と社債の低利借替を交渉中であった処, 最近漸やく成立した。即ち旧債五百万円利率八分であるのを, 更らに練馬工場を財団担保に加へ, 発行総額六百万円, 利率六分三厘で, 借替へる事にした。之に依って半期五円位の利払が軽減されるが, 社債は十一月に募集する事になってゐる」（S 3 .10. 1 D）

同行の破綻で共同経営の渡辺一族が失脚, 洋モスは完全に若尾系になり, 死亡した神戸挙一に代って若尾璋八の子, 若尾鴻太郎[103]が経営に当たったものの, 投資系統を同じくする若尾銀行も打撃を受け, 洋モス等の多くの系列会社の維持に持て余した。若尾鴻太郎は洋モスを同じ甲州財閥の根津に引受け先の物色を依頼, 根津もそこそこ買気を見せたが（S 4 . 6 .15 T）, 昭和 4 年 6 月 20 日には根津に代わって商売上手なはずの大倉組が若尾系の洋モスの経営を引受け, 社長の門野重九郎自身が社長に就任し,「債権者と折衝して債務の減額を計り, 日毛, 安田と提携して新資本を入れる事に成功」（S 6 . 3 .21 T）した。この間の経緯は細田民樹の小説『真理の春』のモデルにもなったが, 大倉組が引受直後の 4 年 8 月 23 日有名な「東洋モスリン七百五十万円大穴事件」[104]と称された巨額の粉飾が発覚, 同社は急遽支払停止に追い込まれた。このため 4 年 11 月 12 日には 18.9 万円の利払期日を迎えた洋モスの第 4 回担保付社債[105]利金が支払不能となり, 続いて 11 月 12 日には第 3 回担保付社債[106]元金の一部 20 万円と 14.2 万円の利金が支払不能となったため, 受託行の安田銀行は社債権者集会を招集した。支払猶予を決議して, 第 3 回は 7 年 11 月ま

で据え置き，以後5年間に随時償還，第4回は11年11月までに償還と償還期限を延長したため，延長後には完済された。この間，洋モスは「社債整理の必要上…亀戸第三工場閉鎖を断行することに決定」（S5.9.21東朝）し，「猛烈なる労働組合と闘って工場整理を遂行」（S6.3.21T）すべく，従業員488名の大量解雇を提案したため，激しい労使紛争[107]となった。洋モスは2年間にもわたる紛糾の末，最終的には10分の1減資，500万円の優先株を発行して再建され，13年2月東洋紡織工業と改称，16年9月鐘淵紡績へ合併された。

10．関係企業からの資金吸収（預金・手形振出・起債など）

東京渡辺銀行は「世帯が苦しくなると，預金の協定違反は勿論，多数のブローカーを使って，高利の借入金を平気でした」[108]とされる。同行の預金者には関連会社も多く，大口順に東京乗合3,920千円，柳田ビルブローカー銀行＊3,335，あかぢ貯蓄2,885，信越電力＊2,553，渡辺同族2,448，東電＊2,080，東京瓦斯2,035（＊500），渡辺倉庫1,224，東京株式取引所873（＊773），東京湾汽船500，若尾銀行＊400，内藤恒吉名義＊339，山東産業＊300，旭日生命＊150，斉藤名義＊100，中央生命＊50，第百銀行＊9，その他関係会社分＊716千円となっていた[109]（＊印は後述の担保付預金）。

日銀調査によれば同行への不信感から流出しがちな「大口預金ノ引留策トシテ渡辺同族所有ノ不動産，有価証券ヲ担保トシテ提供スル外…渡辺一族ガ関係セル有力ナル会社ヨリ不条理極マル条件ヲ忍ビテ当行ヘ預金ヲ為サシメ」[110]たと指摘されるが，その結果，渡辺家の不動産には勧銀借入金603万円，あかぢ貯蓄銀行預金見返290万円，根津合名（大正9年設立，資本金500万円）借入金100万円，信越電力預金見返254万円，東電預金見返50万円，東京瓦斯預金見返50万円，若尾銀行借入金・預金見返45万円，旭日生命借入金9万円，中央生命預金見返5万円，株式取引所2.5万円，合計1,408.5万円もの巨額の抵当権が設定されていた[111]。

例えば信越電力は東電の傍系会社ながら東電を凌ぐ巨額預金を行ったのは，若尾璋八自身が「社長としてその威力を示しており」[112]，東電の傍系の中で意のままに渡辺支援に資金流用できた会社であったためと考えられる。また2,080千円も預金していた東京瓦斯の場合，従来の取引銀行は第一，三菱，十五の三行であったが，「渡辺〈勝三郎〉氏の社長たるに及んで預金を東京渡辺銀行に集中し昨年末の会社預金総額五百万円中二百五十万円を同行に預金し，

現在二百万円が休業により引出し不能になった」（S2.3.16東日）とされる。当時東京瓦斯副社長だった岩崎清七[113]も「当時瓦斯会社としては，市中銀行に六百万円の預金があり，渡辺銀行にも前々から二百五，七十万円より三百五十万円迄位の預金があった」[114]と回顧している。しかも勝三郎はこれらの「預金を見返り担保に渡辺保全の事業に最近八十万円の手形をふり出して問題とされた事実がありすでに銀行の休業にいたるやむなき事情にあるを知悉しながらかく会社に迷惑を及ぼした」（S2.3.16東日）と非難された。岩崎も「瓦斯会社を渡辺銀行の渦中から引離す事」の苦心談を「渡辺銀行は日々危局の一歩前を彷徨して居たもので，自然東京瓦斯会社々長として渡辺氏の公私混同の行為が湧いて来るのに目を放す事が出来なかった。其の警戒の内に在って，我等に何んの相談もなく八十万円の手形一枚が渡辺銀行に貸与されてあった事が判った…結局新たに二十万円の預金を増加して，既に預金しある二百数十万円と共にこれに対する担保として大森の別荘地，静岡県熱海，広島県呉市等の土地を提供せしめ，且つ，八十万円の手形の外（更に四十万円の手形二枚が発行せられてゐた）二枚の四十万円手形等を全部回収する事に成功した」[115]と書いている。これが東京瓦斯の担保付預金の内情であり，同様に渡辺家の土地を担保とする預金のあった信越電力，東電等でも大同小異の忌わしい経緯があったものと推定される。東京乗合が不正手形事件の処理として「渡辺同族及渡辺保全会社から東京市内にある十万五千坪程の土地を提供させ，一先ず整理をつけた」（S2.7.9 T）土地は休業してまもなく渡辺，あかぢ貯蓄銀行の整理資金として渡辺同族，渡辺保全が提供すると新聞広告されたいわくつきの物件であり，預金の担保を含め「勧銀から六百万円，根津氏から百万円，信越電力から二百五十万円合計九百五十万円の担保に入ってをる」（S3.3.10 T）ものであった。

　また渡辺六郎が社長に就任し，同行に預金を集中させていた東京湾汽船も「渡辺銀行に二十七万五千余円の預金がしてあつた。処が同銀行は昨年三月支払を停止し，過般遂に破産の宣告を受けた。目下管財人の手で清算中であるが，債権の大部分は回収不能で，精々一割位しか戻ぬものと見られてゐる。払込百四十万円の当社としては，尠からざる額である」（S3.9.21 D）とする。また大正15年から27.5万円の定期預金（金利6％）を行っていた多摩川水力電気[116]も昭和2年8月23日の満期を迎え，返還訴訟を東京地裁に提起した（S2.12.6岩日）。当初は同社辰沢延次郎社長が渡辺一族との友誼上から始めた協

力預金であったと思われるが、同社の規模からは巨額にすぎる金額でもあり、株主からの背任追究等で提訴に踏み切ったものと推測される。高橋亀吉は東京乗合を「重役が自己の中心事業救済のため、その支配下の会社を食潰した最も典型的な一例」[117]とする。昭和2年9月30日現在東京乗合に391.9万円も預金させていたが、本来不要な起債を行わせ、発行金額をそのまま同行への預金として流用させたと推定される。これはメイン銀行が不良貸出先に社債を発行させて貸付金を回収するという典型的な利益相反に加え、いわゆる「機関銀行」が優良系列企業から起債により収奪する可能性をも示唆する。この社債を単独引受した神田銀行では、渡辺家と因縁深い重役永野護（元渡辺商事、東洋製油重役から転身）が強力に斡旋し、行内の反対を押してまで強行、同行との間の不明朗な資金の授受を媒介した（詳細は第4章参照）。渡辺関連の社債のデフォルトは渡辺の関与に差はあるとしても上モス、日本製麻、東京乗合、東京土地住宅（第6章参照）など、この時期に連続して発生した。

11．延命策としての高利資金等の導入

　日銀は関東大震災の直後、災害のため資金の閉塞を来した銀行の預金非常払出など、緊急資金を勧銀を経由して供給した。この救済策に乗って東京渡辺銀行も勧銀から「六百九十万円ヲ不動産担保ヲ以テ借入之ヲ同族ノ預金トシテ当行ニ預ケ入」[118]れる切り抜け策をとった。この資金のおかげで14年5月31日現在の渡辺同族の同行預金は9,528,014円（うち通知預金1,550,734円）にまで膨らんだ。同行は「震災直後においても、不動産を抵当として勧銀より約七百万円の融通を受け」（S2.3.15東日）、ピークには「勧銀から八百万円借りてゐた」（S3.3.10T）とも報じられ、同行分690万円は勧銀による臨時銀行貸付資金の融通を受けた22行中の首位を占めた。この臨時貸付金は大正15年2月までに他の21行は完済したのに「東京渡辺ノミハ十五年二月二十六日現在四、三四〇、〇〇〇円ヲ剰セリ」[119]という始末であって、『河西豊太郎』も「渡辺がこの地区の膨大な所有地を勧業銀行に担保に入れていた。それが年月を経て勧銀でもこれが始末に困っていた」[120]としている。

　大正末期の一部新聞報道でも渡辺家は「最近三菱に約二百万円、勧銀に約百万円等の負債をつくり、財政上の不如意を告げるやうになった」（T15.4.10都）と報じられた。東京渡辺銀行の一般貸付先には加村市右衛門（金融業）74,271円のほか、会社員等を名乗る実質金融業者[121]と見られる樋口美津雄

第7章 「渡辺財閥」の破綻過程

（会社員）1,407,768円，林誉四郎（会社員）132,456円，高岡忠雄（会社員）54,000円等が有り，少なくとも167万円の貸出を行っていた。

　大正14年に東京瓦斯の渡辺社長，岩崎副社長体制が成立した直後の15年の「瓦斯会社騒動の際，傍杖とは云へ，預金協定違反の事実を指摘されて，若尾銀行と共に醜態を世間に曝した」[122] 同行は「世帯が苦しくなると，預金の協定違反は勿論，多数のブローカーを使って，高利の借入金を平気でした」[123] とされる。破綻の直前には「渡辺銀行は高利貸からも借金してるとの噂さが高い。その噂に従って考へると記者は，関西地方，東京方面，其の他と，少なくとも三人の金貸の名を指摘することが出来る」[124] とまで報じられた。この記者がダイヤモンドの石山賢吉だとすると，庄川問題で乾関係の取材等から得た確度の高い情報と考えられる。事実渡辺家は以下のように，①関西地方（乾合名），②東京方面（貸金業者の馬越合名・馬越トミほか），③其の他（東北一の個人金融業者である斎藤善右衛門「斎善」家など）からの高利借入を行っていた。まず①乾合名であるが，昭和2年9月末の同行の支払承諾4,676,986円の中で乾合名を保証先とするものが3,340,000円と全体の71.4％を占めた（残りは中井銀行・第百銀行554,226円，上モス依頼分，漢城銀行40万円，日本製麻依頼分であった）。乾合名保証の内訳は東洋製油依頼分150万円，渡辺勝三郎依頼分94万円，渡辺同族会依頼分90万円[125] で，日銀は「支払承諾ニ就キテモ…内容最モ不良ナルモノ多ク結局査定ノ結果…大分ハ当行ノ欠損」[126] と判断した。次に②馬越トミは昭和2年10月末の同行の借入金の中で15万円の債権を有する唯一の個人（③の「斎藤」を除く）として登場するが，彼女は「貸金不動産賃貸公社債株式ニ依ル収益」（諸S 10，上p 437）を営業目的とする馬越合名会社代表社員であった[127]。さらに③の「斎善」は東京渡辺銀行の「担保付預金内訳」に登場する預金者の「斎藤」[128] と思われ，「斎善」配下の高城畔造は呉市の土地を提供せしめた結果の整理会社と考えられる山陽土地（第6章参照）の取締役に参加している。東京渡辺銀行はいやしくも天下の銀行でありながら，「銀行が貸さないのに貸す」乾合名のごとき個人金融業者から高利資金を導入せざるをえないこと自身，その時点で正常な銀行間取引からは完全に疎外され，資金繰りに極度に窮していた証拠と考えられる。つまり乾合名などから借りられなければその時点ですでに資金的に行詰まっていたことになろう。

12. いわゆる「渡辺倉庫乗っ取り事件」（昭和2年4月）

　乾新兵衛の孫に当たる乾豊彦氏によれば「渡辺倉庫はスムーズに祖父の手に移ったのではない」[129]として乾合名と東京渡辺銀行・渡辺倉庫との因縁を次のように述べている。「祖父に何にもまして一大打撃を与えたのは，大口融資先であった鈴木商店と渡辺銀行が，昭和二年から四年にかけての世界的な金融・経済恐慌で，もろくも倒産したことであったろう。…祖父乾新兵衛は乾合名を通し，渡辺銀行に巨額の融資をしていたのだ。渡辺銀行の渡辺六郎頭取は乾合名から破産申請の出るのを恐れ，経営が悪化すると，系列会社である渡辺倉庫の土地建物のすべてと渡辺倉庫の所有する借地権の上に，乾合名を債権者として，抵当権を設定した」[130]。

　ダイヤモンド誌によれば，渡辺倉庫を巡る乾と渡辺六郎の密約は「筆頭第一の債権者である彼〈乾〉から，破産の申請をされては，銀行の財産を皆持って行かれて了ふ。…倉庫会社…を乾に提供する，そして東洋製油の百五十万円を完全に返すから，どうか破産の申請だけは容赦をして呉れと，渡辺六郎が懇請した」（S6.7.1D）ものとする。返済を約した「東洋製油の百五十万円」が日銀資料にある東洋製油の依頼で同行が乾合名に保証した150万円の支払承諾であって，なお勝三郎口，同族会口の合計184万円の支払承諾が残ることになる。渡辺六郎の出した次善の妥協案は「今，倉庫会社を乾に引渡す事が表立って来れば，他の債権者によくない。そして，彼等に騒がれては困る。そこで，会社は此儘にして置いて…暫く人を寄越して乾の方で経営し，後日適当の時期に名儀の書替をして呉れ」（S6.7.1D）というものであったとされる。乾は六郎との約束通り，「此男を社長に差向け…渡辺六郎と入れ替りにした」（S6.6.21D）ことになる。当該事件の予審の「決定書」[131]では六郎は「新兵衛に対する緩和策として前記百五十万円の手形確保の為に同〈2〉年四月中…渡辺倉庫…所有の土地建物全部に対し抵当権を設定し借地権を譲渡すべき事を約し」[132]た。しかし乾は担保提供議案が渡辺倉庫の「株主総会に依って否決さるるや，五月上旬頃渡辺六郎をして…保証書…を交付せしめ…阿部純隆を同年七月十七日…社長に就任せしめ同会社の業務一切を担当しその実権を掌中に納め」[133]た。昭和2年7月13日渡辺倉庫取締役には乾の顧問弁護士である児玉保[134]が就任した[135]。

　乾は阿部に対して「同会社の全財産を現実に引渡し，尚不足額につき同会社の振り出しの金額四十五万円の約束手形を交付すべき事を極力慫慂して其承諾

を得」[136]た。そして7月27日阿部社長は「契約書に基き前記倉庫其他一切の財産を現実に引渡さしめ…無資産となし全然其営業をなす能はざる損失を蒙らしめ，同会社を廃滅せしめ」[137]た。

　4年3月27日「この抵当権が渡辺銀行倒産後，効力を発揮，渡辺倉庫の経営権は，乾新兵衛の経営する関東土地株式会社に引き継がれた」[138]が，「大正十四年十月設立された関東土地株式会社は昭和四年三月渡辺倉庫の営業を継承し乾倉庫土地株式会社と改称（更に昭和十一年乾倉庫株式会社と改称）」[139]して今日に至っている。関東土地は大正14年10月19日，資本金50万円で東京府豊多摩郡千駄ケ谷町穏田四十番地，すなわち乾が関東土地の「社長に差向けた」（S6.6.21D）阿部純隆[140]の自宅内に設立された。関東土地は昭和4年貨物保管業を営業目的に加え，乾倉庫土地に改称し，4年3月26日本店を阿部の自宅から京橋区南飯田町12（2年10月30日以降の渡辺倉庫本店内）に移転し，目的は「土地建物売買賃貸借金銭ノ貸付保税貨物普通貨物ノ保管及委託売買ヲ営ミ，並ニ之ニ付帯スル業務」[141]であった。この時点の役員は代表取締役阿部純隆，取締役前田房太郎[142]，栖原角兵衛[143]，監査役山本乙五郎[144]，阿部義光[145]であり，乾本人はもとより，乾の子息・養子など乾姓の人物が一名も役員に就任しておらず，栖原にいたっては北海道（函館市船見町）の住人で，よほどの事情通でないと，乾に関係ある企業とは気付かない，相当に考え抜いた陣容である。「東京湾汽船と共に，渡辺財閥の花形事業」[146]と称された渡辺倉庫の受皿会社として関東土地を「他の債権者…に騒がれては困る。そこで，会社は此儘にして置いて」（S6.6.21D）密かに設立されたという極度に隠密的性格を物語っている。しかし乾豊彦氏によれば「渡辺頭取が抵当権を設定したとき，渡辺倉庫の役員ら『渡辺銀行の債務を渡辺倉庫が肩代りするのは筋違い』と強硬な反対が出ていた。渡辺頭取は，この反対を強引に押し切ったが，株主から「渡辺の措置は背任行為である」と訴えられ，身柄を拘束されて取調べを受けるという事態に陥った。…累は祖父にも及び，"会社横領の疑い"で東京・市谷刑務所に六十日余も拘留され」[147]たとしている。渡辺倉庫は2年10月30日本店を京橋区南飯田町12に移転した[148]。4年4月10日取締役阿部純隆，松井通，渡辺六郎，監査役児玉保が辞任した。代りに取締役に就任したのは上仲尚明[149]，木村篤太郎[150]らの管財人一派で，上仲は木村篤太郎，秋山襄[151]ら「渡辺倉庫会社に対して過半数の株主権を握った」（S6.7.1D）破産管財人が「上仲尚明と云ふ者の名にした」（S6.7.1D）名義人とされる。

木村篤太郎は3年6月29日久保山武治，阿保浅次郎[152]，犬塚春富（前整理委員），山田稔（前整理委員）の4人とともに東京区裁判所間判事から東京渡辺銀行破産管財人に選任されたが，4年4月10日渡辺倉庫取締役に就任した[153]。

5年8月に旭日生命元支配人の守田敏蔵らは「旭日生命保険株五千百七十株を担保として山十製糸会社に百五十万円を融通したが，支払い期限に山十にて償還せぬに乗じて抵当権を執行し，時価二百万円に相当する前記株券を僅か五万三千円で落札し，自己腹心の阿部清水等四名の名義にこれを書替へ」（S5．8．15岩日）たとして乾の行為を告発したため，召喚され，取調べを受けた乾，阿部，山本乙五郎の3名はまもなく5年8月中に釈放され，「突然の釈放の裏面には大きな力があるのではないか」（S5．8．17岩日）と観測された。政界財界各方面に強い影響力を保持する「乾氏周囲の有力者達は猛烈な救済運動を起こし，渡辺倉庫並びに旭日山十組に対し示談の交渉を急いだ結果，先づ渡辺倉庫に対する分は十五日夕刻示談整理，渡辺会社から告訴取下げとなった」（S5．8．17岩日）のであった。乾側との示談のうち，「旭日生命については，昨年六月三十日を期限として乾氏から山十製糸対旭日生命の示談金七十万円を提供する契約が成立してゐるにかかはらず氏に山十乗取りの野望があったので実行せずにゐたのを調停者が出たので，いよいよ乾氏が旭日に対しその金員（五十万円乃至七十万円）を提供するやう考慮する」（S5．8．16東日）というものであったと報道された。この示談金提供に相当すると思われる「昭和四年五月二十五日付当社〈山十〉ノ奥書セル貴殿覚書ニ依リ貴殿ガ旭日生命保険株式会社ニ対スル当社債務ヲ全滅セシムル為メ，金七十万円ヲ御支出下サルニ付キ…」[154]との東日報道の「示談金七十万円」と金額も一致する山十製糸（旭日を渡辺家より買収）の内部文書が存在する。このことから旭日が山十製糸に融資した債権の取立を巡る訴訟に関して，両者に対してともに支配力を有し，当該融資のお膳立てをしたと考えられる乾が，旭日に対して4年6月30日を期限として示談金70万円を提供する契約がすでに成立していたことが明らかになっている。取調べの時の心労で乾は体調を崩し引退，9年夏「東京へ出て来て，弁護士と対談中…狭心症の発作が出て一時重態に陥った」[155]まま，9年11月4日73歳で死亡した[156]。狭心症の原因は取調べの時の心労であったといわれる。10年10月28日「父の一面であった金融だけは，一切携わらなかった」[157]長男の乾新治が4代目新兵衛[158]を襲名した[159]。

13. 若尾銀行が東京渡辺銀行救済に一役（いわゆる蔵相失言の背景）

　渡辺一族は「甲州閥と事業的に密接な関係を結び，若尾閥の傍系」[160]とも目されるなど，渡辺と若尾とは明治初年以来の永きにわたり，歴史的にも極めて緊密な提携関係にあった。渡辺家は「市内ノ電気瓦斯等ノ土木工事ヲ経営スル甲州若尾系ト提携スルニ至リ」[161]，若尾家とは既に見た武蔵電気鉄道，上モス，洋モス，日本製麻等に加え，古参の東京瓦斯，東電，信越電力などを共同経営し，渡辺家直系の東京乗合も東京市街自動車としての創立当初にはむしろ若尾璋八[162]の紹介で遅れて発起人に加わるなど，両家は不可分の緊密なパートナーともいうべき関係であった。東京渡辺銀行は洋モス44,174株などを保有する若尾系財産保全会社である三ッ引同族[163]に1,223,000円（同行の一般大口貸出先の第3位），若尾璋八に756,013円（同第5位）を融資している[164]。一方若尾銀行[165]もすでに渡辺保全の土地を担保に45万円を融資[166]していた。また璋八の子の若尾鴻太郎[167]も上モス手形訴訟事件では岩崎清七とともに「中に立って（債権者）古河銀行に示談」（Ｓ2．3．16大毎）して，渡辺側が年賦で償還する道筋をつけるなど，陰に陽に渡辺家支援姿勢を示した。渡辺兄弟がお手上げ状態に陥ったのを見兼ねた若尾家は若尾家番頭で三ッ引同族専務の丹沢善利[168]を派遣して銀行整理に当らせ，丹沢が東京瓦斯などに金策に回った。丹沢は運命の日である昭和2年3月14日に東京瓦斯に岩崎清七副社長を訪ね，「私も渡辺銀行は到底救ひ難きものと観念して居りますが，音に聞く大老舗の崩壊を目前に見て，多年親交を続け来つた若尾の番頭として見るに忍びず，若尾家の損失を覚悟して今，二十万円の融通を約束して参りました」[169]と当日の手形交換尻相当の若尾家からの融通の経過を明らかにしている。岩崎は丹沢から「最後の処置として渡辺家から勝三郎氏を大蔵省へ，六郎氏を日本銀行へ泣込まして援助方を依頼中」[170]である旨の報告を受けたとも証言している。この証言の通り日銀では「当行重役ハ休業前三月七日本行ニ出頭シ窮状ヲ述べ，今後ノ経営方針ヲ示シテ本行ノ援助ヲ請ヒタルモ成立セズ」[171]とするが，大蔵省へ「泣込まし」たのは昨年暮から寝込んでいた勝三郎ではなく六郎であった。そして岩崎は「自分一個の計ひで若尾銀行の小切手二十万円を担保に金二十万円を丹沢氏に貸し与へたのである。思ひは同じ日本銀行も手形交換の規則を三十分間も遅らしめて，右二十万円を以て渡辺銀行の帳尻を決済し，難無く其の日の破綻を遁れたのであった」[172]と同行の救済に日本銀行の関与もあったことまで仄めかしている。

東京渡辺，あかぢ貯蓄の両行が閉店した2～3ヵ月後，渡辺側では「単独整理は到底見込なく，他に合併するの方針を以て…若尾銀行に合併方を交渉」[173]した。しかし若尾家では「当行ノ内容不良ナルヲ知悉セルヲ以テ許諾スル所トナラズ」[174]拒絶された。渡辺家と事業的に密接な関係にあったとして，「投資系統を同じくする若尾銀行も頗る危まれるに至」[175]り，若尾銀行自体も不良債権に苦しみ，十五銀行破綻の後に取付けに遭ったが，日銀特融に支えられ東京瓦斯からの預金支援等もあって，3日目には取付けは終息した。同系の若尾貯蓄銀行も昭和3年4月17日東京支店外2店を大阪貯蓄銀行への営業譲渡を決議した[176]。若尾銀行自体も，昭和3年3月10日昭和銀行と預金引継の契約書を締結し，別紙（東京市内の支店）の預金債務を昭和3年4月1日付で譲渡，「預金債務ノ元金ニ相当スル価額ノ有価証券，債権，現金又ハ其他」の「引渡シタル資産ニ…隠レタル瑕疵ヲ発見シタルトキハ乙ノ取締役及監査役ハ個人トシテ乙ト連帯シテ損害賠償ノ責ニ任スル」[177]こととなった。同時に本店および甲府市内2支店を甲府の第十銀行（頭取細田武雄）に譲渡した（S3.4.2中外）。若尾貯蓄銀行の株式5,000株[178]も第十銀行の関係者に譲渡され，第十銀行は「引継完了後二ケ月以内ニ於テ株式会社若尾貯蓄銀行ヲ株式会社山梨貯蓄銀行ヘ合併スヘキ契約ヲ成立セシメ」[179]ることとなり，若尾貯蓄銀行も最終的に山梨貯蓄銀行に合併された。しかし三ッ引物産は昭和4年破産および和議申立を受け5年に解散，また明治32年3月設立の合名会社横浜若尾銀行[180]も昭和4年3月22日「存立期間満了ヲ機とし…営業を廃止し同行の債権債務の一切は若尾合名会社が継承することとなった」（S4.3.24東日）のであった。

14．致命傷となった経済記事と乗合株惨落

東京瓦斯副社長の岩崎清七は「渡辺銀行は日々危局の一歩前を彷徨して居た…丹沢氏等の昼夜兼行の防戦で辛くも破綻を遁れつつあった二月の中旬，端なくも某経済雑誌に市中銀行数行の内容悪化と銀行当事者に対する非難が掲載さるるに至り再び各銀行への取付が激しくなり，遂に某日，最後の日が来た」[181]と述べている。昭和2年3月14日夕刻の蔵相官邸で渡辺六郎も「本行は一カ月程前から経済通信，新聞株式欄等においていろいろと良からぬ噂を書き立てられ，緩慢なる取り付けに遭っておった。それが昨今に至り行内の金繰りがすこぶる困難を来すに至った」（S2.3.15東日）と語っている。これは昭和2年2月22～25日に連載されたダイヤモンド社の「問題の四銀行」という記事

第7章 「渡辺財閥」の破綻過程　　383

等が銀行破綻の決定打になったものと考えられる。日銀も小口預金ではなく，経済通信等に反応しやすい「大口預金ノ取リ付ハ急激トナリ遂ニ三月十四日交換尻決済不能」[182]に至ったと結論付けている。

片岡蔵相は昭和2年3月16日衆議院で「渡辺銀行関係会社の株式は休業前から下落しつつあった」[183]と答弁しているが，東京日日も同行は「その資金の大部分は不動産に固定し先年来兎角の噂のあった銀行で…数日前株式市場における東京乗合自動車株の低落と共に世間はいよいよ警戒の念を強め関係方面においてもいずれ何等かの形式において整理さるべきものと見られていた」(Ｓ2.3.15東日)と報じ，破綻翌日の読売も「渡辺銀行の破綻は全然予想されぬことはなかった　乗合自動車の暴落によって屢々その事あるを予期されてゐた」(Ｓ2.3.16読売)とする。東京乗合株（旧株50円払込）は大正14年には最高73.1円，最低59.1円，平均64.07円，昭和元年には最高80.8円，最低60.1円，平均72.58円であったものが，昭和2年には最高は71.0円，最低は27.3円，平均41.0円にまで下落した[184]。休業の「数日前株式市場における東京乗合自動車株の低落」(Ｓ2.3.15東日)が顕著となるなど，「渡辺銀行は其頃早くも重役の関係して居る銀行会社に対する固定貸のために，資金の運転に窮して居るといふ悪評が，世人の口からくちへと伝へられて居た」[185]状態にあった。2年3月11日の『東日』は「自動車株暴落」として「東京乗合自動車株は…今前場はまたもや三円六十銭方…暴落して新安値を示した…同体の関係にある某銀行に対しとかくの風説あるのと…重役筋や会社関係筋が盛んに実株を売りつないでゐるので，内部に何か重大な悪材料伏在してゐるのではないかとの疑心を生み，投げに新規に売り募はるに至った結果に外ならぬが，これと同時に東京ガス株も一円二十銭安と崩落したのはそこに何等の因果関係ありはせぬか」(Ｓ2.3.11東日)との市場関係者の観測を紹介している。同日の読売も東京乗合「自動車株惨落す…営業状態は大体順調であるけれども収益金を某銀行に預金してゐる一方某重役の如きも前途を悲観して株を売叩いてゐるとの噂」(Ｓ2.3.11読売)を載せている。大正15年と昭和2年の大株主持株を対比すれば明らかに東日が推定した「重役筋や会社関係筋」によるインサイダー取引の存在を裏付けている。

15．破綻の状況

金融恐慌の発火点となった片岡蔵相の発言以降の同行破綻の状況は以下の通

りである。昭和2年3月14日に同行は手形交換尻が決済不能となり，夕刻大蔵省は同行渡辺六郎専務を蔵相官邸に招致したが，その際六郎は「今後は東京渡辺銀行並びにあかぢ貯蓄銀行とも本十五日より，休業し，関係重役において祖先伝来の多額の不動産を資金化して整理をなすつもりである。しかして藉すに時日を以てすれば預金者には余り迷惑を掛けないつもりである」（S2．3．15東日）旨回答した。翌3月15日同系のあかぢ貯蓄銀行ともども休業に追込まれ，「謹告　整理の為め本日より向ふ二週間臨時休業仕候　昭和二年三月十五日東京渡辺銀行」（S2．3．16東日）との休業公告を出し，手形交換所理事会へ社員加盟脱会届を出した（S2．3．16読売）。同行宛の振出手形合計20行分総額30万円が不渡りとなり，未決済となった（S2．3．17読売）。手形交換所は同行が供託していた3万円相当の公債を処分して按分することとなった（S2．3．17東日）。若尾から派遣の丹沢は「私は渡辺，あかぢ銀行から非常に感謝されて若尾に帰りましたが，それは…責任の転嫁をきっかけに渡辺，あかぢが戸を閉めた」[186)]と書いており，破綻の責任を逃れようと蔵相発言を奇貨と捉える渡辺一族に後味の悪さを感じている。

　翌3月16日，頭取渡辺治右衛門，あかぢ貯蓄銀行頭取渡辺六郎は連名で「私共同族一同は全財産を銀行に提供して資金を作りまして一日も早く御安心の出来る様致すべく全努力を尽くし居ります　幸ひ政府当局並びに日本銀行に於かれましても好意的援助をして下さる事になって居りますから開業の日も近きことと確信して居ります　恐縮至極の儀では御座いますが何卒今暫く御猶予の程伏して御願ひする次第で御座います」（S2．3．17読売・東日）と両行の整理資金として渡辺同族，渡辺保全の財産を提供する旨を新聞に公告した。読売ではさらに続けて，「預金者に謹告す　数日来当行は経済に関する通信又は新聞紙の株式欄等に於て兎角の批評を受けつつありたり従って『コール』資金の吸収思はしからず稍緩慢なる取付状態に在りしが，昨日当行の交換尻決済資金吸収に不充分なる虞ある旨支配人より報告ありたるを以て此際一般預金者の為に寧ろ一先づ支払を停止し重役提供の私財不動産を資金化するを可なりと考へて予て不一方配慮を煩し居たる大蔵省当局に対して面会を求めて其旨を報告したり而て努力の結果資金を調達し交換尻並に払戻を事なく終了して本日より休業することとせり　元来渡辺家は先祖伝来の不動産を多額に所有し居り且当行復活に就き政府及日本銀行に於ても充分の好意を与へらるべきを以て藉に時日を蒙らすことなきを確信するものなり」（S2．3．18読売）との当局の好意に

力点を置いた預金者各位への声明を出している。あかぢ貯蓄銀行もその後ろに「当行整理は右東京渡辺銀行同様渡辺家多額に所有する不動産を以て預金者各位に損失を蒙らすことなきを確信するものなり」（S2.3.18読売）と続けた。3月16日の東日は整理方針に関して渡辺六郎，内藤恒吉らの重役は「渡辺一族所有の不動産及び銀行所有の動産不動産を処分しなるべく預金者に迷惑をかけぬやう努力するとのことで…同行では土地処分のため近く土地会社を創立し極力これが処分を行ふ」（S2.3.16東日）意向と伝えた。3月18日の東日は「支払停止後の善後策として不動産会社を設立し，債務の年賦償還をしたき旨」（S2.3.18東日）を声明した同行に対し「若し不動産会社を設けるとすれば…勧銀に対しさきに融通を受けた金額を当然返済せねばならぬ立場となり…返済し得らるるものなりや否やは大なる疑問」（S2.3.18東日）との態度をとった。これに対して正力と六郎との親交があったとされる読売は「目下同行で考究中」の整理腹案を「渡辺保全会社所有土地帳簿価格五百万円を提供して土地会社を設立し該土地を分譲若しくは借地権貝上後分譲して資金化すると共に分譲し得ざるものは不動産を担保として資金を調達しこの金額を以て渡辺銀行預金者二万あかぢ貯蓄預金者三万に対し出来る限り支払を為す」（S2.3.16読売）と詳しく紹介し，「整理に対する大蔵省の態度」として「大蔵当局は積極的に援助するの言明を避けてゐるが…私財提供等によって整理断行後に於て幾分考慮する意向を仄めかしてゐる」（S2.3.16読売）と，他紙にない踏込んだ記事を掲載する。読売は18日の謹告に関しても「渡辺家伝来の所有土地も多く之を担保として提供，資金の融通を得」（S2.3.18読売）て「日銀の救済を仰で整理」という好意的記事を載せる。この時点では渡辺一族の財産管理会社・「渡辺保全株式会社…ノ株主ヨリ株式全部ヲ提供セシメ…和議債権者ニ分配スルコト…端数ハ一株ヲ共有」（S3.3.20B）する転用が考案され，「渡辺治右衛門，勝三郎，六郎，初男カ和議申立人ニ提供シタル不動産ノ現物出資ニ依」（S3.3.20B）る昭和土地という広部銀行の場合と同様な土地会社方式（終章参照）での整理案も検討され，同系あかぢ貯蓄銀行の場合，全額預け入れ先の東京渡辺銀行が唯一の債務者であるため預金者に「渡辺銀行の設立する昭和土地株式会社の株式を提供す」（S3.5.20B）ることにしていた。

3月22日には日銀は海外の代理店監督役に宛て「東京渡辺銀行其他五行ハ内部ノ欠陥ニヨリ自滅シタルモノニシテ財界ノ変調ニ因ルニアラズ」[187]と打電

した。3月23日には同行は預金者から預金払戻の訴訟を起こされ（S2.3.24東日），休業以来5件の破産申請が出た。同行破綻後姿を見せず，一時は失踪・自殺説まで流されていた専務の渡辺六郎は実はこの間土地会社案による営業再開を目指し奔走しており，3月23日渡辺保全の2階で「私は両銀行の整理には全責任を負う今日も日銀…営業局長に会い預金者に迷惑をかけぬやうに相談した」（S2.3.24東日）と語ったように，同行はすでに3月24日時点で「大体計数の査定も済んだので日銀当局に示す」（S2.3.25東日）段階となり，「渡辺同族不動産を中心として不動産会社を設立し，同土地を資金化して預金者に対する預金債務の年賦償還を計画し大蔵省日銀に対し整理案を提出」（S2.3.28読売）していた。しかしこの整理案に対して大蔵省は「婉曲に不同意を示し更に詳細なる整理案の提供を命じたので二十九日開業の筈の処更に向ふ二週間休業に決した」（S2.3.28読売）とされる。なぜなら大蔵当局は休業銀行の整理方針として「一，最も堅実なる資産（債権）のみを分離して…この分のみを一流銀行に合併すること…一，やや不堅実なる資金は一団とし別に整理会社を創設するもの多く…一流銀行に合併することについては異説もあって，各二流銀行同士が合同して堅実なる二流銀行を設立せんとするものもある」（S2.3.25東日）として，「今回休業したる村井，中井，左右田，八十四，中沢，東京渡辺の各銀行は近く合同の方針である」（S2.3.24東日）と伝えられていた。大蔵省は同行をも含め「先づ整理を急ぎ之が為めには整理銀行を創立し同行に対し各休業銀行が別個に回収の見込ある之に対抗する債務とからなる整理の内容を以て別個に各勘定口座を設けて編入し其後の預金のみ整理銀行が一般的に取扱をなし斯くて挙げ得たる収益に依って漸次に各勘定に於ける債務の弁済に充当させる方針」（S2.3.28読売）であったといえよう。このため当局の方針に合わない同行単独の土地会社設立計画は進まず，2年3月15日以来休業を継続し，他の休業諸銀行が整理を完了していくなかでも長らく未整理のまま取り残されることとなった。5月16日渡辺勝三郎は東電取締役を辞任[188]したのを始め，一族はつぎつぎと関係企業の多くから身を引いた。

　翌3年2月27日同行は東京区裁判所に強制和議を申立（S3.3.20B）てたが，和議申請時の債務は2,000余万円，債権者約1.4万人，資本金500万円，預金3,800万円，口数3.2万であった。3月7日整理委員に阿保浅次郎弁護士らが任命され（S3.3.20B），整理委員の手で具体的な整理方法が立案され，

債権者集会に付議されることとなった。裁判所では同行の5件の破産申請と，和議申請の双方の審理を開始した。しかし和議条件の主眼であった土地会社設立は「東京乗合自動車会社ノ社長タリシ渡辺六郎ガ同社ノ名ヲ利用シテ不当ニ発行セシ手形ニ対スル賠償トシテ已ニ同社ニ譲渡セル不動産ヲ主体トスルモノナルガ故ニ，コレガ返還ヲ受クル手段ノ立ザル限リ成立ノ望ナク」[189] 預金払戻の条件も2割4ヵ年賦であったため，預金者としては到底受容できないものとされた。1.4万人とされた「債権者の意向が過半数破産を希望し裁判所もまた前記和議条件の到底履行の見込なきを看取」（S3.6.30 東日）して，最終的に整理委員が「銀行側の和議条件は実行不可能」（S3.7.7T）と申告したため，3年6月29日午前10時東京区裁判所間判事は銀行側の和議申請を却下し，破産の宣告を下した。裁判所は直ちに久保山武治，阿保浅次郎（弁護士，整理委員），木村篤太郎[190]，犬塚春富（整理委員），山田稔（整理委員）の5人を破産管財人に選任した。執達吏役場は同日同行の本支店の差押を行った。なお債権届出期間は3年10月29日まで，債権者集会期日は4年4月11日と決定した（S3.7.20 B）。かくして預金者に代物弁済として株式を交付する昭和土地構想は結局その実現を見ずに終わった。同行に16万円の大口預金をしていた菓子商は「他の銀行はダメでも渡辺銀行は大丈夫」[191] と信じ切っていたため悪い噂にも「そのままにしておいた。結局一円も戻らなかった」[192] とくやんでいたと伝えられる。昭和9年頃渡辺保全が大正期に開発した日暮里の渡辺町の町名を正式に残す話も出たが，「銀行の倒産で迷惑した人も多く，渡辺なんて名前を残すのはとんでもない」[193] と地元民に拒絶された由である。

注

1) 3)『林甚之丞氏の足跡』昭和 36 年，p 57
2) 林甚之丞は渡辺商事貿易部アメリカ課長，営業部長を経て日本レール専務，東京湾汽船専務
4) 昭和2年2月22〜25日に連載（高橋亀吉『経済と金融の実際』昭和3年2月，白揚社，p 297 所収）
5) 商業興信所『三十年之回顧』大正 11 年，p 378
6) 明石照男『大正銀行史』昭和 13 年 8 月，p 81〜2
7) 日本銀行調査局「世界戦争終了後ニ於ケル本邦財界動揺史」，『日本金融史資料　明治大正編』第 22 巻，昭和 33 年，p 714 所収
8) 9) 15) 16) 18) 19) 20) 75) 161) 171) 前掲『整理』p 446〜8

10) 前掲『甲州財閥』p 349
11) 『明治大正保険史料』第四巻，第二編，p 235
12) 日銀『日本金融史資料明治大正編』22 巻，p 878
13) 日銀再割引額の意味。日銀，『日本金融史資料明治大正編』22 巻，p 878
14) 『朝日経済年史』昭和 3 年 2 月，朝日新聞社，p 27。例えば一部の報道（S 2 . 2 .14 読売）によれば震災直後の東京渡辺銀行の震災手形所持高は手形貸付で 236,767 円，割引手形で 1,253 円，合計 238,020 円であり，手形貸付の所持高では大手銀行を大きく凌いで首位であったことになる。ただし，当該数値の出所や正確性については確認できない。
17) 渡辺同族株式会社は大正 12 年 12 月東京渡辺銀行の整理の必要上，渡辺一族が各自の資産を私財提供する土地会社として資本金 300 万円（払込済）で設立，昭和元年末損益不明。603 万円を「勧銀より借入れ」（前掲『整理』p 452）同行に預金した。同行の「渡辺一族貸出内訳」（前掲『整理』p 453）の筆頭には渡辺保全とは別組織の「渡辺同族会」名義で 5,114,152 円があり，大正 14 年 12 月時点では「渡辺同族会」名義の同行への通知預金 1,550,734 円も存在した（前掲『整理』p 448）。「渡辺同族会」と渡辺同族会社との関係の有無は未詳
21) 山口廣編『郊外住宅地の系譜』昭和 62 年，鹿島出版会，p 158
22) 『渡辺六郎家百年史』p 35～6，49
23) 『実業之世界』昭和 2 年 5 月号『銀行論叢』臨時増刊，昭和金融恐慌史，昭和 2 年 7 月，p 207 所収
24) 『不動産業界沿革史』昭和 50 年，p 126
25) 東洋経済『第 3 回　株式会社年鑑』大正 14 年，p 128
26) 由井常彦編著『堤康次郎』平成 8 年，p 141，巻末［表・4］［表・12］，原資料は野田正穂・中島明子編『目白文化村』1991 年，日本経済評論社ほか
27) 『大日本重役大観』大正 7 年，p 187。旧田中光顕邸，藤田伝三郎の椿山荘に隣接。日本殖産興業㈱の仙洞田照男常務は「当社でも渡辺保全から引継いだ早稲田の分譲住宅地（約 5 千坪）の分譲を継続，箱根土地に委託したりして，渡辺家関連の邸宅を取り壊して，整地・造成して分譲したりしたが，当時は今と同様に地価が下がって儲からなかったと聞いている」と語っている（平成 7 年 12 月 26 日ヒアリング）。
28) 一族の渡辺輝子，卜部秀両氏の話（地域雑誌『谷中・根津・千駄木』19 巻，平成元年 3 月，p 18～22）なお後年治右衛門は銀行倒産等で次々と手放し，清算事務所から「最後に熱海の別荘だけが残った」（佐高信『失言恐慌』改定版，平成 3 年，p 17）との連絡を受けたという。
29) 福沢平太郎は旭日生命常務
30) 『財づる物語』大正 15 年，p 263
31) 青木亨は渡辺保全地所部員，渡辺倉庫常務，東京荘園取締役
32) 館栄治郎は渡辺保全監査役
33) 前掲『財界物故傑物伝』下，p 656
34) 小山田信蔵に関しては第 1 部第 6，7 章参照。帝国生命が岡田治衛武（徴兵保険社長）に次ぐ 28％を超える大株主として登場するのは小山田への貸付金肩代りの条件と

第 7 章 「渡辺財閥」の破綻過程

されるが，なぜか麻島氏の示された帝国生命の大正初期の株式明細（前掲『本邦生保資金運用史』p250～1）には武蔵野鉄道はあるが武蔵電気鉄道は見当らない。帝国生命は武蔵電気鉄道の再建過程で埋立権127万円相当を自己の手による別会社へ譲渡させることとし，大正4年12月，資本金150万円（うち払込75万円），総株数1万株，本社日本橋区南茅場町23（後に横浜市山下町に移転）の横浜埋立株式会社を設立した。帝国生命の大正初期の株式明細表には大正4年から横浜埋立への投資71.3万円が登場する（前掲『本邦生保資金運用史』p250～1）。

35）『電気大観』大正5年，日本産業調査会，p578
36）『全国株主年鑑』大正15年，p181，要録T11，p148
37）『東京急行電鉄50年史』昭和48年，p72
38）郷誠之助は男爵，貴族院議員，東株理事長，東洋製鉄社長，常総鉄道等川崎系企業多数の役職を兼ねた。
39）鈴木寅彦は福島県出身の代議士，東京瓦斯監査役，東京乗合の「渡辺系の常務」（S2.3.16東日），武蔵電気鉄道，北海道瓦斯，泰平銀行，日清生命，成田鉄道，両毛紡織，ヤップ島興業，日本電気炉工業，隅田川精powerhouse所，東洋耐火煉瓦，日本耐酸窯業各取締役，日本曹達取締役から後に社長。鈴木は「芸備銀行乗取り」（S7.7.1D）を画策して失敗したほか，横浜生命を買い占め，岩田三平から富士生命の支配株奪取も画策した。ダイヤモンドは鈴木寅彦の横浜生命の不始末として「某銀行を通じての不良貸付問題」と「芸備銀行乗取り失敗の顛末」（S7.7.1D）等を列挙し，「某銀行を通じての不良貸付問題である。某銀行とは銀座辺に本店を置く小銀行である。鈴木氏一派はこの銀行に横浜生命の財産五十万円を預金し，他方銀行側から多額の貸付をなさしめた。その貸付たるや純然たる預金の盥回しである。鈴木氏の選挙費もこれから出たといはれてゐる。その他の事件は今姑く記述を差控える」（S7.7.1D）とするに止める。当記事によれば横浜生命の鈴木寅彦も「芸備銀行乗取り」に加担し，失敗したことがうかがえる。
40）辰沢延次郎（日本橋クラブ員）は商船学校卒，日本郵船勤務を経て30年独立し回漕業・丸楽回漕店を開業，大正5年12月日本電気亜鉛（社長），6年6月帝国塗料（社長）を創設，6年7月東京商船社長に就任，そのほか辰沢保善㈲代表社員，多摩川水力電気社長，東京乗合，台湾拓殖，高砂生命，千代田護謨，札幌木材，日本曹達，内国通運，東京造船所，日本電気亜鉛各取締役，東海製鋼監査役（『大日本重役大観』大正7年，p67），昭和6年7月東京乗合取締役就任，田園都市監査役，昭和6年10月16日死亡（S6.10.17東日）
41）谷口守雄は明治7年7月桑名の士族・谷口四郎兵衛の長男に生れ，23年早稲田大学の前身たる東京専門学校卒，総武鉄道，京都鉄道，西成鉄道（技術課），房総鉄道（技術課）を経て31年志岐組顧問，37年三重セメント支配人となる（『興亜之事業六百名士鑑』昭和14年，p226）。この間『鉄道時報』発刊に関わり，鉄道事業の改良発展に貢献した。その後小倉鉄道の整理に関与し，日本肥料の創立に関わり取締役となった（『実業家人名辞典』明治44年，タp74）。その後明治44年関西瓦斯，山陰瓦斯，大正6年朝鮮中央鉄道，ボルネオ殖産，東洋電機製造，武蔵電気鉄道，大正14年湘南電気鉄道の創立に関わり社長・専務等に就任した（『興亜之事業六百名士鑑』昭和14年，

p 226)。

　日本蓄電池会長，ボルネオ殖産常務（社長），山陽水力電気，関西瓦斯，湘南電気鉄道，江ノ島電気鉄道，東洋車両，帝国食糧，武州瓦斯，旭電気，日本耐酸窯業各取締役，東京瓦斯，東京乗合，東洋電機製造，中野炭鉱各監査役，岩手採炭，朝鮮鉄道嘱託，帝国鉄道協会常任理事（『現代実業家大観』昭和 3 年，タ p 46,『財界人物選集』昭和 4 年，た p 60）等を兼ねたが，谷口はこのうち東京乗合，東京瓦斯，ボルネオ殖産，日本耐酸窯業などで渡辺一族と共同投資した。その後昭和 14 年時点ではボルネオ殖産社長，狩野川電力専務，湘南電気鉄道，武州瓦斯，大山鋼索鉄道，日鮮鉱業，山市商事各取締役，東京瓦斯副理事常任監査役，東洋電機製造，京浜コークス，群馬自動車，空中電気鉄道各監査役，朝鮮鉄道嘱託（興亜之事業六百名士録』昭和 14 年，p 226）

42）石井重美は麹町区上六番，台湾電力 100 株，京阪新株 20 株，同第三新株 120 株主，『全国株主年鑑』大正 15 年，p 174,『銀行会社要録』大正 11 年,『日本紳士録』大正 14 年には該当なし

43）46）51）52）三鬼陽之助『五島慶太伝』昭和 29 年，p 50, 59

44）中川正左稿『五島慶太の追想』昭和 35 年，p 71

45）矢野一郎稿『五島慶太の追想』p 28

47）『東京横浜電鉄沿革史』昭和 18 年，p 91

48）49）50）五島慶太『七十年の人生』昭和 28 年，p 25～8

53）市原求は日本橋クラブ員，田園都市発起人・監査役・大正 12 年 6 月社長，目黒蒲田電鉄監査役・社長，日本製麻取締役，有恒社取締役，東京商船監査役，日本電気炉工業監査役，昭和 2 年 3 月 20 日死亡（『東急 50 年史』p 1179）第 3 章注 10 参照

54）矢野一郎述『田園調布の大恩人小林一三翁のこと』昭和 61 年，矢野恒太記念会，p 8～9。矢野は昭和 2 年 4 月 14 日の臨時株主総会で田都市代表取締役社長に選出された。

55）『明治大正保険史料』第三巻，第二編，p 938

56）吉田丹左衛門（下谷区車坂町 93）は質商，資産約 150 万円

57）大正 4 年 3 月 27 日『官報』第 793 号

58）米谷隆三『保険金融経済論』昭和 3 年，p 33

59）60）63）『本邦生命保険業史』昭和 8 年，p 227～8

61）『大日本保険名鑑』昭和 2 年，保険毎日新報社，p 54

62）124）高橋亀吉『我国の経済及金融』p 298～300 所収。原典はダイヤモンド日報の「問題の四銀行」か。

64）昭和 2 年 9 月 30 日現在では旭日からの預金残は査定額 1.7 万円の有価証券担保付で 150,153 円（前掲『整理』p 452）

65）73）85）102）前掲『甲州財閥』p 482～3

66）68）東洋経済『株式会社年鑑第一回』大正 11 年版，p 4, 19。洋モス専務の田中海一の関連か。

67）山星徳太郎は日本製麻常務，東洋モスリン監査役，大和毛織監査役，同行貸出先，1,181,840 円

69）74）日銀『日本金融史資料明治大正編』22 巻，p 878

70) 室越金一郎は会社員，本郷区湯島切通坂 37（紳 T 14, p 375），大正 11 年 6 月時点で東京渡辺銀行 800 株主
71) 109) 110) 118) 119) 125) 126) 128) 164) 173) 174) 182) 前掲『整理』p 451～5
72) 『全国株主年鑑』大正 15 年，p 94
77) 八田熙は上モス専務，六郎と大学同期，東洋製油，渡辺商事，千代田リボン製織等に関与，220 万円の震災手形大口債務者（日銀『日本金融史資料明治大正編』22 巻 p 878）で，全額が東京渡辺銀行分
78) 川又貞次郎は上モス専務を大正 12 年辞任後，山手急行電鉄を設立，帝都電鉄常務，相模鉄道社長
79) 『東洋経済　株式会社年鑑』大正 14 年版，p 5
80) 『実業之世界』昭和 2 年 5 月号「昭和金融恐慌史」，p 208 所収
81) 82) 『大日本銀行会社沿革史』p 371～2
83) 87) 88) 89) 93) 前掲『整理』p 472
84) 92) 『日本毛織三十年史』昭和 6 年，p 182～4
86) 河崎助太郎の経歴は結論参照
90) 島田金次郎の経歴は第 1 部第 1 章注 127 参照
91) 島田金次郎（貫堂）『兜町秘史』三枝書房，昭和 7 年
94) 板橋菊松「社債整理始末」（S 8. 8. 5 T）
95) 共立モスリンは日本毛織 63,500 株，興銀 14,500 株出資の上毛モスリン中山，館林工場の自己競落会社で昭和 2 年 6 月，資本金 400 万円で設立
96) 162) 若尾璋八は貴族院議員，神戸挙一の後任の東電社長，昭和肥料会長，若尾銀行監査役，その他帝都復興院参与，経済審議会副会長等の公職を歴任，昭和 2 年の所得額 35.1 万円
97) 若尾幾造は若尾逸平の弟で横浜・若尾家当主の二代目，若尾系各社役員と各種の公職を歴任
98) 中西喜郎「東洋モス七百五十万円大穴事件」『財界実話』昭和 7 年，p 246
99) 神戸挙一は東電社長，勲六等，帝国経済会議議員等の公職を歴任，大正 15 年死亡
100) 前川太兵衛は第 1 章注 52 参照
101) 三ッ引物産は大正 15 年解散した三ッ引商事の貿易部を分離独立して若尾璋八が設立。実態は専務の丹沢善利が失敗した日蘭貿易（若尾銀行の不良貸付先）を若尾入りの条件として引取らせたもので，昭和 4 年破産。
103) 167) 若尾鴻太郎は若尾璋八の子息で，若尾銀行頭取，神戸挙一死亡後に東洋モスリン社長に就任
104) 「東洋モスリン七百五十万円大穴事件」について昭和 3 年 10 月 1 日『ダイヤモンド』（p 84）は「今期成績は前期に比し可成り低下するから，到底前期のような余裕ある決算は望まれないが，八分配当の維持には毫も差支ない」との楽観説を載せたが，すぐに覆され，主筆の石山賢吉は誌上で自己の不明を読者に詫びた。
105) 亀戸第四工場，練馬工場，静岡工場の工場財団抵当，総額 600 万円が未償還
106) 亀戸工場の工場財団抵当，総額 450 万円中 390 万円が未償還
107) 昭和 5 年 10 月 24 日の夕刻には応援の市電，青バス，城東電車等の従業員も加わっ

て暴動化し「亀戸付近はさながら戦場」(S5.10.25中外)となり、洋モス工場の横を走る城東電車は投石で大破、電車運転が休止されるほどであった。61日もの長期紛争も大日本正義団の酒井栄蔵が調停に立って、昭和5年11月19日「斡旋役酒井氏と藤岡争議団長、梅浦専務は正義団本部で円満解決の握手を交わした」(S5.11.20中外)ことで、ようやく解決した。専務の梅浦健吉は大倉組参事で、大倉組を代表して入山採炭、乗合等の役員を兼ね(S6.3.21T)洋モス再建に辣腕を振るった。大日本正義団主盟の酒井栄蔵は播丹鉄道社長、九州肥筑鉄道、播磨電気鉄道社長、播電鉄道会長、東京湾土地取締役

108) 117) 123) 前掲『株式会社亡国論』p 374, 293
111) 189) 前掲『整理』p 457
112) 村松志孝『河西豊太郎』昭和35年, p 280
113) 岩崎清七は東京瓦斯社長(第6章, 注45参照)
114) 115)『財界楽屋漫談』p 167〜8
116) 多摩川水力電気は大正12年7月設立, 事業許可昭和2年, 事業開始未開業, 本店京橋区弥左衛門町, 資本金750万円, 原動力水力, 未落成電力9,939kW, 最大電圧66,000V, 社長辰沢延次郎(回漕店主, 東京商船社長)(『電気事業要覧』21回, 昭和5年, p 13)
120) 前掲『河西豊太郎』p 319。なお公式には大正「十五年四月一日同〈勧業銀〉行ノ都合ニ依リ東京渡辺銀行分四百三十四万円ノ返済」(『関東震災ヨリ昭和二年金融恐慌ニ至ル我財界』日銀調査局, 昭和8年9月,『日本金融史資料明治大正編』22巻, p 783所収)があった旨が記録されている。
121) 前掲『整理』p 454〜5の職業欄にもかかわらず、樋口美津雄は「貸金」(帝信T 14, p 366)、「金融仲介, 開業不明」(帝信S 11, p 419)、林誉四郎は「金融」(帝信T 14, p 41)、高岡忠雄は「タクシー, 金融」(帝信S 11, 181)といずれも実質的には金融業者と見られる。
122)『経済と金融の実際』p 299
127) 淀橋区東大久保, 共同代表の馬越合名会社代表社員には同住所の馬越次郎(運動具輸入商)のほか, 馬越重作(弁護士), ヒデ(ともに大阪市東区高麗橋5, 紳T 15, p 269)がいた。石川幾太郎前社長の四男である四郎に対して期米の買付・売渡を偽装して35万円も融資した武蔵野鉄道を昭和10年破産申立てて、堤康次郎を悩ませた「執拗」(『堤康次郎伝』昭和30年, p 94)な米相場師で金融業者の馬越文太郎(神田区和泉町1-2「郷里愛媛県ニ相応ノ資産ヲ有スル由」〈『商工信用録』大正元年, 東京興信所, p 296〉開業年商未詳, 帝信S 11, p 279)とも同住所で, 文太郎も「輸入商」(紳T 15, p 460)を名乗っていた。大正15年時点の馬越トミの住所は本郷区駒込林, 久保方に変更され, 東京電灯403, 東京建物旧株55, 新株715, 鬼怒川水電新株224株主(『全国株主年鑑』p 120), 昭和5年3月末では洋モスの10万円の債権者。
129) 130) 138) 147) 乾豊彦『私の履歴書 経済人21』日本経済新聞社, 昭和61年, p 43
131) 132) 133) 136) 137) 予審「決定書」(S 5.12.6岩日掲載)
134) 児玉保は山十製糸の小口今朝吉を検事局に詐欺罪で告発した弁護士(S 2.11.29中

外）で，事務所日本橋区小網町，住所麻布区新網町1丁目，3年3月13日旭日生命監査役就任

135) 渡辺倉庫『第三十三回営業報告書』p 2
139) 『日本倉庫史』昭和16年，p 632．乾倉庫は社史の中で「当社の前身である関東土地…については全く資料がなく」（『乾倉庫五十年史』昭和51年，あとがき p 322）と断っている。
140) 阿部純隆（東京府豊多摩郡千駄ヶ谷町穏田四十番地＝関東土地の当初の本店所在地）は旭日取締役，平山硫黄鉱業取締役，大正15年9月23日山十土地代表取締役就任，「軍人上りで…正直一片で，所謂剛毅朴訥」（S 6.6.21 D）な乾の義弟（妻スズの実弟）であり，乾が小口一族への担保として徴求していた旭日株式の譲渡人であった。スズの前夫稲垣満次郎は田中弥十郎「稲垣満次郎と泰国」『国際評論』8巻4号，昭和18年参照。
141) 昭和4年11月12日『官報』第862号，p 304
142) 前田房太郎は乾実兄，酒商，神戸市北野，所得税76円，飛州木材監査役優先株1,000株主
143) 栖原角兵衛は北洋漁業の開拓者として著名な栖原家の当主で，乾三女の「むめ」の夫，函館市船見町，千島汽船取締役，栖原商店代表社員，乾製紙監査役，長男の栖原忠雄も乾製紙取締役
144) 山本乙五郎（神戸市海岸通）の日濠館ビルディングの事務所も乾と共同の大正2年開業の海運業者の㈱山本商店代表社員で「元は〈乾の〉ブローカー…それが出世して…乾の番頭とは云ふものの相談役のような形」（S 6.6.21 D），但馬クレー，関西電気化学各取締役，「乾合名会社山本支配人ハ以前竹田津電気ノ取締役タリシ時代ヨリ個人的債権関係モアリ」（日銀『日本金融史資料　昭和続編』付録第4巻，p 563）とされた。
145) 阿部義光（東京府豊多摩郡千駄ヶ谷町原宿）は関東土地監査役以外の兼務なし，阿部純隆の関係者（要録 S 2，下 p 108）
146) 『林甚之丞氏の足跡』昭和36年，p 78
148) 153) 昭和2年12月24日『官報』第298号，付 p 10
149) 上仲尚明（豊多摩郡落合町下落合2767）は東洋炭砿代表取締役，満州採炭取締役（要録 T 11，役上 p 223）
150) 190) 木村篤太郎は大物弁護士で法学博士・岸清一主宰の岸法律事務所所属の弁護士で，大正15年に庄川事件の日電側弁護士となり乾側と法廷で激しくやりあった。3年6月29日東京渡辺銀行破産管財人に選任（S 3.7.20 B），15年時点では東都乗合監査役，京王電気軌道相談役（S 15，p 199），戦後吉田内閣で初代保安庁長官に就任（小名孝雄「腐醜木村篤太郎行状記」『日本及日本人』6巻1号，昭和30年）。
151) 秋山裏は海上ビル4階で法律事務所を主宰する有力弁護士（『丸之内紳士録』昭和6年，p 206），渡辺倉庫取締役，サンデン電気監査役（紳 S 6，p 21）
152) 阿保浅次郎は弁護士，整理委員，昭和15年時点では明治大学専務理事（紳 S 15，p 7）
154) 昭和4年7月〈アキ〉日付「念書」『山十文書』S 4-69（横浜開港資料館所蔵）
155) 鶴栖登里「乾新兵衛とはどんな男か—典型的金貸気質—」『話』昭和9年11月，

p 18
156) 昭和9年11月6日神戸又新日報（乾新兵衛訃報）
157)『乾汽船60年の歩み』p 264
158) 昭和15年11月12日53歳で死亡（S 15.11.13 東日）
159) 飛州木材『第二十一期営業報告書』p 3
160) 175) 前掲『甲州財閥』p 512, 477
163) 三ッ引同族は大正9年7月設立の若尾系の財産保全機関で、目的不動産有価証券の取得利用金銭貸付、専務丹沢善利、114万円の震災手形大口債務者で全額が東京渡辺銀行分であった（若尾銀行分なし）。昭和10年時点では取締役若尾謹吾ほか（諸S 10, 上p 375)
165) 若尾銀行は若尾系事業の投資母体で、本店甲府、支店東京ほか、頭取若尾謹之助、監査役若尾璋八、株式会社設立大正6年7月。昭和3年4月1日に本店、甲府市朝日町、同百石町の3店の営業を第十銀行に譲渡（日銀金融研究所保管資料#264, p 132)。若尾貯蓄銀行はその姉妹銀行。このほか若尾系には若尾保全、東京若尾の機関銀行の東京商業銀行（大正11年12月若尾系が買収）、東洋モスリンのほか、日本製麻、東京電灯への特権的一手引受納入業者として悪名高く、根津が東電重役会で難詰・批判して係争となり大正15年5月解散に追い込まれた三ッ引商事（若尾璋八の子息若尾鴻太郎経営。前身が三ッ電気商会で、姉妹会社のバクナル・エンド・ヒレスと提携して、東京電灯へ食い込み）、三ッ引陶器（大正14年旭陶器を若尾系が買収）、三ッ引絹糸（三ッ引物産の子会社)、東京瓦斯、バクナル・エンド・ヒレス（三ッ引商事の子会社）などがあった。かつては松屋呉服店、常磐生命などとも関係があった（『甲州財閥』p 438, 476以下)。若尾銀行については斎藤康彦「若尾銀行の経営転開と挫折」『山梨大学教育学部紀要』第6号、平成4年、池上和夫「若尾銀行の破綻と銀行動揺」前掲『金融危機と地方銀行』p 197以下参照。
166) 勧銀、根津合名に次いで、信越電力と若尾銀行で合わせて280万円の抵当権を設定
168) 丹沢善利は薬種商・生盛薬剤社長、日蘭貿易専務、大正14年三ッ引物産専務など若尾系各社役員に就任（『先駆者の旗』昭和45年、p 263以下)
169) 170) 172) 181)『財界楽屋漫談』p 168～9
176) 昭和3年4月17日日銀大阪支店長報告、日銀金融研究所保管資料#554,「銀行事項・考査局」昭和3年
177)「契約書」第4条、日銀金融研究所保管資料#264, p 159
178) 若尾銀行4,000株、若尾謹之助220株、若尾璋八150株ほか若尾一族、行員名義
179) 第十銀行・若尾貯蓄銀行「契約書」第七条、日銀金融研究所保管資料#264, p 130,「昭和銀行ノ諸銀行引継契約書其他・審査部」昭和2年
180) 横浜若尾銀行は横浜中区本町、頭取若尾幾太郎、資本金50万円
183) 昭和2年3月16日衆議院片岡蔵相答弁
184)『東京株式取引所五十年史』昭和3年、東京株式取引所、p 157
185) 竹村治郎「十五銀行の没落」『財界実話』昭和7年、p 199。乗合筆頭株主の吉村右一は両時点とも9,420株と不変ながら、重役・会社関係者である社長の渡辺六郎は2,144株から1,744株へ400株の減少、専務の堀内良平は5,356株から2,056株へ

3,300株の減少，取締役でも後藤元治（横浜護謨取締役）を例にとれば8,346株から1,000株以下と少なくとも7,000株の大幅減少となっており，役員以外でも同行取締役支配人兼あかぢ貯蓄銀行取締役の内藤恒吉は3,675株から1,945株へ1,730株の減少を示す（東洋経済『会社かがみ』大正15年11月，p35，同昭和2年6月，p215）。

186）丹沢善利の石山賢吉宛書簡（前掲『先駆者の旗』p290所収）
187）『本邦財界動揺史』日銀調査局，大正12年頃（『日本金融史資料明治大正編』22巻，p923所収）
188）『東京電灯開業五十年史』巻末付録，p11
191）192）菊見せんべい店主の先代直話（『地域雑誌　谷中・根津・千駄木』19号，平成元年3月，p22）
193）日暮里・平塚春造氏の話（『地域雑誌　谷中・根津・千駄木』18号，昭和63年12月，p14）

第8章　旭日生命の破綻

1．旭日生命と渡辺家の関係

　昭和期になって保険契約を他社に移転することなく，解散させられた生保は第10章で取り上げる共同生命（経営権を奪取した玉屋時次郎が背任横領事件を起こし，昭和3年6月8日事業禁止命令）と本章の旭日生命の2社にすぎず，両社ともに内容がいかに劣悪であったかをうかがわせる。まず旭日生命は明治45年5月20日設立され，渡辺治右衛門が資本金50万円のうち約9割方を一族で出資し，二十七銀行内に設立した渡辺直系の生命保険会社であった。当主の渡辺治右衛門も当初は「一門の組織に成れる前記保険会社の経営に鋭意熱心」[1]であったとされるが，旭日生命はなぜか，千代田生命等とともに，同業会社で構成した生命保険会社協会に加入せず[2]，業界のアウトサイダー的存在であった。他にも業態の異なる徴兵保険各社や，業績の不冴な東華，大安，戦友共済，博済各生命も参加していなかった。

　昭和3年に商工省から出された同社への解散命令理由書では「最初ハ渡辺治右衛門一派ノ経営スルトコロナリシカ其ノ資産ノ管理兎角放漫ニ流レタリシヲ以テ当省ハ大正十二年八月保険業法ノ規定ニ基キ所謂拘束命令ヲ発シテ其ノ安全ヲ期シタリ」[3]と不名誉な拘束命令を受けた事実をのべている。「資産ノ管理兎角放漫ニ流レタ」理由は，渡辺家が大株主で，重役陣をほぼ独占し，完全に支配していたためであった。大正13年12月末時点の旭日生命の資産運用対象を見ると，渡辺一族等が役員として関係していた事業に著しく傾斜していた様子がうかがえる。すなわち預金は東京渡辺銀行に定期預金407千円，当座預金160千円，あかぢ貯蓄銀行に定期預金140千円，株式は渡辺倉庫4,000株，信越電力496株，東京瓦斯2,500株，東京電灯33,172株，日本製麻1,700株，国際信託250株，佐藤製衛所1,000株の7銘柄，社債は上毛モスリン31,300円という具合であった。旭日生命の『営業報告書』[4]には貸付先の明記はないが，有価証券担保貸付の株式銘柄は東京湾汽船，東京乗合，信越電力，東京電灯，東洋モスリン2,900株，上毛モスリン2,500株，磐城炭礦，帝国火薬，立

山電力,内外紡績4,750株,大船田園都市,相武電力1,495株,建築書院というように,主に渡辺勝三郎の兼務先企業(第3章参照)が大宗を占めていた。こうした対応関係から見て旭日生命の主要な貸付先は名義はともかく実質的には渡辺勝三郎,六郎をはじめとする渡辺一族であったと推定される。このうち例えば大船田園都市は東京渡辺銀行が別途26,750株を担保に徴求しており[5],旭日生命の徴求担保の4,000株と合せた30,750株は発行株式総数の実に76.9％を占め,東京渡辺銀行,旭日生命という渡辺家の機関銀行・生保で8割近くの証券担保金融を独占していたことを示している。渡辺家の直系会社に近い大船田園都市ほどではなくても,帝国火薬の場合でも東京渡辺銀行の徴求担保の10,630株[6]と旭日生命の徴求担保の6,110株とを合せた16,740株は発行株式総数の8.4％に相当する。これら渡辺家の関連企業のうち,先代の渡辺治右衛門時代からの投融資先には東京瓦斯,東京電灯,東京株式取引所,東京湾汽船等の優良企業が多く,それ以降の新規設立・関与先にも渡辺倉庫,東京乗合,信越電力,日仏シトロエン等の比較的良好な企業も含まれていた。しかし旭日生命の投融資関係分でも日本製麻,東洋モスリン,上毛モスリン等の繊維関連は不況下に相次いで窮状を露呈し,日本製麻,上毛モスリン[7]の社債は償還不能に陥り,大船田園都市は大幅な債務超過となるなど,破綻ないし不振企業も多く含まれていた。また優良と目されていた関連企業の中でも東京渡辺銀行に巨額の預金をなかば強制されたり,不動産の担保提供を迫られたりした結果,同行破綻で大きな打撃を被ったものも少なくなかった。

このように,旭日生命は渡辺一族の中心的事業の一つであり,渡辺一族の関係する事業へのファイナンスに大きな役割を果し,"渡辺財閥"形成期には機関銀行である東京渡辺銀行を側面から補完する頼もしい存在であったと言えよう。したがって,東京の大地主・資産家として著名な渡辺治右衛門の絶大な信用[8]に依存し,資産運用でも渡辺家事業に著しく傾斜した旭日生命の盛衰は当然ながら渡辺家・東京渡辺銀行のその後の展開如何に大きく左右されざるを得ない。このため,大戦景気に乗って事業分野を急激に拡張し過ぎた渡辺家の挫折と同様に,旭日生命の方も「大正九年の反動後に於ては忽ち其の内容に大欠陥を暴露するに至り,果ては渡辺同族間に醜いお家騒動までオッ始まり,軋轢は更に熾烈となって会社経営上の困難は益々加へられ」(S3.8.20保銀),さらに大正12年9月の大震災では旭日の本社が罹災して経営不振に追い討ちをかけ,肝心の契約者カードが焼失して事務体制まで混乱し,やむなく同系の

東京乗合の本社（内幸町）内に一時的な仮営業所を置いて営業を継続する始末であった[9]。こうして渡辺「一族間の不和は愈々募る一方」[10]の上に「従来社内の統一を欠き幹部間の軋轢が絶えなかったので主務省の印象をも悪くし大株主で社長たる渡辺治右衛門氏も聊か持て余し気味」（T 14.5.11 中外）であるとされたが，大正3年に太陽生命からスカウトした「倉橋三平氏を退職せしめたる後には，不良分子跋扈して社内は騒然として収拾すべき途がなかった」[11]ため，渡辺治右衛門は会社経営を断念して大正14年6月8日社長を辞任した。不良分子がいかなる人物かは未詳だが，旭日生命の場合，営業スタッフに同業他社を渡り歩いた流動性の高い分子を多数抱え込んでいた。例えば創立時に在籍した伊地知尭典は東洋，東海を経て旭日に入社したが，さらに富士生命に転じた[12]。

　治右衛門が旭日生命経営の情熱を失ったため，社長の座を投げ出したあと，はからずも旭日生命の事後処理を担当する羽目になった「渡辺勝三郎氏は会社経営を断念」[13]，大正14年神戸の船成金・中村準策（後述）に譲渡した。中村配下の太平洋海上専務岩川与助[14]は「旭日買収に就て…私が現金で渡辺家に届けた」（T 14.7.20 保銀）と語っている。当時，経済通信社から「渡辺氏が旭日生命を売却した際，渡辺銀行がその四十一万円を一度に引出されるやうでは，どうにもならないといふので，殆ど月賦償還に均しい恩恵的条件をつけて貰ったが，これなどは慥に預金の性質を失って，借金に変化したものである。それが依然預金となって居るようだが，外にもそんなのがありはせぬかと疑はれる」[15]と暴露されたことから判断すると，渡辺家の旭日生命売却の真意は250万円[16]ともいわれる売却資金を捻出し，岩川与助が「渡辺家に届けた」現金を資金繰りに窮していた東京渡辺銀行の延命に注入することにあったと考えられる。

　当時旭日生命は「相互と株式の長所を採り，株式配当に制限を設け，保険契約者への分配金を多からしむ」[17]ことを謳って，「同社の案出した利益配当は株主に対する配当金額より兎に角多くする」（S 3.8.20 保銀）方針をとっていたので，「被保険者は旭日生命を信頼し渡辺家の経営なるが故に安んじて契約したものも少なからう」として「株主が自己を利する為めに会社を犠牲にすると云ふことは罪悪」（T 14.5.27 保銀）と批判された。

2．中村準策と太平洋海上火災

(1) 金融業者としての中村準策

　中村準策という特異な資本家に着目された西藤二郎,麻島昭一両氏の先行研究を援用しつつ,彼の本質が個人金融業者であったことを示して見たい。渡辺家から旭日生命を買収した中村準策は明治9年8月20日大和郡山の旧藩医並川甚策の三男に生まれ[18],旧藩主に抜擢され東京高商に進学,33年卒業後,大阪商船運輸課で活躍していたのを,34年海運業者の中村宇吉(山梨出身)に見出され,その養子となった[19]。44年12月神戸に海運業の株式会社中村商会を設立して社長となり[20],大戦景気の好機に乗じ「家業たる海運業に従事し継業後巨産を積めるも後之を廃し」[21],釜山鎮埋築,伊豆温泉土地各社長,太平洋海上火災,西灘酒類製造,神戸信託,兵庫大同信託各取締役,神戸の大正水力電気(持株7,190株)監査役,大阪製鎖造機,大和鉄道,京阪土地各取締役など数多くの会社に関与した[22]。大正14年時点で九州電気軌道旧500,新1,025,国際信託1,600,神戸海上運送火災1,082,三十四銀行旧500,新250株を保有する[23]「神戸市の富豪で太平洋海上や,大和海上の実権者」(T 14. 5. 27保銀)であった。昭和2年3月の兵庫大同信託設立の際には筆頭株主として30,010株を出資する創立委員にもなった[24]。

　一面で同じ神戸の船成金の乾新兵衛の場合と同様に,資金繰りに窮した企業等に近付き,高利かつ優越的な条件で融通する狡猾な個人金融業者としての側面も否定できまい。債務者の一人として山十製糸(第9章参照)では債権者の「素性調書」の中で中村を明確に「金貸業」[25]として把握していた。中村は旭日生命株式2,980株を担保に山十に対してまず50万円を融資[26]し,昭和3年1月末現在で中村からの債務(支払手形62万円)の日歩は3銭3厘8毛とかなり高利であった[27]。

　たとえば昭和初期に破綻する金沢の名家・横山家(第10章の共同生命を経営)も大正10年7月末現在で数多くの銀行等とならんで中村準策からの借入金78,000円[28]があった。大和鉄道取締役の村井善四郎の説得で中村は大正6年12月出身地に近い大和鉄道にも9万円融資した。西藤二郎氏は中村の行動を社史のいう「公益的見地にもとづいて」[29]ではなく,「中村は当時,海運事業から脱却して海上火災保険事業への転換点にあって,鉄道事業をその投資対象として選んだ」[30]ものと推測されるが,台風被害を被り,虎の子の機関車や軌条を売って急場を凌ぐまでの危機的状況に追い込まれた未開業地方私鉄への融

資は通常レベルの「投資」を超えたハイリスク覚悟の投機的行動にも見える。むしろ著者としては中村準策の保険会社への関与前の個人的融資活動は海運業から転成した彼の高利貸的行動から説明できるのではないかと考えたい。大正7年6月時点で彼は従来の大和鉄道の大株主である土木請負業者の森本千吉1,059，森本孝二郎910の計1,969株を肩代わりする形で一族・仲間合計で1,860株（内訳は中村けん[31] 1,010，中村準策[32] 500，中村うら100，中村の兄の三沢楢久真[33] 150，戸沢正俊[34] 100）を保有する大和鉄道の支配株主に躍り出ている。西藤氏はこの点に関して「減資前の株価は，紙切れ同然のものとなっており，中村は時価で買入れている筈」[35]とされ，「森本の株式を中村が引受けることの背後」[36]は不明とされるが，少なくとも並の投資家では非上場で流通性の乏しい地方私鉄株をいかにタダ同然の捨て値といえども「時価で買入れ」るような勇気はないと考えられる。中村が社長の中村商会監査役の三沢楢久真を常務として大和鉄道に送り込んでいることからみて，森本による大和鉄道への貸付金の資金源もおそらく中村からかと想像される。中村が森本ないし大和鉄道への貸付金の回収を強く意図して，おそらくやその担保として徴求していた大和鉄道株1,969株を代物弁済として強制取得し，その後ろめたさから一族・仲間の名義に分散したのではなかろうか。もし社史のいうように中村が「公益的見地にもとづいて」郷里の私鉄の窮地を救った美談の主人公だとしたら，堂々と自己名義で乗り込んで然るべきではなかろうか。

中村は地元の神戸信託でも大正7年の増資から登場した新顔にもかかわらず，大正12年1月取締役に就任後，中村一族は本格的に神戸信託の株式を買い集め，昭和2年11月末には総株数の26.7％を占める大株主に浮上しており，麻島昭一氏は「中村準策については，不振の神戸信託になぜこのように積極的に介入していったのか，また兵庫大同信託新設にどんな見通しをもっていたのか不可解」[37]と彼の大胆な行動の意図を計り兼ねている。

(2) **太平洋海上火災保険**

太平洋海上保険[38]は滝川弁三，川西清兵衛ら阪神地方の有力者により大正8年3月資本金200万円で神戸市海岸通に創立され，中村は当初から取締役となり，大正11年4月太平洋海上火災保険と改称して火災保険を兼営した。本店神戸，資本金300万円，払込75万円，社長滝川弁三であった。後に取締役には佐藤重遠（後の中央生命専務），鷲野米太郎（後の旭日生命専務）なども名を連ねた。

一方大和海上保険(本店大阪市西区靱から西区京町堀4丁目へ移転)は深川喜次郎,堤清六(日魯漁業社長),岩川与助(後の旭日生命専務)らにより大正8年7月大和帆船保険として設立され,大正10年大和海上保険と改称,資本金200万円,払込50万円,社長深川喜次郎であった。中村が関係する後発で業績不振の中小損保である太平洋海上火災保険と大和海上保険が14年8月8日付で合併して赤字を償却,新たに太平洋海上火災保険(本店大阪市東区今橋3丁目)を新設することになった。新会社は資本金500万円,払込資本金125万円(うち太平洋分75万円,大和分50万円)で,8月25日の株主総会で新重役を決定し,大和海上は解散することとなった(T 14.7.20保銀)。太平洋海上の新重役は社長中村準策,専務岩川与助,専務鷲野米太郎,取締役佐藤重遠,頼久一郎,長谷川喜太郎,監査役四井喜一郎,福原芳次,髙木重兵衛,浜崎照胤であった[39]。中村は昭和5年末で太平洋海上の41.5％を個人で所有するオーナー社長であった。同社は昭和19年3月日産火災海上保険に合併された。

3．旭日生命の共同経営

最初に渡辺家に旭日生命株譲受方を申込んだのは信州の製糸家で山十製糸(第9章)副社長の小口今朝吉ではなく中村準策の方だったようで,業界筋では「渡辺家から中村準策氏が旭日を買収して経営するに至るや,中村氏は一方に於て大和帆船,太平洋火災海上の二社を経営し居り,之れを合併して一の会社となす方針でその手続きを進めて居る折柄の事で,山十組の小口氏が生命保険経営の希望がある事を知って,小口氏に共同経営方を交渉した」(T 14.11.20保銀)と推測されている。山十製糸の整理・再建に尽力した河田大三九は山十による「旭日生命保険株式会社ノ買収ニ際シテモ亦周到ナル用意ヲ欠キ,之カ処置慎重ヲ失セシガ為メ,一層資金難ヲ加重セシハ頗ル遺憾ナリ」[40]と指摘する。中村側の思惑は「山十組と握手して旭日の経営をなす事になれば,自然太平洋火災に就ても小口氏の地盤を辿って行けば発展を期し得やうと云ふ打算から」(T 14.11.20保銀)とされる。こうして旭日生命は中村準策と小口今朝吉が共同して経営することとなった。

小口・中村両派による買収直後の大正14年12月末時点の旭日生命の30名の全株主のうち中村派と目されるのは中村準策3,556,中村準一[41] 314,鷲野米太郎[42] 200,岩川与助(専務)200,松岡親雄100,三沢楢久真100,青木勝50,中村健50,戸沢正俊50,松岡茂樹50の11名で合計4,870株(総株数1万株の

48.7％）である[43]。中村派のメンバーは中村準策の家族（妻の中村けん，長男の中村準一）らをも含むが，大半は神戸信託・太平洋海上・大和海上・伊豆温泉土地・釜山鎮埋築・大和鉄道等，中村の関係企業役員等で，その多くは太平洋海上株などに中村と共同投資する，親密な間柄であったと考えられる。一方小口派は残り19名の5,130株から渡辺系の2名300株〔渡辺治右衛門（相談役）200,渡辺六郎（監査役）100〕と所属不明の2名80株（岩垂政人40，雨宮平人40）を除いた15名4,750株と考えられ，小口が中村から「共同経営を諾し，四千七百五十株を引受け」（T 14.11.20 保銀）たとの報道とも一致する。小口派のほとんどは小口姓で，かつ山十製糸の役職員であり，相互に密接な姻戚関係・地縁関係を有する匿名組合時代の山十組を構成していた小口一族の製糸業者であったと考えられる。このように旭日生命は株主面では小口・中村両派がほぼ同数出資し，経営トップは小口今朝吉が社長の座を占める一方，中村の腹心で「一般には正義派と目されてゐる」（S 2.7.7 東朝）鷲野米太郎と，前述の岩川与助の二人がそろって専務として，会社の内外に睨みをきかせるなど，両派が呉越同舟・同床異夢ともいうべき，微妙なバランスの上に立った共同経営体制で経営を続けた（S 2.2.27 東日）。

　大正14年6月初旬に小口今朝吉・中村準策に実権が移り，「支社長にも旧悪のものもあり，争闘は絶え間がなからう」（T 14.7.27 保銀）との悪評もあった旭日内部の整理にかかり，当年度決算で「社内の整理其他に予定外の支出を要したので幾分経常費の支出超過」（T 14.7.27 保銀）となったほどであった。新体制では「社内の要部に小口氏の手から人を入れ」（T 14.7.20 保銀），元共済生命京都支店長の山本広節を取締役・支配人に迎え（T 14.7.27 保銀），東京支社長に平安米吉（元東海生命東京支部長），徴収課長に豊田春雄[44]，庶務課長に徴収課長の武島長次郎[45]を任命，統計課長兼徴収課長の蟹江謙次郎の徴収課長兼務を解き，調査課を廃止し，甲斐課長は辞任した（T 14.7.20 保銀）。

　一方中村系の太平洋海上からも主事補の石村芳一が旭日生命の会計課長（参議役）を命じられ，一時会計課長を兼務していた武島長次郎の兼務を解き（T 14.11.20 保銀），また秘書課長・兼大阪支店長の矢野多門[46]が「太平洋海上と姉妹関係ある旭日生命…から太平洋海上に請ふて」[47]旭日生命大阪支社長に転ずるなど，両社間に人的交流が見られた[48]。職員のスカウトぶりから察するに，小口今朝吉・中村準策の分担は営業面の人事は小口側に任せ，もっぱら山十関係開拓に専念させる一方，総務・会計など内部管理面は中村・鷲野側が握った

ようである。小口が安田保善社から豊田春雄，元共済生命の「山本氏を拾ひ上げるに就ては安田銀行との関係なども重要な理由の一つかも知れぬ」（T 14. 7. 27 保銀）と観測されたように，「安田銀行との関係」とは小口の山十製糸の主要取引銀行であり，後の山十破綻時に担保としていた8ヵ所の製糸場を別会社昭栄製糸（S 6. 8. 1 T）で賃借しようとした安田銀行がこの旭日生命買収資金調達にも一口乗っていた可能性を示唆している。

7月9日旭日新重役は東京支部長，外務部長ら営業幹部を招待して新任挨拶を行ない，翌10日から新社長小口今朝吉は募集課員水上謙次を伴い，名古屋から大阪，米子，福岡，大分，宮崎，朝鮮の各地へ，また新専務鷲野米太郎も15日から福岡，広島，金沢の各地への出張を開始した（T 14. 7. 20 保銀）。小口は旭日生命買収当時から「行く行くは旭日を自己の経営に帰せしむる考へで，その共同経営を諾し，四千七百五十株を引受け」（T 14. 11. 20 保銀），「小口氏としては共同経営よりも単独経営を望み居り，速かに其実現を希望して居る」（T 14. 7. 20 保銀）と見られていた。しかし小口の資金力に関しては疑問視する向きもあり，「中村氏から四千余の株式を譲り受ける時にも小口氏は百万円の金を六拾日の約手で渡した」（T 14. 7. 27 保銀）と噂された。旭日生命を「渡辺から小口が買収するとき，乾新兵衛に持株を担保に金を融通してもらった」（S 2. 6. 29 東朝）とも言われているが，買収時に小口が融通を受けたのは乾ではなく，共同経営者の中村準策であった。神戸の船成金の中村と乾を同一グループ視する見方もあるが，乾が創立以来社長の明治信託[49]と，中村が後年参画した同地最古参の神戸信託[50]とは神戸の信託会社の老舗同士として張り合っていたものと考えられる。神戸信託では中村らは大正12年以降積極的に株式を買集め，中村，鷲野米太郎が全役員4名中の取締役の座を二つも占めたのであった[51]。但し，大分銀行に対しては乾と中村は同時に債権者として登場するなど，息のあったところを見せている。

これに対し中村配下の岩川与助（太平洋海上火災，旭日生命各専務）は「先般六月二十五日の太平洋海上重役会議よりして世間には種々私及他の重役に就いて噂を流布されて居る様であるが，全く噂の様な事実もないのであって，之が為に旭日生命の前途には少しも支障の起る様な事はない」（T 14. 7. 20 保銀）と語り，「小口さんと中村さんとの間は至極円満で，中村さんの株が小口さんの手に移ると云ふことは数年の後はイザ知らず当分は絶対にない，旭日買収に就て…小口氏が手形で…ソンナ事も嘘だ，事実私が現金で渡辺家に届けた」

(T 14. 7 .20 保銀) と語り,「大和海上の金を旭日買収に融通したって…ソンナ事あり様道理がない, 中村氏には現金がどっさりある」(T 14. 7 .20 保銀) と中村の富豪ぶりを強調するものの, 小口の方の資金事情には言及していない。

4. 小口今朝吉と乾新兵衛との関係

小口の経営する山十製糸は「財界振はず, 製絲亦輸出少く, 円価は下り, 為に製絲事業収支合ずして」(S 3 .8 .20 保銀), 資金難に陥り, 小口今朝吉は「中村氏より金融を受ける際の約束を其後約束通り履行する事能はざりし」(S 3 .8 .20 保銀) ほどの資金難に陥った。昭和2年頃山十の経営は「打ち続く財界の不況と糸価の惨落には如何ともする能はず, 十五年決算に於ては三百八十二万余円の欠損を計上するの余儀なきに至った。更に昭和二年決算に於ても同様損失を蒙ったので借入金支払手形等外部負債は可成多額に昇り, 一方運転資金にも屡々困難を來すに至った」[52]のであった。このため山十の「放漫なる経営方法は昨今の糸価変動によって大打撃を蒙り, 四月中旬すでに五十万円の不渡手形を出しかけ, 乾某の後援によって解決した」(S 2. 6. 17 東朝) とも報じられた。乾新兵衛は田中義一や渡辺家にも融資し「日本一の金貸」として全国的に勇名を馳せた私的金融業者・合名代表社員である (乾新兵衛と山十との関係は第9章参照)。こうした事情で「小口氏は一面斯くして中村氏との債務関係もあったが, 更に其の裏面に於て (少々遅れてから) 神戸の乾新兵衛氏より旭日生命の株千三百株及小口製糸工場等を担保として百五十万円の債款を起したものである。之に依って中村準策氏に対する債務の一部は履行し, 中村氏と旭日生命の関係は幾らか薄ぎかけた」(S 3 .8 .20 保銀) という。山十の旧内部資料・『山十文書』(第9章参照) では山十は中村準策より24万円を, 釜山鎮埋築より25万円をそれぞれ「旭日生命株式買入ノ為借入」[53]れており, 昭和5年2月末時点では担保は帝国蚕糸倉庫会社の積立金6万円が提供されていた。

昭和2年の乾側弁護士からの告発状によれば債務不履行となった小口今朝吉, 小口村吉 (山十社長) の両名は「大正十五年五月中資金に困り, 今朝吉氏所有の旭日生命保険の株券五千百七十株を担保として大連市寺内通り四七, 乾合名会社から『期日に支払はざる時は債権者において担保品を処分して差支ない条件』の契約書及び株式引換へに百五十万円の為替手形を同年同月三十一日被告発人〈小口今朝吉, 村吉〉に対し割引した」(S 2 .11.29 中外) とされる。この時の150万円借入のため, 破綻前から「小口の〈旭日生命〉持株の半数は乾

新兵衛氏に抵当として入って居る」（S2.9.6保銀）とされた。商工省中松保険部長も「乾氏は小口氏に対し百五十万円ノ債権ヲ有する以外にもある様であるが，小口氏は殆んどの財産を第一，第二と担保にしている」（S3.8.20保銀）と，一説に「山十製糸にも千万円位出して居る」（S6.6.21D）乾からの借金地獄に苦悶する小口の窮状を暴露している。

昭和2年6月30日小口は「旭日生命の社金を自己の経営する社へ流用してゐた嫌疑」（S2.7.1東朝）で当局の取調べを受けた。山十が「旭日生命保険株式会社ニ対シ支払額金二百五十万円ノ債務」[54]の弁済に関して昭和2年11月28日「工場抵当法第三条ニ依リ，順位第三位ノ抵当権ヲ設定シ…内二十五万円ハ…別ニ公正証書ニテ株式担保トシテ質権設定ノ契約」[55]が成立したため，昭和4年10月末では「額面二百五十万円ノ借用証書トナリ公正証書トナリ居ル」[56]状態となっていた。しかし山十側では帳簿上の借入額1,414,960円と大きく相違する「特種ノモノ」[57]と認定しており，「小口今朝吉氏が旭日生命社長時代に事業上の失敗から社金を流用し，その補償に窮した結果，山十製糸の振出手形によって帳簿上の辻褄を合せた」（S3.12.28中外）ものとされる。旭日の岩川専務も乾の番頭西川末吉の主導下での広島の芸備銀行[58]買占めへの加担など，旭日の「社金を他の会社銀行の乗っ取り等に勝手に流用した」（S2.7.1東朝）嫌疑で当局の取調べを受けた。

商工省の発表した同社解散命令の理由書でも「小口今朝吉社長ニ就任セシカ，忽ニシテ会社財産ヲ彼等一派関係方面ニ流用シ其為ストコロ実ニ不安ニ堪エサルモノアリシ」[59]と，小口への不信感をあらわにしている。「旭日が社財としてもってゐた国債その他約二百万円の優良有価証券を巧みに同氏が長野県諏訪郡岡谷に根拠を置く山十製糸株式会社の財政的窮乏を救ふため，同社のボロ株をスリかへてそれを旭日の方へもちこんで遂に旭日を回復不能にまで陥れ」（S2.7.2東朝），「旭日生命の責任準備金に手を付け」（S3.8.20保銀），当局の拘束命令に違反して預金先の某銀行とのからくりを利用して，旭日の資金を流用した結果「八百万円の責任準備金が全部重役の不当投資によって消滅」（S4.12.15東朝）するまでに至ったのであった。

5．商工省による第一次の整理命令発令

朝日新聞による『財界改造　生命保険界の悪玉征伐』等の一連の不良生保批判のキャンペーン記事等で「ひどいのが近頃醜態を暴露した旭日生命と山十製

糸の醜関係，それから重役どもが検挙されつつある中央生命，共同生命それに又星一の戦友共済生命などである」（S2.6.28東朝）などと盛んに報道され，解約・失効等の激増も加わって，財産状態はさらに一層悪化し，責任準備金に数百万円もの欠損を生じたと言われる。そこで商工省はまず，昭和2年7月12日「財産の供託，取締役の改選，株金の払込其他の整理命令を発し，新契約の募集は自発的に之を停止せしめ」[60]た。この整理命令を受けた小口は，やむなく「責任準備金の欠損補填には製糸工場及び製糸の土地，有価証券等を担保に入れ，新契約は自発的に中止した」（S3.8.20保銀）のであった。山十側に残された「弁済ニ関スル契約証書」[61]によれば，「第一条　山十製糸株式会社ハ旭日生命保険株式会社ニ対シ支払額金二百五十万円ノ債務ニ付之レカ弁済ニ関シ別紙目録ノ物件ニ工場抵当法第三条ニ依リ順位第三番ノ抵当権ヲ設定シ以下各条項ヲ締結セリ。第二条　前記二百五十万円ノ内金二十五万円ハ本日別ニ公正証書ニテ株式担保トシテ質権設定ノ契約スルコトニ当事者間ニ於テ合意シタルヲ以テ工場抵当法ニ依ル債務額ハ金二百二十五万円トス」ることを昭和2年11月28日山十，旭日間で契約している。付属の謄本によれば「合計金十一万千四百七十七円五十銭也」[62]の別紙目録の株式を担保として質権設定した。別紙目録のほとんどは昭和5年2月28日現在の山十「有価証券明細」[63]と一致するので，山十側としては手持株式を洗いざらい吐きだしたといえよう。商工省中松保険部長も「旭日生命の欠損担保として小口氏が入れたものは役所では全部公証して役所に持って居るから，之だけでも被保険者の足しにはなる」（S3.8.20保銀）と同社破綻後に語っている。

　商工省は整理命令と時を同じくして旭日の「極力資産の回復に努めしむるの行政処分案を起案し，省議に付するの手続をなしたが，時たまたま内閣が更迭し，又保険部の新設せらるるあり。他面会社側の情実運動も生じて，兎に角その処分案は一たび原局に返戻せられた」（S2.6.17東朝）という。小口今朝吉は蚕糸界救済のためのシンジケートとして，大正9年9月25日政府の援助を受けて設立された特殊会社の帝国蚕絲（本店横浜，資本金1,600万円，うち払込800万円）の初代監査役に就任し，大正10年末には筆頭株主の今井五介14,100株に次ぐ，1万株の第2位の大株主であった（要録T11, 上p27）。また大正14年時点では長野県第2位の多額納税者でもあった[64]。このように蚕糸界の重鎮と称された小口がその政治力等を発揮して，旭日の延命・自己保身のための各種の「情実運動」を展開して，商工省のより徹底した旭日処分案を

葬ったことがうかがえる。当時は商工省当局がその職権で旭日や「これに金融関係の連鎖を持つ中央生命, 戦友共済, 並に共同生命等の各会社に関してもそれぞれ内部においてもしくは出張して厳密なる調査を行った」(S 2 . 6 .17東朝) 上で, 「背任行為の的確なる証拠を指摘して告訴したるもの」(S 4 .12.15東朝) でさえ, 「背後における政治的有力者の圧迫により不起訴となること多く」(S 4 .12.15東朝), 真相は闇から闇に葬られる傾向にあったとされる。

6．乾による旭日生命の完全支配

昭和2年9月時点で旭日の「経営者小口家は全所有株を関西の乾新兵衛, 中村準策の両氏に抵当として押へられ…小口氏から関西の乾, 中村両氏の手に抵当として押へられてゐる八千数百株の始末を付けなければならない…これは当初小口氏から相当の担保価格 (一株約百十円見当) として入ってゐる」(S 2 . 9 .18中外) といわれている。前述の乾側からの告発状によれば「期日に至り, 被告発人等は支払をなさず, 乾合名会社に於ては已むなく本年〈昭和2年〉三月中担保株式を処分し…阿部純隆…清水二郎…生駒嘉夫の三氏に譲り渡し, 三氏は株式の名義書き換手続きを告発人〈＝乾合名の顧問弁護士〉に依頼したので, 告発人は三月五日…旭日生命…に赴き委任状を提示し, 書換を請求した処, 会社は意外にも『本会社の株式を売買譲渡せんとする時は会社の承諾を経るを要する』旨の定款があるから本譲渡は無効であると書換を拒絶した。告発人は大に驚き乾合名会社に対して右の趣きを通知すると会社から『…そんな筈はない, 若し書換を拒むなら当方を欺いて無効の担保を差入れ金円を騙取せんとしたものである』との回答に接したので, 告発人は更に十数回名義書換を請求したが, 会社は更に応ぜず, 被告発人の行為は明らかに犯意あるものと認めらるる」(S 2 .11.29中外) となっている。おそらくこの時点の旭日株の名義書換要求に関連するものとして, 昭和2年11月7日付で今朝吉が旭日社長に宛てて「貴会社株式…中村準策に譲渡致し度候条…」[65]との名義書換の「御承諾願」や, 「…就テ御提案ニヨル旭日生命保険株式会社社長及専務ノ発行スル名義書換承認書差出ノ件承知仕リ候。右ニ対シ折角協議中ニ付必ズ御下命ノ通リ実行可致候間, 何卒来ル十二日迄御猶予相願度」との「中村準策氏ニ宛タル書面控」[66]資料が『山十文書』に含まれている。後者には年月は記載ないが, 差出人が山十製糸社長小口村吉, 専務取締役小口重太郎の連名なので, 小口今朝吉が失脚し, その山十持株の相当部分を昭和5年5月11日付で小口重太郎に

第8章　旭日生命の破綻

売却[67]して，重太郎が専務に就任（昭和5年5月12日付）した直後のものと推定される。なお今朝吉は小口合名の方では山十に先立ち，「昭和二年三月一日総社員ノ同意ニヨリ社員小口今朝吉ハ出資ニ対スル持分全部ヲ社員小口朝重ニ譲渡シテ退社」[68]している。名義人の中村準策から旭日株の名義書換の要求が出され，山十側が引延ばしをはかっている様子がうかがえる。旭日支配人の守田敏蔵は昭和5年には乾の乗取行為を告発（S5.8.15岩日）までしており，旭日社内の乾への拒否反応の強さの程度が推測できる。

乾が担保に徴求していた旭日生命株式を譲り渡した先の阿部純隆，清水次郎，生駒嘉夫（神戸市東出町）の3名（S2.11.29中外）はいずれも乾新兵衛のダミーと目される人物である。すなわち阿部純隆は乾新兵衛妻のスズ（元シャム公使稲垣満次郎未亡人）の実弟，「軍人上りで…正直一片で，所謂剛毅朴訥」（S6.6.21D）な人物で，直後の昭和3年3月13日旭日取締役に就任するほかに山十関係の土地を管理する山十土地（第9章）代表取締役，平山硫黄鉱業，関東土地[69]，乾系となった渡辺倉庫各取締役など乾系企業の要職を多数兼務した。世を忍ぶ非公然組織の如く，「如何なる場合でも，直接自分の名を出すのを嫌ふ」[70]乾は自分に代って，名家出身の阿部を関連企業の代表取締役などの表舞台に登場させていたと考えられる。今一人の譲渡先名義人の清水次郎も乾新兵衛の秘書・支配人で山十土地取締役，乾倉庫土地監査役を兼務，「学校出で未だ若い。朗らかで，明るい感じのする男…乾の番頭らしくない番頭」（S6.6.21D）であった。

乾と小口との間の名義書換騒動は旭日支配人守田敏蔵の告発内容によれば，「旭日生命保険株五千百七十株を担保として山十製糸会社に百五十万円を融通したが，支払ひ期限に山十にて償還せぬに乗じて抵当権を執行し，時価二百万円に相当する前記株券を僅か五万三千円で落札し，自己腹心の阿部清水等四名の名義にこれを書替へ遂に旭日生命乗っ取に成功した」（S5.8.15岩日）ということになる。ただし別の報道では「担保株の五千三百株は競売になり，五万五千円で乾氏に競落」（S2.8.20保銀）と，株数，競落価格には若干の差異がある。商工省中松真郷保険部長も解散命令時に「乾氏が担保として旭日の株を持って居たのは早くからではあるが，何しろ定款の都合上名義書替が出来なかった為で，あの株が競売になった時乾氏が僅か五万五千円で買った訳で，競落の株だ」（S2.9.6保銀）と語っている。こうして乾新兵衛は「旭日生命の担保株の名義書替へを迫ったが，会社の定款に依って之も成らず，遂に担保

株の五千三百株は競売になり，五万五千円で乾氏に競落，茲に於て乾氏は本年初頭旭日の実権を握るに至った」（Ｓ３.８.20保銀）結果，昭和３年には「神戸の乾新兵衛氏一派入って引受け，大木喜福伯を社長に据へて整理に当ったが，未払込は徴収出来ず，債務者なる当の小口氏は既に没落して一家離散の悲境にあり，債権取立など思ひも寄らなかった」[71]）のであった。

　昭和３年３月13日旭日の取締役に「乾新兵衛氏の持株を代表して当選した」（Ｓ３.３.14東朝）のは乾の義弟・阿部純隆と，「乾家の顧問弁護士」（Ｓ３.３.20保銀）児玉保で，「之によって同社は愈完全に乾氏の経営に移った」（Ｓ３.３.20保銀）のであった。旭日の当局者は就任後「乾氏の代表者たる阿部，児玉の両氏は毎日会社に出社し，しかも一心にその整理奔走してゐるから整理は必ず実現する」（Ｓ３.４.20保銀）ものと，表面上はあくまで前途を楽観視していたが，当時から乾には旭日を「真に整理の意思なく，只小口氏の債務不履行の結果，担保物件たる同社株式を取得した」（Ｓ３.４.20保銀）債権保全策に過ぎないと見られ，前途を不安視する見方が支配的であった。当時商工省の住野良三保険事務官は「近来保険事業の意義ある事を事業界に認められて来て天下の富豪が競って保険会社を経営すべく這入って来た…中には只積立金等にのみ目を付けて居る山気のある者もある…只金に執着あるのみであるから放資の上にも自らの腹を肥やす事のみ以外には考へない」（Ｓ２.５.27保銀）と警告し，旭日，日之出，戦友共済，万寿，富士各生命など問題会社にみられる「転々として金持ち事業家の玩弄物にする事は断じて不可」（Ｓ２.５.27保銀）と生保支配権の漂流傾向を厳しく批判した。また業界紙の論説でも「保険会社の資金を目当てに株を取る人には…其株式の多数を取れば会社が取れ…資金が自由になるのである。而も其資金は年々逓増して一時に取付けらるる憂ひのない資金である」[72]）と生保を支配せんとする資本家の不純な意図を看破していた。

７．乾によるリストラ断行

　旭日支配の直後に乾の打ち出した整理は「経費を節減する意味に於てそれまで全国十数ヶ所にあったものを僅かに三支部にし，社員は大部分を馘首する」（Ｓ３.８.20保銀）ほか，本部機構も６課を廃止するという，他に例を見ないほど徹底した大改革であった。すなわち「徹底的整理の目的にて大阪，福岡両支店及仙台支社を残し，他の東京支店及名古屋，岡山，北陸，小樽，京城の各支社を解散廃止し，夫々伴ふ社員も解職したが，内勤社員も幹部以下大整理を

行ふことになり、…五課長も依願免職となった」（S3.5.13保銀）という徹底したリストラ策で、この時不要不急の経理部も廃止された。山十の昭和4年度の雑損には「旭日生命会社社員解雇手当金」7,500円、「旭日生命社員石村、平安手当金」2,500円などが計上[73]されており、東京支店長の平安など、山十からの出向社員の解雇手当は山十が一部負担したことが判明する。しかし一連のリストラには真面目に保険事業を継続しようという姿勢は感じられず、他への売却までの僅かな間でさえ決算等を担当する経理部をも含め、不必要な経費流出を一銭でも抑制しようとの乾独特の企業清算に近い「徹底的整理」との印象は否めない。こうした受止め方が世の中一般にも広まったためか「内容の整理どころか、未だ昨年度の決算も出来ないやうな有様で、最近では一層窮地に陥って来る為に、同社の被保険者は不安の念に駆られ」（S3.6.13保銀）る始末となった。

　旭日社内の雰囲気も渡辺家の経営時代には大正末期でもまだ「体育奨励に資する目的から…月島水泳場[74]に水泳教授所を設置し大に水泳術を教習」（T14.7.6保銀）するほどの心理的余裕もあったようだ。しかし資本系統が渡辺系から小口・中村系へ移り、「数年前会社が現在の資本系となってからは…平社員の端くれまでが戦々恐々で…資本系のあまりにも露骨な横暴振り」[75]に、今回の大整理で懸念していた通り依願解職となった同社契約課長は「資本閥の跳梁が余りに小面憎いので、出来ぬ我慢も意地でこらへて戦って来たが、君　勤め人稼業も楽ぢゃないネエ」と「首を待つこころ」[76]を吐露し、「資本閥の跳梁」「露骨な横暴振り」に激怒するなど、職場が暗澹たる閉塞感に包まれていたことが知られる。

8．乾新兵衛の保険観

　石山賢吉は「乾は欲が深い。それでゐて余り頭がよくない。頭がよくないから欲が深いのかも知れないが、兎に角乾は世間に思ってゐる様な頭脳明晰な利口者ではない」[77]と評する。赤松啓介氏も「昭和に入ると彼の事業は失敗つづきとなり、せっかく蓄財した巨財をあたら不良投資で失っている」[78]と「彼が前半生で見せた洞察力、あるいは神通力を失ったためであろうか」[79]と問い掛けている。乾の意図せざる旭日経営（と言えるか、いささか疑問ではあるが）も、結果的にはあまり利口な対応とは到底思われず、「昭和に入ると彼の事業は失敗つづき」との評価を裏付ける悲惨な結果となっている。

一面で有力な海運業者でもある乾新兵衛は当業界には不可避なリスクの存在を人一倍痛感しているはずであり，当然に海上保険との縁も浅からぬ業界に身を置いていたが，「自分の持船に対して絶対に保険をかけなかった」[80]とされる。乾自身も明確に「保険なんて，人様の金をたよりにするような卑屈な考へ」[81]と語った。そんな徹底した保険嫌ひで「無保険主義」[82]者にもかかわらず，行掛かり上やむなく旭日株を自己競落して経営を継承した乾に対し旭日の買手が出現した。しかし「其の買手と云ふのは僅か二十万か三十万程しか出さない」（Ｓ３.８.20保銀）ため，小口への巨額の貸金が回収できず，乾はそんな安値では売ろうとしなかった。商工省は大穴を空けた旭日の欠損補塡金の拠出，私財提供をオーナーの乾に何度となく迫ったが，「旭日生命の経営を継承した神戸の乾某なるものは，言を左右に託して責任を回避し，私財の提供を免れんと懊悩苦悶してゐる」（Ｓ３.８.15Ｅ）と報じられた。中松真郷商工省保険部長も「乾新兵衛氏等は金があっても会社を生す気持がなかったのだから情けない。…乾氏の如き金利の計算を先にして行く人では到底それだけの犠牲を払ふことは喜ばなかった」（Ｓ３.８.20保銀）として「二三度出頭を命じたが，今日に至る迄一度も出頭」（Ｓ３.８.20保銀）しなかった乾の誠意のなさを痛烈に批判している。

　かくして「金利の算用を先づ第一とする乾氏としては，拱手傍観の方法に出づるのが最も得策と見たか，主務省の出頭命令にも応ぜず，補塡金の出資などにも耳を藉さうともせず，荏苒日を過すうち，暗雲は日を趁うて濃厚に会社を包み」[83]，もはや商工省による最終的処置の断行は目前に迫っていた。昭和３年７月25日の新聞は旭日生命への解散命令の発令を報じたが，旭日の庶務課長佐藤静夫は「目下乾氏側よりも令息を寄越して種々協議中ですから，そう突然主務省より解散命令を受ける筈はないと思ひます」（Ｓ３.８.６保銀）と，一応は解散命令説を否定しつつも「いずれ近日中には乾新兵衛氏が上京されるそうですから，その際には何んとか話を付けることでしやう」（Ｓ３.８.６保銀）ともはや同社には当事者能力が皆無で，すべては乾頼みの末期的状況にある事実を露呈した。商工省は「旭日の徹底的清算の結果が大口債務者である山十製糸その他の事業に致命的の打撃を与へる事があっても何等考慮するところなく」（Ｓ３.11.２東朝）実行せよと旭日の債権回収方針を旭日の清算人に選任された弁護士・高野弦雄に強く指導した。５年５月13日山十（乙…藤田秀雄）は「一切ノ証券ヲ甲〈旭日清算人〉ニ於テ任意処分スルコトヲ承諾」[84]し，旭日清

算人による山十の資産の強制処分が既定方針通り粛々と行われた。中村の支配する太平洋海上も昭和5年決算で6.4万円の財産償却を行ったが，当該決算に限り同社は「今年は何故か秘密主義となった」（S6.12.5T）ため，姉妹関係にあった旭日清算との関連の有無は未詳である。

9．京橋ビルディング事件

「小口，玉屋氏など相連続して事業上，親友関係上，切っても切れぬ縁より共謀して背任行為をなしつつあった」，旭日の「岩川氏は…佐藤代議士とは親友」，「玉屋は共同生命の金を中央生命の佐藤専務，旭日生命の小口社長等と計って他へ流用し，あるいは共同して互いに自分の会社の金をだし合って銀行の買収等に奔走した」（S2.7.2東朝）などと相互の親密ぶりが報じられたように，旭日，共同，中央の問題3生保に星一の星製薬[85]系の生保である戦友共済[86]を加えた「四つの会社といふものは互にいり乱れて醜態関係を結んでゐる」（S2.6.29東朝）と言われ，「共同生命，中央生命等の如き結局相互に連絡あったもので，更にこれ等は商工省からにらまれてゐる旭日生命，戦友共済とも直接間接に取引金融関係がある」（S2.6.28東朝）とされ，「札付会社」「不良会社」と言われた「相互の会社が連絡をとりつつぐるになって金融の流用をし合ってゐる」（S2.6.28東朝）など複雑な相互依存関係にあったと見られる。

小口旭日社長の本拠たる山十製糸は「種々なる関係により共同生命，中央生命，戦友共済生命等よりも資金を吸収して居る」（S2.6.17東朝）と言われ，「札付」生保は相互に複雑な癒着・抗争関係にある上に，各経営者の投機的行動の背景には共通のリスクマネーの供給源として高利貸・乾新兵衛や中村準策の存在がちらついている。こうした旭日，中央等の問題生保が相互に連携し，絡み合った癒着ぶりを端的に示すものとして，当時「京ビル抗争」として話題になった京橋ビルディング事件をここで取り上げておきたい。

この事件は星への融資が焦付いた旭日，中央両生命が手を組んで，星製薬の京橋本社ビル乗っ取りを画策し，星を三者合弁の京橋ビル重役から追出そうと，激しい抗争を繰り広げたものである。京橋ビルの敷地は京橋区京橋2-8にある星の所有地で，大正3年春に星は指南役の「岩下清周の意見により，銀座日本橋辺で，一番高い」[87]星製薬本社ビル（鉄筋コンクリート造4階建）を清水組の施工で建築し，さらに7階建に改築して最上階の社長室に陣取った。しかし

「震災の為め京橋の大店舗は無惨にも類焼の厄に遇」[88]ったが，辛くも全焼だけは免れたという[89]。

「星製薬の信用失墜と破綻が…最大の因」[90]となって星製薬系統の戦友共済も「短期間に業績衰頽を来した」[91]が，これは戦友共済が同系の星製薬に対して貸付や社債等の債権を大量に有していたためでもあった。星の長男の星新一によれば「中央生命，旭日生命の両保険会社…には安楽常務の友人がいたため，その縁故でいくらかの金を借りており，そのままになっていた」[92]という。安楽は星製薬常務で，星より2年上で，鹿児島出身，アメリカでの苦学時代からの親友であった。帰国後に星製薬に無理に招聘した「星にとって最も信頼できるパートナー」[93]である安楽の人脈を介して中央，旭日と深く結びついていた。このため星製薬の債権者である中央・旭日側から返済猶予ないし追加融資の条件として「京橋のビル…を分離して資本金百五十万円の，京橋ビルディング株式会社を作り，星，中央，旭日の三社が株を持ち，共同で利用する」[94]提案が出され，資金繰りに窮していた星も渋々ながら受入れた。大正15年7月1日には三社間の協定が成立し，星4,400株，中央15,800株，旭日9,800株を出資した資本金150万円（@50円，30,000株）の京橋ビルディング株式会社がビル所在地の京橋2丁目に設立され（S4.2.13保銀），社長に佐藤重遠（中央専務）が就任し，星一，林為作（中央），前田利功（男爵，中央社長），岩川与助（旭日専務）などが役員となった（要録S2，上p18）。岩川が参加したのは「小口（今朝吉），玉屋氏など相連続して事業上，親友関係上，切っても切れぬ縁」（S2.7.2大朝）にあり，佐藤の親友だからと考えられる。資金繰りに窮したためか，「星は〈京ビル〉株式を中央生命に売って現在では中央七十九万円，星十五万円の株主になってゐる」（S4.5.1読売）とされるが，星新一によれば「最初の約束はどこへやら，いっこうに援助してくれない。星が窮状を訴えてたのむと，金融をつけるから〈京ビル〉持株を貸せという。そして，株を持っていったが，金は貸してくれない。…星からは株を巻きあげ，中央生命からは星に貸すと称して金を出し，その金を個人で鎌倉の不動産に投資」[95]したと主張し，新聞報道では佐藤は中央生命で「不当な貸付名簿を作製し，三十四銀行その他取引銀行から同社の預金約三十万円を引き出し，勝手に流用した上，更に某製薬会社その他へ不当貸付をなした」（S2.6.27東朝）とされるが，この「某製薬会社」は星製薬を指す。

京橋ビルは昭和2年3月頃予算50万円で震災復旧工事に着手（S2.3.27

第8章　旭日生命の破綻

保銀）したものの，倒産同然の星製薬社長の「星氏が重役にある関係上，資金の貸手がない」（S4.2.13保銀）ため，「よしず囲ひの醜き姿を京橋街頭に曝け出し」（S4.2.13保銀），「震災以来六年間雨ざらしになってゐた」（S4.5.1読売）。そこで中央・旭日両社は星を「社会的な信用がないから，役員として不適当であると…追出しにとりかかり」[96]，星を排除した両社で役員を独占すると同時に「川崎信託から借款が成立して工事が進められ」（S4.5.1読売），4年「五月末に完成…後は中央生命の本店を之に移す」（S4.2.13保銀）段取となった。中央では「星君昔し自分の物だった京ビルを今以て其通りに心得て，出来上ったらイの一番に乗り込んで一，二階全部を占領する積り」（S4.5.1読売）かと恐れ，「星に九万円以上の家賃が上る一，二階を取られては一大事と早くも大恐慌を来し，仮令敷金を沢山入れても星は禁物としてゐる」（S4.5.1読売）が，当の星は「自分の家に入るのに敷金も要るものかといった調子で腕力を以てでも京ビルを占領しようと今から手ぐすね」（S4.5.1読売）という全面対決必至の有様であった。両社が星から取り上げようとしたのは単に京ビルだけではなく，当時の報道によれば佐藤や小口らの「一味の醜団が保険会社を乗取ってゆく内に，星一の戦友共済が行詰ったといふのを聞き込み，旭日の金を流用して戦友の株を担保に星に金を融通し，これが乗取にかかった。所が星もさるもの担保権を執行されては戦友共済の担保に入ってゐる星の事業までが旭日の某に移ってしまひさうであるといふので，壮士まで使って大喧嘩をやった」（S2.6.28東朝）と報じられている。中央が旭日等と共謀して，資金に窮した星に同系統の「株を担保に星に金を融通し」，星の債務不履行を奇貨として「担保権を執行」して，担保に押さえた戦友共済株式，京橋ビル株式を自己名義に書替えて完全支配を確立後，さらに乗っ取った「戦友共済の担保に入ってゐる星の事業」の本拠である星製薬等をも支配しようという遠大な乗っ取り計画であったことになる。

　こうした騒動の最中，昭和2年6月22日一連の不良生保の疑惑事件の発端となった中央生命幹部が背任の嫌疑で取調べを受け，「警視庁では帳簿検閲の結果，使途不明の金が五六十万円ある」（S2.6.23東朝）と睨んだ。嫌疑の内容は中央生命の佐藤が，星側の主張や報道の通り現実に中央の資金を流用，不正行為を通じ小口今朝吉と複雑な共謀関係にあるというもので，このことは山十への中央の融資が今朝吉を経て佐藤に還流していた前述の『山十文書』からもうかがえる。中央では2年8月嫌疑を受けた佐藤専務を解任，新重役の調

査で「前専務佐藤重遠氏の不正支出…は約七十万円見当で，全然損失となるものが約四十五万円見当」（S2.8.4東朝）と指摘され，この損失が中央生命の命取りとなって，結局は「生保版・昭和銀行」の昭和生命に包括移転された。また問題の京橋ビルも星系の手を離れ，昭和10年時点では愛国生命専務の暉道文芸などが役員を占めていた。

注
1) 『大日本実業家名鑑』大正8年，わp7
2) 『大日本銀行会社沿革史』大正8年，p171
3) 10) 11) 13) 16) 前掲『本邦生命保険業史』p227～8所収
4) 旭日生命『第十三回報告』大正13年12月
5) 6) 日本銀行（調査局）「東京渡辺銀行ノ破綻原因及其整理」昭和4年，『日本金融史資料 昭和編』第24巻，昭和44年所収
7) 上毛モスリンなどの昭和初期の償還不能社債の事例については松尾順介「戦前のディフォールト社債の処理について(1)(2)」（『証研レポート』1541～2号，1996年12月～1997年1月，日本証券経済研究所）参照
8) 例えば昭和2年当時，東京渡辺銀行に16万円も預金していた老舗の煎餅業者は「取り付け不能になる前日に店に来た客から，『渡辺銀行が危ないらしい，今いけばまだ間に合うから…』と教えられたのに，他の銀行はダメでも渡辺銀行は大丈夫」（天野善夫氏の先代の話「続・渡辺治右衛門て誰だ」『地域雑誌谷中・根津・千駄木』平成元年3月，谷根千工房，p22所収）と地元に根をおろした有力銀行として信頼していた。
9) 『明治大正保険史料』第四巻，第二編，p235
12) 『銀行会社と其幹部』大正6年，p200
14) 岩川与助（神戸市中山手通9丁目）は藤田商事取締役（要録T11，役上p21），旭日生命専務，「小口（今朝吉），玉屋氏など相続して事業上，親友関係上，切っても切れぬ縁」（S2.7.2大朝）にあり，中央生命専務の佐藤重遠代議士（三菱合資から駿豆鉄道社長，大和海上社長，衆S18，p433）とも親友で京橋ビルディング取締役（要録S2，上p18）を兼ねた。共同生命社長の玉屋と組んで「総武，芸備その他の銀行乗取策を計画し之らの個人的の事業資金のため社金たる保険金を勝手に流用してゐた」（S2.7.2大朝）と報じられた。昭和15年古賀春一から大日本炭砿を譲受し，昭和20年代の常磐炭砿でも活躍した（清宮一郎『常磐炭田史』昭和30年，p95，151～163）。
15) 髙橋亀吉『我国の経済及金融』p298～300。某経済通信社の暴露の通信（昭和2年2月22～25日に連載）を引用
17) 『大日本銀行会社沿革史』大正8年，p349
18) 前掲『大日本現勢史』なp33
19) 『成功亀鑑』第二輯，明治42年，p170
20) 『大日本重役大観』大正7年，p368

21)『財界人物選集』昭和14年, p 910
22)『財界人物選集』昭和14年, p 910,『職業別信用調査録』大正15年版,『日本現勢史』昭和4年, な p 33, 要録 T 11, 中 p 104, 紳 T 14, p 94. 中村準策は鉄道界・信託界等にもある程度の足跡を残している。まず出身地の大和郡山に近い大和鉄道取締役であったが, 同社が大阪電気軌道に系列化され, 金森又一郎ら大軌系が役員に就任した大正14年4月28日森本千吉社長ら旧重役陣ともども辞任している (『信貴生駒電鉄社史』昭和39年, p 70)。
23)『全国株主年鑑』大正15年用, 経済之日本社, p 276
24) 麻島昭一「神戸五信託の合同事情」『信託』復刊55号, 昭和38年7月, p 38
25)「素性調書」『山十文書』(横浜開港資料館所蔵, 以下同様) S 5-34 (同館整理番号)
26) 山十調査課増沢作成「債務一覧」昭和4年10月31日,『山十文書』S 4-82
27)「支払手形明細書東京出張所」『山十文書』S 3-4. その後も「金貸業」の中村は昭和5年2月28日時点では山十に24万円を「帝国蚕絲倉庫会社積立金六万円也。但釜山鎮埋築会社担保上共通」(「有価証券担保明細」『山十文書』S 5-28, 30-20) の担保で融資していた。また中村が主宰する釜山鎮埋築も上記担保で25万円を融資しており, 中村が名義を分け実質的に49万円融資していた。
28) 担保は加州銀行旧266株, 新10,466株という優良担保を確保し, 評価額144,125円に対する貸付割合は54.1％と他行に比し大幅に優越しており, 他行に先立ち整理第一年度で78,000円全額が償還される予定となっていた (「横山家負債整理要綱」, 日銀金融研究所保管資料 # 255)。
29)『信貴生駒電鉄社史』昭和39年, p 59
30) 35) 西藤二郎「大和鉄道の敷設過程と経営者理念」『鉄道史学』3号, 昭和61年7月, p 16
31) 中村けん (兵庫) は準策の妻, 神戸信託 S 2/11 7,580株主, 大和鉄道1,010株の筆頭株主
32) 中村準策は神戸信託 T 11/6 新500株主, S 2/11 7,705株主で, 京阪の子会社・京阪土地でも神戸信託を代表して取に就任 (大阪屋商店『株式年鑑』昭和2年度, p 499) していた。これは京阪土地の前身・北大阪電気鉄道 (大正7年11月設立, 大正12年4月電鉄部を新京阪鉄道に譲渡, 改称) の常務には鷲野米太郎, 取締役には神戸信託社長鳴滝幸恭, 神戸信託木村宇一郎が就任しており, かつ大正11年9月末現在では京阪の旧株21,210株, 新株39,020株に次ぎ, 神戸信託が旧株12,640株, 新株15,090株を保有する第2位株主として君臨するなど, 京阪買取前は神戸信託が北大阪電気鉄道を支配していた名残りと考えられる。ほかにも鷲野米太郎旧株200株, 新株500株, 鳴滝幸恭旧株200株, 新株50株, 他に法人では大阪住宅経営 (社長山岡順太郎) 新株1,500株などが主要株主であった (北大阪電気鉄道『第八期営業報告書』p 22)。
33) 三沢楢久真 (奈良市公納堂町) は質商, 中村商会監査役, 大正6年7月大和鉄道常務就任150株, 旭日生命100株主, S 5太平洋海上3,000株主
34) 戸沢正俊 (奈良) は旭日生命50株主, 大和鉄道100株主, S 5太平洋海上3,000株主
36) 西藤二郎「大和鉄道の経営戦略」『京都学園大学論集』昭和60年7月, p 24

37) 麻島昭一「神戸所在の信託会社」『信託』復刊54号, 昭和38年4月, p86
38) 太平洋海上火災の沿革は日産火災海上『五十年史』昭和36年, p375以下
39) 大正14年12月17日官報第3995号, p459
40) 河田大三九「意見書」『山十文書』T-72(8)
41) 中村準一は明治35年5月中村準策の長男に生れ, 早稲田大学経済卒, 太平洋海上勤務 (前掲『大日本現勢史』な p33), 後に太平洋海上火災専務, 旭日生命相談役, S 3/5 兵庫大同信託7,250株主
42) 鷲野米太郎 (京都市上京区岡崎南御所町) は明治16年7月高知県に生れ, 幼くして父母をなくし苦学して高知師範を卒業, 教職を経て京都大学法科卒, 高文試験合格, 京都府愛宕郡長, 京都市助役, 大正6～7年の京都市疑獄事件のあと大正9年退官, 欧米に渡航後に神戸信託取締役 (T 11/6 神戸信託旧100, 新200株主), 大正10年10月27日北大阪電気鉄道常務 (T 11.10.9辞任。T 10/9 より北大阪旧200, 新500株主), 太平洋海上火災保険, 旭日生命専務などを兼ね (『明治大正史』第15巻, ワ p12), 中村準策と行動をともにする腹心の存在であった。大正13年京都市より選出の代議士 (国民同志会所属, 後に政友会) となり, 大正14年時点で台湾電力220株主 (『全国株主年鑑』大正15年用, 経済之日本社), その後昭和金鉱監査役等を兼ねたが, 昭和12年4月3日脳溢血のため熊川千代喜方で急死, 享年55歳であった (S 12.4.5東日)。
43) 旭日生命『第十四回報告』大正14年12月
44) 第三銀行から安田保善社調査課長, 統計課長等歴任
45) 武島長次郎は目黒町会議員, 横浜の茂木惣兵衛経営の貿易商館の会計課長を経て茂木惣兵衛が買収した東華生命の経営に関与していたが, 茂木家の没落で東華生命は神田金雷蔵の手に渡ったため同社を辞任, 渡辺系の旭日生命に庶務課長兼会計課長として入社, 大正14年の経営権譲渡後も徴収課長, 名古屋支店長, 昭和2年1月広島支店長に就任 (S 2.2.20保銀)
46) 矢野多門は鷲野米太郎が専務だった北大阪電気鉄道の元庶務課長から鷲野の転出先の太平洋海上に「聘せられて同社に転じ大阪支店長となった」(「関西財界の九州人」53回, T 15.4.9福日)
47) 「関西財界の九州人」53回 (T 15.4.9福日)
48) 『大日本保険名鑑』昭和2年, p116
49) 明治信託は麻島前掲論文「神戸所在の信託会社」参照
50) 神戸信託は明治40年2月に神戸市の鳴滝幸恭, 滝川弁三, 小磯吉人, 駒井巻, 川口木七郎, 藤尾幸一らにより資本金100万円で設立された。総株数2万株は全部発起人および賛成人で引受けた (M 39.12.15 B)。大正7年資本金を200万円に時価発行増資した。
51) 中村による買占後の大正15年時点の役員は専務藤尾幸一, 取締役鷲野米太郎, 中村準策, 監査役大谷吟右衛門と一新された (大阪屋商店『株式年鑑』昭和2年度, p597)。神戸信託は昭和2年12月, 他の兵庫県の信託会社とともに統合して兵庫大同信託 (昭和14年1月大同信託, 昭和17年6月神戸信託に改称, 昭和20年7月神戸銀行に合併) となったが, 中村は兵庫大同信託取締役にも就任し, 昭和3年下期では筆頭株主の岡崎銀行50,000株, 三十八銀行48,400株に次ぐ31,010株保有する兵庫大同信託の第3位

第 8 章　旭日生命の破綻　　　　　　　　　　　　　　　　　　419

　　株主で，八馬兼介 22,500 株，神戸不動産 19,470 株，岡崎忠雄（兵庫大同信託取締役）
　　10,120 株を大きく引き離した（『明治大正史』第 10 巻，会社篇，実業之世界社，昭和
　　4 年，p 94）。
52）『明治大正史』第 10 巻，会社篇，実業之世界社，昭和 4 年，p 250
53）『山十文書』S 5 -34
54）55）61）昭和 2 年 11 月 28 日「弁済ニ関スル契約証書」『山十文書』S 2 -83
56）57）山十調査課増沢作成「債務一覧」昭和 4 年 10 月 31 日『山十文書』S 4 -82
58）同様な乗っ取り計画である芸備銀行事件では反対派株主の一人として訴訟を繰返した
　　大阪の 3 株株主の古川浩（斉藤錦城らが取締役の九州合同炭砿，鉱山興業，川辺金山，
　　長福無煙炭各社長）は昭和 4 年持株を酒井栄蔵，藤井照千代，土井高一郎に各 1 株譲渡
　　するなど，密接な関係を有していた（拙稿「投機的資本家集団と銀行乗取—芸備銀行株
　　主総会紛糾事件を中心として—」『彦根論叢』第 312 号，平成 10 年 3 月，滋賀大学，参
　　照）。
59）60）「解散理由」前掲『本邦生命保険業史』p 228 所収
62）「弁済ニ関スル契約証書抄録謄本」『山十文書』S 2 -84
63）「有価証券明細」『山十文書』S 5 -10
64）『日本紡織年鑑』昭和 3 年，日本紡織通信社，p 57
65）昭和 2 年 11 月 7 日付「御承諾願」『山十文書』S 2 -80
66）「中村準策氏ニ宛タル書面控」『山十文書』不一63
67）「株主台帳」『山十文書』S 5 -98
68）「小口合名登記簿」『山十文書』S 4 -45
69）関東土地は阿部純隆の住所である東京府千駄ヶ谷町隠田に本社を置いていた。
70）石山賢吉『庄川問題』昭和 7 年，p 161
71）83）前掲『本邦生命保険業史』p 227〜 8
72）水上静「保険会社の株」（S 4 . 1 . 1 保銀）
73）山十製糸「第四期損益計算書明細表」『山十文書』S 4 - 7
74）月島は渡辺倉庫の所在地であり，臨港倉庫の一部を利用して，旭日生命などの関係企
　　業が大正末期まで夏期には水泳教習所を設置していたことが判明する。
75）76）17 年目に破綻した旭日生命と目される「創立当初から既に十七年」の某社職員
　　の談話（S 3 . 5 . 6 保銀）
77）前掲『庄川問題』p 158
78）79）80）赤松啓介『神戸財界開拓者伝』太陽出版，昭和 55 年，p 174
81）佐藤善郎『株屋町五十年と算盤哲学』昭和 4 年，大阪屋号書店，p 144
82）前掲『乾汽船 60 年の歩み』p 23
84）5 年 5 月 13 日旭日清算人，山十間「債務弁済方法更正ニ関スル契約証書」「第一条」
　　『山十文書』S 5 -47
85）星製薬は結論注 100 参照
86）戦友共済は結論注 104 参照
87）89）92）93）94）95）96）星新一『人民は弱し官吏は強し』昭和 53 年，新潮社，
　　p 137， 6， 128， 250， 224， 251， 252， 259

88) 中沢茂市郎『京橋紳士録』大正 14 年, p 63
90) 91) 『本邦生命保険業史』昭和 8 年, p 232

第9章　旭日生命と山十製糸破綻

1．山十製糸の概要

　本章で対象とする山十製糸[1]（以下単に山十と略する）は昭和元年度（以下昭和の年号は略する）の「横浜神戸生糸入荷番付」[2]では東の横綱・片倉製糸（91,599梱）と並ぶ，西の横綱（55,781梱）に擬せられ，東の大関（3位）郡是製糸（37,238梱），4位小口組（28,675梱）以下を凌駕する地位にありながら斜陽・衰退化[3]しつつあった伝統的企業である。山十製糸に関する数多くの先行研究[4]の中で内部資料を発掘・整理・駆使して昭和初期の破綻・滅亡過程を解明したのは海野福寿氏の実証研究[5]である。本章では海野氏の優れた業績を踏まえ，海野氏が山十経営者の失策の一例として社内でも「特種ノモノ」[6]と呼称されていた「乾某トノ悪縁」[7]の重要性を指摘しつつも「その実態はかならずしも明らかではない」[8]と断定を一部保留された乾・西川らの高利貸資本（結論参照）との関係，ならびに前章の旭日生命の資金流用問題に限って解明を試みることとする。

　山十は相当以前から実質的には「死に体」でありながら，高利導入や旭日の支配収奪などの，経営者の必死の「あがき」によって昭和初期まではまがりなりにも存続していたが，昭和恐慌期の最中，ついに破綻に追込まれ，7年破産を宣告された。これと相前後して安田銀行等の取引金融機関等は猛然と自行債権の確保に走り，個別に担保に徴求していた全国各地に散在する工場等を次々に抵当権実行，山十に所属する工場群は文字通り，四分五裂の八つ裂き状態となり，空中分解した。この過程でいわゆる「自己競落」目的の特別目的会社[9]（ＳＰＣ）が銀行・商社等の手で数多く設立され，「金融資本の製糸業直営」（Ｓ６.８.１Ｔ）とも報じられるなど，金融機関の不良債権処理の系統的な分析上も興味深い問題を提供している。

　なかでも山十の破綻に至るまでの経緯と，金融恐慌期に破綻した旭日生命（以下単に旭日と略する）といういわゆる「不良生保」とは密接不可分な関係にあり，高橋亀吉も「山十製糸会社の金融機関」[10]となった旭日を重役の瀆職行

為に基づく保険会社の破綻例の筆頭に掲げている。両社の癒着関係は高橋の引用した記事の「重役自身がその事業会社の窮状を救ふために，放漫なる流用」[11]を敢行した典型例であり，「死に体」山十の延命を謀るため支配下に置いた旭日生命資産の流用は，投融資先の窮状を見抜けなかったという一般的な資産運用上の失敗とは異なり，明らかに役員の背任行為であり，当然に大株主・経営者による保険契約者持分（将来の保険金支払等に充当すべき責任準備金の積立額）の不当侵奪となる。

「片倉組の組織変更が本県製糸業界に与へたる刺激は実に甚大にして爾後本県内製糸家中大規模経営者の之に倣ひ，株式会社に組織変更する者相次ぎ」[12]といわれた典型例として，小口村吉が創立委員長となり山十組に所属した製糸場の所有者である小口一族が発起人となって山十製糸が設立（株式会社化）された。山十自身は大正14年10月8日「旧山十組ノ営業ヲ其侭継承シ其営業ヲシテ時代ノ企業精神ニ順応セシムル形態ヲ執リ活動能力ノ増進ヲ図ルノ主旨」[13]により組織を株式会社に変更したとする。しかし『明治大正史』は大正9年の「財界反動は意外に激しく斯界に打撃を與へたが為めに当社もその影響より免れることが出来ず，大損を蒙むったので，十四年十月組織を変更し，資本金二千五百万円二分の一払込の株式組織となし陣容の立直しを行った」[14]と，組織変更を大損による「陣容の立直し」＝再建策と把えている。また後身である昭栄製糸社史も「山十組経営者はその発展期にあって盛んに株式，土地等に投資し，資金を散逸したので，莫大にして而も悪質の債務が累積し，管下各工場は辛うじて操業を維持するという状態に追い込まれてしまった。茲に於いて苦境切抜策として…その組織を株式会社に変更」[15]したと記載する。したがって片倉組が大正9年の株式会社への組織変更時の株式公募で得た1,374万円ものプレミアムを積み立て，抜群の資本力を装備したのとは全く事情を異にしており，昭和3年2月期の山十の社務概況は「実ニ大正九年以来ノ新安値ニ惨落シ，市場ハ宛然恐慌状態ヲ演出シタリ…帝蚕会社共同保管貸出シ等アリシモ，供給過剰ノ為メ遂ニ糸況回復ノ曙光ヲ認メ得ラレザル状態トナレリ」[16]と苦渋に満ちた報告となっている。

2．経営者・小口今朝吉

4年時点の山十の大株主は小口村吉66,158株，小口重吉23,930株，矢島慶之助23,033株，小口重太郎22,364株で，大半を小口一族で占めていた[17]。

第9章　旭日生命と山十製糸破綻　　　423

　大正 14 年時点の長野県の多額納税者調査によれば製糸・養蚕関係者中の 20 名[18]のうち山十製糸関係者が 2 位小口今朝吉，5 位小口村吉，7 位小口重吉[19]，13 位小口今朝太郎[20]，17 位笠原鈴吉[21]と 5 名も占めている（小口組関係者は 4 位，10 位，12 位の 3 名，片倉製糸は今井五介が 9 位，片倉兼太郎は番外の 21 位）。このうち 5 位山十社長小口村吉[22]の 21,687 円を大幅に凌ぐ 34,180 円もの納税額を誇示するのが，山十副社長で「信州諏訪製糸界の大立者」（Ｓ２.７.１東朝）と言われた小口今朝吉[23]であった。各種役員録の大正 5 年〜大正 11 年版には長野県下の会社を除き，山十・小口一族が役員を兼務する会社はほとんど見当たらず，大正 5 年時点の『株主要覧』には山十・小口一族の記載なく[24]，大正 14 年時点の今朝吉の上場銘柄の持株を見ると，満鉄の旧株 320，新株 320，東海銀行新株 220 株しかなく，村吉も東海銀行新株 220 株のみで，その他の一族名義・関係法人名義でも上場銘柄保有は見当たらない[25]。一族が数名以上連合して共同投資する先をみても，小口合名，山十土地，旭日生命のほかは，業務上必要な丸萬製糸，十九銀行，安田銀行，諏訪電気等を数えるのみであった。しかし今朝吉以外の一族も株式投機と無縁というわけではなく，たとえば小口村吉社長は旧名崎次郎でペテン銘柄の紐育土地建物 1 株，小口重太郎専務は島徳蔵関連の日本信託銀行 3，上海取引所 5 株[26]など，株数こそ少ないものの，いかがわしい銘柄も保有し，また取締役の増沢庄之助[27]は大正 10 年 11 月設立の井出商会[28]の監査役を兼務していた。増沢は本社調査課を所管しており，業務柄，株式投資の方面にも関心が高かったかと想像される。

3．山十の内部不統一

　大正 15 年 2 月末現在では山十の主な負債は銀行勘定 1,925.2 万円，問屋勘定 663.3 万円，その他とも負債 2,718 万円[29]，2 年 2 月末現在では借入金 811 万円，当座勘定 91 万円，支払手形 1,644 万円，問屋勘定 497 万円，総負債 3,203 万円であった[30]。山十の「債務総額は三千万円の多額に上り，而も全国の銀行，会社に亘って居り，且つ未払繭代，未払給料等零細にして口数の極めて多い債務をも含んでいた」[31]のであった。

　蚕糸業者の団体自身が編纂・発行した『信濃蚕糸業史』は山十小口一族に関して「元来匿名組合は親近なる一族が一人の統率者の下に結合せるものにして，其結合の強固なる間は都合よきも，一朝其間に不和を生じ，或は統制を紊す如き行動を為す者を生じたる場合には忽ち破綻を免れず…昭和二年代表制となせ

る以前より既に統制宜しきを失ひ,各自勝手の行動を行ふものを生じ,一意家業に専念せず」[32] と厳しくその経営態度を批判している。山十の整理・再建に尽力した河田大三九も山十の経営上の弱点として,「当社ハ元々小口同族ノ共同組織セル所ニシテ重役ハ勿論,従業員ノ如キモ親戚同郷ノ関係多ク,重役会ノ如キモ…元々懇親ノ間柄故往々ニシテ自由ノ行動ヲ採リ,間々専断ノ譏ヲ招キシ嫌ナキニアラズ,時ニ或ハ命令二途三ニ出テ延テ中央事務ヨリ現業,売込,金融等各方面共中心ヲ失ヒ,監督ヲ欠キ,不統一ニ流レ」[33] たと指摘する。例えば資金繰りが悪化して,乾合名からの高利資金を導入しつつある大正14年5月段階で二日市製糸所では,「予て雑餉隈に工場新設の計画であったが,最近二万坪の工場予定地を手に入れたので近く工場建設に着手の筈で…将来千釜まで増設の計画である」(T 14. 5 .20 福日)と報じられている。また破綻寸前の昭和4年5月段階で,一関製糸所は郡内の昆慶製糸所を買収し,250余名の女工により釜数250,年産750こおりの予定で「何しろ同工場の内容は全く最新式にあらためられ…従事員の健康上之又理想的の場所である」(S 4 . 5 .21 岩日)と胸を張っており,本部の資金難もどこ吹く風の有様であった。

河田のいう不統一の典型が「各地各工場長ヲシテ各地各所ニ於テ其所要ノ際地方所在銀行ニ融通ヲ計ラシムルノ結果,自然高利ヲ払ヒ啻ニ利差ノ損失アルノミナラズ頗ル不体裁ニシテ,加フルニ手形振出,支払,裏書ノ如キ重要事項ヲモ之ヲシテ取扱ハシメ,其他担保証券ヲ保管セシメ不動産ヲ管理利用セシムル等,頗ル好マシカラザル制度」[34] をとっていたことであった。一関工場を例にとると,地元の盛岡銀行,水沢貯蓄銀行(後に三陸銀行と改称),岩手銀行,盛岡貯蓄銀行と取引していた[35]。

4.旭日生命買収と資金流用

ダイヤモンドは「経営者の渡辺家が当社を売物に出したは,他の事業の蹉躓を来したからにもよるが,旭日自体に手を焼いたことも一因である」(T 15. 4 . 5 D)として,買手については「まさか片倉組の片倉生命に張り合った訳でもあるまいが…」と「生命保険会社を自家事業の弗箱にしやう」(T 15. 4 . 5 D)とする小口によるボロ生保の法外な高値買収を報じる。片倉組による片倉生命の創立に刺激され,山十組も「二十二ケ所の製糸場と七百余ケ所の繭買入所を有する関係より見て,片倉生命の遣口に倣ひ,是等の勢力を利用し積極的の募集」(T 15. 4 .20 保銀)を目論んで,「全国に散在する製糸場…製糸機関を利用

第9章 旭日生命と山十製糸破綻

し，旭日の発展」(同上)を狙ったとされる。しかし片倉，郡是のように金融的バックが必ずしも明瞭でないため，十五銀行等の有力金融機関の支援が十分ではない山十は独自に資金源を模索していたと考えられる。こうした動機から，山十が独自に生保を買収・経営して，その資金の取込みと自家事業への流用を狙ったものと推定される。商工省の発表した旭日の解散理由は「小口今朝吉社長ニ就任セシカ，忽ニシテ会社財産ヲ彼等一派関係方面ニ流用シ其為ストコロ実ニ不安ニ堪エサルモノアリシ」[36]と，小口への不信感をあらわにしている。案の定，山十が「財界振はず，製糸亦輸出少く，円価は下り，為に製糸事業収支合ずして」(S3.8.20保銀)，資金難に陥ったため，「旭日生命の小口社長は片倉製糸の向ふを張って山十製糸の経営を行って居る中，大正九年から営業不振に陥り，その結果旭日生命の金を自分経営の製糸会社へ融通した」(S2.7.2東朝)といわれる。こうしたやましさのためか，小口一族の経営となった旭日は決算内容の公表には極めて消極的で，ダイヤモンド誌記者の追及に対して担当者は「決算報告が出来てゐないので判らない…原稿は印刷屋にやってあるので会社にはない…重役の手許に出してあるのだが，その重役が留守で判らない」(T15.4.5D)と逃げまわり，同記者をして「こんな一時逃れを云ふ会社にろくなものがない」(T15.4.5D)と酷評されている[37]。

具体的には「旭日が社財としてもってゐた国債その他約二百万円の優良有価証券を巧みに同氏が長野県諏訪郡岡谷に根拠を置く山十製糸株式会社の財政的窮乏を救ふため，同社のボロ株をスリかへてそれを旭日の方へもちこんで遂に旭日を回復不能にまで陥れ」(S2.7.2東朝)，「旭日生命の責任準備金に手を付け」(S3.8.20保銀)拘束命令に違反して預金先の某銀行とのからくりを利用して，旭日の資金を流用した結果「八百万円の責任準備金が全部重役の不当投資によって消滅」(S4.12.15東朝)するまでに至った。

山十と旭日との関係としてまず判明するのは，旭日が発起人以外の数少ない山十株主として登場する事実である。「大正十四年十二月十五日，株券を交付」[38]した直後の，大正14年12月末現在の旭日の報告書の有価証券明細には山十組製糸1.5万株が価格35万円，1株50円，払込額25円，単価23円33銭，配当率1割，「価格100ニ対スル年間予算利益見込額」10.71と記載されている[39]。現物出資以外の「残リ二万五千四百二十五株ヲ公募ニ付ス」[40]とあるから，今朝吉が大正14年6月に支配した旭日は同年12月末には早くも山十の総株数50万株の3％に相当する大株主となったことになる。もっとも旭日

は小口一派に譲渡後「渡辺家経営時代の責任準備積立金に欠陥あるを発見し，此欠陥は二十八万円からの巨額に上り…結局小口氏は山十組の持株三十七万五千円を提供し補墳に充当する事に決定」(T 15.4 .20保銀)したともいわれる。今朝吉が提供した山十株券「三十七万五千円」は25円の払込金額で割ると1.5万株になるから，これが旭日の有価証券明細書に計上された「山十組製糸」1.5万株に相当すると考えられる。昭和5年2月末現在の山十の「有価証券担保明細」[41]でも山十株式「同社〈旭日生命〉寄付一万五千株也小口今朝吉名義」[42]と，今朝吉名義での旭日への山十1.5万株寄付の存在を裏付けている。したがって小口一族の旭日支配，山十組の山十への組織変更，旭日による山十株引受は偶然の一致ではなく，最初から意図的に仕組まれた一連の予定行動ではなかったかと思われる。また第10章で見るように山十には旭日だけではなく，他の「不良生保」各社も次々と債権者として登場し，今朝吉との「種々なる関係により共同生命，中央生命，戦友共済生命等よりも資金を吸収して居る」(S 2.6.17東朝)といわれたが，これらも同様に仕組まれた欺瞞的なファイナンスと考えられる。

5．小口今朝吉の没落

今朝吉主導で進められたと推定される旭日支配や，他生保からのファイナンスに対して山十社長の村吉など他の小口一族がどのような態度をとったのかは未詳だが，買収時点の旭日株主の中に多くの小口姓が並ぶのに，小口村吉の長男小口幸重100株を除き，なぜか社長の小口村吉をはじめ，重吉，仙重，槇蔵らの有力一族の名がほとんど見当たらないのが奇妙に感じられる。『信濃蚕糸業史』は小口一族を「各自勝手の行動を行ふ」[43]と厳しく批判するが，株式会社化されたのちも山十は匿名組合時代そのままの「統制の欠如した放漫な気風」[44]が濃厚であったといわれる。

今朝吉の転落過程を見ると，まず昭和2年2月18日今朝吉は山十取締役を「都合ニ依リ」[45]辞任し，代って同日付で重太郎が専務に就任した。ついで3月1日小口合名においても「総社員ノ同意ニヨリ社員小口今朝吉ハ出資ニ対スル持分全部ヲ社員小口朝重ニ譲渡シテ退社」[46]した。これは単に2年2月期に383万円もの損失を出した引責辞任にとどまらず，「神戸の乾氏よりの債権は迫られ，製糸事業は振はず，剰へ小口今朝吉氏は親族一般離間される事となり…乾氏は愈々小口氏より債権取立て得ざる」(S 3.8 .20保銀)状態という，

第9章　旭日生命と山十製糸破綻　　　427

債務不履行の責任をとった結果と推定される。同年11月7日には小口今朝吉は旭日生命株を中村準策に取り上げられた[47]。今朝吉はこうした事情から兼務していた丸萬製糸[48]取締役もほぼ同じ頃に退いた模様で，4年末では依然丸萬製糸の3千株の大株主ながら，取締役には今朝太郎，常任監査役には竹重，監査役には槇重が小口一族を代表して就任していた[49]。かくして今朝吉は「山十製糸，山十土地，丸萬製糸，大邱精米の各取締役で，先年旭日生命没落以来とかく事業は左前になった」（S5.3.8東日）とも報じられている。旭日生命の破綻後，旭日清算人は主要債務者である山十（約250万円）と，今朝吉等の所有担保株（約100万円）に対して強制処分をなす方針をとったが，目下整理案を調査立案中の山十の当局者は「前重役の行動とは云へ山十一族のやったことであるから，手形に対しては責任を持つと同時に旭日生命被保険者にもなるべく迷惑をかけないやう何等か円満の解決策を得るべく努力して来たが，ことここに至れる以上今後の成行を俟ちて善処する外ない」（S3.12.28中外）と言明した。この「前重役の行動とは云へ山十一族のやったこと」との冷ややかなニュアンスは前副社長今朝吉等小口一族の一連の行動に対して，「過般の代表取締役の更迭によって」（S3.12.28中外）代表取締役に就任し，山十の整理案を作りつつあった藤田秀雄（後述）が当然には責任をとらなかったことを示し，本家の村吉ら有力一族は旭日買収など今朝吉の「家業に専念せざる」「勝手の行動」に批判的であった親族から離間[50]されたのであろう。河田が大正15年末に安田銀行へ送った「意見書」の中で「同族中ノ当社ニ煩累ヲ及スコト尠カラサル向ハ将来其会社常務ニ干与セザルニ必須ナル措置」[51]を採るべきだと進言した解任候補は「小口今朝吉関係ノ貸金ハ追テ本人ノ私財ヲ以テ適宜補塡ノ意向ヲ有セラル」[52]と記している今朝吉あたりと見てよかろう。その一つの証拠として「渡辺一家から引継いで以来，山十製糸の縁故を辿って経営の地盤を作って」（S2.8.2中外）きた旭日の製糸関係の営業成果が「糸価の暴落にて製糸家，蚕業家等が沈静状態の為め，多少の遺憾は免がれない」（T15.5.13保銀）状態にとどまった点が挙げられる。不振の原因として山十による旭日単独経営の約束が実行されないため，「小口氏の一族の人々も単独経営なれば山十組の関係を辿って旭日の拡張もいいが，然らざる限り積極的に募集をなさしめるは考へものであるとの意見で関係筋へ募集方を命じない模様」（T14.11.20保銀）との小口一族の意外に冷たい反応が報じられている。しかし一方では，「旭日の募集員中には事の成行は別問題として山十組の関係筋を

動かしてその手蔓によって相当の成績を挙げて居る所もあると云ふ次第で，別に小口氏として募集中止を命令した事はないやうである」(T 14.11.20 保銀)と，山十内部の異なった動きに戸惑った記事をのせている。この記者は山十内部の事情には疎い保険記者であるから，恐らく山十全体を額面通り普通の株式会社のごとき企業体と考えて，実権者の今朝吉一人が牛耳っているものと錯覚していたものと推測される。いかに表面上は株式組織に改組したとはいえ，その内実は従来通りの一族の緩やかな連合体としての匿名組合[53]の色彩を色濃く残していた山十では，旭日買収当初から，今朝吉に近く，旭日株主にも名を連ねた今朝吉系統の小口一族の経営する大分，宮崎などの製糸場[54]と，小口村吉など，（当然に参加を勧められたはずなのに）旭日株主にはならなかったその他の系統の小口一族の経営する製糸場とでは，「関係筋を動かし」た場合と「関係筋へ募集方を命じない」という，全く異なる対応が当然に生じたものと考えられる。

6．山十製糸の整理

「小口同族は幾度か財界有力者を招聘して会社の整理を委嘱したが，何れも成功するに至らなかった」[55]といわれ，たとえば大正15年3月18日臨時総会で取引先・朝鮮銀行員の安田弘[56]を取締役に選任したが，約9ヵ月後の大正15年12月15日「病気ノ為メ」[57]辞任している。昭和2年5月には第三十六銀行により多摩製糸が設立され，同年8月神栄生糸も系列の綾部製糸を再建・支援するなど，製糸業界の不振，資金逼迫の結果，債権者による自己競落などの貸金の整理が広く進行しつつあったと考えられる。こうした中で山十も「昭和二年十一月株主総会の決議により社長を廃して，代表制となす」[58]ことに改め，3年秋に藤田秀雄[59]が，「会社の整理更生に努力する目的を以て山十製糸に入社」[60]し代表取締役に就任した。『明治大正史』も「当社は断然根本的一大整理を行ひ，小口氏の後を受け代表取締役となった藤田秀雄氏は自から陣頭に立って社内の改革，事業の進展に努めた」[61]が，藤田による整理も「会社全体の収益力を集中することが出来ない事，又債権者集会を開催しても債権者多数のためそれらの同意を求むる法律的手続を実施することが困難」[62]であった。当時「目下山十製糸は過般の代表取締役の更迭によって整理案を作るべく調査立案中」（S 3 .12.28 中外）と報じられている。

2年7月2日山十の課長級2名が東京地方検事局に喚問され，「小口の手を

経て旭日生命から山十製糸会社につぎ込まれた金額並にその使途について取調」（S2.7.2東朝）を受けた。山十が旭日清算人から「二百五十万円の強制処分を受けたる場合には破産の憂目にも会ひかねないので之を未然に防止せんとして山十組の整理委員は各代理店代表の名をもって，この不良資産を一括し百万円前後の価格をもって他社に買収せしめ，以って包括移転を促進せしむべく密かに運動を続け」（S3.11.6保銀）たという。

7. 山十製糸破綻

5年上期には「政府は蚕糸業未曾有の受難期に直面して，唯一の対策たる糸価法の適用を断行」[63]，「三月八日には糸価補償法が発令されたが繭安の期待と，先安見越による製糸家の繋ぎは絶えず，安値は安値を追ふて六月には清算先物七十円五十銭と云ふ明治二十八年五月の新値七十一円三十銭を下回ると云ふ珍値を出すに至った」[64] という最悪の状態になった。4年6月を100とする価格指数で7年までの最安値（7年6月）の水準を示すと生糸は23.7となり，同時期の55種の主要商品価格の最安値指数の中で小豆の17.2，ゴムの17.7に次ぐ惨落・暴落ぶりを示した[65]。このため多数の製糸工場において「生糸の暴落から製糸工女の賃金不払問題が惹起されて蚕糸界の不振の深刻さを暴露」[66] した。社会局調査によれば4年中の製糸工女の賃金不払件数は全国で118工場，従業員38,088人，賃金105.8万円に達しており，このうち長野県は46工場，従業員1万人，賃金32.7万円であった。これが6年1月末現在では長野県だけで111工場，従業員23,500人，賃金58万円に激増しており，全国的にはさらに惨澹たる状況にあると見られた（S6.4.25T）。

山十の5年2月期の社務概況は「実ニ大正七年以来ノ新安値ヲ見ルニ及ビ商況混沌トシテ恐慌的状態ヲ呈シ，未ダ回復ヲ見ルニ至ラズシテ本期ヲ終レリ…当会社ハ如斯多難ナル今期ニ処シ，外ニ当業者ト協力シテ糸価維持策ヲ講ジ，之ガ効果ヲ収ムルニ努メ，内ニ経営上深甚ナル注意ヲ払ヒテ原料ノ買入或ハ製品ノ販売ニ衝リ，鋭意専心業績ノ進展ニ努力シタルモ，斯業大勢ノ赴ク処亦，如何トモスル能ハズシテ別項ノ如キ欠損ヲ計上スルニ至レルハ真ニ不止得次第ナリ」[67] と当期損失179.7万円計上を弁解し，これまで毎期反復してきた「次期ニ望ヲ嘱セントス」の常用句さえ落としている。

4年9月10日「頃日新聞紙ニ当社〈山十〉ガ十九銀行ヨリ競売ノ実行セラレツツアル如キ記事」[68] も出された（後述の山十土地の項参照）。『信濃蚕糸業

史」は「如此興亡常なき製糸業界にありて,よく数次の財界大変動に堪える,着々其規模を拡大し,片倉組と其覇を競へるものに,南信に於ては山十組,北信に於ては山丸組あり…最近昭和四年以後米国財界の不況による糸価大暴落と内的諸事情の為遂に没落の悲運に陥れるは単り山十組及山丸組の為のみならず,本県製糸業界の為にも痛惜に余りありといふべし」[69]として,特に「山十と山丸」没落の項目を設けている。山十は「不況の来襲にあひて,之を突破すること能はず,遂に昭和五年を以て没落の運命に陥」[70]った。破産を申立てた木村俊雄の「破産宣告ノ申立書」によれば,「被申立人〈山十〉会社ハ其他資産殆ンド無ク信用地ヲ払ヒ資金ノ途絶ヘ,昭和五年一月以降ハ会社使用人ノ給料支払ニサヘ窮シ,同年七月以降ハ全ク支払ヲ停止シ居レリ」[71]とされる。この申立の指摘通り,5年1月4日山十は「東京ニ於テ手形ノ不渡処分ヲ受ケ」[72]た。当該手形は日米生糸[73]に差入れたもので,山十側では「今後モ出荷ニヨリ若干ノ内入ヲ為シツツ継続セラルル筈ナリシニ,近頃同社ノ内容甚シク悪化セル為メ,債権者ヨリ厳重ナル督促ヲ受ケ居リ,其結果当社ニ対シ徹底的督促トナリ到底示談ノ余地ナク終ニ同社ガ某銀行ニ強請シ其手ヲ以テ東京手形交換所ニ不渡処分ノ手続ヲ執ルニ至リシモノ」[74]と社内に説明した。不渡処分の直後,山十の取締役兼支配人として経営実務の第一線にあった平林運治郎もこうした心労が重なったためか「病軀任ニ堪ヘ難キ為メ…辞任シタキ旨過般申出」[75],5年2月7日辞任した。一方監査役の塚本清胤も辞任し,真っ先に経理面の実情を知り得る立場にある両役員が相次いで沈み行く山十から逃げ出したことを示している。

　山十の村吉前社長は5年8月8日内務省社会局に呼び出され「他ノ債務ニ先ンジテモ過去現在将来ノ従業員給料ノ支払ヲ確実ニスル様努メラレ度」[76]と「厳重ナル注意」を受け,さらに内務省に納入すべき保険料も5年6月分以降滞納して,6年3月6日内務省から不動産等の差押を受けた[77]。

　5年11月22日付で山十審査部長の安藤吉之助から大分製糸所の大口順正に宛てた文書「差押物件解除交渉ノ件」[78]には鹿児島銀行,山陰銀行が大分物件を差押え,過般「鹿銀ニ二百円ニテ交渉方申進メ候処,一昨日貴電拝承話シ纏リタル由何ヨリト存候。一方山陰銀行ニ対シテハ当方ニテ交渉中ニ有之…寧ロ或程度増額シテモ此際成立致候方資金運用上有利ト存候ニ付キ其含ミテ山陰銀行ニ交渉シ結局四百円ニテ成立致候」[79]とある。鹿銀の債権を継承したと見られる山十債権者の木村俊雄の「破産宣告ノ申立書」によれば,「鹿児島銀行ハ

昭和五年一月以来，本債権ノ整理ニカメ既ニ抵当物件ノ処分ヲ為シ，又被申立人〈山十〉会社ノ本支店所有ノ有体動産ノ差押ヲ為シタルモ…金六千二百二十九円八十八銭ノ弁済ヲ得タルニ止リ，動産ノ差押ニ於テハ其大部分ハ…執行不能ニ帰シ」[80]とあり，鹿銀が真っ先に5年1月段階から山十の動産差押等債権保全に動き出したことが判明する。山十の手書きの「第七期営業報告書」には「前期末ニ於テ大分製糸所ハ事業休止ノ止ムナキニ至リ」[81]として，6年初頭の不本意な休止を特筆し，そして当S7/2期には「抵当権債権者大分合同銀行ヘ其抵当物件ノ全部（大分製糸所）ニ対シ抵当権ノ実行ヲ了シタリ」[82]としている。

山十は裁判所による審問等の手続きを経て，「昭和七年八月八日午前十時破産宣告」[83]を受けるに至った。これは商工省が「旭日の徹底的清算の結果が大口債務者である山十製糸その他の事業に致命的の打撃を与へる事があっても何等考慮するところなく」（S3.11.2東朝）旭日の債権回収方針を強く指導した結果，最大の債権者であった旭日清算人・高野弦雄による山十の強制処分が既定方針通り粛々と行われた影響が大きいと考えられる。すなわち5年5月13日山十が旭日清算人と締結した「債務弁済方法更正ニ関スル契約証書（謄本）」[84]の中で，山十（乙…藤田秀雄）は「一切ノ証券ヲ甲〈旭日〉ニ於テ任意処分スルコトヲ承諾」[85]（第一条）し，甲の債務「不履行ノトキハ担保権実行ニ先タチ其ノ総財産ニ対シ直チニ強制執行ヲ受クルモ異議ナキコトヲ承諾」[86]（第三条）して，公正証書としている。

11年末時点では山十の破産債権額は届出債権47,815,250円59銭9厘（届出口数2,547口，届出人員1,219人，@39,225円/人），確定債権額は38,134,461円56銭，破産財団総額約1,255万円（うち取立未了額約1,252万円）で，主要物件は悉皆担保に供された結果，担保物件外の物品として「換価中ニ属スルモノ」[87]としては下諏訪の自家用発電施設（約3,000円），朝鮮扶餘郡の植林借地権（約1,000円），あとは本店事務所に残された『大日本実業家名鑑』（大正8年刊行）[88]『信濃人事興信録』『帝国銀行会社要録』など[89]「其他細カキモノ」（約500円）という惨澹たる有様で，取立終了額はわずかに3.5万円（保管金32,600円）で，「財団債権金額ノ支払ヲ為セバ一般債権ニ対スル配当ノ見込ハ現在ノ処ニテハ無シ。将来ノ見込モ極メテ薄シ」[90]というのが，清算人の小川清久弁護士の下した悲惨極まる山十破産の結末であった。

8．安田銀行による自己競落会社・昭栄製糸設立

「今回安田銀行では，貸付先の山十製糸の全国八ケ所にある六千六百釜の工場を賃借して，資本金五十万円の昭栄製糸会社を創設し，金融資本の製糸業直営の皮切りをなすに至った」（S6.8.1T）と報じられた。逸早く別会社昭栄製糸を創立して，占有営業しなければならないのは，山十が事実上破綻し，銀行等が一刻も早く債権を確保しなければならない緊急事態が発生したことを示している。さらに，①安田銀行が山十の主要取引銀行であり，②全国22ヵ所の製糸場のうち，少なくとも8ヵ所の製糸場を担保として徴求していたこと，③貸付金は少なくとも昭栄製糸資本金額の50万円（貸付金の一部を振替えか）以上はあること，④自行の他にも強力な債権者が存在すること，⑤このままでは他者の差押え等により，山十への自行の債権が回収困難と判断したこと，⑥自行の担保徴求に何らかの欠陥（例えば工場敷地など，担保の重要な構成部分に担保権実行を阻む要素の存在）があり，「金融資本の製糸業直営」（S6.8.1T）を断行せざるを得なかったことなどが当然に推測される。

藤田の整理方針は「各工場抵当権者に各其の工場を賃借してもらって操業の維持と従業員の救済を計り，其の賃貸料収入を以て山十総債務の長期年賦償還を計る」[91]というものであった。この藤田案と見られる「愚案」と名付けた「山十整理方針目論見書」[92]は「中心人物を大債権者より専任を願ふ」[93]前提の下に資本金100万円，借入金100万円規模の「新会社の賃挽案」を骨子とし，「製糸本業に於ける債務は…新会社の利益と山十製糸会社の資産とを以て返済の責に任する事」，「横浜問屋現在借入金は此儘据置きを願ひ新会社製品は従来通り出荷する事」，「原料仕入れを為したる時相当の利幅を以て定期売繋をなし又は先売約定等を極力利用し堅実に利益を収むる事に努力する事」[94]などを具体的内容としていた。

藤田はまず主要工場の第一順位の抵当権者である安田銀行の審査課長鈴木福男を介して，兵須久，園部潜両常務に対し「貴銀行の手で子会社としての製糸会社を創立し，抵当権を持って居られる十ケ工場を山十製糸会社からその子会社に継承して製糸業を経営して戴き度い。…抵当工場競売の手続を取れば…相当永い期間工場は閉鎖され，生産は停止し，失職者は夥しく出る…子会社に賃貸すれば，右の損害と混乱なしに子会社の操業が開始される訳である」[95]と銀行の円滑な債権回収策として具体的に提案した。そして「生糸問屋として…製糸業者に対し，金融面に於ても大きな役割を果していた」[96]神栄生糸や，朝鮮

銀行等にも賃挽案を示し「夫々交渉し且つ之を実現する事が出来た」[97]のであった。

しかし安田保善社内部においては「製糸業の如き浮沈の多い事業を堅実を主旨とする銀行が実質的に経営すると云う事」[98]には議論が多かった。審査課長鈴木福男は「昭栄製糸会社の発足は，或る者からは革命と見られ，或る者からは取立の一方便と見られ，或る者からは略奪とも見られ」[99]たと回顧している[100]。「当時保善社の某有力理事は，初めよりこの企てを喜ばず，之を中止せんもの」[101]と画策した。こうした背景からか『安田保善社とその関係事業史』[102]も昭栄製糸に関しては「この時期に昭栄製糸株式会社および株式会社丸釘販売所の傍系二会社が設立されたが，前者は安田銀行の債権確保のために，後者は安田商事株式会社の製品販路価格維持のために，やむを得ず設立したのであって，安田保善社としては直接の関係はない」[103]と素っ気ないほど，簡単に触れるのみである。こうして昭栄製糸は7年3月28日山十一関工場を競落したのを皮切りに，8年3月15日山十都城買場を競落するまでの約1年間に，10工場，5買場，合計15物件を競落した。「第七期営業報告書」には昭栄製糸への下諏訪，新町，本庄，小山，福島，一関，山目，沼津，二日市各製糸所の賃貸とともに，前橋（井上幾之進），本庄第二（合資会社丸庄製糸所），宮崎（株・共心組），山十（龍上製糸），山五（龍上製糸），木之本（神戸生糸）各製糸所の賃貸切替を記載し，丸六製糸所は「売渡担保権者タル村上善正氏ニ譲渡ナシタリ」[104]としている。安田銀行による昭栄製糸のほか，「倒産した製糸会社の整理に伴ない…事業を継承して経営を始めた」[105]神栄生糸による田中製糸，木曽川製糸，神戸生糸による大邱製糸等の子会社群も，担保としていた山十各事業所を自己競落した特別目的会社と考えられる。

9．小口合名

昭栄製糸の社史は「山十組経営者はその発展期にあって盛んに株式，土地等に投資し，資金を散逸したので，莫大にして而も悪質の債務が累積」[106]と記載する。わざわざ「悪質の債務」とするところにも，こうした投機資金の出所が高利貸等であったことを推測させる。一族が盛んに株式，土地等に投資した証拠[107]として不動産投資に関連した小口合名会社（資産約486万円），山十土地（資産約596万円）という，山十本体を含め「三社ノ同族出資割合及両会社ノ同族持株数ハ何レモ同族各自ノ比率ハ同率」[108]であった2関連会社の存在をあげ

ることができる。

　まず小口合名は「不動産ヲ所有シ農業及所有不動産ノ管理」(要録Ｔ９，p19)を目的として長野県諏訪郡平野村に大正６年５月28日設立され、大正９年１月時点では資本金5.5万円、損失金1.9万円[109]、大正11年時点では資本金50,500円、Ｔ15/10期の小口合名の資産は486.7万円、負債は約270万円で、主要な借入先は十九銀行であった[110]。昭和４年10月31日現在でも「小口合名会社ノ借」[111]は270万円ちょうどであり、固有の借入金自体には増減はなかった。このほか山十の債務を保証するために、大正15年５月乾合名(410万円)、15年６月鮮銀(極度額60万円)、昭和２年４月小口商事(極度額60万円、昭和４年現在25.5万円)、２年４月安田信託(極度額100万円)、２年４月朝鮮殖産銀行(極度額77.1万円、現在9.5万円)、２年12月朝鮮殖産銀行、漢城銀行などに順次手形等を差入れている[112]。10年時点では資本金50万円、役員は代表社員村吉(山十取締役)であった。(諸Ｓ10，下p220) これも「土地ヲ所有シ農業ヲ営ミ並ニ土地ヲ管理スル」[113]目的で明治39年片倉一族出資により設立された片倉合名に倣ったものであろう。18年時点では役員は代表社員村吉、出資社員今朝太郎、重吉ほかであった[114]。

　小口合名は大正14年９月25日従前の「不動産ヲ所有シ農業及所有不動産ノ管理」に加え、「他企業ノ株式ヲ取得シ并ニ之ニ出資スルコト」[115]を目的に追加したが、その狙いは「同族擁護ノ趣意ニ基キ…将来順次合名会社ヲシテ保全的同族会社タラシムル」[116]ところにあった。この保全会社化計画にそって、小口合名に山十の15万株を保有させるため山十は小口合名に323.3万円を貸付けていた。この他69万円の貸付があるが、これは「土地買入資金トシテ同社ニ旧山十組ヨリ貸与シタルモノ」[117]をそのまま継承したものであった。

　大正13年６月の農商務省調査によれば小口合名所有地は田53.2町、畑36.6町、合計89.8町、小作人の戸数500で、郡市別の所在町村数は諏訪郡11、東筑摩郡３(高野、館芦沢)、茨城県北相馬郡１、千葉県千葉市、宮崎県宮崎市(宮崎)、宮崎県東諸県郡、福岡県筑紫郡(二日市)、埼玉県北足立郡１、埼玉県児玉郡１(本庄)、鳥取県西伯郡１(米子)、岩手県西磐井郡１(一関)、福島県福島市(福島)、新潟県刈羽郡１、福岡県朝倉郡１、愛媛県温泉郡１、宮崎県諸県郡１、朝鮮(大邱)となっていた[118]。これらの大半は山十の製糸場所在地(カッコ内)と一致するが、一部は不一致もみられ、また小口合名とは別に重太郎、笠原鈴吉らは個人でも大地主となっている。

10. 山十土地

　山十土地は本店を長野県諏訪郡平野村岡谷下浜 5203 番地（山十の本社所在地）に置き，山十の設立された 1 ヵ月後の大正 14 年 11 月 17 日設立，翌 18 日登記，資本金 500 万円（払込済），1 株 100 円，総株数 5 万株，存立期間満 30 年であった。代表取締役小口村吉，取締役小口今朝吉，小口重吉，矢島広之助，小口重太郎，小口朝重，監査役増沢源三郎，笠原鈴吉であった[119]。

　目的は「一，土地建物ノ売買貸借，二，売買貸借ノ目的ヲ以テ家屋其他ノ営造物ヲ建築スルコト，三，他企業ヘ出資若クハ株式ノ取得」[120] であった。三号は「片倉財閥」の持株会社としての片倉合名を当然に意識したものと思われる。片倉は内地のほか，朝鮮半島「平壌府大和町」での住宅地経営[121] を行うなどの実績を挙げたが，T 15/10 期の山十土地の総資産は 596.8 万円（全額土地勘定），借入金は約 230 万円で，主要な借入先は小口合名と同じく十九銀行であった[122]。昭和 4 年 10 月 31 日現在でも「山十土地会社ノ借」[123] は 230 万円ちょうどであり，固有の借入金自体には増減はなかった。

　山十，片倉，尾沢組（系列の朝鮮生糸）による「大邱に於ける三大製糸工場の設置は，実に朝鮮に於ける内地人器械製糸工場創設の先駆」[124] とされ，当時は大いに注目された植民地進出であったが，山十土地の所有総面積 1,353,233 坪，評価額 759.3 万円の中でも，朝鮮半島での土地経営の比率が面積で 24.9 ％，価格で 19.4 ％を占めるなど，極めて高い点が特色であった。特に現在のソウルの龍山地区での貸家屋事業はかなり大掛かりなもので，貸宅 221 軒，総坪数 4,146.40 に達する規模であった[125]。またこれとの関係の有無は未詳ながら山十本体でも大邱，平壌等の工場のほかにも朝鮮殖産銀行（勧業課）の担保に差入れたソウルの京町土地（見積額 15.2 万円）[126] が存在し，山十本体の大口貸付金の摘要欄にも大邱分「海雲台温泉発掘ノ目的」「鎮海土地家屋買入資金」，ソウル分「仁仙別荘」[127] など，本業との関連が希薄な朝鮮半島への活発な土地投資[128] の横行を裏付ける事項が散見される。山十土地は大地主調査（大正 13 年 6 月）に記載がないため府県別内訳は未詳である。

　設立時の役員は代表取締役村吉（山十代表取締役，小口合名代表社員），取締役今朝吉（同取締役），重吉（同，小口合名出資社員），矢島広之助（同），重太郎（同，岩手県大株主），朝重（同監査役），監査役増澤源三郎（同取締役），笠原鈴吉（同，朝鮮大地主）と全員が平野村在住の山十役員たる小口一族で占められていた。本店は旧山十組事務所（現山十本店）内に置かれ，山十役員中，今朝

[表-9] 山十土地,小口合名の土地投資　　　　　　[　]内はT15/10期

	山十土地		小口合名	
	内　地	朝鮮半島	内　地	朝鮮半島
宅　　地	103,723坪	106,661坪	22,213坪	4,786坪
田	642,389	124,415	103,394	46,373
畑	187,820	水田　66,225	59,138	水田　24,730
山　　林	80,309	林野　39,452	360,099	林野　10,230
原　　野	1,731	雑地　　507	66,950	雑地　2,540
計	1,015,973	337,260	611,794	88,660
	[1,079,246]	[524,336]	[710,240]	[155,660]
増　減	＋63,273	＋187,076	＋98,446	＋67,000
価　格	6,115,817円	1,477,093円	56,303円	37,178円
	(＠6.019円/坪)	(＠4.37円/坪)		
	[3,490,711]	[2,478,230]	[3,855,874]	[1,010,925]

(資料)『山十文書』(「調査表」山十T-73 (11) g, 山十不-47など)

太郎(取締役), 槇蔵(監査役)の二人を除き, 役員も共通であった。山十の少なくとも新町, 木之本, 田中, 宮崎各製糸所では山十土地の所有地を借地[129]していた。同社の大多数の株式は小口一族で占められ, 山十の全額出資子会社には該当しないが, 山十の資産の部には2年2月末時点で「山十土地株式会社勘定」257,450円[130], 翌期の3年2月末時点では360,950円[131]がそれぞれ計上されている。これは「従来山十製糸会社ハ山十土地会社ノ年貢ヲ代理収納シ之ヲ貸借勘定ニテ山十土地会社ヨリ借受ケ工場ニテ使用」[132]するなど, 相互に緊密な貸借関係が存在するなど山十と一体関係にあったことを示している。

11. 乾派による山十土地支配

山十土地の資産に最初に目を付けたのが神戸の高利金融業者の乾新兵衛であった。乾は昭和4年10月末現在では山十に対して合計で410万円もの債権を有していた。「但シ入帳額二, 四八五, 六四九円七〇八」[133]と山十側の帳簿上の借入額と大きく不一致であって, その内訳として「手形面ハ二百万, 百十万, 百万, 計四百十万円トナリ居ル」[134]のであった。また久原房之助名義[135]の150万円の債権も, 同様に久原への支払「手形面と帳簿面との相違額」が96.7万円も存在した[136]。乾からの410万円と, 久原からの150万円は大半が簿外になっている共通点に加え, ともに山十土地株式を担保 (乾へは27,500株,

久原へは22,500株，合計50,000株は山十土地の総株数に相当）とすることから，密接不可分な実質一体関係にあったものと思われる。本社調査課を担当していた増沢庄之助取締役ら山十の事務当局も乾，久原からの債務を，旭日生命，中央生命，中村分と併せ，「特種ノモノ」[137]として認定していた。増沢は「特種」の意味を「山十製糸会社株券，山十土地株券，旭日生命株券ヲ担保差入レタルモノ…其他特別ノ種類ノモノ」[138]と説明しているが，帳簿と不一致な債務は乾のほか，久原名義でも967,000円，旭日名義でも1,085,040円発生しており，増沢の立場から見て，乾，久原，旭日がある共通点をもった「特種ノモノ」[139]であったことを示していよう。乾合名側の確たる数値は把握できないが，「山十製糸にも千万円位出して居る」（S6.6.21D）と伝えられたのは，「特種ノモノ」の合計額6,196,209円[140]に「手形面と帳簿面との相違額」[141]である乾2,114,350円，久原967,400円，旭日1,085,040円，合計4,166,790円を加えた手形面での名目額10,362,999円とほぼ一致し，当時の新聞雑誌報道がかなり正確であり，情報の出所が当局筋に近かったことをうかがわせる。

乾が最初に大正15年5月の契約で小口「合名会社ノ連帯払出（手形差入）」[142]に加え，山十「土地会社ノ連帯払出（手形差入）」[143]をも要求して実行させたとみられる。乾が最初とする根拠は山十土地の定款の目的に「三，他会社ヘノ出資保証若クハ株式ノ取得」[144]を加えたのは大正15年1月5日の総会の時からであり，恐らく乾側の強い圧力に屈したものと考えられる。乾に続き大正15年6月朝鮮殖産銀行も山十に対する200万円の債権に，山十の担保に加え，山十「土地会社ノ保証（証書差入）」[145]を徴求し，昭和3年4月8日安田信託も山十に対する100万円の債権に山十「土地会社ノ連帯払出（手形差入）」[146]を公正証書とさせた。

乾側の強い圧力は保証徴求の直後の山十土地の役員異動にも示されている。すなわち契約後の大正15年9月23日代表取締役小口村吉は代表資格を辞し，小口朝重も取締役を辞し，「東京府豊多摩郡千駄ケ谷町穏田四十番地　阿部純隆」なる人物が突然に取締役に新任，しかも代表取締役に即日就任した[147]。

この結果，山十土地の役員は2年時点では代表取締役阿部純隆，取締役今朝吉，重吉，矢島広之助，重太郎，今朝太郎（以上山十取締役），村吉（山十社長），監査役増澤源三郎，笠原鈴吉（以上山十取締役）であった。設立時との差異は取締役の数が6名から7名に増員され，村吉が代表取締役から平取締役に降格，退任した朝重に代って今朝太郎が就任した点であるが，最大の相違点は

阿部という山十の関係者でない人物が外部から突如参加し，かつ村吉に代って唯一の代表取締役の座を占めた点にある。阿部は「軍人上りで…正直一片で，所謂剛毅朴訥」（Ｓ６．６．21Ｄ）な乾の義弟（妻の実弟）であり，乾が小口一族への担保として徴求していた旭日株式の譲渡先でもあった。この間の事情に関して藤田は4年10月26日「山十土地会社ノ株式ハ其大部分ガ先年乾合名会社ヘ債務ノ担保ニ差入レアリ。其債務不履行ノ為メ事実上該株式ハ乾合名ノ私有ニ帰シ」[148]たと各工場長に連絡している。阿部は渡辺倉庫（第5章参照）の場合と同様に，当初は本音を出すことなく単に「乾合名ハ代表取締役ヲ出シ居リシノミニテ他ノ重役ハ小口一族ノ人々ヲ以テシ」[149]ていた。

　昭和4年9月10日「頃日新聞紙ニ当社〈山十〉ガ十九銀行ヨリ競売ノ実行セラレツツアル如キ記事」[150]が出たことに関して藤田は各工場長に「右ハ小口合名会社ガ其不動産ヲ抵当トシテ同行ニ対シテ単独ニ負担セル債務ニ付キ競売ヲ開始セラレタルモノニシテ，小口合名トシテハ兎モ角当社トシテハ関係無キ次第」[151]と従業員の動揺を沈静する通知を発した。しかし小口合名のみならず，十九銀行が不動産を仮抵当に230万円を単独融資している山十土地にもすぐさま波及した。4年10月26日十九銀行は山十土地に対して「該不動産ノ競売ヲ諏訪，一関，宮崎ノ各区裁判所ニ申請」[152]した。この挙に対して乾合名が「十九銀行ノ抵当権ガ本登記ニ非ザル点ヲ理由トシテ異議ノ申立ヲナシ」[153]たため，宮崎を始め各地の分も競売不能となった。そして乾が不本意ながら「収入モ取ラズ凡テ放任シ来候処」[154]の山十土地について遂に「今般十九銀行ニ対抗スル必要アリトテ重役ノ改選ヲ断行シ，其結果小口一族ノ人々ハ重役退任ノ余儀無キニ至」[155]り，「同社ノ重役ハ全部乾氏側ノ人々ト相成」[156]った。この結果，これまで親戚筋と考え「山十土地会社の年貢は同社より当社〈山十〉へ取立方委託」[157]される関係にあった山十土地に対して，山十側でも今後は「従前ト異ナリ全然他人ノ会社トシテ取扱ヲ為スベキ必要」[158]が生じた。そこで4年11月5日山十土地に関する「貸地台帳」の作成を各所長に命じ，「山十側トシテハ全然他人ノ会社ト見ルヲ要シ候ニ付，若小作人ヨリ従前ノ如ク当社工場へ年貢ヲ持込ム向有之候共，一切受理セズ…社長阿部純隆氏宛テニ申出ヅル様小作人へ御申入相成度候」[159]と指示した。しかし宮崎，木之本，田中，新町の各所長からは「貸地台帳」の提出がなかったようで，5年4月11日東京出張所宛に送付を再度促した[160]。その後山十土地阿部純隆社長より山十側に「昭和四年度年貢ヲ至急小作人ヨリ徴収シ之ヲ…交付アリタキ」[161]旨正式に依頼があっ

第9章　旭日生命と山十製糸破綻　　　439

た。

　5年8月に取調べ中の乾など3名が釈放された際に、乾側の打出した示談の条件は「旭日生命については、昨年六月三十日を期限として乾氏から山十製糸対旭日生命の示談金七十万円を提供する契約が成立してゐるにかかはらず氏に山十乗取りの野望があったので実行せずにゐたのを調停者が出たので、いよいよ乾氏が旭日に対しその金員（五十万円乃至七十万円）を提供するやう考慮する」（S5.8.16東日）というものであったと報道された。報道の「乾氏から山十製糸対旭日生命の示談金七十万円を提供する契約」に相当すると思われるものが次の『山十文書』である。「昭和四年五月二十五日付当社〈山十〉ノ奥書セル貴殿覚書ニ依リ貴殿ガ旭日生命保険株式会社ニ対スル当社債務ヲ全滅セシムル為メ、金七十万円ヲ御支出下サルニ付キ…当社ハ貴殿ノ御請求ニ依リ当社ガ現ニ旭日会社ヘ未登記三番抵当ニ差入レアル不動産ヲ貴殿ノ為メ三番抵当ヲ為スニ要スル委任状六通…ヲ差出シ候」[162]

　山十が旭日生命から借入れている金を「金七十万円ヲ御支出」（東日報道の「示談金七十万円を提供」と金額も一致）して帳消しにしてやるとの西川末吉の「貴殿覚書」（東日報道の「提供する契約」に相当）を真に受けて、4年7月金融「ブローカー」[163]で、「貴殿其資金ヲ乾合名会社（又ハ乾新兵衛氏）ヨリ供給ヲ受ケラルル趣」[164]と山十側も理解していた「乾の番頭」を自称する西川末吉[165]に抵当権抹消に必要な委任状まで山十が提出していることが判明する。

　この示談条件の存在から、旭日がかつて山十に融資した債権の取立を巡る訴訟に関して、旭日、山十両社に対してともに支配力を有し、当該融資のお膳立てをしたと考えられる乾が旭日に対して4年6月30日を期限として示談金70万円を提供する契約がすでに成立していたこと、乾に山十乗っ取りの野望があったことなどが明らかになっているからである。当事件は最終的に昭和16年十九銀行の後身である八十二銀行が97.5万円の和解金を乾に交付して山十土地の総株式5万株を引き取り、同行東京支店内に本店を移転、同行業務部長内山経男を代表取締役に、業務部次長並木茂八郎を取締役に派遣して実権を掌握した上で、三益殖産と改称した[166]。なお乾の孫の豊彦氏は「宮崎や岡谷などでも、かつて担保として多くの土地を得ていたが、昭和十三年から十四年にかけて、義父の命令で売却した」[167]と回顧するが、当該土地が山十関係の所有地と思われる。

注

1) 前身の山十組，時代を含め山十と略称
2) 片倉工業『ニューカタクラの創造』平成 3 年，p 145 所収。5 位交水社 14,401，6 位林組 13,878，7 位石川組 13,577，8 位山丸製糸 13,084，9 位依田社 12,402，10 位岡谷社 12,399，11 位鐘淵紡績 11,655 梱であった。なお農林省の第十一次工場調による製糸業者別生産規模で山十は釜数，繭使用高（貫），生産額（貫）のいずれの規模指標でも片倉製糸に次ぐ全国第 2 位の地位にあった。大正 13 年時点の製糸業者別の横浜出荷数量（梱）でも 1 位片倉製糸 73,457，2 位山十 50,143，3 位郡是製糸 34,560，4 位小口組（小口善重）27,432，5 位交水社 12,582，6 位依田社 12,300，7 位山丸製糸 12,167，8 位岡谷館 11,825，9 位石川組 10,677，10 位林組 10,100 と，片倉製糸に次ぐ地位にあり，3 位の郡是製糸以下を凌いでいた（『財界二十五年史』大正 15 年，帝国興信所，付録 p 1 〜 2）。
3) 企業の衰退プロセスに関しては今口忠政，柴孝夫『日本企業の衰退メカニズムと再生化』平成 11 年，多賀出版，日夏嘉寿雄『成熟産業における戦略展開と経営資源』平成 9 年，ミネルヴァ書房などを参照
4) 山十製糸等に関する先行研究としては『横浜市史』第 4 巻下，昭和 43 年，第 5 巻上，昭和 46 年，第 5 巻下，昭和 51 年，補巻，昭和 57 年などに所収の石井寛治，海野福寿ら各氏の諸業績ならびに石井寛治『日本蚕糸業分析―日本産業革命研究序論』昭和 47 年，東京大学出版会，滝沢秀樹『日本資本主義と蚕糸業』昭和 53 年，未来社，海野福寿「1920・30 年代の製糸業―山十製糸株式会社の倒産」『明治大学人文科学研究所年報』24 巻，昭和 58 年 12 月，藤井光男『戦間期日本繊維産業海外進出史の研究―日本製糸業と中国・朝鮮』昭和 62 年，ミネルヴァ書房，松村敏『戦間期日本蚕糸業史研究―片倉製糸を中心に』平成 4 年，東京大学出版会など多数
5) 8) 海野福寿「山十製糸株式会社の経営―横浜開港資料館所蔵『山十文書』からの報告―」『横浜開港資料館紀要』第一号，昭和 58 年 3 月，p 78
6) 7) 33) 34) 108) 116) 117) 安田銀行結城副頭取宛河田大三九「意見書」大正 15 年 12 月 3 日『山十文書』T-72 (8)。河田は「当社本然ノ性質ニ係ラザル貸金ハ漸次機ヲ見テ適当ノ整理」を主張しており，「乾某トノ悪縁」も「当社本然ノ性質ニ係ラザル」「特種ノモノ」と位置付けていたと考えられる。
9) 「自己競落」目的の特別目的会社（ＳＰＣ）は拙稿 New Ways to Dispose of Japan's Bad Debts, The establishment of special-purpose and self-foreclosure companies, *JCR Financial Digest,* No. 49, Dec. 1994 参照
10) 11) 高橋亀吉『株式会社亡国論』昭和 5 年，萬里閣書房，p 226
12) 江口善次，日高八十七編『信濃蚕糸業史』昭和 12 年，大日本蚕糸会信濃支会，p 1034
13) 29) 38) 山十『第一回営業報告書』大正 15 年 2 月
14) 17) 61) 『明治大正史』第 10 巻，会社篇，p 250
15) 31) 106) 昭栄製糸『昭栄製糸二十年誌』（以下『二十年誌』と略），昭和 26 年，p 5
16) 131) 山十『第三回営業報告書』昭和 3 年 2 月
18) 第 1 位越寿三郎（須坂町・山丸製糸場代表者，長野製糸㈱社長，信濃電気社長）

第9章　旭日生命と山十製糸破綻

46,012円，2位小口今朝吉34,180円，3位笠原房吉（平野村・笠原組入山二，角イ，常田館工場代表者）26,868円，4位小口善重（平野村・小口組代表者・山三，金三，和田山製糸所代表者，第十九銀行監査役，欧亜蚕業，日本生系，日華蚕糸，諏訪電気各取締役『信濃人事興信録』大正11年，p 98，第十九銀行約手30万円）26,199円，5位小口村吉21,687円，6位丸茂文六（玉川村・丸茂製糸所代表者）12,868円，7位小口重吉（以下単に重吉，平野村・山十取締役・大株主，製糸組合員）12,388円，8位矢島広之助（平野村・山十取締役・小山製糸所代表者）11,236円，9位今井五介（平野村・片倉製糸副社長，信濃鉄道社長，日本共立火災取締役，片倉殖産代表取締役ほか多数）10,348円，10位小口勝太郎（平野村・小口組石岡，金丸製糸所代表者）10,315円，11位小岩井宗作（松本市・養蚕指導員）10,267円，12位小口金吾（平野村・小口組山太製糸所代表者）9,988円，13位小口今朝太郎（平野村・山十取締役）9,737円，14位小口修一（平野村・小口組山正製糸所代表者）9,418円，15位笠原繁太郎（平野村）9,173円，16位渡辺元得（長地村・渡辺製糸所代表者）8,448円，17位笠原鈴吉（平野村・山十取締役）8,440円，18位尾沢菊次郎（平野村・入丸一組代表者）8,391円，19位山田由蔵（下諏訪町・関西製㈱入一組代表者）7,568円，20位山口仙蔵（平野村）6,467円となっている（日本紡織新聞社『日本紡織年鑑』昭和3年，p 57以下，肩書はp 150以下。第十九銀行との取引は昭和5年12月11日現在，日銀 #338）。

19) 小口重吉（平野村）は山十取締役・大株主，製糸組合員
20) 小口今朝太郎（平野村）は山十取締役
21) 笠原鈴吉（平野村）は山十取締役
22) 小口村吉（平野村）は山十社長。なお小口村吉は55万円の震災手形大口債務者で，全額が第十九銀行東京支店分であった（日銀『日本金融史資料明治大正編』22巻，p 878）。
23) 小口今朝吉（平野村岡谷，山十副社長）は製糸業，大正14年国税34,180円，東京市神田区鍛冶町18）は重右衛門の孫，「山十組の創立に参与して力あり」（『明治大正史』第13巻，昭和5年，p 4）とされた吉三郎の長男として明治12月15日に生れ，大正5年家督を相続し山十組の第六，第十製糸所長等をつとめた。大正9年9月25日蚕糸界救済のためのシンジケート帝国蚕糸設立の際には片倉製糸の今井五介，小口組の小口善重，郡是製糸の遠藤三郎右衛門，生糸輸出商の原富太郎（1万株）など業界指導者が取締役に列する中，小口今朝吉も山十組を代表して初代監査役に就任した（日本銀行調査局『本邦財界動揺史』，日本銀行調査局『日本金融史資料明治大正編』昭和33年，p 586所収）。大正14年山十製糸取締役（山六，大分，宮崎各製糸所長）の傍ら，同系の旭日生命社長（3,500株），山十土地，丸萬製糸（3,000株），大邱精米各取締役を兼ね（『第三版　大衆人事録』昭和5年，p12），帝国蚕糸の1万株主でもあった。大正14年10月8日改組の際，例えば木之本工場敷地（大正5年10月24日取得）などの金銭以外の財産を山十製糸に現物出資（同敷地「閉鎖登記簿」）し，戊51〜90までの株券を交付された（山十製糸「株主台帳」S 5 -98）。おそらく，山十組の小口一族の中でも今朝吉が好況期に強気の設備投資を敢行し，その他の家業以外での投資行動の成果を含めて大儲けをして，一族中での発言力を高めたものと推定される（しかし後にみるように昭和2年2月18日一族中で孤立し山十取締役ほかを引責辞任）。

24)『全国株主要覧』大正6年
25)『全国株主年鑑』大正15年用，経済之日本社，p 60
26)「同族個有諸有価証券ヲ会社債務ニ対シ担保トシテ提供分明細一覧表」山十S 3-16 (3)
27) 増沢庄之助（長野県平野村）は山十取締役，井出商会監査役
28) 資本金100万円，払込30万円，筆頭取締役井出郷助は山十の小口同族とは同郷の関係もあって，大東ビルブローカー銀行，日東保証信託両社に神津藤平ら「何れも現代錚錚たる名士」（『大日本銀行会社沿革史』p 111）とともに，増沢も井出商会監査役を兼務したと考えられるが，井出商会設立の大正10年11月のわずか3ヵ月前の大正10年8月には井出が専務の大東ビルブローカー銀行は日東銀行に改称するなど，信用を重んずべき銀行としては不穏な兆候を呈している。かかる改称を繰り返して破綻した札付きの不良銀行や，東株を除名されたインチキ証券業者の片棒を担ぐ結果を招くには井出一派と，それ相応の癒着・共謀関係があったものと疑われるのもやむを得まい。
30) 40) 45) 57) 130) 山十『第二回営業報告書』昭和2年2月
32) 43) 58) 69) 70) 前掲『信濃蚕糸業史』p 1107～10
35) 盛岡銀行新株130株，水沢貯蓄銀行新株140株，岩手銀行新株55株，盛岡貯蓄銀行新株27株を保有（昭和5年2月28日現在，山十「有価証券明細」山十S 5-10) した。このうち主要取引先の「盛岡銀行ハ予而繭担保ニテ山十製糸…ニ資金融通ヲ為シ居リ…同行ノ貸出ハ約五十二万円程アリ」（昭和5年4月7日銀福島支店長報告，日銀金融研究所保管資料# 337)，「繭担保ニテハ之ヲ製糸ノ際会社ニ引渡シ一時担保権ヲ失フ」（同上）ため，山十製糸の信用が失墜した昭和5年には「担保繭全部（一万石）ヲ同行ニ譲渡セシメ山十一関工場ニ於テ賃挽ヲ為サシムルコト」（同上）に変更した。同社破産による担保処分後の昭和9年9月末現在でなお同行には手形貸付74,033円，当座貸越20,500円，計94,533円残存しており，全額欠損と査定されていた（昭和11年12月28日「盛岡銀行業態調査」，日銀福島支店『特別融通（盛岡銀行雑書）審査部』昭和7～11年，日銀金融研究所保管資料# 269)。
36)『本邦生命保険業史』昭和8年，p 228
37) 旭日，山十の体質を示すものとして昭和4年の雑損に三流通信社の誹謗記事等への対策費と想像される「大同通信記事ニ付守田敏之ニ支払」（「第四期損益計算書明細表」山十S 4-7) 500円という支出がある。
39) 旭日『第十四回　事業報告書』大正14年，p 47
41) 42)「有価証券担保明細」昭和5年2月末，山十S 5-28
44) 前掲昭栄『二十年誌』p 32
46) 115)「小口合名商業登記簿謄本」，山十S 4-45
47) 旭日生命株名義書換「御承諾願」山十S 2-80
48) 丸萬製糸の前身は明治19年創業の丸萬組製糸，大正9年2月25日改組，資本金300万円，元年度の入荷番付で31位4,472梱
49) 前掲『日本紡織年鑑』昭和5年，p 810
50) 親族一同の今朝吉への離間には今朝吉の家庭内不和なども関わっていたと見られる。今朝吉夫人は「信州の実業家筒井浜十郎氏の長女で日本女子大学の出身，一昨年も某音

楽家と家を飛び出したこともある」（S5.3.8東日）など幾度かの家出癖の報道も散見される。

51) 52) 前掲河田「意見書」山十T-72(8)
53) 匿名組合は商法に規定された組合の一種で，組合員が営業者のために出資するが，この出資は営業者の財産となり，組合員は第三者に対してなんらの権利義務を有しないものである。この匿名組合形態の前提として組合員が営業者に全幅の信頼を置くことが肝要とされる。諏訪地方だけでも山十組のほか，片倉組（大正9年株式会社に変更），尾沢組（大正12年株式会社に変更直後に片倉に合併。片倉『二十年誌』p138），小口組（破綻を契機に昭和6年8月株式会社に改組），林組（明治40年合名会社に変更），小松組（明治38年合資会社に変更，昭和元年度の番付で34位4,427梱）等多数存在したが，これら匿名組合の陥りやすい弊害に関して『信濃蚕糸業史』は「同族同姓相連合して一経営者の下に事業を営む匿名組合の組織によるもの現出せしが，元来血族を糾合して一団となしたるものなるが故に其団結も強固にして所謂一身同体の如く活動するを得たりしも，年所を経るに従って設立当初の如くなる能はず，一族の統制宜しきを得ず，或は一族なるが為に我儘勝手を行ふものを生じ，為に失敗に陥るものあり」（『信濃蚕糸業史』p850）「匿名組合は資本に関する法律上の保護薄く信用亦低きが上に，経営者其人に全幅の信頼を置きて之に一任するものなるが故に，其人の一挙一動により会社の興廃を来すが如き場合少しとせず」（同書p1032）と指摘している。『信濃蚕糸業史』の編者が匿名組合の失敗，興廃の例として山十組等を念頭においていることは，他の箇所の記述からもうかがえる。
54) 旭日は大正15年10月1日付で宮崎と大分に出張所を新設したが，大分出張所は大分市の山十製糸所（大正12年6月開設，代表者今朝吉）内に置かれ，宮崎出張所も宮崎市深坪町の山十製糸所（大正6年5月山十組宮崎製糸場として開設，代表者小口卯之吉から2年時点では今朝吉に変更）内に置かれた（T15.10.6保銀）。大分，宮崎両製糸場とも旭日社長の今朝吉自身が代表者となっている直接傘下の事業所であり，今朝吉の意向が反映されやすい製糸場であった。
55) 60) 62) 91) 95) 97) 98) 99) 101) 昭栄『二十年誌』p6〜14
56) 安田弘（豊多摩郡大久保町）は「朝鮮銀行東京支店在勤当時は為替の担当者として活躍した，その道のベテラン」（長谷川光太郎『兜町盛衰記』第3巻，昭和34年，p258）で，山十取締役辞任後，昭和6年時点では日本橋の個人銀行・山中銀行専務
59) 藤田秀雄は昭和5年5月「浅野派の経営陣」（由井常彦，前田和利，老川慶喜『堤康次郎』1996年，p230）の一人として武蔵野鉄道専務に就任したが，山十の代表取締役は続けた（山十「諸扣」S3-48(29)）。しかし堤康次郎が武蔵野鉄道の払込失権株32,603株を競落して腹心の山名義高を送り込んだため，昭和6年末浅野派の遠藤柳作の知事就任に伴う社長辞任に続き，7年1月16日付で専務の座を山名に明け渡した（監督局長宛届『鉄道省文書』武蔵野鉄道巻八）。
63) 66) 『日本紡織年鑑』5年, p31〜2
64) 『日本紡織年鑑』5年, p75
65) 高橋亀吉『大正昭和財界変動史』中, p1130
67) 山十『第五回営業報告書』昭和5年2月, p9〜10

68)　山十「諸扣」S 3 -48（11）
71)　木村俊雄「破産宣告ノ申立書」山十S 5 -101
72)　74)「諸扣」山十S 3 -48（20）
73)　日米生糸も595万円もの震災手形大口債務者（日銀,『日本金融史資料明治大正編』22巻, p877）で, 全額が朝鮮銀行東京支店分であった。山十分は昭和2年5月14日契約, 2年6月8日受付, 債権額50万円, 利息日歩5銭, 5年4月14日横浜正金銀行に譲渡
75)　「諸扣」山十S 3 -48（23）
76)　各所長宛重役室連絡文書S 3 -48（54）
77)　木之本工場敷地「閉鎖登記簿」山十S 5 -101（111）
78)　79)「諸扣」山十S 3 -48（67）
80)　木村俊雄「破産宣告ノ申立書」山十S 5 -101
81)　82) 104) 山十「第七期営業報告書」山十S 7 - 2
83)　山十「株主台帳」への上諏訪区裁判所書記による帳簿閉鎖印
84)　85) 86)「債務弁済方法更正ニ関スル契約証書（謄本）」山十S 5 -47
87)　89)「無担保品調」山十不-61
88)　山十本店所蔵の大正8年刊行の『大日本実業家名鑑』にも山十関係者は一切収録されておらず, ダイヤモンド記者が決算書を出し渋る旭日に「こんな一時逃れを云ふ会社にろくなものがない」（T 15. 4. 5 D）と決め付けた小口一族が情報開示を極端に嫌悪する傾向がここでもうかがえる。
90)　山十S 11-13
92)　93) 94)「山十整理方針目論見書」山十不-69
96)　105)『神栄八十年史』昭和43年, p72
100)　昭栄製糸のような債権者による占有営業は「皮切り」でも「革命」でもなく, 朝日紡績など明治期の紡績業でも散見された。
102)　103)『安田保善社とその関係事業史』昭和49年, 安田不動産刊, p 691
107)　たとえば今朝吉は失脚後の昭和4年7月「塩原温泉に別荘地を購入すべく物色」（S 5. 3. 8東日）し, 売手の代理人たる白河の竹田益平弁護士と盛んに交渉するなど, なお不動産投資に色気を示し続けている。しかし不本意にも夫人にも裏切られた今朝吉は山十更生の夢も破れ, 9年1月10日脳溢血のため東京五反田の自宅で死亡, 享年49歳であった（S 9. 1. 11東日）。
109)　農商務省『会社通覧』大正10年, p 802
110)　122)「調査表」山十T-73（11）g, 山十不-47。なお十九銀行と乾側とのトラブルに関しては『地方銀行史談』第3集, 地方金融史研究会, 昭和49年, p 19参照
111)　123) 126) 133) 134) 137) 138) 139) 140) 141) 調査課増沢作成「債務一覧」昭和4年10月31日, 山十S 4 -82
112)　「小口合名会社関係債務調」昭和4年3月31日, 山十S 4 -35
113)　121) 124) 片倉製絲紡績『二十年誌』昭和16年, p 489, 502, 194
114)　『大衆人事録』第14版, 昭和18年, 帝国秘密探偵社, 長野 p 4
118)　渋谷隆一編『大正昭和日本全国資産家・地主資料集成』柏書房, 昭和60年, p 207所

第9章　旭日生命と山十製糸破綻　　　　　　　　　　　　　　　　　　　　　*445*

収
119) 120)『官報』第4012号，大正15年1月12日，p 184
125)「山十不-51
127)「貸付金明細」山十S 5 -16
128) 阪神間に本社を置いた土地会社の中にも日鮮土地，満鮮林業土地（現ソウルに支店），朝鮮土地（光州に出張所），別の朝鮮土地（順天郡に支店）など植民地関連の企業が存在した。当時の朝鮮半島への土地投資については浅田喬二『日本帝国主義と旧植民地地主制』御茶の水書房，昭和43年などを参照
129) 藤田秀雄より各製糸所長宛依頼状昭和5年4月11日「諸扣」山十S 3 -48（26）
132)「諸扣」山十S 3 -48（28）
135) 昭和3年1月末現在で山十土地株式22,500株を担保に58.2万円を山十に貸付（「支払手形明細書東京出張所」山十S 3 -4）
136) 帳簿との相違は乾から高利導入した他の債務者でも発生しており，例えば菊池軌道（第11章参照）でも「借金額は三〇万円だったが，借金したときに年利一割の前払いの筈のものを，事実は二割の前賦を先取りされ，周旋人の手数料七千円も差引かれて，実際に会社で受取った金額は二三万三千円に過ぎず，この不足分が会社の帳簿で説明されていないため，重役が横領したものと疑われ，告訴にまで発展した」（『松野鶴平伝』昭和47年，p 204）事例がある。
142)「小口合名会社関係債務調」昭和4年3月31日，山十S 4 -35
143) 145) 146)「山十製糸ノ債務ニ対シテ小口合名及山十土地カ保証，裏書，共同振出等ヲナシタルモノノ明細」昭和4年3月31日，山十S 4 -35
144) 147)「山十土地登記簿」山十S 4 -45
148) 149) 152) 153) 154) 155) 158)「諸扣」山十S 3 -48（12）
150) 151)「諸扣」山十S 3 -48（11）
156) 157) 159)「諸扣」山十S 3 -48（16）
160)「諸扣」山十S 3 -48（26）
161)「諸扣」山十S 3 -48（27）
162) 164) 昭和4年7月〈アキ〉日付「念書」山十S 4 -69
163)「素性調書」山十S 5 -34
165) 西川末吉は金融貸付業，大同合資（大阪市西区靱）を主宰，昭和3年6月芸備銀行第2位11,525株主，4年9月京畿鉄道7,500株の筆頭株主・取締役。昭和7年には破産する京畿で突如筆頭株主となったのに1年で役員を辞任した不可思議な行動は南波礼吉ら中央証券一派などに融資し，担保株式を代物弁済取得して他に売却した高利金融業者の典型的な行動パターンと解することで説明できよう（西藤二郎「京都府下・丹波地区における鉄道敷設運動」『京都学園大学論集』昭和60年11月，p 109～14参照）。
166) 西村はつ「金融危機と長野県金融界―信濃銀行を中心として―」『地方金融史研究』30号，平成11年3月，p 9～13，要録S 17，上p 388
167) 乾豊彦「私の履歴書」（『私の履歴書　経済人21』昭和61年，日本経済新聞社，p 48所収）

第10章　共同生命の破綻

1．共同生命の沿革

　本章でとりあげる破綻生保である共同生命は最初明治26年12月8日広島県賀茂郡竹原町の頼鷹二郎[1]，吉井又三郎らによって，竹原町に超ローカルな国民生命として設立され，27年1月10日開業した。資本金は当初僅かに1万円であったが，39年7月資本金を10万円に増資し，同年9月本店を広島市猿楽町に移転し，竹原町を支店とした。移転当時の払込高33,750円，諸準備金39,882円，社長頼鷹二郎，専務高木幹吾，取締役森正約三，豊田実頴，松坂昭二（竹原銀行取締役），小島範一郎，奈川貢，監査役堂面松吉（竹原銀行取締役），山県徳兵衛，村上九一（竹原銀行監査役）であり，山県以外はなお竹原町民，多くは竹原銀行役員であった（諸M 40，下p 765）。佐伯嘉一氏は国民生命を「本県に於ける甚だ珍しい存在」[2]として「生命保険会社本来の目的よりは，むしろ変型的の金融会社であったように推測される」[3]として銀行類似会社に加え，「明治二十六年という頃に…賀茂郡竹原町に創立され」た点は「聊か奇異の感を抱かざるを得ぬ」[4]とする。商工省の「解散顛末書」では「会社は広島県下に於て経営の時代は地方小会社にして小規模に営業し来りたるものなるが，東京に移転後は積極方針に転ずるに至り」（S 3．6．20保銀）ったとし，某幹部も「思へば我が共同生命が国民生命と云って広島に創設され，隆々の勢で東京に移転した頃は我が共同生命の最も黄金時代であった」（S 3．6．20保銀）と回想する。

　大正2年5月共同火災の重役陣が国民生命を買収し，頼社長を除く，豊田，松坂らの重役陣が辞任，共同火災の姉妹会社として大正2年6月本店を東京市京橋区の共同火災の旧営業所内に移転（T 2．7．1中外），社名も「共同火災の弟分たる関係より共同生命保険株式会社と称するに至り」[5]，資本金も50万円に増資し，共同火災専務の村上定[6]をはじめ，岩崎一[7]，田辺壮吉，渡辺義一，岩崎清七ら内国貯金銀行[8]＝日本徴兵＝東京信託の資本系統に連なるメンバーが重役に就任した。

共同生命への改称後も残っていた社長の頼鷹二郎は大正3年「郷里広島にあって社務を監る事能はざるを以て今回重役会議の結果…村上定氏を社長に推」（T3.4.28東日）し，村上は共同火災専務の方を辞任して共同生命社長に専念してその経営改善に取組んだ。しかしなお広島との縁は続いており「広島県人の出資並に広島県人を重役其他の幹部を占めて居る」ため「県人が共同一致して此会社を盛んならしむるやう努め」[9]るべきとの援護論も見られた。

しかし「事業不振のため予期の成績を収め難く，現に四年度末にて九万五千円の欠損を見るに至」（T5.4.7大毎）り，村上も「病気の故を以て職を辞し」[10]たため，「同社改造問題は，村上前社長と浦辺襄夫氏との会見により」[11]，共同火災関係者の保有する「全株一万株中の八千株を横山男，大隈信常，浦辺襄夫氏等に於て譲り受くる事」（T8.5.20時事）となり，8年5月14日受渡結了，全役員の更迭となり，8年7月21日社長横山隆俊，専務浦辺襄夫，取締役横山章，金子元三郎[12]，浅野泰治郎（浅野セメント社長ほか浅野系各社役員），脇田勇[13]，監査役横山俊二郎，平沼亮三[14]，早速整爾[15]が就任した（T8.8.14中外）。各役員はボルネオ護謨[16]，馬来護謨公司など横山家，浦辺らの関与先の役員となるなど，南洋方面への投機的銘柄に好んで共同投資する間柄であった。

2．「北陸の鉱山王」横山家と加州銀行

「北陸の名家にして声望隆々たる金沢城下の貴紳」[17]たる横山家の当主の男爵横山隆俊[18]が社長に，浦辺襄夫（後述）が専務に「金沢実業界の覇王」[19]横山章[20]らが取締役に，横山俊二郎[21]が監査役に就任した。主軸となった横山家は金沢の名家で，横山隆俊の父隆平（男爵，貸金業苟完社代表）は加賀藩国老である横山家13世，明治13年に後に「北陸の鉱山王」と呼ばれた，叔父（隆章の次男）横山隆興ともに尾小屋鉱山を買収して，開鉱事務所として隆宝館を設立，館主に就任，隆興を鉱長とし，旧家臣を各課長等に登用し，別途15年に金融・販売組織として旧家臣からなる円三堂を組織した。37年には隆興経営の他の鉱山と合体して横山鉱業部を創立，総督に隆俊，総理に隆興の長男章を任命した。順次鉱区を拡大し機械選鉱，洋式製錬法等を導入して粗銅生産量を拡大した[22]。40年には経営不振の加州銀行を買収して長男隆俊を頭取とするなど，後に地元で「横山財閥」とまで称される横山一門の財力の基礎を築いた。死亡した41年には盛大な葬儀が行われ加賀流の追善会が連日開催された。

次世代の横山章，横山隆俊（隆平長男）は相次いで金沢商業会議所会頭の要職に就き，名門・横山一族は加州銀行，金沢電気軌道[23]，金沢電気瓦斯，金石電気鉄道，温泉電軌など金沢財界の有力企業の重役・大株主として関与した。大正中期までの横山一族の信用力は地元北陸はもとより，中央でも絶大なものがあり，たとえば日本生命は横山一族の経営する横山鉱業部等への貸付を，事業資金の保証業務を専門的に行う日米信託[24]の連帯保証のみで敢行したほどであった。しかし保証した日米信託が「無謀な保証業務のため久しく窮状を続け，専ら整理に追はれ」（T 13.12.17 東日）た結果，日本生命では横山鉱業部という「借款先の失敗により之が整理を要する事となり幾多の難関に際会するの已むなきに立至ったが之れ亦幸ひに充分の努力と細心の配慮とにより完全に之れを救ふ事を得…」[25]たのであった。

横山家の機関銀行である加州銀行は明治25年2月村彦左衛門らにより，資本金20万円で発起されたが，業績不振のため40年30万円減資，80万円増資の大整理を行うとともに，男爵横山隆俊が頭取に就任し，大正6年1月旧加州銀行と加賀実業銀行を合併して加州銀行を新設，8年時点では頭取横山隆俊，専務中司文次郎，取締役横山章，中山清一，村彦兵衛，丸瀬清五郎，監査役田村太兵衛，熊田源太郎，顧問西永公平であった[26]。大正9年4月渋沢栄一は「頭取横山隆俊ノ依頼ニヨリ，第一銀行員西園寺亀次郎ヲ当行取締役ニ斡旋」[27]したため加州銀行は第一銀行との人的関係を生ずることとなった。同行は「北陸金融界に重要な位置を占めてきたところ，大正九年の財界動揺の影響等を受けて漸次業態が悪化するところとなった。よって鴻池銀行（大阪市所在）の援助によるほか，本行〈日銀〉も同行の窮状が地方財界に及ぼすべき影響を考慮しその整理を援助するため，大正十一年一月，低利資金一五〇万円を特別融通」[28]するに至った。こうして大正11年横山家から大阪の鴻池銀行に経営権が移転したが，その窮状は「或種の事情あり此銀行の実権を大阪なる鴻池系に譲り」[29]などと一般には伏せられてきた。「営業基礎ノ確実強固ヲ図ルヘク大阪鴻池銀行ト連結提携スルコトトナリ去二十五日ノ株主総会ニ於テ重役ノ改選ヲ行ヒタルガ，頭取横山隆俊ハ取締役ニ，取締役横山章，西園寺亀次郎，今村治七，監査役横山隆二郎ハ辞任シ，頭取ニ加藤晴比古[30]，取締役ニ鴻池善右ヱ門，前田利定，専務取締役ニ前田雄之助氏就任」[31]し，横山一門と第一銀行出身の西園寺亀次郎は同行から撤退を余儀なくされた。

3. 共同生命の不良債権

　共同生命の専務浦辺襄夫と横山一族との接点としては，①横山俊二郎（共同生命監査役）が役員となっていた浦辺商事[32]，東京地下鉄道など，②横山一族の横山章が社長のボルネオ護謨などが考えられる。浦辺襄夫（豊多摩郡在住）は明治4年6月23日千葉県夷隅郡に生れ，千葉県師範を経て30年早稲田大学政経卒，西村勝三の桜組[33]に店員として入社し，34年副支配人を経て，40年6月「従来の桜組は同社に最も縁故深き，浦辺氏外二三の有志を以て，更に合資会社に改め，従来の名称とその業務を継承」[34]して業務執行社員となり，43年10月桜組の分社として「輸入防遏の目的と斯界の便益を計らん」[35]と資本金100万円の明治製革[36]の創立を提唱して社長となり，大正6年12月ボルネオ護謨を創立，代表取締役となり（横山章も社長，平沼亮三も取締役となる），土地興行取締役など「余力を以て諸会社の重役を兼ね，現代実業界の一花形役者」[37]となり，敷島醸造，房総煉乳各取締役，東京動産火災保険，戦友共済生命，日本セルロイド各監査役，浦辺商事社長，東京地下鉄道取締役，8年7月21日共同生命専務に就任，両毛紡織，日本建築紙工，東神火災各取締役，関東機械ナット，正文社各監査役等多くの企業に関係した[38]。

　このため一時は「近時メキメキと実業界にその頭角を抬げ…旭日冲天の勢当るべからざるの概ある」[39]とまで称賛された「浦辺専務は会社の内容が次第に良化するにつれて投資方法を誤り，種々なる事業会社に不良貸付を行った為に，同社の内容は茲に始めて悪化」（S 3. 6.20 保銀）したといわれる[40]。

　9年7月浦辺襄夫が社長に就任したが，財界の不況は年と共に深刻となるにつれ，業績も漸次悪化し，収益漸減のため無配のやむなきに立至って，浦辺は業績不振の責任から引退に追い込まれた。浦辺は「積極方針に転ずるに至れるも…不当貸付の回収，其他財産の充実，業務全般の改善を命じ」[41]られるなど，「資産関係の不良とそれに対する農商務省当局の厳重なる警告に堪へ切れ」ず（T 15. 4. 1 D），大正11年末，「慶応系の千代田に於ける，早稲田系の日清に於けるが如く，明大を背景として事業の発展を夢みた」（T 15. 4. 1 D）木下友三郎[42]一派の経営となり，「事実上，明治大学関係者の手に帰し，今後は同大学校友会並に縁故者を背景とし経営する」（T 12. 8. 9 東朝）こととなった。明大時代には木下を筆頭に判事，弁護士等法曹界大物多数が同社重役陣を占めたものの，法律知識と生保経営の巧拙は別なのか，前任者が残した不良債権の回収が一向に進まないどころか，かえってこの時期「銀行預金の如き

も大方は見合ひ勘定であったらしい。当社の当事者はその見合勘定を作って貰ふ為めに随分苦労したやうである。旧報徳銀行[43]へ其の目的で四万円預けた処，旬日ならず同行が破綻したので，却って苦しみを大きくした」（T 15. 4. 1 D）といわれる。かくて明大の目論んだサイド・ビジネス，第三の学閥生保の構想は脆くも瓦解した。

4．玉屋時次郎による買収

　大正14年の夏には生保業界では「共同生命を玉屋氏が今度或人の手に依って買収するそうだ。そして其の裏面には小口氏が金を出す事を裏書して居る」（T 15.12.13 保銀）との噂が流れたという。この噂通り玉屋時次郎一派が共同の現重役陣の持株 8,931 株を取得して経営権を奪取し，玉屋系重役多数が就任した。玉屋は明治11年高知県に生れ，吉田茂元首相とも同郷の誼から呼び捨てにするほどの仲と言われる。大阪海士学館を卒業し，神戸不動産の相談役となり，「玉屋商会を起して製紙原料並に船舶業及びトロール業等を営」[44]んでいたが，一説には「乾新兵衛の番頭をしていた」[45]とも言われ，東京朝日も「乾（新兵衛）の手先」（S 2. 6 .29 東朝）と断ずる。ダイヤモンド誌によれば，「乾には，二タ通りの番頭が居る。乾直属の番頭と，自ら称して，乾の番頭と云って居るもの」（S 6. 6 .21 D）であるとし，後者は「本体はブローカー…それでは巾が利けんから，自ら称して乾の番頭ぢゃと云ってをる」（S 6. 6 .21 D）輩と分類している。『千葉相互銀行三十年史』記載の玉屋の略歴には「明治11年2月1日，高知県室戸市に生まれ，長じて大阪海士学館卒業，乾新兵衛商店に入り金融業を見習う。その後，独立して海運業を経営」[46]とある。元上総銀行頭取の鳥海才平[47]も「高利貸の乾新兵衛の手代玉屋時次郎ですね…これは土佐の者で，汽船の給仕から叩き上げた男で…乾の手代をやって金を転がしては儲けていた高利貸ですよ」[48]と証言している。乾新兵衛が英国製の2隻の古船を購入して海運業に進出したのは明治37年[49]であるから，明治11年生れの玉屋は26歳であり，玉屋が乾の乾坤丸の「汽船の給仕から叩き上げた」とは考えにくい。しかし乾合名でなんらかの海運業務に就いた後，独立して海運業を経営した際にもおそらく乾から船舶購入資金の融資を受けるなど，乾との密接な関係[50]が継続していたものと推定される。玉屋は大正11年頃，乾合名の代理人として熊本県の菊池軌道（第11章参照）に30万円を高利で融資し，「周旋人の手数料七千円も差引」[51]いて前取りしたが，返済不能と

なるや大正13年12月会社財産を差押さえるなど，鳥海才平の証言どおり「乾の手代をやって金を転がしては儲けていた」高利貸としての活発な活動を見せている。

5．共同生命と旭日，山十等との「醜関係」

これまで「生命保険には何等の経験を有せざる」（T 15.1.13 保銀）上に，乾の番頭で荒稼ぎをしていたとはいえ，さしたる資産家ともいえぬ玉屋が共同株式を買収できたのは第8章で取り上げた「旭日生命を中村準策氏に於て買収した時，山十組の小口今朝吉とも昵懇となった関係より，保険経営に興味を感じ」（T 14.12.27 保銀），共同「買収に関しては玉屋氏の外，小口今朝吉氏も介在して居るが，表面株は持たない事になって居る」（T 14.12.27 保銀）とも報じられた。小口が玉屋による共同買収を裏から支えた背景としては，旭日を中村，小口両派で共同支配するに際して「中村氏の過半数の株式を擁し，小口氏が過半の株主たるを欲せず，〈中村が旭日〉株の分与を肯んぜぬので…小口氏も自己の勢力を旭日生命に傾くるを潔しとせず…玉屋氏等一派の人々が共同生命を買収した際，小口氏が後援者側に顔を出した」（T 15.4.20 保銀）ものと解されている。さらに玉屋一派は何故か意図的に「例の旭日生命の経営者たる小口組と提携でもあるが如く宣伝」（T 15.4.1 D）したとされた。

巷間伝えられた共同と小口・山十との緊密な関係を裏付ける事実の一つとして，共同は「総資産四百六十五万円中，山十製糸会社株式四万七千株を担保として百十八万五千円を貸出し」（S 3.4.1 大毎）たことが挙げられる。共同の事実上最後の『事業報告書』となった『第三十四回事業報告書』の貸付明細には「手形第一号」利率年8％の118.5万円の貸付金が記載され，「償還期限及方法」は「一覧払の事」とあり，問題の担保欄は「有価証券，山十製糸株式会社株式四万七千株（一株二十五円払込）」とある[52]。この118.5万円は共同の貸付金総額154.9万円の76.4％，未払込株金を含む総資産383.3万円の実に30.9％（未払込株金を除いた総資産348.45万円の34％）に相当する巨額貸付である。この山十株担保の巨額貸付がいつから発生したかは，共同が三十四回より以前の報告書では貸付明細を省略しているため不明だが，玉屋が支配した大正14年末には貸付金がほぼ見合う131.0万円あり，この時点ではすでに発生していたと見られる。第9章で見たように新設間もない山十の株券は大正14年12月15日に初めて交付されたばかりであり，もし共同生命が株券交付直後

の大正14年末に四万七千株を担保に融資していたとすると,あまりにも貸付のタイミングが良すぎることになる。既にみた旭日による山十公募株引受の場合と同様に,共同による山十株担保貸付も当初から小口,玉屋ら関係者によって計画的に仕組まれた一連の不明朗なファイナンス行動と見るべきであろう。

また共同が担保とした山十4.7万株は一般公募分の25,425株をはるかに超過し,総株数50万株の9.4%にも相当するから,貸付先は小口一族の大物,とりわけ小口今朝吉などであることは間違いない。このように玉屋の共同と今朝吉の旭日は,共同の資産の1/3にも達する山十株担保の巨額貸付を介して,相互に堅く結び付いていたと見られる。3年6月9日共同が解散命令を受けた際,社長平賀周[53)]は「山十製糸田辺氏その他に対する回収困難の焦付が百万以上に及び…」（S3.6.9東日）と「山十の焦付が蹉跌の因」（S3.6.9東日）と告白した。また『山十文書』には玉屋の共同,小口今朝吉の旭日,佐藤重遠[54)]の中央の3生命は「互いにいり乱れて醜関係を結んでゐる」（S2.6.28東朝）とか,「北海道の板谷某に金を出させ…中央生命の社長のイスを買収した」（S2.6.28東朝）と噂された「佐藤代議士の如きも三十余万円の社金を不当な貸付名簿により引だし,これを旭日生命その他へ流用してゐた」（S2.6.28東朝）との報道を裏付ける内部資料が含まれている。山十には共同のほか,中央生命から25万円の借入金が存在するなど「種々なる関係により共同生命,中央生命,戦友共済生命等よりも資金を吸収して居る」（S2.6.17東朝）のであったが,その真相は,福田外茂吉弁護士宛の昭和3年11月7日「証」によれば「中央生命保険相互会社側ニ於テハ山十製紙株式会社ニ対スル貸付金トナシオルモ,其実ハ小口今朝吉氏個人ノ借入金ニシテ,内十四万円ハ佐藤重遠氏カ小口今朝吉氏ヨリ借受金ナリ」[55)]とされる。つまり山十の帳簿に記載されない簿外負債で,実際には小口今朝吉個人としての借入金で,しかも中央生命からの25万円のうち14万円は中央生命の佐藤重遠個人に還流（いわゆるキック・バック）していたことになる[56)]。『山十文書』には共同からの借入金に関する同様な資料は見出せなかったものの,おそらく「乾の手先玉屋時次郎は…小口に取りいり,その財力を背景にして共同を手に入れてその社長となった」（S2.6.28東朝）との世評通り,玉屋の共同社長就任直後に発生した共同からの山十貸付は,小口からの玉屋による共同買収資金供与に対する,予め約束された小口への成功報酬的なキック・バック,もしくは当初から両人の間で,後年のアメリカのLBO等に見られる如き,乗っ取りによって獲

得可能な買収先の資産を引当にした，買収資金供与の密約が存在した可能性をも示唆しているものと推定される。

さらに共同は昭和元年に神戸信託株式1,000株（20円払込）を新に1.5万円（@15円）で取得した[57]。麻島昭一氏によれば中村準策が神戸信託に大正7年の増資時に新たに株主として参加し，取締役となったのは大正12年1月であり，以後中村一族は本格的に神戸信託の株式を買い集め，昭和2年11月末には中村準策7,705株，妻の中村けん7,580株，長男の中村準一らで合計16,040株（総株の26.7％）を保有し，筆頭株主として圧倒的な発言力を獲得したが，麻島昭一氏は「中村準策については，不振の神戸信託になぜこのように積極的に介入していったか，また兵庫大同信託新設にどんな見通しをもっていたのか不可解である」[58]と中村の投資行動を疑問視される。この中村による乗っ取り敢行時期に共同の「不可解」な神戸信託株の新規大量取得は旭日の背後にある高利貸・中村準策との連携行動の一環（さらに山十貸付の場合と同様に，玉屋が必要とした共同買収資金を中村も一部を用立てたことへの見返り）として理解することができよう。

6．玉屋による総武銀行乗っ取り
(1) 総武銀行の概要

ダイヤモンドは玉屋一派を「川崎系の武総銀行〈総武銀行が正当〉か何かの椅子を云った一味」（T 15．4．1 D）で「新経営者のお里が知れる」（T 15．4．1 D）と酷評する。総武銀行（総武）は本店千葉市，設立明治29年2月，大正10年時点では資本金152万円，株数30,400株で，筆頭株主は川崎貯蓄銀行4,150株，以下吉田丹次兵衛（取締役）1,990株，石川照勤（新勝寺貫首）1,211株，萩原鐐一[59]（頭取）1,201株，川崎定徳会社1,000株，頭取萩原鐐一，専務藤井精[60]，取締役田辺卓郎，渡辺喜三郎，吉田丹次兵衛，飯田佐次兵衛，宇治田精一（東京支店長），岩井慶三郎，五十嵐慎一郎，菅沢重雄，監査役長谷川松兵衛，平山清助であった（要録T 11，千葉p 2）。

総武銀行は幾度も経営危機に陥ったいわくつきの銀行であるが，もともと本店を成田町に置く成田銀行（明治34年時点で資本金50万円，内払込24.9万円）と称し，頭取の小倉良則[61]が，同行とも関係の深い成田鉄道の発起人総代も務めた成田山新勝寺貫首（住職）の三池照鳳（29年6月死亡，後継貫首は石川照勤）とも親交が深く，表面的には「成田不動の機関銀行として其信用浅からざ

りしか,成田不動の預金は世人の想像するが如く多からす,加ふるに同行は重役の関係より成田鉄道会社株式の多数を担保とし且つ同地方地主等の地所を抵当に融通したるもの亦た少なからざりし」(M 34.11. B) ため,明治34年10月11日金融恐慌の最中に臨時休業に追込まれた。31年7月房総鉄道 (第1部第1章) が「小倉良則氏へ振出したる金三万円の約束手形は同年十月小倉氏の裏書にて」(34. 8 .15 B) 譲渡され,後に房総と三菱との間で訴訟となるなど,小倉良則は31年頃から業績不振の房総鉄道等との間で融通手形を乱発していた節が見受けられる。三橋金太郎[62]は「長谷川利左衛門頭取の際,破綻に陥らんとする秋,私〈三橋金太郎〉が山田〈英太郎〉氏に依り貴行〈川崎〉の援助を受けて復活せしもの」[63]と語っている。すなわち大正3年成田銀行頭取長谷川利左衛門[64]家の整理問題に絡んで再度経営危機に陥ったが,三橋を介して成田鉄道社長山田英太郎[65]の奔走で「川崎ノ後援ノ下ニ行務ヲ一新スルノ機会ヲ得,為メニ辛シテ当行破綻ノ危機ヲ脱却」[66]し,川崎から取締役に萩原らが派遣されたのであった。朝日は問題4社を巡る「醜団は,ある地方の有力銀行を乗っ取らうとして,その計画が暴露」(S 2 .6 .29東朝) したとし,旭日「専務取締役岩川與吉氏などと共謀し,総武,芸備[67]その他の銀行乗取策を計画し之らの個人的の事業資金のため社金たる保険金を勝手に流用してゐた」(S 2 .7 .2大朝) と報じている。

(2) 総武と融資先・大興紡績との因縁

大興紡績は大戦景気の去った大正9年1月萩原らによって設立され,本店を東京日本橋に置き,工場は川越,資本金200万円,内50万円払込,設立時の代表取締役伊井熊次郎[68],取締役北岸利平 (元伊藤忠),加賀久雄 (吉祥寺),監査役角井蕃 (日本橋,東京撚糸工業取締役) であった (要録T 9,p142,紳T 14,p 235)。大正15年11月期のB/Sは一見して破綻寸前の惨状を呈するが,『総武銀行裏面史』は「総武銀行をして,殆ど手も足も出ぬ窮状に落入らしめたは実に大興紡績会社其ものである」[69]と同行破綻の元凶と決め付ける。その経緯は伊井 (名古屋紡績元専務) が総武東京支店の大口預金者であったため,伊井が「大倉商店へ紡績機械一万台を注文愈,引取に際し,困じた結果,銀行が保証したが,始末にならぬので,伊井と共同,武州川越の地で会社を経営した」[70]のが大興である。

萩原は「埼玉県川越で,大興紡績株式会社という紡績工場の経営をやっておりましたが,どうもその経営がうまくいかなかった。…萩原は家屋敷まで抵当

に入れて危機を乗り切ろうとしたが，やっぱりうまくいきませんでした。…玉屋時次郎が萩原に金を貸しておって，赤坂新坂町にあった萩原鍈三の家までこの玉屋に取られてしまいました」[71]といわれる。玉屋が「同行（＝総武）を辞職後…大興紡績…等の各株式会社社長に就任し」[72]た時期の大興役員（要録S2，p129）は北岸常務，加賀取締役，角井監査役が退任，伊井専務は留任，新たに常務に島田徳太郎（総武常務，共同専務），取締役に筒井伝吾，監査役に玉屋浦次郎（共同常任監査役），小堀満馬（弁護士，共同常任監査役），定塚門次郎[73]が就任，顔ぶれから判断して大興も総武もろとも玉屋に乗っ取られたのであろう。定塚は「日比谷銀行常務在任時代，日本橋織物問屋方面の金融に鞅掌し紡織界には深い関係を持って居る」[74]人物で，川越支店も持つ日比谷銀行が大興への融資，さらには玉屋の銀行乗っ取りにも関与した可能性がある[75]。

(3) 玉屋らによる総武銀行の乗っ取り

『成田市史』はこの間の事情を「萩原ら三重役は千葉県地方に進出をはかる古河銀行の援助をうけることに成功し，川崎の救済を拒絶することになった。同年九月には東京の玉屋，島田徳太郎が新取締役に就任し，萩原は退陣した。このように総武は川崎銀行（以下川崎と略）との関係を断って経営再建を進めたものの，川崎のうしろだてなしには預金者の信用を得られず，大正十四年末には再びその救済を求めた。ここに川崎・総武は「親子関係」を復活し，同年十二月に提携関係を締結した。…大正十五年五月には玉屋・島田が辞任し，六月には川崎から役員が派遣され…総武は完全に川崎の系列に入った」[76]と記している。

成田の郷土史家でもある篠田著山が総武事件の顛末を後年（昭和9年10月28日）に著して成田図書館に寄贈した稿本『総武銀行裏面史』は三橋の総武再建に果した業績を称える目的で，反面頭取萩原鍈一，専務藤井精（共同取締役）らの同行幹部を非難する内容となっている。篠田が三橋ら同行関係者からの直話で纏めたにとどまらず，篠田自身も同行になんらかの利害関係を持っていたと思われ，内部者でなければ到底知り得ない支店の貸付先，貸付条件等の機密文書まで掲載している。その篠田でさえ，玉屋についての記述は以下のように僅か数行にとどまる。「新重役の就任　自縄自縛に陥った総武は外面を装ふの急に迫り，幾多な新人を羅致するに至り，大正十四年九月五日左記の者取締役に就任した。東京府麻布区本村町三十九番地玉屋時次郎，東京府北豊島郡西巣鴨町字宮仲二一八〇島田徳太郎」[77]。このことは事情通の篠田にも当時玉

第10章　共同生命の破綻　　　　　　　　　457

屋についての情報が皆無で，地元とは全く無縁の「新人」という表現しかできなかったためと考えられる．それほど玉屋の出現は突然で，地元では不可解な現象にうつったものと思われる．篠田よりも事情に通じた上総銀行頭取の鳥海才平の回顧によれば大正14年9月には大口融資先の大興の不振から取付に見舞われた房州銀行の苦境を打開するため，「銀行乗っ取りの策士」「玉屋の手に，萩原君は総武銀行を苦しまぎれに渡してしまった」[78]ため，玉屋は萩原に代って総武の支配権を握り，頭取に就任したという．篠田の観察によれば萩原らは当時「顔色土の如き彼等は…万策尽きて只呆然たるのみ」[79]という状態であったこと，「玉屋時次郎が萩原に金を貸しておって，赤坂新坂町にあった萩原鉃三の家までこの玉屋に取られ」[80]たとの鳥海の証言から，恐らく萩原らは「乾の手代をやって金を転がしては儲けていた高利貸」[81]玉屋からの返済の督促に苦しみもがいていた断末魔の状態であったと推定される．追い詰められた萩原への古河銀行からの突然の好意ある申出は「川崎の抱同様の弁護士」[82]の原田敬吾（弁護士，紳T 14, p 74）が「川崎の持株総武株全部現金で引取たい…其の相敵は古河銀行で一時他人の名儀にして置く」[83]との話を持込んだとされるが，真相は不明である．萩原が「私の先輩」の言として語った「総武銀行を川崎へ引渡す如きは愚の骨頂で…大興関係なくば日本でも有数の銀行である故に，川崎へ渡すと云ふ理由がない．又別に背任を構成せぬ．自分も助けてやるから君達が維持して行け」[84]との発言主体も川崎の全面進駐により，自派による総武乗取計画の瓦解を恐れた玉屋が古河銀行からの甘い救済話をデッチ上げて，窮地に追込まれて冷静な判断力を喪失した萩原に出身母体のはずの川崎との絶縁を決意させ，その退路を断った後に，予定通り返済できない萩原から担保に押さえていた総武株式を，赤坂区新坂町82番地の萩原の自宅（要録T 11, 役上 p 78）と同様に取り上げて，銀行からも追い出したと見るべきではなかろうか．玉屋は「近衛文麿公の荻窪の荻外荘を戦後買取ったり，芝の高輪にある大きな屋敷を買ったり」[85]，昭和29年にも山林王・小宮山源一の豪邸を「一目見て欲しくなる」[86]衝動を抑えられず，買収する金がないので借家した挿話も伝えられており，室戸の寒村から這い上がってきた玉屋は他人の物（特に豪邸）を欲する物欲が人並み以上に強かったと考えられる．官報で確認すると鳥海の証言通り，萩原の総武銀行取締役辞任は大正14年10月2日[87]で，総武銀行取締役たる玉屋の新坂町82番地（萩原鉃三住所）への転居はその直後の14年11月13日[88]となっており，完全に事実関係が符合する．

共同の玉屋専務は大正14年,「自分のほとんど全財産を投じて総武銀行を買収し頭取となった」(S2.7.2東朝)が,親銀行に当る「川崎の方では,その情報を知って愕然とした」[89]とされる。その理由は「玉屋は,総武銀行を手に入れて千葉県の金融界を引っかき廻してやろうという大いなる野望をもっていた」[90]からで,川崎銀行の千葉県包囲戦略を瓦解しかねない事件であった。朝日は玉屋頭取の総武支配の後日談として「後に至り前重役のためにあけられた大穴を発見し,銀行は同〈14〉年秋取付にあひ,その後某銀行と合併した」(S2.7.2東朝)と報じた。この前重役とは萩原一派であり,大穴とは大興等への与信をさすのであろう。「安房合同銀行の紛糾を告ぐるや」[91],このままでは「玉屋は安房合同(銀行)にも魔手をのばすかもしれない」[92]と川崎では憂慮し,「こういう手合に総武銀行を利用されては大変だということで,川崎さんがそれを買戻して,八右衛門さんのイトコの川崎甲子男君を頭取にすえて」[93]千葉県に派遣した切り札が古荘四郎彦[94]であった。こうして15年5月川崎の千葉県総支配人に就任した古荘は,その資格で「更に総武銀行の整理に当り,同行が川崎の手に帰するや専務取締役となり」[95],「間も無く総武銀行の専務を兼ね」[96],やがて安房合同,総武,三協三行は川崎主導下で合併,千葉合同銀行となった。

なお総武の不良貸付先の大興紡績の方は大正15年「暮から不況のため操業を休止し,男女工三百名に休養手当を支給して資金調達に奔走してゐたが,昨今の財界混乱に資金調達のみち付かず,遂に同工場は二十二日債権者団から差し押へ処分を受けた,近く競売に付せられることとなったが,同社の債務は約二百万円に上り東京の二三銀行も関係してゐる」(S2.3.24東日)と昭和2年3月22日の差押処分が報じられ,まもなく東京区裁判所で破産宣告を受け,「大興紡績などに対する不良貸付を前重役の弁済」[97]により整理することとなり[98],昭和2年6月解散,同時に総武が貸付金見合の70万円で自己競落した同社施設を現物出資して資本金100万円の川越紡績[99]を設立,日清紡績に経営委託,12年11月日清紡が吸収し幕となった[100]。

7. 玉屋の事業活動 (鉄道とホテル)

玉屋は大正末期にも「政友本党の方とは大分密接な関係があって,今度総選挙の費用を生み出す為に中央生命と同時に人手に渡すらしひ」(T15.12.13保銀)と政治好きを噂されたほどで,『房総財界太平記』は「銀行家というより

も政治家肌で，実業家としてもケツ物であり，世にいう『政商』の色彩が強かった」[101] と評している。しかし一方で玉屋は大正15年9月「台湾総督府の後援で台湾特産品の販売及び同地の紹介に力める」（T 15.10.6 保銀）台湾産業社長に就任し，「別に成田急行電鉄其の他数会社の大株主として財界に重きを為」[102] し，成田急行電鉄監査役，成田の蓬萊閣ホテル社長・会長にも就任した[103]。

　成田急行は昭和4年12月設立，本店を丸ノ内昭和ビル3階（昭和10年時点は銀座西2丁目）に置き，10年時点で資本金100万円（払込済），昭和6年時点の役員は社長松浦厚[104]，専務由井彦太郎[105]，常務船津貞三[106]，その後，玉屋の仲間の葛西又次郎（蓬萊閣ホテル取締役）が専務となって，同社の実権を掌握し，昭和10年時点の役員は代表取締役松浦厚，代表取締役葛西又次郎，取締役宮崎賢一[107]，塩川啓助，和佐善男[108]，平子真也，芳賀喬，監査役村尾静であった（諸S 10，上p 275）。

　成田急行という未成路線は極めて複雑な系譜を持っており，詐欺商法に類似した，短期間に譲渡・社名変更を繰り返すという，甚だ不可思議な法的手続きを重ねている。このため，諸文献の中で当社に関連する類似社名の数社を混同しがちなのもやむを得ない。まず2年10月28日東京成芝電気鉄道（大正14年4月30日申請）の名前で成田町～山武郡松尾町22.05 km（建設費予算150万円）と千葉県印旛郡安食町～東京市深川区東平井町45.97 km（同850万円）の軌間1,067 mmの電鉄68.02 km（建設費予算1千万円）が免許された[109]。かつては成田山新勝寺と比肩し得るほどの参詣客を有した芝山観音教寺の和田静貫が寺運挽回のために主唱者となって推進した計画で，地元成田町の有力者三橋金太郎[110]，小泉栄助[111]のほか東京の根津嘉一郎，小倉常吉，堀内良平，若尾璋八らの甲州系資本家，渡辺勝三郎ら錚々たるメンバー35名で，発起人総代は小塚貞義[112]であった。小塚貞義は明治2年9月4日富山市に生れ，一高，東大に進むも2年で退学，大蔵省，台湾総督府を経て，三井銀行に入行，浦里社製糖，日本膠土等「各種諸会社の重役の任に当り経営画策其宜しきを得て事蹟大いに揚り信望頓に加はるや，金沢電気軌道株式会社専務取締役に推され，次で立山鉱業株式会社取締役社長に挙げられ」[113]た。金沢の地元では無名に近い小塚を経営手腕ある人物として専務に推薦したのは三井銀行での先輩の早川千吉郎（前田家財政顧問）であった[114]。しかし小塚は郷里の「富山県に於て数万基の水力電気の起業に着手」[115]するなど，大戦景気に乗ってやや泡沫的とも

思えるほど次々と各地で関係事業を急速に拡大した虚業家的な人物であり，金沢電気軌道でも虚業家として悪名高い葛原猪平（結論参照）と折半出資で大正12年北陸冷蔵を設立するなど，鉄道，電気，瓦斯，製氷などの多角化を急激に進めて63万円の社債発行，資本金の3倍増を招いた。このため「一部株主が放漫とも受け取れる積極策に対して資産状態の調査を小塚社長に求めた」[116]ことから，いわゆる「街鉄騒動」が起こり，大正13年11月20日金沢電気軌道の社長辞任に追い込まれている。この点では能勢電気軌道を追放された太田雪松（第1部終章）の立場と酷似する。手負いの小塚としては子分筋の佐伯宗義に「街鉄を経営してみないか」[117]と街鉄の後始末を依頼する一方で，起死回生策が東京成芝電気鉄道の発起であったと考えられる。小塚辞任後，街鉄の経営を引取ったのが皮肉にも共同生命の前経営者である横山家であった。横山家と玉屋は小塚を介して複雑に結ばれており，困窮状態にある横山家の玉屋等の金融ブローカーを介しての高利導入等を暗示するのではなかろうか。現に横山家は金融業者の中村準策からも借入れていた。

　これら有力者を含む14名の東京成芝電気鉄道申請に対し東京府知事は既存の平行線があり「新線の敷設は特に急を要せざる」[118]との副申を行ったため，安食深川間は詮議保留となっていたのに，時の政友会内閣の我田引鉄による私鉄濫許で免許され，同社は創立事務所を麹町区内幸町1丁目3に置いた。「不測ノ脅威ヲ受クル」[119]京成は鉄道省への陳情書の中で「率直ニ申セバ成田急行電鉄ノ免許其自体既ニ弊社ニ取リテハ実ニ晴天ノ霹靂」[120]として，成田急行は「愈々其ノ創立ヲ為し，弊社〈京成〉現起点に接近せる東武鉄道株式会社曳舟駅を起点に改め，東武鉄道と線路を連絡し，曳舟雷門間は東武を併用する計画なるやに仄聞致候」[121]と東武との関係をも疑っている。白土貞夫氏も東武と京成とが「激しく対立していた時期でもあったので，この鉄道プランは京成電気軌道に対して牽制の意味も多分にあった」[122]ものと推定している。玉屋は東京成芝電気鉄道には大正15年4月5日付で五島慶太，宇都宮政市（王子電気軌道）ら18名の追加発起人の一人として参加している[123]。このうちまず成田松尾間の免許権は昭和3年7月9日東京成芝電気鉄道から成田芝山電気鉄道への譲渡が許可された[124]。同区間の切り捨ての背景は白土氏によれば「収益の望めない区間」を「観音教寺と地元が設立した成芝急行電鉄に譲り渡した」[125]とされる。もう一方の安食深川間の免許権も4年5月17日東京成芝電気鉄道から印旛電気鉄道への譲渡が許可された[126]。

第10章　共同生命の破綻　　　　　　　　　　461

　3年8月8日成田・本埜村9哩50鎖（建設費予算300万円）を免許された春日俊文[127]ほか8名発起の印旛電気鉄道（渋谷町715）がまず3年12月12日[128]「事業遂行上一層有利ナラシムル為メ称号ヲ成田急行電鉄株式会社ニ変更」[129]，続いて前者・成田芝山電気鉄道の方も4年7月1日成芝急行電鉄に改称した[130]。さらに5年11月8日成芝急行電鉄成田松尾間の免許権も「二派に分かれての内紛による書類不備」[131]により「指定の期限内に工事施行の認可申請を為さざる為め」[132]失効した。結局成田急行も長らく壮大な計画を暖めていただけで15年10月東平井成田間の免許が失効して姿を消した。

　一連の電鉄構想の一環として成田に大ホテルを建設する計画が報道されたが，「東京成芝電鉄の進出拠点」[133]に立地する蓬萊閣ホテルは大正15年3月に成田の旅館主の協賛を得て設立された。昭和2年当時の役員（要録S2，千葉p5）は取締役玉屋，石川甚兵衛[134]，松田晟[135]，小野寺武夫[136]，三橋金太郎，関川博道[137]，小林武彦[138]，監査役小塚貞義（前出），宮田半左衛門[139]，玉屋社長の秘書役を務める小堀春樹（T15.1.13保銀）で，昭和4年の大株主は玉屋会長3,850株（25.7％），石川専務3,000株，三橋取締役2,400株（要録S4，千葉p3）であった。このうち小林武彦は千葉県一宮町の出身で，24年東京法学院卒，朝倉外茂鉄法律事務所に入り，日本鉄工支配人に転じ34年には札幌麦酒に入社した人物で，大日本麦酒の得意先である蓬萊閣ホテルや蓬萊園の取締役を兼ねた[140]。

　蓬萊閣ホテルは本店が成田町353番地の「成田不動尊の正門前に在りて，規模の宏大なること，設備の完備せること等は共に同地随一の称あり…頗る隆昌を極む」[141]とされ，成田急行を敵視した京成の遊覧案内も「旅館　蓬萊閣ホテル，若松本店，田丸屋，飯田屋，佐野屋，駿河屋…」[142]と門前旅館の筆頭に挙げ，「成田山正門前舞台付大広間，千人風呂」[143]の広告ものせている。玉屋と敵対したはずの鳥海才平も「成田不動尊のすぐ前で，簡単に参拝客が飯が食える商売をはじめましたが，これは非常に便利重宝なもので，ずい分安直にやるものですから流行しました。昔の宿屋に立寄って飯を食べますと，ずい分高い勘定をとられます。そこに着眼したのは流石に目が高かった。彼のアイディアは成功しましたよ」[144]となかなかのアイディアマンだと褒める。また晩年政治的パトロン小宮山源一の豪邸に一目惚れ，100万円出し一年間借家するなど「亡くなるまでユーモアと豪放な性格で通した」[145]一面もあったようだ。

8. 共同生命の終焉

　玉屋を称える評伝では「其の人と為りの尋常凡人者流と選を異にするものある」[146]人物として,「総武銀行の頭取に推され同所を主宰経営すること数年,業績頗る見るべきものありしが,故あって同行を辞任」[147]したと伝える。この提灯記事は「共同生命保険等の各株式会社取締役社長に就任し,益々快腕を発揮して斯界の第一人者を以て目せらるるに至れり」[148]と賞賛してやまない。また大正14年12月27日開催の共同の新社長就任披露で来賓の日之出生命保険医務顧問の中浜東一郎医学博士(中浜万次郎の子息)も同業者としての祝辞の中で「共同生命が玉屋氏の如き適任の経営者を得た事は悦びに堪へず」(T 15. 1 .13保銀)とお世辞をいったが,長与専斎の命で森林太郎とともにドイツに留学[149]したという,防疫・衛生学の大家・ドクトル中浜をもってしてさえ人間界の毒素予防面では聊か誤診を回避できなかったようだ。評伝で称えられた事実は全く逆で,玉屋の「登場こそ当社を奈落の底に突落す最期の乱舞であった。この貧弱な会社にして,百五十万円の不当な貸付を行ったことが許されぬのに,更に背任横領の忌はしい嫌疑で刑務所に牽かれ」[150]たのであった。大量の生保資金を乗っ取り等の投機に流用した人物としては明治30年代の大阪生命の岡部廣[151]と好対照をなす。昭和2年6～7月頃,中央生命重役背任事件を契機に不良生保批判のキャンペーン記事が盛んに掲載された。例えば『東京朝日』は「財界改造　生命保険界の悪玉征伐」と題して「そのひどいのが近頃醜態を暴露した旭日生命と山十製糸の醜関係,それから重役どもが検挙されつつある中央生命,共同生命それに又星一の戦友共済生命などである」(S 2 .6 .28東朝)と社名を列挙する。当記事の影響は相当大であったようで,共同と混同された日本共立生命は「最近新聞紙上に生命保険会社の不始末を報ずる記事頻々として掲載せられ…同記事中に不良会社と称せらるるものの中,偶,本社名とその名の似通へるものあり…本社と混同せらるるあるやにて迷惑する事一方ならざる…」[152]と代理店に注意を喚起したほどであった。

　昭和2年7月「社金二百五十余万円を総武銀行,芸備銀行に使用した」(S 2 .7 .20保銀)との容疑で召喚された玉屋は社長の座を「資性謹厳にして寛量大度なり,誠に名門の継承者たるに恥ぢず」[153]と評された男爵・名和長憲[154]に名目的に譲って自らは副社長に降り,他役員にも専務益谷秀次,常務島田純一郎[155],取締役子爵板倉勝憲[156],津崎尚武[157],監査役小幡豊治,原夫次郎(代議士,弁護士),岡鉄(再任),支配人小堀満馬,副支配人十河修佑など世間体

第10章　共同生命の破綻

の良い有力者を並べ（Ｓ２.２.６保銀），「従来の放漫政策の責をも顧みず，恬然として副社長の椅子に構へる」（Ｓ２.２.６保銀）有様であった。

　昭和２年３月27日の『保険銀行時報』の『時報評言』欄は「共同生命愈々行詰るの評―政府当局救済の道なきや―銀行のみを救済するのが日本国民の為ではない」（Ｓ２.３.27保銀）と報じ，翌月には共同の内情を熟知するはずの副支配人十河修祐の退社・小谷商会（保険代理業）入社も載せている（Ｓ２.４.20保銀）。これに続いて共同の福岡，仙台，大阪，東京，金沢各支部長，募集課長という営業部門の要職にある幹部数名が次々に辞表を提出（Ｓ２.４.27保銀），先の『時報評言』欄の「行詰るの評」はこうした営業網の内部崩壊を察知した一種の早耳情報と考えられる。５月窮状を見兼ねた代理店会は会社側に現重役全員の辞表提出，株式の無償提供等の案を突き付け（Ｓ２.５.６保銀），玉屋は業界紙から「兎角の噂ある共同生命の代理店主が起死回生をなすべく『被保険者救済案』を盛った，今更代理店主から被保険者救済を手ほどきされるやうでは…玉屋クン，シッカリ」（Ｓ２.５.６保銀）と揶揄されるほどであった。

　同社の某幹部社員は解散命令を受けた際，「玉屋社長時代にはあの通り三百万円も責任準備金をからにし，それが元で今ではこうしたむくろを抱いて仕舞はねばならぬ事となった」（Ｓ３.６.20保銀）と玉屋を破綻の元凶として非難している。業界紙も玉屋による共同買収の１年後に「保険事業は玉屋さんも御存じとは思ひますが，人格的の事業でありまして，金が欲しひ，保険事業で儲けてやろう等と思ってやっては到底大成するものではないのです。玉屋氏は株屋さんであるから，金を儲ける事は充分に御存じの事とは思ひますが，其の手で保険事業をやられては量見がちと違ひます」（Ｔ15.12.13保銀）と警告していた。商工省は「資金運用に関する拘束命令又は指示事項を真面目に遵守して居ない」として，２年１月「遂に内地生命保険会社として最初の」（Ｓ２.１.27大阪時事）新契約停止命令を受け，玉屋は「辞任の後，売物に出し，買手物色難で暫く暗に迷う」（Ｓ２.12.21大毎）うち「財力後援をする人も出来そうになり，整理案も出来てゐたが，玉屋氏が頑迷にして持株を手離さない（名義の書替は了してゐるが，預り証と共に保管してゐる）ので，金主も愛憎をつかして逃出すといふ有様で，遂に収拾出来ない」（Ｓ３.６.９東日）まま，３年６月８日事業禁止命令を受けた。商工省は弁護士豊原清作，伊勢勝蔵２名を清算人に選任した。「玉屋氏が頑迷にして持株を手離さない」（Ｓ３.６.９東日）

真の理由は、玉屋が共同持株を既に担保として乾など金融業者に差入れ、業者が「預り証と共に保管してゐる」（S3.6.9東日）ものとみられ、玉屋が投機事業に再投下し固定化させた等の理由で玉屋を信用できぬ業者の方が「頑迷にして」（S3.6.9東日）担保を解除しない可能性が高い。

　結局玉屋は成功した蓬萊閣ホテル等の例外を除けば、総武、共同、大興、成田急行など、いずれも失敗・破綻の連続であり、結果として株主・預金者・債権者等に多大の犠牲を強いたことになる。共同における玉屋の功罪を判断するに際して、玉屋の後半生の生き方が大いに参考となろう。「玉屋時次郎改め玉屋喜章」[158]は18年3月千葉合同無尽の設立委員となり、大株主として経営に参画した。しかし千葉合同無尽は「昭和18年3月の創立以来、当社においては人事をめぐって確執がつづいて」[159]いたため、同年12月には「大株主であった玉屋喜章は、こうした事態を憂慮して、当社に対して経営権の譲渡方を申し入れ…当社経営陣としても、経営刷新のためにはやむを得ない措置であるとして、この要求をいれ」[160]、玉屋喜章が社長に、公文勝政、玉屋進が取締役に就任した。元上総銀行頭取の鳥海才平は「総武銀行を手に入れそこなって、その後千葉相互銀行をおさえていた玉屋時次郎」[161]は「千葉相互銀行を拾いあげて、いろんな金を出したりしたけれど、普通銀行ほど力はなく、相互銀行は支店も余りもちませんでしたから、そう大した弊害は千葉県の銀行界には及ぼしませんでした」[162]と回想するが、『千葉相互銀行三十年史』は経営基盤を揺るがせた自行トップの不祥事を次のように赤裸々に記す。「玉屋社長が就任以来、公私を混同し、自己の経営する事業に当社資金を流用するとともに、金融人のタブーとされている政治に手を染めたことから生じたものであった。玉屋喜章が昭和19年社長就任以来、23年3月に引責辞任するまでに流用した当社資金は合計631万8,506円という、当時としては膨大な金額であったが、その使途は政治資金と自ら経営する蓬萊閣実験研究所に400万円、財産税納付に150万円等といわれ、これは、23年2月29日から開始された大蔵省の検査によって明らかとなった」[163]。

　玉屋はこの不祥事の責任をとって23年11月16日には取締役を辞任したが、22年4月20日北一木材（北見市）の主宰者で山林王と呼ばれた小宮山源一からの資金援助を得て、「第一回の参議院選挙に千葉県から出て当選」[164]し、千葉商工会議所会頭に就任して復権ぶりを誇示するなど、その後も丹沢善利などとともに千葉政財界に陰然たる影響力を行使する特異な存在であった。結局よ

第10章　共同生命の破綻　　　　　　　　　　　　　　465

りによって玉屋の如き，懲りない「札付」の「株屋」的資本家に，「適任の経営者を得た」と錯覚して困窮生保の再建を託したところに，共同の根深い悲劇があった。現代版「玉屋」の甘言に乗せられたために近年破綻した大正生命トップは共同生命の貴重な先例をまさか我が身に降りかかるリスクとは把えていなかったものと解される。

注
1) 頼鷹二郎は頼山陽の末裔，竹原製塩合名代表社員
2) 3) 4) 佐伯嘉一『広島財界太平記　第一巻』昭和31年，p 269
5) 11) 26) 34) 35) 前掲『大日本銀行会社沿革史』p 353, 235, 417, 372
6) 村上定は広島県出身の新聞記者で，山陽鉄道を経て三井銀行調査係長（要録M 31, 役p 214），前橋，長崎，兵庫，名古屋各支店長を歴任（手島益雄『芸備人物評論』大正11年，p 240)，内国貯金銀行社長，南武鉄道，目黒玉川電鉄，日本絹糸紡績各取締役，玉川電気鉄道，加富登麦酒各監査役等を兼務した。
7) 岩崎一は三井銀行地所係長を経て明治39年東京信託を創立，専務就任，大阪信託社長，玉川電気鉄道監査役（麻島昭一『本邦信託会社の史的研究』平成13年，日本経済評論社，p 22），内国貯金銀行取締役。
8) 内国貯金銀行は大正元年10月東京信託一派で設立開業
9) 手島益雄『広島百人物評論』大正4年，p 42
10) 手島益雄『芸備人物評論』大正11年，p 239
12) 金子元三郎は水産物商，代議士，辛酉銀行頭取，日米信託会長，東邦火災社長，東北拓殖，日本甜菜製糖，大正水産取締役，北海道造林(銜)代表社員（要録T 11, 上p 206)。
13) 脇田勇は馬来護謨公司社長，東洋遊園地，南洋鉄工廠，日東保証信託，日本木毛，小林印刷各取締役，東海製綱監査役（要録T 11, 上p 183)
14) 平沼亮三（横浜）は南進公司社長，南和公司代表取締役，東京会館常務，戸部貯蓄銀行，東陽銀行，日本硝子工業，南洋殖産，ボルネオ護謨，青島製粉，三栄組各取締役，古河電気工業，麒麟麦酒，横浜豆粕製造，日本タイプライター，関東紡績各監査役（要録T 11, 上p 183)
15) 早速整爾（牛込区南町）は広島県選出の憲政会代議士，芸備日日新聞社社長（要録T 11, 上p 71)
16) ボルネオ護謨は馬来護謨公司などとともに南洋における邦人経営のゴム会社の一つで，大正6年12月ゴム樹の栽培，ゴム液の採取を目的に設立され，大正7年10月トワランチヨツ園を買収，スマントウ園（総面積550英反）を含め，同社のゴム園の総面積は6,125英反（うち既成林625英反，未開墾5,500英反）であった（『大日本銀行会社沿革史』，p 302)。大正8年時点で社長横山章，常務浦辺襄夫ら。邦人経営のゴム会社の大部分は大戦景気に刺激されたもので，創業早々にゴム価が低落して「各社は借金に借金を重ね，欠損，蛸配は毎期のこと」（『続会社かがみ』p 90）といわれた。

17) 19) 153) 前掲『大正人名辞典』p 486, 492, 1488
18) 横山隆俊は正四勲四, 男爵, 貴族院議員, 明治9年9月横山隆平長男に生れ, 四高を経て, 30年専修大学卒, 36年家督相続, ㈱横山鉱業部総督・代表社員, 加州銀行頭取, 金沢電気瓦斯, 金石電気鉄道等重役, 11年時点では加州銀行取締役, 共同生命社長 (『大衆人事録』第三版, 昭和5年, p 10, 要録T 11, 中 p 5)
20) 横山章は貴族院議員, 石川県多額納税者で, 明治7年1月13日横山隆興 (横山隆平の叔父) の長男として生れ, 28年東京物理学校卒, 39年満韓の鉱業を視察, 40年衆議院議員となった。大正4年政友会候補者・中橋徳五郎と公友派・横山章は激しく争い, 「横山派は…大隈伯後援会の旗頭横山俊二郎等参謀となり, これに四十余の実業団体は勿論, 骨董商や画家まで東西に奔走して作戦怠りなく, 殊に団結力に富める輸出羽二重商, 絹糸団体は高坂, 三松, 番匠佐太郎等の主唱により挙ってこれを推し…旧領地なる富山県東岩瀬町より犬島宗右衛門氏等遠路馳せ参じて, 君の馬前に一命を捧げんとす」(T 4 . 3 . 14 東日) と報じられ 3 月 26 日横山章が当選した有名な選挙干渉事件の当事者となり, 最終的に大審院でも選挙無効の判決が下り, 当選した横山章も失格となり, 再出馬は断念した。大正5年家督相続, 7年6月10日貴族院議員に互選, 金沢商工会議所会頭, 横山鉱業部, ボルネオ護謨, 温泉電軌各社長, 加州銀行, 倉庫精練, 大正水産, 共同生命各取締役, 金沢電気瓦斯等重役, 日米信託大株主 (要録T 11, 中 p 6), 大正14年貴族院議員に再選された。
21) 横山俊二郎は金沢軌道興業代表取締役, 七尾銀行, 金石電気鉄道, 浦辺商事, 日本絹撚, 加賀製紙, 馬来護謨公司, 上海電気公司, 日本タイプライター, 日本絹絨紡績, 日本硬質陶器, 東京地下鉄道各取締役, ボルネオ護謨, 温泉電軌, 南洋鉄工廠, 日本水毛, 共同生命各監査役 (要録T 11, 中 p 6)
22) 『故男爵横山隆平君追善会誌』明治41年, 渡辺霞亭『横山隆興翁』大正9年, 橋本哲也「尾小屋鉱山と横山鉱業部」『近代石川県地域の研究』昭和61年
23) 金沢電気軌道は金沢市内の電気軌道敷設, 不動産経営等を目的に男爵本多政以 (旧加賀藩家老職, 300株引受, 取締役就任) を創立委員長, 男爵横山隆俊 1,000 株, 横山章 1,000 株, 横山一平 (東京在住, 800 株, 取締役就任) ら9名を創立委員として発起, 大正5年7月, 資本金150万円で設立された。
24) 日米信託会長の金子元三郎は横山家経営の共同生命取締役で, 横山鉱業部の横山章が日米信託大株主という因縁がある。日米信託は麻島昭一『本邦信託会社の史的研究』平成13年, p 137 以下参照
25) 日本生命『社友』68 号, 大正13年1月, p 74。『日本生命百年史』上, p 528 以下参照
27) 前掲『渋沢栄一伝記資料』第50巻, p 374
28) 「加州銀行に対する預金支払資金特別融通」(『日本金融史資料昭和編』24 巻, p 437 所収)
29) 中心社編『北陸人物名鑑』大正11年, p 3
30) 加藤晴比古は日銀出身, 文書, 調査局長等を歴任し, 大正8年鴻池銀行常務に転じた。日銀出身の加藤頭取就任には加州銀行を支援する日銀の強い意志が感じられる。
31) 『日本銀行月報』大正11年1月 (『日本金融史資料明治大正編』21 巻, p 437 所収)

32) 浦辺商事は大正8年11月設立，資本金100万円，払込25万円，株数2万株，役員は取締役浦辺襄夫，浦辺くに，菰田和民，宮沢胤勇（桜組工業常務，明治製革取締役，要録T 11，下 p 168），監査役小滝卯之吉，広崎広吉（要録T 11，p 168）
33) 桜組工業は「我国製革及製靴事業の起源」（『明治大正史』11 巻，昭和5年，p 334）となった明治3年10月創業の靴革具の桜組工場（京橋区築地，資本金7万円，農商務省『第八次農商務統計表』明治 26 年7月，p 126）に由来する老舗企業で，大正9年7月株式会社に改組し，本店豊多摩郡東大久保，資本金160万円，払込40万円，株数 3.2 万株，役員は社長浦辺襄夫（5,000 株），常務宮沢胤勇，取締役木村小左衛門（700株），福島松男（明治製革取締役）（1,000 株）らで共同も浦辺に次ぐ 3,000 株，第2位の大株主となっていた（要録T 11，p 334）。のちに共同支配人の春日敏が社長就任。
36) 明治製革は本店麹町区八重洲，明治 44 年 10 月設立，資本金 200 万円，払込済，株数4万株，役員は社長浦辺襄夫，取締役関戸重太郎，内野五郎三，野中万助，鈴木重成，福島松男（桜組工業取締役），宮沢胤勇，監査役石塚彦輔，渡辺亨（両毛紡織監査役，関東機械ナット取締役，桜組工業監査役，要録T 11，上 p 177），安川隆治（元軍人，偕行社理事，戦友共済生命の創立委員）であった。大株主は浦辺商事 3,684 株，（箇桜組 2,040 株，佐藤しづ 1,600 株，浦辺襄夫 1155 株，山本元三郎 1,150 株（要録T 11，p 226），共同は大正 14 年末に 555 株を保有（共同『第三十三回事業報告書』大正 14 年，p 44）明治製革も桜組工業と同様「打続く財界の不況には拮抗し難く最近は無配当の余儀なき状態」（『明治大正史』11 巻，昭和5年，p 333）で，昭和4年時点では福島松男らを除き浦辺ら旧経営陣の名前は見当たらない。
37) 39)『大日本重役大観』大正7年，p 207
38)『大日本実業家名鑑』大正8年，う p 2，紳T 14，p 390，要録T 11，中 p 139
40) 共同は旭日生命との腐れ縁か，旭日専務の鷲野米太郎（京都市上京区，代議士，神戸信託取締役，北大阪電気鉄道常務）が関係する神戸信託株を大正 14 年末に 1,000 株保有する（共同『第三十三回事業報告書』大正 14 年，p 44）。
41) 商工省「解散顛末書」昭和3年6月9日（前掲『本邦生命保険業史』p 221 所収）
42) 木下友三郎は判事・検事を歴任，明治 45 年明治大学学長（『大正人名辞典』p 399）
43) 報徳銀行は本店京橋区，資本金 200 万円，うち払込 87.5 万円，頭取佃一予，常務奥村敬太郎，筆頭株主早川千吉郎（要録T 11，p 5）で，大正 11 年 12 月 14 日全国の本支店とも休業したが，創業者の木村授弥太は神戸土地建物，後身の神戸土地取締役を兼ねていた。当局は「不動産担保を以てする虞れがあるので，従来常に警告を怠らなかったのであるが，最近またもやこの風を助長し，報徳銀行のごときは約数百万円の不動産担保を有し…かくして資金を固定さするから，いざ取り付けに遇うと，その支払いに窮する事になる」（T 11.12.19 東朝）と非難，日銀も報徳銀行は「日本土地会社（同行頭取カ社長タリ）ニ対シ巨額ノ貸出ヲ為セルニ，同社ハ又神戸土地会社株ヲ多数所有セル状態ニテ同行ハ間接ニ土地ノ思惑ヲナス等投資方法放漫ノ嫌アリ」（『本邦財界動揺史』日銀調査局，大正 12 年頃，『日本金融史資料明治大正編』22 巻，p 720～1 所収）とする。
44) 72) 102) 103) 141) 146) 147) 148) 中外新聞社編『代表的日本之人物』昭和 11 年，p 369

45) 92）林政春『房総財界太平記』昭和51年，p25〜6
46) 159）160）163）『千葉相互銀行三十年史』昭和52年，p28〜9
47) 鳥海才平は大正6年11月設立，醬油醸造の鳥海合名代表社員，千葉県多額納税者（要録S2, p5）
48) 71）78）80）81）85）89）90）93）158）161）土屋喬雄編『千葉県銀行史談』昭和50年，地方銀行協会，p272〜4
49) 逓信省管船局『日本船名録』明治38年4月1日発行
50) 同様に乾の債務者でありながら，「立派な乾の金融ブローカー」と称され，乾の「準番頭」格（石山賢吉『庄川問題』昭和7年，p148, 162, 208）と言われた綿貫栄も加越鉄道経営者として乾から「個人保証」で借金したことが契機となり，乾との関係も「北陸方面で乾から金を引出すには，綿貫君の手を経なければならぬまでに発展」（前掲『庄川問題』p158）した例がある。
51) 『松野鶴平伝』昭和47年，p204
52) 57）共同『第三十四回　事業報告書』昭和元年，p43
53) 平賀周は元大阪府内務部長（紳T14, p406）から代議士，共同生命社長となり，昭和2年7月27日共同生命の直系会社たる帝国土地の社長にも就任，玉屋の帝国土地持株を回収するなど，整理を進め，「其後同社の直系会社の帝国土地会社を解散せしめて二十万円を…合計五十万円は塡補出来る」（S3.6.20保銀）とした。帝国土地の業務内容に関しての情報は乏しいが，共同支配人の春日敏が監査役を兼ね，大正13年の共同『第三十二回　事業報告書』では共同は帝国土地の株式を6,000株保有（価格30万円，1株50円払込，本社保管）しており，翌大正14年の『事業報告書』では帝国土地株式は6,550株に増加しており，額面価格（50円払込）も32.75万円に増加していた。しかるに簿価は額面の7割に相当する35円に切り下げられており，少なくとも9.8万円の評価減に対応する，帝国土地の資産価値の低落が存在したことを示している。
54) 佐藤重遠は明治20年12月17日宮崎に生れ，大正3年東大法科卒，原内閣の高橋蔵相秘書官，三菱合資を経て駿豆鉄道社長，中村準策の主宰する大和海上社長，太平洋海上火災保険取締役に就任，さらに中央生命取締役となり，同社「専務取締役として専ら経営の衝に当って居」（『大日本保険名鑑』昭和2年，p61）たが，その背景には社長の前田利功男爵などとともに同社基金（総額50万円）の大口拠出者となったためで，同社相談役たる「北海道の板谷某〈宮吉のこと〉に金を出させ…中央生命の社長のイスを買収した」（S2.6.28東朝）とも噂された。大正13年3月宮崎県より選出の代議士（立憲政友会所属）となったが（『明治大正史』第14巻，サp14），70万円の社金流用の嫌疑で昭和2年6月22日取調べを受け，同年8月中央生命専務を解任され，「昭和三年末全く財界と絶縁し，専ら育英に志業を転じ，現に目白学園を経営」（『明治大正史』第14巻，サp14）した。
55) 昭和3年11月7日付小口村吉社長「証」横浜開港資料館所蔵『山十文書』S3-40
56) 福田は山十に対して「佐藤氏ヲシテ…前記株式ノ負担ヲ金六万円並ニ利息ノ程度ニナサシメ」（『山十文書』S3-40）る示談を斡旋し，株式取戻に伴う自己の謝金2万円を「当社振出ノ小切手」（『山十文書』S3-40）で交付することを要求した。山十は福田の要求にそって「証」を差入れ，「中央生命差入製糸会社株二万株取戻報酬金」（「素性調

第10章 共同生命の破綻　　　　　　　　　　　　　　　　469

書」『山十文書』S 5 -34) の支払手形 21,000 円を交付, 第 4 期において現実に「中央生命費用」22,060 円,「中央生命会社ニ関係福田外茂吉払」27,500 円を支払い, 雑損に計上した (山十製糸「第四期損益計算書明細表」『山十文書』S 4 - 7)。

58) 麻島昭一「神戸所在の諸信託会社―神戸信託の分析を中心として―」『信託』復刊 54 号, p 86)

59) 萩原鎮一は川崎銀行富沢町支店長, 庶務部長を経て君津銀行, 南洋貿易各監査役, 房州銀行専務, 南総銀行, 安房実業銀行, 小倉製紙所, 日本商事自動車各取締役 (要録 T 11, 上 p 78)

60) 藤井精は総武銀行支配人, 房州, 和田各銀行各監査役 (要録 T 9, 下 p 3) 共同取締役

61) 小倉良則 (小石川区) は政治家, 成田鉄道発起人, 27 年 8 月社長就任, 安房鉄道発起人 (『鉄道雑誌』8 号, p 28), 石巻鉄道取締役, 東京市内衛生社長 (要録 M 31, 役 p 80)

62) 三橋金太郎は成田町,「成田の元老」と称された旅館主, 成田町報発行, 新勝寺経営の各学校理事, 蓬莱閣ホテル取締役, 東京成芝電気鉄道発起人 (『大衆人事録』S 18, 千葉 p 31)

63) 69) 70) 篠田著山『総武銀行裏面史』昭和 9 年, p 15 ~ 8

64) 長谷川利左衛門は成田町, 呉服太物商, 千葉県多額納税者 (大正人名辞典 T 7, p 1682)

65) 山田英太郎は後に成田銀行相談役就任。原田勝正, 野田正穂, 老川慶喜他『日本近代における企業経営者の軌跡・山田英太郎伝』平成 7 年参照

66) 山田への成田銀行相談役委嘱状, 前掲『山田英太郎伝』p 185 所収

67) 芸備銀行乗取事件は拙稿「投機的資本家集団と銀行乗取―芸備銀行を巡る株主総会紛糾事件を中心として―」『彦根論叢』第 312 号, 平成 10 年 3 月, 滋賀大学, 参照

68) 伊井熊次郎は内外紡績取締役, 房州銀行取締役, 矢作水力監査役 (要録 T 11, 上 p 8, 紳 T 14, p 9)

73) 定塚門次郎は埼玉県選出民政党代議士, 日比谷商店監査役, 武蔵整織取締役, 東京商工会議所書記長代理等を歴任 (『日本紡織年鑑』昭和 3 年, p 705)

74) 『日本紡織年鑑』昭和 3 年, p 705

75) 玉屋も関与した「芸備銀行乗取り」に加担し, 失敗した鈴木寅彦は「某銀行を通じての不良貸付問題である。某銀行とは銀座辺に本店を置く小銀行である。鈴木氏一派はこの銀行に横浜生命の財産五十万円を預金し, 他方銀行側から多額の貸付をなさしめた。その貸付たるや純然たる預金の盥回しである。鈴木氏の選挙費もこれから出たといはれてゐる。その他の事件は今姑く記述を差控える」(S 7．7．1 D) との報道もあり, 日比谷銀行を含めた「銀座辺に本店を置く小銀行」クラスは銀行乗っ取り一派にもいわくつきの資金を融資していた。

76) 97)『成田市史』近現代編, 昭和 61 年, 成田市, p 374

77) 82) 前掲『総武銀行裏面史』p 49 ~ 50

79) 83) 84) 前掲『総武銀行裏面史』p 25, 35, 30

86) 145) 斉藤義男執筆『千葉大百科事典』千葉日報社, 昭和 57 年, p 537, 338

87) 大正14年12月3日『官報』3983号, p 11
88) 大正14年12月21日『官報』官報3998号, p 560
91) 95) 前掲『財界人物選集』昭和4年, こp 21
94) 古荘四郎彦は帝国商業銀行支配人（要録T 11, 下p 46）。野口昂『古荘四郎彦の素顔』昭和30年参照
96) 野口昂『古荘四郎彦の素顔』昭和30年, p 152。これ以後千葉県下の銀行統合の記事としては「房州・安房両銀行合併, 安房合同銀行に既報, 房州銀行と安房銀行との合同は, 左の条件の下に行わるることに決し, 目下大蔵省に認可申請中である。一, 両行は合同して新銀行を組成し, その資本金は三百万円となし, 房州, 安房両銀行の現在払込金の割合にて両行関係者に於いて引き受くること。一, 新銀行の名称は安房合同銀行と称し, 役員は千葉県知事の指名に一任すること。一, 新株の払い込みは十二月三十日までに完了すること」(T 12.12.25東朝), 「川崎銀行の安房合同銀行提携　千葉県北條町の安房合同銀行は客臘來経営難に陥り鋭意善後策講究中なりしが此程川崎銀行と提携の事に調談し川崎側よりは四名の重役が入り而して川崎甲子男氏は頭取に, 古荘四郎彦氏は常務に執れも就任せり」(T 15.2 OB), 「総武銀行の減資　千葉市の総武銀行は一月三十一日の定時総会に於て資本金二百二万円を百二十万円に減少の決議をなせり」(T 15.2 OB), 「川崎銀行の総武銀行提携　千葉市の総武銀行は曩に資本金二百二万円を百二十万円に減資し鋭意内容整理中なりが経営依然困難のため川崎銀行に対し救済方交渉の結果川崎銀行に於て同行株式の過半数を買収することに調談し六月三日臨時総會を開き重役の補欠選挙を行ひ川崎系より取締役三名, 監査役一名の入行を見, 尚支配人には関澄龍尾氏就任せり　尚川崎銀行は既に安房銀行及佐原町の三協銀行と提携し居り愈々千葉県一円に亘る銀行網を完成することとなれり」(T 15.6 OB) など
98) 玉屋の共同生命と共同歩調をとっていた旭日生命の親会社である山十製糸は昭和2年10月27日東京区裁判所破産主任官宛に「約束手形額面金十万円也一通」(大正15年5月26日大興紡績玉屋社長振出, 支払期日大正16年5月26日, 支払場所総武銀行東京支店) を「破産者大興紡績株式会社ニ対シ前記債権ヲ有シ候間届出候也」(「債権届出」控, 横浜開港資料館所蔵『山十文書』S 2-77) と届出て, 昭和4年度には上記の「大興紡績会社関係総武銀行支払金」10万円を雑損として計上 (山十製糸「第四期損益計算書明細表」, 『山十文書』S 4-7) するが, 山十の製品と大興紡績の業務内容とに関連があるとも思えず, ①玉屋, 小口今朝吉という資金困窮者間の, ②1通10万円という巨額の, ③ラウンド・ナンバーの約束手形という点から実取引の裏付けのない典型的な融通手形と思われる。
99) 代表取締役横田庄太郎, 取締役高梨博司 (総武, 川崎各銀行, 南洋貿易各取締役), 西村伝八 (日清紡績取締役), 監査役伊藤耕作 (川崎系南洋貿易, 東京倉庫各専務), 関澄龍尾 (川崎が派遣の総武銀行支配人) (諸S 10, 上p 82)
100) 日清紡績『六十年史』昭和44年, p 459
101) 164) 前掲『房総財界太平記』p 331〜3
104) 松浦厚 (東京府巣鴨町) は伯爵, 貴族院議員 (紳T 14, p 473), 長崎県の大地主
105) 由井彦太郎 (東京府巣鴨町宮下) は東京ベニーヤ製造専務, 共愛信託, 東海護謨, 水鉛鉱業各監査役 (要録T 11, 下p 147), 西川末吉主宰の金融業の大同合資会社無限

第10章　共同生命の破綻　　　　　　　　　　　　　　　　　　　　　　　　*471*

　　　責任社員由井彦太郎（東京大森，南千束）と同名異人か。
106）船津貞三（豊多摩郡淀橋町柏木）は辛酉銀行専務，東邦火災，日本鉄工所各取締役，大正水産，東京オフセット印刷，日米生糸各監査役（要録T 11，下p 19），沼田電気鉄道社長（紳S 6，p 669），芝区白金台町2-55（『丸之内紳士録』S 6，p 401）
107）宮崎賢一（芝区三田小山町）は東亜製綱専務，日本啼鉄取締役，林鉄工場監査役（要録T 11，下p 169），水産社々長，保険代理業（紳S 6，p 743）
108）和佐善男（横浜市元町）は松本貿易監査役（要録T 11，上p 173）
109）『私鉄統計年報』昭和2年，監督p 7
110）三橋金太郎は成田町の旅館主（『日本全国商工人名録』T 3，ヌp 16）
111）小泉栄助は成田町の梅屋旅館主（『大衆人事録』S 18，千葉p 13）
112）小塚貞義（麻布区北日ヶ窪）は輸出入業者，金沢電気軌道，立山鉱業，立山物産各社長，葛原系の北陸冷蔵，蓬萊閣ホテル各監査役（要録T 11，下p 37，紳T 14，p 524）。立山鉱業の役員は専務松本常是，取締役浅尾清太郎，密田勘四郎，監査役柴草松太郎，小黒安雄（諸T 10，下p 454）
113）『大日本実業家名鑑』大正8年，をp 32
114）115）116）『北陸鉄道の歩み』昭和49年，p 22，43
117）佐伯宗義『自叙伝』昭和57年，p 72
118）123）129）小林茂多『幻の鉄道―千葉県鉄道計画史』昭和58年，p 121～9
119）120）121）京成電鉄『五十五年史』p 243所収
122）125）131）133）白土貞夫『ちばの鉄道一世紀』平成8年，p 304～5
124）128）『私鉄統計年報』昭和3年，監督p 8～9
126）130）『私鉄統計年報』昭和4年，監督p 9～10
127）春日俊文は東亜耐火工業（長野県）専務（要録T 11，p 9）
132）『私鉄統計年報』昭和5年，監督p 5
134）石川甚兵衛（成田町本宿）は旅人宿・海老屋（商工，M 31，るp 19，同T 3，ヌp 16）。先代は成田銀行監査役
135）松田晟（成田町）は旅人宿業（商工T 3，ヌp 16），明治4年開業の旅館主，会社役員（帝S 11，p 18）
136）小野寺武夫（成田町）は旅人宿業の小野寺一族か（商工T 3，ヌp 16）
137）関川家は成田町の荒物商・鍋屋（商工M 31，るp 19）
138）小林武彦（麻布区霞）は大日本麦酒庶務課長（要録T 11，下p 31），昭和8年朝鮮麦酒常務
139）宮田半左衛門（成田町田町）は米穀商（商工M 31，るp 20，同T 3，ヌp 14）
140）『財界人物選集』昭和9年，p 1083
142）143）『京成電車沿線遊覧案内』昭和10年，京成電気軌道，p 220
144）162）前掲『千葉県銀行史談』p 312～3
149）『中浜東一郎日記』第1巻，平成4年，富山房，「刊行に際して」
150）前掲『本邦生命保険事業史』p 213
151）岡部廣・大阪生命に関しては拙稿「大阪生命の生保乗取りと日本生命の対応―鴻池財閥から山口財閥への移動説の吟味―」『保険学雑誌』516号，昭和62年3月，日本保険

学会,参照
152) 日本共立生命『社報』21号,昭和2年7月,p 2 (朝日生命所蔵)
154) 名和長憲は在郷陸軍少将,貴族院議員,日本築造取締役(紳T 14,p 338)
155) 島田純一郎(赤坂区青山南町3-49)は大東京鉄道監査役,中越土木取締役(『要録』S 8 役下 p 187),高岡米穀取引所,中越土木勤務(『大衆人事録』S 18,p 491)で,富山県福岡町の有力者島田七郎右衛門の関係者と思われる。
156) 板倉勝憲は貴族院議員(『大衆人事録』S 18,p 108)
157) 津崎尚武は長野県属,大正4年退官,米国の土地会社勤務後帰朝,海外協会中央会副会長,東京発明工業創立(『大衆人事録』S 18,p 638)

第11章　八千代生命の破綻

1．八千代生命の概要と特色

　投機に走って破綻した諸生保の中でも大阪生命[1]と並んで保険史上悪名高い八千代生命（八千代と略）は破綻の結果，昭和5年に保険金2割削減の上，川崎系の日華万歳生命に包括移転されたが，同社の投融資先の分析を通じ，資産運用政策の失敗を検証したい。ちなみに創立者の小原達明の夫人の康子は渡辺治右衛門一族の渡辺福三郎（第2章注7参照）の四女であり，福三郎も監査役に就任して創立を支援した。小原達明は明治7年12月19日熊本県士族小原大作の次男として生れ[2]，五高を経て33年7月東京帝国大学法科大学卒，日本勧業銀行入行，文書課長兼秘書役，農工課長等を歴任[3]した人物だが，39年から41年に行命を帯びて銀行制度等の参考資料を収集のため欧米を視察した。帰国後，勧銀農工課長在職中（要録M 44，役p 101）に資金の地方還元制度に刺激され，資金の農村還元を標榜し「全国の農工銀行を動かし，二万の株式を全国四十五の農工銀行首脳部に割当て，農銀自身保険の勧誘にも当り，集めた金は農銀に預け，農銀の手を経て府県民の事業に放資すると云ふ仕組」[4]で各県の農工銀行網（農銀は府県ごとの農業，工業の改良発達のため各県出資の特殊銀行）に依存した生保を発起し，大正2年4月15日免許，資本金百万円で設立，4月21日開業した。発起人には小原のほか子爵松平直平，菊池長四郎，伯爵寺島誠一郎らを配して，開業時には相談役に帝国生命元取締役の春田直哉[5]，営業部長に駒田亀太郎[6]らの業界経験者を迎えた。

　専務となった小原は「事実上の社長たる前勧銀総裁高橋新吉氏の如きも顧問の名義の下に殆んど献身的に尽力」（T 2．4．20保銀）するとして勧銀時代の人脈を巧みに利用した。しかし全国の農銀頭取を相談役として「農工銀行が恰も出張所たるの実体を備へ農銀自身保険の勧誘」（T 2．4．20保銀）を行う，異例の肩入れに対し各生保は「農工銀行が他会社との利害関係を無視し独り八千代生命の為めに力を尽さんとするは経済上の徳義に於て欠くる所あるのみならず他保険会社に対して大打撃を与ふ」（T 2．9．15中外）と猛反対した。ま

た同社設立には「横浜の富豪にして且小原氏の岳父」[7]たる渡辺福三郎（監査役就任）の七光りもあった。「資金の都会集中を防止し努めて地方農村の疲弊を救はん」[8]と「地方農銀を踏台に資金の地方還元を標榜」[9]して華々しくデビュー、表面的には飛躍的に発展したため、「創立以来，善かれ悪かれ常に人の口の端に上」[10]り、最盛期には「生保界の花形」「策士」等と評されたものの、「ナゾで固めたその内容には何が盛られてあるか，永く疑問の眼を以て見られ」[11]、没落した末期は「伏魔殿」「斯界の妖魔」とまで酷評された。「資性穎達頭脳緻密にして事業経営の怪腕を有」[12]する小原の主宰する八千代の特色としては前述の①農銀ルートの活用のほか，②広告宣伝の奇抜さ，③活動写真への着目，④キャッチフレーズの多用，⑤研修制度の充実，⑥「婦人家庭訪問社員」の活用等，部分的には評価できる新機軸を次々と打出した。②は「他社に率先して活動写真隊を組織する」[13]など、「売薬化粧品の向ふを張るような馬鹿派手な宣伝」[14]である。思想家気取りの自著を刊行するなど「社長小原君は一種の変り者であるが，その功を収むるに急なのと、誇大の宣伝好きとは，彼の持病とも見られ」（T 15.3.21 D）たが、「二年四月の開業広告などは小さなもので…それが傍若無人に振舞ひ出し，薬は星の向ふを張って大掛りの広告に乗り出して来たのは大正も半ばを過ぎてから」（9.8.16 保銀）で、13年当時1ヵ月の新聞広告は10回，4,793行と常連の家庭薬に次ぐ量であった（9.8.16 保銀）。また自己の宣伝機関として東京毎日新聞を擁していた（小原と星製薬の星一，葛原冷蔵の葛原猪平ら虚業家的資本家との因縁に関しては結論で詳述する）。

　③は活動写真隊が発展して直系の東亜キネマとなり，西宮の甲陽園次いで京都に等持撮影所を新設，八千代・帝国火災の宣伝映画等を制作し募集活動に活用した。④は「小原の唯一の股肱」[15]腹心で「資性英敏にして立案の才に長じ」[16]た関伊右衛門[17]が調査課長として欧米の保険事情視察から帰朝後，「小原の指示するヒントによって計画立案」（T 15.3.16 福日）した「奇抜にして勇敢なる」（T 15.3.16 福日）制度改革を打出し，大正12年には一挙に5倍増資を敢行し，加藤首相，荒井農相に社長名で建白書を提出したが，それは「国家の繁栄は地方農村にあり」との前提で大家族主義，保険金即時支払の二十四時間主義，親切第一主義，代理店主義等からなっていた。⑤は八千代専修学校を新設して小原自ら先生の役を務め社員を訓練した。この専修学校をさらに拡充すべく全国の代理店主・職員の研修・宿泊施設「小原会館」[18]を建設した。こ

れらの標語や制度は「大正六年頃から…親切第一という標語を使いはじめ」[19)]た星製薬（結論参照）に倣ったものが多く，それまで雌伏していた小原が「保険界の表面に立たれたことは，ホンの最近のことで…其間…全く陰の人」[20)]とされたように大正中期に星との交流が深まってから一連の暴走がはじまったとみられる。

2．経営破綻の原因

　大正14年就任した片岡直温商工大臣は「自分は保険事業に三十年も従事」（T 14.10.23 大朝）したプロを自認し，「兎に角派手な経営方法を採るものはその間何か不自然な事柄が伴ひ易くなるもの」（T 14.10.24 中外）との直感に基き「過大の宣伝を主眼とし非常に派手な方法を用ひてをるのみか，世上種々の風評も耳にする」（T 14.10.23 大朝）として八千代の検査を命令した。14年10月23日「突如東京朝日新聞によつて，当社が主務省の検査を受けて警告を発せられたと報ぜられた」ため朝日，国民両紙の報道で信用失墜した。朝日が伝えた12月28日付の八千代への整理改善命令は「宣伝費過大に失すること…責任準備積立金の不足額八万円の補填をなすこと」[21)]等，13項目にも及ぶが，「四，星製薬，葛原冷蔵，東亜キネマに対する約百二十万円の貸付につき速かに回収すべし，回収不可能のものは資産より償却を要すること。五，所有有価証券中，星製薬，葛原冷蔵などの不良株券評価整理もしくは償却を要すること。七，投資方法放漫にしてその方面に偏傾し，その収益率比較的不良なるにつき一層の改善を要すること」（T 14.12.29 大朝）など投資面の根本的欠陥を厳しく指摘していた。これに対し八千代は新聞広告で「貸付金中には葛原冷蔵会社に七十万円，星製薬に二十万円が含み兎角の議論となりますが，十分なる担保を取り相当利息を以て貸付けたので我社は何等の損害を蒙ることはない」（T 14.11.6 中国）と「紛々たる浮説」に反論した。しかし15年決算では帝国火災も財産評価損27万円，貸付金償却60.5万円を計上せざるを得ず，その大部分は東邦火災，東亜キネマ等の株式の値下がりと，星一，葛原猪平への融資（担保はそれぞれ星製薬，葛原冷蔵株式）によるものであった[22)]。14年末に主務省からの業務「改善命令の弾圧に依って一頓挫を来した八千代は七月一日より生存保険を中止して再度の蹉跌を来し，愈々急角度に傾かざるを得なかった」[23)]という。従来からも株価が低迷して「不良会社」等と呼ばれて警戒されていた生保が，金融恐慌の直後に相次いで破綻を表面化させた背景は当時の新聞によれ

ば「その経営の根基たる資産運用方法につき堅実を欠き，ややもするとあたかもこれを金融機関の如くに取扱って，重役自身がその事業会社の窮状を救ふために，放漫なる流用をなして省みざる折柄，経済界の沈衰久しき上に，特に最近の金融恐慌に遭ひ行詰ったもの」（2.6.17東朝）と解説している。ダイヤモンドも八千代，萬歳，片倉，旭日，高砂，共同の6生命を「其株式市価が払込以下に在る」（T15.4.5 D）内容不良のボロ会社と決め付け，特に八千代の「資産運用の乱暴さに至っては到底許されるべきことではない。資産運用の方面は幾らもあるのに，何に血迷ふて葛原や星や東キネに投資したか。よりもよって斯かる札付き会社に投資したは，単なる資産運用として，到底，理由の立つべき事柄ではない。此の資産運用の異常なる事実に重きを置いて考へると，許されるべき宣伝や事業費の過大にも許し難き不安を感ずるのであって，畢竟，此の会社の経営は一種の病的人格の発露としか受取れない」（T15.4.5 D）と，ズバリ小原の「一種の病的人格の発露」と断ずる。八千代の大正5年時点の保有株式で判明するのは公約通り，勧銀新株120株，東京農銀旧株750株，新株375株[24]程度にすぎず，この頃は華々しい株式投資はなかったが，その後「葛原冷蔵，東亜キネマ，日本道路工業，星製薬など諸事業の公共性に共鳴し，八千代と帝国火災を通じて投融資を行なったが，これが後年不良資産化して失脚の原因」[25]となり，帝国火災も「十五年度は…営業面で約三〇万円の赤字を招いたばかりでなく，資産運用面でも多額の償却を余儀なくされ…投融資に手違いを招いたことは会社の運命を左右」し，「とくに資産運用の手違いは致命的で，ひいては株価の低落をおこし，業界からは中傷の材料にされ，これがたちまち契約募集面にも影響して衰勢に拍車をかけ」[26]た。

　昭和3年に小原の黒幕と称された東京毎日新聞の経営者・藤田勇の斡旋で瀕死状態の八千代を引受けたのは長男の商司への親心から敢えて美田を買った日魯漁業の堤清六であった。この時八千代の買い手候補として美術商・清水辰三郎の斡旋で久原房之助も名乗りを挙げたが，藤田の口利きで堤が勝った（この直後に堤と日魯株の仕手戦を演じた島徳蔵＝久原房之助連合の背後にも乾の番頭の西川末吉が金主として控えていた）。日魯に大口融資していた朝鮮銀行の加藤敬三郎総裁は3年春「案外面白ひ買ひ物だからやってみるのもよからう」[27]と賛成し，引受に必要な八千代の欠損補塡の寄付も「鮮銀から二百万円の公債を借受けて，それを商工省に提供」[28]，鮮銀監事の松平昌恭伯爵を社長に推戴して，宮内国太郎を専務に据えた。しかし辣腕の堤清六も「場チガヒとあっては…引

第11章　八千代生命の破綻　　　477

受けたあとでは，この保険会社は一向に引き立たなかった」[29]とされる。堤が売勲事件で収容されるや，鮮銀は「商工省が八釜しいから，八千代生命を手放すがよかろう」[30]と支援姿勢を一変させたため，堤も200万円を棒に振るほかなかったとされた。鮮銀側の事情として不良債権が累積したため昭和3年から改革方針が採られ，「同行と特殊関係ある」（S3.7.28東日）日魯との取引方針自体が大きく変わったためでもあろう。小原は八千代生命社金横領事件の落着後は蓼科，伊東の別荘で「十数年間隠棲生活を続け…専ら農村問題の研究に没頭」（S16.7.26東日）したが，昭和16年7月19日肺炎のため蓼科で死亡，享年58歳であった（S16.7.26東日）。

3．資産運用の内容

「加入者を釣る時には，全国農工銀行にのみ投資をするのだから，決して間違ひはないと安心させて置きながら」（3.5.22東日），実際には「小原氏は…世俗的な事業熱に憂身を窶し，当社のほかに帝国火災，東邦火災，日本木土，明治証券，東亜キネマを指揮し，また時に星製薬，葛原冷蔵，阪井屋株式店等と気脈を通じてその方策を誤り，阪井屋に八十二万円，葛原冷蔵に四十五万円，星製薬に二十五万余円等，不良投資の見本を示した」[31]といわれる。一説には「葛原冷蔵に七十五万円，星製薬に数十万円，更に東亜キネマに百六十万円その他合計五百万円以上の不良貸付」（3.3.6東朝）とも，また「大正十一年から昭和三年にかけて保険金を他に流用した不正貸出は葛原冷蔵だけでも一千万円，明治証券へ四百万円，東亜キネマへ百二十万円，星製薬へ五十万円と東邦火災あたりにも数百万円も出し，合計して二千万円」（6.3.1中外）との報道もある。八千代は死亡保険よりも予定利率の高い生存保険の割合が高く，勢い高い利回りを志向せざるをえず，小原は「新規有望の事業に対して投資するを最上の策と考へ…星製薬，葛原冷蔵，東亜キネマ等に多大の資金を投じた」（4.11.15保金）ものと言われる。「経営者は執れも進歩主義の人々であり，殊に…是非共好利回りを要望せる為め，所謂『思惑投資』に傾きたるは軽忽の誇りを免れぬ」（4.11.15保金）とやや同情的な見方もある。八千代を包括移転した日華の河合専務も「貸付金は八千代生命財産中最も不良部分にして貸付総額4,664,034円13の約7割は欠損」（4.12.20保銀）と判断，詳細な説明を付して不良貸付の明細を公表した。破綻生保だけでなく，戦前期の破綻金融機関全般で見ても継承機関自身が不良債権の中身を公表（後年の日銀による調査の

公開等を除く）した希有な事例ではないかと思われる。この時には破綻生保等の引取りを行った日華生命の後身たる第百生命が平成12年には破綻して逆にカナダの外資系生保に引取られる立場に陥ったのは，今次のバブル崩壊のすさまじさを象徴する出来事の一つであろう。

　特に結論部分で取り上げて詳述する星製薬，葛原冷蔵関係を除き，判明した八千代の個別的な不当・情実・投機的投融資の動機・経緯は次の通りである。

(1) 帝国火災

　明治44年2月根津嘉一郎ら20名により発起され，45年4月15日資本金200万円で創立された。帝国火災（帝火と略）の経営者であった根津は，小原からの申出により帝国火災の経営権を譲渡し，大正6年2月帝国火災社長を辞任した。小原は「先輩の推譲献止し難きより案を具して之れを引受け大正六年三月其社長となり，資本金二百万円を更に三百万円に増加し専心社運の回復に努力」[32]し，「帝国火災保険の一大改革を断行して…熱心同社の発展に努力し」[33]，八千代と同じく，取締役に伊藤義平（尾三），折田兼至（鹿児島県），宇佐美敬三郎（千葉県），大谷吟右衛門（兵庫県），弘世正二郎（大阪），監査役に田中数之助（京都府），加藤寛六郎（福島県），山本忠秀（土佐）に配し「全国農工銀行頭取を以て重役とし…顧問伯爵寺島誠一郎（貴族院議員），同渡辺福三郎（横浜市富豪），相談役春田直哉氏，外全国各府県農工銀行，現任頭取三十八名」[34]を配した（春田直哉は八千代相談役）。大正8年4月資本金を500万円に増資し，大正11年時点の大株主は①八千代生命9,421，②明治火災7,000，③横浜火災海上6,000，④高橋体蔵4,939，⑤小原達明（社長）3,200，⑥渡辺福三郎3,148，⑦稲茂登三郎（東京，専務）3,122，⑧木暮正一2,539，⑨小原康（小原夫人，渡辺福三郎四女）2,400，⑩内山松世（富山）2,309株であった[35]。小原と組んだ専務の稲茂登三郎は群馬県の旧家木暮武太夫の子で神田の富豪・稲茂家の養子となり，明治33年海国生命専務就任以来，各社に関係した[36]。昭和3年3月小原は帝火社長を辞任（4.6.20保銀）し，八千代の持株11,568株が譲渡された結果，藤田謙一社長を経て4年7月川崎系となり，社長川崎肇（川崎信託社長），副社長山崎清であった[37]。

(2) 東邦火災

　東邦火災は明治44年11月資本金500万円で設立され，大正11年までは辛酉銀行頭取で日米信託会長の金子元三郎が社長（要録T 11，上p 206）であったが，11年11月22日総株数6万株中の32,000株を帝火が引受け，「馬越恭平，

小原達明両氏を背景として新しき計画の下に社業の伸展を計」[38]ったが，昭和4年3月小原他は退任した。5年時点では川崎系となった帝国火災が37,547株を所有する子会社で，取締役は黒田馨介であった[39]。

(3) **草津電気鉄道（借換債のデフォルト）**

草津軽便鉄道は大正元年の「創立以来無理な経営を続け，漸やく政府補助金によって利益金を挙げてゐた」[40]に過ぎず，嬬恋までの延長に「此間実に十三年を要した事を見ても当事者が如何に惨憺たる苦心を経たかが判る」[41]ほど，長期低迷を続けていた。この間大正4年経営破綻した吾妻牧場株式会社経営の牧場地[42]の過半に当る300町歩の寄付[43]を受けて，数百区画を別荘地として分譲し，11年には200区画を分譲済であった。しかし大正12年東京電灯系の卸売会社である吾妻川電力（昭和8年6月1日東信電気に合併）が同社を傘下に収め，大正15年末では吾妻川電力は8,588株，同電力100％出資の別働隊・第二吾妻川電力が5,000株，計13,588株（34％）保有しており，吾妻川電力常任監査役の河村隆実（1,050株主）が社長，副社長の中原岩三郎，常務の浦山助太郎，取締役の鈴木茂兵衛らが取締役を兼務していた。吾妻川水系の電源開発を目的とする吾妻川電力としては草津電気鉄道沿線での5ヵ所の発電所建設の資材輸送上の必要から同社を系列化し，草津延長に伴う配当補給金として2.2万円を拠出するなど支援姿勢を示したとみられる。また吾妻川電力にとっては非電化私鉄を系列化して電化し，余剰電力の安定供給をはかる意図もあったと考えられる。

「日本一の知恵をもった」（2.6.11 D）河村隆実[44]が吾妻川電力を背景に大正12年10月22日社長に就任[45]すると，社名変更，増資，社債発行，電気事業・自動車兼営，電化，延長等の積極策が相次いで打ち出された。河村は増資実現のため，まず同社の汽車が出す火の粉で別荘を焼かれ賠償請求に来た松室致法政大学総長を逆に無煙・電化のためだからと口説き落して7.9万坪もの土地を寄付させた。当時法政大学は松室の主唱で沿線の北軽井沢に多彩な学者が名を連ねた200戸もの「法政大学村」を開発中で，同社の無煙・電化を大いに支援することになって，河村はこれを元手に，甘味剤たる「五百坪付の株式売出し」という秘策を編出し「応募するやうな人はない」（2.6.11 D）はずの優先株26,000株，130万円の増資を，大正13年2月にプレミアム付で公募し，成就させた。大正13年9月30日社長河村隆実の名で発行した増資新株の券面には麗々しく「此新株ハ大正十三年八月二十日ヨリ満十ケ年間年七朱ヲ限度ト

シテ優先配当ヲ受クル権利ヲ有スルモノトス」[46]と謳っていた。

同社は「嬬恋草津間ニ要スル資金及改良工事費ノ財源」[47]を発行事由として，鉄道財団の第一順位抵当権を担保物件とした第1回担保付9％社債90万円を河村隆実とは因縁深い元東株仲買人・織田昇次郎が主宰する織田信託[48]が大正14年8月10日受託，9月15日90万円を発行価格100円，応募者利回り9％で発行した。麻島昭一氏は「織田信託のごとき中小信託が営んだことは異例に属する」[48]として遠隔地の二，三流銘柄の受託姿勢に疑問を呈している。八千代は発行総額の11.1％に相当する10万円を取得し，昭和3年末現在でそのまま保有しつづけている。八千代が同社社債を大量に引受けた経緯は未詳であるが，例えば同社沿線の小瀬温泉は「東京鈴木氏の所有」[49]とされるなど，有力な沿線別荘主あたりが八千代との間に介在した可能性もあろう。八千代・帝火と草津電気鉄道との接点としては同社に帝火取締役をも兼ね登山を趣味とする鈴木茂兵衛[50]が取締役に加わっている。また帝火専務の稲茂登三郎は群馬県の旧家木暮武太夫の子で群馬との関係が深く，鈴木や稲茂を介して帝火＝八千代が大口引受を決断した可能性があろう。八千代創業時にも「農工銀行には政治的色彩の加味するを避け難く，従って種々の情弊行内に生ずること勘からず，其結果は延ひて保険会社の投資金にも影響を及ぼす」（T2．9．17中外）として農銀提携による悪影響を懸念する報道も見られた。

河村社長の下で大正13年2月電化を目指して草津軽便鉄道を草津電気鉄道と改称し，13年11月1日新軽井沢～嬬恋間37キロの電化を完成させた。さらに草津温泉への延長を目指したものの，「乗客たるや殆んど地方土着の少数者に限られ…乗合自動車の沿線侵略を受けて」，「予期の運輸成績を得られず…十三年度に至りて〈建設費に対する欠損比率〉二分一厘の大穴をあけ…政府の補助金も全く焼け石に水」[51]という「会社当局の悲鳴を挙げんとするの心境」が報告されている。案の定，織田信託が昭和4年8月20日受託，9月14日発行した第1回社債の借換債である第2回担保（新軽井沢～草津間鉄道財団第一順位）付7.5％社債90万円は「嬬恋，草津温泉間の延長線の資金の利子負担のため特に損失を招いた事情」[52]から，普通株はもとより，「十ケ年間七歩限度の優先配当」[53]を謳った優先株も大正14年12月期の3％を最後に一貫して無配を続け，50円払込の優先株もやっと2円の値が付く有様で，ついに社債も債務不履行となり，昭和7年8月24日社債権者集会で6年12月26日以降に遡及して利率を7.5％からへの3％へ，3.5％もの引下げを決議した[54]。さら

第11章　八千代生命の破綻　　　　　　　　　　　　481

に償還日直前の9年9月5日には償還期限の延長を決議し，さらに再延長決議を幾度も重ね最終的には20年9月14日まで大幅に支払猶予した。9年6月末の同社社債残は90万円，借入金53万円，支払手形8.2万円の計151.2万円で嬬恋，草津温泉間の建設費130万円全額を賄った計算となっており，3％へ減免された後の社債借入金利子でも半期で2.3万円にも達し，なお繰越欠損3.7万円を抱えていた[55]。戦後に同社労組が廃線反対運動を展開した際に配付したビラにも「草軽の由来」を「経営権が東京急行…に移る迄は文字通り棘の道の連続で…実に血の滲むような悪戦苦斗の歴史をつくって維持されてきたもの」[56]と表現している。8年6月吾妻川電力を合併した東信電気は9年3月末同社株式を4,388株（社長鈴木忠治名義3,788株ほか）を所有して関係会社[57]として電力の供給を継続していたが，14年4月日本窒素肥料に譲渡した[58]。また18年12月織田信託が証券会社に転換して織田証券と改称[59]したため，担保の受託業務は第一信託（国際信託の後身）が承継した[60]。

(4) 南朝鮮鉄道（自己保身目的の巨額投資）

南朝鮮鉄道は釜山港のバイパス路線として，天然の良港である全羅南道の麗州港と全羅南道の中心地・光州を160キロの短絡線で結ぶ広軌4呎8吋半の蒸気鉄道である[61]。この計画の発端は東武鉄道社長の根津嘉一郎が半島の行政当局から半島南部に鉄道を敷設するように勧誘されたことに由来する。当時半島の私鉄に限り，特別の補助法により15年間は補助金が交付され，内地よりも高率の8％配当が保証されたことが誘因となったとみられる。根津側の説明によればこの補助法自体が「私設鉄道をドシドシ許可して，これを本線の補給をおさせになったならば，私どもを始め資本を持って鉄道の施設をする者が相当に出て来る」[62]と半島の行政当局者に助言した結果だとしている。

八千代専務の関伊右衛門を評価した「根津のお声かかりで」（S 2.12.27保銀），関が「南朝鮮鉄道の創立に参画して，飛び回って」（S 3.12.13保銀）免許獲得に奔走した結果，昭和2年4月5日免許された（2年8月15日宝城〜光州間追加免許）。そこで根津らによって3年1月20日資本金2,000万円で南朝鮮鉄道が設立された。株式は公募せず，根津，原邦造（愛国生命社長）ら発起人を中心に縁故募集し，発起人の多くが関係する「生保会社に其の投資を謀」（S 2.6.6保銀）った。関は2年10月6日生保会社協会の定例午餐会の席上「南朝鮮鉄道株に対して投資方を出席者に諮る所があった」（S 2.10.13保銀）とされる。創立時の大株主は1位根津系富国生命5.4万株，2位八千代5万株，

3位根津1.5万株，4位東亞興業1万株，5位日華生命7,000株などであった[63]。このほか日本共立生命の3,000株をはじめ，根津系に近い愛国，根津系の太平両生命，それに第一，帝国など，かなりの生保が保有したが，9～10年のみ短期保有の帝国を除き，協会ベースの共同投資に乗った結果であろう。買収直前の9年8月期の負債は財団抵当借入金325万円あったが，これも生保からの調達の可能性があろう。

八千代専務の関伊右衛門らが「南朝鮮鉄道の創立に参画して，飛び回って」（3.12.13保銀）免許獲得に奔走，関は2年10月6日生保協会定例午餐会で「南朝鮮鉄道株に対して投資方を出席者に諮」（2.10.13保銀）るなど，八千代は99万円も投じて5万株と根津系富国徴兵5.4万株に次ぐ2位の大株主となった。「根津嘉一郎氏と共に同地に出張して，目下実地視察中」（2.6.6保銀）と同鉄道に異常な執心ぶりを見せた関は「八千代生命を辞任する噂があり，氏は同鉄道の専務となる」（2.6.6保銀）と噂され，もはや行き詰まりから風前の灯の八千代を「冷静な観察下に一身の逃避を企て」（3.12.13保銀）た自己保身の行動とも解される。関は昭和3年には『使はれ人の嘆き』なる小原達明社長批判の書を著した（S3.12.13保銀）。

しかし実際に南朝鮮鉄道専務に就任したのは昭和3年創立時に鉄道省経理局長から根津が迎えた別府丑太郎[64]であった。

なぜなら小原，関が辞任した昭和2年には八千代取締役に須田宣が就任，「根津氏が買ふとか，誰が買ふとか」（4.10.26T）八千代の身売話が噂された通り須田は根津の甥で，「関伊右衛門氏は根津氏を〈八千代に〉直接に入社せしめる積りで種々懇願する所があったが，根津氏は自分は直接出る事は望まぬとあって須田氏を入れた」（3.1.13保銀）のであった。根津は帝火元社長で小原に帝火を譲渡した因縁もあった。しかし「関君は根津のお声かかりで今度（南）朝鮮鉄道の専務に入る」（S2.12.27保銀）と噂され，「関君を寵愛して居る」（S2.12.27保銀）とも報じられ，一時は八千代に食指を動かした根津も冷静に「其内容を熟知するに及んで回復し難きものと諦めた」（4.11.15保金）といわれる。

高橋亀吉は八千代を「当時の所有有価証券百三十一万円の内にも多額の不良株券が含まれて居た」[65]と破綻会社の事例に引用するが，八千代生命保有の南朝鮮鉄道5万株の帳簿価格は99万円で，八千代を買収した日華生命河合良成の昭和4年末の評価額は75万円，差引欠損額は24万円となっている（S

4.12.20保銀)。麻島昭一氏は日華の持株分析上、「鉄道株で注目されるのは、南朝鮮鉄道株が〈昭和〉五年に買増しされて一一四万円の大口になったことである。その理由は明らかにし得ない。とにかく大口投資銘柄は少なく、一社一〇〇万円以上は前出の南朝鮮鉄道だけ」[66]と南朝鮮鉄道株を異常現象として正しく認識されるが、これは前述の通り、突出した大口投資を敢行した八千代資産を日華が買収した結果による急増である。

5年12月25日に麗州～光州間を一気に開業、根津自身も「百哩の鉄道を一年で完成したのは、他に類例もあるまい」[67]と得意がったという。11年3月1日慶全線および全羅線との関連において鉄道部門(麗州港～全南光州)および付帯の自動車運送事業を建設費に相当する1,079.7万円(9年8月期の全固定資産は1,121.6万円)で政府に買収され、資本金を250万円に減資、自動車運輸、倉庫、不動産売買を目的とする南朝鮮興業に改称した。

(5) 東亜キネマ

東亜キネマ[68]は関東大震災直後、名監督山本嘉次郎ら、東京を追われた映画関係者によって発起され、大正12年11月彼らに共鳴した宣伝好き[69]の小原達明がパトロンとなり資本金60万円で社業宣伝映画製作を目的に「八千代生命保険株式会社ノ系統ニヨリテ設立」[70]された。八千代は東亜キネマ株式を7,500株(総株数の62.5％、簿価15万円)所有し、東亜キネマ1社に120万円もの大口融資を行ったほか、小原社長は東亜キネマに多額の債務保証も行ったため、後に日華生命常務として八千代の整理を担当した河合良成は「八千代生命は…保険事業と同時に東亜キネマという映画なども経営」[71]したと分析している。東亜キネマの社長には小原自身が就任し、専務には八千代専務の関伊右衛門とトップは八千代で固め、常務は岩岡巽(岩岡商会主、甲陽撮影所長)、立花良介(元国際活映大阪支店長で、東亜営業部長)の実務家を配し、取締役は南房米吉、町下栄、監査役は上村教衛(八千代常務)であった[72]。その後も八千代から有馬景輔(八千代秘書役参与)、田中丸元三、小笹正人(八千代宣伝部長、後に帝国キネマ副所長)らが常務、代表取締役、支配人クラス、撮影所長として相次いで派遣され、実務を担当した。

キネマは被災地東京に代る、キネマの新天地として各地を調査の結果、次項に述べる阪神間の西宮・甲陽園を「最も適当の場所なる旨を以て借地方の申込」[73]を行った。田中純一郎氏によれば「甲陽公園に設立された甲陽キネマ撮影所(経営者滝田南陽)を買収し、資本金六〇万円で創立した」[74]との前史を

示される。小原は活動写真の効用に早くから着目し，八千代のＰＲ活動の一環として活動写真隊を組織していたから，直系の東亜キネマを活動写真隊の発展形態として位置付けていたと見られる。現に東亜キネマは八千代の宣伝映画『求むる父』『黎明の村』[75]だけでなく，姉妹会社の帝国火災の防火宣伝映画『紅蓮の渦巻』[76]等を制作し，両社の保険募集活動にも活用した。

大正13年6月関や立花良介の活躍でマキノ省三の主宰していたマキノキネマ（京都の等持院撮影所，系統の映画館150館への配給権）を20万円の負債ぐるみ買収し，甲陽を現代劇，等持院を時代劇の専用撮影所と分担することとした[77]。等持院撮影所で製作したマキノ省三の時代劇が人気を呼んだため，東亜キネマも一時は潤ったものの，帝国キネマが東亜から多数の監督や阪東妻三郎らの俳優を引抜き，大正14年には関と立花の対立が契機となって，頼みにしていた「マキノ省三君は，この程，いよいよ独立宣言した為め，東亜では今後時代劇作品が出ない事になるが…非常な大打撃」（T 14.5.25報知）を蒙った。保険界では異才ぶりを発揮してきた八千代の小原社長も畑違いの「キネマ界にあっては雲を失った龍に等しく，あまり花々しい活動もなし得ず，業績甚だ香しくない」[78]といわれた。東亜キネマは昭和2年8月赤字のつづく甲陽撮影所を閉鎖したが，八千代もついに東亜キネマに見切りをつけ，4年3月小笹撮影所長を引揚げ，8月頃京都の酒造業者・岡田誠一郎に40万円で売却した（S 4.8.27保銀）。

その後，宝塚映画製作所を創立したばかりの阪急が，60万円もの負債を抱えて行詰まりの東亜に目をつけ，小林一三の指示で東亜に10万円の融資を背景に取締役として乗込んだ宝塚映画専務・南喜三郎は，「東亜が事業，資金の両面で行きづまっていた。これに目をつけて小林さんに話すと『よし，とってしまえ』ということで，小林さん自ら偵察を兼ねて撮影所を訪問されました。東亜キネマの方では大歓迎で，救世主が出現したように喜んでいる。」[79]と述べているが，さしもの知恵者の小林一三も伏魔殿のような東亜キネマの経営には手を焼き，結局失敗した。東亜キネマの等持院撮影所は昭和8年5月債権者により競売に付されて，映画界から姿を消した[80]。後に映画界のトップ企業東宝を育て上げた「今太閤」でも扱い兼ねた東亜キネマの経営は八千代には所詮無理であったというべきであろう。

(6) 甲陽土地（社債のデフォルト）

甲陽土地は大正期から昭和初期にかけて阪神間の甲山山麓で「甲陽園」と称

第11章　八千代生命の破綻

する大規模な不動産・リゾート開発を行った土地会社である。八千代が同社の社債2万円を保有した経緯は，前述の如く八千代直系の東亜キネマが被災地東京に代る新天地として，甲陽土地分譲地800坪を借地し，大正13年4月までに約百坪の「撮影所を設備し，荒涼の地は一変して一大歓楽境を現出」[81]した因縁に基づくと考えられる。甲陽土地常務で実質的な中心人物（創立時4,090株の筆頭株主）の本庄京三郎は「不動産に対する評価眼の適確なる…」[82]と評された不動産のプロであった。本庄はもともと農商務省の官吏で，仁寿生命，大阪府等を経て，明治40年開業間もない関西での先発信託会社である大阪信託[83]に支配人・信託課長として入社した。本庄は大阪信託から独立，大正元年9月大正信託舎を創立，舎主となった。大正信託舎の営業科目は土地建物売買の紹介，不動産抵当貸借の紹介，土地建物鑑定評価の応需，土地建物管理（家賃取立）引受，土地建物の測量及製図応需，土地建物の改良整理経営引受で，後に一般財産管理引受，財産及整理及処分引受，信託金及代理貸付金の取扱，建築工事並に土木工事の設計及監督，有価証券の売買紹介を掲げた。大正信託舎は大正9年3月資本金300万円の株式会社に改組し，本庄が引続き大正信託社長を務めたが，依然信託業よりもむしろ不動産業の比重が高かった[84]。

大正信託も甲陽園に借地を含む広大な経営地を擁し，大正11年には「甲陽園ノ繁栄ト共ニ近時一層ノ発展ヲナシ世人ノ好評ヲ得」[85]るなど甲陽土地と一心同体の関係にあった。本庄は甲陽土地のほか，宝甲土地，阪神鉱泉土地，有馬パラダイス土地（大正信託21.4％出資），大阪カフェーパウリスタ（大正信託が社債引受）各社長，徳島林業取締役など多くの不動産事業に関係していた。たとえば第1部第3章で述べた香櫨園の土地を競落したサミュール商会が「外人の住宅地となすの意図を有せしも果さず」[86]放棄したため，本庄は同商会から購入して，大正6年に大神中央土地[87]発起人に転売した。甲陽土地の社長となる取締役西尾謙吉[88]も専務宮崎弥作[89]とともに，大神中央土地設立に重要な役を演じた。甲陽土地と大神中央土地とは設立時期，経営地の接近だけでなく，本庄（前所有者），西尾（両社重役）の二人がキーパースンとして，宇治庄兵衛，小野清吉，坂野鉄次郎，吉田定吉らが両社共通株主として関与している[90]。

大正7年5月設立の甲陽土地は「関西箱根」を自称した甲陽園という100万坪もの今日のテーマ・パークのごとき総合レジャーランド経営を計画し，9年12月定款を変更し甲陽園内のグラウンド，貸ボート，運動器具等の遊戯施設

の拡張，甲陽植物園，自動車部（タクシー10数台），料理旅館「甲陽旅館」（10年開業），甲陽倶楽部，甲陽カルパス温泉，直営の甲陽劇場（12年12月竣工）で東亜キネマ製作の活動写真上映に加え，宝塚の向うを張って専属の甲陽歌舞練習所（11年3月募集開始）団員による甲陽少女歌劇まで上演し始めた。土地の分譲は1区画50坪以上で，大正9年の分譲開始時には坪当り20円，14年の新築実績は60戸，大正15年現在は坪当り30円以上100円内外であった。大正末期の戸数は300，人口3,000人に達し，『大社村誌』は当時の甲陽園の繁栄振りを「阪神の紳商で別荘，居宅を建築し，東亜キネマ亦撮影所を設備し，荒涼の地は一変して一大歓楽境を現出するに至り」[91]と表現する。『土地会社要覧』収録の75社もの土地会社の中で44社（全体の58.7％）が単に投機目的で土地を取得しただけで終った中で，甲陽土地は営業目的に掲げた事業の大半を完成させたという点でかなり良心的な部類の土地会社に属する。同様に温泉旅館，浴場や食堂，遊園施設を建設した土地会社の事例としては花巻温泉がある[92]。

　本庄京三郎はなかなかの宣伝上手だったようで，甲陽土地のＰＲのため，『甲陽土地株式会社の実質と真価』『甲陽公園案内』（大正15年3月，p88）等と題する小冊子を幾度も発行し，土地分譲，別荘の建築請負，株式・社債の募集に努力していた。甲陽土地は大正13年9月24日に第1回10％社債50万円，同年11月1日に第2回10％社債100万円，計2回の社債を相次いで発行した。申込取扱所は十五銀行南，西宮，神戸，京都，堺各支店，武庫銀行，甲陽土地本社事務所（以上元利金支払場所）と大正信託であった。第2回社債の発行券種は100円，500円，千円といずれも小口で，「償還期日ハ大正十七年十一月一日但発行ノ日ヨリ一箇年据置キ後三箇年間ニ会社ニ於テ随時金額ヲ定メ抽選ヲ以テ償還ヲナシ，又ハ全部償還ヲナスコトヲ得」[93]ることとしていた。募集用の『壱割利付社債募集要項』は甲陽園を写真や色刷りの地図で紹介するなど，大正信託と組んで一般投資家にも広く売り込んだことをうかがわせる。

　しかし折からの不況の進行で経営不振が続き，まず大正信託で経営者の更迭があった。大正15年2月13日「予て信託業の将来甚だ有望なるに着目し精々調査研究中」（T 15.3.18福日）であった藤田家と，新しく専務となる市岡の大地主・和田久左衛門[94]との間で大正信託買収の調談が纏まり，藤田系統が本庄から譲渡を受けた。本庄時代の大正信託は事実上休眠状態を続け，「名は信託業とは云ひながらも，それはただ甲陽パラダイス其他の土地興業に依る信託

第11章　八千代生命の破綻　　　487

資金の利用に止まり，その業績は微々たるもの」[95]と酷評された。昭和8年にはさらに野村が藤田系から買収し大阪信託と改称，13年さらに野村信託となり，19年野村銀行に合併され，現在の大和銀行の信託部門を形成している[96]。

　一方甲陽土地の方も昭和初期の不況に突入して，過大な設備投資と放漫経営の結果，150万円にも達した社債のデフォルトに陥り，利払不能による未払社債利子の金額は大正15年11月期の6.8万円から昭和3年11月期は19.5万円に累増，3年11月1日の償還期限が過ぎた3年11月末には償還出来ず，本庄社長，本庄取締役ら旧経営陣は退陣，鳩山秀夫が会長に就任[97]，昭和7年末現在でもなお「整理中」[98]で，『西宮市史』はその後の甲陽園について「わずかの旅館と住宅を残してレクリエーション的機能はまったく失われてしまった」[99]と総括する。9年現在の代表取締役は東京の岩田愛之助，西宮の林勇治郎，取締役は伊藤英一（元兵庫県農工銀行取締役，元播州鉄道社長），松井新次郎ら債権者の代表と思われる人物に入れ替わっている（諸S10，上p826）。

(7)　明治証券（不良貸付）

　二上季代司氏によれば明治証券は農工銀行が母体となって別働隊として大正15年4月設立した資本金100万円，農工債券専門の特異な証券会社であったとされる[100]。しかし著者は農工銀行をバックにした八千代の別働隊であったと考えている。明治証券の資本金100万円（うち払込25万円）のうち八千代が4,000株，10万円，姉妹会社の帝国火災が10万円，残る5万円を小原個人が出資したから，実質的に八千代グループ100％出資と考えられる。また明治証券の代表取締役は栗原光次，取締役は湯川貞男（八千代教育課書記から秘書課書記），江川種太郎，荒川勇，監査役は田村直宣（八千代秘書役から関西支店長），大谷純三（要録S4，p210）であったが，「栗原光次君を始め，湯川貞男，荒川勇等何れも旧八千代社員」（3.3.20保銀）で，「八千代の社員数名を明治証券に移し，爾後久しく之等の社員を八千代の秘書課員と偽称して，困窮の極にある八千代の会計から，彼等の俸給を支払はしめた」（3.3.20保銀）とされ，「株式会社とは名ばかりで，実質，内容悉く小原君の威令自在に行はるる個人会社」（3.3.20保銀）であった。

　昭和2年下期には八千代所有の農工債400万円を明治証券に保護預けするなど，「明治証券を作って八千代株を保護預りの形式で無担保で出して金融に当て，葛原冷蔵創立の際などは現物出資だけで運転資金は一文も株主から取らず，直ちに社債募集の形で八千代の金五百万円も流用したといった遣り方で，それ

も形式を幾通りにも分って巧妙に行はれ」（6．3．1中外）たといわれる。小原との癒着が指摘されている葛原冷蔵など、虚業家連中との各種金融トリックの温床に明治証券が駆使された結果、「明治証券株式会社へ四百万円」（6．1．15東朝）もの全くの不良貸が発生する事態を招いた。

(8) **坂井屋株式店（受渡不履行，東株除名）**

さらに小原の投機的体質を象徴するものとして、八千代からの小原個人への無担保貸付111.7万円と、札付きの株式仲買人・坂井屋株式店への無担保貸付82.6万円が挙げられる。八千代の「小原氏に対する無担保貸付は百万円を超え、其他偽造株券担保及無担保で某株式店へ不当融資せるもの約九十六万円」（5．1．1Ｄ）とされた「某株式店」とは一般取引員・陸井幸平[101]が代表の坂井屋であった。陸井は昭和2年上期には東株取引員として一般，短期とも一等で表彰[102]されたが、小原退任後の2年下期には表彰されないどころか2年10月21日「実物取引受渡不履行に就き違約処分に付し，同月二十四日除名」[103]された。この時期日魯漁業株は種々の風説が飛び交う仕手株として有名であったが、「日魯漁業の浮説に乗じて、売叩いた一味にも，八千代が加って居た」（2．11．15Ｄ）とか、八千代の機関店たる陸井も「『日魯』に対するデマの放送局を開いてゐる」[104]一味と見做されるなど、「八千代生命の重役が，兜町に乗出し…相場の妙味に引き擦られて，だんだん深みに陥った」との「奇怪な噂」（2．11．15Ｄ）も盛んに流布された。八千代元社員も坂井屋など札付きの証券業者との共謀関係など「小原達明君の罪悪」[105]多数が内部告発されている。大正8年12月内国通運監査役に就任した小原は増田・矢野一派と「内国通運会社の乗取りを策し…世上を騒がせた」（3．5．6保銀）ともいわれ、いずれにせよ日魯，内国通運などのハイリスクの銘柄に手を出していた小原は2年8月「坂井屋株式店の倒産によって会社の金七十万円を可惜煙にして終った」（3．3．27保銀）とされる[106]。八千代の契約を継承することになった日華生命の河合専務は八千代生命「会社ヨリ資金ヲ支出シテ買入レタル筈ノ有価証券ガ…存在セサル…」「会社所有ノ株式ヲ株式店ニ預入レタルモ返還不能」などと注記した八千代の不良貸付の明細を公表して「多分定期取引関係ナラムカ」（4．12．20保）と定期取引関係のあった株式店との癒着に起因する数々の不良債権の存在を公表した。

(9) **菊池電気軌道（高利貸から破産申請）**

菊池電気軌道の前身・菊池軌道は明治42年3月3日特許を受け，42年8月

第11章　八千代生命の破綻

15日設立され，44年10月1日上熊本〜広町間をまず開業した。大正3年時点の資本金30万円，借入金8万円，社長岡山謙吉[107]であった[108]。

　菊池軌道は大正7年末に電化計画を立て，10年に着工したが金融が逼迫し，大正11年の銀行破綻で予定していた勧銀からの長期資金導入の目途が立たなくなり，しかも「借款に必要な鉄道財団の成立には営業の開始が条件となっているので，止むを得ず他から高利債を借受け工事を遂行した」[109]が，これが有名な個人金融業者の乾新兵衛からの高利資金であった。「乾新兵衛商店に入り金融業を見習」[110]った乾の番頭の一人・玉屋時次郎（後に共同生命社長，第10章参照）が乾合名の周旋人として30万円を菊池軌道に融資した。この際に，山十で生じた簿外負債問題と同様に，菊池軌道でも「年利一割の前払いの筈のものを，事実は二割の前賦を先取りされ，周旋人の手数料七千円も差引かれて，実際に会社で受取った金額は二三万三千円に過ぎず，この不足分が会社の帳簿で説明されていないため，重役が横領したものと疑れ，告訴にまで発展した」[111]のであった。

　熊本県の政治風土を反映して，政争がらみの新旧重役・大株主間の内紛が勃発，「会社への貸金の回収が不可能になることをおそれた債権者も動き出し」[112]，玉屋は元利返済が延滞となるや大正13年12月逸早く会社財産を差押さえ，福州銀行（債権額2万円）等の債権者もこれに続いた。大正14年1月8日になって金融業者の荒木金太郎[113]，江藤茂[114]の2名は相次いで菊池軌道の破産を熊本区裁判所に申請，14年3月熊本区裁で公判が開始された（T 14. 3 .17福日）。相次ぐ訴訟に対策に窮した新重役は「裁判所に提起中の債務其他」（T 14. 5 .20福日）の緊急課題解決のため，14年1月から帰郷していた松野鶴平（商工相・野田卯太郎の女婿，代議士）に新旧重役間の仲裁を依頼，役員の更迭，新役員の人選につき松野ら9名で構成された「仲裁団に於て極力奔走中」（T 14. 3 . 8福日）と報じられた。松野らの奔走により，ようやく新旧重役間の和解が成立したので，14年3月8日「一，役員増加に関する件，二，会社整理資金借入に関する件」（T 14. 3 . 8福日）を付議する臨時総会を開催，「重役改選を断行し取締役社長松野鶴平氏以下各方面の有力家を重役に選任」（T 14. 5 .20福日）した。松野新社長はまず「元金と年一割の利息および延滞料日歩五銭を加算した金額」[115]を用意して神戸の乾合名に急行する途中に契約書を精読して不備を発見して「乾の番頭玉屋時次郎に，その超過分三万円ほどを差引いて支払」[116]った。激怒した玉屋は「私の主人はあなたの党の〈田中義

一〉総裁に三百万円も寄付している」[117]と恫喝したが松野は屈せず，強欲で鳴る乾にひと泡ふかせた。

松野は14年4月28日の総会で9.3万円の損失が出た「会社の状況を詳細に報告すると共に今後の経営方針につき説明」（T 14.4.30福日）した。すなわち「当面に迫って居る債務償還資金六十余万円の調達に就いては勧銀並に熊本市組合銀行に向って交渉中」（T 14.5.20福日）で，「六月十日を期限に一株に付き七円五十銭，三万株即ち二十二万円の払込を徴する」（T 14.5.20福日）ことであった。さらに勧銀，第一，安田，十五の各行からの借入返済を整理するため，大正15年10月28日資本金200万円の半額減資と，優先株2万株発行による百万円増資を決定した[118]。「菊池郡内各町村の株主も，政党政派を超越して彼〈松野鶴平社長〉の経営に期待していたので，新株の払込みも順調にすすみ，一四年七月末には早くも二〇万円の払込みが行なわれた」[119]と『松野鶴平伝』は簡単に記載するが，優先株2万株の80％に相当する16,000株を八千代1社で保有するという異例の大口引受であった。昭和5年3月末の大株主は①八千代16,000，②長野友博（熊本電気，郡是製糸各取締役）861，③小原登寿350，④松野鶴平（社長）333，⑤溝口才太郎（大分土木取締役，大正商事監査役）300，⑥斉藤哲三郎2,574，⑦岡山重吉（元社長，取締役）254株（S 6.4.5 D）であった。3位の小原登寿とは熊本を離れるのを承諾せず，「鬘鑠として家に在り」[120]とされた小原の母トジュ子（寛永元年8月生れ）と思われる。

30万円もの高利資金を導入し返済に窮し悪名高い高利貸・乾新兵衛（末期の旭日生命オーナー）の代理人玉屋時次郎（共同生命社長）から熊本地方裁判所に破産を申請されていた倒産寸前の企業の株を一括引受けするなど，いかに小原の出身地の私鉄で，母との関係を含めて人縁・地縁関係が根深いとしてもあまりに異常な融資判断というほかはない。同郷人の小原と松野は少なくとも日本電気応用の役員として旧知の間柄であるというだけではなく，松野の岳父・野田卯太郎は福岡県選出の代議士で，松野の菊池軌道社長就任直後の14年4月第一次加藤高明内閣の商工大臣に就任したという事実が決定的要因となったと思われる。つまり八千代の所管大臣の娘婿が再建に乗り出した会社の優先株を大量に引き受けたという政治的思惑含みの異例の大口引受であった。『松野鶴平伝』も「彼の岳父の野田卯太郎はこのとき商工大臣になっている。このことも新株募集や銀行関係などにも好影響を与えた」[121]として，八千代の政略的な引受けを暗に匂わせている。

当時「小原の周囲には藤田〈勇・東京毎日新聞社長〉のほかに有名な政商『清辰』こと，清水辰三郎」[122]等の黒幕が居たと言われる。清辰は本職は加賀の御用商人の家に生れた骨董商で，神田連雀町に明治33年に開店，「貴顕紳士の用命頗る多」[123]く，多くの政財界人と交流するうちに蔵相・日銀総裁を歴任した「市来〈乙彦〉の財政顧問」（Ｓ６.７.１Ｄ）などと称されるほど，政商・黒幕ぶりを発揮した。しかし折角恩を売ったはずの野田商相が７月に辞任という短命に終り，その後任が「野田卯太郎君も…商相の椅子はほんの腰掛」[124]と批判して登場した保険のプロを自認する片岡直温で，片岡商相直々の検査命令が満身創痍の八千代を痛撃したことはなんとも皮肉である。

⑽ **秋田電気軌道（軌道財団強制競売，競落）**

　秋田電気軌道の前身・秋田馬車鉄道は明治21年特許，同年６月28日土崎商人らによって創立され，22年７月秋田市北鉄砲町〜土崎町間を開業した東北地方最古の馬車鉄道であった。大正６年６月末の秋田軌道の役員は社長大貫敏蔵，取締役河村右馬助，取支配人大貫良蔵，田村作治，瀧田以久治，監査役西村福蔵，事務長佐々木直蔵であった[125]。

　大正９年電化に備えて秋田電気軌道と改称し11年１月21日から一部電車運転を開始した。しかし同社は財政難から電車敷設が中断，地元資本家の手を離れ，電化・改軌用資材を供給した大阪や東京の債権者に経営権を握られた。昭和２年頃には「一時ハ破産デモスルカト言ハレル迄悲況ニ陥」[126]り，一時は運転休止に追込まれるなど，経営面で混乱が続いた。同社破綻の直接の原因は本社が大阪の今宮に移転されていた「田中社長時代ニ借入金アルニ不拘，帳簿ニ記載セラレサリシ」[127]簿外負債160,060円68銭の存在のためであったが，こうした頑強な債権者は「田中社長時代ノ物品購入代金ニシテ訴訟中…」[128]など，訴訟・法廷闘争を連発して同社を苦しめたものと見られる。

　昭和２年12月末現在，秋田電気軌道は本店を再び秋田市新大工町10に戻しており，資本金205万円，借入金31.7万円であった。1,000株以上の大株主は大高源吾，三津喜一，早坂吉助，鎌田清一郎，大高節，吉岡幸市，第四十八銀行（取締役本間金之助），役員は社長小泉二朗（後述），専務石川銀蔵，常務千速賢正，取締役大高庄右衛門，関謙親，杉村清助，新庄直知，今野禎吉，加賀谷知治，監査役松田長三郎，河原田次重，佐藤亮象，林甚之丞であった[129]。このうち少なくとも小泉社長，千速常務，林監査役らは債権者の小泉商店ないし日本レールの重役であった。５年12月には電気事業譲渡許可されており[130]，

同時に小泉二朗[131]へ競落許可されたものと見られる。

　小泉商店は「軌条付属品建築用鉄具」を取扱い，大正13年3月設立され，昭和7年末現在，資本金20万円（払込5万円），役員は取締役小泉二朗，千速賢正[132]，城口再太，監査役矢崎寅吉，小泉一義であった（要録S8，p174）。また日本レール（日本橋区呉服橋）は大正12年4月設立され，昭和7年10月末現在，資本金100万円（払込60万円），社長五十嵐小太郎，専務岡健夫，取締役林甚之丞[133]，島田徳太郎[134]，間島三次，監査役千速賢正，岩田米次郎（岩田兄弟商会）であり，2,400株以上の大株主は五十嵐小太郎（社長）5,000株，林甚之丞（取締役）2,500株，島田徳太郎（取締役）2,500株，㈱岩田兄弟商会（監査役の岩田米次郎）2,400株であった（要録S8，p31）。秋田電気軌道は両総電気，千葉水電などとともに小泉商店の主要販売先であったと見られる。日本レールや小泉商店の販売戦略に関して信達軌道を引き受けた佐伯宗義は「先立つものは金である。私に手持のあろうはずがない。そこで私は，この金を，当時日本鋼管の大株主で，後に日本レールの社長になった林甚之丞や五十嵐小太郎，永野護，翁久允の諸氏に用立ててもらい，林，五十嵐，五十嵐の友人河合良成の三人を重役とし」[135]たが，その後「いろいろ考えた挙句，林，五十嵐氏らの他国勢に退却してもらうこととし…金を借り，林，五十嵐氏らの主資金を返済した」[136]と回顧している。日本レールの遣り口は資金難の電気事業に対して，資金供給する見返りに軌条や資材を一手に供給し，債権保全手段として株式を多数取得し，役員を多数派遣する，「才賀電機商会」流の商法であったと考えられ，林，五十嵐のバックに永野護，河合良成らの「番町会」グループの暗躍が見え隠れする（その典型例が林甚之丞による東京湾汽船，日本製氷等の買収）。また小泉二朗も北丹鉄道の工事を途中から請負う際に「一人で全株式の三分の一に相当する大量の株式を引き受け」[137]た前請負者の岡本政治の1万株をそのまま引き継いで請負った事実も赤坂義浩氏によって報告されている。前任者が「技術上，さらに資金上リスクを負いきれなくなった」[138]ハイリスク案件を途中から引き取る小泉らのリスクテーキングな商法にも注目する必要があろう。

　八千代の同社への13.9万円の軌道財団抵当の融資開始時期は特定できないが，おそらく大正14年6月期に公表数値ではゼロだった借入金勘定が139,945円計上された14年12月期あたりからと思われ，軌道財団抵当に切換えたのは昭和2年12月12日，期限は3年程度であったと推定される。しかし

第11章　八千代生命の破綻

　昭和4年下期には同社未払金16,010円全額が八千代への借入金利子であり，この時点では同社は八千代に対し元本返済はおろか，金利すら殆ど支払えなかった状態にあったと見られる。4年10月19日八千代の契約を引受けた日華生命が同社への融資額を「利益ヲ計上シ得サル現状ニテ利子延滞，目下回収ノ見込立タサルニ付（評価）約半減」（4.12.20保銀）との判断を下したのもうなずける。八千代からの資金導入の経路は未詳であるが，後述の信達軌道を引き受けた佐伯宗義の場合と同様に，おそらく秋田電軌へ資材を供給し，その後同社の整理を一手に引受けていた日本レール派重役，特に帝人事件で有名な「番町会」メンバーで，フィクサーの永野護とも親しい林甚之丞あたりの仲介で八千代から融資を引き出したと想像される。

　永野は林に渡辺商事入りを勧めた親友で，放漫貿易から渡辺商事を破綻させた後，第4章の東京乗合社債や，八千代も保有する福島電灯社債受託行である神田銀行に三顧の礼を以て迎えられた人物で，東京乗合社債等を神田銀行に無理やり引受けさせて神田も破綻させた。

　八千代を継承した日華生命は整理を進め，地元の大手請負業者栗原源蔵に当該不良債権を譲渡した。この頃，秋田電軌は「タッタ一人の頑強な債権者」が「競売の挙に出た」（5.6.27魁）結果，軌道財団強制競売事件として5年6月「二十六日いよいよ競売に附されたが，十六万円にて栗原源蔵氏の手に落ち，栗原氏は即日資本金五十万円にて秋田電車株式会社と名称を換へて栗原家一族の経営とする手続きを取るに到った」（5.6.27魁）のであった。「こうした結果を見るに到ったことを遺憾に感じております」（5.6.27魁）と語る栗原源蔵（秋田市亀ノ丁東土手）は土木建築業者で秋田信託，旭川製作所各取締役（要録S8，役上p302），明治38年開業，年商70万円以上，正味身代40万円以上，対人信用普通，盛衰は常態とされていた[139]。

　『鉄道省文書』では「秋田電気軌道軌道財団強制競売事件アリ。五年六月二十六日当会社発起人栗原源蔵ニ於テ競落シ同月二十八日其ノ許可決定ヲ受ケ，今回特許ニ依ル権利義務一切ヲ承継」[140]とあり，担当官メモとして「5.6.28　160,000円競落，139,000円」[141]との競落価格（13.9万円は八千代，日華から継承した栗原からの借入金額か）を示す記述が添えられている。

　秋田電車社長に就任した栗原は会社の登記が完了するとすぐに「秋田区裁判所昭和五年（ヌ）第四号軌道財団強制競売事件ニ付，昭和五年六月二十六日弊社発起人栗原源蔵ニ於テ競落シ，同月二十八日其ノ許可決定ヲ受ケ昭和五年六

月二十八日決定確定致候間」[142] として承継許可を申請した。添付された登記簿によれば秋田電車は本店を秋田市亀ノ丁東土手の栗原自宅に置き，5年6月26日設立され，7月4日登記，資本金50万円，払込高25万円で，社長は栗原源蔵，取締役栗原一枝（栗原の同居人），栗原十三（金沢市味噌蔵町20），監査役関谷仲次郎（秋田市亀ノ丁末町18），中川長治（秋田県能代港町富町7）で[143]，いずれも他に役職なく（要録S8，役上），栗原自身が「電車もトウトウ私の手によって経営することになりました」（5．6．27魁）と語っているように栗原の親族・配下で固めた特別目的会社と考えられる。

いずれにしても実質的に破綻同然の遠隔地の零細私鉄に，ろくろく調査もせずに大口の長期融資を敢行するところに八千代らしい八方破れの遣り口を見ることができる。

(11) 福島電灯（社長偽造手形乱発，受託行破産）

福島電灯社債は大正14年5月12日付で第5回，大正15年4月1日付で第6回社債750万円が発行され，いずれも神田銀行が引受けた[144]。昭和2年2月16日の神田銀行広告「好利回公社債売買　預金利下愈々実施　此際利回よき債券の提供！」（S2．2．16東日）には物上担保付福島電灯社債が第3回担保付後藤毛織社債，東京乗合社債[145] 等とともに掲げられた。八千代は昭和2年末，3年末に神田銀行引受の8％福島電灯社債をそれぞれ10.0万円保有する[146]。八千代が単にこの「利回よき債券」に飛び付いただけなのか，星，葛原，本庄らのケースのように癒着や情実が存在したのか判然とはしないが，結果として八千代が販売した生存保険の高い保証利回りに届く高利の運用手段としては，この福島電灯社債などハイリスク承知のジャンク・ボンド並の投融資しか選択の余地がなかったのであろう。福島電灯社長で福島銀行等県下各行の経営者でもある吉野周太郎[147] が福島，武蔵野両行など「自己関係事業の破綻を救はんがため偽造手形を発行し…大正十四年五月以降…その額は二百十七通六百六十三万五千円に及ぶ」（3．12.29 E）という巨額の福島電灯不正手形事件が昭和3年2月発生した。このため「吉野氏社長ナルガ為〆同社ノ多数株式ヲ所有シタル」[148] 福島，福島貯蓄，百七等吉野系統の県下各行が連鎖破綻に追込まれた[149]。

第百七銀行休業の影響は県内各地に波及，就中農工，山八，郡山合同，二本松，須賀川等中通り所在各行に対して大きな衝撃を与え，これら銀行では預金引出が激増したため大半の県下地元銀行もほとんど開店休業という萎縮状態の

まま，昭和4年を経過した。首謀者の吉野周太郎は「私ハ財界ノ事ニ付イテハ自信カアリマス」[150]と自認するほどの自信家であり，蚕糸地帯の福島県で日本正準製糸，富国館，福島県是製糸など3製糸会社に約400万円融資していたが，福島電灯事件の予審で「福島銀行ハ県下ノ製糸家ニ資金ヲ貸付ケテ置キマシタカ製糸家モ右震災ノ為メ損害ヲ被ッタノデ銀行デハ貸金ノ回収ガ出来ナクナッタノデ益々経営困難トナッタ…製糸業ハ三年カ五年テ利益アルノカ通例テアリマスカラ，訴訟等ヲ起シテ無理ニ催促シテハ却ッテ製糸家ヲ困ラセ回収ガ出来ナクナリマスカラ，時期ノ至ルヲ待ッテ居タ…財界ハ普通六七年位テ好況ニナルノテ…此度ノ様ニ不況ノ状態カ長ク続ク事ハ曾テ前例カナカッタ」[151]と破綻の原因を陳述した。この福島電灯手形偽造事件で吉野一派は神田銀行「行員芝山重等をして…誤信せしめ」たが，資金難に喘ぐ福島銀行，武蔵野銀行などに融資して吉野一派に騙し取られた被害者[152]として判明するのは社債受託行の神田銀行のほか，白須金三郎，高城畊造，岩崎徳五郎[153]ら全国の高利貸的な人物多数である。

当該社債を引受けた共謀格の神田銀行も「金五十五万円を十数回に騙取」られた被害者[154]で，3年8月18日破産宣告を受けたため，蔵相が大正14年5月12日付福島電灯第5回，大正15年4月1日付福島電灯第6回社債750万円は社債受託行の「神田銀行破産ニ付…日本興業銀行ヲ新ニ受託会社ニ選任」[155]する異例の措置もとられた（S4.2.20 B）。

(12) **東京毎日新聞**

小原は「自ら東京毎日新聞を宰して宣伝機関となし，四頁に亘る保険記事を掲げては，これを全国に配布して大きく呼びかけた」[156]が，「明治三年の創刊にして日本新聞紙中最も古き歴史を有す」[157]と自称する同紙は現在の毎日新聞東京本社（前身は東京日日新聞）とは無関係で，政商・藤田勇が「東京毎日新聞の経営に困り抜いて居た時，これが救済方を小原君に縋った」（3.3.20保銀）関係で，「一時小原君が毎日の社長をしてゐたが，余り香ばしい新聞でもなく，当時売出しの同君は，世間の誤解をおそれて，幾何もなく社長の椅子を藤田君に譲ったものだが，売名を生命とする小原君は，其後も引続き同新聞を援助」（3.3.20保銀）するなど，マスコミ利用も巧みであった。このほか小原は帝国文化協会（東京丸ビル内）の会長として雑誌『向上之青年』『向上之婦人』を発刊し，毎号自らも執筆し，大正15年相次いで『小原達明随筆集』（189頁，朝陽社），『みあとしたひて』（244頁，帝国文化協会）を出版した。小

原の皇室中心主義の傾向とともに、「憂国の至情、凝って懸河の神弁となり、大信念を聴者の腹中に置かずんば止まず」[158]、「諸君は…神と共に在る心境に入って見て貰ひたい」[159]など社員・聴衆を教導する神懸り的言動が逐年顕著となった。

(13) その他

以上の他にも八千代の関与先には日本木工（3.3.20保銀）、「関君が…八千代の金融仲介機関として作った」（4.1.20保銀）三益商会等の不良会社が多数あった（なお、大口投融資先の星製薬、葛原冷蔵との因縁は結論で詳述）。小原自身も「私の知人に、自己の力量を考へずに、軽々しく、会社経営に手を出し、部下の統御監督に欠くるところあり、経営宜しきを得ないため、つひに破綻を生じ、多くの人々に、多大の迷惑をかけた…お気の毒な人が、二三ではありません」[160]と八千代周辺での倒産の多発を告白している。結局八千代の経営は「私は硝子張りの中で生活してゐる」[161]との小原の豪語とは逆に、不良債権を山積した陰蔽体質そのものであったと総括できよう。

注

1) 大阪生命は拙稿「大阪生命の生保乗取りと日本生命の対応」『保険学雑誌』第516号、昭和62年3月参照
2) 『現代人名辞典』大正元年、中央通信社、ヲp64
3) 『大衆人事録』第3版、昭和5年、オp39、南雄三『硝子張りの中の人』大正12年、東京堂、p24
4) 7) 10) 13) 21) 31) 前掲『本邦生命保険業史』p228～30
5) 春田直哉は愛知県出身、逓信省管理局長より25年帝国生命大阪支店支配人、37年取締役、41年「故ありて辞し」（『銀行会社と其幹部』T 6、p203）た。帝国火災相談役も兼務
6) 駒田亀太郎は三重県出身、37年京都帝大卒、日生入社、有隣生命元秘書役
8) 38) 『大日本保険名鑑』昭和2年、p58、107
9) 11) 14) 高橋亀吉『株式会社亡国論』昭和5年、万里閣書房、p382
12) 16) 33) 前掲『銀行会社と其幹部』p195～6
15) 「関西財界の九州人」41（T 15.3.16 福日）
17) 関伊右衛門は福岡県出身、福岡商業、神戸高商卒、明治生命の営業職員を経て、大正4年入社
18) 小原会館（平河町ビル）は大正14年1月21日地鎮祭挙行、15年春工費80余万円で竣工、SRC4F2B、300名収容の会議室には活動写真を上映できる映写室があり、2階は延べ千数百坪もある小原私邸（大久保百人町の私邸より引越）、3～4階は200名宿

第11章　八千代生命の破綻

泊の和室から構成。八千代本社の親切課、丸の内支店事務所も移転したが、小原会館の通称通り、「会社の事業として、小原君の率ひる日本木工会社にもうけさせ、小原個人の広壮なる私邸を建築させた」（3.4.6保）と公私混同を非難された。昭和2年八千代は本社を平河町に移転するも八千代を継承した日華生命は軽井沢の老舗ホテル「万平ホテルに貸することとなったが、一部の修理を施してホテル」（5.4.27保）に改修、5年11月万平、日華共同で㈱万平ホテル（資本金8万円、全額払込済、4千株中日華2,100株、社長佐藤万平）を設立（5.11.16中外）、6年2月麹町万平ホテル（82室、116名収容、支配人社長長男の太郎）を開業した。さらに日華日本橋ビルも賃借し八洲ホテル（65室）を開業したが、14年11月麹町は閉鎖、北支那開発を経て帝国石油本社となった（『万平ホテル物語』平成8年，p 148）。

19)　『星一評伝』昭和24年，p 139
20)　前掲『硝子張りの中の人』p 202
22)　25)　26)　日本火災『70年史』昭和39年，p 635～8,458
23)　前掲『本邦生命保険業史』p 219
24)　『全国株主要覧』大正6年，p 273
27)　28)　29)　30)　内藤民治『堤清六』昭和12年，曙光会，p 971～2
32)　『大日本重役名鑑』大正8年，を p 19
34)　前掲『大日本銀行会社沿革史』大正8年，p 42
35)　『株式会社年鑑第一回』大正11年，p 19
36)　『大日本実業家名鑑』大正8年，い p 16
37)　『銀行会社事業興信録』昭和8年，p 1050
39)　東邦火災『第19回営業報告書』、日銀審査部「川崎及原系関係銀行会社調」昭和5年10月10日、日銀金融研究所保管資料＃337、「昭和五年度重要回覧一般，本店～福島」
40)　52)　『続会社かがみ』東洋経済増刊、昭和2年6月20日，p 18
41)　49)　荻原秋水『草津温泉』大正15年，p 187，189
42)　元北白川宮家経営の牧場を明治40年頃払下げ
43)　45)　58)　『写真集草軽電鉄の詩』平成7年，郷土出版社，p 134，177，128，178
44)　河村隆実（結論参照）は大阪生命等を乗取った岡部廣の共謀者として、房総、伊豆鉄道等に登場した人物で、財界巨頭を夢見ていた河村自身は草津電気鉄道など、哀れな「末路」と表現している。法政大学村の寄付は山本直文公述人の発言に詳しい（『草軽電気鉄道一部廃止公聴会速記録』昭和25年11月13日、運輸審議会，p 63以下）。
46)　前掲『草軽電鉄の詩』p 20所収
47)　『公社債年鑑』昭和3年版，p 315
48)　前掲『本邦信託会社の史的研究』p 375。織田信託は東株仲買人の織田昇次郎が廃業して創業、大正13年7月免許を取得し、翌14年には担保付社債の受託全体の2.1％を占める実績を挙げたが、麻島氏の指摘通り神田と同様に無理な受託姿勢に問題があったと見られる。
50)　鈴木茂兵衛（日本橋区小網町）は老舗の肥料食塩水油商・絹川屋16代目、帝火、吾妻川電力各取締役、朝日海陸運輸、東京地方塩業、日支食料各社長（『現代実業家大観』昭和3年，p 51、『軍国日本人物大観』昭和13年，p 119）、大正7年東京農銀頭取就任、

⑦ 4,000株主（『第一回株式会社年鑑』大正11年，p17）
51）『交通と電気』4巻12号，大正14年12月，p28
53）山一証券『株式社債年鑑』昭和10年版，p72
54）山一証券『株式社債年鑑』昭和7年，p51
55) 57)『株式投資年鑑』昭和9年下半期版，p456，113
56）昭和24年10月1日草軽電気鉄道労働組合発行（前掲『写真集草軽電鉄の詩』，p149所収）
59）麻島昭一『日本信託業発展史』昭和45年，有斐閣，p163
60）前掲『社債一覧』，p274
61）南朝鮮鉄道は鮮交会『朝鮮交通回顧録（行政編）』昭和56年，p73，891参照
62）根津嘉一郎『世渡り体験談』昭和13年，p125
63）『明治大正史』第10巻会社編，実業之世界社，昭和4年，p341
64）別府丑太郎は根津系の高野鉄道専務，西武鉄道社長，昭和土地監査役等に就任（『丸之内紳士録』昭和6年版，p422）
65）前掲『株式会社亡国論』p385
66）麻島昭一『本邦生保資金運用史』平成3年，日本経済評論社，p791
67）前掲『根津翁伝』p110
68）東亜キネマに関しては前掲『一九二四年に於ける大日本人物史』p38～9，田中純一郎『日本映画発達史』II，昭和51年，中央公論社，p26～34，186～91に負うところが大きい。
69）この時期大正生命専務の金光康夫も八千代生命所有地の賃貸先・日本映画劇場社長に就任するなどの関与を行っている。宣伝映画に関心を寄せた経営者の例には太湖汽船常務の北川弥一がある。北川弥一（北川弥平長男）は慶応大学理財科を卒業し，大正7年1月22日辞任し父北川弥平の跡を継ぎ太湖汽船専務となり，大正15年7月6日弥平が死亡すると名実共に太湖汽船の実権を掌握したものと見られる。太湖汽船が社内で宣伝映画の撮影や，バンド，余興，広告宣伝などを行って「弥一坊っちゃん」（S3.9.20大朝滋賀版）の「道楽の太湖プロダクション」（S3.9.19大朝滋賀版）とも評された。
70）甲陽土地『第十一回営業報告書』大正12年11月
71）河合良成『明治の一書生』昭和44年，p377
72) 74) 75) 77) 前掲『日本映画発達史』p26～7
73）甲陽土地『第十一回営業報告書』大正12年11月
76）日本火災『70年史』昭和39年，p618
78）「関西財界の九州人」41回（T15.3.16福日）
79）『小林一三翁の追想』昭和36年，p269
80）前掲『日本映画発達史』p191
81）『大社村誌』p174，前掲『日本映画発達史』p26
82）『大阪現代人名辞書』大正2年，p195
83）大阪信託に関しては拙稿「戦前期の生保不動産投資と土地会社等への関与」『経済学研究』58巻3号，九州大学，平成5年2月，p40～1，前掲『本邦信託会社の史的研究』p53～6参照

第11章　八千代生命の破綻　　　　　　　　　　　　499

84）『大阪工大摂南大学七〇年史』平成4年，p12。土井一徳「大阪市に於ける信託業の発達(1)」『立命館学叢』1巻10号，昭和5年6月
85）大正信託『第四回営業報告書』大正11年5月
86）91）『大社村誌』昭和11年，p165以下
87）大正7年3月9日資本金300万円で設立。大神中央土地に関しては『民営鉄道の歴史と文化　西日本編』古今書院，平成7年所収の拙稿「阪神電気鉄道―阪神間の遊園地・都市開発に果した役割―」参照
88）西尾謙吉は大神中央土地創立時800株の株主，甲陽土地1,000株，第4位株主
89）90）宮崎弥作は大阪の唐物町で兄弟で家業の鍋釜鋳物㈱宮崎商店経営，創立時1,600株の第2位株主
90）甲陽土地『第二回営業報告書』大正8年5月。武知前掲書『近代中小企業の基礎的研究』p264
92）花巻温泉に関しては拙著『破綻銀行経営者の行動と責任―岩手金融恐慌を中心に―』滋賀大学経済学部研究叢書第34号，平成13年3月，p149以下参照。なお小規模な事例としては奈良県の生駒旭園温泉があり，大正9年頃「北生駒方面の発展は土地会社の成立のみにて約七八会社に上り，生駒旭園温泉の如きは実に十数万円を投じて賑々しく開業」（大正9年8月商事信託の広告）したと同業者の宣伝にも利用されている。
93）『官報』第3750号（T14.2.24）記載の神戸区裁判所西宮出張所商業登記，社債公告，前掲『社債一覧』p263
94）『華城事業界之名流』昭和8年，帝国日日新聞社，p110
95）実業之世界『明治大正史』第10巻，昭和4年，p150
96）『大和銀行四十年史』昭和33年，p371
97）『公社債年鑑』昭和4年版，p440
98）前掲『社債一覧』p263
99）『西宮市史』第3巻，昭和42年，p273
100）二上季代司『日本の証券会社経営』東洋経済，p12
101）陸井幸平（芝区白金三光町）は東京高商専攻科卒，大正5年株界入り，8年坂井屋を創立代表取締役，大正13年所得税7,000円，営業税2,929円（紳T14，p416）
102）103）前掲『東株五十年史』p297，313
104）122）前掲『堤清六』p788，971
105）天野強三郎「保険界の妖魔　小原達明君の罪悪秘録　附八千代生命騒動の真相」（3．3．20保銀）
106）昭和2年八千代は東京乗合の1,040株を短期保有した（東洋経済『会社かがみ』昭和2年6月，p215）。同様に受渡不履行で東株を除名された株式仲買人に多額の融資を行い，彼らに総会屋的行動まで依頼した不良金融機関の一例として岩手県の三陸銀行がある。拙稿「一県一行主義による当局主導の強圧的銀行統合の弊害―旧岩手銀行と三陸銀行の合併を巡る紛糾を中心に―」『彦根論叢』第328号，平成12年12月参照
107）岡山謙吉は政友会の有力者，菊池銀行頭取
108）『鉄道電気事業要覧』鉄道通信社，大正3年，p165
109）111）112）115）116）117）119）121）『松野鶴平伝』昭和47年，p186〜204

110) 前掲『千葉相互銀行三十年史』p 28
113) 荒木金太郎は債権額 10 万円, 旧重役の農地担保, 福岡県鞍手郡直方町, 筑豊酸素監査役
114) 江藤茂（菊池郡陣内村）は債権額 20 万円, 故江藤哲蔵代議士の本家)
118) 菊池軌道『第 18, 19 回報告』
120) 『大日本重役大鑑』大正 7 年, p 154
123) 『実業家人名辞典』明治 44 年, シ p 16
124) 片岡直温『大正昭和政治史の一断面』昭和 9 年, p 365
125) 『帝国鉄道要鑑』第四版, 大正 7 年, p 84
126) 秋田電気軌道『第八十回営業報告書』昭和 2 年 12 月
127) 128) 監督局宛秋軌第一一四号, 昭和 4 年 2 月 16 日『鉄道省文書』秋田電気軌道
129) 『地方鉄道軌道営業年鑑』昭和 4 年, p 74
130) 『秋田市交通局 30 年誌』昭和 46 年, p 163
131) 小泉二朗（東京市神田区佐久間河岸 12）は㈱小泉商店, 東京電解合金所代表取締役, 千代田鋳工専務, 両総電気, 千葉水電各取締役（要録 S 8 p 174, 『丸之内紳士録』S 6, p 74, 要録 T 11 p 106 役下 p 27）
132) 千速賢正（豊島区雑司が谷）は小泉ビル内で開業する弁護士（紳 S 6, p 502), 万世起業, 小泉商店, 千葉水電各取締役, 秋田電気軌道常務, 日本レール監査役（要録 S 8 役上 p 95, 『丸之内紳士録』S 6, p 74）
133) 林甚之丞（世田谷区上馬町）は東京湾汽船専務, 常北電気鉄道, 日本製氷, 伊豆製氷, 千葉水電各取締役, 秋田電気軌道監査役（要録 S 8 役上 p 59, 『丸之内紳士録』S 6, p 74）
134) 島田徳太郎（大阪市西区北堀江）は関西製鉄代表取締役, 日本レール代表取締役, 尼崎製鋼所監査役（要録 S 8, 役下 p 186)
135) 136) 佐伯宗義『自叙伝』昭和 57 年, p 65, 71
137) 138) 赤坂義浩「大正期民営軽便鉄道の資金調達―京都府福知山北丹鉄道の事例―」『経営史学』30 巻 3 号, 平成 7 年, p 78
139) 『商工信用録』第 69 版, 昭和 11 年 4 月, 東京興信所, p 15
140) 141) 「秋田電気軌道特許ニ依ル権利義務承継ノ件」昭和 5 年 8 月 16 日許可鉄道省文書, 秋田市営巻四, 昭和 5～7 年
142) 「秋田電気軌道特許ニ依ル権利義務承継許可申請書」昭和 5 年 7 月 5 日, 鉄道省文書, 同上
143) 秋田電車商業登記簿, 鉄道省文書, 同上, 諸 S 10, 下 p 295
144) 『第 33 回全国公債社債明細表』昭和 2 年 6 月
145) 発行条件利率年 8 ％, 利払 4 月 15 日, 10 月 15 日, 償還期限昭和 5 年 12 月 11 日, 裸値段百円に付百円であった。
146) 麻島昭一『本邦生保資金運用史』平成 3 年, 日本経済評論社, p 228, p 662～9。このほか千代田生命も 19.7 万円保有する。
147) 吉野周太郎の行為は白鳥圭志「地方金融の再編と地域利害」『土地制度史学』160 号, 平成 10 年参照

第11章　八千代生命の破綻

148) 福島貯蓄銀行「株式会社福島貯蓄銀行ノ整理ト更生」昭和4年9月（『日本金融史資料昭和続編』付録第1巻，昭和61年，p 436所収）
149) 「金融恐慌下地元銀行の休業状況」日本銀行福島支店『福島県銀行史』昭和32年（『日本金融史資料　昭和編』25巻，p 228所収，なお福島電灯事件と百七銀行破綻等については昭和3年12月29日「エコノミスト」（『資料』26巻，p 717所収）参照
150) 151) 福島電灯手形偽造事件「公判準備調書」日銀金融研究所保管資料＃1055「第二別口福島電灯手形事件書類・福島銀行」昭和3～6年
152) 154) 福島電灯手形偽造事件「予審終結決定書」同上日銀＃1055
153) 白須金三郎は渡辺系山陽土地社長，仙台信託等を金主，福島銀行等の不振銀行を与信先とする東京銀座に事務所を構える有力な金融ブローカー。高城畊造も山陽土地取締役で東北一の高利貸・斎善家経営の仙台信託取締役支配人，岩崎徳五郎は悪名高い高利貸で「西頚城郡内ニ於ケル金融界ノ王座ヲ占メ」（S 9 .10.29信濃毎日）たとも称された人物で，大正11年時点で糸魚川の越後銀行（西頚城銀行が明治40年8月改称，昭和6年12月百三十九銀行が買収）の頭取，大和川貯蓄銀行取締役，越後電気監査役，頚城鉄道取締役（要録T 11，上p 24）
155) 福島電灯『第67回営業報告書』
156) 前掲『本邦生命保険業史』p 200
157) 東京毎日新聞編『大日本重役大鑑』大正7年，巻末広告p 6
158) 伊原敦編『皇室中心主義に関する小原先生の講演をききて』大正15年，帝国文化協会，序文
159) 大正12年の年頭訓示（『帝国社報』大正12年2月，帝国火災）
160) 大川政八編『小原達明随筆集』大正15年，朝陽社，p 103
161) 前掲『硝子張りの中の人』p 216

終章　土地会社方式による金融破綻処理

1．特別目的会社，「受皿会社」等の系譜

　今日では証券化・課税回避といった特殊な目的を達成するために特別に組織された会社群を広く「特別目的会社」（ＳＰＣ：Special Purpose Company)[1]と呼び，特に指名金銭債権，不動産の証券化の促進を目的とする特別法（「特定目的会社による特定資産の流動化に関する法律」通称ＳＰＣ法，平成10年9月1日施行）に準拠するものを「特定目的会社」[2]と定義している。特別目的会社には従前から純粋持株会社，自己競落会社[3]，「タックス・ヘイブン」などに設立される海運業の「便宜置籍船」「仕組船」の船舶保有会社，多国籍企業のファイナンス・カンパニーなど，多種多様の目的と形態が存在する。それらの多くはペーパー（シェル）・カンパニー，ダミー会社などと呼ばれるように，商業登記簿，各種登記・登録等の名義上だけ存在する会社で，通常の事業を営む一般の会社のように事務所，工場，雇用された従業員等がなく，生産活動，営業活動等，目に見えるような稼働企業としての実態が存在しない，いわば「架空会社」である場合が多い。

　戦前期のわが国にも第１部第６章以下で検討した新旧会社方式による再建に伴うものなど，①何らかの企業再建整備目的で既存会社（オリジネーター）等の資産・負債の一部を譲受・継承する受皿会社（資産負債継承会社）をはじめ，②財閥，電力業などで特に発達した持株会社，保全会社，③自己競落会社（第１部第７章の十五銀行による水戸鉄道新設など），④変態増資のための特別目的会社などの諸形態や，②の類似形態として破綻企業の営業や資産の全部または一部を引継ぐ「第二会社」，「別働隊」など，明らかに特殊な目的意識をもって設立された各種の会社群が存在した。

　本章では設立の目的が主に既存（または母体）の企業・金融機関（以下「本体」と呼ぶ）の破綻や，整理（破綻処理に加え，その前段階としての財務改革等を含む広義の整理をさし，法的な整理には限定しないものとする）等に伴う，資産（質的な良否を問わず，営業権等の無体財産を含む）・負債の全部・または選択的な

一部分を継承する会社を「整理・受皿会社」と呼ぶこととした。当時の用語では「整理機関」,「整理会社」,「処分機関」「銀行ノ別働隊」など多種多様で一定していない。村井銀行の柏友社[4]を例に受皿会社の特色を列挙すれば，①本体と人的・物的に緊密な関係にある，いわば「別働隊」で，②本体のままの保有がなんらかの理由で「都合悪」い事情があるため，③当該資産等を「当社ニ移シ」，④その「資金ハ専ラ」本体等「ヨリ仰キ」，⑤政策的に決定された譲受「価額ヲ借入金トス」るなど，⑥当該譲受資産等を「処理スルヲ目的」[5]とする特別目的会社であった。「整理・受皿会社」を目的で大別すれば，①金融機関等の整理(a)不振・破綻金融機関を新会社で再建，(b)決算上の理由で不良資産や自己株等を分離，(c)日銀特別融通など他金融機関への担保差入等のため，②償還不能社債・地方債の整理，③鉄道等事業会社の再建（第1部第6章以下）等となる。また設立時期により分類すれば，①休業・破綻前に設立…事前に不良債権等を切り離し，本体とは別個に整理・売却。多分に粉飾，隠蔽，私利，背任・横領に関連する危険，②休業・破綻後に設立…本体とは別個に設立するが，(a)正常資産，健全資産等を本体から譲受して本体の営業を継続，(b)不良債権，過剰負債等を本体から譲受して整理後に解散・清算へ，③休業・破綻前に設立されていた既存会社を，休業・破綻後に転用などがある。さらに設立の主体・出資者で分類すれば，①本体が出資し子会社へ不良債権等を譲渡，②本体の役職員（多分に粉飾，隠蔽目的），③本体の大株主等（合併等を控え非継承資産を引取），④抵当権者，⑤担保付社債権者，⑥第三者（同業者等，資産，施設の再活用目的の買取の一形態として），⑦設立後に第三者に持式譲渡（不良債権の流動化），⑧預金者（後述）等に分かれる。

2．土地会社

　土地会社は「最も安全有利に土地の経営に依って資本家に土地を有価証券化して提供するもの」[6]として「関西百有余土地会社の鼻祖…土地会社中の権威」[7]とされる泉尾土地（明治36年12月設立）をはじめとして大戦景気により大阪を中心に設立された。武知京三氏も泉尾土地を「わが国最古の土地会社と思われる」[8]とするが，遅くとも明治29年以降に設立された東京建物，地所仲立，亀崎建物，函館地所，豊橋地所建物などの土地会社には更に先行形態・類似形態[9]として各種の不動産所有・運営企業群がある。日銀の調査では欧州大戦前の大阪の主な土地会社は8社，資本金1,200万円であったが，大正7年以

降に続々新設され8年末には一挙に38社,8,500万円となり,株式市場で「土地株ハ特ニ買気ヲ集メテ一種ノ流行ヲ作リ」[10],株価も払込額の2～6倍に達したと土地会社ブームを総括している。大阪市社会部は大正10年8月時点で69社を調査公表[11],『日本全国諸会社役員録』を素材とした武知京三氏の調査では明治・大正期に設立された阪神地方の土地会社は重複分を含んで244社に達すると試算する[12]。

「近来株式相場にて成功せしもの其資本を土地に移さんとするもの多く,随って地所の思惑買ひ盛に行はる」[13]とされたように,大正7～9年の大戦景気の絶頂期に投機的に設立された土地会社には加島安治郎,竹原友三郎,石井定七ら株式仲買人や投機的な資本家の主導で設立した企業も少なくない。こうした土地会社のプロモーターは土地ブームに乗じて,土地会社ブームを過剰に煽り,「安値に土地を買収し,土地の実価以上に之を評価して会社に引継ぎ,其間の利鞘は新株券に化して発起人賛成人に於て所得せるもの尠くない」(T11.2.6大朝)と批判された。第一次大戦後の反動恐慌による株価の大暴落と極度の資金調達難のなかで,悪質な土地会社の信用は失墜し,「十二円五十銭払込のものが唯の三十銭でも買手のない反古同然の株券さへある」(T11.1.6大朝)始末で,払込額を切込んだ銘柄が35社,1円以下に下落した惨澹たる屑株も少なくなかった。直接各社に照会して回答を入手できた『土地会社要覧』収録の京阪神主体の土地会社75社のうち予定地を取得し値上りを待つだけの準備中企業が少なくとも44社(全体の58.7％)も存在し,公称資本金2億8,650万円,払込1億3,286万円にも達する「大阪付近七十四社中現在真面目に経営してゐる十数社を除くと殆ど事業中止の状態で…土地会社は全く動きの取れないハメに陥っ」(T11.1.6大朝)て,例えば六甲土地所有地の棒杭は「六甲山頂に風に吹かれ雨に洗はれ前後二年訪れる人の子も無く淋しく立ってゐる」(同)と報じられた。173社中,昭和2年に現存するものは91社にすぎず[14],大正期に一大ブームとなった「不動産の証券化」は,ごく一部の土地会社を除いて,バブル末期にババを抜いた一般投資家の惨劇に終ったと考えられる。

3. 土地会社方式による金融破綻処理

わが国でも幾度かの金融恐慌時には不良債権の流動化が真剣に検討され,一部では証券化・信託化も試行された。しかし全国規模での不良債権流動化策は

相当の議論を呼んだにもかかわらず，政府，日銀，勧・農銀，金融界の足並みが揃わず，各方面から要望された政府による補償，株式配当の政府保証，勧銀による半額出資・保証等すべて見送られ，米国のRTCの如き政府介入案は実現しなかった。

　当時の休業銀行整理方針として「最も堅実なる資産（債権）のみを分離し…一流銀行に合併すること…やや不堅実なる資金は一団とし別に整理会社を創設するもの多く」（S 2 . 3 .25東日）とされるが，金融恐慌による休業銀行統合の受皿となった昭和銀行の場合「別働体」（S 2 .10.20 B）としての明和不動産に余剰不動産等を継承させた。明和不動産は資本金10万円で設立され，昭和銀行が株式を持ち，昭和2年12月1日開業，昭和5年11月末では土地2,229万円と有価証券260万円の計2,489.0万円に見合う借入金2,483.7万円を有し，ピーク時の10年12月では12名の職員で休業銀行から引継いだ不動産の整理を行っていた[15]。また同種の別働隊としては十五銀行が「不動産ヲ資金化センカ為メ当行関係者発起人トナリ…新タニ設立」[16]した直系の蓬莱殖産等があった。蓬莱殖産は資本金10万円，払込2.5万円で設立され，「当行所有不動産ヲ譲渡ノ上其代金ヲ当行貸出として整理し，譲渡不動産ヲ担保とする仕組」[17]であった。

　破綻銀行の預金支払に関しては多くの破綻事例を網羅した伊牟田敏充氏の先行研究があり，氏は「預金支払を現金で行わず，定期預金や株式への振替を行う事例」[18]として宮城屋貯蓄銀行，亀崎銀行，山田銀行（いずれも増資新株へ振替）等を，所有不動産の譲渡を希望する預金者には預金支払いに代えて譲渡する八戸銀行の事例を挙げている。伊牟田氏の列挙した変態的な預金支払方法に加えて，次のような土地会社方式による破綻銀行整理を定式化することが出来よう。すなわち典型的なスキームとしては，①破綻時に行主一族（関連企業を含む）から主に不動産を私財提供させ，②破綻1行につき原則1社，③土地・不動産の所有・賃貸・売却等を中心とする，④整理目的の土地会社を新設して，⑤同社株券を以て預金等の銀行（和議）債務の代物弁済にあて，⑥役員は預金者等の債権者の代表より選任し，⑦物件に詳しい当該行員も再雇用して，⑧土地の処分，債権取立，株式と不動産及び債権との相殺，競争入札による株式の買入，株式の抽選償還等で，⑨順次株式償却を進めて，⑩最終的には最小限度の株式に絞り，⑪数年後の会社清算を見込んだ，⑫預金者の同意の調印を求める，⑬和議方式である。こうした土地会社方式による破綻行整理案は管見の限

りで北村銀行，七十四銀行，尾三銀行，広部銀行，東京渡辺銀行，神田銀行，明治銀行など数行で検討された。現実に土地会社が実現した典型例は北村銀行の泉尾新田 37.5 万坪，明治銀行の神野，富田両家の神野新田 934 町歩という，多数の耕作権等が錯綜した広大農地処理[19]であるが，いずれも行主の不動産選好や，銀行の不動産担保金融への傾斜等の結果，提供私財が処分困難で，北村の場合「之を現金と為すことは頗る困難なるを以て松本重太郎氏の考案に依り…資本金七十五万円の会社を設立して右地所を買取ることに決し」（M 34. 7 B）たのであった。①の例は広部銀行（第１章参照）では広部一族とその関係行社の提供財産で実行され，東京渡辺銀行も原案では渡辺一族所有不動産の現物出資が検討され，②の変形としてあかぢ貯蓄銀行が唯一の債務者である東京渡辺銀行系昭和土地の株を預金者に提供する案もあった。④の変形として既存の渡辺保全株式を和議債権者に分配する転用例もあった。⑤の変形として債権者の勧銀，根津財閥が設立した渡辺系昭和土地（第６章参照）がある。⑥では北村銀行系の泉尾土地（第１部第９章参照）の例がある。⑦の例は渡辺系昭和土地では岩本彦松ら東京渡辺銀行員・渡辺保全社員数名が加わった。⑪は広部系昭和土地では営業年限を６年とした。

4．共益不動産

　ここでは設立の背景ならびにその後の処置等が日銀保管資料等から明確となった横浜の七十四銀行の整理・受皿会社である共益不動産を例として土地会社方式による金融破綻処理の性格を分析してみたい。ただし共益不動産の場合は前述の泉尾土地のように株券が広く流通するタイプの土地会社ではなかった点には注意を要する。

　大正９年５月の七十四銀行破綻の結果，９年12月横浜興信銀行が七十四の「整理受託銀行」[20]として設立された。共益不動産（以下同社）は茂木惣兵衛の「提供不動産処分機関」[21]として「土地建物の売買管理仲介信託及ひ担保貸付其他之に関連する一般の商行為を為す」（定款二条）目的で 10 年 12 月１日資本金 550 万円（総株数 110,000 株）で設立された[22]。

　七十四銀行頭取の茂木惣兵衛が「不動産はもとより手許の衣類に至る迄の自己の全財産を提供して…整理を依頼した…茂木氏提供財産中，直ちに換価処分のなし得ない不動産に就いては，別に共益不動産株式会社が設立されて，この株式が総債権者に按分され七十四銀行には五割弱の同社株券が交付された」[23]

ものである。設立時の当初資本金は 550 万円,「茂木氏提供の土地及び建物の表示価格を以てし, 形式上殆んど全株式を茂木氏引受とした。但し, 設立の直後に於て, 総債権者に株式譲渡の形式で按分配当された」[24] 結果,「同社ニハ対外債務皆無ナレハ全資産ハ株主ニ帰属スル」[25] こととなり, 主な資産は土地, 建物, 不動産抵当貸付金, 預金であり, 七十四銀行に対する債権者が「頭取茂木惣兵衛支払手形ニ対シ割当ヲ受ケタ」 もので, もとより有価証券としての流通を前提としておらず,「特殊株式タル関係上, 適当ノ買受希望者無之」[26] という状態であった。「設立ノ本旨ニ鑑ミ不動産処分代金其他ノ収入金ハ全部之ヲ預ケ金トシテ累積シ置キ適当ノ時期ニ於テ逐次株式買入銷却ヲ実行スル方針」[27] であった。「同社ノ主要収益源泉ハ不動産ノ賃貸料」[28] にあって, 同社は 12 年下期から 13 年上期までは無配, 13 年下期以降は昭和 9 年下期まで約 1.5〜5％と低位ながらも一応は配当を持続した。債権者の一人である日銀は「不安全ト思惟スルカ, 又ハ現ニ滞貸或ハ不渡トナリタル時ハ負債者所有ノ家屋土地其他ノ財産ヲ銀行ニ引取ル事ヲ得ヘシ」との定款第 33 条に基づき, 大正 11 年 12 月 8 日 223,500 円の七十四銀行への重役連帯保証特別貸付金 (茂木惣兵衛振出手形 12 通, 600 万円) の債権に対して 1 株 50 円替で 4,470 株の割当を受け, 当初日銀は「日本銀行分斎藤虎五郎」[29] 名義で横浜興信銀行関係者に保管させたが, 斎藤の群馬大同銀行への転出など昭和 7 年 10 月 4 日「右関係者ノ希望モアリ」[30] やむなく 4,064 株を引き取ったものの永楽土地建物を「表面上ノ名義人トシテ保有」[31], 日銀株式局で「雑預証券」として,「買入銷却ニヨル其後ノ入金ハ『雑益』ニ受入」[32] れるなど, 日銀では同社株式を"非公然"資産として, 終始"日陰者"扱いで隠蔽した。

8 年 4 月時点の同社大株主は, ①七十四銀行 54,491 株, ②横浜正金銀行 18,069 株, ③永楽土地建物 (大正 11 年 6 月台湾銀行の整理機関として設立) 17,240 株 (日銀分の 4,064 株を含む), ④日本興業銀行 6,716 株, ⑤昭和証券 (昭和 2 年 10 月設立, 朝鮮銀行系統の持株会社) 1,547 株, ほか 15 名 2,937 株, 計 10 万株であり, 11 年時点でも同社 (約 45,000 株所有, 価額 220.9 万円) と大正製作 (1,200 株所有, 価額 5.4 万円) 等の「整理株式会社」が七十四銀行 (12 年 2 月 4 日銀行業を廃止し 3 月 3 日七十四商事と改称) 所有株式の 59％に相当し,「不動産ノ処分及貸付金ノ回収予期ノ如ク進捗セズ, 自然株式ノ買入銷却ハ遅々タルヲ免レサル現状」[33] のため, 両社の整理が残存整理事務の相当部分を占めていた。同社は「毎期の不動産換価金を以て, 資本金の買入銷却を行い,

漸次減資」³⁴⁾した結果，資本金は当初の 550 万円（総株数 110,000 株）から 14 年 8 月 11 日 285 万円，15 年 8 月 20 日 215 万円，16 年 8 月 155 万円（総株数 31,000 株）となり，これに伴い日銀の同社持株も当初の 4,470 株（4.06％）から，9 回の減資により 1,260 株（4.06％は不変）にまで減少したが，「特殊株式タル関係上，適当ノ買受希望者無之，前記期限迄ニ処分スルコト困難」³⁵⁾として 16 年 9 月 15 日大蔵大臣宛「共益不動産株式会社ノ売払期限延長方」³⁶⁾を上申した。さらに 17 年 9 月第 10 回の減資により資本金は 140 万円（総株数 28,000 株），日銀持株 1,138 株（4.06％）となった。戦後の昭和 25 年 9 月末に至って資本金は七十五万円となり，ようやくにして「略その整理を完了するに至った」³⁷⁾のであった。

注
1）会社形態には限定しない仕組みの場合にはＳＰＶ：Special Purpose Vehicles と総称され，信託やパートナーシップ，匿名組合など各種の形態をも包含し，資産・債権等をオリジネーターから正式に継承して，リスク等を遮断した形での証券発行など限定された特殊目的を遂行する。
2）SPC 法，および「特定目的会社」に関しては国枝繁樹「特定目的会社による特定資産の流動化に関する法律およびその関連法律の整備法について」『ファイナンス』34 巻 4 号，平成 10 年 7 月，p 14〜20，片山さつき「SPC 法および資産の流動化について」『信託』195 号，平成 10 年 8 月，p 15〜26 などを参照
3）自己競落会社については拙稿 New Ways to Dispose of Japan's Bad Debts―The Establishment of Special-Purpose and Self-Forclosure Companies, "JCR Financial Digest", No.49, Dec. 1994, 坂本真一 Japanese Financial Institutions Establish the Cooperative Credit Purchasing Company, "JCR Financial Digest" No.27, Feb. 1993, などを参照
4）反動恐慌直後の 10 年 1 月設立された合資会社柏友社は村井吉兵衛が監査役になっている東亜製粉の⑩ 600 株主（『株式会社年鑑第一回』大正 11 年，p 6）として登場するが，その実態は「村井銀行ノ別働隊ニシテ…直接処理スルニ都合悪キ動産不動産ヲ当社ニ移シテ処理スルヲ目的トシ，之ニ関連シテ多少ノ金融ヲ為セリ…資金ハ専ラ村井銀行ヨリ仰キ（即チ動産不動産ヲ銀行ヨリ移スト共ニ其価額ヲ借入金トス）最近其額三百万円内外ニ及ヒタル如クナルカ，村井銀行休業整理ニ当リ，之ヲ唯一ノ債権者トスル当社モ亦銀行ト運命ヲ共ニシ昭和銀行監督ノ下ニ清算ニ移サレタ」（後掲「村井銀行ノ破綻原因及其整理」）というものであった。
5）日本銀行「村井銀行ノ破綻原因及其整理」昭和 3 年 11 月，『日本金融史資料昭和編』第 24 巻，昭和 44 年，p 355
6）7）商事信託調査部編『土地会社総覧』大正 9 年 7 月，p 16, 29〜30

8) 14) 武知京三『近代中小企業構造の基礎的研究』昭和52年，雄山閣出版，p 187～，218
9) 先駆・類似形態として，①明治初期の開拓・開墾会社（北海道の赤心社，後志興農，島原の恒産，滋賀県の吉川興農等），②温泉改良会社〔「旧温泉改築を以て足れとせず…新に開き…浴客の便利を計りて建築」した嬉野温泉（『九州交通大観』佐賀 p 63）や，「海面ヲ埋立テ温泉場及客舎ヲ設ケ浴客ノ便ニ供」した熊本県の温泉改良㈱等〕，③勧工場・勧商場（東京勧工，帝国列品館等），④遊園会社（凌雲閣，奈良遊園，兵庫共済等），⑤築港・河川改修会社（大分港，湊川改修等），⑥金融業者の流質管理兼営（貸金業者の日進，佐賀深川財閥の銀行経営の地所㈱等），⑦保証会社（土地家屋の貸付・賃料取集の土地家屋収入保證㈱，債権保証不動産売買貸借紹介の貸家保証）等の諸類型が存在し，純粋の不動産専業者としても明治20年代から大分共楽（大分土地建物に改称），矯衛貸地，広島東栄貸地，萬成舎（明治29年創業小久保信太郎個人経営），神戸建物等の先例がある。
10) 日銀『本邦財界動揺史』『日本金融史資料明治・大正編』昭和33年，第22巻，p 463所収
11) 大阪市社会部調査課「在本市内及郊外土地建物会社調査」『労働調査報告』17号，大正11年
12) 武知前掲書 p 206。武知京三「大正期阪神地方の土地・信託会社―『日本全国諸会社役員録』を素材として―」『近畿大学短大論集』第8巻第1号，昭和50年12月，p 59
13) 商業興信所『三十年之回顧』大正11年，p 260
15) 山崎広明『昭和金融恐慌』平成12年，東洋経済新報社，p 123，213
16) 17) 日本銀行「十五銀行ノ破綻原因及其整理」昭和4年7月，『日本金融史資料昭和編』第24巻，昭和44年，p 524所収
18) 伊牟田敏充「銀行整理と預金支払」『地方金融史研究』第27号，平成8年3月，p 67。宮城屋の場合100万円まで増資「株主は預金者より募集する事」として50円以上の預金を株金に振替えた。
19) 拙稿「金融恐慌と証券化処理―我国における土地会社方式を中心に―」『証券経済学会年報』第32号，平成9年5月，証券経済学会参照
20) 大蔵大臣宛七十四銀行「銀行業廃止内認可申請書」昭和17年12月，日銀『特別融通（七十四関係雑書）審査部』大正14～昭和17年，日銀金融研究所保管資料#293，p 215
21) 24) 日銀作成「共益不動産株式会社株式引取ノ経過等ニ関スル件」昭和16年9月15日，前掲日銀#293，p 373。七十四の整理は『横浜市史第五巻上』昭和46年，p 710以下に詳しいが，共益不動産への言及は比較的少ない。
22) 日銀宛永楽土地建物発行「預リ証」昭和13年，前掲日銀#293，p 241
23) 30) 34) 37)『横浜興信銀行三十年史』昭和25年，p 33～4
25) 27) 28) 33) 日銀作成「共益不動産株式会社ノ概況」昭和12年10月3日，前掲日銀#293，p 227～9
26)「共益不動産株式会社株式ノ売払期限延長方大蔵大臣宛上申案」昭和8年9月15日，前掲日銀#293，p 128
29) 斎藤虎五郎は同社代表取締役で日本銀行調査役より大正10年1月10日横浜興信銀行

専務就任，七十四銀行取締役（日銀調査局「斎藤虎五郎氏金融史談速記録」）
31) 32) 日銀作成「共益不動産株式会社買入減資ニ付処理方ノ件」昭和13年1月19日，前掲日銀#293, p237〜8
35) 36)「共益不動産株式会社株式ノ売払期限延長方大蔵大臣宛上申案」昭和16年9月10日，前掲日銀#293, p366

結論　負の連鎖とリスク増幅のメカニズム（仮説）

1．経営破綻と負の連鎖

　本書は第1部において明治後期の鉄道企業破綻とそれに関わった金融機関等の行動，第2部で大戦景気など投機的風潮下で事業欲を過度に昂進させリスク管理を怠った結果，昭和初期において相次いで破綻した金融機関の経営者等の行動を扱ってきた。第2部の東京渡辺銀行，旭日生命，共同生命，八千代生命等，昭和初期の破綻金融機関の行動との破綻経営者等に共通して見られる現象は要約すれば以下のようなものであった。東京渡辺銀行の事例を念頭に一般化を試みると，大戦景気など投機的風潮下で破綻銀行家などは事業欲を過度に昂進させた結果，一族の利益や自己の虚栄心のため収益性が低く，回収の見込が薄い事業に資金を固定化させたり，煽動者（多くは腹心・取巻き）の教唆により，投機家や虚業家（「機関銀行」の多くは銀行家自身が当該機能を兼任）の持ち込むハイリスクの案件に対して巨額の与信を行って共同経営者の立場になった結果，固定化・貸倒同然の多くの不良債権を抱え込み，当然に資金繰りに窮する。このため兼任している関係企業のトップの地位を悪用して巨額の預金を取り込み，あるいは特定の証券業者と結託して関係企業に社債を発行させ一般投資家に自行の不良債権を肩代わりさせたり，資金調達用の自家用金庫と見做した生保等の系列金融機関の囲い込みと「機関銀行」「機関生保」等と企業との間の癒着の結果として，あくまで自己の関係事業を存続させるため，広汎な一般預金者や保険契約者から負託された零細資金の歯止めなき流用・転用・費消・大衆搾取を行い，あわせて失敗・損失を隠蔽するための不明朗な迂回融資，ダミー多用，各種の粉飾操作，政官界工作等の違法行為を行う。最終段階では金融ブローカー等の手引で個人金融業者等から高利資金まで導入するが，高利の先取り，差押え，破産申請等，個人金融業者の横暴に苦しみ，最終場面では起死回生を狙った投機・買占め行為をも敢行するが，結局は甲斐なく破綻に至る。破綻の前後には破綻銀行家の個人資産や関係企業の株式等，比較的優良な財産を低廉・格安な価格で取得することを得意とする特異な資本家が接近し，時に

は資金の提供，再建支援の申し出という甘味剤処法も併用する。

結論では第1部の企業破綻と第2部の金融破綻との間に目には見えにくいが「負の連鎖」ともいうべき複雑な連鎖の環が認められる可能性を示すこととしたい。取り上げた20余の破綻事例は必ずしも直接的な連鎖複合破綻の事例ではないものの，おのおの単独の個別的要因に基づく独立的な現象ではなく，破綻事例全体に散見される，同種同様の類似現象を摘出し，事例相互間を見えない地下水脈で結ぶ伏流水のように，地下深く潜在するであろう，破綻と破綻とを連環するある種の共通項，換言すれば，見えざる「負の連鎖」で結び付いているのではないかという可能性を指摘しておきたい。換言すれば破綻企業，破綻金融機関および関連企業に関与した企業家・資本家・資産家の人脈，人的なネット・ワークを介して，破綻に至る各過程と破綻後の整理，清算までの各段階において，様々な種類の企業家・資本家・資産家同士が同業，協力，貸借，共鳴，連携，共働，競合等，様々な場面で相互に複雑に重層的に絡み合っていたのではないかという仮説である。

第1部の企業破綻の事例相互間でも，第1章の七尾，第2章の豊川，第3章の阪鶴は百三十銀行が，第4章の唐津，第5章の西成は北浜銀行が，第1章の房総，第10章の金辺各鉄道は百三十二銀行が深く関わった不振企業であるという債権者側の共通性を有している。また第7章の太田鉄道，第8章の豆相鉄道の主宰者はともに小山田信蔵という詐欺的資本家であるという債務者側の共通性を有している。第2部の金融破綻の事例相互間でも，序章でも言及したように，乾新兵衛という高利金融業者が背後に控えて暗躍した点で，ある種の債権者の共通性を有している。第1部，第2部内部の事例相互間にとどまらず，第1部第9章の高野鉄道と，第2部第3〜6章で見たように渡辺系譜企業や一族の所有不動産を最終的に引き取ったのは根津嘉一郎という同一資本家であり，小山田から渡辺家が継承した倉庫は最終乾の手に納まり，第1部第4〜5章の北浜銀行の主宰者・岩下清周が惚れ込んだ星一（星製薬創立者）には第2部第11章の八千代生命の主宰者・小原達明も騙されて破綻した。さらに第1部第3章の摂丹鉄道の推進者で第6章の河陽鉄道の救済者たる片岡直温は，第2部第2〜7章の東京渡辺銀行破綻を発言した蔵相その人であるなど，第1部，第2部の各事例相互間には無数の共通因子や因果関係，連携・連鎖関係が潜在している可能性がある。もとより今日においても，資金繰りに窮した不振企業がお互いに融通手形を書き合って傷を嘗め合うことは常態であり，一企業の倒産が

結論　負の連鎖とリスク増幅のメカニズム（仮説）　　　515

取引関係を通じて次の企業の倒産を誘発し，こうした企業倒産の累積効果で取引金融機関も破綻するという意味で，破綻に共通して見られる「負の連鎖」現象そのものは珍しいことではない。しかしここで取り上げる「負の連鎖」は，そうした狭い地域社会，同一業界での当然に発生することが予想される不可避な連鎖現象だけでなく，破綻企業，破綻金融機関と関与企業に広く蔓延していた関係者のリスク管理を怠った病的な金融行動を規定していたと思われる人的な連鎖の存在可能性を仮説的に提示してみたいと考える。

2．破綻経営者共通の特異な性向

まず第一に本書で取り上げた破綻経営者の性向に関しては八千代生命社長小原達明は「一種の変り者」（T 15. 3 .21 D）といわれ，山口銀行の坂野兼通は北浜銀行の岩下清周を「悪く云へば山師，善く云へば大事業家」[1]と評し，北銀事件公判で石黒，上原両弁護人も「岩下の性格の普通人と異なれる点ある」（T 5 .10.20 大毎）と弁じた。一連の破綻劇の主役である経営者・資本家に共通して散見される普通人と異なる性格，すなわち自己の投機・暴走・破滅を必然的にもたらす資質や性向とはどのようなものかを本書の第 1 部，第 2 部の事例ならびに密接に関連する拙著[2]の事例から以下の通り抽出し，大胆に類型化を試みてみよう。本書および拙著に収録した破綻諸事例を集約すれば，破綻銀行家・破綻経営者の多くに共通するのは以下のような顕著な性格と思われる。

①投機癖があり，窮極には起死回生策として乾坤一擲の大勝負に出る。②名誉欲，自己顕示欲大，やたら自分が目立つことを好み，自己宣伝が多く，社交家，交際好きでトップの役職に固執する。③深謀に欠け性急，即断即決，完璧症で立ち止まらず極端に走りがち。④人並みはずれた事業欲，丸抱えする物欲，支配欲，野心大。⑤新奇を好み，欲しいものは値段に構わず買う反面，放漫，移り気，ムラ気で，興味が一つのものごとに集中しない「お坊ちゃん」[3]的性格。⑥ある物事や自分の能力・身分などを実際以上のものに空想し，ついには自己を天才と信じ込むほどの自信家となって，他を顧みず独断専行するが，情熱的である種の使命感に燃え，決断力が強く，配下を心服させるカリスマ的な資質が多分にあってともすれば教祖的に振る舞う結果，周囲に多くの熱心な信奉者を獲得する反面で，反対者からは強い拒否反応を示される[4]。⑦誇大妄想，虚栄心が強く，大言壮語し，何事も実力以上に大袈裟な，より大掛かりなものを選好する[5]。⑧暴虎馮河[6]の勇（勇猛果敢，後へは引かず勇往邁進，類い稀

な「太っ腹」，強心臓，蛮勇，大胆不敵，奔放，豪胆，剛腹，勇敢などの評を受ける）。⑨正義感が強く，自己の責任を回避せず，すぐに先頭に立つなど俠気があり，義理に篤く弱きを助けるなど，情実に流されやすい義俠的性格が極めて強く，この結果，おとこだての故に乾分を深く心服させたり，破綻後にも財界からの隠遁や，私財提供では全財産を惜し気もなく投げ出すなど「散り際の良さ」を発揮し，しばしば吝嗇な成功者よりも世の「判官贔屓」の対象となる。⑩当時の常識や業界慣行を逸脱し，自由奔放に革新的な自説を押し通す結果，しばしば倫理観の欠如，横紙破りとされ，異端者扱を受ける。⑪しばしば遠い将来を夢見て予言的な言辞を吐き，何事も長い目で見るべきとの立場から長期的観点のみを重視するあまり，足許（短期の資金繰等）を軽視し，関係銀行の取付などが頻発する傾向がある。

　このように彼らはある面に特化した天才的能力の保有者である。小山田信蔵は一説には「大山師」[7]とも称され，過激な宣伝を繰り返す星一も「山師であるなどと非難」[8]された。彼らを指す評語として多用される「山師」[9]は特定領域の職業を誹謗する言葉ではなく，「山気」すなわち「万一の僥倖，すなわち不確実な市価の変動などを冒険的に期待して，その差から生まれる大きな利益をあてにして物事や経済行為を行おうとする気質」を有して，投機を意味する「山事」をする人，すなわち「投機や冒険的な事業で大儲けをたくらむ人」の意味である。彼らが自己の内実の空虚さを隠蔽するため，やたら外観のみを重視する結果，万事が大袈裟で派手好みに流れやすいことは，いわゆる「山師の玄関」「藪医者の玄関」の諺の通り，見かけ倒しで内容・実質が伴っていないのに，対人的な信用を獲得したいあまりに外見や体裁ばかり見映えよく立派に飾り立てたり，できもしない大きなことを威勢よくおおっぴらに豪語する虚飾的な性向を有していた。こうした性向は病理学的な見地からはおそらく特定の疾患としての蓋然性が高いのではないかとも単なる門外漢として想像するが，もとより医学的な見解を述べる立場になく，破綻事例をある程度収集した結果，破綻当事者の言動には共通して見られる要素があり，それらは多分に共通する精神構造の反映，投影物であろうと単に推論するにとどめておきたい。

　彼らに共通して見られる資質，性向としての虚業家的性向，投機的性向等の反映・投影の当然の結果として，彼らの関係する企業や金融機関に往々見出せる顕著な現象形態は以下の通りである。①他企業の敵対的買占め・乗っ取りの敢行。②花形株・仕手株への大口定期売買（取引所役員，株式仲買人・仲買店勤務

経歴を含む)。③関係企業・関与事業数の多さと，増加の急ピッチ。④鉱業，株式以外の米穀・木材・生糸等の相場性商品・財貨，海外貿易への多大の関与。⑤不動産選好，不動産金融傾斜，不動産（特に，北海道，海外植民地等の遠隔地，リゾート，遊興娯楽，海面埋立，大規模山林）への関心の高さ，土地会社への関与。⑥鉄道，電灯など資金の固定化を招きやすい，流動性欠如業種への関与。⑦機関銀行・"機関"金融機関（保険・信託・証券等）の支配。⑧取扱品目，店舗（特に遠隔地・海外等）数等の急激な増加，拡大，他社の合併・吸収，組織変更，（特に過大・誇大な商号への）改称，廃転業，本社移転等の多さ・急激さ。⑨政治活動，過度の趣味・道楽など，本業・本職以外への並外れた執着。⑩「王国」「鉄道王」「飛将軍」「惑星」などの異名・尊称が多い。⑪預金金利の高さ。⑫資金調達先・借入先の多さ。⑬高利資金の導入，高利業者との接点の存在。⑭トップの補佐機能，チェック機構の不完全性。⑮企業内部・同族間の不和・不仲。⑯流込地所の受皿としての別働隊・不動産・財産管理目的のダミー会社の存在。⑰新聞等による経営者攻撃。⑱労働争議多発。⑲取付回数の多さ。⑳刑事事件等，醜聞・スキャンダルの存在。㉑背任，横領等での起訴・有罪判決の存在。

⑭の破綻銀行家のナンバー2として補佐すべき立場にあった人物の資質を見ると松本重太郎の百三十銀行副頭取の松本誠直[10]，岩下清周の北浜銀行常務の小塚正一郎[11]，あるいは金田一国士の盛岡銀行常務から一時期後任の頭取となった太田孝太郎[12]など，小心・誠実・実直・学者肌など，まったくナンバー1と正反対の性格で，結果的には程度の差はあれイエスマンの域を出なかったと思われる。太田の場合弁護人が「太田は…金田一氏の積極策の遂行を拒むことが出来なかった」（S9.10.23岩日）と弁論し，金田一自身も「〈太田らは〉私の命令下に於いて働いたもの」（S11.4.17岩日）と部下をかばった。頭取に直言した旧岩手銀行支配人菊池慶一郎は中村治兵衛頭取から追放され，後任の原正三支配人は中村頭取の情実融資を「マア気持がよくありませんが已むを得ないと思ひました」（S10.8.21岩日）と裁判で述べ，検事も「原は…重役の意思に迎合した」（S10.10.21岩日）と断じた。他の破綻事例でもナンバー2は概して影が薄かったようで，例えば片岡蔵相発言の当日東京渡辺銀行の渡辺六郎と面談した大蔵省事務官の原邦道は，六郎に同行した同行常務内藤恒吉について「他は同行の常務取締役らしい人でした」[13]とほとんど印象を残していない。

破綻銀行家の行動として松本重太郎，加東徳三，岩下清周，盛岡銀行を破綻させた金田一国士[14]らをあげ，これに鈴木商店の金子直吉を加えた「破綻派」経営者の行動を，同様に多面的な金融・投資活動を展開しつつも長期的に存続し得た安田善次郎，今村清之助，根津嘉一郎らの「存続派」と対比させて差異を導き出してみたい（特に金子直吉を加えたのは大正6年という大戦景気の最中に星製薬社長の星一（後述）が，ある面で共通の性向を有する金子直吉を「財界の奇傑」として絶賛した人物評[15]が，後に昭和初期に破綻するお互いの後年の運命を知らずに星が金子に共感・共鳴・崇拝し，大いに刺激・感化を受けた性向として意義があると考えるからである）。

　①「人並み勝れて勘定高い」今村清之助に代表される存続派は慎重かつ冷静な調査を十二分に実施するプルーデント[16]な金融行動を貫いたが，松本は「事を即座に裁断するの勇気あり」，岩下も「胸中に燃ゆる野心」を抱き，資産信用の程度など充分に調べずに貸出すという「荒い貸し方」で，「今少し周到な用意と研究がほしかった」といわれた。金子も「如何に悲運に沈淪して居る事業でも…其質が善良なりとしたならば，一気に之を買収」した。②存続派は最悪の場合の負担額の計測と万一の対策を考慮するが，「自信が強かった」岩下は「太っ腹でそんな天災地変なんか考へない」とされ，「是と信じた事業には，何等顧慮する處なく，無遠慮に投資すると云った，悪く云へば山師」的な投資・投機を敢行した。③存続派は投融資等の決定をしても，関与参画の程度に応じて何段階もの対応方法を用意して漸進するが，松本，岩下は途中を飛ばして，いきなり社長就任，銀行丸抱えという最終兵器の使用まで即断してしまう。④存続派は関与企業からの撤退の意思決定が早く，中途ででも躊躇なく撤退を断行するが，加東は「一度頼まれると…跡へは引かず…トコトンまで」やり抜くタイプで，岩下も関与企業の「社長になった以上，如何なる障害をも排して，断じて遂行」する覚悟で撤退を潔しとしなかった。金子も「乗ずべしと信じたならば，如何なる障碍があっても必ず勇往邁進する」。⑤存続派は「耳学問」のみに依存することなく，知識豊富な後継者，参謀，部下等に知識豊富な人材多数を配し，彼らの専門能力を上手く活用し，多種多様な複合経営でも権限委譲と大局的観察で乗り切った。岩下は優秀な部下にも任せず自ら直接面談して，人を見抜く天才的能力ある「自分が見込んだ」先のみに猛進したが，債務者たる「人を信ずることも人がいいのではなく自信が強かったから」とされる。松本も来客を拒まず，「自ラ，奮励努力為サズンバ已マザラン」性格で

超人的な記憶力と「一冊ノ手帳」のみに依存,結果として部下の養成に失敗した。加東も部下には島田金次郎ら「私塾ニ於テ簿記学教授ヲ担当」できたほどの経理の専門家を抱えていたのに,優秀な部下の諫言を聞き入れない一方で,「教育素養がないのを残念がり,智識欲に渇へ…成るべく沢山の人に接近し,多くの事柄を見聞するに限ると云ふ見地」から「朝から晩まで…開放的に来客を引見し,用談を弁じるのが例」であった。金子も「新智識を求むるに急なる…人に聴くことも敢て相手を択ばない」とし星は「今の日本の財界で金子程不眠不休,身体をも頭脳をも働かす人を見ない」とする。金田一国士も学問がなく,盛んに「宴会を開いたのは書籍を読む暇とてもないので,先輩,権威者の意見を聞いて自分の参考とした」とされた。⑥存続派は絶えず総投資額の減額・圧縮に心掛け,投資の時期,投資単価,分割投資,売却可能性等に配慮しているが,岩下は完全主義で「最初にウント金をかけて完全なものを建設せねばならぬ」と投資額を野放図に拡大させた。金子も「欧米各国は固よりのこと,南洋から南米の端迄も延びて居る…など其仕組が却々に遠大」であった。⑦存続派は独立した共同投資パートナーなどを周辺に確保して,自己の投資割合の切下げに努めたが,後に松本が投資を分担させたのは自己が社長を務める企業などに一時的にツケを回す程度であった。加東も多くの仲買人等と共同投資したようだが,多くは資力の乏しいダミーで,最後の帳尻のツケは加東の負担となり,破綻の際には「自己の資財は挙げて之れを債権者に提供」した。⑧存続派は銀行等本拠企業を除き,原則として企業の最高責任者には就任せず,責任回避上,顧問・相談役的な役回り(特に渋沢の場合)に甘んじていることが多いが,松本や岩下,加東は自ら社長に就任する場合が少なくなかった。⑨存続派は自己の出身地など人縁地縁,義理人情の絡む救済依頼等に際しても,あくまで冷徹・冷静な判断を貫き,世の非難覚悟で断固たる拒絶も厭わなかった。しかし松本は地縁関係のある安田さえ逃げ出した縁もゆかりもない七尾の社債を一人で背負わされ,岩下も「一味の実業家と結び…大勢力を樹立」した結果,「才賀に対する義侠に出」るなど,「情実的に貸し出し」せざるを得ず,「余り人の世話を焼き過ぎた」加東も「一度頼まれると侠気を出して」「ボロ」会社の経営でも気安く引き受けてしまう弱点があった。⑩存続派は長期投資に必要な長期資金確保のため,安田生命,富国徴兵等の長期金融機関をも自己陣営に取り込んだが,岩下は「資金の固定を論ぜず」,「之から芽をふかうとする事業…の将来を見込んで…儲かる時までまって居る」べきとの持論から,「預金銀

行として長期の資金を有せずして長期の貸付」を敢行した。⑪存続派は資金使途，期間，担保，保証人などを厳格に精査して，債権保全に万全を期したが，岩下は「みだりに…価値なきものを担保として」「頗る割良く金を貸した」とされる。⑫存続派が事業や債務者に対しても，表面的，外観的な観察にとどめず徹頭徹尾，冷静な観察を行ったのに対して，岩下は根が新しいもの好きで，「之から芽をふかうとする事業」を好み，虚業家の日本醤油醸造の鈴木藤三郎や，星製薬の星一を支援したように大言壮語型の「人にも事業にも惚れ易く」，深入りをし過ぎて失敗した。秀吉やフォードを崇拝する星も「仕組が却々に遠大」な金子を「米国の如な大きな舞台に生れたならば，カーネギーとロックフェラーとモルガンとを合した如な人」になったはずだと崇拝する。松本もこのカーネギーを崇拝し，スコットランドまで遠路訪ねて面談を果した。⑬存続派が銀行の経営と，事業経営，個人の投資等を明確に区分して計算していたのに対して，「ボロ会社でも…自分の資金を投じてもトコトンまで救済」した加東の「自分の資金」とは自己の頭取たる百三十二銀行の行金の意味であったし，岩下も「氏の貸借と銀行の貸借とがゴッチャ」で，松本も「どんぶり勘定」に近い状態であった。⑭存続派が概して保守的であったのに対して，破綻派では創業金融，新規産業の発掘，銀行による保証，社債引受，貸付有価証券，迂回融資等の新しい金融技術の開発・試行に積極的，革新的であった。特に岩下は「我銀行界に一新生面を開」こうとするイノベーターを強く志向した。

このような破綻派と存続派の行動パターンの大きな差異の結果，破綻派の最終段階における状況がどのようなものであったかを見ておきたい。まず銀行が投融資先の一つとして鉄道業を支配する，鉄道会社がメイン銀行に多くを依存するというような当初の段階では融資先の鉄道会社の利益のために，銀行がある程度犠牲を強いられるという比較的単純な相互関係といえる。しかし次第に融資額が膨らみ，人的関係が深まるにつれて，融資先と銀行の間の癒着関係が進行し，双方の利害が複雑に錯綜する結果，いわば融資先と銀行の信用が密接に連関し，融資先の破綻が銀行の信用低下に直結するために，もはや簡単には潰せなくなるほど，両者が一心同体化して，双方の重役を兼ねる経営者や幹部自体も目的と手段や，銀行と経営者個人との区分ができなくなるような渾然一体化の段階に到達する。第1部第5章でみたような「西成鉄道は殆ど北浜銀行の所有と云ふべきもの」(37.10.29 R)との両者の利害関係の区分が不明瞭な段階になってしまう。大軌の場合でも西成と同様に，世間では岩下が「北銀頭

取でありながら，大軌の如き，厄介会社の社長になった」と非難した。岩下自身は大軌社長の兼務には「私心も野心も無い…北浜銀行との関係に至っては，全く別個のものである」と主張したが，世間では別個には見ず渾然一体化を不安視し，「岩下氏の貸借と銀行の貸借とがゴッチャ」（T 4 . 2 .16 大毎）と批判した。こうして銀行と融資先が一体化し，不振の融資先救済のために，銀行が常軌を逸した背任につながる救済融資，過剰支援を繰り返し，最終段階では当事者自身も一連の救済行動の目的がはたして融資先のためか，はたまた銀行の信用維持のためかの区別もはっきりしないような錯綜した混沌状態に陥っていたと考えられる。こうした癒着融資先との渾然一体化現象は岩下であれ，加東であれ，松本であれ，事業欲・名誉欲・自己顕示欲が並外れて強く，数多くの事業に関与して，自己が君臨する巨大な王国建設を夢想するようなワンマン型の経営者が牽引する，銀行を頂点とする企業集団には不可避な現象であったように思われる。

　百三十二銀行頭取の加東徳三は，第1部第1章，第10章でみたように余資を抱えた京北鉄道重役の立場を悪用して破綻の恐れある不良銀行への長期拘束的な預金を行わせた反面，資金難にあえぐ房総，金辺鉄道重役の立場で百三十二銀行に巨額の問題社債を引受けさせた。銀行の利益のために収奪された企業の立場だけで判断すると，加東の強引な預金行為は背任罪を構成する反面，銀行の立場で判断すると加東の社債引受行為も放漫投融資としての背任罪を構成するかもしれない。したがって一方が他方のみを収奪し続けるという一方向のみの単純な構図ではない。加東が一派で独占的に支配していた百三十二銀行を始め，房総，京北，金辺等の関係企業群を等しく私物視していたと仮定すると，彼の自己弁護としては単に膨らみ過ぎて重くなった右のポケット（相対的に資金繰りに余裕がある京北，百三十二等）から，軽くなりすぎてバランスがとれない左のポケット（当面の資金繰りに追われる房総，金辺等）へ，若干の小銭を一時的に移し換えたに過ぎず，恐らく，いわば連結ベースで物事を考えている彼自身にとっては，左右の両ポケットに入れている小銭の総量は不変であるから，放漫とか，背任などという罪の意識は全くなかったのかも知れない。信用が連関し運命共同体的な企業集団の維持保全が唯一の目的で，その信用低下・共倒れを防ぐため当面採り得る策として，危機に瀕した方へ，余裕ある企業・銀行から資金を移転して急場を凌ぐことこそが，彼の立場から見る限り，最も経済合理性にかなった行動ということになるのであろうか。

存続派では企業集団全体を統括する本部組織がうまく機能していたため、何が企業集団全体としての利益・存続につながる行動なのかの優先順位を付して、数ある対策を取捨選択し、延び切った兵站線を縮小・復元するため、敵に包囲された「出城」は思い切って捨てても、「本丸」[17]のみは死守するという冷徹な判断が働く余裕があったと考えられる。これに対して破綻派では方々の出城から火の手が上がると泡を食って、炎上する部分部分の当面の消火作業に追い捲られ、その場凌ぎの弥縫策に奔走して、抜本策の決断を先送りし、企業集団全体としての総合戦略を欠いていたともいえようか。この理由は野放図な関係企業数の累増と錯綜化によって、遠方の数多くの関係企業（前線部隊）に必要な資金や人材を供給すべき本部（後方部隊）が相対的に弱体な結果、必要な資源の供給ルート（兵站線）が十分に確保できなくなり、いわゆる兵站線が伸びきって、第一線に兵器・弾薬・食糧などの補給ができなくなり、戦闘能力が著しく喪失した拡散状態に陥ったと考えられる。さらに度を越した操作、粉飾の帰結として主宰者個人の記憶・判断・管理限界を遥かに超え、管理不能、制御機能麻痺の混乱状態に陥ったと見られる。例えば岩下も「渡欧して帰ってから、全く人が変わったようにどしどし遣っ放した」（T４.２.15大毎）との高倉藤平（北銀頭取）の証言が岩下の管理限界点を暗示している。破綻派では資金的困窮から程度の差はあれ、弥縫策として虚構を重ね、決算操作、各種粉飾等を累積していったと見られる。特に岩下は「虚構、弥縫のごときを屁とも思わず」「さまざま遣り繰りし…貸金なきに貸金ありたるがごとく…装い」、債権債務、持株等の「名義を無断借用」することを「慣用手段」としたとして「北浜伏魔殿」とまで批判された。岩下が投げ出した北銀を後任頭取として破綻処理した杉村正太郎も「的確なる金のやり場は今以て全く不明瞭で…乱麻のごとく縺れ切っていたので、何が何やら私にも詳しく判らずに了った」（T４.２.15大毎）と告白している。極めてクールに北銀を整理したため冷淡に過ぎるとの根強い批判もあったクールな杉村でさえ、縺れた糸をほぐせなかったとすれば、岩下が公判の論告で北銀「後任者より銀行帳簿に就き明細なる説明を求めらるもこれに解答を与えず」（T５.10.24大毎）とされたのは、公判の戦略上、取調時に供述を拒否したというものではなく、実は岩下本人でさえも、関係会社とのやりとりの全体像をよく把握できないほどの状態に陥っていたからと考えられる。

3．投機・破綻の誘発・促進者群の類型化

　次に錯綜した「負の連鎖」のうち，破綻経営者と密接な関係にあり，さらにいえば（法律的に有罪であるかどうかを問わず）共謀関係にあると目され，少なくとも道義的には責任を問われるべき，いわば共犯者の問題である。すなわち破綻を招いた主人公である経営者・資本家等の背後に控えてあまり目立つことはないが，銀行・投機家等に対して甘言を以て投機的行為を誘発・促進させ，最終的に破綻に陥れた脇役たちの役割にも言及することとしたい。破綻経営者となんらかの共鳴・共謀・共働・共犯等の関係にあるような人物群は現実には数限りなく存在したであろうと思われるが，ここでは破綻過程をごく単純化，模式化して説明する上で最も典型的と思われるものを数タイプに集約化することとしたい。

　破綻銀行等を対象とした場合のステークホルダーとしては，取締役会，株主，預金者，借入先，幹部行員，従業員・労組等，融資先，監査役，会計士，日銀，監督諸官庁など各種の関係者が存在するが，単に経営者等の暴走行為へのガバナンス機能の不徹底，不全というにとどまらず，破綻経営者との共謀・共働性という観点からは幹部行員，融資先，借入先等のうち主要な破綻要因となった与信・投資行為等に深く関わった共同正犯者を摘出する必要があろう。観念的には煽動・誘発・促進者として，まず，①破綻要因となった与信・投資行為そのものの意思決定過程に深く関与し，破綻経営者に意思決定を強く促した人物，②当該案件の与信先・投資先の経営者等で，破綻経営者との間に深い情実関係等があった人物，③当該案件ないし破綻に至る末期において当該行ないし当該経営者にリスク・マネーを供与した人物，④破綻に至る末期ないし破綻直後に当該行ないし当該経営者の整理・清算・再建行為に深く関与した人物などが想定される。こうした人物群の中から以下のような四つの類型を立て破綻経営者および各類型相互間の相関関係を解析してみたい。もとより経営破綻に至る諸行為の中から潜在する共通性を抽出し，より正確な類型化を行うにはあまりにもサンプルの絶対数が不足しており，ここでは現時点における一応の仮説を示したものにすぎないことはいうまでもない。

① 「煽動者」（渡辺一族，小口一族の破綻に大きく関わった破綻経営者の部下・幹部たる永野護や，「高利金融業者」の番頭の西川末吉など）

② 「虚業家」（破綻経営者と共鳴し，協働し，与信を受けた投機仲間，同類資本家として星一，葛原猪平など）

③ 「高利金融業者」(渡辺一族，小口一族等へ投機資金・リスク・マネーを供給した乾新兵衛，中村準策など)
④ 「再建型資本家」(破綻銀行・企業の競落等に多く顔を出し，「ボロ買い」などの異名をとった根津嘉一郎や，同類型と目される河崎助太郎など[18])

これらの類型はトップランナーを「煽動者」，最終ランナーを「再建型資本家」として，各々次の各段階において，順次単独ないし連携して破綻経営者の意思決定や行為に深く関わり，破綻経営者を次の危機段階に押しやる役割を果し，破綻・清算・消滅の最終段階に至らしめるのである。

①無謀な大口不当投資・投機の実行，②大口投資の固定化，③投機の失敗，④高利資金の融通，⑤過重な金利負担に呻吟，⑥優良資産の売却，⑦不採算部門の切り離し，⑧粉飾・ダミー等の多用，⑨財政的窮乏を救うため一発逆転・起死回生策の提案，⑩不当な金融等の背任行為の累積，⑪優良部門の営業譲渡，⑫債務不履行の発生，⑬担保権の実行，⑭再建に関与・引受，⑮整理・清算等

以下，この4類型の想定内容，行動パターンと典型的な人物の具体像を順にみていきたい。

(1) 「煽動者」

ここでの「煽動者」とは渡辺，小原など投機的経営者や個人金融業者の背後に控える「黒子」として目立つことはないが，好況期の起業ブームに付け込んで，内容のあやふやな泡沫会社を次々に設立したり，巧みな仲介と甘言を弄して経営者を教唆し，ある時にはおだてあげ，有する投機心をくすぐり，あおりたて，個人金融業者の間に介在して投機資金を用立てて，アクセルを踏ませ，破滅への引き金を引かせ，加速・暴走させた「発起屋」，参謀，取巻，会社幹部，投機仲間，虚業家的資本家，政商，買占めを煽動した仲買人・証券業者，事情に疎い大衆投資家に高値で権利株を売り付け，創業プレミアムを荒稼ぎする連中など，多種多様のタイプが想定される。

① 永野護

破綻銀行家の部下であり，破綻証券業者の部下に転じて，証券業者に銀行家が社長の企業の社債を無理に引受けさせ，銀行，証券共倒れを招来させた永野護[19]がこの典型と考えられる。東京渡辺銀行は日銀から「其営業振無謀放漫ヲ極メ殆ンド銀行常識ノ想像シ得ザルモノアリ…総貸出ノ八九割ハ回収不能トナスノ外ナク施スニ術ナキノ感アリ」[20]とまで酷評されている。先代治右衛門時代には「明かりと乗り物」という甲州系直伝の明確な投資方針を遵守してい

たのに比して，第1部第3章で見たとおり，勝三郎の関与企業の業種分布に，範囲の経済，シナジー効果の発揮できそうなターゲットが認め難く，なんらの方向性・収斂性が感じられず，散漫で発散する一方だった理由は，短期間で主要財閥へのキャッチ・アップを目指した，単純な数合わせのワンセット主義であったと解する方が自然かもしれない。こうした同行に「銀行常識ノ想像シ得ザル」新規方針を強く意見具申したのは，同行の従来の路線を「眠れる財閥」と評していた永野護ではないかと思われるが，永野本人は新人としての活躍時代であり，当然に記憶も鮮明なはずの渡辺時代の思い出をなぜか多く語らず，父の死「以後の私の生活は悪戦苦闘の連続で，御恥ずかしいことばかり」[21]とし，「人生最大の至宝である春秋を，いかにも無駄に浪費した自分の愚かさ」[22]を悔やむばかりである。渡辺治右衛門は「常に後進の人材あるを見ば，自ら伯楽と為りて之れを誘掖指導し，育英以て天下経綸の才たらしむ」[23]ため，「亡父の遺徳を後世に残すの主意を以て其の法名宏徳院殿に因み宏徳会を興し巨費を投じ人材の養成に力」[24]めた。有馬真喜子氏は「大学に残るかそれとも高級官僚の道を歩むかとだれもが期待していた」[25]永野が金を稼ぐために小銀行に入ったのは「長男の悲劇を絵に描いたように，護は一家のために，好きな学問の世界もエリートの道も捨てざるを得なかった」[26]ものと解している。おそらく永野はこの宏徳会から金銭的援助を受けてきたという理由もあって，敢えて「眠れる財閥」に入社し渡辺一族に多角化の効用を説き，本格的な財閥への道を勧め，あわよくば自分がその本格的な財閥の専門経営者たらんとの野望を抱くなど，財閥自体を覚醒させることに腕を振って，財閥の拡大と自己の立身出世の同時達成を狙ったものと考えられる。

永野は「今ここに眠れる財閥があるんだ。東京中に二十七万坪の土地を持って，渡辺倉庫，東京湾汽船，あかぢ銀行等を支配し，清浦伯が後見人になっている渡辺財閥というのがある。当主の治右衛門氏はともかくとして，次男の勝三郎氏はえらい」[27]と学友の林甚之丞に大正6年11月に設立したばかりの渡辺商事への入社を勧誘した。多角化を推進した永野が，従来「堅実をモットーとして築き上げてきた財閥」[28]の当主として，「手堅く営業し来た」（S2.5.10B）との評ある治右衛門を「ともかくとして」という言外に込められた「えらくない」との評価を下したのは，永野の思惑にはとても応じそうにない慎重な態度であったからと考えられる。

事実，幅広く付帯事業や出資が可能な渡辺商事の発起に際して，「家憲に反

したこと」[29]との理由で「同族中に相当の反対の起った」[30]ことが『林甚之丞氏の足跡』に示されている。渡辺商事の発起に反対した一族や重役としては「同族中堅実の聞え高き渡辺六蔵氏，小野田政二郎氏（ママ）（渡辺倉庫専務），福沢平太郎氏（旭日生命保険専務，あかぢ貯蓄銀行監査役）」[31]が明らかとなっている。

福沢は「先代治右衛門氏に仕へしが其勤勉律直なる活動振りは甚く治右衛門氏の籠心を動かし」[32]た先代の子飼いで，当主の堅実方針を支持したものと解される。しかし，その他の「あかぢの子飼い」[33]である渡辺系の幹部連中の多数派は日の出の勢いの勝三郎，六郎ら「主人の命令に背き難く，かかる窮状となる迄，社長の放漫乱雑を黙認」[34]したものと推測される。

渡辺商事の3千株以上の大株主に治右衛門の名は見当たらないことから渡辺家の伝統的な「家憲」を重んじる当主治右衛門は，渡辺商事の発起以降，「家憲に反した」[35]事業には「重役にも相談役にも名前を列せず」[36]というモンロー主義を決め込んだとみられる。旭日生命「社長たる渡辺治右衛門氏も聊か持て余し気味」（T 14.5.1中外）と伝えられたが，ひとり旭日生命のみに限らず，渡辺系事業全体の運営に関しても「幹部間の軋轢」ひいては「一族間の不和」があって，当主は「聊か持て余し気味」ではなかったかと想像される。当主は昭和2年の失脚後，「肋膜炎を病んで各所を転々してゐたが…菩提寺清光寺の一室を借りて親類渡辺福三郎氏の仕送りによって全く世捨人のやうなささやかな生活をつづけ」（S5.1.5東日）「永々病気之処養生不相叶」（葬儀広告S5.1.9東日）昭和5年1月4日享年60歳で寂しく死亡した。昭和5年1月10日浅草区松清町十番地の清光寺で執行され，喪主は長男の源一（住所は清光寺内）であった（葬儀広告S5.1.9東日）。死の床で「外の事はどうでもいいが銀行をつぶした事は世間に対して申し訳がない」（S5.1.5東日）といい続けていたといわれる。

「ともかくとして」と評価対象の枠外に置いた当主に比べて，「次男の勝三郎氏はえらい」と最大限の賛辞を呈していることから，治右衛門らの反対意見を勝三郎らが押し切って，永野らの勧奨した多角化路線に乗って勝三郎は渡辺商事の発起以降，いわば当主治右衛門の反対を押し切って，「眠れる財閥」脱皮のため，ひたすら「渡辺家の事業が根を張り枝を伸ばして繁茂して行く」[37]ように，あらゆる事業への全方位型関与を積極的に進めたと考えられる。勝三郎は能狂言，書画，小唄など「多趣味にして一事に執着せざる」[38]といわれた通り，事業方面でも「一事に執着せざる」傾向が強かったと考えられる。勝三郎

の放漫ともいえる拡張主義には当然に同族内，重役内にも反発が出たことは容易に予想される。先代から「お前は渡辺銀行を継げ」[39]と厳命された六郎は大蔵省事務官の原邦道（後の長銀頭取）が「頭取は渡辺治右衛門氏でしたが，（渡辺六郎）専務が一切銀行の業務を統括」[40]していたと証言するように，本来バンカーとして，「渡辺財閥」の金庫番として，あくまで客観的で冷徹な判断力を要求されるべき中立的立場が期待されたと思われるが，八田熙，岩永新太郎ら東京帝国大学の同期生グループを次々に登用して東洋製油，渡辺商事等の投機事業を推進したり，「土地開発業を勉強するため…外遊」[41]した経験から，自己の興味に沿う大船田園都市等の開発事業には損得抜きでのめり込む傾向も散見され，先代が六郎に期待したブレーキ機能よりも，勝三郎同様のアクセル機能が勝っていたというべきかもしれない。六郎の長男として渡辺秀氏はこうした見方に対して『渡辺六郎家百年史』の中で「当時における銀行の立場を推量するに，同族系の色彩が極めて強い銀行と関係事業会社との関係においては，一族内の長幼の序もあり，その是非の判断についても，公正かつ冷厳にして峻なる立場をもって融資を拒絶するが如きことは，寧ろ事情甚だ困難とさえ思われ，どちらかと云えば，銀行は専ら受身に回り，不承々々ながらもこれを認めざるを得なかったのではなかろうか。特に一族直系の末弟の父をして，若くして銀行経営の事実上の責任者にさせ，その全権を委せたる点については，当時諸事情あるとは申せ，余りにも責任加重であり，異論なしとしないのである」[42]と書いておられ，また著者の質問に対しても「長幼の序が重んじられた当時のこと故，いかに銀行を任されていたとは言え，父六郎が年が相当に離れた勝三郎兄に反対意見を述べるようなことはとても可能であったとは考えられない。その意味では渡辺家全体を統括していた先代が早死にせず，せめて10年長生きしていれば…」[43]と同趣旨の回答をされた。

永野は渡辺家だけでなく，転身先の神田銀行でも，懲りずにオーナーの神田鐐蔵にしきりに多角化路線を勧奨し，証券を中心に銀行，保険，信託等に戦線を急拡大させ過ぎ，破綻の主因を与えた戦犯と思われるからである。神田が買収した農工貯蓄銀行が丸ノ内銀行に改称後，頭取となった国分三亥は「当時の事情は永野護氏が故人（＝神田鐐蔵）の代理として折衝に当たられた」[44]と回顧するように永野は神田の代理として農工貯蓄銀行買収に関わるなど，「神田財閥」では神田銀行，丸ノ内銀行各取締役，東華生命常務，朝日信託，横浜倉庫各監査役等，傘下企業の役員を兼務した（紳T 14, p 366）。倒産の数年前，

野村徳七（野村証券創業者）から「関係事業全体の動きをよく見きわめて運営方針を定める」[45]よう忠告されながら，無視して暴走した神田錺蔵を勝三郎に置き換えて見ると，鈴木松五郎氏が命名した「変転の人生を歩む名参謀」[46]として，永野が渡辺家でもやろうと，勝三郎らを焚き付けた野望の構図が見えてくるようである。また永野護と同様に，積極果敢で精力の拡散傾向を有する渡辺系の野心的人物の例としては鈴木寅彦[47]を挙げ得る。

② 西川末吉

「乾の番頭」西川末吉に関しては山十の再建に関与した河田大三九が第2部第8～9章で見たように小口今朝吉らを美辞巧言を連ねて言葉巧みに煽動・洗脳した口説上手の西川の行動を「甘言」と表現し，また日銀岡山支店長も西川が山陽銀行の土居通憲らに対して「好餌ヲ以テ…誘ヒ」，「阪神土地株式会社ヨリ債権関係ニ依リテ乾新兵衛ガ買ヒタル地所」[48]を買わせたと報告している。ダイヤモンド誌も久原房之助，田中義一ら大口貸付先と乾との間に介在する「狂言師」としての西川を「頭のいい男ではないが，人をチャームする力を以て居る。特に乾を感動させるには妙を得て居る…天分の魅力を以て口説く」（Ｓ6.6.21Ｄ）結果，河田の指摘と同様に「直ぐ乾が参って了ふ」（Ｓ6.6.21Ｄ）と評し，「乾の番頭と云ふよりも，久原の番頭みたいなもの」（Ｓ6.6.21Ｄ）と彼の双方代理性を指摘している。

こうした「煽動者」が投機的行動を煽動する主な動機としては永野にあっては一族の生計を支える長兄としての責任感に裏打ちされた切実な自己の立身出世欲，一流企業に就職した同窓生に対する劣等感をバネとした強烈な対抗意識等が「眠れる財閥」の覚醒行動につながったと考えられる。また西川にあっては「乾の番頭」とは乾合名の固定給の支配人職を意味せず，債務者が支払う高利の一部を手数料として収奪する完全歩合のブローカーにすぎないため，高率の成功報酬獲得のためのインセンティブが働いていたと考えられる。つまり金主の乾には債務者の信用を過大に吹聴する一方，債務者側には投資物件の魅力を過大に吹聴する「甘言」を弄する「狂言師」たらざるを得ない。

(2) 「虚業家」

ここでの「虚業家」とは一般的には資本家・投資家を類型化した場合に堅実でない，当たりはずれの大きい事業や，名前だけ大袈裟な企業をいとなんでいる人であり，規模の大きな，堅実な生産・販売などの現実の財を伴う経済的事業をいとなんでいる「実業家」の対語である。同様に「投機家」とは確実では

結論　負の連鎖とリスク増幅のメカニズム（仮説）　　529

ないが，大きな利益をあてにして行う人，市価の変動を予想して，その差から生れる利益を得ようと取引する人であり，確実な利益を得ることをみこんで堅実な事業などに資金をだす「投資家」の対語である。

　こうした投機に走り，専ら浮利を追う虚業家的資本家ないし投機性の最も極端な倒産常習者（後藤恕作や玉屋時次郎などが典型）としては石井定七のほか，第２章の豊川鉄道を買い占めた西浦仁三郎，「天一坊」こと松谷元三郎，第３章の阪鶴鉄道を買い占めた香野蔵治，櫨山慶次郎，第５章の西成鉄道を買い占めた鷲尾久太郎，帯谷伝三郎など，第７～８章の主役たる小山田信蔵，第９章の高野鉄道を買い占めた北村六右衛門などのほか，星一（第２部第８章，第11章に関係），葛原猪平（第２部第11章に関係），太田雪松，丹沢善利など多数存在する。また11章の八千代生命では当初から金融機関の経営者の資質を欠き，小原達明という「虚業家」自身が生保を創立・経営するという出発点自身に致命的な破綻原因が内在していた。恐らく勧銀内部では渡辺における永野護と同様に「煽動者」程度にすぎなかった小原ごとき輩が，生保を堂々と創立できたのは西川末吉と同様な「煽動者」としての見事な弁舌に加えて，名門・渡辺一族の女婿という無限の信用力が大きく作用したことは間違いない。渡辺一族の責任は一族が経営した東京渡辺銀行，旭日生命などにとどまらず，実は八千代生命発起設立時にまでさかのぼって検証されるべきであろう。

　この種の資本家類型に共通して見られる特色としては以下の通り。①事業癖が強く，他企業の敵対的買収，乗っ取りを多用し，関与する事業の規模や範囲の拡大が急ピッチである。②創意工夫，改良，ネーミングなど，マーケティング活動においてはある意味で天才的な閃きを有しており，ある分野では一部から「近代的」「進歩的」「革新的」などとして高い評価を受けた。③財界大物クラスも引き付けるほど弁舌が巧みで，築いた人脈を宣伝・金策等に最大限活用。④一見もっともらしく，受けやすい主義・主張・思想を明確に掲げ，売り物にする。⑤万事に新しいもの，派手なものを選好し，好奇心が旺盛で，冷静に見ると泡沫的，詐欺的としか思えない，新奇な，いかがわしい事業に嵌まって狂奔。⑥概して慎重さを欠き，失敗，破綻，再起の連続で，懲りずに何度も同じ過ちを繰り返す。⑦同時代の評価は礼賛から酷評まで極端に分れ「人物真価が不明」。⑧派手な外観とは裏腹に内実は空虚なため，しばしば醜悪な経済事件を起し，司法当局に睨まれ，強制捜査を受け，有罪となるケースが目立つ。⑨不芳の特異資本家同士で，相互に共鳴，交流，模倣，連携，提携，共働，融通

関係が緊密。⑩商品相場，株式，不動産，鉱山など，投資というよりむしろ投機性の高い分野に公私ともに深く関わる。

以下，小山田，小原ら既に取上げた以外に数名の具体的人物を例示しておく。

① 河村隆実

例えば第1部第1章，第10章に関係した河村隆実[49]は「日清戦争後から日露戦争前後に於ける十年間は人も羨む実業界の寵児で，其の頃の氏は銀座の現竹葉亭の処に数奇の邸宅を営み，鉱山，鉄道，保険事業に牢固たる勢力を張ってゐた」[50]が，千葉県大網の炭田開発，低温乾溜事業，金瓦事業，金山，大理石事業等々「鉱業，鉄道等様々な事業を経営したが，思ふに任せざる」[51]失敗の連続で「海水より清水と塩を製出する事業等を目論みしも大成するに至らず」[52]という失敗に端的に象徴されるように，河村の「事業癖は寧ろ熱心とか好きとかいふ事を超越したもの」[53]であった。『昭和巨人録』は「飯よりも好きな事業癖の祟りで，事業と云へば何でも御座れ，人が旨さうな事を云って持込めば片ッ端から遣って見ねば虫が落付かぬといふ熱心が累を為し…実際氏は衷心から事業を好むの余り，之ならば大丈夫物になると信じて乗気になり，自分も注込めば人にも勧め段々深入りして結局物にならぬとなれば，迷惑を蒙るものは氏一人である」[54]という河村の典型的な「虚業家」的性格を描出している。

② 守山又三

第1部第2章に関係した守山又三[55]は明治32年三池紡績大阪支店長時代に三品相場師としては綿糸定期売買で投機に失敗，53万円の損失を出した（M33.6 B）大穴事件を起した[56]。守山の背後には三井や野田卯太郎らの影がちらついており，守山本人にも直接取材した絹川太一は「守山氏が買占着手の動機は北浜銀行の岩下清周氏と三井物産大阪支店長山本条太郎氏が之に賛成し，北浜銀行と三井物産とが金融の途を図った」[57]と岩下らの関与を明言している。

『福岡県史』の解説ではその後の経歴未詳とするが，判明する三池紡績以後の経歴は次のように同種の忌まわしい事件を連発する破綻常習者であったと見られる。すなわち船場銀行を牛耳り，阪神土地建物の株金払込に空手形を代用したとされる[58]。その後34年の豊川鉄道買占（第1部第2章参照）では主謀者・松谷元三郎の仲間として百三十銀行西陣支店支配人近藤千吉に「三万円の報酬」（M34.9 B）を渡して不正手形に裏書させ，百三十銀行の信用を失墜させる一因を生じさせた。その後藤本清兵衛の参謀となって，40年3月時点で

結論　負の連鎖とリスク増幅のメカニズム（仮説）

は藤本ビルブローカーの200株の株主[59)]で，藤本清兵衛の本社機構と考えられる「藤本元方」[60)]に41年12月25日の辞任まで勤務した。この間守山は藤本系を背景に44年大阪電気軌道，大阪電球各取締役，共立物産監査役等に就任（要録M44，役p540），守山は京都電灯の田中博から「官僚の利けものであった大浦兼武子を背景にもち，当時大阪財界の惑星として縦横にあばれまわっていた」「政商の錚錚たる顔」[61)]「財界の島左近」[62)]と評されている。44年11月京都電気を資本金200万円で強引に新設し社長となって京都電灯の牙城に殴り込みをかけた。守山のグリーンメーラーとしての本領を発揮し，「高く売り付けてやろうという魂胆」[63)]からか「所有株式を担保として，人もあろうに当面の業敵大沢社長に金融を依頼」[64)]するという人を食った作戦に出たものであろう（大正3年春強制捜査を受けた守山はもう一度「窮鳥」となって大沢親分に飛び込み，逃亡資金を引出して海外への高飛びに成功した）。そして予定通り明治45年3月7日守山と田中博との間の契約が纏まり，同年11月19日契約に従って京都電灯が182万円で京都電気の伏見火力発電所等を含む資産一切を買収継承した。

　浜岡光哲が京都電気鉄道社長を辞職すると，守山は後任社長に就任したが，京都市への買収に失敗したため，「守山氏始メ当時ノ重役ハ大正二年八月片岡直温氏ノ申込ニヨリ同氏ニ会社ノ整理経営ノ全権ヲ挙ゲテ一任スルノコトトシ遂ニ総辞職ヲ為シ同年十月ノ株主総会ニ於テ片岡氏ノ推選ニ係ル岸田勉氏常務取締役トナリ…整理ニ着手」[65)]した。

　守山は42年8月2日に京都の博愛生命（京都生命が41年4月改称）の「社長となって采配を揮ったが，これ亦命脈短かく四十五年五月には小原元美氏に椅子を譲って退任」[66)]し，農商務省は博愛生命の検査の結果，「前社長守山又三ニ係ル預金及ヒ有価証券ノ流通事件」[67)]に鑑み，株金の払込み，欠損金填補の方法確立について同社から申出がないのは不都合として，監督する京都府知事へ「厳重ニ御示達相成度…不都合ノ義ト被認候」[68)]と指示した。

　一方松尾平次郎[69)]が頭取の船場銀行は「代議士守山又三実権を握り，銀行を自己の意の如くに左右」[70)]していたと言われる。同時に守山は阪神土地建物[71)]に1,100株を出資し専務となっていた。「其筋に於ては船場銀行と守山等の関係怪しと見込み調査を遂げたるに守山等が実際空手形を以て株金払込に代用し居れること及大阪硫安肥料会社，阪神土地建物会社の株金払込に銀行の資金を乱用せることを発見したりしかば，先づ臭味の嫌ある同行支配人其他関

係会社の役員を拘引した」[72]とされる。すなわち守山が振出し，船場銀行が裏書きをした手形40万円のうち，約20万円は阪神土地建物取締役足立平助と弟の足立平蔵[73]によって割引かれるなど，守山の不正手形事件には阪神土地建物，松尾ら才賀電機商会関係者らも深くかかわっていたと見られる。この阪神土地建物は「株金払込に〈船場〉銀行の資金を乱用」[74]したとして不当支出の訴訟が出され内紛状態に陥ったが，後に山十組の小口今朝吉が西川末吉の甘言に乗せられ大金を投じて大損を出すという後日談まである。

京都電灯田中博の回顧によれば明治45年の京都電気買収の「何年か後だと思うが，守山氏が財政的にも困り，再び大沢〈京都電灯社長〉氏のところへ来て『実は友人から頼まれ，株券で金融してやったところ，その株券が不正のものだったので，まるで自分が詐欺をしたような形になった。いま四千円ないと入監しなければならぬおそれがある』と泣きついて来た」[75]とあり，守山の「友人」を足立兄弟，不正の株券を阪神土地建物と考えると前述の空株事件で「其筋に…拘引」された状況が酷似している。守山は同情した大沢から高飛費用2,000円を騙し取ると「刑事事件で検事局の取調中に逃亡し…アメリカへ脱出，そのまま二十何年かをニューヨークで暮らし，つい十数年ばかり前に日本に帰ってきた」[76]と戦前期に四半世紀もの海外逃亡を敢行したつわものであった。守山がニューヨークで如何なる潜伏活動を行ったかは未詳ながら，彼が金融証券の本場で聖人君子として無為に反省の歳月を送ったとも思われず，藤本等の邦銀現地法人等を含め交渉の有無を検証してみる価値はあろう。

日糖事件で藤本清兵衛が破綻した際に「何ゆゑか当時誰一人同情を寄せる者はなかった」[77]のは「機界には，守山又三を配下に使って，痛快戦を擅にして居た」[78]ため，「投機を好み辣腕の聞えある守山又三氏を参謀として使用せるを以て，財務の要局に当る人々は密に之を憂ひ，且同〈藤本〉氏の為め惜みつつ」[79]あったためとされ，明治末期の段階で既に「財務の要局に当る人々」は守山を「投機を好み辣腕の聞えある」危険人物としてマークしていたことが判明する。

③　葛原猪平

プロの金融関係者や多くの投資家にアピールする"新規産業"を捏造[80]し，詐欺的会社を設立して完全に信じ込ませ，「終始一貫して嘘決算，蛸配当を行ひ，其嘘が祟って破綻」[81]し，日銀からも「欠損ヲ糊塗シ得スシテ破綻ヲ暴露スルモノ」[82]に至った代表例とされた葛原猪平[83]（葛原冷蔵）が位置付けられ

よう。

　葛原猪平は大正8年液体アンモニアを膨張させて生ずる低温を利用する空気凍結法を採用して魚類を凍結保存するという，本邦最初の凍結法[84]の開発者で，同年11月宮城県気仙沼町に同社最初の冷蔵倉庫を経営した冷蔵業界のパイオニアである。葛原の事業展開の一例を示すと，同社製氷機の売込先の一つである金沢電気軌道の小塚貞義社長（第2部第10章参照）を「農商務省が水産冷蔵奨励金の交付を検討中」[85]だと巧みに勧誘して，葛原との折半出資で大正12年10月12日北陸冷蔵[86]を設立させている。葛原は当時喧しかった食料問題の調節を掲げて，小塚のような野心ある資本家を説得，信奉させて各地に同社の関係する冷蔵企業網を展開していったと考えられる。この結果葛原冷蔵は大正14年2月時点で一千噸以上の船を6隻所有し，その合計は9,588噸で全国の船主のうち，第51位の乾合名9,226噸を凌ぎ第50位を占め[87]，一時は「払込資本金二千万円を擁して我冷蔵事業界に雄視せる」とか「地震成金」（14.6.20 B）と評された。しかし冷凍鮮魚の長期貯蔵販売を営業方針とする同社は長期貯蔵偏重の当然の結果として，運転資金の累増が業態柄不可避となり，高田商会破綻後の14年4月22日ついに資金繰の破綻が露呈し，4月27日債権者を招集して開催した債権者会議の席で葛原会長は支払猶予，利下げを懇願するに至った（14.6.20 B）。債権者会議に参加したのは三井物産（機械代300万円），三菱造船（400万円），藤本ビルブローカー銀行[88]，東拓，興銀，拓銀，第一銀行，その他名古屋，大阪，北海道，静岡等の各地の銀行（倉庫担保約100万円）であった（T 14.4.30 福日）。このほか一般公募の10％担保付社債が300万円，緊密な「小原八千代生命[89]社長，星製薬社長其他」（T 14.4.30 福日）の債務が約100万円，うち八千代（2,500株主）からの貸付は45.8万円であった。

　葛原冷蔵の破綻は従前の合資会社を株式会社化する際の現物出資財産の過大水増し評価を始め，ありとあらゆる架空資産をB/Sに並べ立てるなど「全部が嘘で…他に類のない嘘八百の決算」[90]であったことが明らかとなり，債権者会議等での支払猶予，利下げ懇願は「益々態度の悪化せる債権者の同意を得られるや」（15.3.20 T）疑問とされ，葛原に見事に騙され続けてきたために「此事業に対する債権者の理解を得ることは容易でない」（15.3.20 T）事態となり，14年9月債権者たる興銀，藤本等により強制管理を受け，葛原所有の冷蔵倉庫群は帝国冷蔵（大阪所在分），戸畑冷蔵（北海道・森所在分）等に売却さ

れたのをはじめ，債権者の担保権実行により葛原冷蔵（大正15年東洋冷蔵に改称）は四分五裂，雲散霧消した。

④ 星一

「虚業家」の代表としては今なお多くの信奉者を持ち，彼の偉業を称える書物が出版され続けている教祖的存在の星一[91]をあげざるをえない。10年余の米国生活後に帰国して東京府小名木川に個人経営の星製薬所を創立，43年資本金50万円の株式会社に改組し専務・社長に就任した[92]。星製薬の工場を大崎に，本社を京橋に移転し，大衆薬数十種を新聞の全面広告で恒常的，かつ大々的に宣伝し続け，「全盛期には毎月十五六万円から二十万円の広告費をつかったのだから」[93]，「全国の新聞に星の薬の広告の出ないことはなかった」[94]ため「星のこういった宣伝に対して，星は山師であるなどと非難をするものもあった」[95]ほどで，同じく「宣伝手段があまりにも異彩を放ち…兎角の批判をなす」[96]有田音松のドラック商会[97]と双璧をなした。

星は「達識敏腕の人で…奮闘主義を生命とせるため…勇往邁進をもって事業の向上発展を図って…水も漏らさぬ進出的方針」[98]を特色とすると称賛される一方，反対派からは「星や葛原といふ大山師」（3.3.27保銀）と呼ばれた星は葛原を見習って冷凍分野にも進出，星ら数名で資本金5,000万円の低温工業を設立した。設立趣意書で「冷凍法に学理を応用し…誠に驚くべき大発明」（T14.4.26福日）と自賛，年商1,697万円を豪語し，「同社成立の暁は一定の期間後に於て星製薬会社に合併さるる筈」（T14.4.26福日）の低温工業株式を「星製薬の特約店[99]並に得意先に優先応募せしめ」（T14.4.26福日）た結果3.6万もの大衆株主を全国から募ったと豪語した。低温工業のように，新設会社を次々に星製薬に合併させる変態増資形態[100]を星製薬が数次にわたり多用し，個人向社債[101]も特約店ルートで売りまくった理由を星一は「株式を大衆化し，大衆を同情者，後援者として星製薬の基礎を築かんとした」[102]ためで，「第二回の払込を無理にさせないようにする…併合増資の形をとり，株主に払込の選択の自由を与える」ものだとする。星が家族制度連鎖店と呼ぶ星製薬の販売網である府県元売捌所，配給所，特約店は薬はもとより，星製薬系の戦友共済生命の保険商品から，資金繰りの苦しい星製薬の個人向社債の販売の責任額まで負わされていた。低温工業株の販売も同様に「ホシの組織の威力」（T14.4.8福日広告）をフル発揮させたものの，実態は低温工業の「一般応募株に十一万株の空株があり，更に発起人十四名の持株中には八万七千円に相当

する空株があった」（T 15.9.9 東日）ことが関係者の取調で発覚し，同社の年商は百円にもならぬ蛇尾で終った。

　震災ならびに後述する星への相次ぐ不正疑惑の影響もあって星製薬は14年7月23日に震災にも残った大崎工場の全労働者1,900名中の610名を解雇することを余儀なくされ，「大工場は其の厄を免ぬがれ益々盛大に発展しつつ」[103]あると聞かされていた労働者からは「余りに突然な会社の処置に対し非難」（T 14.7.25 中国）の声も出た。

　つぎに星が関与した生保・戦友共済生命[104]を見ておく。戦友共済は大正7年6月開業したものの，当初から成績は上がらず毎年欠損を続け，T 10/12期には繰越損失金が148,268円（要録T 11, p 248）にも達する有様であった。星が吉野周太郎[105]と同郷の間柄であったこともあってか，「十一年度には依然十二万円からの損失金が残り，之がために大株主の中には持株を処分するものも生じ，株式の大部分は星製薬の星一氏，及び其の一派に譲渡」[106]され，大正12年7月「公債十八万円を寄付して損失補塡に充当した」「星一党の入社」[107]となった。戦友共済の創立委員であった安川隆治は「日露戦役の殊勲者で，一面には新進の実業家」[108]であったが，彼が実業家として監査役を務める明治製革の中心人物は戦友共済の監査役になった浦辺襄夫[109]であった。しかし浦辺は戦友共済設立直後の大正8年7月21日横山家と共同で共同生命の支配権を獲得して専務に就任したから，戦友共済に投資する意味を失って，同様に保険会社の支配を目論む星に譲渡したものと見られる。かくして星は大正12年7月総株数2万株の2/3に相当する約1.3万株を握って同社の社長となり役員を一派で独占した[110]。

　星は「最大の国家奉仕をなさんが為に，戦友共済生命保険株式会社を買収し，其の内容を改善して時代に適応する生命保険たらしめ」（T 14.4.8 福日広告），「親切を基礎とし科学を基礎とし保険事業を理想的に進歩せしめ」[111]，「星氏の所謂科学的経営法に依って著々効果を収めつつある」[112]と宣伝した。

　しかし戦友共済は大正12年以降，母体の星製薬の相次ぐ信用失墜と破綻の影響を受け，「星氏の没落と共に業績振はず，商工省の拘束命令を受ける程度に悪化」（S 7.2.7 東朝）した。まず12年9月の震災で京橋の本社が類焼したため東京荏原の星製薬商業学校内に仮事務所を移転（T 12.9.19 東日），14年3月11日には正式に戸越325番地に移転（T 14.6.15 中外）した。

　星製薬は大正14年5月15日に捜索を受け，星一も10月19日台北地方法院

から起訴された[113]。星一が台北で無罪判決を受けた後も大正15年5月15日星製薬と星一の自宅，関係先が警視庁刑事部[114]による強制捜査を受けたが，その容疑は低温工業の空株という商法違反問題であった[115]。15年7月1日警視庁は不正事件ありと睨んだ戦友共済と「取引関係ある第一銀行その他の銀行との貸借関係，預金状態等について詳細な取調べ」(T 15.7 .10 中外)を開始し，9日には大越又雄取締役ら「戦友共済保険の疑雲深し飛火は拡大…同社重役連は続々召喚」(T 15.7 .10 中外)と報じられた。この時の戦友捜査の主眼は中島警部補が取調べ中の「某会社」(T 15.7 .10 中外)すなわち星製薬の事件にあったと思われる。新聞報道によれば「低温工業…百三十六万九千円の株金と戦友共済生命保険会社の設立に際して公募した百九十五万余円の金額を星製薬に投資」(T 15.7 .20 国民)するなど，「低温工業と戦友共済は星製薬の犠牲の為に創立された」(T 15.7 .20 国民)ものと見做された。関係会社の帳簿を押収し関係者を召喚した結果の調書によれば戦友共済の「責任準備金約百五万円，同支払準備金約百万円中より，百六十余万円（内有価証券九十余万円）を引き出し，これを担保とし金策し自己経営の星製薬に流用した」(T 15.9 .9 東日)とされ，星は流用そのものを認め「会社が事業不振時代にやり繰算段で借金するのは致し方がない」(T 15.9 .9 東日)と背任の意思は否定したという。

戦友共済の「星製薬に対する債権は第二順位の担保権に属するものが多い」(S 3.12.16 東朝)上に，「星一の事業に固定貸しをしたため，目下整理中で…大口債務者の星製薬が破産を免れ，和議が成立したので解散処分は暫く猶予」(S 3.12.16 東朝)されるという，文字通り破綻一歩手前の窮状にあった。結局戦友共済は「責任準備金の殆ど全部が星氏関係事業に投資されてゐるが，その事業行詰りの為め回収の見込全然無く一方二百万円の欠損を補填して譲受けるやうな人物を物色することはこれ亦望みが無いので主務省でも愈々最後の手段たる解散命令を下すより外ない」(S 4.6.27 読売)とされたが，商工省は星製薬の和議の動きも勘案し「何時にても解散処分が出来ることとなって居るが…解散処分を猶予し適当の後継経営者を物色」(S 4.2 OB)した。醜聞に災いされつづけた戦友共済の星一系持株1.3万株は昭和6年商工省のあっせんにより，太田清蔵（初代）の主宰する第一徴兵へ譲渡され，翌7年11月12日第一徴兵へ包括移転された。入営者だけを対象とする第一徴兵にとって戦友共済の包括移転は業務補完となり，業務を一貫させる効果があったとされるが，

結論　負の連鎖とリスク増幅のメカニズム（仮説）

「虚業家」河村隆実が買占めた徴兵保険株を譲受した太田清蔵が，同じく「虚業家」星一が買占めた戦友共済株を譲受し，三代目の太田清蔵自身が「虚業家」同然の悪業を重ねて徴兵保険，第一徴兵の後身たる東邦生命を近年に破綻させたのは皮肉というほかはない。

　最後に個人向社債の開発と販売に関して星のある種の天才振りを指摘しておく。星製薬は大正11年の第1回社債以来第11回まで「殆ど矢継ぎ早にお手製の社債を作って恰も勧業債券か貯蓄債券の様に売出した」（S8.8.19T）結果，星製薬の社債残高は大正15年5月末では1,236.8万円にも達した。15年12月第三回無担保社債（総額500万円）がデフォルトとなり，債権額の2割，100万円のみ2年据置，12年間で長期に償還し，残りの8割は商品券で代物弁済するという社債史上稀に見る最悪の事態となった。利払いもできぬ事態に天才的発明家を自称する星は世界に類例がない「社債利払に商品券を発行する」（S2.8.20T）ことを考案して，これを「世界一の商品券」と強弁した。東洋経済も「斯う云ふ普通の事業家のやらぬ，又やり度くとも到底やれない事を星はやりつつある」（S2.8.20T）と評している。その後「極度に行詰って，将に工場閉鎖の瀬戸際に立って居た」（S2.8.20T）星製薬が商品券で利払という魔法で「次々に社債を還して薬を売り，薬を売って社債を還」（S8.8.19T）しつつ，「依然として事業を継続してゐることは，事業界に於ては兎も角不思議な存在」（S2.8.20T）とまで酷評されつつも，4年1月22日和議認可決定により，一旦は負債総額2,500万円（うち社債1,065万円）を現金で10ヵ年賦で償還する見込をたてた（S4.3.6東朝）。しかし一連の捜査・起訴・裁判の報道で，星自身が「書かして悦に入った」[116]といわれる自叙伝的な評伝によれば，「星の信用は地に墜ち，統制と勢威を誇った星製薬は大衆の上に基礎があっただけに，新聞による名誉と信用の毀損は大きな打撃を与えた」[117]とされる。星一の本拠である星製薬は台湾銀行からの134.2万円[118]，八千代生命からの25.5万円をはじめ，借金が膨らみ，大正15年12月に債務不履行に陥って一旦は破産したものの，その後破産宣告を免れ，強制和議が成立し，無担保社債権の79％を切り捨て，旧社を解散，新社を設立する方法で再建した。しかし債権者の抗告等が相次ぎ，さらに紛糾を続けた揚げ句に，さすがの星も「当会社を起死回生させる秘薬は無かったと見え」（S8.8.19T），「昭和五年八月個人破産の申立てを受け，昭和六年五月二十九日個人破産の宣告を受け」[119]，星製薬も7年に破産宣告を受け「破産問題に発展するに及

んで…星の事業は致命傷を受け」[120]た。それでも星を先生と呼ぶ社員や「星を信頼し、尊敬する特約店主は全国の隅々から馳せ参じて…社員と共に、襷がけで三度目の管財人の家に連日押しかけて破産取消しを談判」[121]する騒動が続発したが、星は保釈後に強制和議を申請し、8年9月12日の債権者集会で強制和議を再決議」（Ｓ8.8.19Ｔ）して決着した。小原と肝胆相照らす仲だった星一の方は破産宣告も克服して事業を継続し、星は戦後星薬科大学を創設、ペルーに約30万町歩を所有するなど何かと話題が尽きず、「第一回参議院議員戦に、中風の身体で出馬…四十九万の票を集めて当選」[122]、「七十六才の今日でも毎日、計画し、研究し…ただ夢を追う」[123]、「怪物」「闘志満々たるぢいさま」[124]であったという。星の長男が「天才的なアイデアの持ち主だった」（Ｈ10.1.7朝日）と小松左京が悼んだＳＦ作家の星新一である。彼が執筆した父の無念を晴らそうとした異色の伝記小説『人民は弱し官吏は強し』では「無限の夢を含んだ低温工業会社は、むなしく空中分解」[125]した理由を官憲の弾圧に起因すると解する。彼の論理に倣えば片岡商相の八千代検査指示も「後藤新一の政敵」[126]加藤高明内閣による星のシンパ弾圧の一環となるのだろうか。

(3) 「高利金融業者」

さらに破綻企業、破綻同然の不振・困窮企業の周辺に出没する個人などの高利金融業者[127]・ノンバンク等の果した役割に注目したい。本書では第2部で頻出する乾新兵衛、中村準策や、斎藤善右衛門、馬越文太郎らの著名な高利金融業者等をはじめ、第1部でも豊川鉄道を差押え破産申請した伊藤種基、高野鉄道に関与した橋本清兵衛ら多くの個人金融業者、豊川鉄道株を担保にハイリスクの貸付を敢行していたと思われる古知野銀行などの一応は銀行形態をとっているもの、阪鶴鉄道買占め資金調達にかかわったサミュール商会などの外資や、極めて多種多様の高利金融業者が出没する。乾新兵衛、中村準策らはいわゆる大戦景気による「船成金」[128]の高利金融業者である。乾と中村は山十製糸など同一債務者の借入先リストに仲良く名を連ねることも少なくないが、両者が単に同業者としての競争・競合関係にあっただけなのか、今日の悪質システム金融業者に見られるように同一債務者を複数の金融業者の名義を巧妙に使い分けて食い尽くすような実質一体関係にあったのかどうかは判然としない。しかし両者とも同じ神戸の海運業者としても長い付き合いがあったはずだから、海運業者における濃密な同業者間取引[129]と同様な意思疎通と相互交流があったとしても不思議ではなく、その結果遠方の債務者から見れば神戸の同一地域で活

動し緊密に連絡をとりあう両者を一体視[130]しても不思議はなかろう。

　乾の場合は神戸の名門醸造業者に入り婿となったのち，ボロ船で一躍船成金となり，しかも船価の天井で売抜けて[131]，巨額の現金を獲得して金融業者へ転身した。「船成金」の乾は海運で得た巨額の資金を当初は信用リスク，担保査定ともに容易な同業者を対象に融資し始めた。大阪商船の野村治一良は「乾新兵衛氏からも船を借りたことがあり，よく知っている」[132]という数少ない人物で乾新兵衛について次のような証言を残している。

　「私的金融業者だったことは人も知る通りで，相当高利だったことは，鈴木の金子直吉氏が日歩十銭の金を借りている，というので驚ろいたことがあった。金子氏にいわせると『それ以上儲ければ金利なんかそんなに高いものぢゃない』ということだった。われわれにはとても考えられぬが，商売をする人にしてみれば，買った品物が売る時に二倍になれば金利など安い——ということなのかも知れない。神戸の船主で乾氏の厄介になった人は多いとみえ，船主仲間では彼に頭の上がる人が少なかったのではないか。ともかく集会などではみな腰が低く，彼は大いに威張っていたようであった」[133]と回想している。

　海運ブームが去って同業者融資が限界に来ると乾は増田，藤本ビルブローカー銀行を通じて銀行へコールに出して運用，「それが世間に伝わって，陸続と借手が門をたたくようになった…約束を履行しなかったり，あるいは破ったりした相手に対しては，容赦なく徹底的にたたかった」[134]といわれる。

　彼らは「乾の番頭」西川末吉ら代理人，周旋人等という多数の「煽動者」をネットワーク化することにより，極めてハイ・リスクの投機資金を全国規模の破綻経営者等に広範囲かつ豊富に供給し続けた。西川らは融資先の開拓責任を負うだけでなく，債務者との間の金銭貸付の契約当事者にも据えられていたから，乾から債権回収責任の一端をも当然に担わされていたと考えられる。その結果，一債務者に対する回収困難な債権を他の債務者に推奨販売して転嫁するという安易な方法で表面的に回収責任をあげた（いわゆる「飛ばし」行為）かのように乾を錯覚させていた可能性もあろう。この結果高利金融業者の債務者同士が資産の売買，金銭の貸借の両当事者としての関係を有したり，共同で投機に走るなどの癒着関係を生ずる景気となったと考えられる。例えば渡辺家に対する貸金の回収を図るため，担保物件（たとえば旭日生命株式）を別の債務者である小口家に買収させて，不良債権の名義を渡辺から小口に切り換えるなどである。資金繰りに窮した「渡辺財閥」に，弁済のため傘下の旭日生命の換金

売りを強制する一方で，おなじく資金繰りに窮し「殆んどの財産を第一，第二と担保にしている」（S3．8．20保銀）今朝吉に，もし「打出の小槌」「金のなる木」としての生保買収・資金流用を唆したのが，両当事者の渡辺と今朝吉をともに有力顧客リストの中に抱える私的金融業者であったと仮定すると，旭日を巡る一連の癒着構造とその悲劇的結末こそは，乾新兵衛一人の掌の上で多くの多重債務者が踊らされていた喜劇だったということになる。現実に小口今朝吉は大分製糸場[135]を大正12年6月頃「乾某ヨリ債務付ノ儘ニテ購入」[136]したが，乾は大和合名会社の豊後製糸所[137]の後身企業である豊国製糸に大分銀行の保証で融資していた[138]。おそらく乾は当初豊後製糸所を担保に大和合名に融資しており，大分周辺で製糸場を探していた小口今朝吉に乾の「債務付ノ儘」購入させたと考えられる。ここから乾との「悪縁」がはじまり，「西川某ノ甘言ニ乗セラレ，該金員ヲ以テ再ヒ土地会社ノ買収ヲ企テ，全然其帰結ヲ誤ルニ至」[139]ったのであるが，小口が買収を企てた阪神土地建物[140]にも守山又三（前述の「虚業家」）という札付きの虚業家が船場銀行ぐるみでかかわっており，大分製糸場と同様に乾の「債務付ノ儘」購入させられた可能性がある。なぜなら首謀者の守山が大正3年3月海外へ逃亡したため阪神土地建物は「大正二年十一月以降，不当支出裁判予審中ニ付，決算ヲナサズ」[141]という極端な内紛状態に陥っており，守山らに投機資金を融資していた金融業者はいずれも大混乱[142]に陥ったものと推測される。

　このような仕組みによって高利金融業者の資金と「煽動者」「虚業家」の甘言等により，多数の破綻経営者の間にある種の「負の連鎖」が形成されていくものと考えられる。高利金融業者は反動恐慌，金融恐慌等の株価暴落を機に破綻経営者等の資金繰が逼迫するや，破綻寸前の自暴自棄的な経営者に最後の起死回生策を勧奨する。破綻必至の山十製糸が無謀にも大量の旭日株式を取得したのも，決して余裕資金の運用ではなく，なけなしの金をはたいてカンフル注射を受けて甲斐なき一時の延命を夢想したものともいえよう。さらにその破綻寸前の旭日生命が無謀にも大量の株式を取得した芸備銀行乗っ取り事件[143]などはサラ金地獄に苦しみ，「藁をも掴む」多重債務者が前後の見境もなく，銀行強盗を企てたに等しい一発逆転の大勝負に撃って出た自暴自棄的な投機であったと考えられる。あたかも投機的多重債務者が高利貸から次々に借金しギャンブルに狂奔するのと全く同様に，こうした錬金術が無限に遂行可能と錯覚し，最終破綻の瞬間まで会社投機に狂奔し続けていたものであろう。最終破

結論　負の連鎖とリスク増幅のメカニズム（仮説）　　*541*

綻の寸前に乾は他の銀行がそこまで気がまわらなかったような渡辺一族の優良財産たる渡辺倉庫や小口一族の中心財産を結集していたと見られる山十土地株を担保に徴求し，頃合を見定めて担保権を執行し，事業そのものを乾の支配下に移行する過程は本文で述べた通りである。そして債務不履行，競売，整理清算等の過程で次項の「再建型資本家」との競合・共働関係が発生する。

　第2部の第8～10章で見た破綻生保では支配株が当初の設立者に比して，この4類型など，より劣悪な資本家に転売された時点で，当該生保自体の危険度を予測し，警報を発することも可能であったと考えられる。しかし高利金融業者が共通の資金的基盤となっているため，整理の段階では4類型の中では最も望ましい「再建型資本家」が登場することを監督官庁も期待したが，実際にはさらに劣悪な「煽動者」たる玉屋時次郎（共同生命）や，最後は張本人の「高利金融業者」乾自身（旭日生命）が登場した。玉屋の場合は当然ながら再建どころか結果的には契約者の財産を食い散らかし，会社に再起不能までの巨額の損害を追加したにすぎなかった。乾の場合も社会的に種々の害悪を撒き散らすようになり，度重なる出頭命令にすら一度として応えず，到底当局の監督に素直に服するとも思われないため，さすがに危険を察知した当局が遅まきながら両社ともに相次いで業務停止命令を発令するに至ったのであった。

(4)　「再建型資本家」

　経営難，資金難に呻吟する破綻間近の困窮企業・金融機関には，甘言を弄して言葉巧みにあたかも救済者然として買い叩き専門の資本家が近寄ってくる。典型的な「再建型資本家」としては本書でも高野鉄道（第1部第9章），東京乗合（第2部第4章），東京湾汽船（同第5章），昭和土地（同第6章），八千代生命（同第11章）等の継承者ないしその候補としてしばしば登場している根津嘉一郎[144]があげられる。今村清之助[145]に近い存在の根津嘉一郎は明治37年には相場師から抜け出し，東武鉄道社長として再建に乗出した。同様な資本家としての上昇経過[146]を辿った先輩格の今村との差は，今村が中小規模の個人銀行しか保有せず，資金力に限界があったのに対して，富国徴兵保険等数多くの保険会社を支配して，その豊富な資金を背景により長期的な観点からの投資が可能であった点にあると思われる[147]。根津はしばしば他企業の買収行動をとったが，優良企業を値段構わず高値で買い進むといった買占めはほとんど行わず，これはと目をつけた目標企業の経営不振，資金難，破綻前後の混乱等に乗じて，底値での乗っ取り，救済・再建を名目に根津合名・関係生保等からの

資金支援を足掛かりに，資産買収，経営肩代り，代物弁済取得，競落等の多様な手段を駆使して，結果的に有利な価格で資産価値・利用価値のある資産を取得，継承した。当然ながら死肉に群がるハゲタカ，ハイエナにも似た，この種の再建引受行動に対しては「根津という男は，つぶれかけた会社を片端から買い取り，乗っとることの名人で，一度狙われたら最後，必ず征服される，というまことしやかな風説が流され」[148]，「ボロ買」，冷血漢，守銭奴など芳しからざる評価もつきまとったが，根津自身はかかる「世評は馬耳東風で，飽迄所信に向って邁進」[149]し，いわゆる「ボロ会社」の株式をかき集めて，整理，再建し最後は「鉄道王」「根津財閥」などと称されるようになった。根津は他の投機家のように優良企業に惚れることなく，徹底して低位株・不振企業・破綻企業に目標を絞り，飽くまで底値・捨て値で拾い上げる姿勢を貫き，自己の手で整理再建することによって，数多くの多種多様の有望企業を傘下に収めたが，根津の取得価格は概して極めて低く投下資本を大幅に引き下げることに成功している。「ボロ買」と呼ばれて平然としている根津自身も相場師と同類と見られることには，「俺が相場を張ったのは一生にたった一度だった。そのほかはみんなソロバンを弾いての投資だ」[150]として，あくまでリスクをギリギリまで軽減しようとした冷徹な計算づくめの投資行動であることを強調している。根津が単なる吝嗇でなく，リスクに対して異常なまでに敏感であり，修羅場に臨んでも終始沈着冷静に処したかは，突如関東大震災に遭遇した際「丁度昼飯でうなぎ丼を食べてゐましたが，突然グラグラと来ると早速小使部屋に飛込みまづ火を消し，更に食べ残りのうなぎ丼をこの際何より大切なものだと大事に家に持って帰られた」[151]とのエピソードに尽きる。根津は大震災後の食料難というリスクを瞬間的に察知したればこそ，「食べ残り」こそが「この際何より大切」と再評価して「大事に」持ち帰ったのであって，単なる「吝ん坊の柿の種」ではなかった。

「ボロ買い」根津と同様な「再建型資本家」として，「七十九銀行の破綻を見，直ちに銀行担保処分品を買占め…数万円の利潤を得」[152]て，「二十五六歳の時既に巨万の富を腕一本で叩き上げ」[153]たという破綻処理の原成功体験を有する河崎助太郎[154]をあげよう。河崎は「毫も大阪式商人の風なく」，「自力独行主義」[155]を標榜し，「苟も自己の欲せざるところは如何なる勧説あるも之れに耳を傾けず，唯自己の所信に向って邁進するの風あり」[156]とされるなど，反骨精神が旺盛で地域の慣習，世評や時流に流されず独自路線を貫徹したユニークな

存在であった。「当時の経営宜しきを不得…減資し爾来整理中」[157)]の日宝石油などボロ会社の株式を捨値で買収して社長として実権を握り，自己の支配する日本毛糸モスリンの幹部であった島田三郎等のヤリ手の腹心を支配人等枢要ポストに送り込み，「以来秩序的に整理を遂行したる結果全く面目を一新」[158)]させる等，企業の整理再生術に長けた人物と見られる。

　河崎の敏腕を示す実例としては破綻した後藤毛織[159)]とその周辺企業の東京毛織[160)]，合同毛織[161)]等には，これらの工場を賃借する更生目的の分身・派生企業として新興毛織[162)]，共同毛織[163)]の2社を河崎助太郎は恰も救世主然として設立した。まず後藤恕作[164)]により設立された後藤毛織〈第二次〉は鈴木商店に買収されて大正4年10月29日東洋毛織と改称した後，資金繰りに窮して主要部門を6年新設の東京毛織に譲渡した。東京毛織はさらに昭和2年8月経営難の毛斯綸紡織[165)]と合併して合同毛織（合毛）を新設したが，合毛の「各工場は何れも段取りが悪い上に…使用に堪へないボロ機械までも資産に計上する」[166)]有様であった。一方東毛に統合されずに「残った特許権と，聊かの工場設備」[167)]という文字通り「残骸」をもとに7年7月5日後藤は新たに後藤毛織〈第三次〉を資本金500万円で荏原郡大井町に新設したが，震災で東京工場が全滅し600万円の繰欠を抱えたため神田銀行と組んで「籠抜け詐偽」的社債を発行した。しかし両社の間に紛争を生じ，後藤毛織側は「第二回以下の社債手取金の大部分も神田銀行が恣に資消した」（S8.9.2T）と主張，訴訟を準備するなど，東京乗合の事例と酷似した奇々怪々の様相を呈している。板橋菊松は神田銀行の「当時の決議録も矢張り後藤毛織社債のそれと同じやうに行方不明」（S8.9.30T）とし，興銀の証券課発行係主任参事だった栗栖赳夫も「本社債の担保財団目録と現物が相違し…新たに備付けた主なるものは岐阜の蘇原銀行からの借入金で買入れて更に之を同銀行に売渡担保として提供した機械器具類である」（S8.9.2T）との不可解な事実を指摘する。共同毛織は昭和2年7月設立され河崎が社長に就任し，取締役に後藤広志（後藤毛織取締役），代表取締役に後藤績（後藤毛織専務）など後藤関係者を擁して，後藤毛織の主力・岐阜工場（大宝寺）を5年8月1日まで短期賃借し，増築，修繕，その他種々の手入れまで行って自己の賃借権を着々と強化していた。4年11月後藤毛織が破綻したため社債権者有士が自己競落会社を新設しようとしたが，共同毛織の賃借権の妨害により計画を断念している。結局他に買手が現れない状況下で賃借人の共同毛織が岐阜工場を153万円という社債権者の希望価格

289.2万円（4年7月時点）の半値，自己競落予定価格の200万円をさらに25％以上下回る超安値で落札したため，後順位の第3～4回担保付社債の全損という前代未聞の事態となった[168]。

また共同毛織と類似の新興毛織は「当社をして合同毛織会社の全工場設備其他全機能を利用せしめ，合同毛織は当社の得る利益の分配によって更生せしめん」[169]とする河崎ら合毛の更生委員により資本金500万円で合毛の整理会社として設立され合毛工場の賃織経営を開始した。しかし元の合毛は「当社の更生を計る可く設立された新興毛織に対する工場賃借条件[170]の不利に依って毎期社債の元利支払がせいぜいといふ有様」[171]で更生の見込がたたないため，「社債権者としては社債を新興に肩代りさせ工場を新興の手に移さう」[172]としたが，新興は拒絶し，昭和11年11月2日担保権を実行され，毛織工業が合同毛織の機械を買収して設立された[173]。河崎が社長として主宰した更生目的の両社は「更生は困難で…恐らくその末路は後藤毛織の如く残骸を曝すことになるのでは」[174]といった冷ややかな見方が多い中で意外にも順調な成績をあげ，更生の敏腕が評価された反面，もとの破綻企業と社債権者などの債権者はなぜか取り残されるなど，彼らの不可解な破綻・再建の反復行動には判然としない部分が残されている。特に社債権者保護という観点のみで考察する限りでは，短期賃借権の特典を振りかざして社債権者の有する工場財団の先順位抵当権の競売妨害を行ったという「負の側面」を否定できないとも思われる。

「手代を八方に飛ばして…金を貸付け…抵当はすべてとられる」[175]と恐れられた東北一の高利貸・斎藤善右衛門も根津と同様な「ボロ買ひは斎藤の尤も妙とするところ」[176]とされ，不良債権の処分や破綻企業の整理清算に関与・介入する買い叩きはこの種の資本家に共通する蓄財の秘訣と考えられる。

4．破綻経営者，誘発・促進者相互の錯綜関係

破綻経営者，煽動者，虚業家，高利金融業者，再建型資本家など破綻事例に登場する諸類型の相互間には複雑な重層的交錯関係が認められる。まず前述したとおり，共通の高利金融業者から高利資金を導入する破綻経営者，虚業家相互間に多種多様な癒着関係が認められる。次に，ある虚業家は数多くの虚業家の関係行や高利金融業者と取引している。たとえば小口の山十製糸や星一の星製薬の京橋ビル事件（第2部第8章）で見たように，当該機関生保の旭日生命，戦友共済生命のほか，玉屋時次郎の共同生命，佐藤重遠の中央生命等の「札付

結論　負の連鎖とリスク増幅のメカニズム（仮説）　　　　　　　　　545

会社」は様々な動機から相互に結び付き，連携し，お互いの傷を誉め合うような，「醜関係」と酷評された「金融関係の連鎖」（S 2. 6 .17 東朝）を形成して幾重にも取り結んでいる。また虚業家の石井定七は同じ虚業家の大株理事長・島徳蔵が主宰する外郭団体の株栄会から約 600 万円の融通を受け（T 11.10.13 大毎），島が影響力を有する日本信託銀行（信銀）が保証，破綻後に信銀は 294.3 万円の最多の債権を届け出た。石井は乾から高利資金を導入していたほか，「船成金乾氏を背後に控えた六十五」（T 11.12.20 中外）銀行からも 44.7 万円を借入れており，石井の機関銀行であった「高知商業銀行は…神戸市の第六十五銀行の後援を得て強制和議成立し着々整理中」（T 15. 2 OB）で「債務ノ履行ニ就テハ神戸市金子直吉氏之ヲ保証ス」[177]るという石井，乾，金子らの錯綜関係があった。また大正 9 年村井，左右田の両行から 300 万円の協調融資を受け，破綻時の債権額は村井銀行 99.8 万円，左右田銀行 91.4 万円，朝鮮，村井，左右田の三行で自己競落会社「三幸土地…ヲシテ担保不動産ヲ八十七万九千円ヲ以テ競落セシメソノ保管処分」[178]に当らせていた。さらにまた茂木惣兵衛の七十四銀行も石井に約 10 万円融通し「石井の宅に秘蔵してあった貴重な書画約百点を石井から剥ぎ取った」（T 11.12. 7 大毎）ものの後身の横浜興信銀行は 7 万余円の債権額を届け出ている。また北浜銀行の後身・摂陽銀行も石井への債権届出額は 26.1 万円であった。

　第三に破綻金融機関の取引先には数多くの虚業家が登場する。小原達明の八千代生命の投融資先には葛原猪平の葛原冷蔵，星一の星製薬が大きな比重を占め，「小原，葛原，星と三人は一時三羽烏といはれ」（S 6. 3. 1 中外），相互に緊密な連携をとり，お互いに影響を与えあった。高橋亀吉も『株式会社亡国論』で八千代，葛原冷蔵，星製薬の三社を「大風呂敷経営に由る破綻会社の事例」[179]として一括する。星，葛原，小原に共通する特色としては，①欧米視察，留学等の異国体験があり，とりわけアメリカ企業の経営方針に強く影響を受け，実践したと思われる。②企業の実態以上に外観を繕い，さも有力企業・優良企業であるかのようにもっともらしく装飾することに異常に熱心で「山師的広告」[180]を乱発。③新しい広告宣伝手段やメディアの重視，特に創業者・経営者自身の礼讃書を書かせて社員等に大量配布，社員などに先生と呼ばせるなど個人崇拝の強制と洗脳。④個人投資家を重視し，大衆資金の取込みに熱心。⑤わが国には前例の乏しい高度な金融テクニックを開発，駆使。⑥相対的に少ない資本で早期に全国的に大掛かりな事業展開を行う。⑦販売網の構築には時間と

資本を必要とする直販ではなく，各種代理店，フランチャイズ・チェーン制等軽装備の販売チャネルを工夫して導入。⑧従業員・代理店主・代理店家族等の教育・研修（あるいは鼓舞・洗脳）の重視。⑨顧客・取引先・販売網を囲い込み，集団化・系列化して自社のシンパとして機能させる。⑩企業の買収，改称，統合，改組の回数が多く現物出資，変態増資等を繰り返すなどの要素があげられる。

板橋菊松は「或る意味に於ける商才に富んで毀誉相半ばした星一氏が…商才あるに任せて濫りに事業を拡げ過ぎた果てが破産の宣告」（S 8.8.19 T）と断じ，星は工場内に商業学校を併設して，「本社は星薬業商業学校並に星製薬講習会に於て，特約店の店主子弟の教育，向上に努め」[181]ることを謳って，広く全国の末端の販売網から毎年二千人の受講者を募った。たとえば福岡県遠賀郡の星製薬特約店の子息は「選ばれて星商業学校に学んで帰るや堅き決心を持つて父業に従事」（T 14.4.8 福日広告）したほどの研修効果を挙げたと自慢している。星は葛原を見習って冷凍分野にも進出，資本金 5,000 万円の低温工業を設立した。小原は星製薬など「諸事業の公共性に共鳴し，八千代生命と同系の帝国火災を通じて投融資を行なった」[182]と言われる。また星の唱えた親切第一主義，家族主義などの刺激を受けて，小原の「事業欲は…燃え出した，彼は星を真似て，会社の中に保険専修学校を設け…人の道を授くべく自らも又教壇」（S 4.12.27 保銀）に立って自分を「偉大なる人格の人．小原達明先生」[183]と崇拝させた。星の商業学校を真似た専修学校の商事経営科目はわざわざ超多忙な星本人に講師を依頼したほど緊密であった。また葛原も前述のような個人向「社債売出に就て…星製薬を学んだ」[184]といわれ，葛原は各地方の鮮魚商を糾合して星の販売網を真似た「葛原式冷蔵魚売捌連盟会」を組織した。高橋亀吉は「勿論星製薬ほど鮮やかには行かなかった。それでも経済知識に乏しい地方の鮮魚商は社債を買ひ被り，若干宛社債を引受けた」[185]と星の社債理論の模倣効果のほどに言及している。

注

1）前掲『岩下清周伝』p 191
2）14）拙著『地方企業集団の財務破綻と投機的経営者―大正期「播州長者」分家の暴走と金融構造の病弊―』平成 12 年，滋賀大学経済学部研究叢書第 32 号，拙著『破綻銀行

結論　負の連鎖とリスク増幅のメカニズム（仮説）　　　　547

経営者の行動と責任―岩手金融恐慌を中心に―』平成13年，滋賀大学経済学部研究叢書第34号
3）岡部廣，小山田信蔵など，名門・名家の出自を有する者も少なくない。
4）星一や金田一国士などは敵も多かった反面，破綻後もなお根強い礼賛者を擁した。
5）岩下の終生の念願たる関門架橋構想が典型で，星の大崎工場も広壮を極め関係者の度肝を抜いた。
6）山田勲氏は金田一国士へ「暴虎馮河の産業人」（『盛岡市史　大正期下』昭和38年，p112）との評を与えている。
7）『本邦生命保険業史』昭和8年，p138
8）93）94）95）大山恵佐『星一評伝』昭和24年，共和書房，p138〜40
9）星をフォードと同列に扱ったダイヤモンド記者京谷大助も「星は山漢的事業家であるといふ世評を応々耳にする。然し…星を山漢と呼ぶのは，星をよく理解し得ない者の悪評で…星も銀行家から憎まれて居る」（京谷大助『星とフォード』大正13年，厚生閣，p5〜6）と銀行家等の悪評に反論している。フランク・ファレイの「T型人格」の行動パターンは岩下清周などに該当する部分が多く，彼がより大きなリスクを好んで極端な行動に走るメカニズムも脳内の興奮性伝達物質の調節不良などで説明できるのかもしれない。
10）松本誠直は百三十銀行設立時の宮津側株主総代の一人で長らく取締役兼支配人，明治29年2月百三十銀行副頭取，日本生命取締役，明治銀行取締役等を兼務，同行破綻時に「経営上の責任がもっとも重いはず」（石井前掲書p365）の「松本〈誠直〉氏は専務取締役だけれど，手元不如意である」（片岡直温『回想録』昭和8年，百子居文庫，p227）とされ，同姓ながら血縁関係の存在が明らかにされたものは見当たらない。「大阪の商家に伯楽多し」という記事（明治27年9月10日『商業資料』）で藤田伝三郎には本山彦一，田中太七郎，田中市兵衛には松岡郁之進，田中市太郎らが番頭格，後継者として登場するが松本はリストから漏れている。藤田伝三郎，田中市兵衛の「諸氏ハ多クノ事業ヲ行フニ人ヲ仮リ，勉メテ当面ニ出デザリシニ反シ，翁ハ独リ自ラ膺リ，自ラ奮励努力為サズンバ已マザラン」（『双軒松本重太郎翁伝』p120）として何故か誠直の存在を無視する。
11）小塚正一郎は三井銀行堂島出張所主任から，岩下の推挙で北銀に入行し，北銀支配人から常務に昇進したが，「小心にして頭取の遣り口に異議を挟むの勇を欠けり」（前掲『三十年之回顧』p241）と評された小人物。
12）太田孝太郎は明治14年7月盛岡銀行重役太田小二郎の長男として盛岡市に生れ，盛岡中学，早大政経卒，正金銀行入行，天津など中国各地の支店勤務後，大正9年盛岡銀行入行，支配人から大正10年常務，「常に金田一頭取の女房役」（S 7 .12.10 東日）
13）40）全銀協『昭和金融恐慌の教えるもの』昭和33年，『日本金融史資料昭和編』26巻，p185所収
15）星一「財界の奇傑金子直吉君」『新時代』大正6年10月1日，p21〜3
16）存続派の態度は米国で他人財産の受託者に必要とされる prudent man rule（慎重人原則）の考え方と一脈相通じよう。prudent man とは的確な判断能力と思慮深さにより理にかなった利益を追求し，元手保全と投機の回避を求められる。prudent は将来発生

するであろう危険の予見の原意から，将来に対する配慮のある，用心深い，慎重な，という意味．

17) 32年に「息恒三氏其の他有力なる知人抔より百方勧誘され」（36.10.19保銀）岡橋銀行を行き懸り上創設した岡橋治助の場合，「他日恐慌の襲来を見るが如きことあらん乎予想すべからざる困難に陥らざるを得ざる虞あり」（同）と判断して36年に「本丸」ともいうべき銀行までもさっさと廃業し巨額の私財の保全を全うした．

18) ③や④の背後には予備軍として，俗称「会社ゴロ」「山師」「詐欺師」「総会屋」「整理屋」等と呼ばれる様々な反社会的集団が控え，出番が来れば跳梁跋扈しようとする姿勢も垣間見ることができる．表に出ることの稀な彼らの正体を捕捉することはまず不可能であるが，一見銀行や証券業を正業としつつも彼らとの境界がやや不明瞭な集団ではないかと推測しうる大東ビルブローカー銀行を主宰した井出郷助一派を例示したい．同行は6年7月「短期預金の鞘取運用，有価証券の売買，有価証券担保の金融…中央及地方の金融的連絡」（『大日本銀行会社沿革史』大正8年，p 37）等を目的として設立されたが，彼らの活動の結末として，①一派の本拠・大東ビルブローカー銀行は日東銀行に改称後の大正13年11月24日新規取引停止処分，昭和2年10月12日営業認可取消処分を受けた．②「牧野頭取を始め，水野一正，岩瀬兵蔵等，相結託し詐欺横領等罪悪の限を尽し，零砕の金を集めた十余万円を酒色の費に供し去った結果…検事局へ送られ」（T 4. 3. 7国民）た最低レベルの不良銀行・東盛銀行の後始末に乗込み関係したが，大正15年2月27日営業認可取消処分を受けた（『本邦銀行変遷史』p 620）．③盟主たる井出郷助の一般取引員の資格も東株から「実物取引受渡不履行に就き…昭和四年十月八日違約処分に付し，同月十一日除名」（『東京株式取引所史第二巻』昭和8年，p 91）された．こうした結末から大蔵省も同行は「整理も不可能…既に定評のある」（T 13.11.25中外）札付きと決め付けている．盟主の井出郷助は民政党院外団員，代議士候補落選者で，井出は「人材の養成を以て自ら務と為す」（『大日本重役大観』大正7年，p 49）と称して養成した配下の面々を引き連れ，破綻同然の「元三陸銀行ヨリ三十余万円ノ借財」（大蔵大臣宛「銀行合併ニ関スル件」岩手県永年保存文書，昭和5年1月14日起案）ある因縁から三陸銀行の元重役陣と結託して合併先の旧岩手銀行の総会荒しを行った（拙稿「一県一行主義による当局主導の強圧的銀行統合の弊害―旧岩手銀行と三陸銀行の合併を巡る紛糾を中心に―」『彦根論叢』第328号，平成12年12月，p 14～20参照）．また山十製糸の増沢庄之助取締役も井出商会（大正10年11月設立，資本金100万円，払込30万円，筆頭取締役井出郷助）の監査役を兼務（要録T 11, p 21）するなど，山十など破綻企業ともなんらかの悪縁を有していたと推測される．同種の類似集団は拙稿「地方零細企業の破綻処理と"救済者"集団―播州水力電気鉄道とその競落を中心に―」『滋賀大学経済学部研究年報』第6巻，平成11年12月，参照．

19) 永野護は明治23年9月5日広島県の永野法城の長男として生れ，父の死亡で在学中の大正元年8月家督相続した．大正4年東京帝国大学法科大学独法科卒，一高時代の学友・渋沢正雄の縁で渋沢栄一の秘書となって渡米した．帰朝後に東京渡辺銀行に入行し，東洋製油を設立せしめ取締役支配人となり，その多角化部門を母体に渡辺商事を設立せしめ営業部長を兼ねた．渡辺商事破綻で辞職した直後の11年時点では神田系の東華生命常務，青島株式商品信託各取締役，13年には東京米穀商品取引所監査役となり，14

年時点では神田銀行,東華生命,丸ノ内銀行,青島株式信託各取締役,横浜倉庫監査役となっている。昭和8年の山叶商会社長時代に籍を置いた番町会の活動に関連して帝人事件に連座,9年拘束された。無罪確定後に代議士となり,戦後も公職追放解除後の昭和31年広島より代議士当選し,運輸相となる一方,丸宏証券会長等を兼ねた。なお実弟は日商会頭永野重雄(石田朗『東京の米穀取引所・戦前の理事長』平成4年,東京穀物商品取引所,p284,『林甚之丞氏の足跡』昭和36年,鋼管鉱業,p54〜8,250,『現代実業家大観』昭和3年,ナp65,鈴木松五郎「永野護論」『人物往来』3巻7号,昭和29年,佐高信執筆『朝日人物事典』1990年,p1166,要録T9,役p115,要録T11,役p117,紳T14,p366ほか)

20) 前掲『整理』p452
21) 22) 永野護「我青春の記」『経済往来』昭和26年5月,p53〜5
23) 『大日本重役大観』大正7年,p187
24) 『大日本実業家名鑑』大正8年,わp4
25) 26) 有馬真喜子「永野重雄と五人の兄弟」『中央公論　経営問題』第19巻第1号,昭和55年3月,p396
27) 〜31) 35) 36) 前掲『林甚之丞氏の足跡』p55〜8
32) 38) 前掲『銀行会社と其幹部』p37
33) 34) 東京乗合の上原鹿造監査役の発言(前掲『神田鎰蔵翁』p239)
37) 中外商業新報社編『財界双六』大正8年,p274
39) 41) 42) 前掲『渡辺六郎家百年史』p62
43) 平成8年6月25日ヒヤリング
44) 前掲『神田鎰蔵翁』回顧編,p23
45) 永野護「努力の権化」(『神田鎰蔵翁』回顧編,p92所収)
46) 鈴木松五郎「永野護論」『人物往来』昭和29年7月,p50
47) 鈴木寅彦は明治6年3月会津若松の旧若松藩士国井豊次郎の長男に生れ,明治15年母方の伯父に当る喜多方の鈴木家の養子となり,22歳で上京し文学者・東海散士の紹介で総武鉄道の日給二十何銭の雇員となり,神田の法律学校を経て明治29年東京専門学校の第三学年後期に編入,同年邦語政治学科卒,房総鉄道に入社し庶務主任となった。当時房総での社長更迭相次ぐ窮情に嫌気がさしたのか,31年4月の改革運動による役員総退陣・幹部更迭を断行した日本鉄道に転じ,順次文書,用地,庶務各掛長に累進,39年国有化で退社。39年日鉄の上司・山田英太郎の推挙で日清生命創立委員となり,以後監査役,取締役歴任,41年5月会津若松より代議士に初当選,45年再選,国民党・憲政会等に所属した。大正2年4月成田鉄道会長になった山田の推挙で「成田鉄道会社の取締役となってこれが整理にあたり,さらに北海道瓦斯会社の創立に尽力して,漸次実業界に進出」(『現代実業家大観』昭和3年,スp3)。成田鉄道取締役は大正9年国有化で退任,清算人就任,北海道瓦斯は44年以降長らく専務として活躍,その他朝鮮鉄道常務,泰平銀行,両毛紡織,ヤップ島興業,隅田川精鉄所各取締役も兼ねた。のちに鈴木は同郷の中野友礼の設立した日本曹達初代社長に就任,「新興財閥」日曹コンツェルン各社役員を兼ねたが,昭和11年4月日曹社長を中野友礼に譲った後,郷里の会津若松市長在任中昭和16年9月死亡した(『財界人物選集』昭和14年,p218,前掲『山

田英太郎伝』，岸田三治『鈴木寅彦を語る』昭和5年，現代通信社）．

48) 昭和5年5月3日付日銀岡山支店長報告『昭和五年度重要回覧』日銀金融研究所保管資料#338

49) 河村隆実（京橋区三十間堀3丁目3）の家業・個人的事業としては海運合資社長7200株，書籍出版，陸地測量部地図の発行元たる昌栄社（商工M 31, p 232)・「林河村合名会社共伸社」業務担当社員（紳M 31, p 185）海運合資とも直輸入商・林策一郎との合弁で「皮革諸器械其他雑貨ノ売買及土木工事ノ請負」（要録M 31, p 334, 要録M 44, 役 p 47), 37年4月土木請負業者の(名)河村組代表社員・組長に就任している（前掲『帝国鉄道年鑑』第三版，彙 p 44)．このほか東京黒鉛商会支配人，九州麦酒相談役，函館地所合資業務担当社員等を兼ねた．44年九州生命詐欺破産事件の主犯として有罪判決を受けたが「河村のみは平気を装ひ…退席」(44. 2. 11 福日）した．

50) 51) 52) 53) 54) 阿藤俊雄『昭和巨人録』昭和3年, p 178〜82

55) 守山又三は明治2年3月19日熊本県の小田戒三の次男として生れ，東京高商卒，「実業界に身を投じ，多数会社の取締役，専務取締役，監査役等の職を帯び其手腕実に驚く可きものあり」（『実業家人名辞典』明治44年，モ p 16), とされたが，同郷の徳富猪一郎，阿部充家らの身元保証で三池紡績に入社，30年6月には月給を15円から23円に昇給，32年7月26日副支配人に抜擢された（『福岡県史　近代史料編　綿糸紡績業』昭和60年, p 73)．32年三池紡績大阪支店長時代に三品相場師としては綿糸定期売買で投機に失敗，53万円の損失を出す大穴事件を起こした（M 33. 6 B）．郷里の熊本県郡部から代議士に選出．

56) 守山事件に関しては『福岡県史・近代史料編綿糸紡績業』昭和60年，解説 p 62〜73ならびに該当史料 p 416〜81, 582〜9

57) 絹川太一『本邦綿糸紡績史』第6巻，昭和17年, p 287

58) 70) 72) 74) 商業興信所『三十年之回顧』大正11年, p 240〜1

59) 藤本ビルブローカー『営業報告書』明治40年3月, p 27

60) 41年12月25日「回報」，藤本ビルブローカー銀行『披露簿』，大和証券所蔵

61) 63) 64) 田中博『京都財界半世紀』昭和27年, p 48, 50, 51

62) 遠藤樓外樓『銀行罪悪史』大正11年, 日本評論社, p 38

65) 沿革略記，京都電気鉄道『営業清算報告書』大正7年, p 21〜2

66) 前掲『本邦生命保険業史』p 216

67) 68) 明治45年5月20日付農商務省より京都府へ紹介文書『明治大正保険史料』3巻2編，生命保険会社協会，昭和15年, p 907 所収

69) 松尾平次郎（東区平野町2丁目）は缶詰製造（北銀取引先），大阪電機製造（才賀電機商会が4,440株出資，社長才賀藤吉）専務1,595株，内外物産社長，摂津電気，新潟水力電気，豊磁石油各取締役，大阪点灯監査役（要録M 44, 役 p 353), 京津電気鉄道発起人

71) 140) 阪神土地建物（大阪市東区淡路町5-2）は明治45年6月設立され，資本金は150万円，当初の役員は取締役大塚惟明（南海鉄道専務，大阪電球取締役），足立平助（質商，大阪信託社長），守山又三（前述)，監査役松尾平次郎，森秀次（大阪朝報社取締役，要録M 44, 役 p 542), 支配人前田栄太郎であった．所有地は第一号地「六甲山

下西本願寺別荘付近，学林ノ地所ニ接続シ，東ニ連リタル五十万坪（坪五十銭替）」と第二号地「阪神電鉄今津停留場南二丁余，海岸ニ沿フタル字中津村一円十万余坪」（野村商店『株式年鑑』大正6年度，p 605）の2物件であった。なお乾，西川らは山陽銀行の土居通憲らに対しても債務者の島徳蔵の関係する「阪神土地株式会社ヨリ債権関係ニ依リテ乾新兵衛ガ買ヒタル地所」（昭和5年5月3日付日銀岡山支店長報告『昭和五年度重要回覧』日銀金融研究所保管資料 # 338）である「尼崎ノ土地」について，政治力で鳴尾競馬場の移転地に指定させるなどの「好餌ヲ以テ安黒ヲ誘ヒ其土地ニ付西川，安黒間ニ売買契約ヲナシ手付金トシテ安黒振出シ土居通憲ノ裏書ニテ三十万円ノ手形ヲ作リ書換ヘラレ…最後ニ津山土地会社（社長土居通憲）振出，安黒，通憲ノ裏書」（同）をさせた。昭和11年末西川末吉，津山土地は兵庫県農工銀行の大口貸付先で西川の担保は尼崎市北難波町所在の50,124坪であった（植田欣次「戦間期における『市街地金融』と不動産銀行の機能」『地方金融史研究』31号，平成12年3月，p 60）．

73）足立平蔵は河内毛糸紡績取締役，三日市毛糸製造所業務執行社員
75）76）前掲『京都財界半世紀』p 52
77）前掲『平賀敏君伝』p 198
78）岡村周量『黄金の渦巻へ』大正13年，p 448
79）前掲『三十年之回顧』p 165
80）葛原猪平が「有望なる事を高唱し，自から率先…経営に当」（『財界二十五年史』大正15年，帝国興信所，p 388）った冷凍冷蔵事業は欧州大戦の際の世界的食料不足が契機となってブームとなり，東京海上の平生釟三郎も国家的問題として共鳴し葛原冷蔵を推奨するに至った（小林惟司著『日本保険思想の源流』東洋経済新報社，平成9年，p 288以下）．
81）90）182）183）高橋亀吉『株式会社亡国論』昭和5年，p 387〜90
82）『本邦財界動揺史』日銀調査局，大正12年頃，『日本金融史資料明治大正編』22巻，p 783所収．その他震災後の破綻例として名古屋紡績，上毛モスリン，東洋モスリン，大阪アルカリ，高田商会等
83）葛原猪平は山口県出身，明治12年12月生れ，33年東京高商卒，冷凍・冷蔵事業の傍ら立憲政友会所属の代議士となり，「鬼才縦横，また独創力に富む」（『現代実業家大観』昭和3年，カ p 45）と評された．葛原商会は葛原が明治42年個人経営として創業，大正4年11月資本金5万円の合資会社に改組し，さらに大正6年3月17日資本金15万円の株式会社となった（『大日本銀行会社沿革史』p 35）．同社の多岐にわたる営業科目のうち米国フリック会社製氷機械の販売・据付は葛原商会が「最も力を注ぐ処にて…大正七年下半期に於ては五割の配当を行へり」（同）とされた．冷蔵事業は引き続き9年10月北海道茅部郡森町，11年10月青森に増設し，12年12月22日㈱葛原商会を資本金2,000万円の葛原冷蔵株式会社に改組し，冷蔵船等を現物出資して設立した（『日本倉庫業史』p 706〜7）．15年には東洋冷蔵に改称，資本金2,000万円（全額払込）であった．
84）『日本倉庫業史』昭和16年，p 707
85）『北陸鉄道の歩み』昭和49年，p 42
86）資本金50万円，10トンの製氷機により製氷，冷蔵，冷凍事業．なお同業者の金沢製

氷は乾の大口融資先の平野増吉一族が経営。
87) 帝国興信所編『財界二十五年史』大正15年，p 61
88) 15万円もの葛原冷蔵株を保有する藤本ビルブローカー銀行の平賀敏会長の説明では藤本の債権は320万円，内訳は直接貸付が150万円（うち50万円は無担保）で，小原達明振出葛原宛融通手形の再割引貸出が170万円であった。藤本は担保として葛原の青森冷蔵庫170万円，芝浦冷蔵庫90万円，冷凍船江浦丸46万円，幸光丸145万円，海光丸145万円，合計596万円（時価約400万円）の抵当権を有しており，無担保直接貸付の50万円に対しても「冷凍魚売下金に対し行員を派して漸次回収しつつあり」（T 14. 4. 30 福日）と説明している。
89) 「八千代生命社長小原達明氏振出，葛原氏に対する融通手形」（T 14. 4. 30 福日）170万円を藤本ビルブローカー銀行に割引かせて傷を舐め合っているなど共謀関係にあると見られる。また八千代生命の「某冷蔵業者」宛45.8万円の貸付金（貸付番号＃64 利率10.95％，担保は葛原冷蔵，星製薬株式）は葛原猪平（冷蔵業，帝国製氷，葛原商会各社長）への貸付であろう。八千代はさらに葛原冷蔵2,500株（簿価37,500円）を所有し，ピーク時は50円払込の1株を45円に評価して，112,500円を資産に計上している（T 15. 4. 5 D）。
91) 星一は明治6年12月25日福島県石城郡錦村の郡会議員星喜三太の長男に生れ，26年東京商業学校卒業，27年渡米し苦労の末，29年コロンビア大学に入学，34年卒業，マスター・オブ・アーツの学位を得たと称されている。在米中は記者，著述業等に従事し，39年帰朝，朝鮮に滞在，41年には福島県郡部より36歳の若さで代議士に当選した。星製薬のほか，一銭雑誌新報知を発刊，戦友共済生命社長，京橋製薬取締役，教育貯金銀行監査役などを兼ねた（『実業家人名辞典』明治44年，ホ p 9，『現代実業家大観』昭和3年，ホ p 10，紳 T 14，p 110，前掲『星とフォード』）。
92) 『大日本銀行会社沿革史』大正8年，p 439
96) 前掲『華城事業界之名流』p 315
97) 「常に誇大な広告をして居る」（T 15. 7. 4 国民）有田ドラックの方も大正15年6月末「幽霊のやうな博士の名を広告に記載」（T 15. 7. 4 国民）した文書偽造，詐欺罪などの「不正事件ありと睨んだ警視庁衛生部」（T 15. 7. 4 国民）の手入れを受けた。
98) 『現代実業家大観』昭和3年，ホ p 10
99) 星製薬は全国に配給所，売捌店等の独自の販売網を有した。まず㈱星製薬自助会（資本金100万円）を大正10年10月に設立し，「吾が星の大家族は，科学的経営法に依り…星王国の完成に努力」（『星製薬九州総元売捌所　設立趣意書』大正13年9月，p 8）すると称する「各地に於ける販売特約店を完全に自家薬籠中の者として連絡を取」（S 8. 8. 19 T）った。星製薬は従来「市郡元」なる末端販売網を大正13年9月以降，「短日月の間に全国に於て約三百ケ所の株式組織の配給所」（T 14. 4. 8 福日広告）に改組し，「毎週払手形制度の実施に依って資本の回転数を最大限度に増大せしめた」（同）と自慢した。この売薬責任額を負った「ホシの組織の威力」（同）をフルに活用したのが同系の戦友共済で，14年3月10日から「1監督所…ホシの府県元，2代理店…ホシの配給所，3特約店…ホシの特約店の制度を以てホシの組織の各機関を通じて，愈々全国一斉に活動を開始」（同）した。例えばホシ製品販売の「莫大の責任額を引き

受け」(同) ていた小倉配給所の優績者たる西勇は「今回の共済保険兼営に対しても率先して活動計画を樹て」(同) たという。

100) 変態増資のため星製薬の系譜は複雑で，(旧) 星製薬は明治44年11月4日設立，大正8年時点で資本金500万円 (払込125万円)，社長星一，取締役荒井泰治，石本鐶太郎，監査役星野錫，名取和作 (野村商店『株式年鑑』大正8年，p 503)。大正15年10月31日新たに星製薬株式会社 (資本金1,300円，25円払込，52万株) を設立，同時に500万円 (年1割優先株20万株) を増資した上，大正15年11月新設の太平洋製薬 (資本金50万円，2万株) に合併して解散した。一方 (新) 星製薬は資本金1,800万円 (払込済)，社長星一，取締役芝鹿吉，谷黒荘平，長井敏明，大西乙次郎，監査役甫喜山義夫，半谷秀高 (大阪屋商店『株式年鑑』昭和2年，p 329) で，和議法に基づく整理を経て昭和42年7月星製薬五反田工場跡地にビルを建設する子会社の東京卸売センターを設立，昭和57年4月星製薬は同社を合併，テー・オー・シーと改称，現在に至る。

101) 大正11年の星製薬の社債募集広告では「これ迄日本に於て売出したる社債は，銀行若くは少数資本家に依りて占有せられた」(T 11. 7. 1. D) が「少数資本家のみに占有せらることは時代錯誤の行為と思ひまして…広く一般に募集することにした」(T 11. 7. 1. D) として，少額券面20円を含む「償還基金付」2年満期の短期8％無担保社債100万円を募集し，「ホシの府県元売捌も，ホシの市区郡元売捌も，ホシの特約店もホシの社債を取扱ひます」(T 11. 7. 1. D) と宣伝し，実際に当該社債は「銀行其他を通じて募集したものでなく，主として全国のチェーンストアが努力したもの」(S 2. 8. 20. T) で，「第一回，第二回，第三回の社債などは何れも羽が生えて飛ぶやうな大盛況」(S 8. 8. 19 T) であった。(高砂生命は星製薬の第三回社債を大正12年のみ3千円保有するが，麻島氏も「他生保にはない特殊な銘柄」(麻島前掲書 p 211) と指摘する。当該デフォルトは板橋菊松「社債整理始末」(S 8. 8. 20 T) (同『社債法と社債信託論』同博士学業記念刊行会，昭和40年，p 375以下所収) 参照

102) 前掲『星一評伝』p 144
103) 前掲『京橋紳士録』p 63
104) 戦友共済生命は大正7年1月30日吉野周太郎ほか11名の発起人により，陸軍将校のみによる義助会の共済組織から漏れた「一般服役者の為め…戦友共済の機関」(『大日本銀行会社沿革史』大正8年，p 101) を志し，在営在郷の陸軍服役者のみを対象とする無診査の戦時死亡保険の専門会社として資本金100万円で設立，発起人賛成人で1.7万株引受け地方在郷軍人会に3,000株割当て公募せず (T 6. 8. 27中外)，役員は社長井出治，取締役安川隆治 (元軍人，借行社部理事，創立委員，明治製革監査役)，内山敬三郎，黒住弘毅 (元軍人，創立委員)，広橋嘉七郎 (創立委員)，目黒孝平，依田英一，監査役浦辺褧夫，吉野周太郎，亀田良吉 (T 7. 6. 18官報)。大正10年の大株主は内山丈 (同社総務部長) 2,695，内山敬三郎1,700，依田英一1,070，吉野周太郎1,000，安川隆治1,000株 (要録T 11，p 248)
105) 吉野周太郎は明治4年4月福島県白河町生れ，福島銀行頭取，福島電灯，第百七銀行各取締役
106) 107) 111) 前掲『本邦生命保険業史』p 232

108) 戦友共済生命『創業趣意書』
109) 浦辺襄夫は明治製革社長, 共同生命専務として緊密な横山家と共同経営
110) 社長星一, 取締役大越又雄, 栗栖誠知（島根県浜田町, 明治10年12月生れ, 星からの仕入の手形保証機関たる星製薬自助会取締役, 星製薬の変態増資の主体となった太平洋製薬発起人総代）, 八木徳太郎（大阪市, 星製薬自助会取締役）, 矢幡健五（門司市, 星製薬の福岡, 山口, 大分3県の営業権を星製薬九州総元売捌所に現物出資した32,060株主〈前掲『星製薬九州総元売捌所設立趣意書』p 21〉, 星製薬自助会監査役, 東洋製薬, 門司銀行, 小倉煉瓦製造各取締役）, 芝鹿吉（宇和町, 星製薬, 四国薬業各取締役）, 大西乙次郎（星製薬取締役）で, 他の主要株主は吉野周太郎, 小西喜兵衛（小西安兵衛商店取締役, 帝国生命監査役）, 栗栖誠知（星系）, 小泉新次郎, 下山田政経, 小野信輔, 安川隆治（前取締役）ら（『大日本保険名鑑』昭和2年, p 68）
112) 前掲『大日本保険名鑑』p 68
113) 星新一『人民は弱し官吏は強し』昭和53年, 新潮文庫, p 163
114) 担当の中島警部補は高柳淳之助（日本農工債券代表取締役, 池上電気鉄道監査役, 京浜土地社長, 日比谷ビルデング取締役）の犯した著名な利殖詐欺事件（第1部第8章の注150参照）等の経済事件を専管（前掲『人民は弱し官吏は強し』p 245）
115) 前掲『明治の人物誌』p 235
116) 122) 123) 124)『日本政経人評伝』昭和25年, p 60〜4
117) 120) 前掲『星一評伝』p 183
118) 日本銀行調査局「台湾銀行ノ破綻原因及其整理」昭和3年5月,『日本金融史資料昭和編』24巻, 昭和44年, p 235
119) 前掲『星一評伝』p 203, 前掲『明治の人物誌』p 79 では昭和7年
121) 前掲『星一評伝』p 193
125) 前掲『人民は弱し官吏は強し』p 257
126) 前掲『人民は弱し官吏は強し』p 143
127) 高利金融業者や戦後の「街金」「商工ローン」等に関しては概説書等がある（例えば井関孝雄『金融の魔術　高利貸・モリス・無尽・質屋等』昭和8年, 日本公論社, 島崎照雄『高利貸』昭和30年, 新評論社, 細野孝一『中小企業の金融問題』昭和43年, 有斐閣など多数）。しかし個別業者の伝記や評伝等が確認できたのは宮城県の斎藤善右衛門（『斎藤善右衛門』昭和3年, 財団法人斎藤報恩会）, 馬越文太郎（渡辺鬼子松編『馬越文太郎翁』昭和18年, 馬越育英会）, 柳瀬萬吉, 上野篤三（鬼哭生による評伝『実業之日本』15巻24, 26号, 大正元年11, 12月）らごく少数である（拝司静夫・牧村四郎編『日本金融機関史文献目録』昭和59年, 全国地方銀行協会, p 196〜8）。また『貸金業法』制定後でも当局には業者の資産内容まで調査する権限はなく, 貸金業者に関する調査としては日銀による「信託会社及貸金業者に関する調査」（大正2年）等に限定されているのが実情であろう。こうした資料不足の中で高利貸資本（金貸, 金貸会社）の展開と信用構造上の位置付けに関する実証的研究を昭和30年代の初期から継続されてきたのが渋谷隆一氏であり, 近著『高利貸金融の展開構造』（平成12年, 日本図書センター）,『庶民金融の展開と政策対応』（13年, 同）において高利貸をも含む庶民金融研究を集大成している。近年のノンバンク等に関し山極完治「都市銀行融資と中小企業」

『大学院研究年報』昭和55年3月,中央大学,同「階層的中小企業金融の構造解明」『大学院研究年報』昭和58年3月,中央大学,日向野幹也・根本忠宣「中小企業金融専門ノンバンクの成長」『金融経済研究』13,14号,平成9年11月,p121,などがあるが,管見の限りでは戦前に遡及した議論は少ないと思われる。
128) 高橋亀吉『大正昭和財界変動史』上,昭和29年,p68
129) 例えば情報交換,船舶や仕事,船員,物資,保証,金銭等の相互融通,代理,媒介,斡旋等
130) 例えば旭日生命を「渡辺から小口が買収するとき,乾新兵衛に持株を担保に金を融通してもらった」(S 2.6.29東朝)と乾と中村とを取り違えた報道や,旭日の「経営者小口家は全所有株を関西の乾新兵衛,中村準策の両氏に抵当として押へられてゐる」(S 2.9.18中外)と乾と中村を連合勢力と見たような報道もあった。
131) 乾と同様に天井で売逃げた船成金の一人・中野金次郎は小学校卒,門鉄局給仕,巴組に転じ,「欧州大戦では強気一方で,汽船に炭砿に,一時は資産一千万円とも言はれ」(S 6.8.11 D)た成金だが,「九年のガラに先立って,一部の炭砿を山本唯三郎や安川などに譲渡して,却って儲けたといふほど鋭い」(S 6.8.11 D)人物で,「榎本鎌七郎,三上豊夷の両君が喧嘩別れをして以来,岩田三平君に移り,橋本信次郎に移り,首脳部は頻々交代し,内部は常に動揺」(S 6.8.11 D)していた内国通運を引受けて立て直した。
132) 133) 野村治一良『わが海運六十年』昭和30年,国際海運新聞社,p230
134) 『乾汽船60年の歩み』昭和43年,乾汽船,p254
135) 大分市上野町,工場主小口今朝吉,昭和5年2月末釜数660
136)-139) 前掲河田大三九『意見書』『山十文書』T-72(8)
137) 大分市上野町,工場主片倉島吉,大正6年3月創業,製品生糸,生皮苧,職工男65,女452,原動力汽2,10馬力(『工場通覧』大正9年1月調査,p157)
138) 日本銀行(門司支店)「大正十一年末北東財界動揺顛末並当店ノ措置」大正12年1月頃,『日本金融史資料 昭和続編付録』第4巻,昭和63年,p569所収
141) 野村商店『株式年鑑』大正5年度,p543
142) 京都電気鉄道の経営者の交代劇などもこの守山の逃亡の影響と考えられる。
143) 芸備銀行乗取事件は拙稿「投機的資本家集団と銀行乗取—芸備銀行株主総会紛糾事件を中心として—」『彦根論叢』第312号,平成10年3月,滋賀大学,参照
144) 根津嘉一郎に執事・番頭格で40余年仕えた鎮目泰甫は根津の座右の銘「天物尊重」すなわち「細心の注意を払ひ天物に対する利用更生の信念を棄てない…事業上に於ても無駄のもの見込のないものに対しては一銭半銭と雖も投ずることをしない」(宇野木忠『根津嘉一郎』昭和16年,p274)ことこそ根津の真骨頂とするが,この堅い信念が独特の企業再建行動に駆り立てた原動力と考えられる。
145) 今村清之助はブームに乗っただけの泡沫的な鉄道等が「発起を君に報じ,且つ其賛助を乞ひたりしも,君は容易に之に応ぜざりき」(『今村清之助君事歴』明治39年,p479)とされ,自ら目星を付けた低位株・不振企業の株式を安く買い集めて役員に乗込み,財政整理に辣腕を振って株価を回復・高騰させ売り抜けるを常套手段とした。
146) 今村らが「銀行家に対する…劣等意識」から「頂上にあって銀行家へ転身する」点

に着目したのが鷲見誠良氏の「証券財閥」(渋谷隆一,加藤隆,岡田和喜編『地方財閥の展開と銀行』平成元年,日本評論社, p 471~522 所収)である。
147) 根津も「自分の機関銀行を持つ」という当時の常識にそって,「帝商〈帝国商業銀行〉のやうなボロ銀行」に対して藤山雷太とともに「根津嘉一郎等がしきりに帝商割込みを策して来た」が, 郷誠之助が「これを抑へて一切入れなかった」(『男爵郷誠之助君伝』昭和 18 年, p 286) ため実現しなかった。
148) 前掲『交通人物小史』p 58
149) 遠藤寛夫編『先駆者の旗—丹沢善利伝—』昭和 45 年, p 268
150) 長谷川光太郎『兜町盛衰記』第 1 巻, 昭和 32 年, p 232
151) 小野四郎談 (S 15. 1. 5 東日)
152) 前掲『華城事業界之名流』p 122
153) 157) 158) 前掲『銀行会社と其幹部』p 20
154) 河崎助太郎は明治 6 年 1 月 13 日鮎寿司を将軍家に献上する岐阜市の旧家「御寿司元」・河崎喜久夫の長男に生れ, 20 年 4 月県立岐阜中学卒, 実業家を志して私立の神戸英学校で外国語を習得し, まず最初に大阪で洋反物織物商に従事し, 外国直輸入の洋反物ブローカー・河崎商店を営んだ。大正 4 年郷里岐阜の非政派より推されて代議士に初当選し以後数回当選, 国民同志会に所属した。家業の河崎商店㈱, 河崎一族で経営する日本毛糸紡績社長をはじめ「毛糸紡績事業の発展に力を注ぐ」(『財界人物選集』昭和 14 年, p 403), 共同毛織, 朝日毛糸紡績, 日本絹紬各社長, 毛斯綸紡織, 日本毛糸モスリン (明治 35 年設立の上毛モスリンに吸収), 日本ラミー紡織, 柏原紡織, 東華紡績各取締役, 東洋紡織監査役ほかの紡績関係, 日本共立生命, 三十四銀行各監査役, 五十八銀行取締役など金融保険, 土地会社関係でも京都土地建物社長 4,600 株, 花屋敷土地, 城北土地各社長, 大阪住宅経営取締役などを兼ねた。今一つは鉱業分野で, 大正 3 年には減資整理中の日宝石油の実権を握って社長となったのをはじめ (前掲『銀行会社と其幹部』p 20), 昭和金鉱社長, 茂世路鉱業代表取締役, 秋田石油鉱業取締役, 西沢金山監査役などを兼ね, その他大阪石膏社長, 太平セメント取締役, 日本電気化学工業, 瓜哇貿易, 島津製作所各監査役などを兼務していた (『大衆人事録』昭和 3 年版, カ p 78, 『明治大正史人物篇』13 巻, 昭和 5 年, カ p 80, 要録 T 11, 上 p 205)。
155) 156) 『大日本重役大観』大正 7 年, p 300
159) 後藤毛織は「本邦に於ける毛織物製造の率先者」後藤恕作が再起を期して 40 年 4 月中島銀行の援助を受け, 合名会社後藤毛織物製造所 (36 年後藤恕作により島田毛織として設立) を資本金 300 万円の後藤毛織〈第二次〉に株式化し専務取締役になった企業で同名異社が少なくとも 3 社あり, 区分上一次~三次と付記した。
160) 東京毛織は大正 6 年 5 月東京毛織物, 東京製絨 (明治 21 年設立) ら 3 社合併で成立した企業で, 社長は藤田謙一, 資本の半数を鈴木商店が出資した。
161) 合同毛織は昭和 2 年 8 月東京毛織と毛斯綸紡織とが合併して新設した企業。河崎は⑮5,060 株主で取締役就任。昭和 14 年解散
162) 新興毛織は昭和 4 年 3 月合毛取締役の河崎, 田村駒次郎ら大株主が「合同毛織を救済する意味に於て…創立を企て」(S 5. 2. 27 東日) たが旧「社債の始末がつかず帳簿上非常なやりくりをした」(S 5. 2. 27 東日) と報じられた。

結論　負の連鎖とリスク増幅のメカニズム（仮説）　　557

163) 共同毛織は昭和9年12月共同毛糸紡績と改称，昭和17年2月企業統合により他社とともに倉敷紡績に合併された（倉敷紡績『回顧六十五年』昭和28年）．
164) 後藤恕作は岐阜の長良川畔の壮観「阿房宮」の主人として知られる．安政5年播磨国揖東郡天満村（網干）の酒類仲買の後藤与平治の子に生れ，明治2年大阪の居留地カベルジ商会に入り，やがてレルジュ・ビエーフ商会，キルベー商会に順次移った．8年東京に赴き，清国全権公使・森有礼の侍曹となり，北京でハーリントンに師事し毛織物業を研究，帰国後13年1月乾柔舎という工場を設け毛織物の原料製造業を開始した．翌年府下大井町に後藤毛織製造所を設立，これが民間毛織工場のはじまりであるが，同社は「ジャーデン・マヂソン等より財産差押を受け」（M 34.10.30万），35年5月70万円借りた三菱銀行に工場を競落され，後藤は最初の企業たる後藤毛織〈第一次〉から撤退をよぎなくされた．昭和3年実業功労者として緑綬褒章を受章，4年4月死亡した（田住豊四郎編『兵庫県人物史』明治44年，p55〜62ほか）．
165) 毛斯綸紡織は松本重太郎が明治29年設立し，後に絵具染料商の稲畑勝太郎が社長となり，取締役の河崎助太郎が実権を握っていた（諸T 10，上p 531）．
166) 174) 前掲『株式会社亡国論』p 363〜4
167) 前掲『神田鐳蔵翁』p 219
168) 後藤毛織の社債デフォルトに関しては板橋菊松「社債整理始末」（S 8.9.2 T）（板橋菊松『社債法と社債信託論』板橋博士学業記念刊行会，昭和40年，p 390以下所収），松尾順介「戦前のディフォールト社債の処理について(1)(2)」（『証研レポート』1541〜2号，1996年12月〜1997年1月）参照
169) 『銀行会社事業興信録』昭和8年，p 432
170) 「新興，合毛両社の利益配分は新興が払込資本金の一割に相当する額を優先所得し，残額を合毛八，新興二の割合に分配する」（前掲『株式投資年鑑』昭和9年下半期版，p 1092）との「契約ニヨル合同毛織株式会社工場使用ニ対スル交付金」（『銀行会社事業興信録』昭和8年，p 432）が，生産・販売の著増にもかかわらず毎年110万円前後となっており，事実上工場賃借条件が低位固定化していたことが高収益の源泉の一つと推定される．
171) 172) 前掲『株式投資年鑑』昭和9年下半期版，p 1098
173) 毛織工業は鐘淵紡績が経営受託し，昭和16年9月鐘淵紡績に合併された（鐘淵紡績『鐘紡製糸四十年史』昭和40年）．合同毛織社債は前掲論文のほか栗栖赴夫「社債先例回顧録」『栗栖赴夫法律著作選集』第2巻，「商法社債法の研究」有斐閣，1967年等参照
175) 176) S 2.3.4東日（『経済風土記』東北の巻に転載）．戦後再建屋として著名な早川種三も斎藤報恩会監事の早川退蔵を介して同一系譜に属する可能性を示している．
177) 『日本銀行調査月報』大正14年3月（『日本金融史資料　明治大正編』第21巻，p 918所収）
178) 184) 185) 日本銀行（調査局）「左右田銀行ノ破綻原因及其整理」昭和3年，7月，『日本金融史資料　昭和編』第24巻，昭和44年，p 336所収
179) 184) 185) 前掲『株式会社亡国論』p 382，389
180) 前掲『星とフォード』p 174

181)『星製薬九州総元売捌所　設立趣意書』大正13年9月，p 6
182)『日本火災海上70年史』昭和39年，日本火災海上，p 457～8
183) 南雄三『硝子張りの中の人―大家族主義を提唱した八千代生命帝国火災東邦火災の経営者小原達明氏』大正12年，東京堂，p 205。この小原礼讃の本は大正12年3月1日発行以来1年で52版を重ねたことから，小原が八千代専修学校等での教材として広く配布したものと推定される。

あとがき

　平成12年に播州鉄道の伊藤英一，平成13年に盛岡銀行の金田一国士を取り上げた小書を滋賀大学の研究叢書として上梓，平成14年に本書を書くこととなったが，著者の当初の構想では本書の第1部の鉄道破綻の末尾に大正期の播州鉄道の破綻，第2部の金融破綻の末尾に昭和恐慌期の盛岡銀行の破綻を各々配置する心算であった。なぜなら伊藤英一は破綻した時期が大正末期という第1部と第2部の対象時期の中間に当り，また金田一国士は盛岡銀行頭取であると同時に岩手軽便鉄道，花巻温泉電気鉄道，花巻温泉等の社長を兼ねたから第1部と第2部の橋渡しの役割をも担う破綻経営者でもあった。種々の事情から第1部と第2部との連鎖の重要部分を別著に委ねた三部作の形態に落ち着いたが，破綻経営者と誘発・促進者の連鎖を強調した本書の結論が前二著の伊藤英一，金田一国士らをも意識した内容になっているのはかような事情による。

　本書の対象時期は古くは約100年前（明治30年代）から約70年前（昭和恐慌期）の破綻ではあるが，関連資料を読み進め，原稿を書き進める過程で次々と大銀行・証券や中堅生・損保が連続破綻し，そごう，マイカル，エンロン等の著名企業も相次いで倒れるに至った。本書の執筆予定が遅々として進まないのに比して，現実の破綻のスピードが早過ぎて，共同生命に虚業家が社長として乗り込む前に，現実の大正生命にも玉屋時次郎を凌ぐ大山師が白馬に跨がって正門から乗込み，八千代生命破綻執筆の時期を現実の千代田生命破綻が追い越し，星製薬の個人向社債デフォルトを現実のマイカル個人向社債デフォルトの衝撃が凌駕した。最後には琴平参宮電鉄の社債デフォルトの文献を読む傍らの新聞にはそごうに関連して高松琴平電鉄が債権放棄の要請を報ずるという始末に，過去と現実の区別が渾然一体となり，日々の執筆の場もいささか破綻同然の混乱状態に陥ったほどであった。たとえばそごうの水島廣雄前会長のあまりの暴走と社内での極端な個人崇拝ぶりは著者に相当な衝撃を与えた。そのため結論の類型化の過程には歴史的背景を無視し，無意識のうちに現実の破綻の影響を受けている恐れなしとしない。一連の歴史解釈に現実の問題意識を一切

持ち込んでいないかといえばウソになろう。

　そもそも本書執筆の動機そのものが民間金融機関に籍を置いてバブルに翻弄された者としての痛恨の極みに内在していることは否定できない。信用リスクの判定を職責としてきた人間として，バブルを事前に検知するスーパー・コンピューターや，バブル崩壊まで織り込んだ精緻な数理モデルの開発が進んでなかったことを特に残念に思っているわけではないが，大正バブルや金融恐慌，昭和恐慌をわが身に降りかかってくる現実のリスクであるという正しい歴史的認識が完全に欠落していたことのみをひたすら悔やむのみである。著者とて片岡直温蔵相の東京渡辺銀行破綻の発言など金融恐慌の知識を持ち合せていなかったわけではない。なにしろ著者の当時の勤務先の役員室には片岡の肖像画も掲げられていたからである。

　最も確かなリスク・マネジメントは長い長いスパンでリスクの発生頻度とそのメカニズムを解析する歴史的認識であることを身をもって痛感した結果，企業破綻と金融破綻の具体的・個別的事例を可能な限り発掘・提示して，いつの日にかわが身に降りかかってくるリスクであるという歴史的認識を持つための何らかの素材として提供したいと考えたのが本書執筆の動機である。ごく近い将来だけを見る学問や技術だけが前向きで進歩的で創造的だと誤解して，他を排斥しようとする短絡的で軽薄な風潮があるが，右肩上りのグラフや数値をもっともらしい屁理屈をこね回して，ただ先に引き延ばしただけの近視眼的態度がバブルを生んだ。高台に立って視野を前方だけでなく，後方の「来し方」にも拡張して，過去の見えない部分をも十二分に見通せる歴史的認識を持つことが，近い将来に再び起こり得る巨大リスクを察知しうる感性を涵養する唯一の手段ではないかと，自己の苦い実体験から考えている。著者の尊敬するある地震学者は地震予知のために過去の地震を記述した古色蒼然たる文書群とも格闘しているが，何百年に一回あるかないかの巨大リスクに備える基礎研究として万人がその必要性を是認するところであろう。しかし数十年に一回の巨大リスクである金融恐慌・昭和恐慌，今次のバブル崩壊に起因する国富喪失は先の阪神大震災の規模をはるかに凌ぐ物質的，精神的荒廃をもたらしつつあるが，この種の巨大リスク予知のための基礎研究も国民レベルで考えて是非とも必要と思われる。しかしながら日々が修羅場の連続である企業，特に民間金融機関の現場においては長期間を要するような歴史的研究は当然に実施不可能であろうし，百年に一度の激震に見舞われつつある国立の教育研究機関においてすら，

あとがき

こうした息の長い歴史的研究はこの先はたしてどうなるのであろうか…と考えさせられるこの頃である。

　貧弱な本書の成るまでには実に多数の方々のご厚情に支えられており, 十五銀行に関して星野誉夫氏, 愛知県下の諸私鉄に関して伊藤正氏, 飛田紀男氏, 山十製糸に関して海野福寿氏, 甲陽土地に関して井奥成彦氏, 炭坑に関して新鞍拓生氏, 虚業家の実例に関して西藤二郎氏, 貴重な資料の閲覧をご許可頂いた富田林市総務課玉城幸男氏, 山野茂数氏, 藤井寺市史編さん室里上竜平氏, 近鉄資料室徳永慶太郎氏, 西城浩志氏, 田守邦之助氏, 葛原三千夫氏, 天理参考館の上野利夫氏, 小倉鉄道の木田虎彦社長, 白土貞夫氏, 吉川文夫氏, その他数多くの方々のご厚意, ご厚情に厚く御礼申し上げたい。また経営者に関する取材調査の過程で松本重太郎曽孫・松本洋氏, 城山三郎氏, 渡辺六郎長男・渡辺秀氏, 根津嘉一郎に関して日本殖産興業常務仙洞田照男氏, 根津育英会鈴木勝司志, 竹内由美子両氏, 藤本清兵衛に関して大和証券の山田充郎氏, このほか戦前期の鉄道に関して近鉄の金森茂一郎氏, 徳永慶太郎氏, 戦前期の銀行・生保・金融機関に関して三菱銀行の中村俊男氏, 三井銀行の後藤新一氏, 片山謙之助氏, 住友銀行の伊藤恭之助氏, 村井勉氏, 住友生命の新井正明氏, 日産生命の藤本正雄氏, 日本生命の山本道夫氏, 今田益三氏など多くの関係各位に有益なご示唆, ご教示, ご指導, 貴重な資料等のご提供を賜った。

　また資料の収集・閲覧面で大変お世話になった国立公文書館, 大蔵省金融財政研究所, 日本銀行金融研究所, 運輸省, 交通博物館, 交通科学博物館, 総理府図書館, 郵政省, 地方自治研究資料センター, 秋田県公文書館, 東京都立公文書館, 横浜開港資料館, 国立国会図書館, 東京都立中央図書館, 千葉県立図書館, 浦安市立図書館, 富山県立文書館, 富山県立図書館, 石川県立図書館, 金沢市立図書館, 愛知県立図書館, 大阪府立中之島図書館, 大阪府立中央図書館, 富田林市, 広島県立図書館, 広島県立文書館, 福岡県立図書館, 佐賀県立図書館, 福岡県地域史研究所, 久留米市図書館, 田川市立図書館, 田川市石炭資料館, 直方市石炭記念館, 有田町歴史民俗資料館, 日本交通協会, 運輸調査局, 日本海事産業研究所, 大宅壮一文庫, 成田山仏教図書館, 近江商人郷土館, 天理参考館, 大阪企業家ミュージアム, 東京大学, 一橋大学, 法政大学, 立教大学, 早稲田大学, 富山大学, 龍谷大学長尾文庫, 同志社大学人文研究所, 大阪市立大学, 関西大学, 神戸大学, 九州大学（経済学部, 石炭研究資料センター, 九州文化史研究施設）, 銀行図書館, 地方銀行協会, 大阪銀行協会, 日

本証券経済研究所，証券図書館，生命保険協会，生命保険文化センター，生命保険文化研究所，日本郵船，東武鉄道，京成電鉄，小田急電鉄，名古屋鉄道，近畿日本鉄道，近鉄資料室，阪急電鉄・池田文庫，京阪電気鉄道，京福電気鉄道，近江鉄道，さくら銀行，三和銀行，三和総合研究所，岩手銀行，滋賀銀行，安田火災海上，朝日生命，第一生命（竹森文庫），日本生命，ニッセイ基礎研究所，滋賀大学など関係諸機関の各位に厚く御礼申上げたい（順不同，名称は利用当時のもの）。

著者が所属する滋賀大学にはファイナンス学科が十年前から片山貞雄名誉教授らのご尽力で独立して設置されて以来，有馬敏則教授を筆頭に金融の各分野の専門家が揃っており，また経済学部には古くは大矢知浩司元教授をはじめ，戸田俊彦，後藤實男，加藤亮太郎の各氏ら著者とは異なる視点から破綻問題にも造詣の深い諸教授が多数在籍され，折にふれてこうした諸先生から種々ご教示を頂く機会にも恵まれた。さらに附属史料館の関係教官には近世の破産（身代限・家資分散等）にも通暁した宇佐美英機氏をはじめ，日本，英国，ドイツの近世・近代史の専門家が多数おられ，これら歴史系教官を中心に組織した歴史懇談会等の場などで本書の基礎となった諸論文に関して，各々専門の立場から厳しく叱正頂く機会を得ることができた。幸いにしてこのような学界に末席を得た著者が長い審査経験を生かせるとともに，伝統ある所属機関の特色を発揮できる研究分野はこれを置いて他にはないと見定め，ほぼ10年近い研究期間を与えられ一貫して破綻問題に取り組むことができた結果の産物を，ささやかながら世に出せることに対し，ご指導・ご支援賜った各位に深く感謝して本書のむすびとしたい。末筆ながら出版にあたり大変お世話になった九州大学出版会編集長の藤木雅幸氏をはじめ二場由起美氏ら関係各位に厚く御礼申し上げたい。

本書は平成13年度科学研究費補助金「研究成果公開促進費」による刊行物である。

人名索引

〈あ行〉

青木亨　310, 326
青田綱三　22, 41
青山禄郎　324, 332
青柳一太郎　220
赤松東一郎　338, 354
秋元増太郎　198, 208
秋山襄　379, 393
足立平助　175, 191, 532
足立平蔵　532, 551
足立通衛　78
阿部吾市　257, 276, 282, 296, 319, 330
阿部純隆　379, 393, 408, 410, 438
阿部義光　379, 393
阿保浅次郎　380, 393
雨宮敬次郎　143, 251
雨宮正太郎　154, 164
荒木金太郎　489, 500
荒城誠二郎　252, 254, 285
有田音松　534, 552
安東偶二郎　291
安藤竹次郎　294, 301
伊井熊次郎　455, 469
飯村丈三郎　127, 138
伊臣真　135, 147
五十嵐鏑次郎　232, 241
井口廣光　154, 164
井口延次郎　319, 330
池田源十郎　86, 87
池田庄吉　272, 279, 308
池田勇造　122, 170
井坂孝　305, 325
石井定七　2, 529, 545

石井重美　365, 390
石川甚兵衛　461, 471
石川甚作　262, 277, 329
石崎石三　294, 301
石山賢吉　110, 121
泉清助　75, 76, 121
泉弥市　121
磯長得三　126, 137
磯野小右衛門　95, 103
磯部保次　319, 331
井出郷助　548
井出百太郎　319, 330
井野象吉　202, 209
井上保次郎　65, 75, 89, 90, 102, 249
板倉勝憲　462, 471
市原求　257, 276, 366, 390
伊藤英一　2, 487
伊藤久蔵　154, 164
伊藤啓之助　324, 338, 340, 354
伊藤種基　52, 58, 538
伊藤長次郎　79
稲葉弥吉　170, 190
乾新兵衛　378, 405～16, 436, 451, 489, 514, 524
犬伏九郎兵衛　25, 42
伊原五郎兵衛　318, 330
今井高行　131, 140
今西林三郎　25, 27, 43, 98, 103, 178, 192
今村清之助　217, 249, 541, 555
出水弥太郎　110, 121
入江伊助　114～5
岩川与助　399, 416, 402, 404, 414

岩崎清七　263, 338, 354, 375, 392, 447
岩崎徳五郎　355, 501
岩崎一　447, 465
岩下清周　2, 514
岩田作兵衛　143, 207, 211
岩田三平　227
岩出總兵衛　251
岩永新太郎　312, 328
上仲尚明　379, 393
上田充　205, 210
上原勝　189, 194
上原鹿造　289, 300
浮田桂造　127
宇喜多秀穂　178, 179
海塚新八　2
梅浦精一　303, 324
梅津三之助　138, 149
梅鉢安太郎　190, 195
内田直三　317, 329
内橋佐七郎　167
浦辺襄夫　2, 448, 450, 535, 553～4
江口理三郎　330
江藤茂　489, 500
大串龍太郎　25, 42
大島甚三　104
太田孝太郎　517, 547
太田貞雄　177, 191
太田半六　319, 330
太田平次　171, 191
太田実　32, 33
太田弥五郎　29, 43, 134, 141
太田雪松　215, 219, 529
大塚晃長　190, 195
大塚三郎兵衛　175, 191
大塚磨　77

大野丈助　　32, 44
大野伝兵衛　　32
大東義徹　　248, 304, 324
大和田荘七　　150, 163, 172, 191
岡崎高厚　　69, 78
岡田治衛武　　163
岡橋恒三　　83, 548
岡橋治助　　110, 121
岡部廣　　150, 163, 462, 471
岡部長　　163
岡松忠利　　104
岡本善七　　49, 57
岡山謙吉　　489, 499
小川平助　　104
小口重吉　　423, 441, 434
小口村吉　　409, 422, 423, 441, 434
小口今朝吉　　404, 405〜8, 422, 423, 441, 425, 426, 452, 532, 539〜40
小口今朝太郎　　427, 434
小倉鎮之助　　136, 142
小倉良則　　34, 45, 138, 454, 469
小野駿一　　2
小野田政次郎　　252, 255, 309, 326, 526
小野寺武夫　　461, 471
小原達明　　2, 473, 478, 484, 514, 529
小沢武雄　　151, 163, 198, 208
小塚正一郎　　99, 104, 517, 547
織田昇次郎　　35, 45, 480
落合甲太郎　　154, 164
帯谷伝三郎　　96, 103, 529
小山田純　　158, 166
小山田信蔵　　126〜30, 137, 143, 309, 364, 388, 514, 516, 529
小山田五三郎　　158, 166
小山田量　　157, 165

〈か行〉

貝島太助　　82
甲斐宗治　　111, 206, 210
笠原鈴吉　　423, 441, 435
可児信夫　　319, 330
加治千万人　　47, 57
加島安治郎　　1, 2, 9
春日敏　　468
春日俊文　　471
片岡直輝　　104
片岡直温　　100, 110〜6, 121, 514
加東徳三　　2, 33, 44, 201〜7, 518
加藤晴比古　　449, 466
金子元三郎　　448, 465, 478
金光康夫　　498
香野蔵治　　72, 79, 529
樺島礼吉　　257, 276, 321〜4, 331, 335
神谷伝兵衛　　39, 46, 265, 278, 318, 329
河合徳兵衛　　234, 242
河合房三郎　　234, 242
河合良成　　492
河合龍節　　152, 160, 161
川北栄夫　　173
川崎東作　　126, 137
川崎篤三郎　　175, 176, 191
河崎助太郎　　114, 122, 370, 391, 524, 542〜4, 556
川崎芳之助　　145, 161, 157, 165
川島正訓　　33, 37, 44, 127, 138
河田大三九　　402, 528
河野通　　333, 352
川辺善固　　145, 161
川又貞次郎　　369, 391
川真田市太郎　　25, 42
川真田徳三郎　　25, 42
河村隆実　　32, 44, 157, 164, 202, 209, 479, 530, 550

河村藤四郎　　85, 88
菅野元吉　　127
神田鍾蔵　　2, 527
神戸挙一　　372, 391
熊田亀次郎　　170
岸田杢　　114, 122
北垣国道　　41
北川弥一　　498
北村英一郎　　130, 138
北村六右衛門　　169, 173, 174, 190, 529
木村篤太郎　　379, 393, 387
木村勘之助　　132, 141
木下友三郎　　450, 462
金田一勝定　　2
金田一国士　　2, 517〜8, 547
陸井幸平　　488, 499
久須美東馬　　2, 291, 300
久須美秀三郎　　2
久住九平　　25, 42
葛原猪平　　2, 459, 523, 529, 532〜4, 546, 551
久原房之助　　437, 445
窪田弥兵衛　　32, 44, 198, 208
熊田亀次郎　　170
熊沢一衛　　1, 2, 9
久米伊予太郎　　319, 330
久米弥太郎　　264, 310, 326
久米良作　　213, 250, 264
熊谷直候　　198, 208
蔵内次郎作　　2, 359
栗田繁芳　　335, 353
黒川幸七　　87
黒川庄次郎　　234, 242
煙谷忠　　313, 328
小泉栄助　　459, 471
小泉二朗　　492, 500
郷誠之助　　267, 305, 325, 364, 389
鴻池新十郎　　64, 75
古賀春一　　2, 331
古賀善兵衛　　2, 81, 87
越井醇三　　2
越井弥太郎　　103

人名索引

古荘四郎彦　458, 469
児玉保　378, 392, 410
小塚貞義　459, 471
五島慶太　460
後藤恕作　543, 557
小西新右衛門　63, 74
小林武彦　461, 471
駒田亀太郎　473, 496
小室信夫　198, 208
近藤千吉　54, 530

〈さ行〉

才賀藤吉　2, 316, 328
斉藤錦城　419
斎藤虎五郎　508, 510〜1
斉藤修一郎　156, 165
斎藤善右衛門　538, 544
斉藤美知彦　205, 210
佐伯勢一郎　30, 43
酒井猪太郎　287, 299
酒井栄蔵　392, 419
榊原浩逸　34, 45
坂ノ上清三郎　177, 192
坂本則美　22, 41
桜井亀次郎　119
桜井義起　91, 102
佐々木荘助　303, 324
佐竹作太郎　189, 194
定塚門次郎　456, 469
早速整爾　448, 465
薩摩治兵衛　32, 44
佐藤晟　337, 354
佐藤重遠　453, 468, 544
佐藤又四郎　205, 210
佐藤美代志　294, 301, 315, 328
佐藤麟太郎　294, 301
佐分慎一郎　49, 57
沢井市造　122
沢本卯之吉　32, 44
志賀直温　22, 41, 163
重田益次　220
鎮目泰甫　189, 194, 348, 357, 555
柴原和　32, 44
渋沢正雄　287, 299
渋沢見興衛　197, 208
島定治郎　2
島田金次郎　34, 45, 158, 201, 209, 371, 519
島田純一郎　462, 471
島田徳太郎　456, 492, 499
島田文治　339, 355
島徳蔵　2, 160, 545
島村言一　158, 166
清水辰三郎　476, 491
清水可正　198, 208
庄野理一　344, 356
白須金三郎　338, 354
菅谷駒之助　157, 164
杉浦作次郎　210
杉山岩三郎　135
鈴鹿通高　174, 191
鈴木均平　220, 318
鈴木忠次郎　324, 332, 334, 353
鈴木藤三郎　520
鈴木徳太郎　334, 353
鈴木寅彦　257, 276, 287, 291, 299, 364, 389, 528, 549〜50
鈴木広　157, 164
鈴木茂七郎　154, 164
鈴木茂兵衛　480, 497〜8
須田宣　187, 194, 482
栖原角兵衛　379, 393
住友吉左衛門　63, 74
関伊右衛門　474, 496, 481〜2
関川博通　461, 471
関口雄　132, 141
関寸造　323, 332, 364, 389
関谷和三郎　205, 207, 211
関谷兵助　252, 255, 335, 353
副島延一　157, 164
十河修佑　462
曽野峻輔　33, 45, 203
反町茂作　234, 242

〈た行〉

高岡忠雄　377
高城畊造　338, 354
高木益太郎　234, 242
高倉為三　2
高田釜吉　2
高田慎蔵　2
高橋亀吉　130
高橋熊三　234, 242
高橋小十郎　1, 2, 9
高橋虎太　319, 331
高柳淳之助　160, 166
宅間菊太郎　53, 58
武島長次郎　403, 418
竹原久吉　49, 57
田中経一郎　205, 210
田中寛　272, 279
多田勇雄　119
田島信夫　22, 41, 89
館栄治郎　273, 279, 317, 329, 363, 388
辰沢延次郎　257, 276, 315, 328, 365, 389
伊達尊親　62, 67, 74
建野郷三　82, 87, 88
谷口守雄　197, 207, 257, 276, 365, 389
谷村一太郎　177, 192
田林喜三郎　319, 331
玉屋時次郎　451〜64, 489〜90, 544
田守三郎平　110, 121
丹沢善利　381, 394, 529
千坂高雅　150, 162
千速賢正　491, 500
津崎尚武　462, 471
辻村熊吉　143, 160
辻本安七　184, 193
堤定次郎　136, 142
堤康次郎　234, 242, 331
堤猷久　198, 207, 208
寺尾芳男　286, 287, 299, 294,

565

人名索引

寺田甚与茂　184, 193
寺田久吉　184, 193
寺田省帰　227, 331
田艇吉　62, 74
土居通憲　551
徳川篤敬　126, 145, 161
徳田孝平　202, 209
徳田昂平　292, 300
戸沢正俊　401, 418
富永藤兵衛　178, 192
豊田春雄　403, 418
豊田幸延　126, 137
鳥海才平　451, 457, 467

〈な行〉

内藤宇兵衛　194
内藤恒吉　273, 279, 334, 352
永井外吉　234, 242
永井柳太郎　242
中岡孫一郎　220
中谷徳恭　76, 102
中島久万吉　305, 325
中根虎四郎　131, 140
中野金次郎　555
永野重雄　549
永野護　267, 278, 289, 299, 310, 326, 338, 354, 493, 524～8
中村けん　401, 417
中村準一　403, 418
中村準策　400～2, 417, 452, 454, 460, 524, 538
成川尚義　33, 44, 55
成瀬正恭　131, 140
名和長憲　462, 471
南郷茂光　29
贄川邦作　165, 329
西浦仁三郎　529
西尾謙吉　485
西川末吉　439, 445, 523, 528
西堀清兵衛　205, 210
根津嘉一郎　187～190, 349, 459, 478, 481～2, 514, 524, 541～2, 555
根津一秀　187, 194
根津啓吉　187, 194
野田吉兵衛　116, 117, 123
野守嘉猷　150, 163

〈は行〉

萩原鉎一　454, 468, 455
橋本亀治郎　154, 159, 166
橋本清助　174, 191
橋本万右衛門　2
櫨山慶次郎　78
長谷川謹介　128
長谷川利左衛門　455, 469
八田熙　272, 278, 311, 327, 334, 353, 369, 391
服部小十郎　55, 59
花島兵右衛門　145, 152
浜崎永三郎　81, 87, 88, 90, 102, 104, 249
浜崎健吉　104
羽室亀太郎　205, 210
早川種三　313, 328, 557
林策一郎　33, 45
林甚之丞　267, 278, 304, 325, 312, 328, 359, 387, 492, 500, 525
林誉四郎　377
速水太郎　72, 79
原田勝太郎　82
原田周次郎　133, 141
原六郎　22, 41
春田直哉　473, 478, 496
半田貢　220, 318, 330
板東勘五郎　25, 42
伴野乙弥　131～2, 140
日置藤夫　189, 195
樋口保　205, 210
樋口美津雄　376
肥後盛行　335, 353
平井重美　365, 390
平岡広高　240
平賀周　453, 467～8

平沼専蔵　246, 253
平沼亮三　448, 465
平野富二　303, 324
平野増吉　552
平松甚四郎　203, 209
広瀬重三郎　347, 357
広瀬新七　240, 243
弘世助三郎　113, 122
広部宇一　240, 243
広部正三　303, 324
広部清一郎　232
広部清兵衛　2, 229～40
広部和三郎　232, 241
福江角太郎　198, 208
福沢平太郎　362, 388
福島茂富　194, 348
福島浪蔵　252
福島りう　188, 194
藤井精　454, 456, 468
藤井善助　116
藤田善兵衛　39, 134, 141
藤田伝三郎　63, 74
藤田秀雄　428, 443, 431
藤本清七　171, 191
藤本清兵衛　1, 2, 9, 170, 171, 190, 530～2
船津貞三　459, 470
古山政治　149, 162
古川浩　419
別府丑太郎　482, 498
別府金七　317, 329
星新一　414
星亨　156
星一　2, 413, 514, 516, 523, 529, 534～8, 552～4
細野温　273, 279, 311, 327
細谷助太郎　272
堀内良平　282, 296, 459
堀口昇　163
堀田金四郎　339, 355
堀田正養　198, 208
本多政以　466
本間英一郎　22, 41

人名索引

〈ま行〉

前川太兵衛　　233, 242, 372
前川迪徳　　171, 191
前嶋由兵衛　　126, 137
前田青莎　　134, 141
前田二平　　252, 254
前田房太郎　　379, 393
馬越恭平　　478
馬越次郎　　392
馬越重作　　392
馬越トミ　　377, 392
馬越ヒデ　　392
馬越文太郎　　392, 538
真崎領一　　341, 355
益子智　　311, 327
増沢庄之助　　423, 441, 435
町田忠治　　61
松浦厚　　459, 470
松尾平次郎　　531, 550
松田晟　　461, 471
松本重太郎　　30～2, 43, 63, 74, 517
松本誠直　　517, 547
松谷元三郎　　48, 57, 529
松野鶴平　　489～90
松山可澄　　131, 140
松山与兵衛　　178, 192
真中忠直　　89, 102, 303, 324
三浦逸平　　316, 319, 329
三浦泰輔　　207, 211
三上豊夷　　227, 311, 327
密田兵蔵　　29, 43
三沢楢久真　　401, 418
三橋金太郎　　455, 469, 459, 470, 461
南清　　25, 68, 77, 82, 88
峯島吉太郎　　235, 243
峯島キヨ　　233, 241
峯島こう　　233, 241
峯島松太郎　　235, 243
峯島茂兵衛　　231, 233, 241, 235, 243

三宅勘一　　339, 355
宮崎敬介　　36, 49, 57
宮崎弥作　　485, 499
宮崎賢一　　459, 470
宮田半左衛門　　461, 471
宮本逸三　　126, 137
村井吉兵衛　　2
村井貞之助　　2
村上定　　447, 465
村上享一　　77, 88, 104
村松岩吉　　177, 192
室越金一郎　　368, 390
室田頼章　　104
最上五郎　　248, 303, 324
茂木惣兵衛　　2, 418, 507
森岡昌純　　145, 161
森久兵衛　　189
森沢鳳三郎　　189, 194
森清右衛門　　56, 59, 205, 210
森田富次郎　　118
森田純三　　118, 123
森田豊　　188, 194
守永久吉　　198, 208
守山又三　　2, 54, 59, 103, 530～2, 550
森六兵衛　　25, 42

〈や行〉

八木栄次郎　　175, 191
矢島広之助　　441
安川隆治　　553
安田弘　　428, 443
安田善次郎　　29～30, 38～9, 43, 132～6, 141, 151, 518
安田善弥　　135, 142
安田源蔵　　24, 42
安場保和　　198, 208
矢田登　　126, 137
矢野恒太　　366, 390
矢野多門　　403, 418
山内豊尹　　145, 161
山口源次郎　　272, 279, 315, 328, 369

山崎信一　　317, 329
山崎忠門　　198, 208
山田英太郎　　455, 469
山田篤治　　286, 298
山田寅吉　　63, 75, 198, 208
山田佑一　　317, 329
山中新　　127, 138
山中安吉　　131, 141
山成喬六　　340, 355
山星徳太郎　　252, 255, 368, 390
山本乙五郎　　379, 393
山本為三郎　　190, 195
山本直成　　139
由井彦太郎　　459, 470
吉沢直行　　198, 208
吉田丹左衛門　　367, 390
吉田治兵衛　　454
横田義夫　　177, 192
横山章　　2, 448, 465
横山一平　　466
横山隆興　　2, 448
横山隆俊　　2, 448
横山隆平　　2, 448
横山俊二郎　　2, 448, 466
横山孫一郎　　47, 55, 57, 145, 149, 161
吉村鉄之助　　331
吉野周太郎　　1, 2, 9, 257, 276, 494～5, 500, 535, 553
頼鷹二郎　　447, 465

〈わ行〉

若尾幾造　　372, 391
若尾謹之助　　263
若尾鴻太郎　　373, 381, 391
若尾璋八　　263, 314, 328, 372, 381, 391, 459
和佐善男　　459, 470
鷲尾久太郎　　93～5, 102, 529
鷲尾幸治郎　　93, 103
鷲尾伴五郎　　93, 103
鷲尾松三郎　　93

鷲野米太郎　　403, 418
脇田勇　　448, 465
和田秋之助　　338, 354
渡辺イネ　　249
渡辺伊都尾　　264, 278
渡辺勝三郎　　2, 246, 262, 386, 459, 525
渡辺國松　　324, 332
渡辺健児　　246, 264, 277
渡辺三男　　264, 278
渡辺治右衛門　　2, 104, 246〜52, 403, 525

渡辺滋　　285, 298
渡辺静尾　　264, 278
渡辺周松　　304
渡辺四郎　　246, 263
渡辺寿　　338, 354
渡辺スズ　　264, 263
渡辺園　　277
渡辺大治郎　　249, 264, 278
渡辺岱三　　246, 264, 277
渡辺千代三郎　　98, 104
渡辺哲夫　　260, 264, 277
渡辺東一郎　　249

渡辺初男　　347, 357
渡辺秀　　224, 264, 278
渡辺ふみ　　248
渡辺福三郎　　245, 253, 473, 478
渡辺牧太郎　　246, 253
渡辺ヨネ　　249
渡辺六蔵　　224, 246, 249, 264, 524
渡辺六郎　　250, 263, 333, 344, 356, 403
綿貫栄　　467

社名・団体名索引

〈あ行〉

愛国生命　289, 294〜5, 482
愛国貯金銀行　2
あかぢケ原　362〜3
あかぢ貯蓄銀行　306〜8, 321, 359, 374
秋田信託　493
秋田電気軌道　216, 491〜5
秋田電車　216, 493
秋津洲不動産　79
朝倉軌道　119
朝日紡績　444
旭薬品工業　258, 332
吾妻川電力　479〜81
安房銀行　469
阿波国共同汽船　25, 42
安房合同銀行　458, 469〜70
安房実業銀行　468
有田ドラック　534, 552
飯山鉄道　353
伊賀鉄道　147, 218
池上電気鉄道　166
生駒旭園温泉　499
石渡電機　266
泉尾土地　173〜4, 210, 351, 356, 504
伊豆銀行　162
伊豆製氷　304, 325
伊豆相互貯蓄銀行　353
伊豆鉄道　151〜67
和泉貯金銀行　180, 185
伊勢電気鉄道　220
一宮銀行　57
一銭雑誌新報知　552
井出商会　548

伊那電気鉄道　220, 318, 329〜30
稲葉組　170, 175
乾合名　377〜80, 393, 405〜13, 451〜4, 489〜90, 528, 538〜41
乾倉庫土地　267
乾製紙　393
井上銀行　75
今井商店　36〜7
磐城炭礦　247, 264, 267, 277
岩手銀行　517
浮羽銀行　117〜20, 123
梅津製紙　103
浦賀船渠　247, 252, 253
浦辺商事　450, 466
永楽銀行　2
永楽土地建物　508
枝下疏水開墾　45, 147, 162
越後銀行　2, 500
越後鉄道　291, 300
越後電気　501
恵美須ホテル　78
扇田炭礦　72
近江鉄道　16, 176, 325
大分銀行　2, 216
大阪共立銀行　67〜8
大阪三商銀行　102, 178, 192
大阪実業銀行　174
大阪信託　191
大阪生命　151, 154, 156, 163
大阪貯蓄銀行　22〜4
大阪鉄道　16, 21, 116, 126, 178
大阪電機製造　550
大阪乗合自動車　259, 287
太田銀行　125〜6

太田鉄道　16, 125〜42
大船田園都市　252, 259, 268, 276, 322, 335〜7, 398
大和田銀行　163, 171〜2, 174
岡山銀行　58
小口合名　423, 433〜6
織田信託　480〜3, 497
小田原実業銀行　122, 238
小浜鉄道　165
尾張電気軌道　330
尾張屋銀行　231, 233, 235, 237, 242
尾張屋信託　231
尾張屋土地　235, 243
温泉電軌　466

〈か行〉

海運合資　550
加越鉄道　467
花月華壇　240
鹿児島銀行　430
加島商店　2
加州銀行　2, 448〜9, 465〜6
金石電気鉄道　465
金沢軌道興業　466
金沢電気瓦斯　466
金沢電気軌道　459, 471, 533
河南鉄道　107〜23
神谷酒造　278, 329
河陽鉄道　14, 16, 107〜23, 215
唐津銀行　81, 85〜6, 88
唐津鉱業　297
唐津鉄道　16, 81〜8
唐津窯業　257
川北電気企業社　331

社名・団体名索引

川越紡績　458
川崎銀行　23〜4, 137, 238, 455〜8
川辺馬車鉄道　73〜4
河内毛糸紡績　551
㈲河村組　165, 550
岩越鉄道　128, 130
関西鉄道　21, 78, 100, 217
関西電気化学　393
神田銀行　2, 281, 287〜93, 299, 321〜3, 353, 376, 494〜5
関東荘園　342, 350〜1, 355
関東土地　267, 379〜80, 392〜3
菊池軌道　451, 488〜91
菊池電気軌道　488〜91
菊池銀行　499
北大阪電気鉄道　417〜8
北浜銀行　2, 27〜8, 36, 81〜8, 90〜105, 147, 517, 522, 547
北村銀行　173〜4, 205〜6, 210
君津銀行　468
金辺鉄道　16, 173, 197〜211
九州合同炭砿　419
九州生命　127, 150, 156〜7, 165〜6, 550
九州炭砿汽船　278
九州鉄道　15, 21, 78, 85〜6, 198, 204
九十八銀行　36, 39
九州肥筑鉄道　214
九州麦酒　165, 208, 550
教育貯金銀行　552
共益不動産　325, 507〜10
共同火災　447〜8
共同毛織　541〜2, 557
共同生命　3, 368, 447〜72, 489
京都商工銀行　199, 200, 206
京都鉄道　62, 66, 74
京都電気　531
京都電気鉄道　186, 555
京都農商銀行　200, 205〜6, 208, 210
共伸社　165
峡西電気鉄道　216
京橋ビルディング　368, 413〜6
旭日生命　3, 366〜8, 374, 380, 397〜446, 424〜8, 439, 452〜4
共済生命　26〜7
共立モスリン　371〜2, 391
紀和鉄道　111〜3, 162, 176, 214
草軽電気鉄道　479〜81
草津電気鉄道　479〜81
久次米銀行　45, 137
葛原商会　533
葛原冷蔵　2, 532〜4, 551
頸城鉄道　501
久米同族　326
久留米銀行　199
群馬乗合　286
京畿鉄道　445
京成電気軌道　460〜1
京阪土地　400
芸備銀行　419, 445, 469, 555
京浜銀行　156
京浜土地　166, 554
京浜乗合　286, 294
京北鉄道　203, 209〜10, 214
小池合資　216
小泉商店　491〜2, 500
小岩田園都市　355
甲子不動産　354
江若鉄道　331
合同毛織　543〜4, 556〜7
鴻池銀行　84, 147, 200, 449
甲武鉄道　21, 145
神戸有馬電鉄　220
神戸信託　400〜1, 404, 417〜9, 453〜4, 467
神戸土地　72, 79, 467
高知商業銀行　2, 6
高野索道　193
高野大師鉄道　194
高野鉄道　16, 169〜84, 206

高野登山鉄道　184〜90, 357
甲陽土地　484〜7
郡山合同銀行　2
香櫨園　71, 78, 79, 485
古賀銀行　2
国際信託　141, 250, 259, 264, 326, 481
国民新聞　357
国民生命　447
五十銀行　205
小倉鉄道　204〜7, 389
後藤毛織　289, 296, 543〜4, 554〜5
古知野銀行　50, 57〜8, 538

〈さ行〉

才賀電機商会　2, 15, 328, 532
斎藤報恩会　328, 554, 557
堺株式取引所　173〜4, 206
堺共立銀行　175, 178, 193
堺銀行　171
堺紡績　175, 190
坂井屋株式店　488, 499
酒田鉄道　17
佐賀炭砿　354
相模鉄道　220
桜組工業　466
札幌製糖　45, 202〜3
讃岐鉄道　178
佐野商業銀行　138
サミュール，サミュール商会　70〜1, 78, 485
山陰銀行　430
参宮鉄道　112, 122, 215, 219
三幸土地　545
三十四銀行　111〜7
三十八銀行　68
山東産業　259, 311, 327, 374
山陽銀行　551
山陽鉄道　16, 21
山陽土地　259, 324, 337〜9, 354, 377
三陸銀行　499, 548

社名・団体名索引　　　　　　　　　　　571

四国薬業　554
静岡電気鉄道　220
品川銀行　138, 202～3
信濃商業銀行　122, 153～7, 164, 203
島貿易　2
ジャーデン・マセゾン商会　94
十五銀行　36, 68, 128～36, 139～42, 220
十七銀行　200
蕉雨園　342, 362
昌栄社　547
昭栄製糸　432～3
常総鉄道　247, 249, 364
湘南軌道　216
湘南軽便鉄道　216
常北電気鉄道　500
上毛モスリン　360, 369～72, 377
昭和火災　358
昭和銀行　506
昭和証券　354, 508
昭和土地（広部銀行）　239～43, 352
昭和土地（根津）　308, 342～52
昭和土地（仙台）　338, 354
昭和土地商事　159
食料研究　259, 323～4
信越電力　258, 268, 292, 314, 339, 353, 374
新興毛織　544, 556
新興土地　324, 338, 340～1, 354～5
仁寿生命　70, 175, 191
信商銀行　122, 154
新那須興業　341
神野新田土地　351, 507
新三河鉄道　318, 330
新両筑軌道　117～20
豆相人車鉄道　144
豆相鉄道　143～67
隅田川倉庫　150, 309, 326

住友銀行　67～9
駿甲鉄道　17
駿豆鉄道　158, 468
駿豆電気鉄道　155, 257, 262, 276, 329
生盛薬剤　394
精養軒　358
勢和鉄道　16, 145, 214
摂丹鉄道（明治期）　62～77
摂丹鉄道（大正期）　215, 219～220
摂津鉄道　62～6, 73～4, 93, 102
泉州紡績　9, 171
仙台信託　338, 354, 355
船場銀行　2, 531～2, 540
戦友共済生命　3, 415, 534～7
倉庫精練　466
左右田銀行　545
総武銀行　454～8
総武鉄道　16, 22～5
相武電力　257
外房電気　257, 320, 321, 331

〈た行〉

大安生命　3
第一銀行　23～5, 91
第三銀行　26, 200
第十銀行　382
第十九銀行　434～9, 444
大興紡績　455～8, 470
太湖汽船　498
大正信託　486～7
大神中央土地　485, 499
大同合資　445, 470
大東京遊覧自動車　285, 298, 302
大東ビルブローカー銀行　441～2, 546
大日本正義団　392
大日本炭砿　2, 164, 297
太平洋海上　399～405
太平洋製薬　159, 553

大和毛織　259
台湾銀行　508
台湾拓殖製茶　258
高崎セロファン　294, 301
高砂生命　318
高田商会　2, 533
高田農商銀行　234, 243
高柳信託　166, 554
田川銀行　2
多木製肥所　354
タクシー自動車　286, 298
竹田津電気　393
竹原銀行　447
立山鉱業　471
立山電力　259, 279, 327
立山物産　471
田中同族　273, 279, 360
田主丸銀行　118～120, 123
田主丸実業銀行　118～120, 123
多摩川水力電気　257, 259, 276, 315, 375～6, 392
玉川電気鉄道　465
丹後鉄道　17, 75
筑後鉄道　17
筑後銀行　120
千葉商業銀行　35～6
千葉相互銀行　464
千早川水力電気　193
中越土木　471
中央生命　368, 374, 413～6, 453～4
中央証券　285, 298, 300, 445
中華企業　311
中国鉄道　16, 17, 135, 141, 210, 215
中立起業　113
中立貯金銀行　206, 210
中立貯蓄銀行　206, 210
千代田銀行　23
千代田生命　288
千代田リボン製織　259, 263, 277, 391
朝鮮銀行　354, 443, 476, 508

社名・団体名索引

朝鮮殖産銀行　434〜7
朝鮮土地　444
青島株式商品信託　299, 548
津山土地　551
低温工業　534〜6
帝国火災　2, 478, 480, 483
帝国火薬工業　250, 265, 319〜20, 398
帝国興業　295, 350, 351, 358
帝国鉱業　279, 311, 327
帝国蚕糸　407, 441
帝国実業貯蓄銀行　356〜7
帝国商業銀行　33, 35〜9, 45, 48〜56, 140, 200, 202
帝国製麻　141, 369
帝国生命　35, 83, 146〜7, 159, 163
帝国電灯　320〜2
帝国土地　468
帝国物産　210
帝都銀行　147, 153, 162, 164, 165
丁酉銀行　130, 139〜40, 321
鉄道工務所　79, 82, 88, 104, 205
鉄道電気証券　318, 330
田園都市　352, 364〜6, 390
電気信託　3
東亜キネマ　474, 483〜6
東海汽船　306
東華生命　3, 289, 299, 418, 525
東京麻絲紡績　294, 299, 301
東京海上　25, 51, 55〜6, 58, 70, 104, 262
東京瓦斯　247, 250〜1, 290〜1, 362, 374〜5, 381〜2
東京株式取引所　252, 374
東京銀行　24, 25, 205, 242
東京建鉄　313
東京興産　194
東京護謨　242, 331, 353
東京実用自動車　286
東京荘園　259, 326, 342

東京商船　276, 277, 328, 389
東京信託　465
東京地下鉄道　189, 295, 302, 450
東京土地住宅　258, 339〜42
東京土地　233〜4
東京乗合自動車　258, 269, 281〜302, 374, 382〜3
東京馬車鉄道　247, 252
東京麦酒　202〜3
東京米穀商品取引所　162, 299, 546
東京保税庫　147, 162, 252, 255, 309
東京毎日新聞　491, 495
東京三ッ輪メリヤス　158, 160, 166
東京渡辺銀行　2, 223〜399
東京湾汽船　248, 267, 295, 303〜6, 374〜5
東京湾土地　392
東讃銀行　86
堂島米穀取引所　48, 58
東盛銀行　548
東肥鉄道　214
東武鉄道　16, 40, 189, 306, 539
東邦火災　478〜9
東洋製薬　553
東洋製油　258, 310, 377〜8
東洋耐火煉瓦　265, 319
東洋モスリン　247, 269, 360, 372〜4, 391〜2
東洋冷蔵　534, 551
徳島銀行　26〜7, 42
徳島鉄道　25〜9
徳田商会　300
富島組　337
豊川鉄道　16, 47〜59
豊国製糸　540
豊橋銀行　47〜8, 52〜5
富田林銀行　2

〈な行〉

内国貯金銀行　465
内国通運　246, 303, 324, 327, 488
長岡銀行　2
中村商会　400, 418
七尾鉄道　16, 29〜32
七十四銀行　2, 122, 507〜10
七十八銀行　205, 211
浪速銀行　52, 55
成田急行電鉄　459〜61
成田銀行　138, 454〜5, 469
成田鉄道　138, 202, 299, 454〜5, 469
南洋鉄工廠　466
南海鉄道　25, 218
南総銀行　468
南和鉄道　17, 215
新潟市街自動車　259, 286〜7, 298〜9
西頚城銀行　501
西成鉄道　14, 16, 89〜105, 218
二十三銀行　216
二十二銀行　54, 58
二十七銀行　245〜7, 277〜8, 366
日華生命　482, 493
日清生命　549
日清紡績　458
日鮮土地　444
日東銀行　548
日東保証信託　441〜2
日仏シトロエン　313
日米信託　312
日蘭貿易　340, 394
日魯漁業　488
日本移民合資　87
日本映画劇場　498
日本海陸保険　121〜2
日本火災　69
日本勧業銀行　186, 345〜9

社名・団体名索引

日本教育保険　31, 70
日本共同銀行　111〜6, 215, 219
日本中立銀行　111〜6
日本共立生命　462, 556
日本絹絨紡績　466
日本絹撚　466
日本建鉄工業　328
日本興業銀行　186, 220
日本醬油醸造　520
日本産業銀行　205, 210〜1
日本シトロエン自動車販売　313
日本殖産興業　350〜2
日本製氷　258, 304, 325
日本精糖　69
日本製麻　368〜9, 377
日本生命　100〜1, 104, 180, 185〜6, 449
日本積善銀行　2, 6
日本曹達　259, 549
日本耐酸窯業　276, 272
日本タイプライター　465〜6
日本鉄道　16, 21, 128〜130, 213
日本電気鉄道　14
日本電気炉工業　257, 276
日本土地　467
日本土木　63, 75, 208
日本農工債券　166, 554
日本木毛　465
日本木工　495〜6
日本レール　325, 491〜2, 499
沼津毛織　371
根津合名　194, 345〜350
農工貯蓄銀行　359, 527
能勢鉄道　66
能勢電気軌道　215, 219〜20

〈は行〉

博愛生命　3, 531
バクナル・エンド・ヒレス　394
柏友社　504, 509
函館地所合資　165, 504
箱根土地　234, 242, 296, 335〜6, 353, 361〜2
長谷鉄道　216
初瀬鉄道　216
花巻温泉　220, 486, 499, 559
八十七銀行　200, 208
林河村合名　165, 550
阪堺鉄道　14, 16, 21
阪堺電気軌道　78
阪鶴鉄道　16, 61〜79
万歳生命　3
阪北鉄道　66
播磨電気鉄道　392
播州水力電気鉄道　216
播州鉄道　2, 216, 559
阪神土地建物　531〜2, 540, 548
播丹鉄道　216, 392
播但鉄道　16, 218
播電鉄道　216, 392
肥後銀行　94, 205
尾西鉄道　18
尾三銀行　2
飛州木材　393
日之出生命　318
日比谷銀行　465
日比谷ビルデング　166, 554
百三十銀行　47, 53〜9, 63〜70, 514, 517, 530, 547
百三十二銀行　2, 35〜40, 200〜4, 209〜10, 514, 521
百三十六銀行　76
百四銀行　126
百七銀行　159, 276, 494〜5
兵庫大同信託　401, 419
兵庫農工銀行　78
平野汽船組合　324
平松銀行　203
平山硫黄鉱業　393
広島産業銀行　2
広島信託　3, 108
広部銀行　2, 203, 224, 229〜43
広部鉱業　232〜3, 241
広部拓殖　232
福島銀行　2, 338, 494〜5
福島合資　251, 254
福島電灯　276, 338, 355, 494〜5
福島紡績　171
福州銀行　489
富国徵兵保険　187, 295, 301〜2, 306, 348〜50, 482
釜山鎮埋築　400
富士製鋼　257, 311〜2, 327, 359
藤田商事　416
藤田組　90
富士生命　227, 299, 389
富士身延鉄道　296
藤本銀行　170〜80, 190
藤本ビルブローカー銀行　2, 170, 186, 190, 192, 216
仏教生命　192
不動沢炭砿　279, 311, 327
豊後電気鉄道　216
報徳銀行　451, 467
豊州炭砿　205, 208
豊州鉄道　198
豊州電気鉄道　216
房州銀行　457
防石鉄道　108
房総鉄道　16, 32〜40, 202
豊陽銀行　200, 208
蓬莱閣ホテル　458〜61
蓬莱殖産　506
北越鉄道　17, 147, 300
北辰社　227
北丹鉄道　318, 492
北海道瓦斯　549
北海道炭砿鉄道　21, 215
北陸生命　127, 150, 165, 166
北陸冷蔵　471, 533
星製薬　2, 159, 368, 413〜6, 532〜6, 543〜4, 551〜2
星製薬自助会　552〜4

ボルネオ殖産　207, 257, 273, 355, 390
ボルネオ護謨　300, 450, 465

〈ま行〉

舞子土地　72, 79
前橋乗合　286
馬越合名　392
真砂商会　258, 266〜7, 276, 323, 332
松山商業銀行　219
丸ノ内銀行　299, 525
丸八倉庫　235
丸萬製糸　441, 442
馬来護謨公司　465
満蒙毛織　269, 278
満鮮林業土地　444
万平ホテル　497
三池紡績　550
三河鉄道　220, 250, 265, 279, 316〜9
三島銀行　147〜9, 152〜3, 162
三島実業銀行　94〜5
三日市毛糸製造所　551
三井物産　70〜2
三ッ引絹糸　394
三ッ引商事　314, 394
三ッ引電気商会　314, 394
三ッ引陶器　394
三ッ引同族　360, 381, 394
三ッ引物産　391, 394
三菱合資銀行部　23〜5, 34〜9
水戸商業銀行　44, 127, 137〜8, 145〜7, 153, 154, 163
水戸鉄道　130〜6
水戸電気鉄道　214
湊鉄道　177, 192
峯島合名　235
南朝鮮鉄道　481〜3
宮城電気鉄道　354
民衆タクシー　355

武蔵電気鉄道　163, 267, 299, 301〜2, 363〜6, 389
武蔵野銀行　495
武蔵野鉄道　215, 295, 392, 443
村井銀行　2, 504, 509, 545
明治銀行　507
明治商業銀行　29〜31, 43, 47, 51
明治信託　404
明治証券　487
明治製革　2, 450, 466
明治生命　68〜70, 83
明治大学　450〜1
明和銀行　122, 238
明和不動産　506
盛岡銀行　2, 442, 517, 547
盛岡信託　3
盛岡電灯　220

〈や行〉

弥寿銀行　119
安田銀行　26, 135〜6, 140〜1, 180〜1, 200, 432〜3
安田製釘所　141
安田保善社　132, 134〜6
八千代生命　2, 473〜501
柳田ビルブローカー銀行　374
耶馬渓鉄道　220, 318, 330
山叶商会　298
山口炭礦　151, 296〜7
山十組　367, 422
山十製糸　367, 380, 402〜11, 421〜45, 452〜4
山十土地　409, 435〜9
大和海上　400, 402, 405
大和川貯蓄銀行　501
大和興業銀行　214
大和鉄道　400〜1, 417
山中銀行　443
山梨電気鉄道　216
㈱山本商店　393

八溝金山　57
有隣生命　35
余市電鉄　216
余市臨港軌道　216
横浜埋立　163
横浜火災　104, 325
横浜興信銀行　122
横浜生命　389, 469
横浜倉庫　162, 527
横浜電気鉄道　134
横浜若尾銀行　382, 394
㈱横山鉱業部　448〜9
四日市銀行　2
読売新聞社　356

〈ら行〉

両羽銀行　150, 153, 156, 164, 309
両筑軌道　117〜20
両毛鉄道　14
緑風閣　362, 388
緑風荘　358
六甲土地　505
六十五銀行　70, 545
六十二銀行　138
露清銀行　53〜9, 99〜100

〈わ行〉

若尾銀行　282, 353, 355, 374, 381〜2, 394
若尾貯蓄銀行　353, 381〜2
渡辺商事　258, 262, 311〜3, 359
渡辺倉庫　258, 309〜10, 344, 356, 374, 378〜80
渡辺銀行　253, 246
渡辺同族　343, 360〜1, 374, 384, 388
渡辺保全　249, 258, 326, 333〜5, 342, 362〜3, 384〜7

〈著者紹介〉

小 川　　功（おがわ・いさお）

1945年　疎開先・滋賀県五個荘に生れ，兵庫県出身
1968年　神戸大学経営学部経営学科卒業
1971年　㈶生命保険文化研究所専任研究員
1976年　不動産鑑定士登録
1983年　㈳日本プロジェクト産業協議会専門委員
1990年　九州大学経済学部客員教授
1992年　ニッセイ基礎研究所産業調査部長
1993年　滋賀大学経済学部教授（ファイナンス学科所属）

著書
『民間活力による社会資本整備』1987年，鹿島出版会
『地方企業集団の財務破綻と投機的経営者―大正期「播州長者」分家の暴走と金融構造の病弊―』2000年，滋賀大学研究叢書第32号
『破綻銀行経営者の行動と責任―岩手金融恐慌を中心に―』2001年，滋賀大学研究叢書第34号

きぎょうはたん　きんゆうはたん
企業破綻と金融破綻
――負の連鎖とリスク増幅のメカニズム――

2002年2月28日　初版発行

著　者　小　川　　　功
発行者　福　留　久　大
発行所　（財）九州大学出版会
　　　〒812-0053 福岡市東区箱崎 7-1-146
　　　　　　　　　　　　　　　　九州大学構内
　　　　　　電話　092-641-0515（直通）
　　　　　　振替　01710-6-3677
　　　　印刷／九州電算㈱　製本／篠原製本㈱

© 2002 Printed in Japan　　　　　　ISBN4-87378-719-X